U0164774

踏跡尋中

蕭鳳霞 著

余國良 編

踏跡尋中

四十年華南田野之旅

香港中文大學出版社

《踏跡尋中：四十年華南田野之旅》
蕭鳳霞　著
余國良　編

© 香港中文大學 2022

本書版權為香港中文大學所有。除獲香港中文大學
書面允許外，不得在任何地區，以任何方式，任何
文字翻印、仿製或轉載本書文字或圖表。

國際統一書號 (ISBN)：978-988-237-254-2

2022年第一版
2024年第二次印刷

出版：　香港中文大學出版社
　　　　香港　新界　沙田 · 香港中文大學
　　　　傳真：+852 2603 7355
　　　　電郵：cup@cuhk.edu.hk
　　　　網址：cup.cuhk.edu.hk

Tracing China: A Forty-Year Ethnographic Journey (in Chinese)
　　By Helen F. Siu
　　Edited by Yu Kwok-leung

© The Chinese University of Hong Kong 2022
All Rights Reserved.

ISBN: 978-988-237-254-2

First edition　　2022
Second printing　　2024

Published by The Chinese University of Hong Kong Press
　　　　The Chinese University of Hong Kong
　　　　Sha Tin, N.T., Hong Kong
　　　　Fax: +852 2603 7355
　　　　Email: cup@cuhk.edu.hk
　　　　Website: cup.cuhk.edu.hk

Printed in Hong Kong

目 錄

圖表目錄 / ix

中文版謝辭 / xiii

英文版謝辭 / xv

導言：中國作為歷程 / xvii

第一部分 在日常中尋覓意義 / 1

　　第一章　反思歷史人類學 / 15

　　第二章　華南的文化認同和差異政治 / 45

第二部分 變動不居的對象 / 69

　　第三章　吉光片羽：《華南的「能動者」與「受害人」
　　　　　　——農村革命的共謀》前言 / 73

　　第四章　中國紀元：背負歷史行囊快速前行 / 83

第三部分 辯證的結構過程與人的主觀能動性 / 93

　　第五章　小城鎮的社會主義賣貨郎和太子黨 / 99

　　第六章　儀式的循環再用：當代中國農村的政治和民間文化 / 127

　　第七章　華南嫁妝與禮金的重構 / 145

第四部分 權力的文化表述 / 171

第八章 傳統的循環再生：
小欖菊花會的文化、歷史與政治經濟 / 177

第九章 宗族、市場、海賊與疍民：
明以後珠江三角洲的族群與社會 / 207

第十章 廣東商人與在地文化 / 235

第五部分 辨史於幽微 / 271

第十一章 婦女何在？：華南地區的抗婚及地域文化的再思考 / 277

第十二章 社會責任與自我表達：《犁溝》序言 / 303

第六部分 構建地方：地域性與跨地域性 / 339

第十三章 顛覆宗族權力：1940年代的地方土豪和地域控制 / 345

第十四章 華南豪宅的文化景觀：一段區域歷史的敘述 / 369

第十五章 定位「香港人」和「新移民」 / 395

第十六章 顛沛不流離：後改革時期華南非公民的城市空間 / 433

第七部分 歷史上的全球化與亞洲的後現代 / 467

第十七章 文化、歷史與民族認同：香港與華南 / 473

第十八章 女強人：性別化的魅力 / 487

第十九章 後現代亞洲受困中產階級的重新調適：以香港為例 / 519

參考書目 / 549

索引 / 597

圖表目錄

地圖

0.1　珠江三角洲　　　　　　　　　　　　　　　　　　xxvi

圖

5.1　南溪鎮行政結構圖（1985）　　　　　　　　　　　107

12.1　李曉斌攝：〈上訪者〉（1976）　　　　　　　　　305

13.1　沙灣何氏留耕堂正前門內　　　　　　　　　　　353

13.2　沙灣以南的一個外圍村莊的茅草屋　　　　　　　354

13.3　沙灣以南的涌口村、建於民國時期的碉樓　　　　356

13.4　民國時期沙灣地方權力人士的社交俱樂部　　　　356

13.5　沙灣何氏的一個較小的祠堂　　　　　　　　　　359

13.6　新會縣天馬鄉附近的典型地貌　　　　　　　　　359

14.1　廣州火車東站附近的中信廣場　　　　　　　　　374

14.2　惠陽地區的「爛尾樓」　　　　　　　　　　　　378

15.1　香港人口估算（1948–1996）　　　　　　　　　396

15.2　內地公民流入及流出香港人數（1948–1996）　　397

15.3　合法來港內地公民來自的省份（1991–1996）　　401

15.4　有內地配偶的香港居民數量（1991–1999）　　　403

15.5　跨境婚姻平均數量（1986–1999）　　　　　　　403

15.6　有內地配偶者及香港一般人口的教育程度　　　　404

15.7a 在內地結婚且配偶仍居於內地的香港居民按行業劃分的 404
就業總數 (1996)

15.7b 香港居民按行業劃分的就業總數 (1996) 405

15.8a 在內地結婚且配偶仍居於內地的香港居民的就業職位 (1996) 405

15.8b 整體香港人口的就業職位 (1996) 406

15.9a 以單程證來港人士的家庭狀況 (1991–2000) 407

15.9b 以單程證來港人士數量 (1991–2000) 407

15.10 香港內地來港定居未足七年人士佔人口百分比 408
(1991、1996、2001)

15.11 按結婚年份 (1970–2004) 及來自省份的夫妻團聚數量 417

16.1 高檔商場裏的城市顧客 442

16.2 廣州地鐵廣告顯示的消費熱潮 443

16.3 廣州舊火車站的外來工 443

16.4 天河區廣州火車東站廣場 444

16.5 珠江岸邊的豪華公寓 446

16.6 城中村的狹窄住房和污染情況 452

16.7 城中村的租房廣告 452

16.8 新移民在城中村待業 455

16.9 新移民前往村內的公安局 456

19.1 午飯時段的香港白領族 528

19.2 香港中產參與遊行 530

19.3 香港中銀大廈 531

表

5.1 南溪鎮工業企業的表現 (1976–1985) 106

15.1 歷年單程證配額的情況 398

15.2 按區議會分區劃分的內地來港定居未足七年人士比例 (2001) 399

15.3 香港人口的勞動參與率 (15 至 64 歲) 402

15.4 能説選定語言／方言的5歲及以上內地來港定居　409
　　　未足七年人士比例 (2001)

15.5 按性別及教育程度劃分的15歲及以上內地來港定居　410
　　　未足七年人士比例 (1991、1996、2001)

15.6 按性別劃分的在勞動人口中內地來港定居　411
　　　未足七年人士數目 (1991、1996、2001)

15.7 按職業劃分的15歲及以上內地來港定居未足七年工作人士　412
　　　比例 (1991、1996、2001)

15.8 按行業劃分的15歲及以上內地來港定居　413
　　　未足七年工作人士比例 (1991、1996、2001)

15.9a 按每月主要職業收入劃分的15歲及以上內地來港定居　414
　　　未足七年工作人士比例 (1991、1996、2001)

15.9b 有內地來港定居未足七年工作人士的家庭和　414
　　　所有家庭的家庭月收入中位數 (1991、1996、2001)

15.10 廣東省及福建省批出赴港定居單程證名額　416
　　　(2001年1月1日至2004年6月30日)

15.11 香港永久居民子女及夫妻團聚攜帶未成年子女　418

15.12 廣東省城市基本情況 (1990)　419

18.1 首長級人員性別比例 (2000)　494

18.2 主要女性公務員 (2000年6月)　495

18.3 主要教會學校及其傑出女性畢業生　497

18.4 曾入讀香港大學的1990年代末高級公務員　498

中文版謝辭

　　就像2016年出版的本書英文版 *Tracing China* 一樣，中文版《踏跡尋中》的編譯工作也花了好幾年。這不僅只是翻譯，更是另一次創作過程。我不斷以批判的目光回顧過去，又滿懷希望邁步向前。*Tracing China* 是個人半世紀民族誌探索及思想調整的記錄，本不足觀，但它卻又同時見證了這片讓人珍愛的區域及其老百姓所經歷過的種種。中譯本問世，可以將這段歷史展示給感興趣的中文讀者。由衷感謝香港中文大學出版社社長甘琦，編輯葉敏磊、余敏聰，慷慨玉成此事。

　　長久以來，朋友和同事多番敦促我把文章翻譯出版。我們屢敗屢試。一些短篇應不同場合所需，零星地譯成中文，卻從沒有以整全的方式結集成冊，呈現我一以貫之的思想探索及其最新進展。程美寶、劉志偉和余國良是我至為親密的同事，在各自生涯的不同階段伴我踏足田野，跟我一樣好奇於華南厚實多彩的文化底蘊。他們認同我處處挑戰既有分析範疇的出格思維，也為我那些沒有受到足夠重視的脫軌想法和批評而感到可惜。

　　在他們催逼下，很快便組織了一隊翻譯志願軍，成員有嚴麗君、楊美健、張小軍、張珺、凌旻華、羅珏、歐冬紅、朱宇晶、黃海娟、黎麗明、曾惠娟、梁敏玲、謝欣、嚴小君、卜永堅、李子歸、林立偉，特致謝忱。當這個翻譯計劃膠著不前，余國良、劉志偉和程美寶接手處理了棘手的部分。在此，我也要感激如下同事：嚴麗君不辭勞苦協助余國良

監督整個翻譯工作;英文版的文字編輯謝基信,遣辭雕琢、用句執著,並就中文版封面設計提供寶貴意見,確實惠我良多;謝湜為書名題字,增色不少;陳瑞璇在網上檢索補正材料;姚永傑和葉惠霞替我管理檔案、手機和電腦,提供各樣技術和生活上的支援;鄭秀儀忠誠幹練,不管我身在何方,隨時給予適切而貼心的協助。陳志武常激勵我,每次傳他文章,都認真閱讀且積極回應。毫無疑問,梁其姿和程美寶是我事業上的最佳拍檔,也是生活密友,相互砥礪扶持。

最後,尤其感激余國良。如果不是他的堅持和在編務上的識見,中譯本不可能付梓面世,而他流麗的中文也為譯本增色。當然,我深明文責自負的道理,但國良既上了賊船,大概也罪責難逃。

我慶幸有這群相知相惜的夥伴,即使在最令人沮喪的時刻,仍然堅毅不拔,逆流而上。歲月匆匆不由人,只能奮力追趕。世事往復流轉,我仍相信在人生羈旅中必有同路人。老子嘗言「上善若水」,但願我們都能發揮身心靈的創造力,處顛躓而志彌堅。

我生於南海之濱,謹將本書敬獻給像我一樣的神州南人,他們在文化上向來兼容並包,現今卻四方流散。這些文字寄寓了我對斯土斯民的牽念,也化作繫接彼此的依託。

蕭鳳霞

2021 年 7 月 1 日於香港

(余國良譯)

英文版謝辭

　　把文章結集出版，源自科大衛、程美寶、劉志偉、余國良幾位親密同事的催促和建議，但幾經延宕，至今才得以面世。當世界急步向前，能稍稍回顧來時路，似乎有點奢侈。書中這些文章以不同的概念框架重新彙編，讀者從中不難發現我的思路與反省。過去三十多年，耶魯大學幾位同事與我同行這趟知性之旅，他們的陪伴砥礪，極其寶貴。讓人既欣慰又驚訝的是，過去表述闡發的觀點，多少得到學界仝仁迴響。在整理這些文稿的過程中，發現過去因編輯而造成的一些錯誤，我由衷感激文字編輯謝基信細緻而縝密的工作，適時予以補充糾正。此外，也感謝余國良，他是編輯老手，助我理清思路，協調各項出版細節，並與嚴麗君耐心翻查和取得文章版權，使本書順利付梓。

　　一如既往，香港人文社會研究所的同事給予各樣支援，尤其是陳瑞璇和張學謙出色的工作；另外，該所所長梁其姿慷慨提供出版資助，在此一併感謝。香港大學出版社現任與離任同事為出版事宜多番鼓勵和協助，特別感激 Michael Duckworth、文基賢（Christopher Munn）、Malcolm Litchfield 和 Yuet Sang Leung。也感謝兩位匿名評審精簡而尖銳的意見，我採納他們的建議重改書名。

　　最後，感謝兩位姐姐 Olivia 和 Esther，她們對我這個妹妹恆常不竭的關愛和信任，遠遠超乎所想所求。姐妹情深，莫若如此。

（余國良譯）

中國作為歷程

這部集子記錄了我過去四十年的田野探尋以及個人的知性之旅。[1]華南充滿不斷變動的經驗，是眾多事件、制度、生活、意義和權力遊戲的萬花筒，在每個重大的政治拐點重塑，亦挑戰模造我思想的各種理論範式。田野工作與理論反思雙軌並行，激發更多的反省和對話。

過去幾十年，我摸索不同的分析框架，調校方法，為要理解研究的對象，並對社會與政治作出承擔。我的教研工作都跟這些變動不居的意識與真實不可分割，這也就是我稱為「踐行」的歷程。當我回顧人們利用的歷史資源，瞻望他們的抱負與冀盼，我揭示、細察並闡釋制約結構，以及怎樣形成人們生活、策略與敘述的種種意義。這種實踐不斷形塑我的學者生涯，也鍛造我的人類學觸覺。

將「中國視作歷程」(China as Process) 是本書的基調，透過一個區域建構的民族誌遭遇，旨在挑戰我早年受教育、支配20世紀社會科學那些靜態、實證的二分法範疇。受歐洲文化史學家(布洛克 [Marc Bloch]、勒高夫 [Jacques Le Goff]、杜比 [George Duby])、英國馬克思主義者(湯普森 [E. P. Thompson]、霍布斯邦 [Eric Hobsbawm])，以及人類學詮釋的韋伯式轉向(紀爾茲 [Clifford Geertz]) 所啟發，我明白文化、社會、國家政體、人口、地方等，並不是天生就有、早就存在、不能逾越的實體。相反，它們是由充滿經濟利益和權力驅動的人的行動及其道德想像而建構的。然而，這些實體往往被本質化為僵硬的概念範疇。對我來說，強

調「歷程」與「實踐」，是要抓住充滿驚奇的社會生活中的那些人文面貌。在一定意義下，我與我的研究對象都是變動不居的，因此有必要掌握用以觀察這「變中之常」的分析工具。

我也警覺，動態與偶然性有其限制。理解「辯證的結構過程」(structuring)，指的是體味在某個歷史拐點，造就這些紛繁歷程的多種因素會呈現為具有持久意義、且會內化的制度性結構。唯有恰如其分的把社會生活置放在這些歷史時刻之中，產生人類行動並賦予這些行動以意義的序列框架才能同等地獲得重視。我的人類學直觀，往往受這種歷史的細緻性觸引。

這本集子的文章，時間橫跨三十年，按不同分析概念彙編，以闡明一個思考過程：在日常中尋覓意義 (tracing meaningful life-worlds)、變動不居的對象 (moving targets)、辯證的結構過程與人的主觀能動性 (structuring and human agency)、權力的文化表述 (culturing power)、辨史於幽微 (reading history between the lines)、地域性與跨地域性 (locality and translocality)、歷史上的全球化與亞洲的後現代 (the historical global and the Asian postmodern)。它們表明我嘗試融通歷史學與人類學的旨趣。貫穿這些文章的，是這兩個學科共享的目標，就是把時空中微觀的社會互動視為鑲嵌在宏觀／結構化過程中的裝置。藉由強調跨地域想像和意義而造就的本土社會，這些文章探究中國國家形成的長期文化史中分殊的獨特性。

再者，透過歷史的感受力，我仔細審視籠罩在社會科學中的線性視角。我將「過去」帶回民族誌的「當前」作為分析的核心，而不是把過去發生的事情視作歷史背景。藉由詰問過去如何被選擇性地記憶、詮釋和實踐，這些文章揭露了民族誌與歷史文本的論述策略。上述這些分析工具使我重新思考被研究主體所肯認的、又或是被我們概念圖式所中立化的主體性和制度化的種種範疇 (諸如地域上和社會上的各式分類)。

我的研究範圍涵括宗族、族群的建構，民間禮儀的政治，以及明清時期權力的文化語言等。而就著20世紀，我的興趣重點則落在民國時期的社會動亂、毛澤東時代的農村改革、後改革時期的城市動力，以及

中國在全球所及之處。我們必需對這種「在動」的能量予以足夠的重視，同時亦需理解人們生活世界所積聚的諸種結構性枷鎖。我希望能用一種融貫的敘述，將這些紛繁複雜的題材予以鋪排，藉此掌握活在具體情狀中的人的主體及其細節。

同事常覺得我的學術取向即或不是具有徹底的顛覆性，也多少有點野，好像很難摸清我的師承。學生也覺得我的文化背景曖昧難明，不易掌握。我很直截了當地回答他們這些疑惑：為何那麼受你的根所囿？創造力往往源於能從不同參照系看問題，穿透不同的分類框框，打破既有的範疇，跨越固有界限，並整合看似不相干、偶發的元素。

我的學院訓練不同尋常，早年在美國的文理學院修習南亞史、美國社會學，以及英國文學。在卡爾頓學院 (Carleton College)，受歐陸傳統訓練的非洲人類學家賴斯曼 (Paul Riesman) 教我尊重知識與情感。我在史丹福大學當研究生，師從貨幣學家出身、後來成為政治經濟學家的格里 (John Gurley)。然而，無論我怎樣敬仰他，作為一門學科的經濟學，實在無法滿足我對人類生活各種微妙複雜細節的好奇心。最終，我還是選擇了人類學，並拜在施堅雅 (G. William Skinner) 和武雅士 (Arthur Wolf) 門下。

施堅雅為學不拘一格，兼備宏觀與微觀的視野，興趣涵蓋人口學、地理學、歷史學、經濟學、政治學、社會學和人類學。他跨學科的研究視角，一直吸引著我。所以不難理解，武雅士曾抱怨我在史丹福的那些年，完全沒有從他身上學到任何東西！

我的跨界經驗還不止於此。幾年前，有人採訪我，問道：我是否把自己視為「本土人類學家」，而這樣的定位又如何影響我的研究？我的回答是：我的身份確實不那麼黑白分明，但我樂在其中。我在香港長大，其間的英式教育系統和社會環境並不是那麼的「中國」；而我的學術生涯在歐美的大環境中成熟。因此，無論是中國抑或美國的同事，都把我視作「域外之人」。可是，人在邊緣，享有獨立自主的空間，免受不必的干擾，從而更能追尋不平凡的夢想。

機會來得很早。本科的時候，我浸潤在北美和歐洲激進學生運動的氛圍裏。作為亞洲人，19/0年代在明尼蘇達郊區爭取支持反戰絕非

易事。學習世界的共產主義思潮以及在倫敦聽韓素音的講座，都讓我眼界大開。那時候，文化大革命的暴力從廣東蔓延到香港，但我對香港街頭的流血衝突卻印象模糊。政治上，我真心切望看到馬克思主義思想如何在以農為本的中國得以實踐。隔岸遠眺，中國式的革命對那些正在經歷後殖民時代發展陣痛的社會來說，說不定會是一服良藥。作為一名「海外同胞」，我是1970年代最早在中國從事田野研究的學者之一。然而，作為受過嚴格訓練的人類學者，細細體味在田野中所見到的人和事，很快便能發現革命到底是怎麼一回事。在接下來的四十年裏，我一直躬身自問，當年為何如此「盲目」。

沒人能否認，我的那些變動不居的研究對象以意想不到的速度及情節變化。後毛澤東時代的種種改革，激烈程度不亞於之前幾十年的社會和政治動蕩。上世紀70年代，我在珠江三角洲的農村來回，希望理解毛澤東時代國家政權所及之處。80年代，我看著人民公社的解體和市鎮的重構。90年代，隨著中國再度成為「世界工廠」，我感受到由城市經濟的市場化和大量「流動人口」所釋放的動能。如今，為了瞭解中國對物質的追求，我觀察那冒升的中產階層緊張多變的情緒和文化方式，也緊貼那些在全球競逐財富的冒險家的步履，從中國一直到中東和非洲。

在每個重要的歷史轉折點，各式各樣的人的能動主體（human agent）相繼粉墨登場，值得我們注意和分析。他們背負的歷史包袱，寫在臉上的雄心壯志，面對各種制度約束，以及不斷重新鍛造的文化資本，為研究者提供了萬花筒式的可能性景觀。我一直渴望建立一個以跨學科為旨趣的制度性框架和平台，藉以捕捉這些「變動不居」的現象。

不無諷刺的是，四十年前我到中國想一探傳統農村經歷20世紀現代的社會主義式改造的底蘊。可是我既看不到農村，也看不到革命。相反，只看到研究對象在文化、社會、政治等方方面面被剔骨去肉，剩下空洞的存在。即或我研究的農村社會處於文化底蘊較深的珠江三角洲，但到了1970年代，早已變得孤立隔絕、活力不再。沉重的政治結構主宰著當地村民的生活，他們閉鎖在農村邊陲。這種處境，與官方說

法大相徑庭。我的觀察使我得出如下結論：「祖國河山一片紅，百姓生活獨蒼白。」我無法用既有的那些分析工具來研究鑲嵌在市場、宗族結構、跨地域社區網絡、宗教及民俗禮儀等動態肌理中的傳統村落。我的「革命」情感受到嚴重挫傷。

21世紀的頭十年，我將研究推進至廣州急驟變化的城市景觀；同樣，我也看不到都市與市場。我集中觀察城中村 —— 華南地區處在日益擴張的城市中心邊陲地帶的農村，這些地方被視為後改革時期龍蛇雜處之地。由於僵化的政策、官方的自負、村民與盈千累萬農民工的行動策略，使得毛時代城鄉的各式邊界，以及依附其中的文化意義被引向不同方向。雖然全球金融市場使得農村生活變得不穩定，可村民卻能因此獲取意想不到的房產收益。即便如此，他們在結構與言說上都是動彈不得、邊緣化，甚至是錯置的。他們日常生活中充滿各樣的不協調，有時機關算盡，有時又要言聽計從，難怪有人會說：「我們雖然有錢，但我們的下一代卻沒前途。」這種嘗試彌合城鄉區隔而面對的莫可奈何的困境，鮮活地表現在《冬筍》這部紀錄片中。[2] 雖然簡藝導演並沒有意圖把此片拍成有關江西老家的紀錄片，片中角色由農民自身擔綱演出，以創造某一歷史時刻的超現實感。在新的世紀，不論在廣州城中村觀察活力充沛的非洲商人，抑或在中東和非洲跟隨那些雄心壯志的中國投資者的步履，我看到與無德市場脈動夾纏不清的國家空間。研究對象正背負著非同尋常的歷史包袱在急速「奔富」，我覺得有必要重新思索分析的範疇及文化上的同理心，好使能正確理解他們。

此前我曾分享這方面的反思，[3] 也曾詳細論述有關研究者與研究對象和更廣闊的語境之間的定位問題。[4] 正如我強調，在中國從事人類學田野研究多年，其中交織著種種複雜的經驗，包括作為研究者的體會，以及研究對象的經歷，而我和他們之間的交流和敘事方式也隨著社會和政治體制大環境的不斷變化而被重新塑造。我們需要一個完備的概念框架，以便充分關照這些相互構建的過程，以及隨之而來的各自的自我定位。我們不應盲目使用研究對象，藉以界定自我的分類和標籤；同樣地，我們亦應慎思明辨在田野調查中使用、並依此構建研究問題的概念

範疇。分類標籤和概念範疇是社會和論說的產物，有待仔細釋讀。用批評文學的語言來說，這是一種解構的實作。

讓我援引三十多年前撰寫的專著《華南的「能動者」與「受害人」──農村革命的共謀》(*Agents and Victims in South China: Accomplices in Rural Revolution*)[5]中的一段話，來詳述我是如何追尋那些變動不居的對象的：

> 在撰寫本書時，我不認為我全面瞭解這個複雜的地區。在十年的田野研究過程中，人家把我歸類為學生、同胞、教授、朋友和心懷同情的人。人們對我出現在公社有著種種反應。在反應的背後，我體會到的是意識形態上的前設在解體，同時還有朋友們有意無意間，努力在我該知道的和我在政治上有義務知道的事情上做出平衡。在這個反省過程中，我獲益良多。多年來，我們交往的性質隨時間而變，但是這種改變恰恰提供了我一直追尋的意義。我逐漸開始瞭解老一輩的村民，像梁叔和他的朋友們，他們一直堅稱他們公社的土地歸「何尚書」和莫姓的大官所有。我跟老幹部們成為朋友，像坦承被「毛澤東的三面紅旗」迷惑的徐德成，斷言統購統銷是「明擺著該死」的林青，還有那在記憶中文化大革命就是一場「荒誕劇」的陳社元。我也很同情黃佑分，他曾在文化大革命期間積極地為毛澤東跳忠字舞，但十二年後他的結論卻是他和社會主義制度已互不相干。我還能感受到那年輕的黨委書記袁德偉滿腔的希望，他會很自豪地談論會城那作為80年代現代化目標的河堤和寬闊的馬路。同時，當老一輩在地文史工作者帶我走縣城，指點之間勾畫出那不復存在的成行成列的宗祠，而那些地處城南門的宗祠在多年以前就已毀於社會主義的力量之下，我也能理解他們微妙的懷舊情緒。他們的故事，還有其他人的故事，一起構成了關於這些人共同的故事。在變化過程中，他們既是變化的主體，也是其中的受害人，一同創造他們所說的那個革命。[6]

我自己在這個過程中的角色變化也是顯而易見的，正如書中序言所說：「在某種意義上，我擁抱馬克思主義的理想走進中國，最後，卻懷

著韋伯最沉重的憂思離開。也許，此書不過是一個人類學家自我反思的民族誌而已。」[7] 在當年中國的政治環境下，想要持續進行田野調查是困難重重的。而且，這樣書寫社會文化誌也不是主流。但在隨後對此書的四十多篇評論中，卻只有一位同事注意到它與「後現代」沾邊！

我想指出的是，一個人選擇其思想用力之處，往往有著個人和結構的向度。我們是與處身其中的社會、文化與政治大氣候互動的——問題的設定，分析工具的選擇，遭逢的懾人心魄的政治、戲劇性事件等。但願我已有足夠的自我反思。在過去幾十年，我持續深化人類學與歷史學的韋伯式轉向。

知性的好奇並不會因退休而終止，我的生涯走到這個階段，值得檢視曾經經歷過的風景。這段旅途即或起伏跌蕩，但總有友儕相伴。1970年代，我孤身在中國農村進行人類學田野工作；1980年代，科大衛、劉志偉及陳春聲與我同行，由此建立深厚情誼；1990年代，程美寶、趙世瑜、鄭振滿、張小軍、蔡志祥以及其他同事亦投身於相同的研究興趣及教學目標。很多同事偶爾稱我們這群人為「華南幫」，但我們從來無意以此標籤自己。儘管如此，見到我們的集體努力最終體現在研究機構的設立及各種項目上，還是令人興奮鼓舞的。

一如在中國和香港，我在耶魯這個待了三十多年的家園，也有一群重要的夥伴。回想1982年，我與毛利（William Kelly）這位研究日本的人類學者剛剛入行，學術訓練深受1970年代實證的社會科學教育薰染。當時，我們在耶魯開始一個供同事參與的讀書組，起初是想藉此機會把堆積案頭又未讀的書啃掉。政治科學的斯科特（James Scott），社會學的戴慧思（Deborah Davis）與濱端（Matt Hamabata），美國研究的阿格紐（Jean Agnew），法國史的魯理雅（Keith Luria），莎士比亞文學的沃福德（Susanne Wofford），古典學的穆娜罕（Bridget Murnaghan）陸續加入。這個讀書組維持了差不多十年，我們對批判社會理論與文學的熱愛，不亞於細緻的民俗學及歷史學。當我必需將專注力集中在書寫民族誌時，卻跑去編了兩冊關於文學及歷史的集子，這一定程度挑戰了耶魯的終身職制度。讀書組成員之間關係密切，以致斯科特在他的其中一本書裏宣

稱，若他誤入歧途，那我們肯定是跟他一夥的！這種閱讀的探險，孕育
出耶魯日後的農業研究課程（Agrarian Studies），這是一個非常重要的跨
學科對話的楷模。它在當時是頗出格而又惹爭議的，為持續不斷的顛覆
精神樹立典範。亦師亦友的古迪（Jack Goody）也分享了這種精神。當我
們在探研新英格蘭、法國、華南抑或香港有關花的文化時，他那寬廣的
歷史想像、具感染力的好奇心，以及對日常生活細緻入微的觀察，給我
產生持久而深遠的影響。由衷感謝這些同事，如果沒有他們砥礪同行，
我的知性與專業生涯將是另一番光景。

　　我不是光說不練，更是坐言起行。在1990年代出任耶魯東亞研究
理事會的主席時，得力於兩位幹練的助理Bee Lay Tan和Waichi Ho，我
積極為廣義並可持續的中國研究項目募款。2001年，蒙一眾來自不同
院校、科系及專業的同事與友好鼎力襄助，我在香港大學創設了香港人
文社會研究所。我當時強烈感受到，亞洲研究的中心必然會轉移至重新
連結的亞洲，因此我們倡議一個跨學科和互連亞洲的學術議程。透過研
究所的各項活動，與學界分享了刺激的、不同尋常的知性之旅。我在此
必需感謝一直給予支持的朋友：裴宜理（Elizabeth Perry）、李歐梵、王于
漸、譚廣亨、廖約克、梁其姿、科大衛、冼玉儀、程美寶、劉志偉、陳
春聲、毛利、K. Sivaramakrishnan、戴慧思、陳志武、Eric Taggliacozzo、
盧漢龍、張濟順、余國良、孫文彬、葉慶芳、鄭秀儀、嚴麗君、李春
菊、陳瑞璇。我們如今擁有從事高質量跨學科教研的學者群體的平台，
接下來的發展將會如何，那就拭目以待。

（余國良譯）

註釋

1　各篇文章原以英文發表，為照顧西方讀者，多處添加相關背景解說，對中
　　文讀者未免稍顯累贅，但為免增加編輯工序，幾經斟酌，還是按原來面貌
　　翻譯，未作刪節，特此說明。
2　簡藝：《冬筍》，紀錄片（2009）。

3　蕭鳳霞著，程美寶譯：〈廿載華南研究之旅〉，《清華社會學評論》，2001 年第 1 期，頁 181–190。

4　蕭鳳霞、包弼德等著，劉平、劉穎、張玄芝整理：〈區域，結構，秩序：歷史學與人類學的對話〉，《文史哲》，2007 年第 5 期（總第 302 期），頁 5–20。

5　Helen Siu, *Agents and Victims in South China: Accomplices in Rural Revolution* (New Haven: Yale University Press, 1989).

6　同上註，頁 301。

7　同上註，頁 xxii。

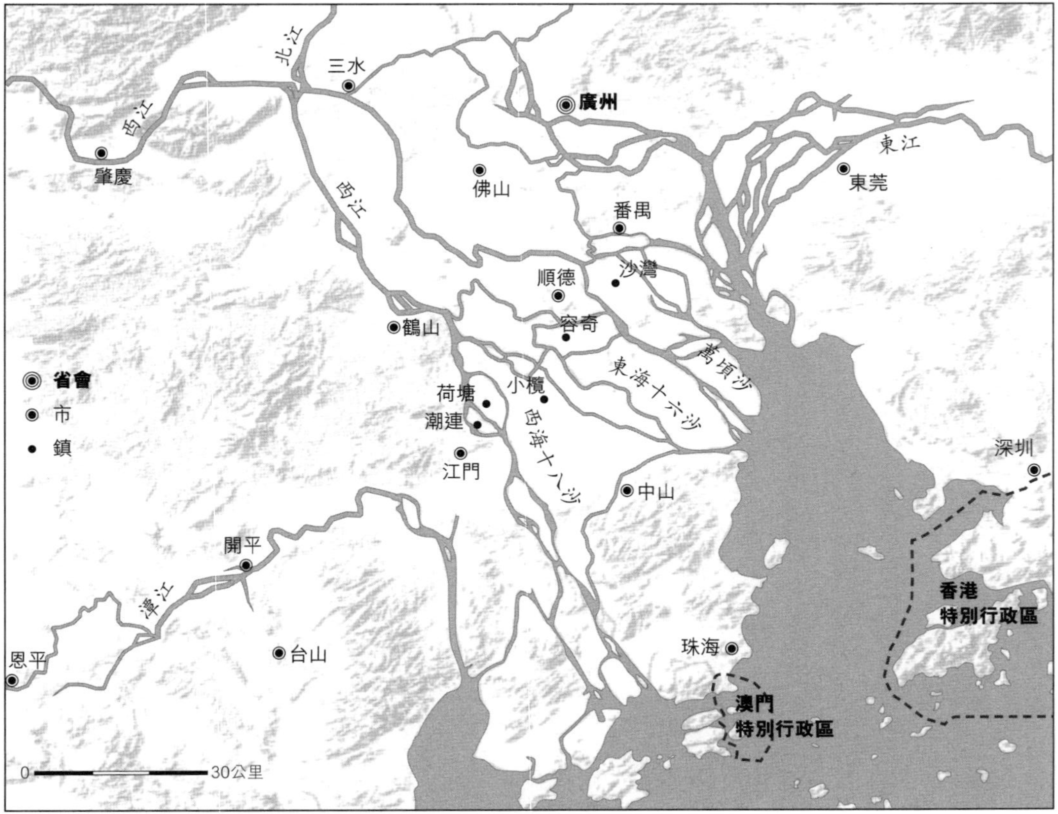
北江
三水
廣州
西江
肇慶
佛山
東江
東莞
番禺
沙灣
順德
容奇
鶴山
萬頃沙
東海十六沙
省會
市
鎮
荷塘
小欖
潮連
西海十八沙
江門
中山
深圳
開平
潭江
香港
特別行政區
恩平
台山
珠海
澳門
特別行政區
0
30公里

地圖 0.1　珠江三角洲

在日常中尋覓意義

　　2009年，科大衛與劉志偉要我寫一篇我們過去集體研究華南的文章，並明言要理論及經驗兼備，此即後來刊登在《歷史人類學學刊》上的〈反思歷史人類學〉。[1] 我將這篇文章稍作修改，納作本書第一部分引言。我們的理論資源涵括了涂爾幹（Émile Durkheim）、馬克思（Karl Marx）及韋伯（Max Weber）的古典社會學傳統，還有批判社會理論，乃至歐洲社會文化史等等。文章揭示我們過去幾十年對歷史學和人類學所作的方法論反思，亦探索了這兩個學科所共享的文本與生活世界中的意義建構。另一方面，也藉檔案材料和民族誌的相遇，探尋心物同質架構中五彩紛呈的意義。我們嘗試以動態、非二元的方式，來標識文化、歷史、權力和地方等概念的內涵。各篇文章呈現的不同主題，組構了本論文集。

　　文章另一部分，是據我在美國人類學協會東亞組舉辦的一個紀念恩師施堅雅（G. William Skinner）的一次演講而寫成的。我認為「統一與分殊」是理解中國文化與社會演進的關鍵。藉由強調深植於區域政治經濟的人類主觀能動者的不同策略，凸顯本土社會與跨本土環境的交接點。在歷史的關鍵時刻，這些充滿象徵和工具性意義的本地舉措，往往與帝國晚期國家建造的脈動接榫，從而產生統一的權力網絡。

　　第二篇文章則把「統一與分殊」的主題延伸至20世紀。透過在華南的田野工作，強化了我視「中國性」（Chineseness）為一個滿載意義的過程的想法。1991至1993年發表的這篇文章，聚焦於香港主權變化前夕文化認同的再造。我將「中國性」視為最原初的、在歷史和政治上可延展的叢集：民族與語言的屬性、原初的地方性、文化風格與權利歸屬。在關鍵時刻，政權會用某些屬性來定義誰為子民，並確認他們的忠誠。本土的主觀能動者往往積極地與國家的這些行為討價還價。政權回歸二十多年，香港特區居民到底是中國人抑或是香港人仍時有爭議，2014年在香港街頭發生的「雨傘運動」很能說明問題。文章的重點是反對那些將文化和身份認同本質化的觀點，也無法苟同用線性發展的理論框架來分析社會／歷史轉變。

　　1970年代，我趕上了全球的學生運動，馬克思理論是當時的顯學。與此同時，我去史丹福大學當研究生，接觸歐洲新馬克思主義的國家

及文化生產學說（阿杜塞 [Louis Althusser]、雷蒙‧威廉斯 [Raymond Williams]）；同時也醉心於世界體系理論（華勒斯坦 [Immanuel Wallestein]）、拉丁美洲的依賴理論（法蘭克 [Andre Gunder Frank]），以及後殖民批判（房龍 [Frantz Fannon]、薩依德 [Edward Said]）。除此以外，海明威（Ernest Hemingway）與歐威爾（George Orwell）是我喜愛的作者，而我也啃著基本法文，一心想以原文讀薩特（Jean Paul Sartre）與卡繆（Albert Camus）。在美國應否捲入越南的激烈政治爭論中，師生們都質疑建基於歐洲中心經驗的世界資本主義擴張與現代化模式的基本假設。在評估城市、工業經濟與農業社會於20世紀轉型過程面對的陣痛兩者之間的權力關係時，我們嘗試擺脫線性發展模式的桎梏。一般認為，部落及農業社會的文化中內藏著落後的因子，而我們則考察幾百年來的殖民與後殖民關係到底是怎樣造成前者在結構上的缺陷。工業化西方的命運，與那些站在她對面的種族／經濟／政治的「他者」往往是糾纏在一起的。為使那些位處邊緣的能動者以及在歷史記錄中的失聲者得以重見天日，我們需要嫻熟的批判式閱讀。我們仔細推敲文化／民族誌以及歷史的文本，為要釐清其中積累的權力及知識結構。

　　一如文學研究，人類學與歷史學在過去幾十年的紛亂歲月中面對批判反思。經典理論繁多，在此僅枚舉一些對我影響較深的著作。紀登斯（Anthony Giddens）、[2] 布迪厄（Pierre Bourdieu）[3] 以及艾布蘭（Philip Abrams）[4] 擴充了古典理論家（馬克思、涂爾幹、韋伯）的社會變遷觀點，加深我對人類主體、偶發性行動與社會結構之間相互建構的理解。艾布蘭援用辯證的結構過程（structuring）這個詞彙來點出人的能動性在歷史轉變中的弔詭——具目的、充滿意義的人類行動與意想不到的結構性結果。

　　文化作為一個概念以及可經驗的真實，是人類學的主要關懷，而紀爾茲使之成為詮釋性的實踐。紀爾茲認為，人類的種種行動皆陷身意義之網，並強調文化的可塑性及可協商品質。[5] 鄂娜（Sherry Ortner）對1960年代以來就文化、政治經濟學及實踐的人類學理論的經典文章中，進一步揭示何謂辯證的結構過程，[6] 後來再在德克斯（Nicholas

Dirks）、Geoff Eley 及鄂娜本人合編的文集中得以綜合。[7] 鄂娜用「踐行」
（practice）一詞把人類偶發的思想、行動與個體藉以發現自己的權力結
構、經濟利益連在一起。人的主體性既不是完全捆鎖在具本質性意義
的心靈中；也不是經驗的、量化的物質對象，可以被化約為靜態的制度
性結構。問題在於怎樣分析性地掌握它們在歷史過程中的形成與轉
化。歷史學家塞維爾（William Sewell Jr.）在其著作中也提到類似觀點，
提醒我們正視「一切社會形式的歷史性」，有必要結合歷史學家對社會
時間性的敏感度，人類學家對權力與文化複雜性的重視，以及社會學家
對嚴密解釋的追求。[8]

　　許多歐洲傳統的著作教曉我重視歷史中具文化意蘊的關鍵時刻。
波蘭尼（Karl Polanyi）的《巨變》（*The Great Transformation*）[9] 指出鑲嵌在經
濟生活運轉中的社會、文化元素。即便是冒升的資本市場經濟，就如
18世紀的英國，都是由國家干預、意識形態、制度規章以及道德想像
等因素鍛造而成的。早年涉獵勒高夫和杜比深具人類學意味的著作，領
我進入文化人類學的天地。「新史學」運動的領頭人勒高夫強調中世紀
（他認為這個歷史時期在文化上有別於古代的希羅及近代的歐洲）的時
間與工作的意義。文化史家拒絕把「偉人」視為歷史事件的驅動者，他
們勿寧注意那些在歷史記錄以外的民情風俗、民間傳說、信仰、儀式，
以及歷史經驗的詮釋。他們關注編纂尋常的歷史。[10] 勒華拉杜里
（Emmanuel Le Roy Ladurie）的《蒙塔尤》（*Montaillou*）以及《羅馬人的狂歡
節》（*Carnival in Romans*），藉由日常生活的經濟細節，捕捉整體社群結
構與精神形態，是這方面的代表作。同樣，金斯伯格（Carlo Ginzburg）
的《奶酪與蛆蟲》（*The Cheese and the Worms*）聚焦於意大利磨坊主人的極
端哲學宣告，藉以勾畫宗教改革時期激烈的宗教論爭。達恩頓（Robert
Darnton）的《屠貓記》（*Great Cat Massacre*）描繪一群印刷業學徒在巴黎發
起了一場翻天覆地的屠貓儀式，幾乎預視了四十年後貴族的命運。有些
學者用上了法庭與家庭記錄等傳統材料，如戴維斯（Natalie Davis）論近
代早期法國的著作，[11] 她破解隱藏在性別、自我、家庭以及信仰這些常
人用來建構社會、道德世界的概念背後的意義。

英國社會史家如湯普森、[12] 霍布斯邦、[13] 塞繆爾（Raphael Samuel）及鍾斯（Gareth Stedman Jones）[14] 使我明白文化意義是怎樣與階級矛盾、政治異議相互夾纏在一起。湯普森研究18及19世紀英國工人家庭的經驗，要寫「從下而上的歷史」。他考察在士紳慈善組織與暴民之間的「階級鬥爭」的文化形式，以及那些19世紀菁英的保守文化策略，是怎樣逐步被新階級的經驗及意識取代。[15] 即使湯普森深受傳統馬克思理論影響，但他把源自生產關係的靜態結構範疇的階級觀念，理解為充滿文化衝突象徵意涵及偶發性的動態過程。文化傳統能為階級行動提供奧援的想法，使我們想到另一本極有啟發性、由霍布斯邦與蘭格（Terrance Ranger）合編的文集《傳統的發明》（*The Invention of Tradition*），[16] 強調過去意識以及相關典章禮儀的象徵，兩者是怎樣巧妙地被用作確認身份認同及證成意識形態立場。「文化傳統」是一個能被本質化及再造的過程。

接續文化與權力的主題，艾布蘭的學生柯里根（Philip Corrigan）與賽耶（Derek Sayer）[17] 汲取了馬克思、涂爾幹、韋伯，以至伊利亞斯（Norbert Elias）、福柯（Michel Foucault）等人的理論精萃，精巧細緻地解讀了英國國家形成的過程。他們專注於那些植入在日常生活的各種文化形式，並考察它們是怎樣經年累月地生產與政治共謀的主體。

目下，視文化與國家為相互建構的歷史過程的各種研究，已然將之延伸展至世界範圍，挑戰了既有的民族－國家、海洋－陸地的二元分析框架。安德森（Benedict Anderson）指出，源自南美的民族主義藉社會運動和制度性力量如何擴散至歐洲、亞洲和非洲。[18] 在他的文集中有一章論〈人口調查、地圖與博物館〉（"Census, Maps and Museums"），對解譯統治的秩序框架及政治主體性的生成充滿睿識。人口調查將人口判分，地圖標識領土，博物館創造文化傳承的歸屬，這些都是造就民族國家的基本元素。

科恩（Bernard Cohn）採用相近的思路論述帝國的構成。在經典著作《殖民權力及其知識形式》（*Colonial Power and Its Form of Knowledge*），[19] 他揭示東方主義者的關注是怎樣幫忙培養語言學專家、照片圖像、古玩收藏、歷史檔案，以及印度的殖民記錄。他論證了信息彙編與文化想像，

再加上稅收及法律上的煩瑣行政手段，如何確保英國的殖民霸權。德克斯的《心靈的種姓》(*Castes of Mind*)[20] 是另一部啟人心思的著作，追溯 19 世紀末英國殖民當局為了便於管理大片看起來無法理解的次大陸，是怎樣把支離破碎的「種姓」概念與社會等級連在一起，隨後在 20 世紀甚至被後殖民的民族主義者所再造。「種姓」於此被確立為幾乎是印度文明恆久的文化本質。查特吉 (Partha Chatterjee) 在《國家及其碎片》(*Nation and Its Fragments*)[21] 提供類似出色的論證，反對近代印度的文化及政治中那種永恆不變的觀點，並強調它們的歷史偶然性以及被再造的特質。

以上論文化、權力及世界史的主題，部分與我的人類學專業所追求的很類近。一如歷史學家探索隱藏在歷史事件背後的經濟、社會與文化等多重因素，而人類學家則努力擺脫以演化的、功能主義的，又或是結構主義式的觀點來看文化。他們對文化、權力和地方的適然性採取詮釋與歷史的分析進路，已由個別的主觀能動者延伸至非歐洲中心主義的世界體系。[22]

沃爾夫 (Eric Wolf)、[23] 文思理 (Sidney Mintz)、[24] 特魯格 (Michel-Rolph Trouillet)、[25] 古迪[26] 等人，分別挑戰以歐洲中心論為主軸的世界文化及歷史的觀點。例如古迪採取綜合歷史學和人類學的進路，尤其關注亞歐的連繫，讓人深受啟發。[27] 他們都強調多個世紀以來商品流通與不同文化之間的交往，並重新檢視諸如種族與文化的他者、資本主義的轉型與殖民的征服、東西二元對立等熟悉的概念範疇。歷史學家與民族誌學者重啟跨學科的對話，將在地的生活世界與全球化過程之間的聯繫另闢蹊徑。他們也幫助我們更深更廣地領悟自身的檔案及田野工作，不單理解曖昧不明的經驗性數據，也就研究主題、地點以及聲音探索新的方法學與研究設計。最終的問題是：如果人口、社會、文化與政治這些約定俗成的範疇，是由全球範圍的歷史進程所塑造而又載負權力意含的話，那麼又該怎樣定義我們那些分析單位的空間界限？[28]

化諸形體的權力及其意義是很巧妙的。斯科特對我思考「權力的文化表述」(culturing power) 這個議題影響尤深。自早期《農民的道義經濟》(*The Moral Economy of the Peasant*)[29] 探究農民起義的因由，到後來深具

影響的《弱者的武器》(*Weapons of the Weak*)[30] 及《統治和反抗的技藝》(*Domination and the Art of Resistance*),[31] 斯科特從馬克思主義的權力概念轉向到韋伯式的。他論證,東南亞農民之所以起義,並不僅僅因為他們要上繳大量糧食,更重要的是觸犯了他們的生存倫理。他因而將我們對階級衝突的分析焦點,從生產的結構關係轉移至受害人對自身困境的主觀感受。他與毛利[32] 都強調,當農民面對德川時期或近代東南亞發展國家那種種王權鋪天蓋地的侵擾時,深藏在必恭必敬態度背後的「隱藏文本」,其實是為他們自身脆弱的生存謀一條出路。另一方面,精英階層藉公眾禮儀行使權力,但他們底子裏卻是很脆弱的。由此,權利與管治合法性如何被呈現、行使與競逐,遂成為重中之重。況且,我們只要細心閱讀地方志、官方記錄、族譜等歷史文本,便能感受到其中的論述策略。同樣地,民族誌的遭際、禮儀實踐、慶典、節期以及其他公共事件,都能予以詮釋性的閱讀,從而揭示出鑲嵌其內的文化及權力意涵。

權力的應用具有空間向度。斯科特其他的重要著作,處理有關政治權力中心與那些位處「邊緣」的多變性關係。《國家的視角》(*Seeing Like a State*)[33] 提綱挈領地點出政權努力簡化並編纂複雜的社會現實,目的是使管治對象無所遁形。政權的這種種努力,往往被當地的代理人陽奉陰違地接納、妥協及顛覆。這種思路與我的華南同事頗為合轍。我與科大衛合編的 *Down to Earth: The Territorial Bond in South China*[34] 更看重在地的主動性,突出從明清一直到20世紀在地人當面對逐步發展的王朝事業,他們是怎樣使用工具性及象徵性的手段以求安身自保的種種歷程。從中心展開的造國努力,吸納了區域社會,這與縝密深思的在地群體在不同歷史時刻成為帝國一部分的策略不謀而合。科大衛分析華南宗族的建構[35] 以及華琛(James Watson)的天后崇拜研究,[36] 都精準地把握住這些複雜並充滿動態的過程。科大衛的《皇帝與祖先》(*Emperor and Ancestor*)[37] 一書,突出宗族組織的擴張、對親屬關係以及血統概念的深化,因為他的研究主題已然超越這些文化組織。移民開拓史、稅收制度、土地開墾與保有,以及成熟的商業資本與士大夫的權力,莫不夾纏著宗族語言並化為禮儀實踐,用以創造一種跨地域身份以及帝國權

威。[38] 國家與地方社會長期的相互建構，造就了獨特的區域性文化，它伴隨著與一個真實及想像的中心的強烈認同。

斯科特的著作《逃避統治的藝術》(The Art of Not Being Governed) [39] 反過來質疑中心與邊緣、文明社會與蠻荒的他者等二元對立概念，以及線性的社會變化模式。荷蘭歷史學家辛德爾 (Willem Van Schendel) 引介的 "Zomia" 概念，探究避難所似的生態環境，使居住在中國、印度以及東南亞高地邊陲的民眾得以逃避國家操控。[40] 斯科特指出，這些民眾遠不是古遠蠻荒部落的餘民，而是他們自主地選擇成為「野人」以與國家制度保持距離。斯科特曾參與我們組織的一個以「中央」與「邊緣」為題的會議與項目，成果後來見諸 Empire at the Margin。[41] 該書考察了明清轉型期的文化、種族與邊疆等問題。對我們來說，邊界問題就是：帶有偶然性的帝國「中心」在什麼樣的歷史時刻成為了中心？邊緣又在何處？就物理景觀及言說語境而言，我們又該怎樣定義、定位這些民族的他者？

這些問題很自然會引向地方建構、身份認同的形塑，以及其中牽涉的社會政治流動。列斐伏爾 (Henri Lefebvre) 的經典著作《空間的生產》(The Production of Space) [42] 立刻浮現腦際。新一代人文地理學家不再視空間為人類諸種活動的自然物理性容器，而將之視為以具多重意義、社會性及政治優先性而被建構起來的。哈維 (David Harvey) 以時空壓縮作為描繪歐洲現代性及後現代性的條件時，他主要關心的是，世界怎樣藉科技創新及正在冒起的資本與勞動的體制而被重新劃界。[43] 薩森 (Saskia Sassen) 對世界金融樞紐的分析，及其對全球經濟、法學框架以及公民性的意義，[44] 同樣地影響著我的思考。正如賀斯騰 (James Holston) 及阿帕度萊 (Arjun Appadurai) 指出，[45] 因全球化而相互連結的城市，以及它們的民族／國家空間 (national space)，充滿了種種矛盾與張力。

過去十年，有關人／物之間的理論新探索，明顯取代了過往那些靜態和二元式的空間存有學。為掌握研究對象不穩定和叢集式的性質，理論家探索一系列從考古到後現代都市性，科技、社會與生物倫理的課題。他們用歷程性和關係性的進路考察社會－物質生活，具體見諸 Neil Brenner、王愛華 (Aihwa Ong) 和 Stephen Collier、Ignacio Farias 和 Thomas

Bender，以及 Ian Hodder 等人的著作中。[46] 順著這個理論趨向的哲學著作，則有 Nicholas Rose 論主體性和政治權力，[47] 以及拉圖 (Bruno Latour) 的行動者－網絡理論。[48]

　　然而，歷史學家與人類學家早已論述在資本主義擴張及全球金融崛起前的世界體系模式。馬可波羅與伊本・白圖泰 (Ibn Battuta) 在亞洲的遊歷，鄭和艦隊從南中國沿岸出發到達非洲，莫不昭示這個世界動力十足，其中有來自五湖四海的商人、官員、文士、法官、朝聖者、士兵及水手，他們具有不同語言才能，帶來各種供分享及交換的貨品與制度。唐宋時期，絲綢之路貫串起不同大陸與文明，並使東亞、南亞與西亞、歐洲聯繫。其中佈滿綠洲城市，置有佛教雕像的洞穴及石窟，遊牧馬幫常到的商貿軍事據點。[49] 我們轉看 18 世紀以來的海上交往：異於以帝國及冒起的民族國家為論述背景，喬杜里 (K. N. Chaudhuri)[50] 詳細描繪了印度洋上的帝國貿易及重要港口城市的不同文化之間的遭際。卜正民 (Timothy Brook) 藉由解讀來自代爾夫特 (Delft，荷蘭東印度公司 [VOC] 總部所在地) 的維梅爾 (Johannes Vermeer) 的六幅畫作，生動地說明蝕入日常生活裏的文化交融。而濱下武志 (Takeshi Hamashita) 則梳理了在 18 世紀歐洲崛起以來，中華帝國及其亞洲藩屬／對手之間的複雜朝貢體系路線。[51] 阿布－盧格霍德 (Janet Abu-Lughod)[52] 將歐洲崛起的時間往前推，尤其考慮 13 世紀伊斯蘭世界的諸種聯繫網絡。只要走一趟麻省皮博迪埃塞克斯博物館，看看其內的中國貿易藏品，我們無不驚嘆於當時商品的精細雅緻，諸如茶具、銀器、壁紙及木製家具、象牙、瓷器，它們俱由 18 世紀廣州工匠為歐洲、北美、阿拉伯世界的皇室貴冑精心製造。

　　然而，我最關心的問題是怎樣從概念、理論上理解世界中的亞洲。為此，我與興趣相近的同事籌辦會議，重新思考以地域為本及其相關的諸種問題。[53] 有兩本饒富趣味的著作一直引導我的探索，容讓我再說兩句以作結。古迪在《偷竊歷史》(The Theft of History)[54] 挑戰了布勞岱爾 (Fernand Braudel)、伊利亞斯、芬利 (Moses Finlay) 以及安德森 (Perry Anderson) 等人根深蒂固的歐洲中心論假設。劉易士 (Martin Lewis) 與魏根 (Kären Wigen) 在《大陸的神話》(The Myth of Continents) 中詳察被居於

陸地的人認定為邊緣的海洋系統及其瀕海區域。他們的著作反對線性的
理論框架並僵化的大陸區隔。魏根察覺到:「大量的經驗性疑團、認識
論上的挑戰,以及很少被探索的地景,正等待著那些從事全球海洋地理
探索的人。在這個意義上,地理學家不單單僅只有對特殊的海洋連結感
興趣,而是更為基礎性地藉由創新的空間配置及分區圖式重新想像世
界。准此,區域研究以及地理學或許能找到新的復興泉源。」[55]

　　簡言之,我著意把研究對象視為置放在世界組裝的組成部分,而它
們是由紛陳的文化意義和權力場域所鍛造的。我和其他從事華南研究的
同事,承襲了歷史學和人類學前輩的智慧,嘗試把細膩的民族誌遭際和
嚴謹的檔案閱讀,跟批判社會理論兩相結合。在這個實踐過程中,尤其
突出人類主觀能動性和結構適然性,藉此質疑長久以來在理論界視為中
立的那些靜態、二元的分析範疇。

(余國良譯)

註釋

1　蕭鳳霞:〈反思歷史人類學〉,載中山大學歷史人類學研究中心、香港科
技大學華南研究中心主辦:《歷史人類學學刊》,第7卷第2期(2009年10
月),頁105–137。

2　Anthony Giddens, *Central Problems in Social Theory: Action, Structure and Contradiction in Social Analysis* (Berkeley: University of California Press, 1979).

3　Pierre Bourdieu, *Outline of a Theory of Practice* (Cambridge: Cambridge University Press, 1972).

4　Philips Abrams, *Historical Sociology* (Ithaca: Cornell University Press, 1982).

5　Clifford Geertz, *The Interpretation of Cultures* (New York: Basic Books, 1973).

6　Sherry Ortner, "Theories in Anthropology since the Sixties," *Comparative Studies in Society and History* 26, no. 1 (1984): 126–166.

7　Nicholas Dirks, Geoff Eley, and Sherry B. Ortner, eds., *Culture/Power/History: A Reader in Contemporary Social Theory* (Princeton: Princeton University Press, 1994).

8   William Sewell Jr., *The Logics of History: Social Theory and Social Transformation* (Chicago: The University of Chicago Press, 2005), p. ix.

9   Karl Polanyi, *The Great Transformation: The Political and Economic Origins of Our Time* (Boston: Beacon, 1944/1957).

10 Peter Burke, ed., *New Perspectives on Historical Writing* (University Park, PA: Pennsylvania State University Press, 1992).

11 Natalie Davis, *Society and Culture in Early Modern France* (Stanford: Stanford University Press, 1965); *Fiction in the Archives: Pardon Tales and Their Tellers in Sixteenth Century France* (Stanford: Stanford University Press, 1987).

12 E. P. Thompson, *Making of the English Working Class* (New York: Pantheon Books, 1963).

13 Eric Hobsbawm, *Social Bandits and Primitive Rebels* (Glencoe: Free Press, 1960).

14 Raphael Samuel, and Gareth Stedman Jones, eds., *Culture, Ideology and Politics* (London: Routledge and Kegan Paul, 1982).

15 E. P. Thompson, "Patrician Society, Plebian Culture," *Journal of Social History* 7, no. 4 (1974).

16 Eric Hobsbawm and Terrance Ranger, eds., *The Invention of Tradition* (Cambridge: Cambridge University Press, 1983).

17 Philip Corrigan and Derek Sayer, *The Great Arch: English State Formation as Cultural Revolution* (Oxford: Basil Blackwell, 1985).

18 Benedict Anderson, *Imagined Communities: Reflections on the Origin and Spread of Nationalism* (London: Verso, 1983/1991).

19 Bernard Cohn, *Colonialism and Its Forms of Knowledge: The British in India* (Princeton: Princeton University Press, 1996).

20 Nicholas Dirks, *Castes of Mind: Colonialism and the Making of Modern India* (Princeton: Princeton University Press, 2001).

21 Patha Chatterjee, *The Nation and Its Fragments: Colonial and Postcolonial Histories* (Princeton: Princeton University Press, 1993).

22 Helen Siu, "Key Issues in Historical Anthropology: Views from South China," *Cross Currents: East Asian History and Culture Review* 13 (December 2014), https://cross-currents.berkeley.edu/e-journal/issue-13/siu, accessed March 28, 2015.

23 Eric Wolf, *Europe and the People without History* (Berkeley: California University Press, 1982).

24 Sidney Mintz, *Sweetness and Power: The Place of Sugar in Modern History* (New York: Viking, 1985).

25 Michel-Rolph Trouillot, *Global Transformations: Anthropology and the Modern World* (New York: Palgrave/Macmillan, 2003).

26 Jack Goody, *The East in the West* (Cambridge: Cambridge University Press, 1996); *The Theft of History* (Cambridge: Cambridge University Press, 2007).

27 Jack Goody, "Towards a Room with a View: A Personal Account of Contributions to Local Knowledge: Theory and Research in Fieldwork and Comparative Studies," *Annual Review of Anthropology* 20 (1991): 1–23; Goody, *The East in the West*; Maria Lucia Pallares-Burke, *The New History: Confessions and Conversations* (Cambridge: Polity Press, 2002), pp. 8–31.

28 Akhil Gupta and James Ferguson, "Beyond 'Culture': Space, Identity and the Politics of Difference," in Gupta and Ferguson, eds., *Culture, Power, Place: Explorations in Critical Anthropology* (Durham: Duke University Press, 1997), pp. 33–51.

29 James Scott, *The Moral Economy of the Peasant: Rebellion and Subsistence in Southeast Asia* (New Haven: Yale University Press, 1976).

30 James Scott, *Weapons of the Weak: Everyday Forms of Peasant Resistance* (New Haven: Yale University Press, 1985).

31 James Scott, *Domination and the Arts of Resistance: Hidden Transcripts* (New Haven: Yale University Press, 1990).

32 William Kelly, *Deference and Defiance in Nineteenth Century Japan* (Princeton: Princeton University Press, 1985).

33 James Scott, *Seeing Like a State: How Certain Schemes to Improve the Human Condition Have Failed* (New Haven: Yale University Press, 1998).

34 David Faure and Helen Siu, eds., *Down to Earth: The Territorial Bond in South China* (Stanford: Stanford University Press, 1995).

35 David Faure, *The Structure of Chinese Rural Society: Lineage and Village in the Eastern New Territories, Hong Kong* (Hong Kong: Oxford University Press, 1986).

36 James Watson, "Standardizing the Gods: The Promotion of T'ien Hou (Empress of Heaven) along the South China Coast, 960–1960," in Andrew Nathan, Evelyn Rawski, and David Johnson, eds., *Popular Culture in Late Imperial China* (Berkeley: University of California Press, 1985), pp. 292–342.

37 David Faure, *Emperor and Ancestor: State and Lineage in South China* (Stanford: Stanford University Press, 2007).

38 科大衛、劉志偉：〈宗族與地方社會的國家認同——明清華南地區宗族發展的意識形態基礎〉,《歷史研究》, 2000年第3期，頁3–14。

39 James Scott, *The Art of Not Being Governed: An Anarchist History of Upland Southeast*

Asia (New Haven: Yale University Press, 2009).

40 Willem Van Schendel, "Geographies of Knowing, Geographies of Ignorance: Jumping Scale in Southeast Asia," *Environment and Planning D: Society and Space* 20 (2002): 647–668.

41 Pamela K. Crossley, Helen Siu, and Donald S. Sutton, eds., *Empire at the Margins: Culture, Ethnicity and Frontier in Early Modern China* (Berkeley: University of California Press, 2006).

42 Henri Lefebvre, *The Production of Space* (London: Basil Blackwell, 1991).

43 David Harvey, *The Condition of Postmodernity* (Oxford: Basil Blackwell, 1990).

44 Saskia Sassen, *Territory, Authority, Rights: From Medieval to Global Assemblages* (Princeton: Princeton University Press, 2006).

45 James Holston, ed., *Cities and Citizenship* (Durham: Duke University Press, 1999).

46 Neil Brenner, "Theses on Urbanization," *Public Culture* 25, no. 1 (2013): 85–114; Aihwa Ong and Stephen J. Collier, eds., *Global Assemblages: Technology, Politics, and Ethics as Anthropological Problems* (New York: Wiley, 2005); Ignacio Farias and Thomas Bender, eds., *Urban Assemblages: How Actor-Network Theory Changes Urban Studies* (New York: Routledge, 2009); Ian Hodder, *Entangled: An Archaeology of the Relationships Between Humans and Things* (New York: John Wiley and Sons, 2012).

47 Nicholas Rose, *Governing the Soul: The Shaping of the Private Self* (New York: Routledge, 1989).

48 Bruno Latour, *Reassembling the Social: An Introduction to Actor-Network Theory* (New York: Oxford University Press, 2005).

49 Valerie Hansen, *The Silk Road: A New History* (Oxford: Oxford University Press, 2012); Valerie Hansen, *The Year 1000: When Explorers Connected the World and Globalization Began* (New York: Scribner, 2021).

50 K. N. Chaudhuri, *Trade and Civilisation in the Indian Ocean: An Economic History from the Rise of Islam to 1750* (Cambridge: Cambridge University Press, 1985).

51 Takeshi Hamashita, *China, East Asia and the Global Economy: Regional and Historical Perspectives*, Linda Grove and Mark Selden, eds. (New York: Routledge, 2008).

52 Janet Abu-Lughod, *Before European Hegemony: The World System AD 1250–1350* (Oxford: Oxford University Press, 1989).

53 Eric Tagliacozzo, Helen F. Siu, and Peter C. Perdue, eds., *Asia Inside Out: Changing Times* (Cambridge, MA: Harvard University Press, 2015); *Asia Inside Out: Connected Places* (Cambridge, MA: Harvard University Press, 2015); *Asia Inside Out: Itinerant People* (Cambridge, MA: Harvard University Press, 2019).

54 Goody, *The Theft of History*.

55 Kären Wigen, "A Maritime Response to the Crisis in Area Studies," *The Geographical Review* 89, no. 2 (April 1999): 161–168.

第一章

反思歷史人類學

　　本文之作，是向華文學界明晰而全面地解說我和從事華南研究的同事多年來關注的問題所在。當我們研究「中國」這個實體的統一與分殊的文化歷程時，很難繞過歷史。長年累月行走在華南的田野，令我們體味到促成區域文化與歷史的諸種語境，以及它們是怎樣被呈現在與真實及想像的政治中心的關係上。就集體而言，我們既重視經驗，也得益於批判性的社會理論。這篇文章突出如下幾個關鍵概念：變動不居的對象（moving targets）、辯證的結構過程（structuring）、人的主觀能動性（human agency）、社會實踐（social practice）、權力的文化表述（the cultural language of power）、地域性和跨地域性（locality and translocality）、亞洲的互聯性（inter-Asian connectivity）。我們探求自我反省的田野方法，應用批判的閱讀方式解讀歷史文本及文化事件。即或從華南展開智思之旅，但所關切的卻遠超於此，期以跨學科的視角貫穿海洋與陸地。

　　我們力圖避免僵化定型的思考，並相信歷史上的重要事件都是人們有目的的行為的結果，而這些行為則孕帶著文化、社會和政治上的意義。當我們「閱讀」史料，或者在生活中發掘人的舉動、尤其注意在構築這些史料和行為背後的意義時，其實有著一層層地方及更寬廣的歷史過程。我們在田野行走，就是要以分析構建的方法來理解這些背景，進而瞭解資料提供者所處身的生活世界。對我們來說，這是有效縮結人文學科與社會科學的途徑。正如在這一部分的前言已經扼要說

明，歷史學在歐美的發展已臻成熟，涵蓋了各式各樣的課題、方法和角度，從政治史（朝代的命運和個別政治人物）到專注長時段的經濟結構（例如年鑑學派，其中的布洛克、布勞岱爾），乃至旨在發掘邊緣人聲音的微觀社會史（例如湯普森和霍布斯邦）。又有人結合社會科學的結構分析和敘事模式訴說歷史。[1]歷史學家勒高夫、金斯伯格、戴維斯等人關注歷史人物的社會實踐背後的文化意義及權力場域，歷史學與人類學愈走愈近。

與此同時，人類學也經歷了知性上的轉折。19世紀末，人類學採用進化式的概念體系，把研究者觀察到的空間意義上的文化差異視為時間意義上的線性差異，等同於人類社會的不同發展階段（例如Lewis H. Morgan、Henry Maine）。這種偽歷史觀受到20世紀上半葉主宰英國人類學的結構功能主義各種學派挑戰，其中著名學者有布朗尼斯勞‧馬凌諾斯基（Bronislaw Malinowski）、芮克里夫－布朗（Alfred Radcliff-Brown），即使他們對這個標籤不以為然。法國結構主義的代表李維史陀（Claude Levi-Strauss），以思想的內在邏輯結構來瞭解實際生活中社會組織的複雜性。遺憾的是，這些學術傳統都缺乏我們所追求的歷史感，也與我們力求探索的問題有一段距離。

到了20世紀70年代，人類學受歐洲批判社會理論挑戰而經歷了一次深刻的自我反省，[2]不再以那種靜態的實證主義分類來界定文化與社會。在分析「他者」（other）時，更多受益於歷史和文學研究，嘗試揭示社會能動者深富意義的實踐。人類學在意瞭解深藏在檔案文獻和社會文化誌中的敘事結構和權術操弄。

對人類學而言，這是極為關鍵的韋伯式轉向。[3]文化不再被看作是靜態的、可量化的，也不是「擺在那兒」、以物質和實踐的方式記錄。相反，它們是通過人們有意義、有目的的行動創造出來，並使之變得重要。同樣，歷史是被能動主體有選擇地記憶、記錄和詮釋，他們各具權位，但亦不無脆弱之處。權力固然是由政治機器及其相應的制度性代表所行使，但在福柯（Michel Foucault）看來，權力可以內化到我們的肢體、語言和知識的形式之中。像空間和地方這些概念，常常被理所當然

地等同於承載人類生活的物質容器，因而也被認為是中性無害，但我們應該警覺的是，「空間」和「地方」其實是人們在不同的歷史關鍵時刻，以複雜細緻的情意想像、構建和磨合的結果。

好的研究始於各種敏銳的分析直覺，並恰如其分地將之融會貫通。畢竟，人生本來就是微妙而複雜的，不能恆常提供精確無誤的答案。

辯證的結構過程

過去一個世紀，社會科學家往往以清晰明辨的概念分類從事研究：時空結構提供了解釋人類行為的指導原則。然而，受人類學反躬自問的影響，我避免把研究對象——中國——視為一個人口大國、一片有邊有界的疆域、一個與時間和身份認同剝離而獨自存在的文明。過去，學者很容易使用「儒家中國」或「中國人」這樣的詞彙，儼如這些人群都具有放諸四海皆準的文化或政治特質。其實，即便這些分類和身份在現實生活中被人們使用並對他們有意義，但對於研究者來說，更重要的是瞭解它們是**如何形成**的。我已經摒棄了以靜態思維方式和分類來理解結構和社會性，而把目光轉向**過程**，並以此作為構建研究問題的中心。

必須說明的是，以**過程**來豐富**結構**還是不夠的，因為這樣仍然把過程跟結構對立起來。我發現「辯證的結構過程」這個概念更能說明問題（根據紀登斯、布迪厄、艾布蘭一脈相承的思路）。艾布蘭強調主體與客體的偶在、互動的品質。每個結構都蘊涵著事物發展的過程，而每個過程都包含結構和人的能動性。

艾布蘭的理論之所以吸引，是因為他將「辯證的結構過程」這個概念安立在涂爾幹、馬克思及韋伯的社會理論傳統中。三位大師對社會結構和變遷雖然各有看法，但都把人的主觀能動性放在中心位置。從涂爾幹的理論中，我學會視個體及其經驗為社會結構不可分離的部分。從馬克思身上，我知道社會關係並沒有因為社會分工和對差異的重視而

得到功能上的整合；相反，它不斷受到建立在階級基礎上的利益和制度性權力的支撐與挑戰。而韋伯的理論，助我看到了人們具目的性的行動以及道德上的想像（例如官僚制度的合理性、正當性，又或者是宗教上的焦慮），儘管這些具目的性的行動和想像可能導致意想不到的結構性變遷。

受這些思考啟發，在我與從事華南研究的同事的分析框架中，具有能動性的人類主體帶著各自的經濟利益、政治謀慮和文化創造力，不斷地重塑、敘述和詮釋社會生活。一系列的事件讓某些特定的歷史過程獲得持久的重要性和影響力，要準確地找到這些事件，就需要歷史學家和人類學家有敏銳的問題觸覺。像民族（nations）、國家（states）、族群（ethnicities）、社區（communities）、宗族（lineages）和宗教（religions）等社會現象，是如何形塑物質生活、界定身份以及確認承諾的呢？通過什麼途徑劃定邊界，或者使其模糊不清？在歷史和文化的記憶中，誰的聲音和記憶得到凸顯，誰的記憶被一筆勾銷？時間的某個節點、空間的某個地點，抑或是特殊的制度形態，莫不是在層層的過程中釀造，並透過參與其中的能動主體，賦予工具性及象徵性意義。劉志偉在《歷史研究》2003年第1期發表過一篇充滿洞見的文章，[4] 總結了我們的田野探索，亦闡述了我們是怎樣把**辯證的結構過程**這個概念運用到華南歷史和社會文化誌的研究中去。他揭示了流轉的社會生活和權力場域的種種過程，這實在需要細密的抽絲剝繭的功夫。

行動的個體

如果過程和結構是辯證地與能動主體的行動聯繫在一起的，那麼我們該如何在概念上判分行動的個體（individual actor）與主觀能動者（human agent）？記得多年前跟王于漸教授的一次對話中，他談到了歐洲思想史跟現代社會科學分析的關係，我得到不少啟發。王教授是出身於芝加哥大學的經濟學家，強調市場主導，他的基本分析單元是個體化

的、自利的個人。王教授追溯了個人的概念在多個世紀裏的發展變化。[5]
他從中世紀談起，當時由教會主宰的世界觀是二元對立的：一面是黑暗
（屬異教徒），反面則是光明（屬信仰基督宗教的教徒）。到了中世紀末
期，儘管人心可能依舊，但思想卻悄然生變。有的歷史學者發現，在他
們的道德和宗教觀念中，無法為古典時期找到一席之地。毋庸置疑，古
希臘人和羅馬人在哲學、經濟和政治體制上都曾取得輝煌成就。然而，
根據基督宗教的世界觀，他們都不是教徒。在承認他們成就的同時，歷
史學者開始強調，人類行為的創造者正是人自己，而非上帝。這種想法
讓人生中的罪（地獄）與救贖（天堂）的對立更形複雜，但同時也讓人們
重視自身在日常物質生活中的創造性。

馬丁路德在1517年發表了《九十五條論綱》，不單啟動了宗教改
革，也迎來宗教的個人主義。他的宗教行為雖然受時代所限，卻改變了
西方的文明。他挑戰教宗和教會神職人員的權威，重新界定救贖的過
程，強調信徒個人與上帝之間的信仰關係。

王于漸認為，政治上的個人主義則從17世紀開始。哲學家對舊體
制下的道德和制度權力提出挑戰，就個人主權進行辯論。他們強調與各
種新治理形式相對應的、以理性和自利為基礎的契約關係，亦強調法治
以及維護個人自由的政治基礎（例如霍布斯、洛克）。後來，學者們把
這一複雜的歷史過程稱為「啟蒙時代」。「個人主權」這一概念是現代西
方法律思想的奠基石。人生而有各種自然權利，並非由政府賦予的；相
反，國家和憲法的責任是保護這些權利。

王于漸看到，經濟學上的個人主義也自此發端。隨著學者間的討
論不斷推進，作為主體的個人也逐步從一層一層錯綜複雜的社會關係
背景中脫離出來。由此，我們幾乎可以想像18世紀亞當‧斯密（Adam
Smith）如何構想自由和自我調節的市場以及價格機制的理論。儘管亞
當‧斯密已小心翼翼地平衡人類行為中所包含的市場、國家和道德情感
的各種因素，但後來的學者往往集中強調「效用」和「市場自我調節」這
兩個方面。經濟個人主義尤其強調孤懸自利的行動者如何理性地計算手
段和結果，在市場交易中達成合同協議，構建供應和需求。如此一來，

個體的利益與社會的利益相契合，市場那看不見的手取代了國家的規則和社會的道德規範。既然每個行為主體都同樣理智與自由，那麼人的行為就可以用統計分析的方法進行量化和比較。這一概念在20世紀社會科學的範式中有著舉足輕重的影響 —— 對經濟學學者、社會學學者和政治學學者來說尤甚，但對人類學學者則未必盡然。

社會實踐與人的主觀能動性

對人類學和社會學的學者來說，幸運的是有涂爾幹、馬克思和韋伯這三位經典社會理論家，他們的理論與那種把個人在概念上孤懸化的做法相抗衡。他們以不同的方式把個人重新放回到不同的結構、歷史和道德背景中去。涂爾幹認為，個人乃**社會**存在。不同的經濟組成需要各種凝聚方式和道德準則，讓個人與集體相聯繫。社會分工程度不高的社會，儀式誘導人們的忠誠感，加上嚴刑峻法，社會得以聚合，涂爾幹稱之為「機械的凝聚方式」。隨著經濟發展，社會分工日趨繁複，使作為社會整體一部分的個人在結構上的貢獻雖然不同，但在功能上卻仍是整合的。對彼此差異的理解和欣賞，釀造了集體意識。涂爾幹將之稱為「有機的凝聚方式」。異化的淵藪在於個人與社會之間的失衡。這種失衡可以是由於社會劇變而導致個人突然與社會環境脫節，也可以是由於個人過分耽溺於某種社會意識形態(如民族主義)，以致集體的目標讓個人失去自我。涂爾幹《自殺論》(*Suicide*)一書運用了法國的資料，指出自我毀滅其實是個**社會－結構**問題。然而，涂爾幹功能主義背後的前提假設，使他無法看到隱含在社會關係和主流(集體的)道德觀念中的不平等、衝突和權力鬥爭。

馬克思在他的階級分析中就抓住了這種社會動力。社會分化源自於私有財產，生產力的擁有者有權力，控制工作的組織方式和分配條件。這樣的社會關係不是中性的；相反，它們充斥著權力、宰制和對抗。每個階級都有自己的歷史先進性，也有其剝削性權力，這種權力

最終會被挑戰。這就是階級矛盾和鬥爭的核心，它們不僅反映在經濟基礎之中，亦見於政治制度、意識形態和其他以階級為基礎的文化形式之中。

歐洲的馬克思主義者把相當的注意力放在上層建築，強調國家機器獨自行使政治和文化霸權的權力（代表人物如葛蘭西 [Antonio Gramsci]、普蘭查斯 [Nicos Poulantzas]、阿杜塞、雷蒙・威廉斯）。在福柯看來，權力變得更加不可觸摸且無處不在，存在於身體、語言和思想的構建之中。他們批判地修正馬克思的理論，成果豐碩，千頭萬緒，我不擬在此逐一詳述。

韋伯理論的中心題旨，是能動主體實施有目的性的行動。當他們追求有意義的生活時，總在有意或無意之間塑造了社會、歷史和他們自身。此前已提過，艾布蘭把這以人為中心的變化過程稱為「辯證的結構過程」。跟涂爾幹的觀點不同，人們的意圖和行動不一定深植於某種特別的社會結構之中；它們也不像馬克思所想的那樣，只會事事從階級來理解。我們可以在韋伯的《新教倫理與資本主義精神》(*The Protestant Ethic and the Spirit of Capitalism*) 一書中瞭解到人類行動的歷史悖論。據韋伯的說法，加爾文教派的信徒很在意自己是否得救和上帝的恩寵，他們通過勤奮勞動來確信自己蒙上帝揀選。這種工作倫理恰好契合當時歐洲的歷史環境，創造出一個新的資本主義企業家階級，從而帶來巨大的結構性後果。在韋伯的理論中，人們有目的的行動及其出乎意料的結果，讓歷史變遷顯得紛呈、厚重又多向。

我和華南的同事一直都強調個人與結構之間的辯證關係，也特別關注有意識的行動及非意料的結構性後果。概念上，這與孤懸的個人的差異在於，他們的行動織造了各種物質和象徵的意義網，它們反過來又會進一步塑造能動主體的行動。在《華南的「能動者」與「受害人」》的序言中，當描述中國農民的困境時，我淡化了斯科特有關權力和反抗二元對立的理論，突出強調「共謀」(complicity) 這個概念：

我們必須把社會變遷看作是文化和政治經濟的作用和再作用，而它們則是通過人們有創造力、有意識的行動所形成的。人們的行動既不是完全受制於各式各樣的文化規則，也不是由外在的政治和經濟力量所脅迫。不然，文學作品中的悲劇意識將難以為繼……我通過集中分析政治行動者苦心經營自己參與創造的結構時所面臨的兩難，點出了在農民研究中的一個總體性問題。在複雜的農業社會裏，有著分明的權力等級和意識形態控制，農民在多大程度上參與塑造了他們所在的世界，又在多大程度上促成了該歷史進程的形成？他們僅僅是遙望政治戲劇上演的觀眾，抑或是不能不入戲而變成劇情的其中一部分？接下來的就是在20世紀某些中國農民的故事。正如趙文詞[6] 所說的，這些農民在塑造自己的同時也創造了歷史。[7]

在《犁溝：農民、知識分子與國家》(*Furrows: Peasants, Intellectuals, and the State*) 這部文集中，我強調了在塑造中國共產主義運動過程中，農民與知識分子在共謀這點上不相上下：

這部文選集中審視了從30年代到80年代期間作家筆下不斷變化的農民形象，他們有意識地選用農民來責難或擁護政治當局。……在這些作家眼中，無論是作為傳統社會中被迫害的主角，抑或是社會主義時期改造的對象，農民往往被視作政治和道德上的隱喻，而不是活生生、歷經苦難而仍在堅持的人。無論這些文學形象可能多麼地不真實，卻無不揭示了作家們一方面與農民、另一方面與國家建造的努力之間那種間斷的、曖昧不明卻又不可抗拒的關係的演變。在某種意義上，該文集利用了關於農民的文學作品來描述現代中國知識分子的奧德賽之旅，這旅程展示了更為宏觀的文化、歷史及政治變化過程，而知識分子和農民則以義無反顧的能量促成了這些變革的發生。[8]

我的觀點是，在1930年代，作家們選擇了農民作為寫作對象。到了1970和1980年代，他們**別無選擇，只能寫農民**。在面對一個必然包

括知識分子和農民在內的政治運動時，他們服從了，有時候還積極投身其中，成為共謀。回首過去，正是那些由於他們的行動而變得重要的結構和過程，讓許多人感到身受其害。

如今，成千累萬的農村居民為了到城市裏尋找更美好的生活而四處竄動，他們在這個過程中面對著無數制度和文化的障礙。知識分子找到了新的空間來表達他們不屑和複雜矛盾的態度，但滿紙憤世嫉俗。年輕一代躁動不安，講求實效，情緒反覆無常。政府感受到文化和道德的真空，鼓動他們事事以國家為傲，更多地回饋社會。國家引入「和諧社會」的目的就是讓受過良好教育的年輕人到農村服務，到那個毛時代政體把村民在政治、經濟和人身上被禁錮多年的地方。由此不禁讓人驚訝，這一切豈不似曾相識？

總而言之，我們對社會實踐的理解包含了涂爾幹的功能觀念、馬克思的權力以及韋伯理論中追求意義的能動者。接下來的問題，是把社會實踐放在恰當的歷史時刻，因為由此會生出持久而又在意料之外的衝擊。

解構歷史

人類學的目的是要理解文化的他者，一如史學家David Lowenthal提出揭示「歷史上的他者」的相類觀點。[9] 人類學學者弗格森 (James Ferguson) 和古普塔 (Akhil Gupta) 將「歷史上的他者」和「文化上的他者」並而論之，強調了因歷史而產生的差異政治。[10] 無論在國家、文化、種族抑或社會意義上的築造邊界，本身就是一種「他者化」過程。在將近一個世紀的人類學探究中，「社會文化上的他者」一直是主要的課題，它刻蝕在殖民主義、現代民族國家建構、社會主義革命、新自由主義轉型以及當代各種對抗的歷史拐點中。

雖然在文化分析中運用歷史是如此重要，但人類學學者並不都予以重視。許多關注當代論題的學者常常忽略歷史；有的在他們的著作開頭加插一點歷史背景，然後立即便進入當下的田野記述中；還有就是

從文獻中（例如方志和族譜）檢拾過去的經驗「事實」，以討論文化變遷；只有少數會批判地解構歷史材料，從中揭示深藏在當下田野記述底層中的結構過程——這正是我認為歷史學和人類學可以相結合的地方。

那麼，我們要怎樣批判地閱讀歷史呢？歷史絕不僅僅是發生在過去的事件，在時間上事件與事件之間也沒有必然的線性聯繫。我們也不能把歷史等同於「傳統」。所有現象（或形器之物）都是由處身在時空語境中的人所造的，而這個時空語境則由文化所界定。重要事件之所以存留在人們的記憶中，本來就是一個選擇過程。事件如何被記錄保存，以及後來如何被重讀，牽涉到層層的詮釋。許多發生過的事情、聲音和經歷由於被認為不重要而被遺忘，又或是被有意地消聲。湯普森、霍姆斯邦、戴維斯、斯科特、科恩、德克斯、史托樂（Ann Stoler）及科大衛等學者的著作，都持這種批判態度看待歷史。

作為研究者，有所見，亦有所蔽。我們劃定研究點，找各式各樣的知情人，調查社會面貌，觀察事件怎樣呈現。我們發現諸如石碑、地方志和族譜等歷史材料，不僅視它們為被建構起來的對象；而且，當我們在問相關問題、審視有關材料、批判地「閱讀」各種「文本」並最終達至我們自己的詮釋及敘事時，都必須對自己所援用的理論工具帶著幾分警惕。

讓我用一個香港故事來闡釋我的觀點。在回歸前後的那些年，香港出現的社會和政治示威，總會同時看到親中和親建制力量組織的愛國巡遊。每個陣營對香港是怎麼樣和該怎麼樣都有自己的看法。1997年6月29日，香港主權回歸中國前夕，我公開發表了以下文字，表明自己對香港歷史敘述的看法：

> 還有不足24小時的時間，香港便正式回歸中國了。「一國兩制」是個獨特概念。「一國」牽涉到的是主權問題，「兩制」則拖著沉重的歷史包袱、纏繞著複雜矛盾的情感。與中國民族主義式的敘述相較，香港經驗既不能用殖民／西方，也不能狹隘地以地域來概括。「香港人」承載了香港人、廣東人、中國人，以至世界公民的多重

身份。她所依存的這片土地已經再沒有清楚的界線，卻充滿多層次的社會意涵、經濟利益和政治取向；能夠放眼國際，同時又心懷中國、立足本土。

……從明代以降，一直到 20 世紀末，本地人往往超然於國家機器之外，也力圖避免任何強加的標籤。透過與國家、商人、專業人士、革命者、難民、戰後嬰兒潮一代，以及新移民的種種互動，呈現出充沛的創造力，從而調適、應對、融和各種狀況。每次遭逢政治浪潮，都顯出非比尋常的韌性與生命力。隨著歲月流轉，這些人事變化的過程，創生一種現象，我們稱之為「香港」。尊重「兩制」這個政治方案，就意味著欣賞她的這些活力……無論個人的政治信念如何，我希望我這個故事和其他許許多多的故事，都能夠在一個開放包容的論壇上發出聲音，互相激蕩和砥礪。如果真的要在中環設置一個「回歸廣場」的話，我建議不要在這個廣場上樹立任何東西，就讓它開放、包容，成為一個名副其實的「公共空間」——不為什麼，只為這是真正值得提倡的「香港精神」。[11]

我的香港故事不過是眾多版本中的一個，但在深描香港歷史的背後，其實隱含了一種對社會和政治的獨特解讀，明顯跟愛國主義和殖民主義式的解讀大異其趣。作為社會科學學者，我的責任是說明這種閱讀能通過細密分析的嚴格要求。

文化和權力的語言

文化一直是人類學關注的中心。在紀爾茲及其 1973 年的《文化的解釋》(*The Interpretation of Cultures*) 出版之前，文化這個概念給人的感覺是靜態的、可見可摸的實體。我們把文化界定為是從老祖宗那裏積累凝聚下來的智慧，而這種智慧成為世界觀、道德和指導原則的基礎，引導著我們的行動和判斷。考古發現的器物文獻陳列在博物館裏，以物質文化

的方式展示。作為文化遺產保留下來的建築形式也是如此。在這種文化觀念下，它們之所以重要，在於它們是一個族群生活世界的物質性體現。在一般人眼裏，文化不受時間影響，無所不包，無甚爭議。它們以可感可觸的方式存在，等待我們發現、量化和記錄。

1960年代批判理論勃興，認為文化並不是那麼具體可見的，並聚焦於其建構與協商的性質。我們的行動受那些不需究問的規則、價值觀、姿態和判斷所指引，而這些文化價值受造於大眾及私人領域的社會實踐，並得到強化。[12] 布迪厄稱之為「慣習」（habitus）。在參與這物質與儀式的繁複系統過程中，個人和族群找到了自己的身份定位，形成對地方和歷史的感覺以及權利觀念。以觀察尋常百姓生活世界為職志的人類學家，必須穿越靜止的「文化」假象，並突出含孕著獨特權力成分（諸如造國歷程、殖民遭際、帝國擴張等等）的重要歷史時刻，而「文化」於此被用作是空間、時間和社會的標示，藉以區分你我。[13]

從70年代開始做田野至今，我對文化觀念的看法逐漸「軟化」，更加貼近闡釋性，也十分明白文化其實充滿矛盾的意義和權力爭鬥。要瞭解這種觀點，就要求對解構的運用。我跟耶魯大學歷史系同事韓森（Valerie Hansen）曾有一段輕鬆的對話，從中可以看到我們對文化及其物質表現形式的不同理解和處理。韓森教授對唐宋時期絲綢之路上的綠洲小鎮有著淵博的知識。她經常接觸那些稀有的石碑、文獻、出土文物、宗教典章以及洞窟壁畫。她經常抱怨說，人類學學者只不過是「隨時隨地製造他們的材料」，而她和她的考古學同事則掌握著具體的、可見可觸的器物。她每次這樣說的時候，我就提醒她，跟人類學學者相比，歷史學者的處境更加不妙。「我們至少充分知道我們是怎樣構建材料的，但歷史學者則不得不與別人構建的結果打交道。」在我們的經驗世界裏，沒有什麼東西是不受人類動機和實踐影響、而又能脫離時間而客觀獨存的。

觀察中國政府近年怎樣大力提倡一種固化的「儒學」，是饒富趣味的。過去幾十年，各式各樣的社會工程蓄意把儒學鏟除淨盡，而國家在後改革時期卻用盡力氣為它招魂。孔子學院的使命是弘揚中國文化的本

質，以與中國在新世界秩序中冒起的形象相匹配。即使在奧運會的開幕式上，中國以前所未有的熱誠，卯足全力演示永恆不變的「中國文化」，俘獲世界對中國的想像。看在人類學家的法眼裏，這是非同尋常的權力舞台，蔚為奇觀：印證主事者認為這是展示帝國、民族以及21世紀在全球重要一員的最佳場所。

多年來，我的同事們在研究文化、歷史與權力時的其中一個關注要點，是存在於家庭與婚姻、宗族形成、小區節慶和民間宗教等的儀式。一個早期的例子是我那篇關於小欖菊花會的文章（參見本書第八章），追溯菊花會從18世紀末到20世紀末的演變過程。菊花會每六十年舉辦一次，在那重要時刻，都有不同的角色披甲上陣，宗族和商人組織苦心經營，文人雅士舞文弄墨，共同以充滿創意、卻又與國家擴張管治相契合的文化想像，造就了明清時期的地方社會。在民國期間乃至社會主義革命和改革開放以來，鎮上的精英們繼續利用菊花會，以慶祝「傳統」為名，達致他們各種各樣的現實目的。菊花會是一場壯麗的文化盛宴，旨在確認珠江三角洲地區千變萬化的權力網絡。通過歷史文獻和田野資料，我深描並闡明了一個地區和當地富創意的人們是怎樣使用象徵性和工具性的手段，來融入晚清帝國與後來的國家動盪、社會主義革命，以及後社會主義國家。

在另一篇文章裏，我把目光轉向清代珠江三角洲地區的「不落家」習俗。「抗婚」這一複雜現象，往往與19世紀末婦女投身繅絲業聯繫在一起。而〈婦女何在？〉[14] 所質疑的是，把不落家視作「抗婚」形式是否恰當。相反，我追溯了早在該地區繅絲業興起之前就有的婚姻習俗，考察其歷史脈絡。我仔細分析地方文獻中的敘事策略，並點出當地人（包括婦女）的主觀能動性，他們在現實和想像的帝國中，到底以什麼方式建立各自的位置。這促使我們進一步提問：那些聲稱祖先來自中原地區的華南居民，究竟是些什麼人？如果這些人都是原居民，為何他們在剝掉原居民一切印記的同時，卻仍保留某些婚姻習俗？在當時這片不毛之地上，他們為什麼用這些文化策略來建立自己的身份，並宣稱擁有該地區的入住權？而這些策略又是怎樣被運用的呢？儘管這篇文章開始

談的是婦女和婚姻習俗，但處理這個題目的方法卻使我走得更遠，為區域政治經濟和形成中的族群提供了新的解讀方式。

沿著相似的思路，劉志偉研究了清代珠江三角洲地區沙田上的宗族。在〈宗族與沙田開發〉一文中，[15] 他把形成中的宗族制度、北帝崇拜和相關的儀式聯繫起來，突出了以文化語言表現出來的權力。新興的社會群體從不斷沖積的沙田中積累財富，編纂族譜，建立蒸嘗，修建美輪美奐的祠堂，聲稱他們的祖先來自中原，或者與中原的士紳有親緣關係，從而與那些沒有構建這樣宗族記錄的人劃清界線，並否認這些人定居在沙田上的權利。在這樣的文化體系中，最糟糕的可能不是馬克思筆下的那些赤貧、沒有土地的農民，而是不屬任何宗族或村子的人，還有就是那些在**文化上**被排斥、被標籤為「異類」的人。

與上述思路相近，劉志偉和我研究了清代在不斷發展的珠江三角洲地區上的農民和漁民，看他們之間不斷改變的「族群」界限。在〈宗族、市場、海賊與疍民〉一文（參本書第九章），我們的研究並不是從固定不變的「族群」類別出發。相反，我們將之看作是那些早已安定下來的居民所使用的一種標籤，用來排斥在這片政治秩序尚未形成的沙地上的潛在競爭者。正是在社會經濟環境不穩定、僭越行為觸目可見的時候，文化標籤變得僵硬。在太平盛世的時候，漁民被視為是船主、運輸負責人和商人。在王朝衰敗的時候，他們被當作疍民和盜寇而備受歧視。在沙田上，被排斥者往往能找到往上爬的辦法。一旦成為「上岸的人」，他們以先祖的名義設立產業，在肥沃的沖積田地上耕種，按照被認為是正確的文化策略來舉行儀式和編撰族譜。同時，他們又會把那些歧視性的標籤貼在後來者身上。在我們的概念框架裏，「族群」並非一成不變的，它其實是一個充滿經濟意義和權力鬥爭的歷史過程。

科大衛把這些聚焦文化的觀點總其成，並將之置於關鍵的歷史時刻。他的《皇帝與祖先──華南的國家與宗族》[16] 充滿社會文化誌上的敏銳觸覺，亦顯出在歷史文獻上的深厚功力。讓我詳引發表在《中國季刊》（*China Quarterly*）評論該書的一段文字：

在明清時期，嶺南不僅通過戶籍制度或宗教的正統實踐，還通過宗族的語言合法地與中心建立聯繫。宗族的形成在人類學文獻中長期以來都是跟華南聯繫在一起，被看作是文化的精髓，具有功能上的必要性。在科大衛的敘述中，是一系列把農村跟國家聯繫起來的歷史事件造就了宗族的出現。從科大衛對在16和17世紀之間的香港新界的研究開始，他的觀點豐富和修正了弗里德曼（Maurice Freedman）有前瞻性的研究。本書集中論述具體的宗族形成——在一定地域範圍內的小區追溯共同的祖先，展示書面的族譜，以士紳文人自居，設立建立在土地之上的公嘗，修建美侖美奐的祠堂，以及推行種種儀式。明清時期的珠江三角洲，與這些大宗族相伴出現的是：高度資本化的沙田積累，通過戶籍和賦稅制度來實現的族群分化，大禮儀之爭及宮廷政治，以士紳為主體的地方領導，宗族和社區儀式的繁盛（及杜撰）。正如科大衛所言：「在中國歷史的不同時期，地方社會與帝國國家的接合，會以口述表達、行為態度、行政方式和信仰等不同方式反映其特徵。如果用一個語詞濃縮概括上述不同的方式並藉以標示某種制度，那麼在華南，『宗族』就是這個言簡意賅的語詞。」[17]

在我看來，這本書是歷史人類學的上乘之作。

作為一個概念框架，歷史人類學的研究課題並不限於過去發生的事。我自己在從事社會主義和後社會主義時期的社會文化誌研究時，就運用了這一套分析工具來瞭解當前。在帝國時期，國家是一個無所不包的複雜文化系統以及各種象徵的源泉，地方及當地的人們通過操縱文化意義和身份，給自己留下了許多轉圜的餘地。（當新的政體在政治上及論說上將鄉村社會與農民「他者化」，這種國家－社會關係在20世紀起了變化。毛澤東時代，有組織的國家機器權力並沒有透過任何中介施行其統治，使這種他者化過程臻於極致。本土社會的文化資源與社會連結被逐步剝除，而經濟上亦變得孤立無援。[18]）在90年代，我發表了一系列關於廣東城鄉變遷的文章。其中，我運用了一個相當福柯式的「權力」概念，質疑「國家」與「市場」的二元對立。在〈小城鎮的社

會主義賣貨郎和太子黨〉一文 (參本書第五章)，我觀察到的是，國家權力在人們創業的過程中也是無遠弗屆的。我研究的那個市鎮，居民儘管努力忘記毛澤東式的革命，與此同時，國家也表示放開對經濟和社會的控制。可是，依託在制度和意識形態中的國家權力已深植在幾代人的心裏，揮之不去。不無諷刺的是，儘管他們另有所圖，但在他們的日常追求中卻複製了國家的權力。我把這個過程稱為「國家的內捲化」(state involution)。

在隨後關於家庭生活、民間宗教儀式、城鄉區隔及城中村等文章中，我分析了在後改革時期，一個專政國家 (制度性和話語性) 的硬性和軟性權力如何在大眾不自覺的參與配合下不斷延伸。在〈中國紀元：背負歷史行囊快速前行〉這篇書評中 (參本書第四章)，我評論了三本關於當代中國的書，再一次提出這個問題：

> 中國正在沸騰！全球的媒體眾口同聲說這是「中國的世紀」……這一切莫不展現中國欣欣向榮、一往無前地奮力走向真實和想像市場的景象。

> 在經濟數據及媒體的喧聲背後，人類學家關心的是改革的修辭與市場的力量到底在怎樣改變社會主義晚期中國老百姓的生活……與許多發展中國家的情況相類，在這個國度裏，他們的生活交織著一個個志得意滿、野心勃勃，但也不乏迷惘與悲痛憂傷……每個人都不能自外於變化的過程。

> 這群活力充沛、戮力向前的老百姓在背負著怎樣的歷史行囊？人們試圖忘懷卻又揮之不去的毛式革命帶來了怎樣的衝擊？躁動的情緒四處流竄……(但) 他們單維的思想傾向、想像與行動策略，就像手上沒有多少文化資源或社會中介的頭腦發熱的投機者。我們怎樣從理論上把這些起作用的行動與人們置身其中的制度性結構相連起來？是否像以前一樣，這些能動者會成為自身行動所造就的處境的受害人？

地域性和跨地域性，統一與分殊

我們決不能視中國文化為永恆不變的，問題在於如何充分意識到她過去呈現的紛繁多樣性以及高度統一性，而今天卻又顯得極其扁平單一。思想家也許關注文化核心的連續性，而政治科學家可能著眼於統合的行政機制，至於人類學家和歷史學家則致力發現那個接通村民與跨地方權力、利益和權威的動態生活世界。以農為本的帝國通過這重重互動，將其管治達於臣民。

由於我們關注政治中心和地方社會的文化互動，很自然就想到施堅雅、弗里德曼、武雅士、華德英（Barbara Ward）、孔邁隆（Myron Cohen）和華琛（James Watson）等人的經典論述。為了理解這樣一個以農業社會為主、歷史既悠長、地域又廣闊的國家，這些學者提供了不同的解讀框架。就中國文化和社會同時存在的統一與分殊這個問題上，他們各有自己的理論取向。

施堅雅的「空間」框架，把中國的王朝歷史看作是由地方的興衰循環所織造的。他對帝國晚期的區域系統概念，是以涂爾幹的功能主義及新古典經濟學為基礎的。他那具有等級結構的農村市場模型，出發點是農民對運輸成本的計算。各級結構的中心與墟市的週期雖然千差萬別，但功能上卻是整合的，從而使貨物、人和信息的流動得以最大化。[19] 無論中國農民的社會世界在某一層次上是多麼地謹小慎微和看起來別無二致，但它始終跟相鄰層級的經濟交換活動是相互交叉並聯繫的。

從經濟、社會及規範等角度考究農民世界到底是怎樣隨著市場週期和朝代更迭的脈動而張弛開合，施堅雅為空間結構注入時間向度。[20] 由於貨物、人及訊息在巢狀式系統的層階中進出流動，農村生活得以與城市生活並帝國事業相勾連。當國泰民安時，農民社區有著各種敞開的進出口；相反，當政治衰敗、民不聊生的時候，社區也變得閉鎖。與國家機器的互動發生在比較高級的市場中心，其中的經濟功能與行政功能盤根錯節。[21]

　　施堅雅理論在方法學上的重要貢獻，在於如何將我們的研究點置放於動態的時空語境中。從分析角度上說，他的模型將人類學的關注從有邊有界的「村」，轉移至「基層市場社區」，作為理解中國農村的始點。從宏觀的區域層面分析，「基層市場社區」的這些巢狀層階的盛衰，形塑著王朝歷史的發展。[22]

　　與施堅雅不同，弗里德曼並非以經濟架構為骨、社會文化為肉來描述一個政治實體。他的出發點是文化原則——親屬關係和繼承。弗里德曼從結構功能主義的角度指出，在華南地區，發達的水稻種植業，加上灌溉及防禦的需要，為擁有田產的的宗族社區的興起創造了條件。他那關於親屬組織的前瞻性研究跟施堅雅在理論前提上可能不同，但兩者在統一和分殊並存的問題上則有著相似的洞見。通過書寫族譜，通過土地積累起來的財富、裝飾講究的祠堂、繁複的儀式，甚至是針對地方上競爭對手的目無法紀的政治行為，具有控產性質的親屬群體得以彰顯並鞏固他們獨特的身份。但是，他們還是與超越地方社會界限的、更高等級的宗親組織聯繫在一起——無論這種聯繫是真實的還是虛構的；而且，他們也接受源自政治中心的共同的儒家文化。

　　科大衛深受華德英研究香港新界時的那種韋伯式取向影響，[23] 他放棄弗里德曼的功能主義式論證，並賦予宗族形成的歷史視野。科大衛並不把宗族規則視為藉由三角洲的豐沃條件所成就的文化理想，他超越弗里德曼親屬關係和繼承的觀點，轉而強調在邊陲區域入住權的爭訟，並且闡明這些爭訟如何嚴絲合縫地嵌進由帝國中心發起的特定政治/道德爭論。[24] 那是在明清時期，帝國延伸到正在形成的珠江三角洲地區，地方上的人民以特定的造國議程宣稱自己的入住權，並在河流的沼澤地帶建立田產。這些田產，加上裝飾華麗的祠堂及仔細制定的儀式，形成華南宗族特色。與文人傳統（無論是真實的還是編造的）的聯繫以及族譜中描述的遷移史，都指出了在地方性群體的形成過程中存在著跨越地方界限的因素。這種宗族的語言是十分強有力的手段，它把地方上的人分成了漢族的和其他族群，也區分了植根鄉土的良民、流動人口和被排斥的群類。在這樣一個以宗族為研究內容並充滿各種富有文化意義符號的「研

究點」，其本身是一個由那些牽涉其中的人在特定歷史環境下有意識的構建。[25] 我們把這一過程稱為「原初跨越地方界限的社會」。[26]

從華德英的意識形態模型出發，科大衛和我也特別注意地方社會在自我塑造的過程中，其所想像的「中心」扮演了何其重要的角色，由此，我們把區域視為一種構建、一種人類能動性的產物。我們認為，認同、身份、制度、結盟都經過不斷的重構和討價還價，且與人的動機、充滿意義的操控、權力的把弄川流不息地往來復返。不過，所有這些總會在歷史的某一刻碰在一起，造就了長遠的影響，也就是說，在歷史過程中的某個關頭，意義深遠的結構生成了。這樣的看法，恰恰是我們跟施堅雅的研究取向最大的不同之處。施堅雅在就任亞洲研究協會主席致辭時，提出了區域盛衰的循環結構，藉以解析朝代興衰的歷史。[27] 與施堅雅的思路不同，我們通過研究不同的歷史過程，去明白某些結構如何出現，並且如何被人們有選擇地記住，成為指導他們行動的準則。穆格勒（Erik Muggler）的《野魂年代》（*The Age of Wild Ghosts*）[28] 與我們的思路頗為相近。

另一個主要的國家—社會關係接合點是民間宗教。武雅士、[29] 王斯福（Stephan Feuchtwang）[30] 和華琛[31] 以各自的觀點角度，闡釋了帝國的隱喻和政治禮節是如何滲透到日常生活中的大眾宗教信仰和儀式之中。那些祖祖輩輩從未離開過村子的農民卻可以通過儀式上的實踐，瞭解到（並獲得）他們在帝國秩序中各自的位置和官僚系統的權威。如果我們無視科舉制度的形式作用，也就無法全面瞭解這種以文化網絡為依託的權力關係，是如何把地方和中心聯繫起來的。思想史家艾爾曼（Benjamin Elman）[32] 指出，科舉制度是一個繁複系統，幾個世紀以來，在此系統中，建立在擁有土地所得的經濟權力、教育的社會權力以及官僚體制的政治權力相輔相成，從而實現文化、社會和政治的再造。而依賴於它的帝國系統彈性，是以一個文化理念來實踐的。只有在危機四起的情況下，它才是一個強加到人們頭上的政治機器。[33]

文化實踐的整合機制可以是以經典文獻為依據的教育制度，也可以是老百姓流傳的地方故事和戲劇片段。無論是哪種方式，它們都有助於

構建身份和界定成員的資格。就此，研究明清文學的白芝 (Cyril Birch)
曾指出：

> 偉大的小說作品，通過童蒙稚子的閱讀、說書人和戲曲的口頭傳
> 播，深入民間，就像精美絕倫的大教堂使得歐洲農民確信他是基
> 督徒一樣。[34]

那麼，這一「原初跨越地方界限的社會」在當代的命運又是怎麼樣
的呢？對於要選擇研究「點」的社會科學學者來說，這都是個重要的問
題。我應舉例說明：1970年代，當我到廣東做田野研究的時候，政治
學家許慧文 (Vivienne Shue) 也去了華北做研究。1980年代，我們在耶魯
共事，一直就毛澤東時代的國家政權究竟在多大程度滲透了農村社會這
一問題有過君子之論。我認為這跟南北的地域差異無關，而我們的分歧
在於對「村子」的看法。在我看來，中國傳統的村莊則就像施堅雅、武
雅士、弗里德曼和其他學者所說的那樣，從一開始就是「超越地方的」。
但是從1950年代到1970年代，國家的統購統銷政策取代了有層級的市
場體系。複雜的宗族聯盟也隨著先祖產業、祠堂、禮儀及其管理人的衰
亡而消失，社區節慶也從人們的共同記憶中抹掉。過去，各路神仙如土
地公、城隍、北帝、洪聖、天后、觀音等會出現在民間宗教和儀式之
中，但這些宗教和儀式已不再為村民提供參與和想像的平台了。簡言
之，多種多樣的文化權威被逐漸邊緣化和摧毀，剩下來的只是這個地方
的一副骸骨、一個細胞化的村子、一個急劇萎縮的社會世界、一個文化
真空。我所看到的是經過毛澤東領導下三十年急驟的政治變革後，傳統
被掏空淨盡的村子。如果我不是對村子在多個世紀裏逐步被構建的過程
有歷史上的理解，那麼我將無法徹悟它們在解放後是如何被社會主義政
權剔肉剩骨的。我的專著《華南的「能動者」與「受害人」——農村革命
的共謀》旨在闡明這個過程。[35]

在後改革時期，我轉而注意另外一種「地方」：位處每個主要中國
城市邊緣的城中村。正如我在〈顛沛不流離：後改革時期華南非公民的
城市空間〉[36]一文中所描述的，我把類似的歷史性觀點運用到今日儼然

進入「後現代」發展階段的中國之上。在這裏我只突出兩點：第一，城中村的居民並不是之前農村時期的殘存，他們是後改革時期的新創造，巧妙地應對著目前中國發展的幾個主要階段：一個深重的城鄉區隔、使農民動彈不得的集體土地體制；一個不再珍視勞動、了無生氣的社會主義官僚體系；一個不受約束、缺乏道德的市場（很大程度被國家政策及根深蒂固的利益所歪曲），以及一個不惜任何代價、渴望提升國家榮譽的政府。村民操縱著他們位於廣州邊緣集體所有的土地的價格，外來民工為了低廉的租金而忍受著不符合標準的住房，而地方官員則從土地買賣中賺取無法想像的利潤，並依靠修築地標性建築來滿足他們的野心與虛榮。他們都是中國急速邁向世界工廠和現代全球性角色的主要利益持份者。其次，我認為，無論村民或他們那些外來租戶變得多麼富裕，無論他們看起來多麼富有流動性，他們實際上正經歷著強烈的社會、文化和政治禁閉。幾十年對他們農民身份的制度性歧視正畫地為牢。因此，像 Zomia 一樣的城中村，既是一個實實在在的「點」，也是充斥各式各樣話語的場域。中國的「城市革命」曾引起學界強烈興趣，[37] 但在看到中國城市居民頭腦發熱地向後現代城市大邁步的同時，我想最為重要的是以歷程發展的視野，認清從毛澤東革命時代積累下來的層層經驗。[38]

互聯亞洲：再思全球性、國家性和區域性空間

如果怎樣定義一個地方或研究點對思考人類學的理論和方法是至為關鍵的話，那麼，我們該如何運用研究歷史過程的視角，去理解包含不同「地區」卻互相聯繫 (inter-connected) 的「亞洲」呢？尤有甚者，長久以來，這些地區的建構並非以陸地為基礎，亦非以國家為中心，而是跨洋過海、超越政體的。

列斐伏爾給我很多啟發，讓我從心靈和物質兩方面思考社會空間。卡斯特 (Manuel Castells) 在我腦海中確認了空間是每個歷史集合的

具體表述，而正是每個歷史集合讓社會具體化和被標識。馬克‧歐杰
(Marc Augé) 和哈維則強調，當世界在過去幾個世紀中分別經歷了現
代、後現代或超現代之時，時空座標、規模以及相關的主觀狀態和參考
是如何轉變的。今天，世界正變得越來越「小」。在制度上，民族國家
的邊界可以變得模糊，公民的身份也隨環境而定。我們可以在短時間
內跨越時區和廣袤的土地。在數碼空間裏，數以十億計的款項眨眼間
就被轉走。

　　全球範圍內的各種流動，讓我們這些人類學家處境艱難。我們不
再可能以為自己會在田野過程中發現文化上的他者。那些研究非洲商販
的學者輕易地就發現，無論是在紐約還是廣州，他們的研究對象就在家
門口。但是，物質資源、人、文化、影像和意義幾乎不會「整體」地旅
行，他們的流動也不會十分暢順。[39] 通過富有創造性的能動主體，碎片
在不同的歷史關頭循環流動、迭加。一部分被重新詮釋和強調，其他的
則被拋棄、遺忘或歸於沉寂。這些選擇過程，都是人類學者樂意去發掘
的鮮活經驗。

　　20世紀後期，許多批判社會理論家在闡述這些歷史過程時，紛紛
重新調整了以歐洲為中心的範式。古迪在《盜竊歷史》一書中把我們的
注意力轉向歐亞大陸的「開化過程」，而這一過程對近代歐洲歷史的展
開影響至巨。[40] 耶魯的同事 Dimitri Gutas 提醒我們，在 6 世紀到 9 世紀期
間，大量的希臘經典文獻在巴格達被翻譯成阿拉伯文，這些阿拉伯文獻
後來在意大利文藝復興期間可能又被翻譯成拉丁文。[41]

　　然而，如果我們從政治或道德的立場出發，把歐洲去中心化的話，
我們很容易會掉進把亞洲再東方化的陷阱。紐約大都會藝術博物館在
2004 至 2005 年間舉行了一個啟人以思的展覽，名為「中國：黃金時代的
開端，公元 200–750 年」，展示了漢朝末年到唐朝期間，從歐洲開始、
穿越中亞直達華北的不同族群之間大範圍的商品流動和文化融合。正是
這個複雜的過程，造就了自漢朝末年至唐朝數個世紀以來的「中國」。
在這種洲際互動、亞洲的這一端，陸威儀 (Mark Lewis) 就曾指出，唐朝
是個商貿、文化、藝術都極之昌盛繁榮的「泱泱大國」，展示了一個幅

員遼闊的政體，遠至朝鮮，延伸至波斯灣。[42] 此外，阿布－盧格霍德（Janet Abu-Lughod）追查13世紀串連歐亞之間的中東心臟地帶至印度洋的共同商業組織，把世界體系擴延了。[43] 從中汲取的重要分析的功課，是尋找在我們的理論框架中所缺失的歷史／文化連結，並且理解固化的、以陸地為中心的範疇是怎樣左右著學者的思考。[44]

米歇爾（Timothy Mitchell）[45] 和特魯格（Michel-Rolph Trouillot）[46] 著重指出，在隨後的世紀裏，以歐洲為中心的敘事模式描述了一個單一的、具有普適性的現代化，這帶來了種種問題。他們強調，從帝國擴張早期的加勒比海岸到19世紀的孟加拉國、當代的摩洛哥，政治、感性、時間概念和自我意識在不同地方都有著各自特別的形式，而這些形式都在同時間出現和被表述。科恩特別敏銳地關注英國在印度的殖民主義、其知識的形式以及權威性的語言。[47] 安德森在發掘印刷文化與以想像的共同體的形式出現的民族國家之間關係的同時，還解釋了人口普查、地圖和博物館如何界定著人口、地域以及文化傳統。[48] 在我與柯嬌燕（Pamela Kyle Crossley）、蘇堂棣（Donald Sutton）合編的《帝國在邊緣：早期現代中國的文化、民族和邊疆》（*Empire at the Margins: Culture, Ethnicity, and Frontier in Early Modern China*）[49] 一書中，我們反思了當「中心」變化不定時，邊疆與民族在現實中是如何被分類的。

當我們對如何表述歷史「事實」以及對那些我們當作是理所當然的起點的學術分類（例如帝國和民族國家）進行批判性自我反省之時，我們又該如何從概念上把握亞洲——東亞、東南亞、南亞，以及其他地區？這些區域性空間是如何被界定的？研究他們的文化、人口、經濟和政體的問題，又是如何建立在特別的定義之上的？我們應該究問，現有的研究是怎樣建基在以陸地為依據、以國家為中心的前提，從而構建它們的理論框架的。例如，在統治問題上，政治史學家的注意力都集中在王朝的命運，以及帝國與新興民族國家的衝突之上。人類學學者的一個壞習慣，是把研究置於看得到的、邊界分明的「點」上，這樣可以讓他們在這個點上泡一段時間。如果他們窺探人的移動，就以為看到了人的遷徙移民，總是假定存在「移民」所離開、那個確實的中心和家園。

　　這也是自我再現，正如陸威儀在《古代中國的空間構建》[50] 一書中提到，中華帝國的文典系統勾勒了一種精細的空間秩序框架，抬高特定種類的、以土地為基礎的政治中心，把「地區」和「地方習俗」邊緣化。無論商人們是多麼有動力、多民族、文化多元和跨區域，但在帝國的想像中從無一席之地。許多經濟史家對集宦官、商人和帝國官員於一身的鄭和很感興趣，他們以為鄭和在 15 世紀領導船隊，從中國沿海一直到非洲，七下西洋，這些旅程要麼是追尋與大明天子爭奪皇位的失蹤競爭者的政治之旅，要麼頂多是在帝國邊緣從事「異國貿易」。

　　關注貿易與市場、以海洋為基礎的學術傳統不是沒有，例如研究地中海的布勞岱爾（Fernand Braudel）、[51] 印度洋的喬杜里（K. N. Chaudhuri）[52] 以及中國東海的濱下武志，當然還有研究廣州、長崎和巴達維亞的包樂史（Leonard Blussé），[53] 中東、穆斯林和印度洋的阿布－盧格霍德，[54] 跨文化之間貿易的科廷（Philip Curtin）、[55] 卜正民（Timothy Brook）、[56] 葛旭（Amitav Ghosh），[57] 鮑斯（Sugata Bose）、[58] 梅特卡夫（Thomas Metcalf）、[59] Engseng Ho[60] 等人論不同區域間的社會、政治及軍事的網絡。上述各個研究傳統，都把其所專注海洋範圍及相鄰的陸地當作是一個「區域」。但如果我們重新集中在以海洋為中心的貿易路線之上的流動性與聯繫，又或是聚焦於多個世紀以來，在那些位置優越的港口城市及其資源豐富的居民所體現的層層重要的文化融合與沉澱，那麼，這些不同的研究傳統就能滿有成效地聯繫起來。1494 年的《托爾德西里亞斯條約》（*Treaty of Tordesillas*）把發現新世界的權利一分為二，分界線以西屬西班牙，以東則屬葡萄牙。但是，這兩大貿易帝國在廣闊的「亞洲」區域——從印度洋到太平洋——再度碰頭，重新開戰，直到荷蘭人、英國人和美國人也加入其中。

　　由此，這種種全球連繫的歷史過程，在概念上造成的結果就是「翻展亞洲」（Asia Inside Out）。[61] 若從那些參與構建該過程的人的經歷出發，那麼這區域就是一個大大有別於以國家和帝國為中心的「空間」。這三卷一套的論文集，展示了毗鄰緊接的廣袤大陸的區域互動歷程。第一卷突出了聯繫上的關鍵時刻，即或歷史上被認為沒什麼重要意義，但隨後

就能發見其結構相關性。至於第二卷，重點標示地域的關連，以掌握物理上和政治上跨區域的流動性。而第三卷，則聚焦於人物與制度的相連性。為了進一步闡明我們挑戰傳統地緣政治和線性歷史的解讀方式，容我援引「翻展亞洲」第二卷導言的一段文字：

> 因而，這一卷注目於鑄造這些關連地方的歷史情境 —— 宏觀的政治力量、微觀的個人謀略、部署跨本土的制度性資源、協商談判，以及總其上而得的結構性後果。我們用「空間的時刻」(spatial moment)這個概念來理解廣義下的亞洲，為要掌握器物和言說形式下的時間－地方動力……在我們看來，亞洲的地方營造涉及各式各樣的歷程，是人類主觀能動者千百年積聚下來的多變結構聚合體。[62]

我可以從我熟悉的華南來說明此多層次的歷史。華南這個「區域」在帝國空間構建中一直被視為邊緣和具有顛覆性，在社會主義時期則是政治上不可靠，但是當中國向世界出發之時，該區域在改革開放後的幾十年中卻成為了中心舞台。如果這一「亞洲」區域在歷史上就是以貿易和文化融合與外界相聯繫的，那麼在廣州城外的南海神廟發現一個滿面鬍子、膚色黝黑的南亞人被供奉了多個世紀，並成為地方傳奇，也就不足為奇了。泉州和廣州還有歷史留下來的清真寺，見證著過去多少世紀以來大量阿拉伯人在當地出現過。同樣不足為奇的是，清朝時期，墨西哥銀元在位於珠江三角洲西邊的潮連鄉廣泛流通，人們甚至理所當然地捐到洪聖廟。[63] 到了19世紀和20世紀早期，華南地區的港口城市如廣州、香港、江門和四邑，因其是移民到美國和東南亞的華人的故鄉而廣為人知，城中歐洲風格的商人住宅和商業區塑造了這些城市。這樣的建築風格同樣支配著如加爾各答、孟買等殖民城市和海灣地區其他港口城市的景觀。作為一種區域構建的「亞洲」，在歷史上就是由世界各種文化和市場聯合起來的。這些在政治上曖昧的港口城市以及其民族多元化的居民是如何各自與他們的「國家」空間相聯繫的，是需要嚴肅反思的課題。我不會把這些聯繫和變動的過程稱為「海外遷徙」。[64] 通過強調歷史上的全球化與當代全球化在實證上的重要性，我們終於可能把以國家

為中心的分析範式 —— 該範式主宰了20世紀的社會科學 —— 放到其應有的歷史位置中去。

　　總而言之，我希望通過這系列書寫，來澄清我與華南研究的學術夥伴多年來一直探索的一些主要研究主題和概念工具。我們用它們來界定「歷史人類學」，來指導我們在文獻和田野方面進行跨學科研究。我們毫無疑問都在不斷地調整我們的田野方法，保持我們的批判精神，去閱讀和理解歷史與文化的文本。我們希望這個探索的過程能讓我們測試自己的分析框架，並對各種與結構化、能動主體、社會實踐和權力等主題有關的學術討論，能夠有所回應甚至貢獻。在我們的眼中，不論我們的研究點是鄉村、小鎮、城市、亞洲還是世界，它們都是聯繫在一起的。我們的智思之旅也許從華南啟程，但無論在實證上還是學科意義上，我們思索的問題早已超越華南，橫渡亞洲海域，連接世界。

（余國良、張珺譯，程美寶校）

註釋

1　Lawrence Stones, "The Revival of Narrative: Reflections on a New Old History," *Past and Present* 85 (November 1979): 3–24; Geoff Eley, *A Crooked Line: From Cultural History to the History of Society* (Ann Arbor: University of Michigan Press, 2005).

2　Sherry Ortner, "Theory in Anthropology since the Sixties," *Comparative Studies in Society and History* 26, no. 1 (1984): 126–166.

3　Nicholas B. Dirks, Geoff Eley, and Sherry B. Ortner, *Culture, Power, History: A Reader in Contemporary Social Theory* (Princeton, NJ: Princeton University Press, 1994); Charles F. Keyes, "Weber and Anthropology," *Annual Review of Anthropology* 31, no. 1 (2002): 233–255.

4　劉志偉：〈地域社會與文化的結構過程 —— 珠江三角洲研究的歷史學與人類學對話〉,《歷史研究》(北京)，2003年第1期，頁54–64。

5　Steven Lukes, *Individualism* (Oxford: Blackwell Press, 1973).

6　Richard Madsen, *Morality and Power in a Chinese Village* (Berkeley: University of California Press, 1984), p. 30.

7   Helen Siu, *Agents and Victims in South China: Accomplices in Rural Revolution* (New Haven, CT: Yale University Press, 1989), pp. 13–14.

8   Helen Siu, *Furrows: Peasants, Intellectuals, and the State—Stories and Histories from Modern China* (Stanford, CA: Stanford University Press, 1990).

9   David Lowenthal, *The Past Is a Foreign Country* (Cambridge; New York: Cambridge University Press, 1985).

10 Akhil Gupta and James Ferguson, *Culture, Power, Place: Explorations in Critical Anthropology* (Durham, NC: Duke University Press, 1997).

11 Helen Siu, "Hong Kong: Cultural Kaleidoscope on a World Landscape," in Gary Hamilton, ed., *Cosmopolitan Capitalists: Hong Kong and the Chinese Diaspora at the End of the Twentieth Century* (Seattle: University of Washington Press, 1999), pp. 110–111.

12 Ortner, "Theory in Anthropology since the Sixties," pp. 126–166; Dirks, Eley, and Ortner, *Culture, Power, History.*

13 Akhil and Ferguson, *Culture, Power, Place.*

14 蕭鳳霞：〈婦女何在：抗婚和華南地域文化的再思考〉，《中國社會科學季刊》（香港），1996年春季，總第14期，頁24–40。參考本書第十一章。

15 劉志偉：〈宗族與沙田開發——番禺沙灣何族的個案研究〉，《中國農史》，1992年第4期，頁34–41。

16 科大衛著，卜永堅譯：《皇帝與祖宗——華南的國家與宗族》（南京：江蘇人民出版社，2009）；David Faure, *Emperor and Ancestor: State and Lineage in South China* (Stanford: Stanford University Press, 2007)。

17 Helen Siu, "Review Article: *Emperor and Ancestor: State and Lineage in South China* by David Faure," *China Quarterly* 192 (December 2007): 1041–1043.

18 Siu, *Agents and Victims in South China.*

19 William G. Skinner, "Marketing and Social Structure in Rural China: Part I," *Journal of Asian Studies* 24, no. 1 (1964): 3–43; "Marketing and Social Structure in Rural China: Part II," *Journal of Asian Studies* 24, no. 2 (1965): 195–228.

20 William G. Skinner, "Chinese Peasants and the Closed Community: An Open and Shut Case," *Comparative Studies in Society and History* 13, no. 3 (1971): 270–283.

21 William G. Skinner, *The City in Late Imperial China Studies in Chinese Society* (Stanford: Stanford University Press, 1977).

22 William G. Skinner, "Presidential Address: The Structure of Chinese History," *Journal of Asian Studies* 104, no. 2 (1985): 271–292.

23 Barbara E. Ward, *Through Other Eyes: Essays in Understanding "Conscious Models" Mostly in Hong Kong* (Hong Kong: The Chinese University Press; Boulder, CO: Westview Press, 1985).

24 David Faure, *The Structure of Chinese Rural Society: Lineage and Village in the Eastern New Territories* (Hong Kong; New York: Oxford University Press, 1986).

25 David Faure and Helen Siu, *Down to Earth: The Territorial Bond in South China* (Stanford: Stanford University Press, 1995).

26 David Faure and Helen Siu, "The Original Translocal Society and its Modern Fate: Historical and Post-Reform South China," *Provincial China* 8 (April 2003): 40–59.

27 Skinner, "Presidential Address: The Structure of Chinese History."

28 Erik Muggler, *The Age of Wild Ghosts: Memory, Violence, and Place in Southwest China* (Berkeley: University of California Press, 2001).

29 Arthur Wolf, *Religion and Ritual in Chinese Society* (Stanford: Stanford University Press, 1974).

30 Stephan Feuchtwang, *The Imperial Metaphor: Popular Religion in China* (London; New York: Routledge, 1992).

31 James Watson, "Standardizing the Gods: The Promotion of T'ien Hou (Empress of Heaven)," in David Johnson, Andrew J. Nathan, and Evelyn S. Rawski, eds., *Popular Culture in Late Imperial China* (Berkeley: University of California Press 1985), p. 292.

32 Benjamin A. Elman, "Political, Social, and Cultural Reproduction via Civil Service Examinations in Late Imperial China," *Journal of Asian Studies* 50, no. 1 (1991): 7–28.

33 James L. Watson, "Waking the Dragon: Visions of the Chinese Imperial State in Local Myth," in James Watson and Rubie Watson, eds., *Village Life in Hong Kong* (Hong Kong: The Chinese Univesity Press, 2004), pp. 423–442.

34 Andrew H. Plaks, *Chinese Narrative: Critical and Theoretical Essays* (Princeton: Princeton University Press, 1997), p. xi.

35 Siu, *Agents and Victims in South China.*

36 蕭鳳霞著，余國良、嚴麗君譯：〈顛沛不流離：後改革時期華南非公民的城市空間〉，載《洪範評論》（北京），第11輯，頁156–189，翻譯自 Helen Siu, "Grounding Displacement: Uncivil Urban Spaces in Postreform South China," *American Ethnologist* 34, no. 2 (2007): 329–350。參見本書第十六章。

37 Li Zhang, *In Search of Paradise: Middle-Class Living in a Chinese Metropolis* (Ithaca, NY: Cornell University Press, 2010); You-tien Hsing, *The Great Urban*

Transformation: Politics of Land and Property in China (New York: Oxford University Press, 2010).

38 Helen F. Siu, "History in China's Urban Post-Modern," *Cross-Currents: East Asian History and Culture Review* 1, no. 1 (2012): 245–258.

39 James Ferguson, *Global Shadows: Africa in the Neoliberal World* (Durham, NC: Duke University Press, 2006); Anna Tsing, *Friction: An Ethnography of Global Connections* (Princeton: Princeton University Press, 2005).

40 Jack Goody, *The Theft of History* (Cambridge; New York: Cambridge University Press, 2006).

41 Dimitri Gutas, *Greek Thought, Arabic Culture* (London; New York: Routledge, 1998); Takeshi Hamashita, *China, East Asia and the Global Economy: Regional and Historical Perspectives*, ed. Linda Grove and Mark Selden (New York: Routledge, 2008).

42 Mark Edward Lewis, *China's Cosmopolitan Empire: The Tang Dynasty* (Cambridge, MA: Belknap Press of the Harvard University Press, 2009).

43 Janet L. Abu-Lughod, *Before European Hegemony: The World System A.D. 1250–1350* (New York: Oxford University Press, 1989).

44 Martin W. Lewis and Kåren Wigen, *The Myth of Continents: A Critique of Metageography* (Berkeley: University of California Press, 1997).

45 Mitchell Timothy, *Questions of Modernity* (Minneapolis: University of Minnesota Press, 2000).

46 Michel-Rolph Trouillot, *Global Transformations: Anthropology and the Modern World* (New York: Palgrave Macmillan, 2003).

47 Bernard S. Cohn, *Colonialism and Its Forms of Knowledge: The British in India* (Princeton: Princeton University Press, 1996).

48 Benedict R. Anderson, *Imagined Communities: Reflections on the Origin and Spread of Nationalism* (London; New York: Verso, 1991).

49 Pamela Kyle Crossley, Helen Siu, and Donald S. Sutton, eds., *Empire at the Margins: Culture, Ethnicity, and Frontier in Early Modern China* (Berkeley: University of California Press, 2006).

50 Mark Edward Lewis, *The Construction of Space in Early China* (Albany: State University of New York Press, 2006).

51 Fernand Braudel, *The Mediterranean and the Mediterranean World in the Age of Philip II*, 2 vols., trans. Siân Reynolds in 1972 and 1973 (Berkeley: University of California Press, 1966/1996).

52 K. N. Chaudhuri, *Asia before Europe: Economy and Civilisation of the Indian Ocean from the Rise of Islam to 1750* (Cambridge: Cambridge University Press, 1991).

53 Leonard Blussé, *Visible Cities: Canton, Nagasaki, and Batavia and the Coming of the Americans* (Cambridge: Harvard University Press, 2008).

54 Abu-Lughod, *Before European Hegemony*.

55 Philip D. Curtin, *Cross-cultural Trade in World History* (Cambridge; New York: Cambridge University Press, 1984).

56 Timothy Brook, *Vermeer's Hat: The Seventeenth Century and the Dawn of the Global World* (New York: Bloomsbury Press, 2008).

57 Amitav Ghosh, *In An Antique Land* (New York: A.A. Knopf, 1993); *River of Smoke* (Toronto: Viking, 2011).

58 Sugata Bose, *A Hundred Horizons: The Indian Ocean in the Age of Global Empire* (Cambridge, MA: Harvard University Press, 2006).

59 Thomas R. Metcalf, *Imperial Connections: India in the Indian Ocean Arena, 1860–1920* (Berkeley: University of California Press, 2007).

60 Engseng Ho, *The Graves of Tarim: Genealogy and Mobility across the Indian Ocean* (Berkeley: University of California Press, 2006).

61 Eric Tagliacozzo, Helen F. Siu, and Peter C. Perdue, eds., *Asia Inside Out: Changing Times* (Cambridge, MA: Harvard University Press, 2015); *Asia Inside Out: Connected Places* (Cambridge, MA: Harvard University Press, 2015); *Asia Inside Out: Itinerant People* (Cambridge, MA: Harvard University Press, 2019).

62 Tagliacozzo, Siu, and Perdue, *Asia Inside Out: Connected Places*, p. 25.

63 Helen F. Siu and Zhiwei Liu, "The Original Translocal Society: Making Chaolian from Land and Sea," in *Asia Inside Out: Connected Places*, pp. 64–97.

64 Helen Siu, "Positioning at the Margins: The Infra-Power of Middle-Class Hong Kong," in Andrea Riemenschnitter and Deborah Madsen, eds., *Diasporic Histories: Cultural Archives of Chinese, Transnationalism* (Hong Kong: Hong Kong University Press, 2009), pp. 55–76.

第二章

華南的文化認同和差異政治

　　「中國」一詞，展現許多面向和意義。「中國」歷久常新，化成一統；但是，大一統之下，卻又極度多元。這樣一個「中國」，讓學者著迷，促使他們尋找分析工具，揭示中國在各個歷史關鍵時期既一統又多元之謎。[1] 我認為，「中國性」(Chineseness) 並不是一套亙古不變的信念和慣習，而是一個把握千變萬化的感覺與存在的過程。中國是一種文明，是一處地方，是一個政體，是一段歷史；人們把自己聯繫到以上種種，就獲得中國人的身份。[2] 在被籠統稱為「華南」的地區，不同的人會從「中國」的多重定義中各取所需。華南地區的文化身份，是在哪些關鍵歷史時期建立起來？本文就是要揭示這些關鍵歷史時期。我不會提出一套具體的、可資客觀識別的、可把一群人圈出來的所謂特徵；我要指出的是，即使宣稱自己擁有這些特徵的人，也明白這些特徵是經常變化的，是各方商議妥協而成的。華南地區文化身份的爭議可以是很偶然的，也可以是很勉強做作的，但是，確實是由華南獨特的社會、政治和經濟關係催生而出的。[3]

　　鑒於前蘇聯和東歐後改革時期出現的致命種族衝突，人們可能好奇：中國共產黨會否也失去正當性或管治的能力？中國作為一個政體，會否分崩離析？地方勢力會否強調自身文化、宗教和歷史的獨特性而主張自治，挑戰北京權威？這些問題不僅適用於那些被定義為「少數民族」的群體，也適用於那些自認「漢人」但獨具地區特色的群體。而且，這

個問題還不限於後社會主義體制。前西方殖民地獨立後，當地社會重建
的痛苦過程，就讓我們意識到這個問題的普世意義。有人會認為，如果
不同的文化群體被圈進同一政治邊界，如果地方與中央之間大多只是行
政管理性質的聯繫，那麼，一旦出現權力真空，那麼分裂便不可避免。
但這種思路能否適用於中國，卻是不無疑問的。因為在中國，對於政治
中樞的文化認同，深深淪浹社會生活，以至雖然間或有人強調地方多元
特色，結果卻是鞏固了作為想像共同體的中華民族國家。換言之，可否
這樣説：「做中國人」既是一種整合融入的體驗，同時也是一種產生區
別的體驗？當一套佔據主導地位的民族主義話語瓦解，便又有新一套取
而代之？[4] 如果以上言之成理，對於我們分析文化自主、進行文化批
判，有何啟示？

　　為了處理以上問題，我選擇了華南。華南雖位於中國政治地理邊界
之內，但在北京統治者的封疆輿圖上，卻是距離中央最遠的地區之一。[5]
幾百年來，人們相信華南是一片窮山惡水，這裏也是朝廷流放官員之
地。在近代史上，華南獲得了一種「開化」的形象，但官員們總是對華南
不太放心。華南人口的族群成分複雜，雖然他們都説一種獨特的方言
(粵語)，但華南人對中央、對他們自己，都心存畛域之見。而這些畛域
之見的文化意涵，也因時而異。[6] 近幾百年來，由珠江水系連接起來的
華南核心地區日益商業化、城市化。這一地區通過和阿拉伯、南亞、歐
洲等地的貿易活動，以及一波波向東南亞、美洲的移民潮，與世界緊密
聯繫。這裏的人們有一種獨特的企業家精神和生活方式，以及在北京眼
中不太服帖的政治觀念。這種特質體現在清代行商身上，他們的十三行
處於廣州城的西關，而廣州正是華南的第一大都會。如今，在美國麻省
塞勒姆市 (Salem) 的皮博迪埃塞克斯博物館 (Peabody Essex Museum)，參
觀者可以見到異彩紛呈的藝術品，這是廣州專為18、19世紀歐美市場生
產的。[7] 同樣地，改革開放以來，外資和港資企業在經濟特區僱用數以
百萬計的工人，帶來前所未有的繁榮，也挑戰社會主義政府的基本信
條。年輕企業家模仿香港電視劇裏的生活方式。一些人認為，華南有可
能掙脱北京的管控。[8]

對於華南這個相對開放的地區，中國政府能否維持其管治？這就自然成為需要回答的問題。同樣，這個問題也體現在華南部分黨員幹部公然離經叛道的行為中。在後毛澤東時期，珠三角繁榮地區的鄉鎮幹部，仍然要依靠黨國體制來維持其財富和權力，但是，他們竟然不願升格，因為他們感到與政府的聯繫只會意味著對於自己的不必要的約束。[9]他們身穿從香港訂做的西裝，坐豐田、皇冠和奔馳轎車，拿著「大哥大」頤指氣使。

那些在毛時代曾做出犧牲，但在動蕩的改革時期卻沒有私人關係或政治資源，以至於無法借勢而起的人，則普遍憤憤不平。[10]新一代的打工仔、工廠妹，尤其感到漂泊無依。蓬勃發展的城市和鄉鎮裏，吸毒、賭博和暴力犯罪率增長驚人，這些現象勾勒出社會的動蕩；在這裏，日常生活中的機遇和挫敗都同樣把人壓得喘不過氣來。[11]

如果有人認定，改革開放十年就讓珠三角擺脫北京的控制，則未免一廂情願。這裏仍然對中央懷有絕對的忠誠，足以使得當地居民認為本地與中央憂戚與共。六四事件期間，當地知識分子、村幹部、農民和工人的反應都異常緊張。許多人擠在電視機前觀看香港電視台的報道，流淚、悲憤，苦苦思索應該做什麼、可以做什麼。很能捕捉當時這種情緒的，是一句耳熟能詳的悲憤口號：「國家興亡，匹夫有責。」

珠三角的這種民情，凸顯了三方面的矛盾。一方面，華南地區對於中國有強烈的文化認同；一方面，中央政府宣稱代表中國正統，因而咄咄逼人地要求華南地區將「文化認同」化為「政治忠誠」；一方面，華南地區的政治經濟格局，又素來不太服帖平靖。在歷史上，這三方面構成的矛盾，造就了一種多層次、打動人心的政治敘述，在這樣的敘述中，三種元素相互交織，又被各自追求：「民族」，即「中國人」的文化定義；「國家」，即對人民實行合法管治、且要求人民服從管治的概念；以及「政府」，即施行管治的機構。孔邁隆（Myron Cohen）在《代達洛斯學報》（Dædalus）的文章中總結道：

對許多中國人來說，今天，在文化意義上成為中國人，比過去可容易多了，因為今天的中國人身份，不再牽涉一些廣為認可的文化標準。然而，從實存的處境來看，今天做中國人，也比過去困難多了，因為今天做中國人，既是一種狀態，也是一種追求。[12]

以上，我指出華南的文化和政治敘述內的矛盾，現在我想繼續解釋。在華南歷史上，做中國人是什麼意思？我認為，就是各色人等在一動蕩無常而又無所不包的國家秩序中確立合法地位的過程。為達致這個目標，不同的人就自己的文化身份和歷史，不斷與國家討價還價。當「國家」只是一個文化概念時，宣稱自己認同朝廷是精明的策略，能為自己爭取到最大的轉圜地步。但是，20世紀的民族國家建構，將「國家」這一文化概念轉化為有組織的行政機器，各色人等面對國家的議價能力也就越來越少了。華南地區近年的發展，使得這協商的過程日益複雜，但這是否也同時改變了華南的文化和政治敘述內的矛盾？

華南文化的歷史根源

1950年代初，廣東省少數民族事務委員會對本省的民族構成進行過一項調查。調查顯示，除了自稱為「漢」的農民，廣東省還有一些主要的族群，例如山區的「壯」、「瑤」，以及珠三角的「疍」。這種寬泛的分類是有問題的。明清的歷史證據顯示，華南地區的漢人很大程度上是當地「土著」的上流人士，他們積極獲取朝廷的文化象徵，就成為漢人了。1950年代這一調查的結果仍然屬於機密。據說這是由於當局擔心一旦當地的漢人得知調查結果，他們可能會改變文化策略，追溯自己的民族根源，然後就會像其他存在大量少數民族人口的地區一樣，向北京要求政治自治。[13]

中央的這些擔心實在沒有必要。在歷史上，華南漢人希望得到少數民族身份者，可謂絕無僅有。幾百年來，華南的地方精英，正是用

「非漢人」的標籤來排斥其他當地人,把他們趕到地區邊緣。宋代 (960–1279) 以來,不少廣東人就宣稱自己是中原祖先的後人,開始編造神話、編纂方志、編寫族譜,並且模仿士大夫,建造華麗的祠堂。這些精明的策略,為他們在不斷演化的「中華」歷史和政體中,創造了重要的地盤。而那些被邊緣化的人群,則被貼滿了污名化標籤。華南地方精英製造了一個等級森嚴的地方社會、一套獨特的文化–地域等級,亦因此鞏固了專制帝王的統治。[14]

積極攀附朝廷,並沒有消弭華南的文化和政治特色。實際上,由於遠離中央,華南按照自身的條件和自己的節奏,發展成一個多元、富裕、開放、活潑的地區。就文化起源而言,珠三角的顯赫宗族大都宣稱自己的祖先是中原人士,因為中原被胡虜侵擾,所以避亂南徙。不少宗族甚至利用族譜,把自己與南遷的皇室或著名文人聯繫起來。這些宗族歷史中的虛構和矛盾之處,是不難發現的。[15] 然而明清時期,珠三角沙田開發迅猛,財富之累積幾乎無有底止,真所謂「有土始有財」也。[16] 而在開發沙田過程中,結成宗族集團不僅可以立刻證明文化身份,更是糾集壯丁、形成人數優勢的妙方。宗族成員身份是社會流動和政治正統的資格證明。正如科大衛研究廣東時指出,[17] 一個不屬於任何鄉村或宗族的、沒有入住權的「外邊人」,通常比佃農還要落魄貧困。而所謂入住權,是由當時主導的文化規範來定義的。

自稱服膺儒家名教綱常的人,都把宗族身份當做一個無所不包的文化標籤來使用。但是,宗族本身的組織形態,卻因時因地而變化多端。華南各色人等在建構宗族時,因地制宜,不遺餘力,宗族因此為華南帶來複雜的意義和經驗。有學者們認為,華北常見的基於血緣譜系原則建立的宗族,和華南基於聯合模式建立的宗族,是兩種完全不同的社會組織。[18] 即使在廣東以內,宗族的變化也很顯著。科大衛提出,珠江三角洲擁有大量田產和華麗祠堂的宗族,是明清國家建構的歷史關鍵時刻的獨特產物。[19] 此外,已故人類學家弗里德曼曾在珠三角開發歷史比較悠久的地區做研究,他發現,沒有太多土地可供開墾的宗族,與晚清擁有大量沙田的超級宗族,顯著不同。

　　崛興於珠三角滑動的邊界上的宗族，與差不多同一時期迅速發展起來的市集鎮和市鎮聯繫密切。實際上，沙田的開發無休無止，因此累積的財富也源源不絕，並導致市鎮經濟職能的高度集約化。在珠三角擁有大量田產的商人，通過以學者頭銜和官員身份作支撐的強大組織，將當地經濟作物貿易擴張到全國。廣東新會縣的葵扇會館和東莞縣的明倫堂，就是兩個著名的例子。[20] 這些組織的成員與當地書院的成員是同一群人，19世紀中葉之後，這些組織的成員又同時辦起地方團練，這些組織就這樣依附到地方勢力乃至中央權力機構。珠三角的沙田開發是一場農業革命，在這場農業革命中，珠三角獨特的城鄉關係格局，創造了多層、多元的文化景觀，這種文化景觀的頂峰，就位於廣州這樣的政治都會。朝廷命官不得不遊走於同鄉會、善堂、以堂為名的控產機構、行會、廟宇之間，以便統治城鄉。

　　鄉村被日益增多的河港、市鎮和金融中心構成的網絡連接起來，商人的活動和他們的文人作派也深深滲透到了鄉村。[21] 以刺繡著稱的汕頭、以鐵器和陶瓷著稱的佛山、以西江上游產品著稱的肇慶和江門，都是一派城市景象：各種地方行業老闆、錢莊和當鋪老闆、牙商、官員，來來往往，穿行不休。[22]

　　廣東和世界的聯繫在近幾百年來也有所發展，而這種聯繫並不限於奢侈品貿易。清中期，廣東開始進口洋米，因為當地農田專營經濟作物，而且海運也比穿過南嶺，從北而南的陸運更加便捷、便宜。[23] 華南大量農作物和手工業產品（茶、絲、陶瓷）賣給了廣州的外國商人。華南民間宗教為阿拉伯和南亞旅人製造了中國化的形象，[24] 而修繕廟宇的錢也是隨中外貿易而來的番銀。到了19世紀末期，華南又不斷輸送勞工到東南亞和美洲。

　　20世紀上半葉，華南這種獨特的城市文化過程加速發展。華南的大商人和海外華人實業家興建港口、鐵路、新式學校，為華南奠立一套全新的基礎建設。他們引入新技術，並以縣城、府城（佛山、江門、肇慶、石岐、大良和汕頭）為點，建立網絡，和海外開展龐大的貿易。這些商業網絡的匯聚點就是廣州，最終是香港。在中國資產階級的黃金時

代，廣東省更發行自己的貨幣，和港幣同時流通。[25]

鑒於華南獨特的發展模式，中國是否存在一種分明可見的南北差異？歷史學者孫隆基曾引用《東方雜誌》的一篇社論，該社論指出晚清以來中國學者和政治家因南北分歧而產生的各種爭議：

> 成為千古未有之奇禍者，則莫如今日所謂南北之間是也……而南北之分一變而為滿漢之分，再變而為帝后之分，於是推之於外交，而有[親]俄[親]日之分，措之於政見，而有新[政]舊[政]之分。[26]

孫氏也概括了文化圈和作家群裏的南北之爭。京派文人自認為是五四傳統的正統繼承人，視上海文人為「才子＋流氓」，而南方學者則視北方為閉塞、混亂和落後的同義詞。[27]

是什麼造成南北態度和性情的差異？南北互相歧視的性質是什麼？這些問題都不重要。重要的問題是：如果南北分歧在各方面都如此明顯，那麼他們對文化、政治「中心」的認同和參與的基礎何在？就王朝帝國的鴻猷大業而言，華南的情況並不是特例。安德森（Benedict Anderson）早就注意到，在這些帝國裏，族群成分非常複雜，管治者和被管治者之間，無論就族群抑或語言方面往往互不相同。[28]但是，這並不必然導致統治者和被統治者之間的衝突。史華慈（Benjamin Schwartz）也對歷史上「中華文明」巨大的吸納能力感到驚嘆，他曾在1992年一次學術會議上說，中國歷史上的分裂和衝突，都朝「定於一」的方向演進，因此都具備高度的向心力。事實上，定都北京的歷代王朝，都容許地方展現出不太服帖的多元性，並從這種多元格局中獲得好處，地方精英也沒有強烈爭取政治自主。20世紀初期，中國實際上已被各地軍閥勢力瓜分。他們宣佈獨立，掙脫清朝統治，但他們並不滿足於僅僅控制自己的地盤。他們想要的是整個中國。[29]最讓北京擔心的並不是華南地區會否脫離中央的控制，而是華南本地精英過度投入自己的中國人角色，要和北京爭天下。實際上，華南本地精英已多次用順應天命或建立現代民族國家的名義，挑戰北京統治的正統性。

　　不難發現，定都北京的各個政權，對華南都態度曖昧。中央認定華南自古以來就被納入中華帝國，因而理所當然也會成為作為現代民族國家的中國的一部分。與此同時，中央又要遏止華南的離經叛道傾向。華南本地人的中國情結也同樣強烈。對他們來說，最好是北京的朝廷對他們不聞不問，但同時，他們也會利用王朝秩序所有的文化外殼，使自身的財富顯得正當。有時候，他們還會認真依據自己爭取到的中國人的身份，與北京展開嚴肅的政治對話。清末民初以來，南方各個政治和經濟中心的角色日益重要，相應的文化標記也隨之改變，這就惡化了華南與中央的矛盾。

　　在評估歷史上的這些思想及政經動力時，並不在於它們在北京眼中是正統還是異端，問題勿寧是：這些思想及政經進程，是否現代中國國家建構中的組成部分？如果北京不再佔有中國歷史中心的顯赫地位，地方與北京的文化距離就不再意味著邊緣或異常。那麼，成為中國人就應該是容納更多參與者和更多聲音的過程。我們不應該高舉那種盛行的、為原始情感所籠罩的、僵化的中國形象，而應該看到，做中國人是一個複雜、開放的文化過程，在此過程中，各色人等為自己的位置而相互協商，形成同一道光譜上的不同點子。[30]

　　華南的身份認同這一問題，對當代中國尤其相關。眾所周知，政權會利用官方的民族國家歷史，來確立自己權力的正當性，並要求與這段歷史相關的人擁護自己。但是，因此而產生的矛盾，在帝制時期和近代並不相同。帝制時期的朝廷更像是個可供揉捏把玩的文化概念，而不是一個具有嚴密組織結構的實體。朝廷的道德權威無遠弗屆，但朝廷的行政機構卻僻處遠方。在「天下」這個無所不包的象徵之下，各色人等隨機應變，挪用政治資源。但是，現代民族國家，尤其是馬列主義政權，卻擁有更強大、更有組織的力量。韋德瑞 (Katherine Verdery) 研究東歐時，發現了社會主義政權的民族主義策略，即由馬克思列寧主義政黨提倡一種歷史觀，把歷史看做是建立在階級鬥爭上的、不可避免的、單向的社會運動。馬列主義政黨以這場運動的先鋒黨自居，就能名正言順地剷除各種「歷史的絆腳石」。對於中共而言，建設社會主義和建立

強大中國，往往是同一回事。實際上，許多農民和知識分子，正是出於
對國民黨抵禦外侮不力的憤怒而加入中共，成為中共早期黨員。中共
1949年執政後，繼續反覆採用民族主義路線。不遵循社會主義規劃的
人，被斥為「叛徒」、「外國特務」、「人民公敵」和「反革命分子」，他們
的聲音在政治運動中被徹底清除。中共迫切希望將人民納入邊界明確的
行政管轄之中，又不容忍內部的異見，結果在黨內的忠誠信徒之間，
在中央和地方之間，都製造了前所未有的矛盾。有意思的是，1949年
後，中國每次重大政治運動，幾乎都是由忠誠於黨的知識分子發表意見
而觸發的，而中央在發起重大政治運動之前，通常會先改組各大軍區的
司令員。

省港連結

　　由於香港在形塑華南區域格局擔負重要角色，使得文化認同和國籍
問題、「做中國人」和「成為中國政體一部分」的問題，變得更形複雜。
香港自身就曾釋放一種歷史和文化動力。香港在1842年鴉片戰爭後割
讓給英國，但和大陸的社會文化聯繫依然根深蒂固。香港一開始被當作
船隻停靠、維修的錨地，只有幾條漁村。怡和、太古等洋行在這裏建起
貨棧和商業網絡。這裏發展出了一種與印度、倫敦和廣州緊密連結的多
族群商人文化。[31] 1898年新界被租借給英國後，新界的農村社區、繁榮
市鎮、以及把祖先追溯到廣東的大宗族，都加入了香港的文化地圖。但
是，直至20世紀上半葉為止，在華南的區域政治經濟格局中，香港都
處於邊緣地位。

　　香港人大多數說粵語，往往在香港和廣東省都有親屬或商業聯繫，
省港兩地關係密切：貨物、資本、人員頻頻穿梭兩地的政治邊界，香港
彷彿只是中國當時的另一個外國租界。[32] 在新界的平原地帶，擁有華麗
祠堂和大量田產的大型宗族繼續發展。它們一面學習與港英殖民地官員
相處，一面繼續利用中國王權的文化象徵符號，保持自身優勢，與鄰村

械鬥。對於香港新界社會，弗里德曼、裴達禮 (Hugh Baker)、華琛與華
若璧伉儷 (James and Rubie Watson)、科大衛、許舒 (James Hayes) 等學者
的研究論著，廣為人知。[33] 在香港島毗鄰港英殖民當局建置的城市地
區，嶄露頭角的商人階層通過管理廟宇和善會組織，成為香港的第二政
府。香港的荷里活道有一座始建於1854年的文武廟，這裏曾經既是商
人們的禮儀中心，也是客商和勞工的歇腳之處。[34]

即使晚至二戰期間，亦即英國統治一百年之後，香港居民仍然和大
陸保持著密切聯繫。隨著日軍侵華，國土淪陷，許多華南居民逃往香港
避難。而當香港也被日軍侵佔時，又有許多人從香港逃往粵北或廣西避
難。現在，還流傳著許多忠義僕人船載肩挑、把食物送到日佔區主家的
故事，還有許多家庭破碎又重圓的故事。可見，香港人的中國文化認同
無論看似多麼複雜，都一直令香港人對省城廣州、乃至中國懷有一種政
治責任感，它也體現於民國初年動蕩時期的幾次省港聯合反帝罷工、罷
市運動。

與此同時，香港人也逐步被英式教育制度和行政體系所同化。[35] 直
到1940年代末，被認為名正言順代表香港的統治聯盟，由以下人士組
成：港英殖民政府的英裔、印度裔公務員，接受英國訓練的華裔或歐亞
混血專業人士，擁有慈善組織、商會或廟宇的著名商人家族，以及新界
大宗族的領袖。然而，在香港許多非官方文件中，新界仍被記錄為廣東
寶安縣的一部分。

認定香港社會是不是「正宗」中國社會，未免幼稚。[36] 因為一個半世
紀以來，香港人的種族和文化成分都很複雜。不少香港人接受自己在大
英帝國內的政治地位，向英國國旗莊嚴行禮，聞英國國歌《天佑女皇》
(God Save the Queen) 旋律而肅立；但他們也會對「祖國」中國懷有情感。
香港與大陸的社會聯繫，也強化了香港人對中國的政治關懷。數十年
來，土生香港人和一波一波跨境而來的移民混合。持續不斷的離離合
合，令香港文化就像一個萬花筒，每次重大政治轉折後，這個萬花筒就
會呈現新的花樣。香港的社會生活瞬息萬變，但「中國傳統」、「港英殖
民特色」及其各自的種種象徵，一直都是香港日常生活中不可缺少、且

具有意義的重要成分。例如,殖民經驗的重大影響甚至反映於香港的粵語。20世紀初以來,香港的粵語是由主導香港商界的商人們帶來的「省城話」;現在,香港的粵語已經深受英語影響,充滿西方專業詞彙和粵音化的英語詞彙。[37]

從1949年到1990年代,香港這個殖民地經歷了劇烈的轉變。1949年中共立國,迫使香港擔任新的政治經濟角色。突然湧入的資本、難民和技術,幫助香港完成了從轉口港到東亞及東南亞製造業、金融業中心的艱難轉型。港府進行大規模的經濟基建、政治改革。當1980年中國重新打開國門之時,香港已經成為了擁有500萬人口的繁榮國際大都會。就城市開放程度而言,香港已經超越中國大陸許多城市,但香港也已經發展出對民族主義權威的輕蔑。[38]

若認為香港已不再繞著中國轉,也同樣幼稚。香港的人口波動,部分是政治危機造成的,時而大陸難民湧入香港,時而香港難民湧入大陸。1941年日軍侵佔香港前夕,香港有150萬居民;到1945年時,香港只剩50多萬人。但是,1949年中華人民共和國成立,又為香港帶來許多來自中國各地的難民,尤其是上海的企業家。[39]到了1953年,中共革命塵埃落定,香港人口已經增長到250萬。[40]大躍進造成的1960年代初大饑荒時期,估計有1,500萬人死於與饑荒相關的疾病,數以十萬計的人從大陸越境偷渡到香港。直至文化大革命結束的1970年代末,又有50多萬人偷渡而來。到1980年,每12名香港居民中,就有一人居港未滿三年。[41]

學者和政治家都對香港的大陸移民的靈活感到驚訝。有些人將其歸因於古老的「中國」文化傳統,有些人則歸功於香港政府的不干預政策。然而從歷史角度來看,這個問題非常複雜。1950年代初,大陸難民為香港帶來了資本、技術和都市氣息,這些和香港戰後的轉型需要相吻合。到了1970年代末,香港作為由受過西方教育的幾代人組成的大都會,已經穩穩扎根。而1980年代湧入香港的新一波移民,則主要是來自廣東農村、身無長技的年輕人。他們不顧一切地逃離社會主義計劃經濟體制下的、畫地為牢的農村,但卻對於香港的複雜的文化成分、都市生活的飛

快節奏感到極度迷失。就連他們和香港本地居民同樣使用的粵語，似乎也同聲不同義。這些新移民最終都為香港社會所吸納，但這個過程對於新移民、對於香港社會都同樣痛苦，產生了新的文化潮流和社會衝突。對土生土長的香港人來説，香港已令他們感到不安和陌生。[42]

1990年代的文化認同再協商

1997年，中國要收回香港。中國政府的權威，建立在據説源遠流長的正統性上。作為飛快運轉的都市社會，面對主權回歸問題，香港乃至華南的社會精神面貌如何？我們可以看到，公共領域的撕裂與矛盾惡化，對政府的不信任和恐慌增加，藝文界和新聞界士氣低落並開始自我審查，很多人都認為香港原有的社會制度在家庭、學校和工作層面都受到腐蝕。「九七回歸」這個劃時代的政治事件，深刻地影響了香港社會的每個階層。香港各界認識到，回歸中國無可避免，因而牽動了各樣的利益、希冀和焦慮。但是，這些情緒卻因香港的全球化而變得更為複雜。近幾十年，香港的脈搏一直是由她奇跡般的全球化所催動的。全球化造就了香港活力無窮的文化面貌：開放、離經叛道、浮躁、崇尚奢華，這令北京既羨慕又不安。[43] 由於香港新聞業極為發達，香港人早就察覺到中港矛盾。[44]

很多問題有待探索：香港作為國際大都會和中國的一部分，應如何同時扮演這兩個角色？香港人的文化認同有何變化，這些變化有何政治影響？隨著華南移民日益加速湧入，受西方訓練的專業人士大批離去，香港的文化認同如何改變？在香港這樣一個由移民、外勞、回流人士組成的多種族社會，中國人的傳統、港英殖民統治的根基，和社會主義不確定的未來，到底如何有機地互動？香港人口和資源的快速流轉，會否創造一個全球化的中產階級？要回答所有這些問題，都要定義何為「文化」。由於人口、科技、影像和商品在全球加速流動，「文化」這個概念的內涵也變得日益模糊。[45] 目前香港正在經歷的，正是「中心」和「邊緣」

百年來的文化矛盾，只不過表現得更戲劇化而已。更重要的是，有人以一群自足的人口、一個地方、一個政體和一段共同的歷史文化來定義中國，但是香港文化認同的萬花筒特點，則直接挑戰這種定義。

在後毛澤東時代，中國政府正為香港制定一套新的政治話語。儘管香港人有政治離心的傾向，但北京的領導人認為可以指望香港老一代移民對他們「祖國」和華南家鄉的忠誠。北京這種「尋根政治」，即利用香港人的大陸家鄉聯繫來爭取認同的政治策略，在一定程度上有效。北京刻意把對中國的文化認同等同於對北京的政治效忠。各地幹部積極籠絡「愛國」的海外華僑，希望得到他們的資本、技術和市場。更重要的是，中國政府相信，港商的投資終將為港澳回歸中國鋪平道路。北京的這個如意算盤，是基於以民族統一、領土完整和家族榮耀為名義的原始情感。

諷刺的是，中國政府實際可以指望的，卻是香港近年的新移民。儘管他們因各種各樣的理由逃離大陸，但許多人還是在大陸找到肥缺，這些新移民的不少親戚是中小企業主，很希望在珠三角日漸興旺的市鎮進行投資。這些新移民就成為這些中小企業主的掮客。在這裏，沒有愛國情操、政治宏圖可言，推動投資狂潮的是對短期暴利的追求，個人關係可以輕易扭曲政策。粵語所謂「山高皇帝遠」。北京無法指望的一批人，則是香港富裕的中產階層，他們沒有被大陸「薰染」。他們生於香港，接受西式教育，成為國際貿易和金融業專才，高視闊步，是香港繁榮的骨幹力量。他們出生於戰後的嬰兒潮，如今是香港各領域的領袖，比自己的父母更加認同香港。[46] 他們與中國的社會和情感聯繫相對薄弱，只部分地認同中國文化，政治理念則受西方影響，對馬克思列寧主義政黨的歷史觀抱有懷疑。他們考慮到中國政治的性質，意識到香港的前途充滿不確定性，知道一夕之間可能失去一切，因而憂心忡忡。更令人擔憂的是，他們自己的成功故事與新一波來自中國農村的移民形成鮮明對比。這些新移民填補了香港本地最底層的工作崗位，香港這個國際城市加速邁向新世紀時，這些新移民卻感到香港社會生活的節奏和結構與自己格格不入，沮喪不已。差異政治的炒作，因而大行其道。香

港流行文化中的許多人物形象,體現了這種張力。在香港歷史上,新移民史無前例地蒙受各種污名,「香港人」和「新移民」被刻意區分開來。

近五年來 (1988–1992),已經對未來感到緊張不安的香港中產階級,認為中國官方和犯罪分子都在掠奪香港,因而更加害怕。1988 至 1989 年間,香港消費者發現,深圳菜農為提高產量而濫用農藥,供應香港的深圳蔬菜因農藥含量超標,嚴重危害健康,使香港輿論譁然。同時,香港發生了光天化日之下的暴力搶劫案,罪犯們用半自動武器和中國製手榴彈與警察駁火,香港輿論認為這些罪犯就是來自大陸的非法移民。每年,數以千計的豪華轎車被走私到大陸,其中許多出現在廣東官員圈子中。汽車走私事件令香港水警和廣東邊境警衛關係緊張,雙方甚至一度變得暴力相向。香港執法部隊在武器數量、巡邏船速度和人數上都比不上對方,士氣因此徹底崩潰。[47]

香港受西式教育的專業人士、企業高管和公務員,要擔最大的風險,也要做最痛苦的抉擇。他們很多人加緊部署應變計劃,並且「用腳投票」。一項利用政府數據的研究估計,1990 至 1997 年,將有 55 萬到 70 萬香港人移居海外。[48]這一代人大批離去,會給香港社會帶來衝擊,造成商界、醫療界和教育界人才嚴重短缺。一項分析移居海外港人職業分佈的研究發現,1987 至 1988 年移居海外者中,有一半是經濟活躍人口,49.8% 是專業人士、行政或管理人員。[49]香港政府陣腳大亂,計劃成倍提高對高等教育的投入,希望此舉至少能留住部分畢業生。[50]

香港資本外流的情況同樣令人震驚。《商業周刊》(*Business Week*) 1991 年有篇特稿〈香港奔波,加國升溫〉("Hong Kong Hustle Is Heating up Canada"),描寫這一現象對加拿大的影響:每位以投資移民名義進入加拿大的移民,為當地帶來 150 萬美元。自 1984 年起,共有 11 萬港人移民加拿大,他們主要是香港的專業人士和投資者。1990 年,有 29,000 港人移民到加拿大,創歷史新高。估計到 1997 年為止,還會有 20 萬香港移民前往。平均每年從香港流往加拿大的資本有 20 至 40 億港元。加拿大最大的貿易夥伴已經不是美國,而是太平洋地區。[51]這些移民可不是靠底層工作糊口的難民。他們雖然只佔加拿大總人口的

3%，但在資產超過20萬美元的加拿大家庭中，這些香港移民卻佔
10%。[52]

北京指責這些移居國外的香港人逃避責任，抽空香港的經濟，製造
不穩定，對祖國缺乏信心。總而言之，他們已經「背叛」了他們的文化
根源。但是，炒作民族根源並沒有足夠的說服力。對那些認為文化根
源和國籍是兩回事的人來說，香港人的身份並不必然意味著對北京政權
的支持。中國要求香港人愛國，就像英女皇期望每個盎格魯血統的美國
人效忠英國皇室一樣荒謬。上世紀90年代，港督彭定康 (Chris Patten)
的香港政制改革方案導致中英之間出現罵戰，香港人也撕裂為親中、親
民主兩大塊，在這些爭議中，文化認同和愛國主義是最為激烈爭辯的問
題。令中國領導人失望的是，當時的一項調查中，仍有46.9%的香港人
支持彭定康，而親中媒體對彭定康和香港英商的口誅筆伐，很容易讓人
聯想到文化大革命時期的排外和狂熱的政治口號。[53]

許多選擇留下的香港人，則深刻關懷中國事務，成為政治活躍分
子。[54] 1989年六四事件期間香港的劇烈反應，就是好例子。香港人在幾
天內迅速籌集到150萬港元支持北京學生。當1991年夏天，華東洪水成
災，也還是同一批親民主的專業人士和演藝界名人，一夜之間籌集了
7,500萬港元的賑災善款，北京收下香港人這份愛國心意時，心中也不
是沒有矛盾的。

而且，關於在1997年香港回歸前推行政制民主化改革的討論，愈
演愈烈。1991年立法局選舉中，有18席以直選產生，而自由民主派贏
得其中16席。[55] 在老練的政客眼中，民主派的競選理念或許幼稚，候選
人或許稚嫩，但競選結果被解讀為日益焦慮且組織化的香港中產階級的
一個強硬聲明：向《基本法》靠攏的確很重要，但再不會為求穩定而無
條件服從中國。諷刺的是，多數當選的立法局議員不是政客，而是工會
領袖、醫生、教師和律師。其中，在英國接受專業訓練的律師李柱銘獲
得了最高票。他講一口溫文爾雅、字正腔圓的英語，卻又似乎堅定地扮
演著中國傳統知識分子的角色。他傳遞的信息很明確：中共以偉大光榮
正確自居，施政變幻莫測，對香港的侵蝕無可避免。因此，香港需要民

主和一定程度的自治來保護自己。一些年輕專業人士，最近透過委任或
選舉進入立法局，從而在政壇獲得一席之地，他們都贊同李柱銘的看
法。陸恭蕙就是這類議員之一，她在英國接受教育，是一家律師事務所
的負責人，她在立法局發言支持彭定康的政改方案，戳穿中港融和的
「迷思」。[56] 中國政府最近威脅要越過中英協定，在香港組織自己的立法
會和司法機關，對此，頗具影響力的香港大律師公會主席梁冰濂公開譴
責北京的干預，因為她相信法治和司法獨立才是香港繁榮的根基。[57] 這
些專業人士視香港的未來為己任，並且認真地投入到自己作為中國人的
角色；正因為如此，他們才成為北京眼中的顛覆分子。

　　對北京而言，更糟糕的是關於融合的悖論。中國政府欲將香港帶
回廣東的軌道，但卻已經產生了許多意料之外的效果。廣東省(尤其是
珠三角地區)在全國國民經濟中舉足輕重，貢獻不成比例地重大。根據
一份地區經濟發展報告，廣東省人口佔全國人口的5.6%，卻在1990年
貢獻了9.2%的國民生產總值。在1991年，廣東出口佔全國出口總量的
32%，其中珠三角地區又佔廣東的74%。在廣東省和珠三角地區的外商
投資，又分別佔了全國外商投資總數的50%和40%。[58] 與此同時，外資
企業、消費文化、外國思想等又透過香港對廣東產生強大拉力，令廣東
與大陸其他地區面目迴異。1989年春夏之交廣東的氣氛，最能說明問
題。華南的文化身份和對中央的政治忠誠，自古以來就不無疑問，更因
近十年的改革開放而日益薄弱。而北京街頭發生的事件，更令廣東人痛
心疾首地質疑自己的文化身份和對中央的政治忠誠。

　　緊接著六四事件之後，中央必須派專員到廣東與軍方協商。北京
領導人也許對此大吃一驚，當時謠傳會爆發內戰。頗受歡迎的廣東省長
葉選平，最終被「提拔」到北京的一個職位，但仍繼續留在廣州辦公。
香港一些中資報紙在報道六四事件時，立場與中央相左，《文匯報》一
名資深編輯因此被解僱。之後，新華社香港分社前任社長出逃美國。
當中國銀行試圖收緊銀根，約束桀驁不馴的廣東鄉鎮企業時，令過熱的
經濟降溫，中銀香港的分行經理卻加緊努力，力勸海外親戚投資。歷史
上第一次，居然有省港結盟宣告自治的味道了。

　　如過去一樣，1990年代的文化認同的爭議和「中港有別」的政治炒作，是由公共領域和私人領域的各種矛盾造成的。華南繼續令所有持份者感到不安。從華南的經濟發展和政治變化勢頭看來，北京的強硬路線派想要把華南治得服服帖帖，並不容易。就連中共最高領導人鄧小平最近南巡時，對於華南也縈懷再三。毛澤東時代的政治運動已經摧毀了華南的大量文化傳統，但是，今天的中國政府卻再度祭出傳統文化身份認同，以獲取華南這個日漸離心的地區的政治效忠。面對北京的步步進逼，快速自由化的華南和香港試圖在複雜的文化地帶上建立一種新的政治願景。愛國者和顛覆者時常是同一批人，當他們逃避時，中央斥之為叛徒；當他們轉身抗爭時，中央又斥之為顛覆分子。諷刺的是，正是華南與中央的這種矛盾，繼續把華南人民和中央鎖定成一個國家，雙方同為國事而爭執。華南與中央的這種矛盾如何維持或如何解決，既取決於華南地區的全球化進程，也同樣取決於中國政體的轉型。無論結果如何，這都不僅僅是一個強勢地區脫離中央的問題；也不保證將出現一種四海歸心的文化話語。中國作為一種經驗，將繼續保有她的多重面向、多重意義。

（李子歸譯）

本文原是1989年在耶魯大學國際和區域研究中心的一次教職員晚宴上的演講，後發表於《代達洛斯學報》（*Dædalus*）第122期（1993年春季），頁19–43，現在做了一些輕微改動。感謝斯科特、戴慧思和毛利的評論和在理論上的啟發。也感謝1992年9月一次學術會議上與會者的評論。有人可能覺得，三十年前提出來的許多問題如今已經過時，但是香港今天劇烈的社會和政治動盪，展現著似曾相識的矛盾。

註釋

1　參見本書第八章，及羅薩比（Morris Rossabi, *China and Inner Asia from 1368 to the Present Day* [London: Thames and Hudson, 1981]）、柯嬌燕（Pamela Kyle Crossley, "Thinking about Ethnicity in Early Modern China," *Late Imperial China* 11, no. 1 [June 1990]: 1–34）、格列德尼（Dru Gladney, *Muslim Chinese: Ethnic*

Nationalism in the People's Republic [Cambridge, MA: Council on East Asian Studies, Harvard University, 1990]）三人的研究。

2 正如史密斯（Robert Smith）教授指出，把文化視為一個過程，或一個不斷變動的、且不斷被重構的東西，這一觀點已經是人類學領域裏的老生常談了。參見 Sally F. Moore, *Law as Process: An Anthropological Approach* (London: Routledge and Kegan Paul, 1978)；Eric J. Hobsbawm and Terence Ranger, eds., *The Invention of Tradition* (Cambridge: Cambridge University Press, 1983)；Sherry Ortner, "Theory in Anthropology since the Sixties," *Comparative Studies in Society and History* 26, no. 1 (1984): 126–166。

3 參見 Gladney, *Muslim Chinese*，第2章；Richard Fox, ed., *Nationalist Ideologies and the Production of National Cultures* (Washington, DC: American Anthropological Association, 1990)；Michael Benton, ed., *The Relevance of Models for Social Anthropology* (London: Tavistock, 1965) 一書頁113–137，華德英（Barbara Ward）的文章 "Varieties of the Conscious Model"；Fred C. Blake, *Ethnic Groups and Social Change in a Chinese Market Town* (Honolulu: The University of Hawai'i Press, 1981)；David Faure and Helen F. Siu, eds., *Down to Earth: The Territorial Bond in South China* (Stanford: Stanford University Press, 1995)。

4 費里德曼（Edward Friedman, *New Nationalist Identities in Post-Leninist Transformations: The Implication for China* [Hong Kong: The Hong Kong Institute of Asia Pacific Studies, The Chinese University of Hong Kong, 1992]）也就中國的南北之爭提出過類似的觀察和問題；又參見 David Apter, "Yan'an and the Narrative Reconstruction of Reality," *Dædalus* 122, no. 2 (Spring 1993): 207–232。

5 大致上，「華南」相當於廣東省界內的區域。

6 孔邁隆已經指出這一點；另參見 Faure and Siu, *Down to Earth*。

7 Carl L. Crossman, *The China Trade: Export Paintings, Furniture, Silver, and Other Objects* (Princeton: The Pyne Press, 1973).

8 Simon Murray, "'Partnership of Interest with China': A Businessman's View," *Hong Kong Monitor* (December 1991). 另見 "The Fifth Tiger is on China's Coast," *Business Week* (April 6, 1992), p. 42；Willy Wo-lap Lam, "Coastal Areas to Seek Greater Autonomy," *South China Morning Post* (October 29, 1991)；和 "China's Renegade Province? Guangdong," *Newsweek* (February 17, 1992)。在1992年11月《南華早報》的調查中顯示，在廣東知道港督彭定康的人，比知道廣東省省長的人多。

9 我從1974年起就在珠三角進行田野調查，1986年，我在中山縣的一個市鎮待了一年，每年都會回訪，並且探訪其他市鎮。參見 "He Preaches Free Markets, Not Mao," *New York Times* (May 11, 1992)。

10 有一個年輕的團委幹部，後來成了民企老闆，他説：「毛主席曾説過，經是好經，只是不時被歪嘴和尚念歪。我很好奇這是些什麼經，好像反而是這些經會把人的嘴念歪。」他這樣説，我並不感到驚訝。參見拙作 *Agents and Victims in South China: Accomplices in Rural Revolution* (New Haven: Yale University Press, 1989)，第 13 章。

11 安戈 (Jonathan Unger) 曾在珠江三角洲東部的市鎮做田野調查，我的這些觀察得到他的印證。當時，珠三角一帶的犯罪活動甚至越出邊界，擴散到香港。內地悍匪和香港警察在香港鬧市當街交火，屢見不鮮。參見《南華早報》1992 年 12 月和 1993 年 1 月的報導。廣東省政府對罪犯實行定期的公審大會和公開處決，最近一次處決了 45 名罪犯，並對 1,100 多名罪犯判處刑罰，見《羊城晚報》，和 1993 年 1 月 11 日香港的《南華早報》。

12 Myron Cohen, "Being Chinese: The Peripheralization of Traditional Identity," *Dædalus* 120, no. 2 (1991): 133.

13 當時的冷戰環境可能令中央有諸多顧慮。華南太靠近香港這個「顛覆基地」、台灣和越南，這些地區和國家當時仍處於英、美、法的牢固控制下。華南變成少數民族自治區是不可接受的。據曾參與這項調查的中山大學講師潘雄稱，這項調查的許多原始數據仍然是機密。他的説法很難證實，但是，有些中國學者也確認存在著有關少數民族的大量原始數據。最近十餘年，利用這些數據而做的研究論著陸續面世。參見廣東省人民政府民族事務委員會編：《陽江沿海及中山港口沙田疍民調查材料》(廣州，1953)。

14 關於這一點，參見 Faure and Siu, *Down to Earth* 的導論。人類學領域中，對於「位居正中」所產生的權力符號，有大量的研究，參見 Clifford Geertz, "Center, Kings, and Charisma," in *Local Knowledge* (New York: Basic Books, 1983), pp. 124–146。

15 參見劉志偉在 Faure and Siu, *Down to Earth* 裏的文章：Zhiwei Liu, "Lineage on the Sands"。

16 參見西川喜久子著，曹磊石譯：〈清代珠江三角洲沙田考〉(1981)，《嶺南文史》，1985 年第 2 期，頁 11–22。乾隆時期，廣東官員試圖遏制沙田開發的速度，因為沙田開發導致珠江上游泛濫成災。

17 David Faure, *The Rural Economy of Pre-Liberation China: Trade Increase and Peasant Livelihood in Jiangsu and Guangdong, 1870 to 1937* (Hong Kong: Oxford University Press, 1989).

18 Myron L. Cohen, "Lineage Organization in North China," *Journal of Asian Studies* 49, no. 3 (August 1990): 509–534.

19 David Faure, "The Lineage as a Cultural Invention: The Case of the Pearl River Delta," *Modern China* 15, no. 1 (1989): 4–36.

20 Susan L. Mann, *Local Merchants and the Chinese Bureaucracy, 1750–1950* (Stanford: Stanford University Press, 1987).

21 David Faure, "What Made Foshan a Town? The Evolution of Rural–Urban Identities in Ming–Qing China." *Late Imperial China* 11, no. 2 (December 1990): 1–31.

22 參見 (Faure, "What Made Foshan a Town?")。有關比較的研究,參見羅威廉 (William T. Rowe, *Hankow: Conflict and Community in a Chinese City, 1796–1889* [Stanford: Stanford University Press, 1989])。20世紀的情況,參見史謙德 (David Strand, *Rickshaw Beijing* [Berkeley: University of California Press, 1989]), 以及伊懋可及施堅雅 (Mark Elvin and G. William Skinner, eds., *The Chinese City between Two Worlds* [Stanford: Stanford University Press, 1974]) 書內路康樂 (Edward Rhoads) 的文章"Merchant Association in Canton, 1895–1911",頁 97–118。

23 葉顯恩、譚棣華:〈明清珠江三角洲農業商業化與墟市的發展〉,《廣東社會科學》,1984年第2期,頁73–90。

24 龍慶忠等:《南海神廟》(廣州:廣州市文化局,1985)。

25 儘管海外華商有「現代化」的面貌,但他們也為華南的宗祠、廟宇、義倉和善堂等「傳統」制度作出巨大貢獻。

26 孫隆基:〈中國區域發展的差異:南與北〉,《二十一世紀》,第10期 (1992年4月),頁15–28。

27 同上註,頁17。

28 Benedict R. Anderson, *Imagined Communities: Reflections on the Origin and Spread of Nationalism* (1983; reprint, London: Verso, 1991).

29 斯科特和孔邁隆曾以評論和提問方式,向我指出過這一點。

30 即使在最集權化的意識形態下也存在不同意見,參見斯科特的理論研究: James Scott, *Domination and the Arts of Resistance: Hidden Transcripts* (New Haven: Yale University Press, 1990)。

31 這些英國公司,有些向中國推銷商品,有些則是大鴉片販子。參見James Pope-Hennessy, *Half-Crown Colony: A Political Profile of Hong Kong* (Boston: Little Brown, 1969)。

32 關於跨境活動和它給一個農村社區帶來的影響,參見科大衛與蕭鳳霞 (Faure and Siu, *Down to Earth*) 一書內夏思義 (Patrick Hase) 的文章〈東部的和平〉("Eastern Peace")。靠近中港邊境的沙頭角鎮,就確實在1898年英國租借新界時被劃為兩半。

33 參見弗里德曼 (Maurice Freedman, *Lineage Organization in Southeastern China* [London: Athlone, 1958]; *Chinese Lineage and Society: Fukien and Kwangtung* [London: Athlone, 1966])、華琛 (James L. Watson, *Emigration and the Chinese Lineage* [Berkeley: University of California Press, 1975])、華若璧 (Rubie Watson, *Inequality among Brothers: Class and Kinship in South China* [Cambridge: Cambridge University Press, 1985])、科大衛 (David Faure, *The Structure of Chinese Rural Society: Lineage and Village in the Eastern New Territories, Hong Kong* [New York: Oxford University Press, 1986]) 及許舒 (James Hayes, *The Hong Kong Region, 1850–1911* [Hamden, CT: Archon Books, 1977])。

34 參見冼玉儀 (Elizabeth Sinn, ed., *Power and Charity: The Early History of the Tung Wah Hospital, Hong Kong* [Hong Kong: Oxford University Press, 1989]) 對這些商人的研究。在太平山街有一廟宇，其偏廳擺放著幾千塊客死他鄉者的牌位。科大衛和我 1991 年訪問該廟，發現該廟負責人將所有舊牌位都扔掉了，代之以只寫著姓名的紙牌。我們大為沮喪。

35 19 世紀末，中國許多著名的粵籍買辦都在香港的英國教會學校接受教育。香港大學始建於 1911 年。

36 Rey Chow, *Women and Chinese Modernity* (Minneapolis: University of Minnesota Press, 1990).

37 梁濤：《香港街道命名考源》(香港：市政局，1992)。

38 對於香港歷年的成就，每年發表的《香港年報》(*The Hong Kong Report*) 體現的是香港政府的官方版本，但香港中文大學出版社出版的《香港別報》(*The Other Hong Kong Report*) 則揭示一些不為人知的議程、意想不到的結果。兩份報告針鋒相對。

39 Siu-lun Wong, *Emigrant Entrepreneurs: Shanghai Industrialists in Hong Kong* (Hong Kong: Oxford University Press, 1988).

40 關於香港的人口流動，參見 Siu-kai Lau, *Society and Politics in Hong Kong* (Hong Kong: The Chinese University Press, 1982)；關於每年香港人口和移民數據，參見歷年《香港年報》。

41 參見周永新：〈香港面臨人口爆炸〉，《七十年代》，1980 年 11 月，頁 23–36；李明堃：〈內地來客的社會功能〉，《七十年代》，1980 年 12 月，頁 59–60。關於大躍進的饑荒數字，參見牧夫：〈中共治國的三次大挫敗〉，《九十年代》，1984 年第 177 期，頁 41–48。

42 有關這些新移民的經歷，參見 Helen Siu, "Immigrants and Social Ethos: Hong Kong in the Nineteen-Eighties" (1986), *Journal of the Hong Kong Branch of the Royal Asiatic Society* 26 (1988): 1–16。另見周永新：《香港人香港事》(香港：明報

出版社，1987）關於香港社會總體的轉變。有關新興中產階級的辯論，參見張炳良：〈新中產階級的冒起與政治影響〉，《明報月刊》，1987年1月，頁10–15；呂大樂：〈香港新中產階級的特色與前路〉，《明報月刊》，1987年4月，頁13–19。

43　1990年，香港的人均國民生產總值約有12,000美元，接近澳洲和新西蘭的水平。參見《香港年報1991》（*Hong Kong Annual Report 1991*）（香港：政府新聞處，1991）。另見方斌嶽（Bernard Fong）一篇討論港督衛奕信勳爵五年任期內的成績的文章，題為〈陷於麻煩時期的港督〉（"Governor Trapped by Troubled Times"），載《南華早報》（1991年12月31日）。

44　香港的電視、廣播電台、報紙和雜誌，把新聞資訊密集塞進香港人的腦海裏。有關香港的大眾文化，參見周華山：《周潤發現象》（香港：青文，1990）；羅貴祥：《大眾文化與香港》（香港：青文，1990）；張堅庭：《小資產階級週記》（香港：創建文庫，1992）。

45　參見古普塔及弗格森的〈「文化」以外〉（"Beyond 'Culture'"），載 Akhil Gupta and James Ferguson, eds., *Culture, Power, Place: Explorations in Critical Anthropology* (Durham, NC: Duke University Press, 1997)，頁33–51。也參見阿帕度萊的著作：Arjun Appadurai, "Disjuncture and Difference in the Global Cultural Economy," *Theory, Culture and Society* 7 (1990): 295–310.

46　Christine McGee et al., "Power to the Baby Boomers." *South China Morning Post* (January 2, 1993).

47　近兩年（1991–1992），香港的中英文報紙都大肆報道這些情節。參見《南華早報》、《虎報》、《明報》、《星島日報》。頻頻見諸報端的武裝搶劫，最早出現於1984年。參見鄭宇碩和鄺振權（Joseph Y. S. Cheng and Paul C. K. Kwong, eds., *The Other Hong Kong Report 1992* [Hong Kong: The Chinese University Press, 1992]）一書內的盧鐵榮（Lo Tit-wing）文章〈法律與治安〉（"Law and Order"），頁127–148；和同一書內的毛孟靜（Claudia Mo）文章〈紀律部隊〉（"Disciplinary Forces"），頁405–424。

48　參見王于漸和鄭宇碩（Richard Y. C. Wong and Joseph Y. S. Cheng, eds., *The Other Hong Kong Report 1990* [Hong Kong: The Chinese University Press, 1990]）一書內的鄺振權文章〈移民與人才短缺〉（"Emigration and Manpower Shortage"），頁297–337，亦參見李明堃：〈移民潮與過客情緒——過渡期香港人的社會政治意識〉，《信報財經月刊》，1988年1月，頁26–30。

49　參見 Kwong, "Emigration and Manpower Shortage," p. 303，鄺振權引述廖柏偉和鄧龍威的一項研究。

50 每年從香港移居海外的人數在4萬到6萬人。1989年6月4日之後，該數字一度驟升。大學及理工學院津貼委員會打算擴充高等教育一事，參見 Karen MacGregor, "Wealth with a Heart," *The Times (U.K.) Higher Education Supplement* (November 29, 1991)；亦參見1991年《香港年報》。

51 有關香港和加拿大之間的密切關係，參見黛安娜‧拉里（Diana Lary）的文章〈加拿大在香港〉（"Canada in Hong Kong"），載 Cheng and Kwong, *The Other Hong Kong Report 1992*, pp. 95–109。

52 "Hong Kong Hustle Is Heating up Canada," *Business Week* (September 23, 1991).

53 Jonathan Braude, "Tide of Public Opinion Swings behind Patten," *South China Morning Post* (December 14, 1992); Doreen Cheung, "Jardines Attacked in New Salvo by Beijing," *South China Morning Post* (December 18, 1992).

54 關於政治動向的改變，參見劉兆佳：《香港的政治改革與政治發展》（香港：廣角鏡，1988）。

55 參見曾銳生（Steve Tsang, "A Triumph for Democracy?," *Hong Kong Monitor* [December 1991]: 1, 12）和香港報紙在1991年9、10月的報道。另見 Barbara Basler, "Democracy Backers in Hong Kong Win Election Landslide," *New York Times* (September 17, 1991)。

56 Martia Eager, "Newcomer Loh Speaks Her Mind and Wins Her Spurs," *South China Morning Post* (November 12, 1992).

57 Lindy Course, "QC Condemns China Threat, Legal Profession Urged to Defend People's Rights," *South China Morning Post* (January 12, 1993).

58 廖柏偉等：《中國改革開放與珠江三角洲的經濟發展》（香港：南洋商業銀行，1992）。

第二部分

變動不居的對象

　　本部分的兩篇文章寫成至今已三十載有餘。第一篇文章發表於1989年，展示了我於毛澤東時代在中國農村的經驗背後的脈絡。1977年，我在田野調查，一心找尋三十年來農村革命帶來的新氣象。然而，我看到的是另一番景象：傳統村莊只剩殘磚敗瓦，過去曾令村民享有不同生計機會、跨地域經驗和豐富文化的層層社會肌理已被剝離。鄉村生活貧乏黯淡，頭上籠罩著一套無處不在、被意識形態驅動的官僚制度，了無生氣。牆上褪色的標語在鼓吹勤勉工作和對黨忠誠，黑板上的潦草通知寫的是糧食配額、任務分配、領導會議、計劃生育的指導思想等等。往日墟市的熙熙攘攘無處可尋。宗教儀式、宗族儀式和社區儀式上的敲鑼打鼓和戲班演出，早已成為往事。連珠江三角洲那些自古為逃避國家管治而四處遊走的蜑民亦上了岸，不再靈動如昔。感受到毛式革命對中國社會深入骨髓的滲透，我的困惑在於：這是如何被實現與經驗的？在接下來的十年，我看到這些村民在革命過程中既是能動者，又是受害人。我觀察他們是怎樣再造其過去的記憶，並且採取有策略的步伐邁向不確定的未來。之後我又看到空前而急速推進的市場改革，因而調整自己的研究定位，隨後的民族誌敘述亦轉向至與這些變動不居對象的多層次互動。

　　第二篇文章發表於2006年，評論了三本意欲捕捉劇烈變遷之中國的著作。三十年的後毛澤東改革看似帶來無限生機和雄心勃勃。在快進式的中國紀元裏，人們只顧昂頭趕路，不願回顧過去。個人只顧追求自己的愛和幸福，都市青年奮力趕上世界潮流，農民工為了生計和自我實現而不惜一切四處漂泊，我在其中看到毛時代留下的沉重包袱。

　　「中國」不單是一個有形的「地方」，還是一個由人民生活、積習成俗所標識的歷程。1970年代，我看到農村革命對鄉村生活的結構性衝擊。到了1980年代，毛式意識形態漸趨沒落，我把目光轉向市鎮再造過程中冒進的生機。儘管我意識到鄉鎮企業成為中國新興私營領域的潛力，我亦感覺到黨政官僚制度和國家的語言仍然影響著這個最講求在商言商的領域的成敗得失。踏進1990年代初期，中國除了成為世界工廠，房屋、工業、服務業以及消費開始私有化，更重要的是，千百萬農

民湧入城市的人力資源市場。基於這些，中國的都市景觀迅速重構。雖然人口在大規模流動，機遇此起彼伏，但無論是外觀抑或意識形態上，城鄉之間依然格格不入。此時我把研究關注點轉到擴張中的城市邊緣——在那裏，錯置和確置的過程交織著或多或少的磨擦。當時間來到21世紀的第一個十年，中國囊中漸滿，「走向世界」的信心日增。這次我沿著那些投資者的腳步，觀察國有企業如何創造新的國家空間，黨政幹部如何毫無顧忌地利用他們在政府中的有利條件來實現市場野心。

1970年代南中國所經歷的變遷，如我們今天所見到的一樣波瀾壯闊。每一次政治上的轉折激起一連串的動力和反響，把不同年代的人都捲入國家大膽的社會實驗中，繼而帶來深遠的結構性影響。作為一位研究者，我饒有興致地追隨這些變動不居的對象，在智識上心懷謙卑地去理解這些社會變遷的複雜過程。

當下之過去仍是我的民族誌書寫的重要主題。我研究當代中國社會尤其強調歷史視野，與那些只一味著重關鍵日子的宏大政策論述，截然有異。在考察後改革時期的諸種動態發展時，我是以毛澤東革命帶來的結構性衝擊作為分析核心，而不是以重大的政治轉折為分析起點。

（嚴麗君、余國良譯）

第三章

吉光片羽：《華南的「能動者」與「受害人」 ——農村革命的共謀》前言

　　1977年4月，異常多雨。我偕同另外九位也是來自香港的大學教師，應廣東地方政府邀請，來到珠江三角洲農村考察。行程最後一站是新會縣城——會城。會城位於珠三角西隅，素以景色優美、歷史悠久著稱。雨連綿地下了三天，主人為我們安排歸程忙碌著，我隱隱約約地感覺到，他們熱情好客的笑容中隱藏著一絲憂慮和緊張。從會城到廣州，需搭乘渡輪橫渡江面遼闊的西江。正在發洪水的西江，主人們似乎為我們的安全感到擔憂，但要滯留此地也不是一個好選擇。由於交通條件的限制，人人都在議論著什麼時候才可以到達遠在110公里以外的廣州。那時候的氣氛有點緊張，我們有點不知所措，恰如許多人政治生涯前途未卜一樣。[1] 當我們乘著渡輪橫渡西江時，看到碼頭附近的建築物已遭半淹，略顯荒涼的農田被西江的洪水淹蓋，只剩下鮮綠的葵樹立在堤岸，映襯著那憂鬱淒涼的地平線。我們一行十人匆匆離去，然而，我後來回頭了——接下來的十年，我多次回到珠三角進行研究。我跟這片土地和這裏的人成為朋友，這地和人也形成了一道社會景觀，不斷啟發我的好奇心和攫住我的想像力。我回頭顧盼那些曾經讓老村民得以安身立命的歷史和傳統，為的是超越現實，理解他們的期盼與感情。

　　為了讓讀者更易於理解，也許需要解釋一下我為什麼選擇新會的環城公社作為研究對象。事實上，接待我的主人家常感大惑不解，不時提出這樣的疑問：「我們不過是農民，為什麼你對我們感興趣呢？」在我

曾經以為可以幫我體現學術尊嚴的理想推動下，我於1974年初次踏足中國農村。跟許多現代中國知識分子一樣，我曾為中國農民在20世紀上半葉被不同的政權欺凌剝削感到義憤填膺。我曾經以為，共產黨取得政權是有廣泛的群眾支持的。帶著這樣的假設，我不禁要問，共產黨是如何利用它的思想和組織方法去建設一個現代的經濟和國家體系，為廣大農民實現一定程度的社會平等的呢？我以為，在帝國時代農民是蟻民，到了共和國時期終於被賦予公民身份。

我最初關注的是當時中國發展策略的一個核心——農村工業化。自1958年末以後，政府在公社和大隊鼓勵小企業發展，增加了社員收入，提供工作機會、農業服務和工業技術。政府通過動員本地人的積極性，達到自力更生，要避免人們從農村湧向城市，而這種現象是許多農業社會向現代經濟轉型過程中經常要承擔的社會和政治後果。

更讓我感興趣的是政府的政治目的。這些小企業是由公社和大隊運作的。公社由於擁有工業資源，使其得以維持兩套制度性聯繫。一方面，公社跟國有工業訂下合同，確保資源供應和市場；另一方面，由於這些經濟上的聯繫，公社的影響得以延伸到附屬的大隊和生產隊上。事實上，公社是帶著政治任務運用資源的，其中之一就是縮小大隊之間的（資源）差異；大隊和生產隊的關係也是一樣。我急切想瞭解這些企業是如何發展的，並相信這些發展會是循序漸進、和風細雨地把農村整合到現代社會主義國家中去，而家庭和本地社區原來那種「各家自掃門前雪」的狹隘觀念，也最終會轉化為對黨和國家的認同。不少農業社會在現代發展的過程中都會遇到陣痛，我當時以為，中國走上社會主義道路的過程，可以成為這些社會的楷模。

之所以選擇環城公社作為研究對象，是因為它的經濟活動十分多元。環城公社的經濟收入以種植稻米、葵樹、甘蔗和各種蔬果為主，為我研究農村企業提供了豐富材料。這個地區歷史上以出產葵製品聞名。如果我們相信，解放後的發展不免帶著過去的印記的話，傳統工藝及其相關的經濟重整如何過渡並適應到新的制度環境，就相當值得研究了。解放後，環城公社的企業一方面與位於其北面的會城的工業糅合起來；

另一方面，通過與包括190個生產隊的29個大隊的聯繫，也為農業部門提供服務。公社的企業要為一個工具性目標服務——縮小其屬下的大隊和生產隊之間的差異，以便公社內各級單位的會計可以逐步統一起來，最終使公社整合到國有部門。[2] 目睹農村企業這種翻天覆地的變化，我深深感覺到，要滿足我的政治熱情和學術追求，在此時此地開展我的研究是最合適不過的了。

我在1977年開展我的博士論文研究。當時各級幹部都在靜觀其變，時刻注意來自黨中央如煙似霧的信息，政治氣氛頗為緊張。在這種情況下，我無法按照人類學的一般要求，在當地常住並進行為期至少一年的田野考察而只能頻繁來往香港與新會之間，每次停留數星期，進行田野考察活動。[3]「港澳同胞」的身份給我帶來一些方便，特別是我母親有一個姐姐在新會，但這種身份也給我帶來一些麻煩。一直等到整個田野考察工作快要結束的時候，才去探望我這些表親，這在當地的農民朋友看來顯得有點不近人情。負責接待的公社幹部，向來認為所有中國人都應該認同國家的政治目標，也不時向我作出明示或暗示，但我卻沒有半點尋根欲望，也無甚桑梓之情。幹部和農民朋友們都為此感到失望。從1977年的春天到1980年的夏天，我不斷造訪環城公社以及會城、江門和廣州等地。我拜訪公社和大隊企業，跟一些基層幹部和工人打交道。茶餘飯後，我們吃著水果，交心夜談至通宵達旦。我偶爾又跟他們到農村去，坐在那些已改作地方政府辦公室、破敗頹毀的老祠堂裏，[4] 聆聽老人家細說當年。我知道，當他們回首過去，實際上是在重構一段他們覺得自己曾親身經歷的歷史。[5]

儘管我主要關心社隊企業，但在田野考察的過程中，偶爾也會瞥見其他現象，正是這些讓人煩擾的現實景象，改變了我對現代國家建設的本質的觀感。儘管政府提倡「自力更生」，但公社及其附屬的大隊實際上沒有什麼自主權。有別於香港和台灣的小型工業，環城公社的小工業的命運往往繫於國家的政治大潮，而地方或區域市場的因素對其影響倒是其次。1970年代初，環城公社曾有機會跟縣裏一家工廠簽訂生產機械工具的合同，但遭縣政府阻撓，理由是此舉有違公社工廠扶助農業的

方針。農村企業的領導往往是老農民幹部，他們之所以獲選，並非因為有相關技能，而是因為政治忠誠。管理者往往囤積剩餘的原材料，作為他們發揮政治影響的資本。公社曾建議創辦一家蔬菜加工廠，卻遭到縣級幹部反對，理由是此舉屬「走資」。某大隊急需一條馬路卻無法修築，因為縣政府批下來的水泥份額不敷應用，農村的市場也缺乏供應。在這種情況下，貪污舞弊之事叢生。幹部們運用權力，延攬親友到工廠任職，當時工廠的工資較優厚，不少年輕人希望能夠投身工廠，以擺脫農活。更讓人提高警覺的是，縣政府要求公社進行不少浪費資源的項目。1975年，環城公社應命修築一條高速公路大壩，為了興修一系列的河道，公社在接下來的十年裏，幾乎掏空了庫存，好些大隊發現它們的農田萎縮了，生產隊也發現在堤岸上種植的果樹消失了；最後，證實這項工程是一場生態災難。縣政府本來答應提供抽水機和所需的電力，卻從來沒有兌現。當被問及為什麼要進行這項工程，公社和大隊的幹部異口同聲說：「縣書記要學大寨，我們還有什麼選擇呢？」[6]農民知道反對是徒勞無功的，只好勉為其難參與。大部分人都覺得要跟著幹部走，一位朋友對我說：「我們已經提出反對意見，也向上級打過報告。我們故意把工程拖慢，但還是在幹呀，難道不是嗎？」不無諷刺的是，這種無力感恰恰是在1970年代黨中央的領導洋溢著社會主義激情的時候出現的。一個大隊幹部對這種熱情的描述，可謂最貼切不過：「我們偶爾會抵擋得住政治風暴，但我們無法避免它的來臨。」

共產黨以革命和社會主義之名行使威權，但它如何向人民負責呢？理論上，君權神授的時代已經過去，天命也為人民的託付取代，但農民的身份在多大程度上從子民轉變為公民呢？[7]我們都知道，政治口號是不足為信的，中國的政治傳統也很難在一夜間發生巨變，那麼，當一個威權基礎有異於帝王時代的政權，以史無前例的決心改造鄉村的時候，鄉村社會到底會碰到什麼窘境呢？

現實的情況是：公社看起來缺乏政治熱情，這使我把注意力轉移到那些負責落實政策的農村幹部身上。我們不妨比較他們與帝國時期中國地方士紳以及其他農業社會的政治代理人的處境。我們知道，國家在中

國素來都是具有無限權威的，解放後的共產政權也積累了相當的經濟資源和政治力量，那麼，農村幹部的權力到底有多大呢？[8] 從1970年代中期到1980年代中期，我結識了公社三位領導幹部。在公社轉型的過程中，他們的生活經驗交織成一條延綿不斷的政治主線；尤其明顯的是，我在他們身上看到一個強大的鄉村官僚機器及其內在的矛盾如何逐步得到鞏固。

許文清出身自一個城市知識分子家庭，大學畢業後在省政府工作，1954年響應政府號召下鄉。在他看來，能夠下放環城是一種福氣。一方面，他滿懷理想，希望為新中國的社會主義建設盡一分綿力；另一方面，他的「資產階級」家庭背景使他難以取信於某些黨領導。他別無選擇，只能夠格外賣力來顯示自己的投入。他在公社一個小房子裏住了25年之久，娶了一個本地人為妻。他胼手胝足，落地生根，為那些識字不多的黨書記處理大量文書工作。

我在1977年與許文清相識時，他雖然是公社的辦公室主任，但在黨委並沒有任何位置。許身形瘦弱，說話溫文儒雅，態度含蓄拘謹，但當他陪我到鄉村訪查時，對各種莊稼幾乎無所不知，其本地知識之豐富也教人驚訝。農民和大隊幹部對他讚譽有嘉，經常請他就各種政策和事務發言，甚至認為許是他們的「包青天」。有一次，我問許文清我可以為公社現代化做些什麼，他說：「給我們帶一些英語字典。如果我們想要面對外部的世界，得從最根本學起。國家的問題是：我們太依靠信念辦事了。」1979年夏天，他得重病，我剛好不在。在病入膏肓之際，他還惦掛著我的研究，囑咐我的助手告訴我，在他去世後可以找哪些人幫忙。兩天後，他便與世長辭了，時年53歲。諷刺的是，就在他去世那年，政治極端動盪的時代也剛好結束。在這個時代當中，整整一代知識分子滿腔熱情地為建設祖國的未來而奮鬥，卻因為他們身上的階級印記而遭受無盡的懷疑和委屈。

陳明發就是許文清委託在他身後給我繼續提供協助的那位幹部。儘管他們的出身和工作截然不同，二人卻交情甚篤。陳明發出身農民家庭，只念過小學，在政治上屬積極分子。1950年代初，他被招募入

黨，未幾即被提拔，在當地有「農民理論家」之譽。他在自己的家鄉當了20年黨書記，1971年被調到公社的工廠任職。他後來承認痛恨這份工作，因為在那裏感到力不從心，也不適應工廠的作息時間。不過對陳來說，忠於所屬的農民階級是至高無上的事。公社委派給他的任務，就是防止工廠忽略農業發展。我在1977年與陳明發會面的時候，他是工廠的辦公室主任。他膚色黝黑，滿臉風霜，舉止笨拙，一副活脫脫的「農民」臉相，與那副架在他鼻樑上厚厚的眼鏡顯得特別格格不入。他對公社的經濟和官僚運作瞭如指掌，常常不經意地透露他如何理順各種人際關係，這使我對他漸生敬意。但讓我詫異的是，1982年他被解除職務，原因是他涉及一宗與下屬有關的貪污案件。他的下台也出乎他同僚的意料之外。他為人坦誠，同僚工友對他印象不俗，不幸的是，他的命運和毛澤東時代的政治緊緊相繫。在那宗案子中，陳明發可能出於善意而維護他的下屬，在意識形態大換班的時候，某些隨著政治風向標轉移的高級官員需要找一隻代罪羔羊，陳卻不幸地充當了這個角色。

我第三個訪談對象是陳明發的同鄉陳社園，1950年代他也屬政治活躍分子。陳社園曾經先後當過會計和小學校長。1950年代後期，他被派到公社辦公室工作，1979年許文清去世後接任辦公室主任。儘管他的名聲不及許文清，但在許多方面也贏得人們敬重，畢竟，比起許多公社黨書記來說，他更有教養。他直率的性格，也使他在本地農民的眼中顯得平易近人。我曾經親眼目睹過這樣的一幕：某次我們驅車上路，途中被橫在路上的兩籮穀子擋住，司機按喇叭示意，同車年資較淺的幹部都在等路上的農民把穀子搬走，陳社園卻不假思索地跳下車，把兩籮穀子移開，此舉立時讓其他的幹部尷尬不已。他經常笑著說：「文化大革命的時候，我為公社寫的牆報數量足以覆蓋整個環城。不過，這個年頭是經濟掛帥，當年的政治熱情已一去不返了。」1986年3月，我們再次見面，他還在工作，並沒有像許多其他情況相若的幹部一樣被迫退休，這在後毛時代是比較罕見的，但我沒有為此感到奇怪，大抵像他這樣一個低調的幹部，自然有能力在政治上取得平衡，在歷次風暴中倖存。

通過這三位農村幹部的關係，我得以認識到各色各樣的人——普通農民、生產隊和大隊幹部、老書記、公社和大隊工廠的年輕工友，不一而足。在這群人當中，有令人畏懼三分的那位「住在青磚房子」的書記；有被稱為在文化大革命期間「坐直升機」扶搖直上的生產隊幹部；有只知道批林批孔的年輕人；也不乏已屆耄耋的老農民，他們對村子裏曾經有過多少祠堂瞭如指掌，談起過去農曆新年的各種節慶活動時，彷彿仍歷歷在目。從這些人身上，我目睹了革命對文化造成的後果。近年來，政治空氣稍見鬆動，傳統節慶活動如雨後春筍般復萌，有些年輕人也會參與遊神祭祀，舉辦婚禮時也願意遵循一些繁文縟節，不過，當被問及這些儀式背後的意義時，他們卻往往一臉茫然。政治革命遺下的文化真空，由此可見一斑。

革命造成的意識形態的真空，也是顯而易見的。在過去二三十年中，地主和他們的孩子被劃為黑五類、壞分子，他們對現政權的怨恨可想而知，這也是可以理解的。不過，在那群比較有學識和有頭腦的年青工人身上，我也隱隱然嗅到一種憤世嫉俗的味道。儘管他們是在社會主義新政權的哺育下成長的，他們感覺到自己農村戶口的身份備受歧視。長年的政治動盪，也把他們的前途和希望砸得粉碎，他們身不由己，個人的命運任憑起伏的政治波瀾擺佈。他們或妥協，或抵抗，為的只是在逆境中求存。他們對自己的困境的看法以及他們為謀求利益和達成願望所作出的努力，構成了公社政治的舞台千秋。面對一個決心要把他們收編的國家，他們竭盡所能予以招架。面對這個強大的國家體制，他們有時候乖乖地歸順，有時候又主動參與共謀；他們多年來不斷地參與並定義著一個不斷更新的社會結構，這個社會結構讓他們作繭自縛。在這個意義上，正如本書的題目所言，在這個社會結構連綿不斷地形成的過程中（structuring），他們既是能動者（agents），也是受害人（victims）。

我已經不太記得到底是在什麼時候，才察覺到當初的希望已經幻滅淨盡了。然而，我在1980年代越發感覺情況不對，促使我用治學的方法去追尋問題的源頭。我既沒有緬懷毛澤東時代，也不認為80年代開始的改革開放是第二次解放，當地好幾位朋友的想法也與我不謀而合。

諷刺的是，他們在極力擺脫過去的政治枷鎖並竭力在經濟發展的大潮中迎頭趕上的同時，一個我們熟悉不過的魅影拖住了他們的後腳。在我看來，儘管改革的大車正竭力開動，但一個代表著黨和國家的沉甸甸的官僚系統仍然繼續籠罩著每個人的私人生活。同過去的朝代一樣，新政權的作為是有點自以為是和讓人無所適從的，但與過去最不一樣的是，它所行使的組織力量是前所未有的。

我的農民朋友無法表達的某些情況，在劉心武的中篇小說《立體交叉橋》中體現無遺。故事講述北京某個家庭由於無法突破某些官僚的瓶頸，以致始終無法改變其擁擠不堪的住房環境，令人感到窒息和絕望。這篇小說有著更廣泛的政治和思想含義，在我編輯的一本收入多篇後毛澤東時代的中、短篇小說文集《毛的收成：中國新一代的聲音》(*Mao's Harvest: Voices from China's New Generation*) 中，史景遷就劉心武這篇小說寫了這樣的一番按語：「不論在住房或是思想方面，中國人的隱私已經蕩然無存。失卻自尊教他們受盡折磨，迫使他們時刻爭相競奪、終日討價還價、不斷懇請乞求。最後，吶喊變成哀嚎，而哀嚎終於像排山倒海般爆發。」

在某種意義上，我擁抱馬克思的理想走進中國，最後，卻懷著韋伯最沉重的憂思離開。也許，此書不過是一個人類學家自我反思的民族誌而已。

（程美寶譯）

本文原為 *Agents and Victims in South China: Accomplices in Rural Revolution* (New Haven: Yale University Press, 1989) 一書的前言，現稍作修改。除了熟悉的歷史人物，大部分都是化名，以保護相關人士。

註釋

1　此時剛距離四人幫被捕不久。
2　公社的集體所有制是以一個三層架構維繫的。農村的生產隊隊員在分派的土地上勞動，從中得到收入。大隊和公社則經營小企業。為了降低彼此之

間的資源差異，中央政府計劃逐步將生產隊和大隊的各級會計，統一到公社的層面去。

3　參見拙文 "Doing Fieldwork in Rural Guangdong: The Virtues of Flexibility," in Ann Thurston and Burton Pasternak, eds., *The Social Sciences and Fieldwork in China* (Boulder: AAAS and Westview Press, 1984), pp. 143–161.

4　珠江三角洲有不少單姓聚落，當中好些優裕之家會斥資修建祠堂，作祭祀祖宗之用。有些祠堂是用來祭祀某個宗族某個支派的開基祖或始遷祖的，有些稱為「大宗祠」的，則是用來祭祀各宗支共同認同的遠祖的。這些祠堂往往建在城鎮裏，誰可被視為某宗族的成員或享有嘗產，不一定遵循族譜的記載。

5　我最初在環城開展田野工作時，我的主要訪談對象是由公社幹部介紹的老人，他們都屬「可靠的訪談對象」，其中一位更是所謂的「開放戶」——專門挑選給外人訪問之用的。其後，我逐漸建立起自己的人際網絡，無須過分依賴官方的關係。公社幹部對我的戒心也日漸減弱。時至1980年代，政治氣氛越來越鬆弛，公社幹部在為我選取訪談對象時也沒有以前那麼慎重。儘管我們訪談的內容大多圍繞解放前的時期，但當我的訪談對象講到民國時期和日據時期的時候，他們的評價與官方的觀點往往大相徑庭。最後，我經常被邀請到各家吃晚飯，甚至參加壽筵和婚宴，在這些場合中，人們往往十分投入而忘記了要在政治方面設防。

6　大寨是位於華北的一個生產隊。在1960年代初期，毛澤東提出「農業學大寨，工業學大慶」的口號，號召各地學習大寨自力更生和忘我無私的精神。

7　班迪克斯 (Reinhart Bendix) 注意到民族國家的創立，往往經歷一個從君權神授到以人民群眾為權力基礎的結構轉移過程，見 Reinhart Bendix, *State and Society* (Berkeley: University of California Press, 1968)；不過，這個過程並不一定包含人民的參與，相關討論可參見毛利有關19世紀日本政治變遷的研究，見 William Kelly, *Deference and Defiance in Nineteenth-Century Japan* (Princeton: Princeton University Press, 1985)。

8　在帝國時期，國家和地方社區賦予傳統精英的權力和威權基礎比較多元，相形之下，解放後的農村幹部對黨的依賴更為單一和直接。他們的困境和他們跟其他村民的關係的轉變，顯示了共產黨如何透過鞏固其對社會資源和意識形態的控制，把農村社會逐步加以改造。

第四章

中國紀元：背負歷史行囊快速前行

本文所評有關中國當代社會生活的三部著作如下：

Private Life under Socialism: Love, Intimacy, and Family Change in a Chinese Village 1949–1999, by Yan Yunxiang. Stanford: Stanford University Press, 2003. 289 pp.

Only Hope: Coming of Age under China's One-Child Policy, by Vanessa Fong. Stanford: Stanford University Press, 2004. 242 pp.

On the Move: Women and Rural-to-Urban Migration in Contemporary China, edited by Arianne M. Gaetano and Tamara Jacka. New York: Columbia University Press, 2004. 355 pp.

中國正在沸騰！全球的媒體眾口同聲說這是「中國的世紀」。持續雙位數的經濟增長、大量基建發展、急速的城市化步伐、農村釋放出的大量勞動力、全世界消費中國產品，這一切莫不展現出中國欣欣向榮、一往無前地奮力走向真實和想像的市場的景象。

在經濟數據和媒體喧聲背後，人類學家關心的是改革的修辭與市場的力量到底在怎樣改變晚期社會主義中國老百姓的生活。2003年，韋蘇(Sue Williams)的《赤字中國》(*China in the Red*)首映，呈現了一幅幅鮮活的影像：我們看到有人全身心地投向市場懷抱，也有人困守在缺乏競爭力

的國有企業，我們還看到個別不作為的政府機構。與許多發展中國家的情況相類，這裏的生活夾纏著志得意滿、野心勃勃，但也不乏迷惘與悲傷。在中國熾熱追求現代性的這個關鍵時刻，我們不難從日常生活的細枝末節中體味到人類深沉的悲喜劇。每個人都不能自外於變化的過程。

這群活力充沛、戮力向前的老百姓在背負著怎樣的歷史行囊？人們試圖忘懷卻又揮之不去的毛式革命帶來了怎樣的衝擊？從那些仍在尋覓與世界相接的語言的愛國「憤青」身上，可以看到四處流竄的躁動情緒。在城市暴發戶、巧取豪奪的官員、擠滿外資工廠的外來民工，[1] 以及寸步不讓、拒絕拆遷的城中村村民之間，日常的社會衝突撲面而來。無論是沉溺於股市，[2] 虔信復興的宗教，[3] 還是無度地消費名貴轎車、私人房產，[4] 以及旅遊獵奇，[5] 又或是拼命往城裏擠的農民工，[6] 這一代中國人似乎都不問緣由地向前衝。[7] 如果這些作為能動者的個體可以順利克服從計劃經濟到市場經濟的種種困難，那麼又該怎樣理解他們的能動語境呢？他們單維的思想傾向、想像與行動策略，就像手上沒有多少文化資源或社會中介的頭腦發熱的投機者。我們怎樣從理論上把這些起作用的行動與人們置身其中的制度性結構連結起來？是否像以前一樣，這些能動者會成為自身行動所造就的處境的受害者？[8]

本文所評的三本書，為流動性提供了鮮活的民族誌敘述。與漢弗萊[9] 在《消逝中的蘇維埃生活》（*The Unmaking of Soviet Life: Everyday Economies after Socialism*）中討論的後社會主義俄羅斯相類似，這幾本著作集中探究了提供幾代中國人生活意義的社會主義國家主義結構的部分解體。人們為尋找新機遇，為彌補那逝去的光陰，又或僅是為排遣無法承受的不確定感，往往孤注一擲、無所不用其極。這與阿布－盧格霍德（Lila Abu-Lughod）描述的後社會主義埃及的情況差不多，中國人在三種現實條件下討生活、展抱負。這三種現實條件是：不再珍視勞動、了無生氣的社會主義；赤裸裸、適者生存的資本主義；高揚現代化和民族尊嚴大旗的發展。

就理論而言，這三本著作透過民族誌的調研，探討有關能動者與日常生活權力的本質等問題。[10] 今天在中國進行持續的田野工作不像以前那樣困難，作者得以從不同視角批判地解讀人們的各種嘗試。此外，他

們的討論亦呼應著當前人類學的關切，尤其與現代性問題緊密相連，並採用強調歷程與適然性 (process and contingency) 的理論框架。[11] 再者，他們聚焦於個體的各種對策與主體性，跟過去幾十年人類學的韋伯式轉向遙相呼應。[12]

閻雲翔的民族誌《私人生活的變革：一個村莊裏的愛情、家庭與親密關係 1949–1999》(*Private Life under Socialism: Love, Intimacy, and Family Change in a Chinese Village 1949–1999*) 表現了敏銳的洞察力。20世紀90年代，他重返年輕時為逃避饑荒而被村民無私接待過的黑龍江下岬村。那些老朋友推心置腹，使他得以窺探村民最隱密的生活。由於跟下岬村的深厚關係，他以村民生活中的細枝末節對照代際經驗，領會出箇中發人深思的轉變。閻雲翔超越既有研究中國家庭只側重共有結構、經濟組織或政治層階的模式，探究家庭中個人與感情的方方面面，正如他自己所說，注目於「重要性不亞於經濟收入的那些隱私、親昵、情感以及權利等個體道德經驗」。[13] 他想解釋的是，過去幾十年的改革怎樣重組家庭的道德結構？哪些人牽扯最深？由於抵觸傳統制度性規範而產生的焦慮，家庭生活在這翻天覆地的過程中又經歷了怎樣的變化？

閻雲翔從家庭的私化展開他的敘述，論證過去幾十年農村施行以社會主義政策為本的政治經濟學，從根本上摧毀了家庭關係中性別與代際的組織形式及序階結構。集體化及與之相伴的獎勵勞動，崩解了家族制度的力量。父母無權插手子女的繼承、嫁娶乃至家庭的組成。此外，傳統家庭價值亦備受社會主義國家直接的、有組織的意識形態的抨擊。1949 至 1979 年間成長的年輕一代，受個人權利洗禮。後毛澤東時代的市場開放，部分人認同浪漫愛情及夫妻間親昵關係的想法，驅使他們掙脫大家族的枷鎖，轉而更多關注個人的嚮往。跟以往唯父母是從、夫妻關係居次、養兒防老的想法迥然有別，今天的年輕村民更勇於表達自己的欲求。他們拒絕盲婚啞嫁，婚前性行為不再是禁忌，婚後沒想過與父母同住，支持分家，為小倆口的家耗用寶貴資源，並遷到城裏尋找更好的發展機會。閻雲翔筆下的這種「孝道危機」，常常讓父母感到苦澀與

懊惱。他們困守在沒有文化、缺乏激情的閉塞村莊裏，認為政府背信棄義，子女又捨他們而去。閻雲翔很能理解村民的憂恐，因為家庭若單按市場精確的算計而不以代際間的扶持依存為基礎，就會生出不顧公益、只圖私利的野蠻人。政府處處干預公共生活亦使問題雪上加霜，年輕一代既不欽羨、亦缺乏同儕間的相濡經驗。有鑒於此，我們能否說，一如其他工業國過往的經驗，這種種變化是從集體滑向個體發展模式進程中的必由之路？抑或是，閻雲翔描繪的這種封閉、不文明、極端個人化的家庭生活景象，只是後期社會主義中國農村所獨有？若然，閻雲翔的分析到底有沒有妥善處理其中的歷史負載？

在閻雲翔的研究基礎上，我提出以下問題，以期拓深討論。首先，1949年前的中國家庭生活有什麼特質？無疑，與以往相比，人們今天更直接地表達他們的情感，但我們不能因此先入為主地認為過去就沒有個人的情感及能動性。歷史學家曾質疑俗眾對中國家庭既有的刻板印象，指出縱使在森嚴的社會環境與文化規範下，仍不乏私通野合、世所不容的激情，以及個體無窮欲求的例子。事實上，纏綿浪漫的情愛故事從來就是民間傳說、通俗藝術形式的核心主題，而不孝逆子的故事亦非鮮見。如果這些情節在革命前早就存在且以不同方式為人熟悉，那麼我們該用哪些概念工具理解它們，才不至掉入中國家庭要麼協作共生、要麼經濟主導這兩種理解模式的泥潭？

其次，長時段的歷史討論有助於我們重估社會主義時期某些獨特的轉變，從而豐富閻雲翔有關當今家庭生活極端私化的論證。早在我的另一篇討論家庭動力的文章中就指出，20世紀90年代中國家庭間不惜一切攫奪嫁妝與彩禮的現象，清楚表明「家庭」怎樣被社會主義式的革命徹底掏空並重新定義，而父母子女在後改革時期又是如何積極主動參與它的「重構」。[14] 1990年代日漸強化的夫妻關係，反襯著形成更大家庭化過程的層層社會關係及禮儀資源的破敗。早已深植的家庭化過程，一方面提供各式各樣的保障與調度資源的手段，並藉銜接私人與集體兩個領域的精微道德結構而強化；另一方面亦為其成員提供各種表達的途徑。然而，這些管道於今所剩無幾。如果對毛時期前後家庭構成形式的歷史

複雜性有足夠瞭解的話，那麼我們就不會以從集體過渡到個人的線性視角來看待這種處境。

閻雲翔把當今農村之缺乏公共生活歸因於國家從社群事務組織及其僅餘的政治控制中撤離，但仍要追問的是，公共領域中為何會有這樣的文化困境？全面討論過去家庭過程的內嵌性，以及它在社會主義時期分崩離析的性質，將啟發我們思考村民在未來發揮其能動性時，到底是怎樣被賦權（或窒礙）的。這種別無選擇的窘局，也見諸今日中國城市的獨生子女身上。

馮婉杉的《唯一希望：中國一胎化政策下的成長》(*Only Hope: Coming of Age under China's One-Child Policy*) 是她 1997 至 2002 年在大連進行田野調查的成果，集中探討不同家庭背景、風華正茂的年輕人以及他們充滿焦慮的父母的精神面貌。她要追問的是：「與過去以大家庭為主體的社會不同，這些獨生子女是怎樣成長的呢？」[15] 從積極的一面看，他們集父母寵愛於一身；從消極的一面看，這些「小皇帝」被迫設法完成馮婉杉所謂的「現代化的文化範式」(cultural mode of modernization)。[16] 由於中國人推崇孝道，而大連的父母得隨時面對下崗壓力，國家各種福利又削減，前景十分不明，家長都視子女如善價而沽的商品。由中國一胎化政策引爆的這個急變人口轉型期，父母為培養他們的「唯一希望」所費不菲，同時也寄予孩子許多不切實際的期望。

社會大眾認為年輕一代備受呵護，顯得不堪一擊，許多獨生子女因承受不住壓力而崩潰。《赤字中國》中讓人心酸又荒謬的一幕，頗能為馮婉杉的中心主題作註。場景是：年輕學生圍集高考考場門外，焦灼的父母有些在擦汗抹淚，有些則為子女打傘遮蔭。配備巨大氧氣瓶賣氧氣的小販在街上排成一列，考生挨近他們然後把氣喉放到鼻子裏，深深吸著奔赴考場前的最後「一口氣」。民族誌的瑣碎細節往往能震懾人心。有一次，馮婉杉得悉一個重點高中學生自殺的消息，而真正讓她震驚的是一位受訪的初三學生沒有絲毫哀傷，相反卻報以一種算計的冷酷，說道：「我希望更多高中生自殺……這樣，在考重點高中、進大學，以及工作上便會少些競爭對手。」[17]

　　馮婉杉認為，問題的根源在於第一世界的理想與第三世界的現實之間存在著巨大落差。現代工業社會不乏向上流動的典範，而家庭被認為是孩子邁向成功的助力。可是，由於中國人口結構轉型的獨特性，加上國有企業倒閉導致大連經濟滑坡，使家庭難於承擔這種角色。此外，互聯網散播各種新欲望，刺激了城市的消費革命，這些都無時無刻[18]不在擄劫著這些年輕人。家庭內存在著極大的張力，馮婉杉花了整整一章，討論父母子女在孝道與算計之間那種令人難堪的交換。沒有修飾的情緒表達叫人不忍卒睹，毫不遜於薩特的《禁閉》（*No Exit*）。

　　惱人的問題是，如何解釋這種一往無前、別無他選的心態？像大連這樣具有相當經濟規模的城市，對年輕人及其父母來說，向上流動的機會與途徑就真的是那麼單一嗎？與閻雲翔筆下的農民一樣，這些城市人無所不用其極地想要提升自我，但卻沒有可資調動的文化資源供他們觀照，或超越前述那三種層層相扣的現實條件。在他們的自我與國家語言（不管是社會主義、市場抑或是國家現代性）之間，似乎容不下有待探索的公共空間。施堅雅、羅威廉（William Rowe）、史謙德（David Strand）、賀蕭（Gail Hershatter）等歷史學家、人類學家的著作，展示了社會主義改造前中國五光十色、多層次的城市生活。兩相對照，我們必須對晚近社會主義沉悶的城市生活給予充分解釋。唯其如此，才能恰切地領會獨生子女及其父母在面對不得不接受的機遇結構時所產生的挫敗感。

　　20世紀50年代後期，毛澤東的政治策略使農民與市民隔絕，但隨著過去幾十年集鎮的重構，以及農村人口大舉湧入城市，兩者終於可以再次相接。不管我們怎樣定義外來人口，他們的數目大得驚人，最多幾近一億。[19]從外來人口原來居住的村莊到他們工作的城市，都因這種遷移而產生了翻天覆地的變化，不僅觸及了性別關係和家庭生活，同時也影響到整個地區的發展以及相關的文化論述。

　　《人在旅途：女性與當代中國的城鄉流動》（*On the Move: Women and Rural-to-Urban Migration in Contemporary China*）集中討論了「打工妹」問題，不同的作者都指出，外來人口的流動模式其實相當性別化。1949年後實行幾十年的戶口登記及遣送回籍的政策，使農村移民到今天仍被

視為外來人而備受歧視。國家有關部門的政策搖擺不定，造就城市人的排他性格，農村移民往往成為眾矢之的。再者，從女性主義的角度言，揮之不去的性別歧視還包括對女工的侵犯與虐待。作者們注意到，大部分年輕女性從少年到成年階段都在不斷調整自己的身份認同，這使原本已經多變的處境更顯複雜。

該書書末附有來自工廠女工、已婚外來人口、家庭傭工、卡拉OK女侍應的各式故事。正如編者所說，書中各章「對農村婦女外出的動機，她們在城市工作、生活的經驗，她們用什麼策略改善或超越城市人眼中的次等地位，她們的社會網絡以及與家鄉的聯繫，她們為自己開創未來的方法，以及遷移對自身、家庭、家鄉的深遠涵意」等問題，都提出了洞見。[20]

貫穿這些不同論域的主線，是作者試圖「理解外來婦女的主體性、自我呈現及能動性與宏觀結構、制度、社會政治論述之間的相互聯繫與互動」。[21]

無論是與國家媒體要求的「現代品質」，抑或是與大眾消費期望的孝女、溫順對象等「監控目光」相搏鬥，這些外來婦女的能動性都十分複雜，有時甚至是相互對立的。鄭田田在文章中提到，她訪談的女服務員藉迎合男人對農村女性身體的刻板印象與幻想，任其攫取她們在物質上、社會上的利益。正如葛婷婷 (Arianne M. Gaetano) 所強調的，問題在於她們到底是為自己賦權及抵抗的表現而高興，抑或只是視之為窮途上的受害者的絕望行為。[22]

陳果在電影《榴槤飄飄》中塑造的那位讓人久久難以忘懷的返鄉者形象，生動地概括了這些農村婦女的城市羈途。電影主人公受生活所困，到香港後迫於無奈從事賣淫。當她以女商人的身份重回故里時，親友都掂量著她的成就，然後紛紛伸手要錢。在群體虛情假義的壓力下，她的生活頹然坍塌。唯一能為其消減鬱結的，是那位處境與她完全一樣、仍在香港奮力求存的小女孩寄來的榴槤。她們，或許是閻雲翔筆下的下岬村村民，或許是馮婉杉關心的獨生子女，也可能是打工妹。但不管是誰，他們都背負著沉甸甸的歷史行囊，卻又無可選擇地依從快速的

方式急步前行。他們到底在什麼意義下是能動者，又在什麼意義下成了
共謀？

（余國良譯）

原文發表於 *Anthropologist* 108, no. 2 (June 2006)，現稍作修訂。

註釋

1　Ching Kwan Lee, *Gender and the South China Miracle: Two Worlds of Factory Women* (Berkeley: University of California Press, 1998); Ngai Pun, *Made in China* (Durham: Duke University Press, 2005).

2　Ellen Hertz, *The Trading Crowd: An Ethnography of the Shanghai Stock Market* (Cambridge: Cambridge University Press, 1998).

3　Mayfair Mei-hui Yang, "Spatial Struggles: Postcolonial Complex, State Disenchantment, and Popular Reappropriation of Space in Rural Southeast China," *Journal of Asian Studies* 63, no. 3 (2004).

4　Helen Siu, "The Cultural Landscape of Luxury Housing in South China: A Regional History," in Jing Wang, ed., *Locating China: Space, Place and Popular Culture* (New York, NY: Routledge, 2005), pp. 72–93.

5　Sara Friedman, "Embodying Civility: Civilizing Processes and Symbolic Citizenship in Southeastern China," *Journal of Asian Studies* 63, no. 3 (2004); Louisa Schein, *Minority Rules: The Miao and the Feminine in China's Cultural Politics* (Durham: Duke University Press, 2000).

6　Dorothy Solinger, *Contesting Citizenship in Urban China: Peasant Migrants, The State and the Logic of the Market* (Berkeley: University of California Press, 1999); Li Zhang, *Strangers in the City* (Stanford: Stanford University Press, 2001).

7　Nancy Chen et al., eds., *China Urban* (Durham: Duke University Press, 2000); Deborah Davis, ed., *The Consumer Revolution in Urban China* (Berkeley: University of California Press, 2000); Dorothy Solinger, *Narratives of the Chinese Economic Reforms: Individual Pathways from Plan to Market* (Lewiston, NY: Edwin Mellen Press, 2006).

8　Helen Siu, *Agents and Victims in South China: Accomplices in Rural Revolution* (New Haven: Yale University Press, 1989); "Socialist Peddlers and Princes in a Chinese Market Town," *American Ethnologist* 16, no. 2 (1989).

9   Caroline Humphrey, *The Unmaking of Soviet Life: Everyday Economies after Socialism* (Ithaca: Cornell University Press, 2002).

10 Nicholas Dirks, Eley Geoff, and Ortner Sherry, eds., *Culture, Power, History: A Reader for Contemporary Social Theory* (Princeton: Princeton University Press, 1994).

11 Bruce Knauf, ed., *Critically Modern: Alternatives, Alterities, Anthropologies* (Bloomington: Indiana University Press, 2002); Timothy Mitchell, ed., *Questions of Modernity* (Minneapolis: University of Minnesota Press, 2000); Charles Taylor, *Modern Social Imaginaries* (Durham: Duke University Press, 2004).

12 Charles Keyes, "Weber and Anthropology," *Annual Review of Anthropology* 31 (2002).

13 Yan Yunxiang, *Private Life under Socialism: Love, Intimacy, and Family Change in a Chinese Village 1949–1999* (Stanford: Stanford University Press, 2003), p. xii.

14 Helen Siu, "Reconstituting Dowry and Brideprice in South China," in Deborah Davis and Stevan Harrell, eds., *Chinese Families in Post-Mao China* (Berkeley: University of California Press, 1993), pp. 165–188.

15 Vanessa Fong, *Only Hope: Coming of Age under China's One-Child Policy* (Stanford: Stanford University Press, 2004), p. 4.

16 同上註，頁13。

17 同上註，頁87。

18 Helen Siu, "Redefining the Market Town Through Festivals in South China," in David Faure and Tao Tao Liu, eds., *Town and Country in China: Identities and Perception* (England: St. Basingstoke, 2002), pp. 233–249.

19 Arianne M. Gaetano and Tamara Jacka, eds., *On the Move: Women and Rural-to-Urban Migration in Contemporary China* (New York: Columbia University Press, 2004), p. 1.

20 同上註，頁4。

21 同上註，頁5。

22 同上註，頁7。

第三部分

**辯證的結構過程
與人的主觀能動性**

　　當首次書寫民族誌時，我開始探究辯證的結構過程（structuring）和人的主觀能動性（human agency）這兩個概念。《華南的「能動者」與「受害人」——農村革命的共謀》（*Agents and Victims in South China: Accomplices in Rural Revolution*）[1] 聚焦於毛式農村革命如何實踐在高度商業化的珠江三角洲地區。我不同意當下社會科學界流行的對農民生活缺乏歷史觀的研究範式。在他們眼裏，鄉村是陳舊的、自成一體的農業社會殘餘，是現代化改革或革命的對象。通過細緻閱讀歷史檔案，我發現明清時期華南鄉村具有多層社會肌理——生機勃勃的市場交換體系、地域上的宗族組織、活躍的民間儀式以及跨地域的身份認同。然而，1970 年代我在中國看到的卻是另一番光景，它們已不是傳統的村莊，變成封閉隔絕、細胞化的「農村」。該書頭六章描繪了鄉村過去置身的層層傳統文化肌理和權力利益網絡。其餘的章節則敘述了 25 年的社會主義運動如何將鄉村與這些關係層層剝離，因而變得貧乏且了無生氣。

　　我認為，村民與地方幹部通力合作是毛澤東式轉型得以可能的關鍵。我想捕捉的是他們在屈從與反抗之間的微妙表達和複雜情感：他們或默許，或彼此共謀，或討價還價。我與同事斯科特的差異在於他強調「反抗」，而我則更強調「共謀」（complicity）。環城公社的農民並非被動地眼睜睜等待革命這場大戲來到面前，他們本身入戲甚深。無論受害與否，他們是這個過程的共謀者，他們的行動本身正是過程的重要部分。通過他們與農村革命若即若離的關係，我希望能夠闡明辯證的結構過程和人的主觀能動性的概念。

　　1986 年，我整年呆在位處於珠江三角洲中心的小欖鎮，縈繞在心的有兩個問題：其一，社會生活中僵硬的城鄉壁壘；其二，自由改革時期新的國家空間的創造。我珍視傳統中國促使鄉村、市鎮、城市共享相同文化世界的各種渠道，不論是親屬與繼承（弗里德曼）、民間宗教儀式（武雅士和華琛）、科舉考試（艾爾曼）抑或是市場的統合網絡，都是構築區域體系的關鍵元素。這些基礎建築銜接了農業與商貿，模糊了城鄉、本土與中央的界限。市場的脈動形塑了地方社會的開放和閉合，而它又與區域週期性的繁華衰落，以及帝國權威樞紐處的政治風雲休戚與

共。而1970年代的田野經歷中，看到的卻是社會、經濟和空間上的分崩離析。我暗忖，這種瓦解多大程度支配著改革時期的思路與謀劃。論者在分析後毛澤東時代，往往將之前毛式改造拋諸腦後，然後重新安立一個以政治轉向為基點的框架；我則另闢蹊徑，透過觀察鄉鎮居民的弔詭能動性（paradoxical agency），指出必須將毛式社會主義造成的深入骨髓的衝擊，置於瞭解後毛澤東時代的核心位置。

在有悠長商業歷史的華南地區，我原本想研究小型鄉鎮企業的發展，因為我相信，若後毛改革能給予足夠的空間去挖掘商機，它們將會成為私營領域的新興力量。然而，當我走在鎮裏狹窄的街上，兩邊數以百計的祠堂、寺廟令我無法忽視它的過去。鄉民藉由再造宗教禮儀，巧妙地把自己置身在這片不斷擴展的三角洲。在地歷史學家滿懷熱誠地與我分享鎮裏的寶藏，那些典籍和宗族文書在數次政治運動中得以倖存。我亦非常幸運地與出色的歷史學家科大衛和劉志偉同行，我們力盡所能地考察、傾聽、翻印、拍照，想記錄日漸消失的景觀和破碎的記憶。直覺上我們意識到，從文化大革命中倖存的東西將在來勢洶洶的市場力量下岌岌可危。

明清時期是小欖歷史上的光輝歲月。處於擴張中的沙田邊緣，流動的疍民、佃農、良田千頃的大族和資本在手的商家都在這裏混跡。精英在實際利益和象徵意義上都長袖善舞，出盡招數以宣示自己來自北面政治／道德權威中心的文化正統性，展示集經濟財富、宗族源流和隆重儀式於一身。六十年一次的菊花會就是一項炫耀地方資源和跨地域關係的地方盛會，每次都隆重至極。在晚清民國早期從沙田擴展至佛山、廣州、澳門以及後來的香港，形成一套權力的文化網絡，小欖恰恰就是這個網絡的關節點。[2] 由於擁有深厚的歷史底蘊，使我對鎮上經歷動盪的20世紀（尤其是毛時代）並終至細胞化的過程有著更深理解。

我們不能把鄉村生活的衰敗單單歸咎於社會主義時期，傳統的層層社會機制連根被拔的過程其實始自20世紀初期。鎮上居民目睹了清朝崩潰之後數十年的軍閥鬥爭，其後是民國政客倡行現代化的種種舉措，以及發展越洋商業，再後來日本入侵及緊接著的內戰，造成貿易崩潰與

法律失序。1949年末，共產黨帶著它的革命議程上台之前，市鎮的傳統精英早已被俗稱「大天二」和「小欖公」的土豪所替代，他們靠槍桿子把持地方。

小欖與珠三角其他市鎮大同小異，都在毛澤東時代走向衰亡之路。國家集體控制並接管了貿易和市場，還重新分配族產。至於祠堂，不是毀壞就是丟空，留下來的變成新政府的居委會、幼稚園或學校。宗族族長和族產管事人在政治運動中總是被羞辱至無地自容，寺廟以及傳統地方節慶也在劫難逃。鎮上經濟就靠那為數不多的工廠和供銷點，零敲碎打地接縣裏工廠做不完的活兒。儘管如此，面對周邊公社或虛或實的挑戰，鎮政府和居民都小心翼翼地守護著自己備受威脅的存在感，因為若被貶為農村戶口，情況就變得更糟。

1986年對小欖是個重要的年份。隨著改革的鋪開，縣/市一級政府在推進鎮和周邊公社的再次合併。鎮上的居民憂心忡忡，因為過去那些政治運動還歷歷在目：祠堂和廟宇被毀，那些優質的石頭、磚塊和木料被附近的公社掠去支持農業和國家的基建工程。他們並沒有信心鎮幹部能保護他們。事實上，正如俗語所言，鎮幹部本身也是泥菩薩過江，自身難保。他們都明白，自己的最後一根稻草是居民身份，畢竟這保證了國家廉價的配給以及微薄但並不可靠的生計。

這一部分三篇文章，首篇〈小城鎮的社會主義賣貨郎和太子黨〉[3]嘗試捕捉這些鎮上居民不顧一切的欲望，以及他們對經濟、社會、文化，尤其是行政管理上牢不可破的城鄉壁壘的矛盾心態。過去幾十年來毛式社會主義制度的權力已經內化於心，他們在生意中對這套權力結構避之不及的同時，又不經意間複製了它。鎮政府盡其所能地利用自己的權力攫取最豐厚的商業利益。市場的解放並不意味著國家的撤退，相反國家變得更加強大有力。我擴展了紀爾茲對殖民地爪哇發展模式的描述，以及杜贊奇 (Prasenjit Duara) 對民國時期中國行政構作的分析，並借用他的「國家內捲化」概念來標識後毛澤東時期的改革。這篇文章是我的重要轉折點——過去我看到的權力更多地體現為國家機器和政治體制，是馬克思式的；到此，我眼中的權力是布迪厄和福柯式的。我理解到人

的主觀能動性以及社會生活持續不斷的結構化過程，也更確信韋伯觀念中行動者的有意為之及其意料之外的結構性後果。在1980及1990年代，我在小欖社會生活的方方面面都看到了國家內捲化的過程，無論是婚嫁和家庭構成、紅白喜事的禮儀，抑或是地方節慶。藉以階級、革命和社會主義改造的語言，毛式國家體制長期以來已經成為規訓主體性和社會、情感行為的強大法則。加之舊時的社會機制和文化資源（市場、民間宗教、宗族、社區以及家庭儀式）在過去幾十年被刻意破壞，人們日常生活的文化內涵和歷史記憶全被掏空。我渴望明白的是，在這個市場改革驟然而至的歷史時刻，是什麼促使居民和村民去尋求並不明朗的機遇。

第二篇文章基於1990年代我對婚喪儀式的觀察，我駁斥那些將改革時期被隆重其事的人生禮儀視作「傳統復興」的觀點。我不認為這些文化傳統在毛時代那幾十年是被潛藏或者凍結起來，當政治限制消失，它們就春風吹又生。在我看來，那些再次催生這些儀式的行為與觀念是一套新的人馬重組起來的文化碎片，他們在改革時代根據現實的目的重新賦予儀式大不相同的意義。

第三篇文章聚焦在1990年代的聘禮和嫁妝上，我看到家長們的策略：雖然對這些幾乎傾家蕩產的禮金怨言甚多，他們仍然不惜重本投入子女的家庭資產，以期老有所依。這與傳統婚嫁禮金的意義大有不同，過去這些是兩個家族之間的交換以及宣示身份的手段。在我看來，「核心」家庭載負的意義與過去迴然有異。家長和年輕夫婦本身想盡辦法強化「夫妻一家」的觀念，從中我們可以看到，家庭生活已從過去的親屬網絡中剝離出來，過去爛熟於心的道德期待和規範也不再適用。

除了前述這些婚葬禮儀之外，傳統再造也見諸社區的節慶。在第四部分的另一篇文章中，我特別強調1994年小欖舉辦六十年一度、隆重的菊花會，這個節慶在意義和功能上的諸多變化。進入後毛改革15年以來，菊花會的主事者不再是過去的宗族、商人以及廟宇等社會組織，而是鎮幹部以及他們所把持的行政單位。它們自謀自資自演了這些活動，從而為鎮裏的基礎設施項目和嶄露頭角的工業企業吸引海外投資

者的關注。因應省市、國家的政策調整，地方幹部饒有策略地利用他們想像中的「傳統」地方節慶來玩一把鄉親政治。他們毫不掩飾自己的主動性——他們急於向海外華僑投資者宣示，鎮政府正大步向前地拋棄過去的極左路線，熱情復興舊日文化，不再將其批為「封建」。但出乎我意料的是，鎮上居民變成被動的旁觀者，帶著疑惑的眼神觀看這個經過改造、充滿象徵意味的花卉展覽、花車遊行、廣東流行音樂表演以及盛大宴會。成行成列的豪華轎車，都是用來吸引港澳投資者。然而，他們看似作壁上觀，實際卻陷身並參與在辯證的結構化過程中。

（嚴麗君譯）

註釋

1 Helen Siu, *Agents and Victims in South China: Accomplices in Rural Revolution* (New Haven: Yale University Press, 1989).

2 見本書第八章〈傳統的循環再生：小欖菊花會的文化、歷史與政治經濟〉。

3 Helen Siu, "Socialist Peddlers and Princes in a Chinese Market Town," *American Ethnologist* 16, no. 2 (1989): 195–212.

第五章

小城鎮的社會主義賣貨郎和太子黨

　　1980年代中期，幾位來自不同學科的學者出版論文集，其大旨謂：分析社會和文化問題時，需要在概念上「重新重視國家的角色」(to bring the state back in)。[1] 他們不再假設公共領域獨立於私人領域、國家獨立於社會，以及權力和權威在正式與非正式層面上存在區別，而是強調它們的相互滲透。這幾位學者認為，無論作為徒具組織功能的結構，還是作為有潛在自主傾向的行動者，國家都被各種文化觀念滲透，也與各種社會行動相交織，這種互相滲透和交織的程度，是目前的研究者所遠遠未能認識到的。他們提出的問題，對人類學理論也同樣有意義。西方學術界研究西方以外的前工業化社會時，對於當地政府的正規統治工具，只能霧裏看花似的摸索。因此，西方學術界對於政治統治的要素如何滲透到這種社會結構中，形成了一種套路。[2] 隨著後殖民時代的到來，國家締造與民族建構有了新發展，以至於人類學理論更關注權力的世界體系、中央政府的官僚制度、各種相互競爭的政治象徵主義、地方層面的政治這四者之間的歷史關聯。[3] 學者在思考統治體系如何再生及變化時，不再堅持「結構」(structure)與「過程」(process)在概念上的區別，而越來越傾向於以「辯證的結構過程」(structuring)這一理念取而代之。[4] 這種新理論的核心是：個人行動者的經濟與政治行為，都是斤斤計較、趨利避害的；但同時，個人行動者也受到文化與歷史的影響。用韋伯的話來說，政治支配(*Herrschaft*)的制度化，是通過有意義的社會行

動而達成的。權力和意識形態再生於日常社會生活中，身處其中的人既是行動者，也是受害者。[5]

上述伊文思（Peter B. Evans）等人提出的宏觀看法，以及人類學理論的新視角，對研究中國文化與社會最為相關。研究古今中國的學者一直都關注這樣一個問題：國家政權如何延伸至農村，要求當地人成為它的共謀，也激勵當地人效忠國家？[6]公認的觀點認為，在中華帝國晚期，王朝國家的行政權力雖然強弱不一，但是蘊含在宗族、族群及農村商業中的各種文化傳統，卻一直都與國家休戚與共。在經濟方面，施堅雅認為，王朝行政機器的能力時強時弱，社會也相應地調整經濟對策，結果便是區域經濟體系的驟然興衰。[7]民間宗教信仰也反映出，就維護王朝國家的統治秩序而言，地方社會也是同謀。因為，民間宗教信仰中的神、鬼和祖先這三個超自然的範疇，其實複製了官僚、社區內的陌生人、親屬這三種人。[8]根據華琛的進一步分析，在儀式這個場域，地方社會積極與朝廷的體統較勁，因而創造了一個多元、但同時又極具一統能力的中華文化。[9]

過去半世紀，中國社會主義政權以前所未有的決心，運用各種資源，試圖改造一個根深蒂固於傳統之中的農業社會。國家政權在地方社會有沒有代理人來進行這種改造？對此，學者已多有討論。關於國家權力滲透程度的具體討論，很大程度上取決於這些問題是如何被界定的。與上文提到的學者相反，研究當代中國的專家學者往往預設了國家與社會的二元對立。他們認為，社會主義政權不斷衝擊社會，而社會則依賴其一套頑強的文化資源予以回應。[10]把國家和社會機械地對立起來，很容易使政治權力和文化傳統都變成僵化的概念，這種機械對立觀的弊病，在分析後毛澤東時期的改革時尤其暴露無遺。[11]對於經濟改革的成績，學者們往往歸功於市場競爭的恢復、社會網絡的重建及民間經商智慧的釋放；對於中共意識形態的不時收緊，學者們又往往視為缺乏安全感、但勢力盤根錯節的共產黨官僚集團的反動。[12]傳統中國被壓制三十年後，是否重新復興？這個問題意味深遠。曾經如此強勢地御臨中國農村的中共革命機器，如果真的如此迅速煙消雲散，那麼，這個革命機器

到底在多大程度上觸及了社會？當前，對毛澤東思想的批判，使得國家
不論在對經濟和社會生活的調節、還是在對意識形態話語的控制上，都
顯得相對溫和。然而，如果我們像眾多西方媒體所暗示的那樣，認為社
會主義中國正在逐漸「走資」的話，那麼這種觀點是否忽略了中共建國
三十年的政治歷程？而這段歷程可能深遠地影響了社會制度的形成，並
決定著當今地方社會的行動者如何界定他們各自的利益。[13]

　　本文將以華南一個市集鎮為例，探討改革開放對於這個鎮所造成的
複雜影響和矛盾。在此基礎上，本文提出一個比較接近前述人類學理論
的分析框架。[14] 我將論證，黨國的運作與社會的利益並不是機械地對立
的，黨國不是彷彿外在於社會的力量。同時，我們也不應該把地方社會
當作是備受壓制的文化傳統的載體。相反，我認為過去三十年，社會主
義國家的權力關係，或者說至少是社會主義國家的意識形態，已經內化
和擴散於日常生活之中，以至於人們與這樣的權力關係或意識形態討價
還價、與之周旋，幾乎已經成為一種既定的文化基礎了。[15]

　　社會主義黨國的影子，既然再生於中國老百姓的觀念和行動之中，
那麼這種格局如何影響近年來黨國淡出地方社會的努力？我們能否把這
一幕視為所謂「國家的內捲化」？紀爾茲用「內捲化」一詞，形容爪哇水
稻農業區內傳統文化生態的紛繁複雜的變化過程。他認為，這個過程熬
過了因西方入侵而產生的人口膨脹，但最後變成了自我毀滅的過程。原
因是「體制內各種細節上過分繁瑣複雜」，導致其文化生態僵化，從而
更難以現代化。[16]

　　杜贊奇描述民國時期 (1911–1949) 現代國家締造的失敗經歷，就創
造性地使用「內捲化」這一概念。在杜贊奇筆下，「通過模仿、延伸以及
細化自古傳承下來的社會國家關係模式……來擴張現代國家組織」的過
程，就是「國家的內捲化」。[17] 當代中國具諷刺意味的變化在於，國家的
退場或許還採取了新穎、不同的形式。即使我們同意，傳統文化因素如
官僚主義和「潛規則」能在一定程度上解釋中國社會主義的特徵；那麼
同樣重要的，是把握過去三十年因黨國政權強化而產生的各種新穎支配
方式。1980年代，中央鼓勵地方社會大搞經濟改革，可是，如果地方

社會仍不自覺地服從建國三十年來的這套政治文化，這本身就足以扭曲改革者所冀望的經濟自由化的目標。這樣，中國的情況豈非重蹈紀爾茲筆下印尼的覆轍？[18]

南溪鎮的改革

本文將用市集鎮作為分析單元，因為市集鎮是社會主義國家通過地方上的國家代理人，與鄉鎮社會溝通互動的重要環節。就像位處具有悠久商業傳統的三角洲地區上的那些市鎮一樣，南溪鎮（化名）被社會主義中國國家結構吸納的歷程，時而像康莊大道，時而像羊腸小徑，隨時因前後矛盾的政策而產生劇變。1950年代，南溪鎮遭受了劇烈而深遠的改造。政府割斷了大部分當時的城鄉聯繫。即便是處在城市社會最底層的人，其生活也逐漸與農業脫鈎，而越來越依賴於大城市的工業。[19] 然而，時至今日，該市鎮復興大計的最重要目標之一，卻是通過市場競爭和企業自主來重新整合農業。[20] 南溪鎮的困境凸顯了中央政策與地方積極性之間的微妙關係，也許能進一步啟發有關國家權力滲透程度的討論。

20世紀初葉，南溪鎮是大崗縣（化名）最大的市集鎮，也是第三區的行政中心。[21] 鎮內居民約有兩萬，主要是小商販、手工業者、地主和商人。地主和商人以宗族、公所等各種集體名義，在三角洲地區擁有大量田產，又控制了利潤豐厚的糧食及桑葉貿易。鎮內一排排青磚大屋、一本本滿載令人目眩的科舉功名頭銜的族譜、393座地主和商人所建的宗祠、以及139座寺廟，都是南溪鎮早年作為財富集中地的見證。與之形成鮮明對比的，是零零落落散處於市鎮周圍、建在所謂「沙田」上的村莊。沙田是指珠江三角洲幾百年來，人們把河流沖積而成的沙洲進一步開發而成的土地。在沙田上安家的，是被稱為「疍家」的沿海船民，沙田的擴張使他們的生態環境日益萎縮，他們於是成為漂浮無定的沙田佃農。城鎮居民看不起他們，認為他們是窮光蛋，且未開化。城鎮居民與沙田疍民之間，社會交往少之又少。疍民的社會流動往往是一條單

行道，一無所有的男性疍民，或成為沙田佃農，或隨時做賊；女性疍民則進入城鎮，做別人的繼室、妾侍和婢女。

1951年的社會主義革命和土地改革，打倒了南溪鎮的精英。他們的財富被充公，成為城鎮集體經濟的基礎。1952年建立起來的鎮政府，管理那些沒有田產的市鎮居民，他們亦隨之成為集體化工商業部門的僱員。沒人願意做農民。戶籍制度、交公糧制度限制農村市場和人員流動的種種政策，把農民越來越牢固地捆綁在沙田上。城鄉差別不僅體現在教育、醫療保障及其他城市的好處上，還體現在收入和人生機遇上。[22] 在過去，農民早已飽受文化上的排斥，而社會主義中國的各種政策，使農民進一步被歧視，更難翻身。至今，市鎮居民仍把自己和「沙田上的那些人」相區別。

儘管南溪鎮與其周圍農村有著明顯的地理區隔，但兩者之間仍有千絲萬縷的聯繫。在市鎮邊緣的數千名非農業居民，因他們所住土地的歸屬問題以及相應的行政責任問題，引發了接連不斷的行政糾紛。在1958年政治運動的頂峰時期，南溪鎮與24個村落合併成一個龐大的人民公社。但在1962年，南溪鎮又脫離人民公社，成為一個獨立的城鎮集體。行政上的合併與分拆，讓不少南溪鎮居民昏頭轉向，他們還記得政治熱情高漲的幹部們一聲令下，砍大樹、拆大宅、把木材和建材運往農村的情形。對於南溪鎮普通居民來說，1962年該鎮脫離人民公社是一大欣慰，但對於某些領導幹部們而言，卻造成一些私人問題。首當其衝的就是南溪公社黨委裏的夫妻檔：丈夫分配到南溪公社當黨書記，妻子卻當了南溪鎮長。據他們以前的同事說，自此以後，這家人從未安安靜靜地吃過一頓晚飯，因為兩人職責上的分工往往演化成私人關係上的衝突。

從1963年到1978年期間，南溪鎮人口從24,138增長至27,425，年均增長率為0.9%，幾乎沒有遷入人口。相反，從1960年代末開始，居民委員會幹部會上門搜查受過教育的青年，把他們送到附近沙田裏接受「再教育」。自此，每一戶都膽戰心驚，害怕聽到這些幹部的腳步聲。[23]南溪鎮從1968年到1972年間，共遣送1,234名青年下鄉。在「上山下鄉」運動剛開始時，某些熱血沸騰的學生自願下鄉。然而，隨著時間的推

移，他們的熱情已大部分消散，變成了無休無止的冷嘲。毛澤東去世，政治氣氛變得寬鬆，知青們抓緊機會回到南溪鎮。這是該鎮自1978年以後人口大幅上升的原因之一。從1984年到1986年，中共中央發出一系列文件，要求逐步取消集體化，鎮政府據此批准了394戶家庭遷入該鎮。這些家庭原來都有近親住在該鎮，並不佔用國家糧食分配的名額，而且在鎮上都有穩定可靠的工作。[24]

有時候，南溪鎮居民也會希望擁有農民身份。南溪鎮與農村公社只隔著一條狹窄的河道。在文化大革命前夕，城市裏的知識青年被送到沙田安家落戶時，南溪鎮居民也很羨慕這些農民兄弟。極諷刺的是，近年來也有部分南溪鎮居民努力爭取農村戶籍，因為農民的生育名額更寬鬆。[25]

除去這種個人的算計不說，環抱南溪鎮的南溪農村公社，也讓鎮和公社這兩套領導班子矛盾重重。在過去幾十年，南溪公社的企業僱用公社裏的非農業人口，不斷要把資源轉向支援農業，因此一直難以和南溪鎮的企業競爭。南溪鎮企業並無多少經濟效益可言，但因為一直缺乏競爭，所以自我感覺良好，不思進取。然而，在十年改革中，許多具體政策都旨在促進農村企業的發展，結果，原屬南溪公社的農村企業釋放出經濟活力，威脅了南溪鎮的企業。令兩者關係進一步惡化的是，南溪公社的總部就在南溪鎮政府的隔壁。南溪公社總部門口，陳列著一排所謂「出租車」的銀色豐田轎車，[26] 激起了南溪鎮幹部們的醋意，因為南溪鎮幹部只有兩輛十四座小客車和一輛1970年出廠、從某個將軍的辦公室買來的二手奔馳轎車。[27] 簡而言之，領導幹部之間對於誰能控制什麼資源、有什麼相應責任，爭議一向劇烈。對居民而言，他們的生活機遇取決於政權的行政區劃及其變化，而這個政權卻完全不是他們所能夠影響的。

諷刺的是，在1980年代改革浪潮中，當國家有意復興市鎮經濟時，南溪鎮上的大部分居民和領導幹部卻發現自身處境最為尷尬。[28] 原因在於，南溪鎮的經濟功能仍未與其政治和社會功能分離，公社幹部可以支配的權力、可以壟斷的特權，是全面而絕對的。即使能夠撤換南溪鎮的政治代理人，但是，這樣一個正正建立在、並得益於南溪鎮集體經濟的

國家政權結構，真有可能靠它來「自由化」、因而正好削弱自己的政治資本嗎？更重要的是，南溪鎮這群人在過去三十年的社會主義改造歷程中，不僅是屈從者，也是共謀者，真能指望他們會主動參與改革、挑戰社會主義的權力結構嗎？

當各個行動者面對選擇和困境時，他們採取的行動往往互相交織、相輔相成、互相衝突，進而形成或改變社會結構關係。微觀的研究有助我們瞭解人們如何感知、認識、運用以及維繫國家的權力。這些人既維護這種權力結構，同時亦深受其害。如果國家在改革時期對地方層面的干涉大幅減少，這一過程又如何重新界定經濟選擇和社會等級？如果國家仍然主導宏觀經濟政策，那麼，又當如何理解國家在活力四溢的鄉鎮企業領域內的角色呢？

南溪鎮在改革時代的困境

在改革前，南溪鎮的商業由三種所有制企業組成。第一是國營商業站企業。鎮上的百貨商店、茶樓以及商品（從燃油到工業原材料和日用百貨）的批發零售，都由國營商業站統一管理。儘管國營商業站名義上服從南溪鎮的政治領導，但實際上是向位於30公里外的縣商業局負責。國營商業站那五百個職位都是令人羨慕的工作：工作穩定、薪水優厚，還有各種國營單位的好處。第二是集體供銷合作社企業。1950年代，該鎮大部分私人商業和服務業企業都被集體化，由集體供銷合作社管理，僱員三百。集體供銷合作社直接向縣第二商業局（集體商業）彙報。第三是個體戶企業。這是一小撮沒有任何單位管轄的街道商販，因此由小商販協會管理（1980年代，這個協會改名為工商行政管理辦公室）。這些個體戶數目少、經營規模小，鎮政府因此把它們當作是可有可無的點綴物。除了這三類商業企業外，南溪鎮政府還有50多家工廠，均由鎮政府管理和提供財政支持。鎮上的工人絕大部分都受僱於這些工廠。1978年，這批工廠合共僱用8,430名員工。

　　農業集體化的取消，和恢復市場競爭、振興企業的主張，釋放出經濟活力，讓南溪鎮居民大吃一驚。在1980年代早期，南溪鎮政府利用寬鬆的環境，在商業上努力開拓。它新建了三家旅館、幾間貿易公司，並與港商合作開辦兩家餐館，合共僱用872人。儘管如此，該鎮仍然極度依賴其工業力量。改革開放以來，部分工廠已經發展到相當的規模，包括一家在1985年僱用550名工人的電子廠、一家僱用415名工人的金屬鎖廠，以及一家僱用400人的鉸鏈五金廠。圖5.1是南溪鎮行政體系的結構簡圖，該圖顯示集體經濟在整個官僚系統中的位置。[29]

　　從1976年到1985年，南溪鎮工業的表現可謂喜憂參半（見表5.1）。就帳面所顯示的總產值和純利而言，其增幅相當可觀，其中又以1982至1985年為最。但是，這很大程度上是「充撐」帳目的結果。例如，1984至1985年間總產值飛躍，是因為電子廠把來料加工的產品總價格也算入該廠的總產值。總產值增長意味著南溪鎮要繳更多的稅，但帳面業績良好，包括繳稅額高，對在1984年上任的新領導而言，是政治邀功的必要資本。再者，儘管這八年間工人的數目一直維持在八九千之間，並沒有全面擴招，但同期南溪鎮人口卻增加了20%。可以斷言，工廠有越來越多的合同工，但卻不把這部分工人的數目記錄在帳冊之上。[30]

表5.1 南溪鎮工業企業的表現（1976–1985）

年份	總人口	工人數目	總產值	純利	平均月薪
1976	26,950	8,301	33,261,000	2,417,000	41.49
1977	26,874	8,384	38,646,000	2,934,000	42.24
1978	27,415	8,430	41,580,000	2,752,000	—
1979	28,448	8,257	39,137,000	2,085,100	—
1980	28,899	9,420	37,711,000	3,478,800	—
1981	29,450	8,127	49,215,000	3,989,800	—
1982	29,896	8,767	58,557,600	4,404,800	—
1983	30,194	9,045	61,780,400	3,562,600	82
1984	30,641	9,117	83,531,400	5,372,000	100
1985	32,278	8,946	138,249,000	2,638,000	145

資料來源：鎮政府統計數據；1美元約等於3.6人民幣，表中金額以人民幣計算

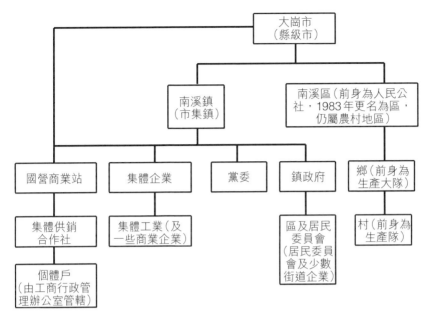

圖 5.1　南溪鎮行政結構圖（1985）

　　就經濟統計數據而言，南溪鎮工業顯然一片光明，可是南溪鎮幹部和群眾卻認為自己的前景一片黯淡。我訪問工廠管理人員時發現，部分主要企業正面臨頗為嚴重的困難，其中最大的輸家是南溪鎮電子廠。該廠從澳門進口零部件，來組裝針對中檔國內市場的錄音機和計算器。但該廠的計算器質量低劣，在市場上名聲極差。此外，該廠管理層還錯估了珠江三角洲地區消費者的富裕程度和偏好，沒有想到他們有能力購買諸如索尼（Sony）那樣的知名品牌。本來，沒那麼富裕的省份的消費者，也會接受該廠的產品；然而自從1985年銀行收到命令收緊消費信貸後，這類顧客就一直在減少。南溪鎮的電風扇廠，由於國內市場飽和，生產陷入了停頓。人人都說，如果全國聞名的順德電風扇也賣得不好，那麼南溪鎮仿製品的銷路當然也不可能好到哪裏去。南溪鎮的鉸鏈五金廠，直至1982年之前業績還可以，但1983年和1984年間，合共虧損30萬人民幣。[31] 到了1985年，該廠才勉強做到收支均衡。

南溪鎮其他工廠，有部分也處於半停頓狀態。靠計件工作為生的工人們紛紛抱怨，説工資無法應付高昂的生活成本。該鎮生活指數與省會廣州相差無幾，有時更貴：在南溪鎮，一個雞蛋賣兩毛，一斤梨子賣一塊二，一斤雞賣兩塊三。但包括獎金在內的平均日薪，也只是五六塊左右。[32]

同時，南溪鎮國營商業站企業越來越進取，也威脅到南溪鎮的集體供銷合作社企業。南溪鎮國營商業站憑藉穩定的物資供應，積極適應市場價格的變化，提高服務質量，以便保住在批發和零售業的壟斷地位。其屬下的茶樓和百貨公司繼續保持經營上的優勢，而且擁有自己穩定的客源。國營商業站的負責人對目前的情形作出非常樂觀的評價：

> 我們失去的不過是那些年輕工人和暴發戶，他們希望得到與眾不同的港式服務。其他客戶還是跟著我們。在合資合作賓館裏擺酒，每席要150元，而且得包起30席，很少客戶能夠花得起。而且，一般顧客對私人商店也沒什麼信心。私人商店的價格也許會比較便宜，但顧客還是覺得它們的貨物質量可能名不符實。另外，為了讓我們的商店看起來有港式風味，我們向國家銀行借了一百萬元來進行翻新。其他人怎麼跟我們競爭？我們的「老頭子」就是比他們的大。

儘管這位國營商業站負責人對私營企業頗為不屑，但後者的成功並不鮮見。從1979年到1985年，一共821家私人企業及個體戶獲得經營執照。這反映改革所釋放出來的巨大活力。一家私人建築公司的老闆，稅後月收入達三萬人民幣。一鞋廠老闆擴充了廠房，招納85名工人，產品在香港一家由他的一個兄弟經營的商鋪裏出售。去年，他向政府繳納稅金7萬人民幣。有一經營小五金廠的家庭剛剛建好第三幢房子，這幢房子是為了給兒子迎娶他那21歲的新娘。為了這次婚禮的禮金及六十桌酒席，新郎家一共花費了15,000人民幣。如此奢侈的消費，也見於其他儀式。一位年輕企業家獨力承擔其祖父葬禮的所有費用，包括為弔唁者安排四十桌酒席。據友人説，作為孫子，越過父輩

而操辦葬禮，此舉實屬逾禮違制，但卻對這位年輕企業家的生意大有裨益。

　　面對這些企業家，南溪鎮普通居民只好哀嘆自己沒有他們那樣的「膽識」和「關係」。南溪鎮居民的利益與該鎮的集體經濟緊密結合。南溪鎮領導利用黨的政策，苦心營建南溪鎮的集體經濟。然而，南溪鎮居民發現，他們現在的生計因為改革帶來的競爭而備受威脅，前景也不明朗。原因是他們的主子別有所好了。1986年，我在南溪鎮做了一次隨機問卷調查，三百位受訪者中，絕大多數都傾向於在國營單位工作，因為他們相信國營單位的工作穩定。受訪者們雖然艷羨個體戶的種種優勢，但認為只有具備各種社會關係的人才能夠當個體戶，這些社會關係既可以讓他們闖蕩冒險，同時又能保護他們免受幹部的隨意誅求。受訪者們最不喜歡的是南溪鎮集體企業的職位。由於鎮政府要關閉盈利不佳的集體企業，許多上年紀工人的退休保障一下子變得渺無著落，而年輕工人也覺得前景黯淡，大家都怨聲載道。

　　到了1986年底，南溪鎮政府屬下的集體企業，進一步淪為居民心目中的「籮底橙」。雨後春筍般從南溪鎮周邊冒出來的農村企業，提供高薪，挖走了鎮集體企業裏的一些技術人員。鎮集體企業裏剛積累了一點年資經驗的年輕工人，也開始跟隨技術人員跳槽。這些農村企業原來招聘的大都是來自鄰省廣西、湖南的外來民工。鎮裏的人以前都看不起這些工作，認為不過是季節工，地位低下。但是，現在如果問工人們：為什麼不留在鎮集體企業、為鎮企業的長遠發展而奮鬥？他們一般都回答說：鎮裏的領導和廠裏的負責人只顧追求自己的利益。此外，他們還聽說了關於南溪鎮與農村公社（1983年更名為區）將要合併的消息。這種行政上的合併是一項全國政策，目的在於恢復從前農村與城鎮的聯繫，以鞏固市鎮的經濟實力。南溪鎮裏的許多人覺得，應當在這張行政大網撒下來之前，趁著管得還比較鬆的時候，趕緊到農村企業裏賺一把。[33] 如果說毛澤東時代的意識形態，比如集體大於個人這種觀念，現在還殘留些什麼的話，大概就是人們對它的猜疑，而不是信心和尊重。

不平等競爭

南溪鎮幹部堅稱，鎮集體企業目前的不景氣是政策造成的，因為最近的改革讓南溪鎮無所適從。他們認為，鎮集體企業之所以輸給農村的同行，是由於上級領導特別青睞後者，為他們提供優惠的補貼及稅收豁免。確實，政策上的鼓勵，使小型企業自1980年代初以來雨後春筍般湧現。1985年，南溪區47家企業，以及鄉和村275家企業，總產值為142,507,000人民幣。同期，南溪鎮屬下52家企業的產出為138,240,000人民幣；[34] 南溪鎮失去了明顯的領先優勢。南溪鎮集體企業的所有業務如五金、印刷、模具到衣服和食品加工等，南溪鄉村企業也在經營。鄉村企業不僅要佔領南溪鎮的市場，而且還以幾倍高薪來挖走鎮企業的技術人員。1986年2月，八名技術人員離開了鎮的印刷廠，到附近的鄉裏去承包工程。他們還帶走了價值幾十萬人民幣的合同。技術人員的出走令鎮印刷廠元氣大傷，因為管理層剛剛斥資，進口高質量的彩印機來開設新的生產線。南溪鎮領導向他們在大崗市裏的靠山投訴，指出這種競爭已變得既不平等又不公平。他們認為，南溪區在財政和管理上比南溪鎮有著更多的迴旋餘地。區的企業多屬新建，因此得以享受三年的免稅優惠。有村集體企業參與的合資企業也得到特別的照顧。這些小型企業很少有自己的帳本，因此很難稽查徵稅。此外，坊間流傳一種說法：農村幹部在簽訂合作協定的時候，往往取得合資合作企業一定的股份。他們因此十分積極地利用手中的權力，來獲得便宜的企業用地、設備、低息貸款以及減免稅的優惠。這些傳言固然難以證實。然而，該地區幾乎所有我走訪過的村子裏，村幹部都有一幢最近三年建成的大宅，箇中意味不言自明。[35]

法律裏沒有明文規定農村企業的納稅額度。國家稅務局的地方分局會根據前三年的經營表現，為每個像南溪區這樣的農村地區設定一個稅收總額，由區裏的企業分攤。由於南溪區過去的稅基低，而區內企業在過去三年的產值高速增長，因此南溪區的稅收額度對於其下屬企業來說還是挺輕的。幹部們估計，南溪區企業所需繳納的稅負，平均大約是淨收入的20%。

可是，南溪鎮轄下企業卻受困於另一套稅收安排。南溪鎮幹部滿腹牢騷，把該政策稱為「鞭打快牛」。在1985年以前，鎮屬企業都是嚴格比照國有企業繳稅，營業稅（一律為營業額的3%，並算進成本內）和所得稅一共佔了淨收入的40%到50%。1985年以後，大崗市稅務局比照南溪區情形，為南溪鎮調整了稅收任務。但南溪鎮幹部仍然抱怨說，因為他們的企業設立有年，且經營狀況良好，那麼按照前三年的經營收入估算所得的稅收總額，仍然太高；在稅負問題上，南溪鎮幹部可操作迴旋的餘地不如南溪區幹部之大；再者，南溪鎮屬企業的生產設備需要更新換代，同時，南溪鎮屬企業還要負擔工人的退休福利。

南溪鎮不屬國營體系，從來不在國家財政中列份。國家每年為該鎮提供7萬人民幣的財政補貼作為市鎮發展之用，但十年來這筆撥款分文不增。因此，鎮政府如果希望改善基礎設施，就要對其下屬企業大幅增稅。南溪鎮幹部認為，資金匱乏是個大難題，因為鎮屬企業亟需資金全面翻新，以面對來自四方八面的挑戰。1985年，南溪鎮在稅前收入約為1,100萬人民幣。向大崗市政府納稅、給工人發放獎金後，淨收入就只剩263.8萬人民幣。鎮政府從中拿取不到100萬人民幣用作行政開支，餘下的要支持超過50家企業的再投資。

南溪鎮第二製鎖廠曾經是南溪鎮的驕傲，它的困境很能說明結構性問題。它與廣東省出口貿易公司有著穩定的合同關係，訂單應接不暇，廠黨委書記躊躇滿志。然而，年輕的技術人員就長遠的革新問題與書記發生衝突。某年，廠裏的首席工程師帶著同事一起出走，在附近的鄉裏成立了一個新工廠，並且到廣州尋求技術改進。此舉令鎮領導大為緊張，但與此同時，關於製鎖廠前途的討論卻陷入了僵局。改革派主張應當加大投資力度，擴建廠房，提高工廠的生產能力。這樣，其他工廠就無法與之有效競爭。他們認識到，在如今這個年頭，政府已不像過去那樣倚重私人關係，因為工業改革迫使所有人開始計算盈虧。製鎖廠的管理層儘管與上頭關係密切，但在面對那些產品設計更出色、生產效率也更高的工廠的競爭時，只有關係是不夠的。另一方面，保守派則擔心，廠的資源本來已經相當有限，改革派的建議是一場豪賭。他們極力維護

老式的想法，認為如果出了問題，他們長期經營的政治關係將會為他們提供最大的幫助。雙方都感到，目前的困境是上頭政策造成的，而政策卻不是他們所能左右的。因此，他們歸咎於政府對南溪鎮的定位模糊不清：既不是城市，又不是農村；既不是集體單位，又不是國營單位。出路只有兩條，大崗市政府要麼提升南溪鎮的行政級別，要麼向南溪鎮提供和南溪區一樣的稅收優惠。很顯然，南溪鎮幹部把他們面臨的經濟困難歸咎於上級的政策失誤，並希望通過政策來解決競爭問題。

幹部的問題

另一方面，大崗市的官員也因南溪鎮的麻煩而警覺起來。他們批評南溪鎮領導班子無能，跟不上「現代化」的步伐。人人都明白，這樣的批評是卸責諉過，但也並非無的放矢。南溪鎮自1957年建立黨委以來，各大政治運動餘波所及，鎮黨委一共換了九任書記。[36] 但是，1950年代入黨的本地人，在退伍軍官的支持下，一直把持鎮黨委的領導大權。至1983年底，這種格局才被打破。儘管十分不情願，南溪鎮領導班子還得響應現代化的號召，讓黨組織與政府和經濟脫鉤。因此，南溪鎮領導班子經歷了巨大調整。根據大崗市政府的指令，領導幹部的年齡不能超過45歲。由前任鎮長領導的舊黨委成員，被調到了農工商聯合公司。此舉意味著他們從此接手管理南溪鎮所有企業。農工商聯合公司也因此被稱為鎮的「財神」。儘管如此，他們對取代他們在黨委內位置的年輕幹部還是有所怨言，而後者則覺得他們的政治權力被公司和鎮政府的老幹部所侵蝕。反過來，南溪鎮政府卻是最軟弱無力的：它一方面在政治上受制於鎮黨委，另一方面又得依賴聯合公司的「捐款」來解決自己的財政預算。

在南溪鎮黨委、南溪鎮政府、南溪鎮農工商聯合公司這三個領導班子中，鎮黨委因為過去的政治傳統而繼續享有最高權威。然而，鎮黨委成員的背景卻讓大崗市官員不放心。鎮黨委書記是1979年越南戰爭中

的英雄，但只有小學學歷，曾擔任鎮的河道巡邏隊隊長。副書記兼鎮長
只有三十來歲，先在農村當了七年知青，然後入伍，以退伍軍人的身份
回到鎮上，但由於他沒有真正當過兵，往往被年長的同僚瞧不起。但他
至少有高中文憑，並且參加過一個由廣州某高校主辦的進修班。主管財
政貿易的是一位三十剛出頭的女士，來自烈士家庭，同時也是計劃生育
辦公室的幹部。主管政治工作的也是年輕人，在文革期間他拒絕被遣送
下鄉，但後來在各種毛澤東語錄學習小組中闖出了名堂。他曾經是環衛
科（即收拾垃圾的部門）裏的共青團書記，在1970年代中期進入鎮黨委。
有人猜測，他之所以被選上目前這個位置，靠的還是他與新黨委書記的
私人關係。主管宣傳的是一位小學老師，自1970年代以來一直是共青
團的積極分子。南溪鎮黨委這五人以外，還包括農工商聯合公司的負責
人和一名解放軍代表，這位軍代表也是新任黨委書記的老戰友。在公眾
眼中，這個南溪鎮新黨委的成員，要麼是沒受過多少教育的軍人，要麼
是缺乏歷練的社會主義新人，只不過靠文化大革命冒升出來，實在沒什
麼資格成為現代化的領導層。老幹部對這樣的安排也頗為不滿。新領
導層是他們挑選的，但實在是因為他們沒有更好的選擇。他們都抱怨市
裏關於幹部年齡限制的規定是揠苗助長。老人家的陰影是不易擺脫的。
年輕領導們都是因為退休幹部們的照顧，才得到現在的位置。後者也往
往是退而不休，以「顧問」身份繼續影響著行政決策。這種情況在中國
官僚體制下十分常見。在接下來的三年裏，南溪鎮的新領導層必須證明
自己的能力。然而，即使沒有私人間的勾心鬥角，新領導層從一開始就
注定一事無成，因為南溪鎮農工商聯合公司、南溪鎮黨委及南溪鎮政府
之間存在著內在矛盾。

在1986年，南溪黨委面臨另一難題。廣東省政府指示大崗市政府
要把南溪鎮與其相鄰的農村地區的經濟整合起來。該指示讓南溪鎮和南
溪區（農村地區）雙方的幹部都憂心忡忡。原因不僅在於兩者間長期的
分分合合，導致雙方經常因地盤問題產生糾紛，而且近幾年來的寬鬆局
面，也導致雙方之間的競爭惡化。雖然南溪鎮和南溪區的辦公室相隔不
過一箭之地，但兩個領導班子的幹部幾乎連招呼都不打。南溪區幹部明

確表示，很擔心南溪鎮拖他們後腿。上級指示中最不受歡迎的一條，是建議在南溪鎮和南溪區合併後，再成立一個新鎮，新鎮將設於夏龍（化名），原是南溪區東南端的一個市集。這個新鎮還將管轄附近以水稻種植為主的鄉村，這片地區被認為是貧窮的「農村」。新鎮位於南溪鎮和大崗市中心之間，兩頭不到岸，因此被謔稱為「雞籠」。新鎮行政人員的任命仍然是個問題。作為國家幹部，南溪鎮和南溪區領導都有可能被上級黨組織委派到新的夏龍鎮工作。但新鎮現在是白紙一張，事事都得從頭做起，因此被分配到那裏，無異於被放逐。

由於害怕隨時被分配到夏龍鎮，南溪鎮領導層作風異常保守。因為任何投資項目中最細微的錯誤都可能斷送他們的前程。南溪鎮曾有細緻的計劃，要改善道路與河道系統，設立中心工業區，以減低污染。然而，這大計一直停留於規劃委員會和可行性研究階段，沒人願意拍板決定。於是，交通繼續混亂，缺乏管制的工廠繼續污染河道，嚴重威脅居民健康。南溪鎮毫無章法地拓寬堤壩，以緩解鎮內幹道的交通壓力，又打補丁似地修理污水管道。然而，諷刺的是，1986年12月，當大崗市政府敲定了夏龍鎮的人事方案後，南溪鎮幹部又走向另一個極端。他們匆匆修建渠道和游泳池。拓寬堤壩，花費30萬人民幣；公共游泳池，花費60萬；修築渠道網和改善水利，花費40萬。南溪鎮不顧一切，希望在別人染指之前把自己的經費花個精光。

大崗市官員認為，南溪鎮領導班子問題重重，追本溯源是在幹部們所依賴的大而無當、缺乏競爭的政治體制本身。是大崗市政府首先勒令推動行政編制改革，引起各種不同的應對策略，才導致一系列問題的出現。南溪鎮幹部看來真是日子難過，如果他們對改革的態度冷淡，就會成為大崗市官員的政治替罪羊；如果他們忠實貫徹上級政策，那麼由他們負責的鎮集體經濟就會受損害。不管如何，他們進退維谷。

有的南溪鎮幹部意識到「下台」無可避免，便千方百計地以權謀私。有的利用鎮居民對他們權力僅餘的「尊敬」，索求私營企業裏的股份；有的迅速「變賣」政府資產，把所得當作年終獎金瓜分；有的幫助親友繞過在通常情況下拖沓的行政程序，迅速獲得經營執照和物資供

應。因此，南溪鎮幹部以自己的方式扭曲市場，大眾也只能承受。他們自私自利，運用權力，大肆揮霍集體財產。這使那些希望能從改革中獲益的人來說，南溪鎮的集體經濟就更加缺乏吸引力。大崗市與南溪鎮相互指責的背後，不難看到雙方的政治盤算。有趣的是，正當官方大力鼓吹市場改革的時候，經濟問題被看成是政策失誤，因此還是要靠政策來解決。

普通工人的遲疑

黨幹部用政策來理解經濟事務、用政策來解決經濟問題，只能說順理成章。但是，普通百姓的思維方式，竟然也無二致。當如何讓南溪鎮走出困境的問題擺在鎮上居民面前時，他們一般都聲稱這是當官的事，與己無關。對國家指令的依賴滲透到社會生活的各方各面，非常徹底，因此，當南溪鎮郵局門口張貼出「按上級指示，過年瓜子可郵寄」這樣一道通知時，誰也不會感到有絲毫彆扭。

有時候，事情不止瓜子那麼簡單。在1980年代中期，因經濟改革引發的各種政治問題，仍然困擾著南溪鎮居民。這些困擾可以發生於他們最私密的生活層面。南溪鎮工廠部分工人被迫離職，原因是他們的妻子生了第二胎。計劃生育辦公室對違規者的處罰很重，他們的個人生活會因此受到長達十多年的困擾：罰款之後還要減工資、無法晉升，並要扣除所有獎金。工人除了離開，別無選擇。南溪鎮工廠負責人對這種缺乏靈活性的制度怨聲載道。原因是工廠需要這些工人，而計劃生育的規定卻把他們逼到了競爭對手那邊。另一方面，計劃生育辦公室的幹部則表示，在目前思想路線重新界定的年代，他們必須嚴格執行工作，才能保住自己的飯碗。

更普遍的行政干擾，是國營或集體企業的工人難以離開本單位。即使他們堅持離開，也被禁止設立自己的私人企業。例如，1986年，南溪鎮一家國營餐館裏的點心師決定開設自己的糕點店，餐館負責人要

求他支付歷年受訓費用凡2,400人民幣。他不顧威脅，照樣辭職。餐館就向工商行政管理辦公室施加壓力，阻止該辦公室向他發放經營許可證。他因此與住在農村的朋友合夥，由朋友來申請許可證。但辦公室以衛生未達要求為由，拖延發證的程序。糾紛便這麼拖著，這位點心師一直處於失業狀態。

南溪鎮大多數工人都選擇置身於集體企業與私營企業之間，以便在現行官僚權力架構內容身。他們對政治氣候實在缺乏信心，不敢堅定地投身於私營企業。不錯，在南溪鎮的經濟等級結構頂端和底端的人，要麼轉投農村企業，要麼自己創業。但沉默的大多數人既缺乏意願，也缺乏手段。在1986年，位於南溪鎮郊區的企業僱用了上千名民工，其中只有四百人來自南溪鎮。原因是，那些在1980年代以前就進入南溪鎮工廠工作的人們，對於當年被遣送沙田仍心有餘悸，因此鎮上的工作及穩定收入對他們有著特別意義。有相當工齡的人則指望將來退休時的福利。[37] 儘管他們對南溪鎮經濟不景氣抱怨連天，也承認對於僅有一河之隔的農村工廠的高薪羨慕不已，但是他們就是無法跨過這道鴻溝。南溪鎮集體工廠工人缺乏流動性，看來部分原因是他們自己造成的。儘管如此，他們還是會不定期地接受私人企業的外發工作，希望不全面承擔企業風險之餘，賺取一點額外收入。當地人稱此舉為「炒更」。

至於那些脫離鎮集體、自立門戶的個體戶，則通常從事幾種業務：或擺個小攤子賣吃的，或在自由市場賣港澳進口的時裝，或在家做外發工，或修理自行車和收音機等，稍有資本的就開小髮廊。[38] 這些個體戶業務規模有限，與國營或集體經濟少有衝突。它們既不需要太多資本，也不需要多少專業技能，但盈利迅速而豐厚，避稅容易。在政治風浪中，他們是船小好掉頭。這些策略對所有發展中國家的小型私人企業來說，無疑都是再普通不過的。然而，在南溪鎮，這些策略也成為人們針對他們眼中任意武斷的官僚權力的辦法。[39]

社會主義中國的賣貨郎和太子黨

　　在南溪鎮這樣的市鎮層級，1980年代的經濟改革釋放了巨大能量，因而也創造了一個變化不定的環境。南溪鎮面臨的困難可能只是轉型期的暫時現象，並不代表長遠的方向。那些懷疑市鎮經濟能否在社會主義政治結構內生存的人，對於南溪鎮市場競爭和企業活力的復興，無疑會大吃一驚，儘管這種復興的前提是政策的改變。南溪鎮的問題恰恰在於：附近的鄉村企業朝氣勃勃，它們帶來的競爭逐步破壞了南溪鎮原本高枕無憂的壟斷地位，而南溪鎮卻無力應付。但是，南溪鎮困境背後的政治原因，值得我們進一步思考。改革所造成的劇變，不完全是市場力量所造成的，而是通過南溪鎮幹部和鎮上居民的觀念和行為所造成的，但南溪鎮幹部和鎮上居民長期以來都把黨國的權力和特權視為理所當然。南溪鎮似乎掉進市場體制和政治架構的夾縫之間，情形糟糕得無以復加：市場競爭是自上而下推行的結果，缺乏公平交易的基礎；南溪鎮領導層有足夠的權力保護自己，遲遲不願意接受市場競爭。鎮上普通居民發現自己仍受國家政策的支配，但自己卻無力左右這些政策。他們因此學會在困境中勉強找到自己的定位，儘管他們的策略並不總是符合他們的長遠利益。南溪鎮居民和南溪鎮幹部的一連串自相矛盾的行為舉動，造成了南溪鎮在經濟自由化過程中種種複雜曲折的問題，而國家的影子卻一直徘徊不散。

　　如何衡量南溪鎮經濟自由化的得失成敗？答案取決於我們怎樣在理論上把握這一特定歷史時期的政治與經濟以及社會的互動。在裴宜理和黃佩華主編的書中，[40] 作者們正確地指出，不完全的、混合式的改革在各經濟領域造成負面影響，這些負面影響都沿著行政等級結構往下傳播。[41] 然而，如果認為這些不合理現象一旦消除，地方智慧和企業活力便大有可為的話，則未免過於天真，因為這種想法忽略了南溪鎮自身所經歷的社會主義革命及其遺留下來的政治結構。儘管人們對官僚權力結構毀譽不一，但這種權力結構已經成為了人們生活中的核心元素；與官僚權力結構相結合的特權與保障，仍然為人們所積極追求，努力維護。

在某種意義上，鎮上的普通居民與幹部一樣，都是延續這一政治格局的共謀。

綜上所述，當代中國所呈現的，是一種可被稱為「國家內捲化」的現象。近十年的經濟自由化，是在行政框架允許下即興發揮的結果。許多人都希望通過行政權力攫取利益，他們的這些行為繼續強化了行政結構的重要性。我把這些人稱為「社會主義制度下的小商販和太子黨」。我的靈感來自於紀爾茲栩栩如生地描述的印尼的兩種經濟行為模式。紀爾茲筆下的印尼小鎮莫糾庫圖 (Modjukuto) 集市上的小商販，讓我想起南溪鎮不斷湧現的小規模個體戶。莫糾庫圖鎮和南溪鎮一樣，在經濟和社會生活中都有著「臨時性」、「中間」和「真空」的地帶，處於對過去的懷念以及對將來的種種期望之間。[42] 與之相對的是位於峇里、屬於皇室的塔班南鎮 (Tabanan)，該鎮的經濟穩固地建立在傳統貴族權威之上。塔班南鎮各種皇室機構的基礎，與南溪鎮集體經濟企業的基礎異曲同工。南溪鎮幹部緊緊跟隨和支持黨國的運作，使盡各種手段維護其正在消失的社會地位和權威。紀爾茲描述的印尼小商販和傳統精英，代表的是兩種截然分離的行為模式，但社會主義中國的賣貨郎和太子黨卻共處一室，並因此在 1980 年代造成無可避免的困境。我這個理論，在政策和制度層面，通過分析個人觀念和策略，來理解國家與社會如何相互滲透。此外，部分西方分析家常常用「姓社姓資」二元對立的框架，視中國為這種二元對立的案例，因而不自覺地產生曲解，本文也希望予以糾正。到中國市集鎮復興的這一刻為止，無論是慶祝國家的撤退，還是慶祝企業家精神的勝利，可能都還為時過早。

（張珺譯，卜永堅校）

本文原發表在 American Ethnology 16, no. 2 (May 1989): 195–212，現稍作修改。1986 年 1 月至 12 月在華南進行田野調查，並於 1987、1988 年多次回訪。此研究項目由美國科學院美中學術交流委員會資助。作者尤其感謝古迪、Nicholas Lardy、毛利、William Parish 以及塞爾登 (Mark Selden) 的評論意見。自 1989 年本文首發，中國的改革至今已經歷了翻天覆地的變化，但即或如此，我在文章所提的主要觀點仍未過時。今天，「國家內捲化」的現象在中國社會、文化和經濟等領域更加顯而易見。

註釋

1　Peter Evans, Dietrich Rueschemeyer, and Theda Skocpol, eds., *Bringing the State Back In* (Cambridge: Cambridge University Press, 1985).

2　參見Georges Balandier, *Political Anthropology*, trans. A. M. Sheridan Smith (New York: Vintage, 1970)；E. R. Leach, *Political Systems of Highland Burma* (Boston: Beacon Press, 1954)；Lucy Mair, *Primitive Government* (Harmondsworth: Penguin, 1962)；Jacques Maquet, *Power and Society in Africa*, trans. Jeannette Kupfermann (New York: McGraw-Hill, 1971)；以及甚有價值的論文集：John Middleton and Ronald Cohen, eds., *Comparative Political Systems* (New York: Natural History Press, 1967)。同時參見諸如Claude Meillassoux、Pierre-Philippe Rey和Georges Duprè等法國馬克思主義學者關於宗族結構下的生產方式的論述：David Seddon, ed., *Relations of Production: Marxist Approaches to Economic Anthropology*, trans. Helen Lackner (London: Frank Cass, 1978)。

3　這方面著作甚多，其中可參見Talal Asad, ed., *Anthropology and the Colonial Encounter* (London: Ithaca Press, 1973)；F. G. Bailey, *Stratagems and Spoils: A Social Anthropology of Politics* (New York: Schocken, 1969)；Abner Cohen, *Two-Dimensional Man: An Essay on the Anthropology of Power and Symbolism in Complex Society* (London: Routledge and Kegan Paul, 1974)；Marc Swartz, ed., *Local-Level Politics* (London: University of London Press, 1969)；Emmanual Terray, *Marxism and "Primitive" Societies: Two Studies* (New York: Monthly Review Press, 1972)；Eric Wolf, *Europe and the People without History* (Berkeley: University of California Press, 1982)；Peter Worsley, *The Three Worlds* (Chicago: University of Chicago Press, 1984)。Sherry Ortner, "Theory in Anthropology since the Sixties," *Comparative Studies in Society and History* 26, no. 1 (1984): 126–166一文概述了1960年代以來人類學理論的發展；Joan Vincent, "Political Anthropology: Manipulative Strategies," *Annual Review of Anthropology* 7 (1978): 175–194一文也概述了政治人類學內以行動者為主的各種理論。

4　參見Philip Abrams, *Historical Sociology* (Ithaca: Cornell University Press, 1982)；Pierre Bourdieu, *Outline of a Theory of Practice*, trans. Richard Nice (1972; Cambridge: Cambridge University Press, 1977)；Anthony Giddens, *The Constitution of Society: Outline of the Theory of Structuration* (Berkeley: University of California Press, 1984)。

5　參見Jean Comaroff, *Body of Power, Spirit of Resistance: The Culture and History of a South African People* (Chicago: University of Chicago Press, 1985)；Donald

Donham, *History, Power and Ideology: Central Issues in Marxist Anthropology* (Berkeley: University of California Press, 1999)；Michael Gilsenan, "Domination as Social Practice: Patrimonialism in North Lebanon: Arbitrary Power, Desecration, and the Aesthetics of Violence," *Critique of Anthropology* 6, no. 1 (1986): 17–37；和 Helen F. Siu, *Agents and Victims in South China: Accomplices in Rural Revolution* (New Haven: Yale University Press, 1989)。

6　根據我的理解，國家是權力和權威的制度及其相關利益，是官僚精英、也是政治衝突的舞台。關於權力和權威的定義，參見 Steven Lukes, "Power and Authority," in Tom Bottomore and Robert Nisbet, eds., *A History of Sociological Analysis* (New York: Basic Books, 1978), pp. 633–676。

7　G. William Skinner, ed., *The City in Late Imperial China* (Stanford: Stanford University Press, 1977).

8　Arthur Wolf, *Religion and Ritual in Chinese Society* (Stanford: Stanford University Press, 1974), pp. 131–182.

9　參見 James Watson, "Standardizing the Gods," in David Johnson, Andrew J. Nathan, and Evelyn S. Rawski, eds. *Popular Culture in Late Imperial China* (Berkeley: University of California Press, 1985), pp. 292–324。科大衞在其研究華南宗族歷史演變的論著《皇帝和祖宗》(*Emperor and Ancestor: State and Lineage in South China*)，提出了類似的看法。蕭鳳霞也做過同類型研究 (參本書第八章)，分析華南地區社會身份和歷史意識的演變過程。在此過程中，國家、社區和宗族等概念，是通過華南地區一系列節誕體現出來的。

10　這方面的經典研究，是施堅雅和 Winckler 提出的「服從的循環」(compliance cycles) 看法，參看 G. William Skinner and Edwin A. Winckler, "Compliance Succession in Rural Communist China: A Cyclical Theory," in Amtai Etzioni, ed., *A Sociological Reader on Complex Organizations* (New York: Holt Reinhart and Winston, 1969), pp. 410–438。也參見 Franz Schurmann, *Ideology and Organization in Communist China* (Berkeley: University of California Press, 1968) 關於中共的意識形態工具和組織工具的研究。

11　1976年，毛澤東去世，其激進追隨者垮台，啟動了中共一連串重大的政策變化。1978年12月的第十一屆三中全會標誌著「經濟自由化」正式開始。漸漸地，人民公社解散了，市場恢復了，市集鎮的發展得到鼓勵，勞動力的流動得到允許。隨後，還進行了國有工業和黨組織的改革。

12　James Peck, "Revolution versus Modernization and Revisionisnism," in Victor Nee and James Peck, eds., *China's Uninterrupted Revolution* (New York: Pantheon, 1973) 批判新古典經濟學預設政治與經濟的對立。有關把國家與社會視為對立

的概念範疇的近期研究，參見Victor Nee and David Mozingo, eds., *State and Society in Contemporary China* (Ithaca: Cornell University Press, 1983)。Christine Wong, "Interpreting Rural Industrial Growth in the Post-Mao Period," *Modern China* 14, no. 1 (1988): 3–30全面衡量改革對於鄉鎮企業造成的影響時，著眼點是鄉鎮企業對於毛澤東時代的偏離和繼承。

13 最近，學者們就傳統文化和社會與當代政治的相互滲透這一課題，爭論頗多。見Vivienne Shue, *The Reach of the State: Sketches of the Chinese Body Politic* (Stanford: Stanford University Press, 1988)，許慧文認為，地方社會在國家主導的框框內，仍能有所轉圜。又見Andrew Walder, *Communist Neo-Traditionalism: Work and Authority in Chinese Industry* (Berkeley: University of California Press, 1986)，魏昂德卻強調，1949年後社會主義中國的權力結構，與傳統中國文化無關。許慧文重視傳統社會如何塑造社會主義政治體制，而我所關心的是政治如何在當地社會發生影響。

14 此文發表後，我在1990年代不斷回訪。

15 有關毛澤東時代意識形態的殘留問題，我在Helen Siu and Zelda Stern, eds. and trans., *Mao's Harvest: Voices from China's New Generation* (New York: Oxford University Press, 1983)認為，即便是接受毛澤東意識形態教育最深的年輕一代，對這種意識形態的態度也逐漸變成冷嘲熱諷。我在另一書*Agents and Victims in South China: Accomplices in Rural Revolution* (New Haven: Yale University Press, 1989)中，分析了社會主義國家的權力如何通過農村幹部的工作而觸及農民生活，而農村幹部與社會主義國家的共謀性，後來體現為農村幹部對國家的不情不願的服從。

16 Clifford Geertz, *Agricultural Involution* (Berkeley: University of California Press, 1963), pp. 80–82. 另參見紀爾茲本人在二十年後對「內捲化」概念的重新評估："Culture and Social Change: The Indonesian Case," *Man* 19 (1984): 511–532。

17 Prasenjit Duara, "State Involution: A Study of Local Finance in North China, 1911–1935," *Comparative Studies in Society and History* 29, no. 1 (1987): 135.

18 我非常感謝匿名閱稿人的深刻意見，使我能在前言中更清晰地提出自己的問題。我在文章好幾處地方用自己的語言重申了他們的看法。

19 參見Martin Whyte and William Parish, *Urban Life in Contemporary China* (Chicago, IL: University of Chicago Press, 1984)，該書談到社會主義中國政府如何有意識地在全國範圍內發展城市。也參見Parish and Whyte, *Village and Family in Contemporary China* (Chicago: University of Chicago Press, 1978)；Shue, *The Reach of the State*；Siu, *Agents and Victims in South China*對1949年後農村社會細胞化 (cellularization) 的看法。

20　有關南溪鎮的鄉和鎮之間行政區隔的歷史，參見Helen Siu, "The Village–
Town Divide: Politics and Migration in a Chinese Market Town," paper presented
at the Conference on the Social Consequences of Chinese Economic Reforms,
Harvard University (May 13–15, 1988)。自1958年起，人口控制的規定、戶
籍登記的制度及嚴格的糧食分配制度，越來越嚴厲地把農民禁錮於農村
土地上。有關因此造成的城鄉對立，參見Whyte and Parish, *Urban Life in
Contemporary China*一書的前言。相關文獻，參見中國社會科學院人口研
究中心：《中國人口年鑒》(北京：中國社會科學出版社，1986/1987)。南
溪鎮的非農業人口，都受僱於鎮裏的國營和集體企業。在中國社會主義
革命以前，長江和珠江三角洲有著眾多的市鎮，它們是各種貿易、宗族、
社區和宗教組織的社會網絡所在。現在，長江和珠江三角洲已被官方媒
體稱為中國改革成功的範例。參見中國共產黨中央委員會第一號文件。
關於中共商業政策的歷史，參見Dorothy J. Solinger, "Marxism and Market in
Socialist China," in Nee and Mozingo, *State and Society in Contemporary China*, pp.
194–219；以及商業部商業經濟研究所：《新中國商業史稿(1949–1982)》
(北京：中國財政經濟出版社，1984)。關於農村市場的復興、農村幹部以
及改革方面的近期研究，參見G. William Skinner, "Rural Marketing in China:
Repression and Revival," *China Quarterly* 103 (1985): 393–413；David Zweig,
"Prosperity and Conflict in Post-Mao Rural China," *China Quarterly* 105 (March
1986): 1–18；Jean C. Oi, "Commercializing China's Rural Cadres," *Problems of
Communism* (September–October 1986): 1–15；Elizabeth Perry and Christine
Wong, eds., *The Political Economy of Reform in Post-Mao China* (Cambridge, MA:
Harvard University Press, 1985)；Christine Wong, "Interpreting Rural Industrial
Growth in the Post-Mao Period," *Modern China* 14, no. 1 (1988): 3–30；以及杜
潤生：《中國農村經濟改革》(北京：中國社會科學出版社，1985)。至於官
方和學者對於改革成就和困難的描述分析，就珠江三角洲而言，參見珠江
三角洲經濟開放區投資指南編輯委員會：《珠江三角洲經濟開放區投資指
南》(香港：新華出版社，1986)；和Xueqiang Xu, "The Open Policy and Urban
Development in the Pearl River Delta: Problems and Strategies," paper presented
at the Conference on Chinese Cities in Asian Context, Hong Kong (June 17–19,
1987)；就長江三角洲而言，參見費孝通：《小城鎮四記》(北京：新華出
版社，1985)；江蘇省小城鎮研究課題組編：《小城鎮，新開拓》(江蘇：
江蘇人民出版社，1986)；David Zweig, "Rural Small Towns and the Politics
of Planned Development," paper presented at the 40th annual meeting of the
Association for Asian Studies, San Francisco (March 25–27, 1988)；和Guanbao

Shen, "Town System and Chinese Urbanization," paper presented at the conference on Chinese Cities in Asian Context, Hong Kong (June 17–19, 1987)。

21 第三區在民國時代屬於鄉鎮一級的行政單位，包括鎮、郊區以及被稱為鄉的村群落，佔地面積大約72平方公里。

22 1978年，南溪鎮工人的平均年收入是518人民幣，而農村公社裏的農民是171人民幣。

23 這是毛澤東時期的一種政策，用以縮短城市與農村的差距。在1968年至1976年間，按照規定，凡不在學及無職業的城市青年，都會被送到農村去，理論上是住上一輩子。1986年，我進行訪談，受訪家庭向我描述了那些所謂階級成分不好的青年受不公平待遇的悲慘細節，受訪家庭也告訴我那些幹部家庭如何運用他們的權力來規避下放政策。

24 早期，因為鎮上禁止私人間的糧食買賣，又屬行糧食分配制度，所以非法的外來人員無法在鎮上長時間停留。自1984年起，這些特別的家庭獲准從糧油站購買議價糧。儘管議價糧的價格比一般城鎮居民購糧時所需支付的貴了85%，但仍比農村市場的糧食價格便宜56%，而且當時農村市場上可以買到的糧食少之又少。

25 1970年代末、1980年代初，中國政府加強了計劃生育制度。一孩政策在家庭內部及家庭之間掀起軒然大波。幹部們都被勒令強行完成計劃生育工作指標。

26 自從1976年以來，鎮和農村公社都充分利用寬鬆的政治氣氛，向他們的海外同鄉求助。這些汽車均從港澳富商那裏得來。

27 這些麵包車被戲稱為「大班車」，一語雙關，既指老闆們的車，又可以指大家一起坐的車。

28 南溪鎮這種經歷並非獨一無二。三角洲上許多較大的市鎮都不是縣政府所在地，在行政級別上屬於「建制鎮」。因為它們屬於縣以下的行政體系，而不在國家行政體系之內，因此經常被看成是「農村」的一部分。農村公社及大隊的總部不在農村而在鄉鎮，因此「建制鎮」與農村公社及大隊的總部經常被混為一談。大隊是農村公社的一部分，受農業政策影響極大。但鎮更傾向於國營和城市的體系。在改革時期，農村和鎮這兩者之間，有著迥然不同的前景。

29 關於中國改革開放十年間的行政機構重組，參見Frederick Crook, "The Reform of the Commune System and the Rise of the Township-Collective-Household-System," in *China's Economy Looks toward the Year 2000, Volume 1: The Four Modernizations*, pp. 354–375, papers submitted to the Joint Economic Committee, Congress of the United States (Washington, DC: US Government Printing Office, 1986)。

30 改革之前，工廠的工作都十分穩定。工人一旦被錄用，就會在單位內工作
    到退休。他們的職位甚至可以由他們的子女來承繼，稱為「頂替」。從1984
    年開始，南溪鎮遵從國家工業改革的做法，只招用年輕的合同工。在為海
    外客戶做來料加工的工廠（例如服裝廠和塑料廠），超過20%的工人是來
    自農村及廣東鄰省湖南、廣西的臨時工。

31 考慮到南溪鎮的一年財政預算經費也不過100萬人民幣左右，其屬下一家
    工廠遭受這樣的損失，不可謂不嚴重。

32 獎金的具體情況不詳，視工廠及工種而異，但平均而言大約是基本工資的
    50%到75%。對於計件工而言，往往要達到一定工作量以後，才開始計算
    獎金。但是，在開工不足的工廠裏，工人連基本工作量都達不到，因此都
    紛紛抱怨。

33 過去幾年，南溪鎮農村與郊區的企業有很大發展。這些企業一般都是海
    外商人的附屬生產基地，通過合同，為海外商人生產小金屬配件、塑料產
    品、服裝及鞋子。工人都是季節工，計件取酬，並不需要多少技能。一名
    外來民工的月薪平均在90至150人民幣之間，但除此以外並無其他福利，
    也沒有任何工作保障。在一些規模更大、更成熟的企業裏，如農村經營的
    一家電器開關設備廠，其1,200名工人的月薪平均是300人民幣；技術人員
    的月薪可以輕易超過800人民幣；負責海外部的副經理，帳面上的年收入
    是6萬人民幣。1987年，南溪鎮和南溪區新近合併後，登記在冊的外來農
    民工共達一萬，其中三千住在鎮西邊的富裕的永定鄉（化名）。另一方面，
    南溪鎮集體企業工人的平均月薪大約是200人民幣。

34 這52家企業裏還包括由街道委員會經營的小型企業。1985年，南溪鎮工業
    企業共有9,117名工人，南溪區則有15,247名。

35 然而，我也觀察到，許多鎮幹部也為自己建起了類似的大宅。參見Oi,
    "Commercializing China's Rural Cadres"，文中描述分析了近年改革期間，中
    國許多地方的農村幹部如何通過各種方式來把持商業和工業投資。

36 在中國，黨組織與政府部門平行，並一向由黨控制政府。黨書記是各級行
    政機關最高領導。部分幹部隨著1964年四清運動工作隊來到南溪鎮。四清
    運動由中央黨委發起，最初是要治理幹部的腐敗，後來卻成了黨內派系鬥
    爭的工具。對此的具體描述，參見Richard Baum, *Prelude to Revolution* (New
    York: Columbia University Press, 1975)。

37 Helen F. Siu, "Immigrants and Social Ethos: Hong Kong in the Nineteen-Eighties,"
    Journal of the Hong Kong Branch of the Royal Asiatic Society 26 (1988): 1–16更具體
    地描述了這沉默的大多數人的困境。

38 從南溪鎮工商行政管理辦公室的資料獲悉，南溪鎮一共有821家登記在冊的個體戶和私營企業。其中有218家小規模工業作坊，1家建築企業，413家貿易企業，88家從事食品業務，43家提供修理服務，57家從事其他服務業，還有1家業務性質不明。

39 對那些被認為是違反公共政策的人，南溪鎮幹部曾切斷電源以示懲戒。這種作法，南溪鎮公眾都有所知覺。一名鎮幹部承認，這是他們用來規戒那些不守規矩者的一種手段。我在南溪鎮的時候，就看到過街道委員會切斷那些拒絕遵守計劃生育政策的家庭的電源。

40 Perry and Wong, *The Political Economy of Reform in Post-Mao China*.

41 原因包括：非理性地分配資源、因錯誤估算比較優勢而重覆投資，以及整體經濟被切割和封鎖，這一切與國家所希望建立的開放、具競爭性的市場原則，還相距甚遠。

42 Clifford Geertz, *Peddlers and Princes* (Chicago: University of Chicago Press, 1963), pp. 16–17.

第六章

儀式的循環再用：
當代中國農村的政治和民間文化

民間思潮和儀式的概念化

學者們注意到，毛澤東時代農村社會生活單調貧乏；而近十年改革所釋放出來的自由化活力，則讓這些學者們驚訝不已。改革時期，農村社會的貨物、資本和人口流動達到前所未有的高度，隨之而來的是民間儀式的勃興。這個現象對於文化變遷的研究，提出了有趣的問題。毛澤東時代的政治運動，難道反而保存了農民社會的民間文化，以至於黨國一旦試圖退出社會，民間文化便恢復其昔日的動力，影響現代化的進程？這豈非太反諷了嗎？還是說，毛澤東時代的政治運動已經徹底改造了農民文化，以至於我們今天看到的，是農民應付社會主義國家制定的當代社會條件而對傳統進行的重構，而不是熬過了社會主義國家改造的文化殘餘？1986年，我在南溪鎮(化名)做田野調查，這個市集鎮位於珠江三角洲中部，過去和現在都以民間儀式活動頻繁而聞名。我將分析一套儀式(尤其是喪禮和婚禮)，探討儀式參與者賦予這些儀式什麼意義，從而討論當今鄉土中國的文化延續和變遷。[1]

在方法論上，本章討論的主題有關文化、國家和社會之間長期以來的互動。人類學家研究中國時早已認識到，大抵而言，傳統民間文化總是符合王朝國家的框框。雖然傳統民間文化有時也被用來顛覆官方意識形態，但主要方向是趨於整合。王朝國家總希望從制度和意識形態兩方

面，吸納地方社會的潛在威脅。明顯的例證就是，王朝國家都會敕封擁有廣泛信徒的大眾神祇。社區和家庭舉行的儀式，反映地方社會積極培養與官方文化共生關係，而不是為了對抗王朝。[2]

學者們基本上都同意，古代中國的國家與社會，在民間文化領域內互相滲透。但是，對於1949年後民間儀式的命運，學者們卻不這麼看。反之，他們把社會主義政府對大眾思潮和儀式的無情打壓，與民間文化的保存及近期的復興，機械地對立起來。他們既然認為民間文化在本質上是反國家、反霸權的，因此，他們假設民間文化熬過了毛澤東政治運動的浩劫，如今居然絲毫無損、捲土重來，讓改革者頭疼不已。[3]

眾多證據都表明，在中國、尤其是鄉村地區，看起來像是傳統儀式活動的東西的確重新出現了。[4] 我在南溪做田野調查的那一年，當地展現出來的儀式活動極為頻繁，讓我留下深刻印象。南溪這個市集鎮曾經有393座祠堂、139座廟宇和寺院，各類儀式終年不斷；因此，改革進入第八個年頭，如果南溪鎮舊日風俗習慣也恢復了一些，應該是不足為奇的。[5] 一般的祭拜用品，比如紙錢和香燭，不僅集市小販在賣，即或個體戶商店也在賣，這些商店生意紅火。而且有論者説，社會主義中國時期民間儀式乏善足陳。[6] 但是，南溪鎮卻相反。凡牽涉到海外華僑利益的當地廟宇和世俗節誕，都得到鎮政府的大力推廣。居民積極參與各種和個人生命週期相關的儀式時，也有強烈的公共表演的味道，反映出居民接受官方設下的界限。華琛研究帝制中國晚期儀式時發現，表演的成分在儀式中至關重要，南溪鎮的情形也同樣如此。這種古代與當代的雷同，對本章的討論極為重要。如果今天的社會主義政府就像古代王朝國家那樣積極挪用傳統，使到國家與社會之間的文化交流有利於自己政治地位的獨尊，而地方社會也基於同樣的理解，積極投身於這種文化交流，那麼，結果會不會是華琛所謂的一統天下的「再儀式化」（reritualization）文化？[7] 從而，國家和社會繼續通過這種文化來相互認可？

本章不認為傳統活動正在復興、並正在挑戰社會主義意識形態；本章強調，今天的儀式是由另一群不同的表演者重新構建的，這個過程又再造了一個面目全非的農村社會，這個農村社會老早就把社會主義國家

的權力視為理所當然。這種儀式復興是在社會主義國家和農民雙方的共謀下實現的，為我們瞭解儀式內涵的變化提供了重要的切入點，讓我們看到當代中國農村社會對於權力和責任的新觀念。由此，通過分析當今農村的民間文化，中共三十多年行政建制的效果就浮現眼前了。

南溪的傳統儀式

研究中國的人類學主要著作都認為，作為文化表演的儀式，反映了儀式實踐者是從象徵的和實用的角度來安排社會政治生活的。[8] 要瞭解今天南溪鎮的儀式對於儀式實踐者的意義，我們就需要理解革命前的儀式如何為社會生活編織出強而有力的道德框架，以及傳統秩序的轉型如何為儀式行為創設了新的脈絡。18世紀以來，住在南溪鎮的地主和糧商就控制著周圍的沙田，沙田是在大片沖積平原開墾出來的農田，租予外來的佃農。隨著地主和糧商在地區經濟中雄霸一方，南溪鎮儀式活動也日益頻繁起來。鎮上有三個大宗族：何氏、李氏和麥氏，他們精心編撰的族譜，滿載擁有各種科舉功名的族人，讓讀者眼花繚亂。此外，他們花了很大力氣，在自家眾多祠堂內舉辦祭祀活動，也以鎮內主要廟宇為中心，定期舉辦社區節誕；他們也是這些廟宇的主要贊助人。這些終年不斷的儀式，有助於彰顯社會關係和政治等級。家庭內部的儀式，通過男丁而聯繫到更廣闊的親屬網絡。這些男丁在祠堂和祖墳舉行的複雜的公開儀式中各有位置。此外，祭祀社壇的儀式劃定了社區邊界，男性成員們參與這些祭祀社壇儀式，因而發展出另一個網絡。同時，以社壇為標誌的居民區被稱為「社」，也是大型宗教活動的基石。這些作為集體的「社」，為廟宇的節誕活動捐獻財物，群策群力。[9]

南溪鎮宗族和廟宇構成的網絡，部分與該鎮的節誕結合，而這些節誕主要圍繞著鎮上五座大廟和主要祠堂而展開的。通過參與這些節誕儀式，居民尋找歸屬感，從而確認自己的地位和佔有資源的多寡、獲得入住權和土地所有權、建立政治聯盟和仲裁衝突，並爭取社會流動。[10] 由

南溪鎮大宗族的文人成員定期組織的「菊花會」，尤其值得注意。「菊花會」參與者仿效科舉，召開詩會，舉辦菊試。不過，這些活動也包括了對各種文化象徵的積極操縱──吹捧宗族形象和地位，排斥社區的部分成員，炫耀財富，強化文人與官場的聯繫。總體而言，隨著以南溪鎮為中心的區域經濟日益發展，南溪鎮地方精英的權力格局也隨之變化，南溪鎮這些節慶則勾勒出這權力格局。這些節誕中，精英們所炫耀的財產和文化成就，組織者所利用的社會網絡，揭示了政治議程。通過這些政治議程，帝國權威的話語向下滲透，並在儀式這個競技場中，與地方勢力討價還價。南溪鎮居民在這個過程中再造了家族、社區、階級以及政治的觀念，這些觀念指導著南溪鎮居民在家庭和公共兩個領域內的社會生活（參見本書第八章）。

儀式與社會主義革命

1949年的社會主義革命不僅嚴重打擊了民間儀式，還基本上摧毀了它們的社會基礎，並取代它們的政治功能。官方意識形態認為，民間儀式是封建迷信，蒙蔽農民，讓他們擁護封建王朝。因此，南溪鎮政府發起運動，要把民間儀式鬥臭鬥倒，首當其衝的是南溪鎮的公共儀式。早在1950至1952年間的土改中，祠堂和廟宇藉以維持儀式活動的田產都被充公，祠堂和廟宇也成了學校、工廠和政府單位。原來管理這些田產的人都被拉出來公開批鬥，有些人甚至因為他們的「階級罪行」而被處決。1958年「大躍進」高潮期間，在黨的支持農業生產的口號下，南溪鎮祠堂被毀，拆下的磚頭和石材被運往周邊鄉村。由於宗族聯繫的物質證據和作用已被社會主義政府的權威所取代，因此，親屬觀念雖得以保留，但已大大削弱。南溪鎮各社壇前的古樹是社的物質符號，1950年代後期，這些古樹也被砍倒，成為大煉鋼的柴火；同時，各社也重組為15個居委會。居委會在其居民區內貫徹鎮政府的方針政策，從而在制度上使新的國家權力駐紮到日常社會生活之中。

和祠堂比起來，廟宇規模較小，因而在1950年代尚能倖免於難。但到了1960年代，即使這樣的傳統文化殘餘也遭摧毀：文化大革命期間，年輕學生被動員起來破「四舊」(即傳統風俗和習慣)；古籍和族譜被焚毀，寺廟神像被打爛。一個從前當道士的鄉民回憶說，他當時出於恐懼，自發地把大部分的科儀文書和祭拜用品上繳給大隊黨支部燒毀，並承諾不再傳道授徒。不過，他還是藏起部分科儀文書和一個占卜羅盤，並保存了一個用於喪禮的大銅碗，拿來餵豬。南溪鎮關閉了佛寺和兩個尼姑庵，驅走僧人，佛寺成了民居，尼姑被迫還俗。隨著各類宗教儀式專家被解散，和農業週期相聯的一年一度的社區打醮、寺廟節慶活動，以及更屬私人領域的喪禮，都漸漸為人們所淡忘。有傳言說，破壞城隍廟的人最後都發了瘋，這傳說讓老人們對神明仍存敬畏之心，但那些根本無法辨別諸神的年輕人，全不把這些傳言當一回事。

對民間儀式的打擊，亦延伸到家庭領域。祠堂被毀、喪禮被禁之後，人生大事禮儀如新生、結婚、死亡及祭祖，被剝奪其廣泛的社會聯繫，逐漸只能在家庭內部舉行。文化大革命期間，火葬的規定雷厲風行，南溪鎮邊上幾百年來一直用來埋葬當地死者的大山丘，也成了農業用地。有些村民在墳頭間種莊稼。更多時候，墳墓被掘走，留下的土地變成魚塘和菜地。南溪鎮附近那些農田稀少的村莊，有關1960年代大饑荒的記憶揮之不去，許多村民看重的是菜地而非他人祖墳。[11]一個年長的朋友補充說：「在政治動亂時期，那些有膽量的人，根本不在乎自己的祖先葬在哪裏，而那些在乎祖先的人，卻沒有膽子把事情鬧大。」更有甚者，鎮政府裏的激進派鼓動年輕人鬧事，街道委員會一定程度上也受到這些年輕人刺激，把燒毀村民家中的神壇和祖宗牌位當成政治任務來完成。

南溪鎮一些老人承認，他們曾在臥房裏偷偷地維持拜神祭祖的習慣；他們也哀嘆，這些習慣即使能為子孫所保存，也已支離破碎了。我曾聽到一個發生在文革時期的笑中帶淚的故事：一個人過世了，他的長子要為先人「買水」(買水為過世的人梳洗)。[12]為此，他要去河裏取水。根據傳統，這水是用來擦洗死者遺體的，但更重要的是，這個儀式要在

親戚、鄰里親眼見證下進行，因為此舉體現了遺產繼承中的重要權利和義務。盛水的盆要平放入河，使河水從四面八方灌入盆中，以示死者的兒子們在財產分配時地位平等。長子作為主要的送葬人和繼承人，必須把每個細節都處理好。但是，在當時的政治氛圍下，要做這樣的儀式很不容易。那天晚上，長子悄悄溜出家門，從河裏舀了一盆水後，飛奔回家。不巧的是，他撞見了一個年輕幹部，問他為何半夜來河邊提水。他支吾以對，總算應付過去了，但由於驚惶失措，他把盆裏的水灑了大半。這件事說明，對年輕一代來說，民間儀式已變成秘密的、家庭內部的事務，而不再能夠聯繫到宗族或者社區儀式的廣泛社會意義。昔日由神明、鬼魂、祖先所代表的意識形態結構無所不包，南溪人曾經用儀式來象徵性地表現這個結構，並與之討價還價，又用它指導自己的行為、滿足自己的精神需求。如今，這個意識形態結構似乎已不再能讓南溪鎮人安身立命了。它已被新入侵的政權的威力打破，只剩下碎片。

南溪鎮宗教儀式的困境，反映了人間世的南溪鎮的社會政治現實。[13] 自1950年代以來，南溪鎮人與周邊村民的生活聯繫就被斬斷。南溪鎮宗族財產被充公後，就分給了昔日的沙田佃戶。南溪鎮商人的產業，就被改造為企業，並日益成為國營部門的附屬。隨著謀求經濟或政治發展的途徑越來越單一，人們的生活也在單位和街道委員會的聯手壓制下，日漸官僚化。南溪鎮政府由黨的地方幹部掌握，他們全盤宰制居民的生活。但是，和之前的地方精英不同，這些幹部是一座組織嚴密的國家政治機器的齒輪。他們這樣的地位，在貫徹執行黨的政策時，沒有多少迴旋餘地。當上級施加政治壓力，這些幹部就會將之轉嫁給轄下的人。社會主義政府為了鞏固自己的權力，也引入一套新儀式，南溪鎮幹部積極響應：土改時期針對宗族地主的批鬥大會，大躍進和人民公社運動時期的社隊組建狂熱，四清運動時期沙田貧農幹部的湧入，文化大革命時期的大字報、毛澤東語錄、表忠遊行、學生和工人的派系鬥爭。所有這些1949年之後的儀式，都以各自的方式，從象徵和實踐兩個層面向南溪人展現新的政治權威。

日益頻繁的民間儀式

在改革的頭十年，南溪鎮裏的祠堂依然緊閉。鎮幹部仍然堅持認為，這種「封建堡壘」中的「迷信活動」不應該公開得到平反或復興。另一方面，他們又批准何氏宗親會（他們族人中有香港的大商人或企業家）領回已變成工廠或政府辦公室的何氏祠堂。但是，何氏族人並沒有在此祭祖，所以這些祠堂始終只是文物。[14]

然而，南溪鎮每家每戶，包括幾位鎮領導，實際上都已重新在家中設立神壇。在客廳中央，原來擺放九位菩薩牌位的地方，現在貼上一張紅紙，上書一金色「神」字；其左邊的祖先牌位相當樸素，只寫著一行字；門口則供著「門口土地」的小牌位。「神」顯得太誇張，與祖先牌位和「門口土地」很不協調。但在南溪鎮人眼裏，這三尊牌位對家人福祉至關重要。

製作這些牌位的老木匠，他店子所在的街道被稱為「棺材街」，因為從前這裏聚集了各種與喪事有關的店鋪。如今，不僅老木匠開始招收學徒，而且「棺材街」也重新煥發生機。和婚禮一樣，喪禮也辦得越來越鋪張，以致鎮上一些老文人抱怨這過於庸俗。當送葬隊伍抬著奠品和漆得油亮的棺材經過主幹道時，路人不再像過去那樣不假思索地迴避，而是熱心地站在一旁圍觀，談論花圈的數量以及送葬鼓樂隊的規模。一些在十年改革中發家或者有海外關係的家庭，一般在喪禮結束以後還要大擺三十桌或以上的酒席，有些甚至請來道士或尼姑，做長達七週的法事。這些開支加起來，很容易就超過萬元人民幣。以南溪鎮工人平均每月200元的收入而言，這筆開銷也實在太驚人了。

婚禮也一樣鋪張，看起來像是傳統的婚禮，又開始流行。租一件描花繡鳳的新娘褂裙要10元，僱一個陪伴新娘的儀式專家又要25元。接下來，新娘和新郎家連續兩天繁複地交換聘禮與嫁妝，交換的禮物總值高達5,000元；還要宴請三十桌左右的親友，每桌酒席要150元。鎮裏的父母抱怨，說自己破財嫁女，因為需要置辦電冰箱、洗衣機、電風

扇、甚至音響系統之類的昂貴嫁妝；那些周邊鄉村的父母也抱怨，說新郎的聘禮也一發不可收拾地漲價。

操辦這些儀式，昂貴而困難，尤其因為儀式專家們還不能光明正大地做事，但是人們還是很熱心地舉辦這類儀式活動。[15] 我們可能以為老一輩會樂於見到這樣的轉變，但讓我吃驚的是，一些年長朋友斥之為「傳統的庸俗化」，因而反對最烈。他們的抱怨與年輕人異常高漲的熱情，形成有趣的對比。年輕人熱衷組織這些儀式，也樂於花錢。在過去，關於儀式的知識繁多而複雜，年輕人即使尚無資格在這些儀式中扮演重要角色，也掌握了不少知識。現在，社會主義革命已把這套有關儀式的知識消滅大半。因此，我們要問：到底是什麼因素激發年輕人的熱情？

年輕企業家最重風水，雖然他們對此知之甚少，他們還虔誠供奉關帝（關帝被認為是財神）。我訪談的年輕人，大部分都曾和朋友或工友去西江上游的龍母廟，為從應考成功到發財、結婚等各種私人事務祈求神恩。[16] 我們可以看見廟附近老樹上貼滿紅紙，上書小孩名字，與樹神建立聯繫，因為家長們認為樹神靈驗。在附近社區入口和街角的小碑石前，各種各樣的供奉隨處可見。這種盲目的熱情不禁令人好奇：對於現在來拜神的人來說，民間儀式的意義究竟是什麼？

此外，我拜訪了最近才向遊人開放的一座大型佛寺，此行令我體會到，年輕一代拜神，無非就是強烈希望得到保佑。1986年底，我跟著一些從前當過尼姑的人到寺裏，為他們在文革中去世的師傅做「焰口」法事。我投宿寺中，看著她們在晚上、寺門關閉之後做法事，一連三晚。在山中寂靜而寒冷的夜晚，這些尼姑與和尚一起唱著梵歌追念死去的師傅。她們靜靜地哭泣，表達自己當時向嚴峻的政治環境屈服、未能及早超渡師傅的遺憾。這些尼姑展現給我看的世界，和那些在白天高峰時候參拜佛寺的年輕人的世界，真有天壤之別。這些年輕人成群結隊而來，對於如何上香、如何拜神，知之甚少。他們湧到佛寺禮品店裏尋找靈驗的吉祥物，到寺中食堂吃素，算是捐點善款。他們在寺廟大門擺姿勢照相後，便鬧哄哄地離開，一如鬧哄哄地進來。他們雖然和老尼姑們分享著同一社會空間，但雙方恍如隔世。

如果說儀式對不同人有著不同的意義，那麼值得注意的是這意義的差別。年輕一代對於儀式的普遍態度是：有空的時候，就去拜拜神、做做儀式，別管有沒有神明，好歹買個保險。如果真有神明，很容易無意中得罪祂們而招致不幸；如果碰到的鬼神心情不錯，祂們還可能帶來驚喜。

喪禮和婚禮

過去三十年，各種政治關係和社會關係變化到什麼地步？大眾對於這些關係的基本看法又變化到什麼地步？為求答案，讓我們進一步探討南溪鎮的喪禮和婚禮。如上文所述，這些變化特別能夠說明問題，因為它們既有個人和家庭的維度，同時也是公開舉行的儀式，從而也牽涉到更為廣泛的鄰里親友網絡和官員的共謀。上述的個人和家庭這兩個領域，都受到了社會主義政權的強烈衝擊。比如說，婚宴受到批評，被斥為鋪張浪費，有明文規定婚宴不得超過四桌。當然，在中國也好，在其他地區也好，抱怨儀式鋪張算是老生常談。但在南溪鎮，譴責婚宴鋪張還有政治考慮。因為在南溪鎮，除了以社區為單位的寺廟節誕外，拜神活動已相對個人化。另一方面，婚禮和喪禮動員龐大的親友網絡，這些網絡的組織原則在幹部看來，是對其權威和特權的威脅。然而，最近十年的各方面改革開放，使得這些儀式活動日益頻繁，場面也越來越鋪張。這些儀式大舉回潮，是否像鬼魅般觸動幹部的神經？每天中午，人們都能看見送殯隊伍穿過鎮上主要街道，轉入棺材街，死者的親友們跟隨至街道盡頭便散去，家屬則繼續送殯至鎮後面大山丘的墳場。送殯儀式展現的喪服、花圈和壽衣，喪禮樂隊的吹吹打打，以及由八名附近村莊的農民抬著的棺材，這一切，對於25歲以下的人來說都很新奇。可是，鎮裏懂得世故的老人卻抱怨說，現在的出殯儀式跟從前太不一樣了。他們認為，很多儀式已被簡化。革命前，送殯隊伍要經過三個社壇，稱為「過三社」，以便送殯隊伍的女性親屬通報「社頭公」，象徵性

地替死者向社區告別。[17] 而且，昔日的送殯隊伍要避開大姓人家的私家路和祠堂。現在，因為大多數的祠堂和社壇已蕩然無存，送葬的隊伍就不拐彎抹角直達主幹道；即使有些祠堂仍然存在，以前組織嚴密的幾家大姓，也早已無力干涉。

棺材街街頭有座小廟，是由當地一位姓何的鄉紳在19世紀修建的，用以紀念他的管家和家庭教師。這座廟名為「舍人廟」，曾經是送殯隊伍的一個停歇點，送殯隊伍的朋友和近親在這裏分開。朋友們分到糖果和小紅包後各自散去；而近親則一直跟著送葬隊伍到街尾，那裏有一座橋，南溪鎮到此為止，過了橋就是一個叫永定(化名)的地方。從這裏開始，只有死者的兒子參加之後在墳地舉行的葬禮。送殯隊伍逐漸疏散的過程，象徵性地表達了參與者對死者的社會距離和義務，同時也表示了參與者沾染死亡穢氣的程度。然而，現在這種做法已無人跟從了。首先，這座廟已經破敗不堪，成為無家可歸的老年人的棲身之所，送殯隊伍裏哪怕是中年人亦已經認不出這廟來。大多數人送到橋頭便解散；而死者的女性家屬，現在也跟男性親屬一同到送上山墳。從前，女性送上山是禁忌，因為據說會導致絕後。現在，這禁忌已沒有多少阻嚇力了。[18] 土改之後，族產和祠堂消亡，尊卑嚴整的、以男性為主的宗族公共文化似乎也隨之沒落；而在家庭內部，家人共同為家庭經濟奔波，使得家庭成員之間更為緊密。

以親屬、性別為基礎的倫理差序格局被敉平，亦反映在喪服上。以前，喪服的布料、層數、頭飾的式樣以及送殯人背的藤條，能讓眼利的路人立即判斷出死者有幾個兒子、女兒、姻親、侄子和侄女。[19] 但是現在，送殯隊伍裏的近親只在腰間纏一條白布，遠親或密友則只在臂上戴個黑紗就行。

雖然喪事的名目被壓縮，但並不意味著社區裏的人對親屬和後代的關注減少。鎮上的人精明地與海外的宗親會結成聯盟，力圖收回他們的祠堂。就在最近，某宗族的幾派子孫在某個祖先的墳前打架，互相指控對方是假冒的後代。箇中原委，顯而易見：在毛時代，許多價值不菲的財產遭充公，其中牽涉到一些海外華僑。統戰政策為了吸引海外投資，

允許海外華僑收回自己的財產;他們在南溪鎮的親戚也就可從中得利。近幾年,當地年輕人間流傳著「大撒親戚網,就能抓大魚」的說法。另一方面,老人們感嘆現在的堂兄妹都互不相識,更不用說待人接物、調解糾紛的禮數了。人人都知道,過去攀附血親的做法,有其利益動機;但是,如今這種做法之服務個人利益,則更為赤裸裸。造成這種失衡的部分原因,是因為從前那套無遠弗屆的意識形態結構已被打個粉碎,這意識形態結構曾經協調著親屬、社區和階級利益。今天,這一切在文化上已無所依託。

最讓我那些老年朋友惱怒的是,現今喪禮所體現的各種特色,更像是在操辦喜事。塑料花圈有各種顏色的設計,顯得格外喜慶,與之前只用白菊、黃菊裝飾的花圈形成強烈對比。[20] 一些參加喪禮的年輕女性,如果死者只是她們的朋友,尤其會穿著光鮮的假日衣服而來。她們即便無意在喪禮上展現自己的美態,盡力表現自己,也是為了參加晚間酒宴而盛裝出席。[21] 革命前,喪事完畢,只有少數幾個親戚和幫手會被招呼吃晚飯;現在,這種死者家屬致謝方式已演變成廣邀各方人士的盛宴,而獲邀者往往與死者交情甚淺。

據我的老年朋友說,這種大排筵席的模式是由最近兩種趨勢引發的。第一,越來越多和死者無甚關係的人,通過送壽衣、花圈或賻儀參加喪禮,他們之後就會被邀請參加晚上的酒宴。於是這酒宴的組合真莫名其妙:包括死者子孫的同事,包括死者鄰居和街道委員會主任,包括死者的海外商界朋友。過去,人們盡可能避免出席喪禮;相反,今天的喪禮卻成為一個隆重場合,彷彿每個人都為了社交目的而積極參加喪禮,而向死者行禮只不過是藉口而已。

第二,酒宴現在也有了新的意義,包括了「上高」儀式。過去,這個儀式是在喪禮百日後、乃至一年後舉行的,還包括死者家庭的內部告慰,表明死者已進入祖先的行列。然而,如今「上高」儀式在死者屍骨未寒時就舉行,使得這個酒宴令人異常不安。

為何弔祭者把喪禮和「上高」儀式混為一談?這裏有它的社會邏輯。喪禮在1960至1970年代是被禁止的,死者的骨灰被拿回家,放在睡房

裏藏著的供桌上。因此，喪禮和「上高」儀式幾乎同時舉行，且都無甚花樣。現在，喪禮和「上高」儀式仍然合併，但是最近人們有錢了，又熱衷於擴展社交網絡，於是喪禮和「上高」儀式就獲得推動力，造成了與儀式合併而不協調的鋪張奢靡，鎮上老教書先生認為極度荒唐。1986年，鎮上的人都在議論兩場精心操辦的喪禮。一場喪禮，是為何家一位傑出人士的妻子舉辦的，大擺了四十桌酒席；此人從前是地主兼商人，他借助海外關係，從鎮政府手裏取回大量財產。另外一場喪禮，是由死者的孫子一手籌辦的，這位孫子是成功的私人企業家。這種大張旗鼓、越過父輩操辦喪禮的行為並不尋常。但是，雖然這位年輕企業家遭人詬病，但朋友們卻欣賞他精明的生意頭腦。他的親屬也積極附和他的做法，這也是可以理解的，因為網絡關係的擴展，可能對大家都有好處。

婚禮也出現了類似的變化，年輕人也更為積極參與。一個明顯例子是「會友」制度。過去，「會友」是新郎幾個終身朋友組成的兄弟會，不僅全程幫助新郎籌辦婚禮，也在新郎生命歷程中的其他重要場合提供協助。現代「會友」則大為膨脹，包括新郎要好的朋友、同事、堂兄弟等數以十計的人，婚禮結束，「會友」也就解散。「會友」之成立既以會友而非新郎為中心，「會友」之功能也是臨時的，意味著年輕人會在結婚旺季成為若干個朋友的「會友」。當然，他們也會抱怨開支因此大增，因為會友與新郎關係特殊，所以要在婚禮上送重禮。雖然如此，大多數人被邀請當會友時，還是感到很榮幸，也感到不得不參加。在他們看來，在如今這個年頭，處世做事需要這種關係網絡。對於新郎來說，「會友」制度的功利性也同樣明顯。他需要通過會友來召集朋友們搬擺婚宴桌椅、弄來洋酒洋煙，而最重要的是提供小客車和「出租車」接送新娘和親屬。如果沒有適當的關係，這些東西既昂貴又難得。

儘管婚禮的務實性很明顯，婚禮的象徵意義仍很重要。「會友」之長，必須是年紀比新郎大且已婚的男性，父母健在，最好還有個兒子。新郎期望通過與他的聯繫而沾到福氣。然而，人們雖然追求這些象徵符號背後的價值，但並不意味著人們認同傳統的意識形態結構。傳統上與婚禮相關的神話傳說，如今人們一無所知，也不在乎。1986年，我訪

問南溪鎮一些新婚夫婦，沒人說得清白虎和金雞的傳說，因此也不理解為什麼雨傘是護衛新娘的必需品，無一例外。對他們來說，雨傘發揮辟邪作用，正如新娘帶到夫家的一對甘蔗或者生菜頭一樣。[22] 當我問到這些儀式的意義時，被訪者往往含糊其詞。不斷有朋友告訴我：「我不瞭解這些儀式，也不能解釋或者預測它們是否靈驗。不管什麼神什麼仙，最要緊是靈驗。現在人人都做這些儀式，所以我覺得我也要做，這樣就不會落伍。跟著別人做，不會有閃失。如果神明因我的供奉而高興了，當然更好。」

儀式的循環再用

如果有人發現「當今南溪鎮喪禮和婚禮是傳統的原汁原味的復興」這種看法難以站得住腳，他至少還會辯護說，這些當代儀式不過是南溪鎮民正在經歷的世俗化過程的一面而已。當然，如此辯護，是假定信仰和儀式行為跟隨政治經濟上的轉型而變化。在台灣和香港，信仰和儀式行為變化的過程，受工業化性質、西方教育、大政治環境的自由化、以及各種經濟活動的分工所影響。但是，在南溪鎮及其鄰近村莊，信仰和儀式行為與社會和經濟領域的聯繫被截斷，駕馭這些領域的政治組織則建基於權力關係網，其政治好處非人人可以平等享有。社會生活和價值觀已官僚化，但不是以馬克思、韋伯、涂爾幹等社會理論家所關注的那些方式發生。在南溪鎮，伴隨著國家強而有力的控制而出現的，是幹部的政治權威的個人化，因此一切事務都是幹部說了算。

從近期的改革浪潮可見，國家領導人真誠希望更大程度地把國家分離於經濟和社會生活。但是，國家無所不在的影子已經內化到幾代人身上，催生出新的文化態度和社會經驗，與香港、台灣的情況迥異。在香港和台灣，現代化、國際化的市場經濟是轉型的主旋律。因此，若有人認為，過去三十年中國不同社區的民間儀式活動都有沒落的趨勢，其內在的原因卻大不相同。在台灣和香港，民間儀式活動的沒落，部分原因

是市場帶來的世俗化力量；在中國農村，民間儀式活動的沒落，則是因為由意識形態驅動的國家機器的干預。

那些對1980年代以來的改革感到樂觀的人會認為，改革終於讓中國農村受到市場世俗化力量的衝擊，這一過程強化了工具化和個人化的行為。有關國家淡出的主張，當然是對私人企業家和年輕人的解放，年輕人尤其渴望在政治路線再度轉變之前把握時機，大展拳腳。然而，改革也讓他們對現在和未來大感焦慮。傳統的社會流動網絡，因著過往的政治轉變而消失殆盡。年輕人為了打破因國家主導而形成的受困狀態，亟需建構新的社會和專業網絡關係，但以功能分化為基礎的正式組織，目前仍受一個以鐵腕鎮壓著稱的國家官僚機器監察。在意識形態路線調整的時代，黨早就感到不安。因此，人們更喜歡利用非正式的社交網絡，因為其他組織很易被視為威脅黨的領導。民間儀式現在獲得政治上的寬容，若牽涉到海外華僑的支持，則更獲支持；因此，民間儀式成為人們建立新社會網絡的最保險的基礎。

實際上，南溪鎮政府自己在最近的民間儀式復興中，也發揮了作用。毛澤東時代政治特色鮮明的儀式已是昨日黃花。不過，鎮政府仍然支配著社區內各種集體儀式。1979年，當鎮政府舉辦「菊花會」時，他們代表全鎮居民宴請海外僑胞，旗幟鮮明地推動自己的政治大計。鎮幹部盡力表現出要放寬管制的誠意，從而成功地招來新投資項目；在改革年代，鎮幹部就用這些投資項目向上級邀功。企業主也很精明地追隨這種做法，藉各種人生大事來大宴親朋，鎮幹部也就很難說不。

這些儀式的參與者並不完全是功利的。民間儀式的某些保佑性質，對於異常渴望實踐和贊助這些儀式的年輕人來說，具有很強的吸引力。他們相信只要在婚禮有雨傘、甘蔗和生菜頭這些好意頭的東西，就能得到神明保佑。不過，他們和長輩的看法大相徑庭，因為長輩們相信有關託身白虎的神力以及金雞潛在危害的這套故事。至於道教有從五行相生相剋理論為這些儀式所提供的學說，則更難引起年輕人的共鳴。[23] 年輕人求神拜佛的行為也反映出類似的現象：他們對神明的法力知之甚少，但都希望與神明建立聯繫。

可以說，當傳統的權力等級關係已經毫無作用時，當取而代之的社會主義權力結構也不再得人心時，社會和道德都因此失去規範。年輕人只有社會主義的世界觀，不像老年人那樣有另一套世界觀可資比較，因此，社會主義體系內的意識形態危機，對年輕人影響更大。在三十年的政治運動中，無論是他們知之甚少的神明，還是他們熟悉不過的偉大領袖，似乎都不能拯救他們。我從年輕人急就章式的民間儀式行為看到：這一代人雖然對神明世界和現實世界都沒有多少信仰，但他們積極地、焦急地要在這兩個世界找到依靠。

總而言之，我嘗試比較社會主義革命前後民間儀式的變化，尤其是與生命週期有關的儀式的變化，從而討論儀式背後的社會基礎和社會意義。在社會主義革命前，民間儀式的意義聯繫到一個神明權力結構，這個神明權力結構與人們所認可的現實社會結構和道德觀念緊密相聯。社會主義黨國機器的不斷努力，使得兩者都發生了劇烈的變化。[24] 今天，民間儀式以罕見的強度重煥生機，傳統婚禮和喪禮的基本特色及其意識形態方面的含義，仍有吸引力。不過，實踐者也非常關注日常社會生活中的世俗雜務，而在此日常生活中，社會主義國家的權力老早已經內在化了。民間儀式改頭換面而復興，意味著舊文化碎片在新環境中的循環再用。本章認為這是傳統的再造。為此，本章把文化變遷與政治經濟聯繫起來，提出獨到的看法。南溪鎮當今的各種民間儀式，反映出列寧式國家機器的權力對社會的滲透，極為深遠；現在，國家機器有意撤離社會，觸發新的焦慮和活力。為了應付這個新時代，南溪人精明地重組民間儀式的碎片，與籠罩他們的政治結構打交道，隨時再造、即興創作和改變儀式的文化意義。

(朱宇晶譯)

本章出自 Perry Link, Richard Madsen, and Paul Pickowicz, eds., *Unofficial China: Popular Culture and Thought in the People's Republic* (Boulder, CO: Westview, 1989)，現略作修改。

註釋

1   本文的材料基於我1986和1987年在珠江三角洲所進行的田野工作。我要感謝美國國家科學院美中學術交流委員會對於我1986年田野調查的資助。我也要感謝1987年10月加州聖地亞哥「大眾思潮」會議的與會者,感謝古迪和華若璧 (Rubie Watson) 的評論。

2   有關這方面的成果,可以由武雅士的一篇論文開始,見Arthur Wolf, "Gods, Ghosts and Ancestors," in Arthur Wolf, ed., *Religion and Ritual in Chinese Society* (Stanford: Stanford University Press, 1974)。武雅士認為,民間宗教中的主要角色有其現實世界中的對應。埃米莉・埃亨 (Emily Ahern) 在 *Chinese Ritual and Politics* (Cambridge: Cambridge University Press, 1981) 一書指出:通過儀式活動,人們明白什麼叫權力、如何跟權力打交道,這就是民間文化和官方文化整合過程的真正奧妙之處。中國的王朝國家如何通過對儀式活動的標準化,幾百年來維持文化上的一統?這個問題,參見James Watson, "Standardizing the Gods: The Promotion of T'ian Hou (Empress of Heaven) Along the South China Coast 960–1960," in David Johnson, Andrew Nathan, and Evelyn Rawski, eds., *Popular Culture in Late Imperial China* (Berkeley and Los Angeles: University of California Press, 1985)。關於喪禮的討論,參見James Watson and Evelyn Rawski, eds., *Death Ritual in Late Imperial and Modern China* (Berkeley and Los Angeles: University of California Press, 1988)的導言和第5章。

3   關於民間儀式在帝制中國及近代中國的反霸權性的看法,參見*Modern China* 13, no. 1 (January 1987)的專號論文,該專號由希爾・蓋茨 (Hill Gates) 和魏樂博 (Robert Weller) 組稿;關於民間儀式在社會主義中國的情況,參見安妮・安納格諾斯特 (Ann Anagnost) 的文章,載該專號第40–61頁。有關傳統生活方式並沒有因為新政府的革新努力而有所改變這個看法,參見William Parish and Martin Whyte, *Village and Family in Contemporary China* (Chicago: University of Chicago Press, 1987)。1988年5月,哈佛大學「中國經濟改革之社會影響」會議上,許慧文的文章強調民間文化在毛澤東時代獲得保存的奇怪現象,從而把民間文化和社會主義意識形態對立起來。反對這種看法的部分研究論著,參見Richard Madsen, *Morality and Power in a Chinese Village* (Berkeley and Los Angeles: University of California Press, 1984),以及Helen Siu, *Agents and Victims in South China: Accomplices in Rural Revolution* (New Haven: Yale University Press, 1989),這兩本書討論的是1960年代以來,新的社會主義意識形態和儀式如何在農村中與日常生活實踐相結合。

4 　參見懷默霆（Martin Whyte）在 Watson and Rawski, *Death Ritual* 一書的章節。華琛在廣東農村做田野工作時，也有類似的發現。

5 　我做田野調查時，有人給我看何仰鎬寫於 1946 年的手稿，其中開列了南溪鎮寺廟、祠堂以及一些社。南溪鎮當地史家於 1984 年編纂的南溪鎮志稿，也提到了類似的信息。關於南溪鎮宗族的歷史，參見南溪鎮何、李、麥三大族的族譜。

6 　參見懷默霆在 Watson and Rawski, *Death Ritual* 一書的章節。

7 　華琛在 Watson and Rawski, *Death Ritual* 一書的導言。

8 　參見 Wolf, "Gods, Ghosts and Ancestors"；Ahern, *Ritual and Politics*；Steven Sangren, *History and Magical Power in a Chinese Community* (Stanford: Stanford University Press, 1987)。

9 　有關「社壇」在台灣的重要性，參見 Kristofer Schipper, "Neighborhood Cult Associations in Traditional Tainan," in G. William Skinner, ed., *The City in Late Imperial China* (Stanford: Stanford University Press, 1977)。

10 關於社區觀念和社區辟邪儀式（「醮」）的聯繫，在香港做田野調查的一些學者有生動的描畫。參見科大衛、夏思義（James Hayes）和田仲一成（Tanaka Issei）的著作。

11 這些墳地大部分都分給村民，成了自留地。我訪談的一些人承認，開始的時候他們對這種做法很擔憂，但是這些由墳地轉化過來的自留地非常寶貴，因為在農業集體化時代，它補貼了村民微薄的家庭收入，也讓他們的食譜沒那麼單調。幾年以後，村民們已經很少想起墳墓的問題了。據我所見，現在仍保留在農地裏的墳墓，大部分都只是一塊塊小石板，上面也沒有刻上任何文字。一些遭遇不幸的家庭，試圖找回自己祖先的墳墓以便祈福，但大多數都找不到。

12 對於「買水」的分析，參見 James Watson, "Of Flesh and Bones: The Management of Death Pollution in Cantonese Society," in Maurice Block and Jonathan Perry, eds., *Death and the Regeneration of Life* (Cambridge: Cambridge University Press, 1982), pp. 155–186。也可參見 Emily Ahern, *The Cult of Dead in a Chinese Village* (Stanford: Stanford University Press, 1973)。

13 關於南溪鎮政治經濟的轉型，參見 Helen Siu, "Socialist Peddlers and Princes in a Chinese Market Town," *American Ethnologist* 16, no. 2 (May 1989)。

14 一些祠堂在工廠搬離後就被鎖上，別無動作。我在珠江三角洲遊走的時候，也碰到這樣一些祠堂。我問看守祠堂的人有關安放祖宗牌位的問題，他也不能確定何時能夠這樣做、及用什麼方式來做。

15　我曾經訪談過一位68歲的道士，他告訴我，1964年「四清」時被勒令停止道教活動。1980年代，他又重操故業。但是他說，仍然看不清政治風向，所以只在私人場合做道教儀式。

16　這座廟過去香火鼎盛，它不僅是個人許願的地方，也是舉行儀式、安撫西江洪水的重要地點。現在，鎮裏有每週一次的公交專線到那裏，歷時十小時；也可以坐船，溯西江而上，在船上睡一晚，抵達悅城，龍母廟就位於悅城。

17　根據傳統，遇有人生大事如出生、婚禮、死亡，都要向社壇獻祭；人們相信，社壇之神照看著人們的日常生活，因此要向祂通報這些事件。

18　華琛在Watson and Rawski, *Death Ritual*第5章提到，關於婦女不能送上山的禁忌，接受他訪問的一些廣東人，提供了另一些理由。

19　有關台灣喪服的繁分類，參見Arthur Wolf, "Chinese Kinship and Mourning Dress," in Maurice Freedman, ed., *Family and Kinship in Chinese Society* (Stanford: Stanford University Press, 1970)。也參見Ahern, *Cult of the Dead*。

20　花的象徵意義在中國文化中根深蒂固。在公共儀式上，花被用來傳遞那些眾所周知的意義。

21　有幾次，我看到送殯隊伍扛著一整頭燒豬開路，葬禮完畢，人們用這頭豬拜神，當晚分吃。

22　甘蔗修長，象徵百年好合；而生菜發音聽起來像「生仔」、「生財」。關於金雞和白虎背後的故事，年長的朋友解釋說，迎親隊送新娘去夫家途中，攜帶雨傘和大米，是為了不讓金雞傷害新娘；新娘進新房後把一件大衣拋到床上，是為了轉移潛伏在房內的白虎的注意力，否則它就會傷害新郎。據道士說，這些儀式源於周公和桃花女兩個神話人物的爭鬥。

23　接受我訪問的人對儀式的反應是不同的。正如前述，受訪的道士是唯一能用道家經文對婚禮儀式提供學說解釋的人，兩個神話人物的爭鬥，象徵著道家經文有關五行相生相剋的理論。年長的朋友們則認為，舉行婚禮時，神明就會御臨，傾聽人們的訴求，並施加法力。但新婚夫婦對這些法力並沒有太多信仰。他們認為，法力是由物品本身召來的（比如帶著一把雨傘），似乎只要拿起這些物品，就能直接獲得保佑。

24　傳統儀式一般都有其功利的、辟邪的特質。但是，這些傳統儀式也會被佔據主導地位的意識形態結構所制衡。本章主要關注的是，當一個新的政治力量部分改變了這些制衡時，原有的儀式會發生怎樣的意義變化。

第七章

華南嫁妝與禮金的重構

　　1980 年代近十年的改革開放給南溪鎮帶來巨變。[1] 該鎮是一個擁有農村腹地的市集鎮，坐落在珠江三角洲的中心位置，毗鄰穗港澳，水陸交通便利。這些年，其繁榮前所未見：[2] 新建樓房如雨後春筍般崛起，其中有些得到港澳親戚資助，更多是本地企業家靠自身實力修建；越來越多郊區的鄉鎮企業僱用外來工，路邊商鋪、食肆生意興隆；彩電、洗衣機、音響在家庭中已是尋常；喪葬嫁娶儀式奢侈隆重。[3]

　　家庭生活的變化也天翻地覆，在鎮上遇到的人都向我抱怨，當今年輕人已經迷失在突如其來的財富中。毫無疑問，他們生機勃勃，但同時也被說成是「不知天高地厚、不知體恤雙親、貪戀物質生活、缺乏道德約束」的一群。出乎意料的是，這些對中國文化傳統幾乎一無所知的後生，竟然對鋪張浪費的婚喪儀式趨之若鶩，並且一力承擔大部分開銷。[4]

　　小鎮居民還抱怨嫁妝開支有增無減，有些已經高達 10,000 元人民幣，令那些有數位女兒待字閨中的人家叫苦連天。更令他們苦不堪言的是，現今年輕一代都不願贍養老人，而把工資和獎金留作供日後買房之用。該鎮年輕人平均月收入為 200 至 300 元，通常最多給父母 40 至 80 元左右。雖然男方家庭大概只需給女方現金 1,000 元作聘禮，但他們要為新婚夫婦修建一幢所費不菲的新房子，這常造成家庭內部關係緊張。為了獲得建新房的土地及材料，還必須大費周章地與鎮幹部疏通關係。[5]

在革命前和毛澤東時代，該鎮周邊的農村地區非常貧困，但現今在婚姻禮儀上也同樣極顯奢華。男方家庭除了要為新婚夫婦準備新的住房，還要大排筵席宴請賓客。[6] 和鎮上相比，農村家庭給的嫁妝相對較少，但男方家庭的開銷卻激增數倍，平均高達 2,000 元。因此，那些沒錢的單身漢只好退而求其次，娶來自廣西的外來妹，因為娶本地女性的開銷令他們不勝負荷。[7]

改革開放後的婚姻開支是否已經超出人們的承受能力？為何人們一邊抱怨，另一邊卻對奢華的婚姻儀式樂此不疲？今天由婚姻所形成的各種交換折射出過去四十年來的家庭變遷，又是怎樣一幅圖景呢？此外，值得關注的是，在這些交換中，城鎮和鄉村對男方家庭和女方家庭的期望值大相徑庭。通過思考這些問題，我意圖解答人類學領域關於婚嫁中財產轉換的爭論，並以此強調：在過去半個世紀，當地數代居民經歷了政治經濟的巨大轉變，其中涉及的家庭動力和對文化的迫切渴求，是個非常複雜的過程。

大多數從事嫁妝和禮金研究的學者都同意，透過婚嫁達致財產交換，實際上影響著並反映了代際關係以及不同家庭之間的關係。古迪認為，嫁妝成為一種夫妻基金，它作為一種「分散式的代際財產轉移」（diverging devolution），普遍存在於歐洲和亞洲那些有著複雜社會層級的社會。為了保持經濟優勢地位，家庭發現提升女兒的地位非常重要（一如對待兒子一般），因此需要在家族財產中劃出一份分給女兒。古迪比較了嫁妝（dowry）和作為循環基金的新娘彩禮（bridewealth），後者普遍存在於無等級的社會。新娘彩禮是年長男性之間的交換，這筆財富主要用於家庭成員日後的婚姻，尤其是新娘兄弟姐妹的婚姻。因此，一邊是財富，一邊是以彩禮換取的婦女權利。[8] 在中國以及歐亞其他地區的婚姻交換研究中，「聘禮」（brideprice）指的是由男方家庭提供、通常是包括嫁妝在內的更大交換的一部分；由女方家庭提供的稱為「嫁妝」——這筆財富會留給新娘或新婚夫婦。古迪提出了另一個詞，「間接嫁妝」（indirect dowry）。[9] 在此，不管其最終流向，凡是由男方家庭提供的都稱為「聘禮」。不同社會等級集團看重的東西通常是不同的，社會地位

高的較強調直接嫁妝（direct dowry），而社會地位低的則傾向強調禮金或間接嫁妝。[10]

郝瑞（Stevan Harrell）和狄姬（Sara Dickey）強調建立社會聲望多於維持社會地位，並通過強調嫁妝的社會意義而修正古迪原有的理論範式。[11] 他們認為，嫁妝是分層顯著、競爭充分的商業都市社會的突出特徵。他們承認，嫁妝是家庭之間的經濟交易，反映了婦女的勞動是如何被評估和賦予價值的。但更重要的是，嫁妝是文化和象徵性構造體的組成部分，也是向上流動階層的一種社會性宣示。

革命以前，中國鄉村的婚姻交換通常都是間接嫁妝，即男方家庭提供的禮金或彩禮，有一部分以嫁妝的形式得到返還；只有極度貧困的家庭才會把禮金或彩禮悉數盡收而毫無返還。[12] 弗里德曼認為，禮金顯出男方家庭的優越性較女方的高；伊沛霞（Patricia Ebrey）則指出，在不同歷史時期，嫁妝是向上流動階層用以提升其社會地位的手段。[13]

以上兩種觀點在特定情境下都對，但嫁妝使用的範圍並不只局限於社會流動性本身，而禮金的目的也不僅是顯示優越性，因為這些幾乎是所有婚姻都具備的要素。古迪在新近出版的著作提到這個觀點，並修正了自己早期的分析。他指出，傳統中國並不是如一般人所認為的那樣，婦女出嫁就像潑出去的水。相反，婦女終生都與娘家保持千絲萬縷的聯繫。因此他認為，把婚姻交換中的禮金看作對婦女勞動的贖買這種觀點的解釋力非常有限，而嫁妝作為社會聲望建立手段的觀點則還有更多探討的空間。在經濟地位保持論中，古迪強調，婦女使「家宅延續」，對於娘家和夫家都有文化和社會的重要性；在此過程中，夫妻基金的建立是關鍵。這在中國是顯而易見的，但大多數中國學者卻直覺地持相反觀點。男女雙方家庭都對夫妻基金作出貢獻，地位高的家庭以直接嫁妝的形式贈予新婚夫婦，地位低的家庭則通過間接嫁妝（或更廣義的聘禮）形式達到相同目的。[14]

以上的理論分析，有助我們理解南溪鎮婚姻中財產轉換的本質及其新近發展。本地的文史工作者指出，南溪鎮和周邊鄉村的婚姻形式有別，由來已久，存在了數個世紀。鎮上的富裕家族通過嫁妝來鞏固加強

其社會地位，而鄉村貧困的佃農則如同「賣女」一般索取大量禮金，以支付其兒子們的結婚開支。這樣的觀點固然值得商榷，但如果這是真的，它將證實了郝瑞和狄姬的觀點，同時也證實了弗里德曼關於中國特例的範式。

然而，問題是錯綜複雜的。上述的分析理論能否解釋1980年代以來的變化呢？我們今天觀察到的城鄉有別的婚姻現象，與革命前的情形相似，這是否只是經過四十年斷層後的簡單再現？而1980年代爆發出來的源源生機，是否正反映了過去幾十年來，毛澤東時代的國家是如何從根本上改變了家庭關係，而後毛澤東時期的改革開放又如何進一步地再造了城鎮與鄉村的家庭生活？

如果用郝瑞和狄姬的社會聲望理論分析，今天城鎮急劇攀升的嫁妝，是突然而來的經濟繁榮和大體沒受破壞的文化傳統二者結合的產物。1980年代的開放政策推動了經濟發展，令以往人人嚮往的婚姻彩禮往來形式成為今天普羅大眾都能達到的現實。在鎮上，新富一族互相攀比，父母為新婚兒女提供新的住房，從而鞏固家庭的社會地位。年輕一代也是如此。南溪鎮有著大量的年輕工人、私營企業家、幹部，他們的財富十年來迅速膨脹，他們都急於揮霍新近得來的財富，從而打造新的社交網絡。巨額的嫁妝和男家相對應的付出都是加強地位的手段。作為一種精明的商業策略，他們還資助其他儀式。這種理論分析基於的假設是，過去四十年的社會主義革命幾乎沒有改變傳統的文化期望以及由此產生的鞏固家庭財富和地位的策略。

「用禮金換取佔有婦女勞動的權力」的理論支持者尤其關注鄉村禮金不斷攀升的現象，以及農民家庭中禮金和勞動需求的關係。農村家庭在婚姻交換中絞盡腦汁討價還價，是否反映出1980年代蓬勃的經濟發展加大了對勞動力的需求？社會流動性的增強以及大量人口外流，導致鄉村的社會階層也發生變化。由於短期勞動力短缺，「農村家庭願意支付高額禮金，從而獲取佔有婦女長期從事農業勞動的權力」這一假設看起來是合理的。這在過去是一種考慮，今天亦如是。這一婚姻交換理

論的基本假設是，傳統的城鄉分隔以及兩性和代際的勞動分工，仍然一如既往地影響著該地區當下的發展。

對於南溪鎮和其周邊鄉村不同的婚姻形式，代表了兩種有著其自身文化邏輯、不同政治經濟形態的這種觀點，我持謹慎、保留的態度。我認為，這兩種不同的婚姻交換形式其實誕生在同一個文化政治經濟體中。經過毛澤東時代的洗禮，該地區的婚姻形式在某一層面經歷劇變，而在另一層面則保留不變。

先說變化的層面。人們普遍認為，黨國能運用其權力反對任何正式的市民組織。因此，今天鎮上的人們需要借助別的、公開允許的形式來構建其社交網絡，而當地蓬勃發展的經濟為人們選擇鋪張的嫁妝作為構建社交網絡的手段提供了可能。此外，今天無論是城鎮還是鄉村，婚姻交換討價還價的重點在於財產迅速轉移至新婚的夫婦，而不是男女雙方家庭之間的物質和社會聲望的交換。在政治經濟發生巨大變化的脈絡下，此趨勢反映了代際關係以及家庭之間的關係也呈現出諸多與往日不同之處。

在保持不變的層面，我認為經過四十年的社會主義洗禮，婦女在「為夫家傳宗接代」方面，無論在城鎮還是鄉村都基本沒變。由於子女都外出務工而面臨勞動力短缺的農民，可以聘請外地僱農來解決這一問題。但他們沒有這樣做，而是選擇付出高額禮金，使婦女留在家庭，從而維持具有重要意義的家庭歸屬感。情況或許是：經歷了毛澤東時代的洗禮後，家庭並不只是苟延殘喘；相反，這幾十年來，家庭的重要性大大加強，以至於當長輩感到自己的權威性受到威脅時，他們便令人費解地熱衷於施展各種家庭策略。古迪關於夫妻基金重要性的分析，看上去適用於這樣的情境。

因此，在肯定文化傳統和經濟邏輯在塑造婚姻交換中所起的重要作用的同時，我認為四十年的社會主義政治對婚姻和經濟產生了雙重影響，在改造的同時也繼承了一些傳統文化期望，重塑了經濟需求，有時還加強了家庭策略。[15]

那段歷史凸顯了家庭關係在多大程度以及如何被改變了，這是我們理解今天南溪鎮婚姻交換的關鍵分析要素。基於1986年所做的300戶家庭的隨機抽樣調查以及1987至1989年間的回訪，我探討了南溪鎮及其周邊鄉村重造禮金和嫁妝的過程，及其與非集體化或私有化之間的關係。[16]

革命前南溪的彩禮往來

珠江三角洲是一幅錯綜複雜、不斷擴張的社會圖景。珠江由西流向東南方，在下游形成沙田，吸引了南中國不同地區的移民來此落地生根。這一綿延的歷史過程，使得具有不同經濟資源和文化底蘊的地方社區相繼崛起。人口稠密的三角洲地區有一系列坐擁廣闊沙田的商業城鎮，南溪鎮是其中之一，沙田經過以城鎮為基地的宗族和商會的開墾，逐漸變為出產稻作的良田。它在明朝時期還是一片邊遠的沙田，幾經開墾，18世紀晚期已成為當地重要的財富、權力和儀式中心。20世紀初葉，南溪居民中出現了生機勃勃的商業階層及鄉官，他們控制了沙田的土地以及糧食、桑樹、蠶繭、酒、水果、蔬菜等貿易（參見本書第八章）。

儘管南溪鎮在經濟上與周邊的農村關係密切，但卻是兩個迥異的世界。沙田的居民都是住在船上四處流動的農工和漁民，鎮上居民視之為下等人，被統稱作「蜑」。他們作為短工和佃農，受僱於鎮上的宗族開墾沙田，同時他們還從事一些較下等的工作，如抬棺材、挖墳墓等。收成不好的年間，他們遭受惡待和歧視有增無減，只能在田間隨意撿拾，然後乘船跟蹌而去。當他們人強馬壯的時候，又被視作強盜和海賊。[17]直到1940年代以前，沙田鮮有大型村莊。1949年以前，沙田上寥寥可數的稻草房，與南溪鎮上393座祠堂和139座廟宇形成強烈對比。即便在改革開放初期，沙田也只有小規模的村莊，村與村之間仍是廣闊的農田。

1950年代初以前，南溪一直是富人和冒升階層的聚集之地。一份1971年的官方文件顯示，該鎮有482人被定為地主，57人被定為富農，他們絕大部分都出身於該鎮四大互相通婚的宗族。1949年以前，該鎮

有 12,000 居民，而這四個宗族就構成了一個顯赫的社會群體。這些宗族的婦女鮮有外出工作，實際也沒有這種必要。事實上，大戶人家的外嫁女甚至在婚後一年都不需要吃夫家的糧，因為娘家會為她預備。她們出嫁時還有豐厚的嫁妝陪嫁，包括貴重的首飾，兩套酸枝家具，精緻的瓷器、銀器，一年的糧食以及大片沙田土地等。[18] 相比之下，她們獲得的彩禮微不足道。1986 年，我採訪的年長婦女基本都同意：戰前的名門望族收取的彩禮約為 100 銀元、數百禮餅以及婚宴所需食品等，所有這些彩禮基本上都用於婚宴消費。新娘和新郎雙方家庭都會宴請親朋好友，通常每方宴請超過十桌賓客。她們都堅稱，除了非常貧困的家庭，一般女方家庭都會接受男方家庭開出的禮金條件，不會討價還價。這樣的習俗一直保留到今天，在禮金上討價還價被視為極度丟臉的事情。有人告訴我，「只有沙田人才會這樣做」。

既然鎮上的普通家庭也不會索要高價禮金，那麼就不能把重視嫁妝完全歸結為富人家庭保持社會地位的策略。這也許說明了，在不同的情境下，婚姻形式對家庭而言有著不同的意味。但是富裕宗族的生活方式、尤其是他們對出嫁女提供豐厚嫁妝的做法，卻成為該地區一種文化上的理想模式。[19] 微薄的禮金也許和不落家（新娘在婚後沒有立即搬到夫家住）的習俗有關。[20] 越富裕的家庭，其出嫁女婚後留在娘家的時間就越長。對於家庭而言，與出嫁女保持聯繫在許多方面都有著重要意義。只要出嫁女仍然留在娘家，她的勞動成果都要與娘家的成員分享。她真正脫離娘家，是即將生育、而不是商討和交換結婚彩禮的時候。即使她搬到夫家居住，娘家還是會經常提供食物或生活用品。如果禮金完全是為了獲取佔有婦女勞動的權力，那麼在不落家習俗中的男方就應該付出更少的禮金。

鎮上的居民，不管其出身於富裕或貧窮的家庭，都一致堅稱他們的婚姻形式和沙田的截然不同。沙田的居民不流行不落家，婦女在婚後立即與丈夫同住。他們是漁民，住在船上，高度的流動性決定了他們不可能實行不落家。婦女的嫁妝也是微薄的，只有幾套衣服、一張毯子、一幅蚊帳以及一些鍋碗瓢盆等。可是，禮金卻是不菲，通常是鎮上的兩

倍。我1986年做田野調查的時候，在志西村（一條位於沙田的村莊）遇到一些老人，他們於1920年代末、1930年代初結婚。據他們回憶，當時給新娘家的禮金高達一兩百銀元，以當時沙田的生活水平而言，已是巨額。禮金的一部分用於宴請新娘的親朋。在鎮上，除了關係較密的親戚外，只有為數不多的親友獲邀出席婚禮；但是在沙田，遠近所有熟人，不論男女老少都會獲得邀請，而且婚宴持續三天三夜。客人在婚禮的前一天晚上就搖船而至，當晚就得到款待；婚禮當天，他們獲得再次款待；當他們第三天離開之前，還得到第三次款待。跟非洲的情況一樣，剩餘的禮金往往成為新娘兄弟的結婚基金。[21] 鎮上居民對此甚為不屑，認為沙田人在索取禮金時是「厚顏無恥」的，「他們得嫁掉一個女兒，才能娶回一個媳婦」。[22] 生活在社會等級底層的沙田人用以應付艱難生活的策略，被鎮上居民視為恥辱的標籤——鎮上居民以此來與沙田人劃清界線。

戰爭期間

從明清兩朝，再歷經民國時期，乃至1940年代，南溪鎮一直控制著沙田。直到戰爭出現和大範圍的社會動蕩，才打破了鎮上宗族的權力體系，使其衰落崩潰。許多沙田的佃農通過操縱租金、糧價、雜稅等辦法，從地主手中獲得了土地。同時，日據時期崛起的地方豪強使用武力，霸佔了大量房產、土地。[23] 在他們控制的地盤，迅速冒起一個個用稻草、河泥這些簡陋材料建成的小村莊。[24] 田野調查訪談表明，在這特殊的十年間，該地區的婚姻策略隨著權力的更迭，也發生了變化。農村的富裕家庭開始與鎮上的精英家庭聯姻，後者在戰爭中已開始家道衰落。同時，他們也開始不落家的習俗，為出嫁女提供豐厚的嫁妝。據訪談所得，好幾個地方豪強都成功把女兒嫁給了住在鎮子邊上的商人和富農家庭。[25] 但是對於沙田的普通老百姓而言，情況並沒有改變，雖然新的形勢為他們日後改變自身的處境提供了條件。1986年，我採訪了

志西村十多位老居民，該村是一個由外來戶建立的村莊。儘管在回溯祖先姓名的時候，在數到祖父一輩就很難再數上去了，但他們堅稱是從三角洲更老的一個地區分出來的，在那裏還有祠堂，而且還記得曾經有過不落家習俗。他們認為自己和東南邊新近開墾出沙田的蜑家不同，稱那邊為「下沙」。[26] 但是，我調查所得的資料和他們的說法有矛盾。據我所知，當時該村嫁女的時候收取的禮金高達100至300銀元，男女雙方家庭持續數天共同宴請賓客，但嫁妝卻遠少於鎮上的精英家庭，只有一些廚具和床上用品，有時再加上一套桌椅和櫃子。

我們再來看同時期鎮上的情況。在抗日戰爭的八年裏，統治南溪鎮的是由地方豪強和在附近駐紮的日軍所組成的暫時聯盟。由於日軍和殘留的國民政府的雙重封鎖，該地物資非常匱乏。地主和商人家庭的財富急速萎縮，他們的房產被瓜分並變賣給大天二。原來理想的婚姻形式再難達到，對普通老百姓而言更是遙不可及。我採訪過的一位老婦說，當時普通人家的嫁妝少得不值一提。因為家庭成員死的死、散的散，不落家也不實行了，新娘婚後立即住進夫家。新婚夫婦能得到的禮物頂多就是一頓只夠招呼近親的酒席，以及一些基本的生活家具而已。禮金即使有也是以大米替代，通常一石到十石不等。而從其他縣逃亡過來的難民更是不拘小節，只求有個棲身之所就心滿意足了。[27]

除了那些在戰爭中迅速崛起的地方豪強外，鎮上家庭再也難以負擔豐厚的嫁妝，還不得不厚著臉皮索要禮金。換言之，在共產主義到來的前夕，連年戰亂以及精英家庭家道衰落，已經令傳統的婚姻形式日漸消失。正是這一時期，為1949年後歷盡變遷的婚姻形式與社會等級之間的關係定下了基調。

社會主義改造

既然家庭的延續、社會地位與聲望、財富的傳承以及對勞動力的需求等是婚姻交換的重要因素，家庭策略在1950至1970年代的毛澤東時

代必然發生改變，這是因為黨國努力試圖重新定義意識形態的基本原則，並重構政治經濟及社會等級。在南溪，共產主義政權一開始執政，改造就逐步拉開帷幕。1952年土改期間，鎮裏過去的精英，包括宗族財產的管理者、商人、國民政府的官員以及在1940年代才上台的地方豪強等，不是被處死、收監，就是充公財產。這些以往處於社會上層、手握財富和權力的人，現在淪為社會最低層的「賤民」。南溪鎮過往的生活方式不復存在，當外地的政治運動積極分子進入南溪，顛覆「傳統」霸權的政策執行得紅紅火火。在政治運動中表現最積極的就是以往住在沙田的貧農，他們大肆毀壞宗族祠堂以及其他重要的公共建築，並把拆下來的材料用車拉往周邊的村子。政治的狂熱還波及到社會生活本身。在1950至1960年代，豐厚嫁妝和結婚喜宴不時被打上「封建奢侈」的烙印，而禮金也被譴責為「買賣婚姻」而遭禁止。然而，政治運動的潮起潮落表明，本地幹部對待傳統習俗有時是妥協和默許的。他們執行政策並不總是鐵板一塊，這和William Parish及懷默霆（Martin Whyte）在廣東農村發現的情況頗為相似。

在1980年代後期接受訪談的人們反覆表示，在毛澤東時代，「摒棄傳統習俗」的政策在南溪鎮沒有受到什麼抵抗。土改後，對傳統理想婚姻交換的嚮往仍持續了一段時間。鎮裏的居民雖然無法像以往精英家庭那樣提供那麼多的嫁妝，但還是保持了嫁妝的習俗，這包括適量家具、器皿及首飾。人們還回憶起抬新娘子上花轎和喝喜酒的情景。當時，農業和商業在戰後都有一定程度的恢復，家庭及私有財產可以繼承。但隨後鎮上企業集體化，以及1958至1961年的三年災害，摧毀了傳統婚姻慶祝活動。我的朋友還記得，當時生活非常困難，只能撿樹葉作燃料，烤蕉葉包裹的麵團就已經是人間美味了。1960年代早期，經濟稍有恢復，但接踵而至的是四清運動。[28] 因為害怕被來自外地的工作隊指控為貪污，本地幹部要求居民行為要有節制，並明確限制每次結婚喜宴不能超過四桌。

文化大革命旨在消除鎮上一切殘留的舊習俗，鎮領導層出現了派系鬥爭。雖然真正的武鬥並不多見，但紅衛兵集團形成了，幹部受到來自

沙田的積極分子的挑戰，舊地主被迫遊街，祖先牌位被焚毀。官方提倡的婚姻儀式是開茶話會，而非擺喜酒。由於幹部、黨員、工會人員、教師等都集中在鎮裏，因此鎮裏執行官方提倡的婚姻儀式要比村裏更得力。此外，革命前宗族和商人的產業也大多集中在鎮上，因此當時鎮上還有很多被貼上「成分不好」標籤的家庭。這些家庭只能互相通婚，或者「下嫁」給那些出身更差、願意娶她們的人。這些丈夫往往是窮困卑微的小商販，承擔不起任何婚姻儀式的開銷。

1970年代中期，那些熬過政治風浪的人，出於懼怕而怯於表達他們對傳統文化的真實想法。新一代出現了，他們認為忠於毛式意識形態就意味著與以往的文化、歷史決裂。在父輩眼裏，他們是對傳統毫無共鳴的一代。

儘管如此，無論是經濟的困窘還是政府明確的限制，嫁妝和禮金仍然是本地居民關心的事情。在我的調查中，當時的禮金最高達到100元左右，與之相應的嫁妝包括床鋪、家庭用具、桌椅等。雖然這些禮金和嫁妝都價值不高，不足以被看作是建立社會聲望或獲取佔有婦女勞動權力的精明策略，但是它們的存在，卻確實反映了在變動的社會經濟環境下，對家庭的委身仍然具有重要意義。[29]

南溪鎮的經濟徹底重組後，從農村地區分離出來，不再是地主收取沙田租金生活的屬地，如今鎮上居民大多受僱於集體企業，而這些集體企業日漸從屬於縣城的國有工廠及商業單位。私人資源被剝奪的同時，這些集體所有制工廠的工資非常低，工人所得的保障和福利待遇遠遠及不上國營部門的職工待遇。儘管如此，鎮裏的居民仍然緊緊地抓住這份微薄的工資和並不討好的身份不放，唯恐政府以某種藉口把他們發配沙田而淪為農民。他們的恐懼並非毫無理由。1958至1963年間鄰近的農村公社與該鎮合併的時候，他們的城鎮居民的身份是經過再登記的。諷刺的是，正是他們的城鎮身份，令其子女在文革期間被送到沙田。

成為工廠工人意味著南溪的年輕一代為鎮的集體企業打工，而不是為家裏打工。由於有收入，他們在婚姻大事上也有自己的看法，比較注重小兩口的二人世界。但由於該鎮的經濟發展相對停滯、1949年後論

資排輩的工資體制以及頂替制度的存在，年輕一代仍依賴其父母，並未完全獨立；與之相應，他們仍要分擔整個大家庭的開支。[30] 鎮級集體企業提供的福利待遇遠遠少於國營部門，因此家庭在這方面仍扮演重要角色。我的調查表明，核心家庭比例不高，大多數家庭還是由父母、已婚的兒子及其家庭，以及未婚的子女組成。由於不落家仍在實行，已婚女兒在娘家吃飯的現象並不少見。換言之，儘管工資來源於家庭之外，而且國家努力試圖把對家庭的忠誠轉變為對黨和國家的忠誠，但代際之間以及兄弟姐妹之間的關係仍然非常牢固緊密。[31]

事實上，由於傳統的社會組織被取締，家庭越來越依賴於親戚間組成的非正式網絡。[32] 這種依賴是由日常生活的官僚化所聚合的，例如住房分配有指標，不同地區知青下鄉的配額不同，參軍、讀書要看階級出身。[33] 這些都反映出，與國家力量博弈成了日常生活的重要特徵。戶籍登記也反映出同樣問題：已婚子女通常都不會在婚後馬上把戶口遷到新家庭，而一直等到有必要的時候才會有所動作。由於國家有所不達，一些本是公共服務範疇的事情，人們只能依賴家庭完成；但是在家庭決策時，如何利用國家權力和政策又被視作理所當然，兩者看似矛盾卻又同時並存。南溪的婚姻形式，就是在這樣的政治化環境和框架下展開的。

毛式政治同樣令沙田的經濟結構發生劇變。不過，婚姻的安排對於本地人而言仍有重要意義。沙田住民不再隨船逐河而居，當局要求他們上岸，並且越來越被限制在細胞化的村子裏。[34] 在毛澤東時代，入住權並不只是住在哪裏的問題，還牽涉到一系列的城鄉差別。他們的經濟單純依靠糧食收成，且被國家價格體制牢牢控制，這些都使沙田農民的收入一直很低，生活也與城鎮格格不入。在當時的戶籍制度下，孩子的戶口跟隨母親。農家女兒所生的孩子，一出生就自動是農民戶口，因此沙田以外的城鎮居民是決不願意娶農村婦女的。以往，沙田女子經常以當人家妾侍的方式遷至城鎮，但這到了1950年代後期已經行不通了。儘管國家宣稱要縮小城鄉差別，但事實上兩者之間的社會鴻溝不斷擴大。[35]

在毛澤東時代，沙田禮金的習俗仍保留。農村婦女稱當時的婚姻對象和彩禮交換常不由己，難以預料。女兒眾多的家庭能把她們全部嫁出去已算幸運，也只能在村裏可供選擇的範圍內挑選對象。有時，他們不計較禮金多少，男方給多少就收多少。而在另一些村子，男人卻抱怨，即使他們願意提供可觀的禮金，村裏也沒有足夠的婦女能與之成親。當人們局限在村裏通婚時，一個巨大的變化出現了。婚後，婦女自然而然就住在娘家附近，並繼續幫娘家勞動。當一個家庭勞動力短缺時，外嫁女就長期留在娘家——這就變得和鎮裏人一樣。集體化的沙田經濟和相應的細胞化的農村公社造成了與其初衷相反的結果：這在加強了家庭內部及家庭之間相互依存的關係的同時，更令家庭內部成員進一步唇齒相依。

除了1958至1962年的饑荒年份以及文革高潮，這些國家明確要求一切從簡的時期，在整個1950至1970年代，志西、永定、九基（化名）等村的婚宴酒席都有12桌之多。[36] 通常，男家還會提供100元禮金及喜餅，而嫁妝則不多見。直到1970年代，才出現人人艷羨的「三大件」——自行車、手錶、縫紉機，但這種「奢侈」的嫁妝只有村幹部家庭才負擔得起。

1980年代嫁妝和禮金的重構

今天的復興，是在新財富刺激下對以往習俗的恢復嗎？不盡然。如果婚姻形式及其所根源的政治經濟環境都被國家重新定義，那麼它們今天的發展則受到城鎮及沙田的企業活力更深刻的影響。我在此前的兩篇文章中指出，所謂「傳統」儀式的復興並不是簡單地重覆過往，經過社會主義時期的洗禮，其中經歷了巨大變遷。同樣的觀點亦適用於嫁妝和禮金的問題。

自1980年以來，十年的改革開放使南溪鎮及其周邊的鄉村腰包鼓鼓，其中兩類人獲得的財富尤甚。首先是黨幹部，他們利用政府關係促

成某些商業交易，從中收取「好處」，同時也洞察到私有化的新政策，掌握先機，為自家爭取到最好的資源。鎮裏新近建的現代化別墅大多是他們的。其次，新興企業家是另一類致富的人群。官員獨攬大權雖然與他們存在衝突，但和官員勾結，從中亦能分一杯羹。南溪鎮的不少居民都有「南風窗」（即有親戚在香港或澳門），這些親戚大多都回鄉蓋房子，帶回進口商品，或投資辦合資企業。本地企業家發了財，信心滿滿地自立門戶，年輕企業家尤其如此。上述這兩類人讓眾人欽羨，他們如何過生活、喜好什麼，成為仿效的對象。

這些新富家庭對於婚姻禮儀十分重視。在鎮裏，女方家庭雖然還是不會索要禮金，但是對男方家庭有了新的要求，其中最要緊的是為新婚夫婦提供一幢新房子。[37] 蓋新房的開銷頗大，由於土地緊張，每平方米土地價值180元，加上建築材料、裝修和僱工開支，一幢普通的新房起碼耗資70,000元。幹部家庭娶媳婦，新房子更是必不可少，他們亦為此感到壓力。一位幹部這樣說道：「大家期望我們能通過行政手段弄到最佳的地段、進口瓷磚和彩電等等。當我們領先一步的時候，其他人會緊跟其後，他們都說現在的政策允許每一個人發財致富。」[38] 據另一位幹部所言，這些交換向人們表明，致富是政策允許的，同時也令他們相信，自己在一個意識形態重新定義的時代裏，並沒有落後於形勢。

新富的企業家也面對相同壓力，因為他們在商場打滾，必須要顯得「有本事」。這些家庭對於國家的結婚年齡限制不予理會。例如，一個出身於地主家庭、前些年去了澳門定居的家庭，就為其年僅21歲的獨子操辦了婚事——他們希望兒子能早日開枝散葉，家庭財富後繼有人。[39]

除了蓋新房的開支，男方家庭還要給800至1,000元的禮金，主要用於女方家庭的婚宴。[40] 如今鎮裏婚宴的標準是筵開30桌，需要花費6,000至9,000元。[41] 當然，有錢的家庭會給更多的禮金。例如，當地一位成功的私營企業家了住在鎮郊某村的女方家庭1,200元禮金，並封了50元紅包給新娘的兄弟，連招待女方親朋的32桌酒席也是男方結帳。[42] 此外，男方還在結婚當日在鎮上為自己的親友擺了30桌酒席，婚

宴上有進口啤酒等飲料，價值不菲的冬菇、魷魚、瑤柱、豬肉、雞肉，以及600盒結婚禮餅。[43]

這些富裕家庭出手闊綽，只是為了「補償」新娘的勞動力價值，這一說法在這裏就說不通了。更確切地說，這是社會冒升階層為了娶得一位背景相配的新娘，提高在本地社區的聲望，從而鞏固個人網絡和影響力的一種策略──因為他們面對的是尚不穩定的社會體制，正規的組織網絡並不可靠。對於普通老百姓，這種娶新娘的新標準令他們的兒子面臨難題：他們既無錢也無權，只好等富裕家庭都挑好了新娘才輪到他們。也許有人認為，這和革命前的情況並無不同。但是在以前，正如俗話所說的「竹門對竹門，木門對木門」，在婚事上窮人家庭從來不是富人家庭的對手。可是，如今當一個女孩由於男同事家有「南風窗」，有能力提供一套房子和30桌酒席，因而最終決定嫁給他，這就表明婚姻在今天成了一場更嚴酷的競賽。毫無疑問，一個新的社會階層正通過婚姻和婚姻交換來定義自我。

在鎮裏，新娘家的開支也大得不能再大。富人家庭的嫁妝要有新潮的家具、自行車、電風扇、縫紉機、進口彩電、洗衣機、高級音響等，總值超過15,000元。我們會很自然地認為，該地區改革開放一下子釋放的機會造就了許多向上流動的富人家庭，他們通過打造子女的豪華婚禮以引人艷羨。但事實不僅如此。即使是非常富裕的家庭，新娘和新郎都會為了自己的婚事而提前幾年就開始攢錢。當自己攢足嫁妝，他們就不需要完全依靠父母。婚禮當天，他們會把家具、電器等物品運到新房進行佈置，這同時也是向公眾展示的機會。[44]也許仍有部分嫁妝需要娘家資助，但我們更應關注由新人自己積累的結婚基金。年輕工人、技術員、私營企業家由於有獎金和分紅，收入比父母更多，因此他們有可能也願意靠自己來積累結婚基金。[45]他們熱切希望在新房子過二人世界，其實也反映了這種心態。他們費盡心思，按照香港電視和雜誌裏展示的居家模式來營造他們的新房，並以此為豪。[46]

雖然南溪年輕一代在積累結婚基金上佔據了主動權，但父母為他們的婚事也不遺餘力。考慮到他們的經濟狀況，就不難理解背後的邏輯。

1980年代中期，在新的政治氣候下，私營企業如雨後春筍般在鎮周邊的村子湧現，這對南溪鎮的集體經濟造成極大衝擊。很多集體企業紛紛倒閉，大量工人下崗且幾乎得不到任何補償，而退休工人也發現他們的退休金少得可憐，根本無法追上勢頭迅猛的高通脹。這時，養老問題就凸顯出來。既然家庭提供基本保障的功能經歷了毛澤東時代也沒有改變，那麼今天父母願意資助子女婚事的行為，就可以理解為他們希望繼續維持兩代人互相依賴的關係。有這樣一個案例，一對退休教師夫婦攢錢送了一部彩電給其任職於湖南某研究機構的新婚兒子。當兒媳誕下麟兒，婆婆就留下家中老伴和未婚的兒子，遠赴湖南照顧孫子，一去數月。後來她還把孫子帶回南溪。由於家境並不富裕，且精力有限，我就問她為什麼願意這麼做。她的回答很坦率：這樣就可以和兒子保持比較好的關係，日後有需要，也希望兒子願意照顧他們。至於她的策略是否奏效，大概只能走著瞧了。

沙田在過去十年也發生了很大變化。婚宴喜酒變得更為講究，超過30桌已是司空見慣。傳統上沙田人擺酒的時候，會把所有菜餚都放在一個大盆裏一次呈上，客人在周圍蹲著大快朵頤。但鎮上的居民說，如今他們都像鎮裏人一樣，在餐桌圍坐，菜餚一道一道地端上來。有些新郎家庭會為新人準備新的住房，但這多是幹部家庭。

如果婚姻習俗僅僅是家庭在社會等級台階上往上爬的手段，那麼今天的沙田人應該會減少對禮金的要求。然而，事實卻出人意表。沙田人給出嫁女的嫁妝仍然不多，但索求的禮金卻迅速攀升，平均達到2,000元，是鎮上禮金的兩倍，同時超過了他們一個成年勞動者的年收入。在鎮裏人眼中，這是很丟臉的事。

要理解這一現象，必須追溯沙田社會主義改造的歷史。這些村子的日常生活非常沉寂，與結婚喜事的熱鬧場面形成鮮明的反差。平時村裏剩下的都是老弱婦孺，他們只能在家幹點輕鬆的農活，或照顧兒孫。青壯年都到附近的郊區打工，女的在工廠工作，男的則在建築工地幹活。由於缺乏青壯年勞動力，越來越多農民僱用來自廣西、江西、湖南等地的外來工耕作，農忙時他們包吃住並每月提供80至100元的薪水。

然而，並不是所有外來工都善於耕種。1986年南溪所在的市當局就遣返了20,000名非法外來工。據一位市裏幹部說，當地過去幾年的農業收成都很差，就是拜這些不善耕作的外來工所賜。

也許有人奇怪，既然勞動力這麼短缺，為什麼還有這麼多家庭願意承包大片土地種糧呢？道理很簡單，因為有利可圖。每擔穀物的市場售價超過100元，而國家的收購價只有25至30元左右。較高的市場價格可能出於兩個原因：一是許多家庭都已經轉種草皮、水果、甘蔗等經濟作物；[47]二是年輕人都去了城鎮打工，因此不少農民家庭必須要從市場上購買糧食以完成上繳國家公糧的任務，這是他們當初承包土地時的條件之一。

在文化和歷史情結的推動下，村民對土地的依戀越來越強烈，這在年輕人紛紛外出打工的今天尤為顯著。在交談過程中，老一輩的農民覺得在村裏留個窩很重要，但他們的下一代對此卻毫無共鳴並樂於搬到村外住，這讓他們非常憂慮。年輕一代也許不明白，沙田上的人們經歷了一個多世紀的掙扎，才被認同為這片土地的永久居民。在社會主義時期，腳繫黃土意味著和農村的貧困捆綁在一起，政府花了很大力氣才說服他們在當地興建永久性房屋，從而形成了今天的「村落」。到了1980年代，土地再度成為有價值的資源，人們意識到入住權或本地戶口的重要性。有了本地戶口，他們的兒子才有資格獲得宅基地，繼而蓋房子，後面才來到沙田生活的人是沒有資格這樣做的。陽江、廣西、湖南等地的外來工如潮水般湧來，他們成為新一代沙田社會的底層人物。近幾年人民法院公佈的判決書表明，沙田上許多勒索、搶劫、強姦、謀殺案件的受害者就是這些新近才來的外來工。歷史在循環，過去沙田人居無定所，受歧視、被排斥，處在社會最底層，而今天外來工面臨的也是這般境況。

人口的流動性越來越強，使得那些力圖維持一席之地的沙田早期居民面臨兩難之境。他們抱怨越來越難娶到本地媳婦，因為當地婦女也和男子一樣，更願意到南溪鎮附近的工廠打工，自然也更願意在那裏尋找配偶。沙田人一方面不希望自己成年的女兒太早結婚，另一方

面，當他們以越來越高的禮金娶回媳婦後，他們便盡可能地把她留在
家裏。

　　誠然，只要存在廣闊的土地和依靠人工耕種，勞動力就一直奇貨可
居。問題的關鍵是，既然有大量廉價外來勞動力以供僱用，為何沙田人
仍然選擇支付高昂的禮金，從而令其媳婦留在家中？今天在沙田的入住
權是很重要的，這對老一輩的人而言尤甚。他們在過去是受歧視的一
群，到了1980年代才終於感到站穩腳跟。正如古迪所言，「家庭延續」
是沙田人如此重視入住權的最根本的文化動機；父母輩對新婚夫婦的資
助不單令「家庭延續」成為可能，同時也確保農村家庭能獲得長期的勞
動力。此外，對高昂禮金的要求令沙田原居民家庭與新來的、地位低下
的外來工劃分了界限，後者無法負擔、也不會提出這樣的要求。可見，
正如以往一樣，婚姻策略擔負著把社會等級階梯中最下層的階級排除在
外的功能。

結論

　　分析南溪鎮嫁妝和禮金演變，突出了一段集鎮與其鄉郊腹地複雜
關係的歷史。沙田和鎮上家庭所能掌握的資源，以及他們在國家政策、
意識形態等框框之下所作的策略選擇，是與該地區過去數十年的政治歷
史交織在一起的。19世紀末、20世紀初葉，這些交換發生在一個高度
分層的社會經濟脈絡下：為出嫁女提供豐厚嫁妝，是鎮上精英家庭提升
社會聲望的策略；而對於普羅大眾，這更多是為了和沙田的農民以示區
別。沙田和鎮上居民關係密切並共同推動區域經濟的發展，但兩者的
地位並不對等。無論在物質層面還是象徵層面上，他們之間都存在激
烈的矛盾。這體現在宗族身份、社區邊界、族群標籤、物質交換條件
等等，旨在肯認入住權和政治－文化地位。說穿了，這其實是當地人排
他、區分和涵化的手段，從而使人們在成形中的三角洲社會中求得各自
的位置。

認為毛澤東政體推行的「平等」政策可以縮小南溪鎮和沙田之間的不平等，這有點想當然。以前鎮上的富裕家庭被打倒，被劃分為不好的階級成分，其社會地位和聲望一落千丈，這或許可以解釋鎮上嫁妝的份量為何急劇減少。但是鎮上居民和沙田村民所獲得的發展機會仍然大不同。與懷默霆所描述的那些生活在大城市、在國營單位工作的家庭不同，[48] 南溪的家庭所在的只是一個鄰近農村集體公社邊緣的小市鎮，賴以生存的是不穩定的集體經濟。他們還是藉由不同文化，來區分較自身情況更糟的沙田人和「蜑」。

從微觀的層面看，不同家庭幾乎無一例外地被「禁錮」在集體的工作單位和細胞化的村子裏。[49] 雖然家當僅餘簡陋的家居用品以及幾代人住的房子，但家庭仍然是工作分配、收入和體現政治的重要單元。無論是鎮上的居民還是沙田的村民，家庭成員之間相互依賴的關係即或沒有進一步加強，但也非常密切；因此，即使政府總是試圖對其進行限制，但嫁妝和禮金的討價還價還是一直存在。

1980年代初，推行家庭聯產承包責任制，家庭再度成為社會生活的焦點。但我要指出的是，今天的家庭動力及婚姻相關的事物，不能簡單看作是對1950年代以後所拋棄的那一套的復原。相反，正如懷默霆對成都的研究一樣，家庭的內涵是在不同的拉扯矛盾中形成的。某一層面雖被淡化，但另一層面卻又得以增強。隨著社會和國家大環境的潮起潮落，又或是重要社經建設的轉變，家庭機制亦被重新定義、改造，甚至磨蝕。

近十年的改革開放為南溪帶來經濟發展機遇，也為南溪的鎮居民及沙田人帶來新的社會氣象。新時代的經濟機遇使鎮上年輕人有能力依靠自身的努力積累結婚基金，從而提供價值不菲的嫁妝和禮金。他們的行為與其父母的做法相吻合，父母輩樂於為其婚事提供資助，以期日後年老之時能得到子女的照顧。如今的社會保障仍不穩定，養老保障仍然要依靠家庭。而在沙田等農村地區，青年男女都急切希望擺脫農民身份，投身於城鎮工廠的打工行列。儘管他們從事的還只是較低層次的工作，但礙於農民身份，在改革開放前的幾十年，他們連這種從事低層次工作

的機會都沒有。沙田的老一輩人，面對農業生產有利可圖、但年輕勞動力紛紛外出打工的矛盾，唯有緊緊抓住入住權不放，但可惜他們的憂慮與關注得不到子女共鳴。他們利用手中的文化資源，試圖通過控制子女的婚姻，來維持家庭的再生產和延續對家庭的忠誠。為了把媳婦留在家裏從事農業勞作，他們寧願付出高額禮金，這正是沙田禮金居高不下的原因。農村代際之間的生產聯繫被城鎮提供的就業機會打破，而新的經濟形勢也為鎮上年輕一代的獨立提供了基礎，因而代際之間的矛盾與衝突愈發明顯與不可避免。

　　總結而言，導致嫁妝和禮金變化的因素是複雜的，其中涉及家庭內部代際之間的相互依賴關係，也與個體家庭成員個人相對社會和國家而言的富裕程度有關。從20世紀早期至後毛時代，歷經了三個關鍵的政治轉折期——戰爭期間、毛澤東時代、後毛的改革開放時代。不同的歷史政治時期，為南溪鎮及沙田的人們提供了不同的生活機遇，並引發了不同的婚姻策略。通過分析南溪鎮居民和沙田人們在不同時期的婚姻形式，我希望提供一種基於歷史和聚焦於意義分析的視角，為大家闡述一段交織著各種文化、象徵話語的政治經濟的變遷史，而人們正是通過這些文化、象徵的話語，令自己的生活變得可被理解。

（楊美健譯）

本文是以1986至1990年間定期所做的田野調查為基礎而寫就的，得到美中學術交流委員會及Wenner Gren人類學研究基金的資助。另外，本文得到戴慧思、古迪、郝瑞及參加1990年6月12–17日在美國華盛頓州聖胡安島（San Juan）Roche Harbor度假村舉行的「後毛澤東時代中國的家庭策略」（Family Strategies in Post-Mao China）研討會的同行的指正，本人在此致以萬分謝意。文章原收在戴慧思和郝瑞合編的 *Chinese Families in Post-Mao China* (Berkeley: University of California Press, 1993)，現稍作修改。為免過於複雜的編輯工作，我保留了民族誌的敘事方式。

註釋

1 本文使用的地名均為化名。革命以來，南溪鎮經歷了數次行政變遷，1923
年後南溪成為一個行政鎮，是大崗縣第三區的行政中心。1950年代該鎮一
直都是市集鎮，1963年併入南溪鎮公社，1987年與周邊的南溪鄉公社合併
而成一個鎮。

2 該鎮的繁榮部分得益於20世紀上半葉移居港澳及東南亞、繼而成為成功商
人和實業家的僑胞對故鄉的投資。珠三角地區發展尤為突出的地區包括南
海、番禺、順德、東莞及中山。

3 經濟方面的變化，參見本書第五章。

4 關於為何年輕人熱衷於儀式活動的分析，參見本書第六章。

5 在本地區，原來屬移居海外者的房產在毛澤東時代已被充公，今天這批人
回來要求拿回原有的房產給其仍在本地居住的親屬。南溪的幹部對此感到
很棘手，因為鎮政府既無力賠償這些房產，也無法安置從這些房產搬出來
的人。

6 珠三角東部農村社區的婚姻禮儀也有類似情況，可參見Sulamith Heins
Potter and Jack Potter, *China's Peasants: The Anthropology of a Revolution* (Cambridge:
Cambridge University Press, 1990)。

7 1980年代，南溪鎮僱用數以萬計的外來工，主要來自江西、廣西、湖南
等地。他們有的在鎮裏工廠從事低層次工作，有的在鄉裏做僱農。1988
年，外來工人數已經高達15,000人。相關研究見Helen Siu, "The Politics of
Migration in a Market Town," in Deborah Davis and Ezra Vogel, eds., *China on the
Eve of Tiananmen* (Cambridge: Harvard University Press, 1990)。

8 「聘禮」一詞涵蓋了兩種不同的婚姻中的財產轉換形式。在非洲，禮金指男
方家庭給予女方家庭的交換，用於新娘兄弟或新娘其他男性親屬的婚姻。
該詞逐漸被「彩禮」所取代，因為該詞的含義和一般意義的「價錢」(price)
毫不相關。

9 不論先前的禮品是給了出嫁女還是在婚禮上被消費了，這些禮物都不及
非洲的彩禮那麼類似一種買賣上的「價錢」。然而，在某些社會地位較低
的群體中，新娘家庭會留起部分、甚至全部的彩禮，也許是用於補償他
們贈與新娘的禮品、留下作為出嫁女的私房錢，或留給他們自己使用。
見Jack Goody and S. J. Tambiah, *Bridewealth and Dowry* (Cambridge: Cambridge
University Press, 1973)。

10 雖然我也曾指出贈與的因素，但我們需要充分認識到以上的複雜情況，緊
記「聘禮」在更廣的意義上很少是直接嫁妝的替代品，反而是其對應物。

11 見Stevan Harrell and Sara Dickey, "Dowry Systems in Complex Societies," *Ethnology* 24, no. 2 (1985): 105–120。

12 William Parish and Martin Whyte, *Village and Family in Contemporary China* (Chicago: University of Chicago Press, 1978), pp. 180–192.

13 Maurice Freeman, *Chinese Lineage and Society: Fukien and Kwangtung* (London: Athlone, 1966), p. 55; Patricia Ebrey, "Early Stages in the Development of Descent Group," in Patricia Ebrey and James Watson, eds., *Kinship Organization in Late Imperial China, 1000–1940* (Berkeley: University of California Press, 1986).

14 Jack Goody, *The Oriental, the Ancient and the Primitive: Systems of Marriage and the Family in the Pre-industrial Societies of Eurasia* (Cambridge: Cambridge University Press, 1990).

15 這和William Parish及懷默霆對後革命時期至1970年代晚期的觀察相近。關於華北的情況，見Kay Johnson, *Women, the Family and Peasant Revolution in China* (Chicago: University of Chicago Press 1983), pp. 208–214。

16 該調查覆蓋了該鎮15個居委，以及三個與該鎮距離不等的村莊。

17 見Dian Murray, *Pirates of the South China Coast, 1790–1810* (Stanford: Stanford University Press, 1987)；並見Helen Siu, *Agents and Victims in South China: Accomplices in Rural Revolution* (New Haven: Yale University Press, 1989)第2、3章，關於珠江三角洲沙田的歷史發展過程。

18 見新會三江趙氏、順德龍氏和羅氏、佛山霍氏的族譜，這些大族自明代以來控制了沙田的發展。該地區婚姻習俗的更多細節，見Helen Siu, "Where Were the Women: Rethinking Marriage Resistance and Regional Culture in South China," *Late Imperial China* 11, no. 2 (December 1990): 32–62，並參見本書第十一章。

19 番禺沙灣──另一個沙田邊緣的經濟和權力中心，情況也是如此。沙灣鎮大部分的居民都源自同一個大族，他們的祠堂稱為「留耕堂」，擁有60,000畝沙田。在南溪，婦女在娘家縫紉，幫忙料理家庭雜務，直到她們定居在夫家為止。關於沙灣宗族的歷史，見劉志偉：〈宗族與沙田開發──番禺沙灣何族的個案研究〉，《中國農史》，1992年第4期，頁34–41。

20 整個清代的歷史文獻都表明，在珠三角一帶，不落家習俗同時流行於精英家庭和普通家庭。該地區的婦女幼年出嫁，婚後仍然居住在娘家長達數年，直至她即將生育第一個後代才會永久定居在夫家；在此之前，只有在重大的儀式或節日才會到夫家作短期的探訪。關於相關文獻的綜述，見本書第十一章。

21 關於禮金和嫁妝在非洲及印第安人社會的功能，見Goody and Tambiah, *Bridewealth and Dowry*。不斷循環的基金，加強了家庭內兄弟姐妹之間以及代際之間相互依賴的關係。

22 許多在鎮上的老年婦女都告訴我，沙田人索要高價禮金，這得到一位多次參加該地區婚禮的婚姻儀式專家的證實。

23 關於地方豪強的興衰，參見本書第五章。關於南溪的情況，則見本書第十三章。

24 稍微富裕一點的家庭能有瓦頂屋。這種屋被稱為「杉頂瓦」，即由木樑和樹皮支撐著屋頂的瓦片。

25 例如，1940年代後期，志西村劉家把女兒嫁給了永定富裕的麥家。新娘的父親是村裏最有權勢的地方豪強，嫁妝裏有大批首飾珠寶。

26 志西村某些村民是從城鎮遷來的貧民，他們仍然參加鎮上祠堂舉行的宗族儀式，並保持鎮上的習俗。

27 在1986年的入戶調查中，我發現不少家庭戶主（男女都有）是戰爭期間從廣東其他鎮（縣）遷來南溪定居的。

28 四清運動早於文化大革命，打擊對象是黨內幹部的官僚作風。

29 關於社會主義改造導致家庭及父權制的影響的增強，見 Judith Stacey, *Patriarchy and Socialist Revolution in China* (Berkeley: University of California Press, 1983)；Margery Wolf, *Revolution Postponed: Women in Contemporary China* (Stanford: Stanford University Press, 1985)；Emily Honig and Gail Hershatter, *Personal Voices* (Stanford: Stanford University Press, 1988)。此外，可見 Kay Johnson 和 Elizabeth Croll 的研究，以及戴慧思在該書所寫的章節。

30 頂替制度是指某職工退休後，其職位可由其子女頂替。

31 關於同齡人群和被形塑的生活出路，見 Deborah Davis, *Long Lives: Chinese Elderly and the Communist Revolution* (Stanford: Stanford University Press, 1991) 第8章；"Intergenerational Inequalities and the Chinese Revolution," *Modern China* 11, no. 2 (April 1985): 177–201；"Unequal Chances, Unequal Outcomes: Pension Reform and Urban Inequality," *China Quarterly* 114 (1988): 223–242。關於城市工業部門的依賴關係，見 Deborah Davis, "Patrons and Clients in Chinese Industry," *Modern China* 14, no. 4 (October 1988): 487–497。這是一篇書評，評論對象是 Andrew Walder, *Communist Neo-traditionalism: Work and Authority in Chinese Society* (Berkeley: University of California Press, 1986)。

32 這裏的市民組織是指市場網絡、寺廟、信用社、地方社壇、儀式組織等。比如，當以往主持喪禮的專業人士和抬棺材的人都不復存在的時候，人們處理喪事就只能更多地依靠親戚幫忙。

33 關於城市生活的官僚化，見 Martin Whyte and William Parish, *Urban Life in Contemporary China* (Chicago: University of Chicago Press, 1984)；Jonathan Unger, *Education Under Mao: Class and Competition in Canton Schools, 1960–1980*

(New York: Columbia University Press, 1982)；Gail Henderson, *The Chinese Hospital: A Socialist Work Unit* (New Haven: Yale University Press, 1984)。

34　南溪沙田的幹部抱怨，很難令沙田的人們一起定居在村裏，這一任務一直到1970年代才完成。關於華南農村公社的逐步細胞化，見Siu, *Agents and Victims in South China*。

35　關於城鄉分割問題，見Siu, "The Politics of Migration in a Market Town," pp. 61–82。

36　永定是南溪鄰近的一個村子，開村時間比南溪鎮還要早，有一些大宗族。九基(化名)位於南溪鎮西南三公里處，是一個形成於晚清、有相當規模的村子。志西直到民國時期才成為一個比較固定的村子。傳統的習俗在這些村子一直維持到1950年代末。志西一位村幹部回憶，1953年他的女兒是坐著轎子出嫁的。

37　為新婚夫婦提供住房，屬古迪所説的「間接嫁妝」，通常貧窮的家庭比較看重；而優裕的社會階層(如前地主和商人家庭等)則看重直接嫁妝。

38　除了鎮裏，鄰近鄉村的土地價格也在暴漲。1988年，每平方米土地高達200元，較偏遠的農村也要80元。南溪鎮的一把手惡名遠播，因為他利用自己主管規劃和建築工作之便，以低廉的價格為子女撈得幾塊優質地段的土地。一套五房的現代別墅在1986年價值40,000元，到了1989年暴漲至150,000元。

39　我參加了他的婚禮，他有兩位已出嫁的姐姐。他在整個婚禮上似乎都不知道自己在幹什麼。先前，他曾作為戶主接受了我的隨機抽樣調查。

40　這筆錢相當於一個年輕工人四五個月的工資。

41　1986年，參加朋友婚禮需要封5元紅包。1989年，有人建議我封25元。

42　這個家庭以前是做竹手工藝品的。據其朋友所言，他們家的男主人在1980年代在南溪鎮最大的工廠擔任外貿經理，年薪加提成高達60,000元。他的其中一個兒子開了一間小五金廠，生意還很不錯。三年前，他們家蓋了兩幢三層高的房子，每幢耗資超過100,000元。

43　在傳統的婚嫁禮儀中，結婚禮餅及婚宴的食物會連同禮金及其他物品列在清單上，然後在婚禮前送到女方家庭。

44　會友——新郎的密友，通常會湊錢買一幅裝飾性的大鏡子送給新人，並掛在新人的新房裏。在先前提到的那個成功企業家的案例裏，新郎讓新娘家隨心所欲地置辦嫁妝，費用全數由新郎家付。當被問到為什麼這麼做時，他們説是為了「面子」。

45　我不知道他們的態度在多大程度上受香港電視和媒體的影響，這些媒體都倡導年輕人的獨立自主。而事實上，南溪的年輕人都在複製香港的生活模

式。例如，他們購買進口衣服和電器，抽美國煙，喝香港啤酒，使用在香港電視上學到的詞彙。

46 我有兩個好朋友，他們都是受過良好教育，並和香港有密切聯繫的青年企業家。他們雖然沒有與父母同住，但其中一位的父母會從外地來照顧他們剛出生的女兒。他們家裏都有彩電、音響和錄像機等，裝修風格和香港的中產家庭非常相似。

47 靠近南溪鎮的鄉村所種植的草皮，主要供應沿海城市及香港的辦公室和酒店等。離沙田更遠一點的就主要種植香蕉，以供應國內外市場。

48 Martin Whyte, "Wedding Behavior and Family Strategies in Chengdu," in Deborah Davis and Stevan Harrell, eds., *Chinese Families in Post-Mao China* (Berkeley: University of California Press, 1993), pp. 189–218.

49 Siu, *Agents and Victims in South China*.

第四部分

權力的文化表述

　　我對後毛澤東時代的傳統再造及國家內捲化的興趣，觸及更深一層的理論關懷：文化構建、剛性與柔性的權力形式、特定歷史場景下的再現，以及人的主觀能動性。本部分三篇文章的寫作時間雖然相距16年之久，但主要的關懷卻相近。權力的文化網絡是核心問題之一。政治及文化史研究者的分析往往比較重視儒家精英的思想和道德要求，以及國家對民間社會的教化，而我看到的更多是地方精英長袖善舞的斡旋。杜贊奇[1]用這個概念來解釋民國時期的華北農村，而幾乎在同一時間，我則用它來理解晚清華南地區的國家－社會關係，以及管治的複雜性。[2]

　　我的基本問題是：帝國管治者的管治技術和組織相對粗簡，在漫長的幾個世紀裏，他們如何有效治理幅員遼闊的帝國，且維護自身的合法性？他們怎樣令多元的地域社群和地方社會依從朝廷，讓道德想像和政治忠誠植根民眾心中？多年前，柯嬌燕、蘇堂棣和我舉辦學術會議，成果後來結集成書。[3]我們認為，政治中心與其邊緣之間相互建構。這種看法迥異於一般歷史文獻呈現的單向關係，即帝國在文化上負有教化蠻夷的使命，而在政治和軍事上則招撫化外之民，使之歸順。然而，這是一種權力關係和一種帶有權力的敘事。我們要問的關鍵問題是：明清轉型時期，當統治精英及其試圖施加權力的對象的族群身份還是模糊不清和不確定時，到底「邊緣」是如何定義和建構的呢？又是誰被強有力的中心視作化外之民和蠻夷？

　　事實上，科大衛、陳春聲、劉志偉和我經常反覆推敲這些問題。從邊緣的視角看，我們對士大夫編纂歷史文獻的敘事策略採取批判的態度，因為他們假定了中心的存在，並以與中心的遠近親疏形成對族群和區域的等級階序。一如本書〈導言〉所說，我們最初受那些帶有人類學取向的法國歷史學家的著作所啟發。他們在書寫和理解歷史時，尤其強調有意義的生活世界，並將具體的微觀動力和政治經濟學的宏觀結構聯繫起來。我們特別關注這種關係的話語面向，即中心的精英和邊緣的臣民（他們也許不視自己為邊緣），如何以象徵和工具的方式，操弄不同的意義。

　　中國悠長的文化和政治歷史，雖然強烈認同一個「中心」，但在文化實踐和價值上卻又呈現出充滿區域色彩的多元性。我們確認負有教化使命的中央帶來的全面衝擊，但我們亦可將前現代的國家視為由下而上、充滿可塑性的文化理念：通過作為帝國隱喻的民間宗教儀式、宗族締造的敘事、社區節慶以及其他「柔性場域」，在有意識的區域建構中上下滲染、循環流通。當帝國在文化上接納華南地區為「民」（不論他們被貼上「漢」或其他異族標籤）時，我們強調了在某些歷史關鍵時刻與帝國權利相一致的本土倡議和文化創新。這些是協同和融合的過程，而不是公然對立。我們強調流動性與模糊性，而不是僵化的區隔和靜態的概念範疇。[4]

　　中國文化的統一與分殊這個相關論題，在前面的章節已有述及。中國文化和社會的這個特徵，早被弗里德曼、施堅雅、武雅士、費孝通、孔邁隆、華琛等成就卓著的人類學家所討論，他們雖然展示了統一的中華文明和多樣的區域實踐的交匯點，但我們超越了經濟和功能的定義，突出了當地社會尋索意義的能動者。

　　我們帶著批判的視野「閱讀」這些能動者的遷移批文、經營的宗族社團組織、操辦的節慶儀式、寫下的地方志，還有那些用以區別於「地方土著」的士大夫語言和習氣。藉著這些，我們可以在不斷變化的地域景觀中描繪出權力的文化網絡。此外，在關鍵的歷史時刻，這過程與帝國機關向下滲透控制是相互暗合的。以廣東和福建為例，每當研究華南的廣東同事到訪福建，都找不到富麗堂皇的祠堂；同樣的，福建同事來廣東，看到的寺廟廟貌寒傖，也難掩失望。之所以有這樣的差別，很可能是因為宋朝年間福建併入了帝國，而中央的宗教元素強烈地被用作締造本地社會。另一方面，明清時期的廣東發生了深刻變化。那時，朝廷甚為看重血緣關係。在往後的幾個世紀裏，這些朝廷看重的事項被當地居民想像和採用，以在帝國中建立各自的位置。

　　這一部分的首篇文章是發表於1990年的〈傳統的循環再生：小欖菊花會的文化、歷史與政治經濟〉。我「深描」了小欖鎮各色人等如何參與再造每六十年一次的地方節慶。宗族、商家和鎮幹部自19世紀初期至20世紀晚期輪番斥資操辦這個節慶，借用菊花的象徵來展示不斷變化

的身份。在文章中，我勾畫出人們如何在地方上用盡文化策略，把社區營造與開墾沙田的關鍵時刻，加上商人精英興起和晚期帝國的國家建構勾連在一起。相比之下，菊花會自1949年以來即反映了國家－社會關係的重大變遷，強大的黨國壓制了本地的自主性，逐漸主導了菊花會的象徵意義、舉辦時間和組織架構。

第二篇文章〈宗族、市場、海賊與疍民：明以後珠江三角洲的族群與社會〉嘗試讀出歷史檔案和田野遭遇的弦外之音，力圖理解在沙田變幻的政治生態中，「疍」作為族群意味著什麼。我並不用「疍」或「漢」的標籤來分類既定的少數/主流族群，相反，我們認為「疍」是一個被操控的標籤，冒升的社群用它來區別那些與自己同為土著的潛在競爭者。這是一種排他性的語言轉移。我們關心的是，那些已經坐擁田地的群體如何在話語上利用帝國系統的文化資源，從而使自己在道德和政治上具有權威地位。

因此，我們認為族群在三角洲的生態中是不斷滑動變化的。僵化的族群標籤是在物理性流動成為規範、機會紛呈、社會樊籬易於衝破、身份重塑等情況下，由強者所強加的。在不同群體追求向上流動的過程中，一種統一的權力文化網絡於焉產生。總而言之，在三角洲的開放邊界上可能沒有實在可見的國家管治機構，但強大的國家語言卻無處不在，它界定著族群和社會等級，並標識政治聯盟和紛爭。

第三篇文章〈廣東商人與在地文化〉轉而關注清末民初華南商人的本質，探討羅威廉（William Rowe）、曼素恩（Susan Mann）和科大衛有關商人如何通過不同文化策略開展其業務的觀點。科大衛指出，佛山財雄勢大的商人群體坐擁豐厚田產並崇尚士大夫傳統，而不是發展獨立的意識形態去挑戰這些傳統。新會商人在農村和城市的空間中建立寬廣的營運基地，將國家和地方社會聯繫起來。然而，這些有機過程在19世紀末漸趨瓦解。清朝崩潰並沒有帶來中國資產階級的黃金時代，恰恰相反，我突出了商人群體的潰散。具備軍事力量的地方軍閥土豪掠去他們在鄉村大本營的權威，而他們的士大夫派頭亦再也無法維繫商業契約關係和提供討價還價的空間。這種看法，與國家和商業二元對立的觀點背

道而馳。我不把商人當作一個獨特的行動者群體，而是一個將帝國權力、鄉村組織和商業利益聯繫起來的流動變化過程。這個過程交織了政治經濟、新興和殘餘的組織，以及在地參與者所巧用的權威文化語言。

（余國良、嚴麗君譯）

註釋

1　Prasenjit Duara, *Culture, Power, and the State: Rural North China, 1900–1942* (Stanford: Stanford University Press, 1988).

2　Helen Siu, *Agents and Victims in South China: Accomplices in Rural Revolution* (New Haven: Yale University Press, 1989).

3　Pamela Kyle Crossley, Helen F. Siu, and Donald S. Sutton, eds., *Empire at the Margins: Culture, Ethnicity, and Frontier in Early Modern China* (Berkeley: University of California Press, 2006).

4　David Faure and Helen Siu, eds., *Down to Earth: The Territorial Bond in South China* (Stanford: Stanford University Press, 1995); David Faure, *Emperor and Ancestor: State and Lineage in South China* (Stanford: Stanford University Press, 2007).

第八章

傳統的循環再生：
小欖菊花會的文化、歷史與政治經濟

前言

19世紀中葉，位於珠江三角洲腹地的廣東香山縣小欖鎮，一位麥姓紳士在其自撰年譜《行年錄》中有這樣幾段紀事：[1]

> 十八歲，乾隆四十七年，壬寅。菊花大會，各姓俱有擺設，鄉內花台計有六處，演戲共十餘台，親朋來觀者甚眾，菊花大會自是年始。

> 二十七歲，乾隆五十六年，辛亥。菊花大會。此會比前會更為熱鬧。

> 五十歲，嘉慶十九年，甲戌。通鄉開菊花大會。因上年菊花戲，各股遂起意做第三次大會，已於第二次會相隔廿四年矣。何家兩處，李家一次[處]，俱各在大家祠擺列。本家在六世祖祠，衛所在聖帝廟。[2]蕭家在大宗祠，四圖在鍾家祠。此外，李家慕橋祠另一所，羅涌梁家一所，帥府廟又一所。

菊花在小欖鎮老百姓心目中有某種特殊的意義，人們相信，他們的先人在七百年前移徙此地定居，就是為這裏黃菊遍地的景色所吸引。一直以來，無論是本地的讀書人，還是住到城裏的縉紳，都喜以菊花為題

弄墨玩文。在小欖鎮大族的文獻中，留下了不少誇耀族中名流如何在菊花會中扮演舉足輕重的角色的記載，從這些記載，可以看到小欖各大族如何各盡其能，展示各式菊花，爭妍競麗，士大夫則在菊花會上把酒吟詩，賞劇觀戲，還仿效科舉，舉行菊試。

小欖鎮士大夫組織菊花會的活動始於18世紀末，儘管在民國時期，那些與大小軍閥關係密切的地方強人的勢力壓倒了士大夫的權威，但這種文人的傳統在20世紀仍然延續下來。甚至在1949年後，在中國共產黨的領導下，鎮政府仍繼續舉行這種曾被冠上「封建」之名的活動。1959至1979年間，小欖鎮曾舉辦過三次菊花會，最後一次更大排筵席，廣邀海外僑胞，目的是在改革開放的大潮中吸引投資。今天，本地居民以小欖享有「菊城」的美譽為榮，鎮裏一家賓館和一些主要的國營商店都以「菊城」命名，鎮上的商人大力推銷他們生產出口的菊花蛋捲，鎮政府的官員熱切地向過去的地方紳士及其後人討教，請他們幫助恢復這門藝術。

菊花會在小欖鎮已有兩百多年歷史，其間歷經世變滄桑，但仍長盛不衰，其中反映的許多問題值得仔細探討。我們或可假設，同其他長期流行的儀式一樣，一種活躍的、持續的文化傳統之所以能夠傳承，是因為它們會因應不同的需要而調適改變。然而，值得深究的是，為什麼菊花會在老百姓所理解的小欖歷史和社會認同中，有著如此重要的意義？在過去五個世紀裏，珠江三角洲的沙田開發伴隨鄉鎮的繁榮，形成了複雜的社會景觀，小欖鎮舉辦的菊花會，在宗族、小區和地區政治經濟的建立中，起著何種不可或缺的作用？換言之，本地精英以及平民百姓是否在積極地利用這種有象徵性和工具性的手段，把自己整合成中國文化和政體的一部分？如果是這樣的話，在20世紀帝國秩序分崩離析的情況下，這種文化象徵是怎樣循環再現並遍及日常的小區生活中，由此產生新的意義和鞏固新的政治利益？通過考察菊花會的各種象徵如何在地方社會和中央政權關係的演化中形成一種整合力量，本文認為在這個過程裏，地方的發展一方面具有相當程度的自主性和多樣性，另一方面也深深刻上中國文化統一性的印記。

中國文明的進化既包含了地區文化和經濟不斷衍生分化的過程，也包含了各個地區努力用各種方式表達國家認同的過程。研究者一直以來對這種中國文化的特點都十分熟悉，但很少能夠對這個涵化的過程提供一個全面的解釋。過去幾十年，研究中國的人類學家，從不同角度對這個問題提出了三個不同的研究範式。施堅雅認為，中國歷史的結構建基於一個區域性興衰的週期上。[3] 他把中國分成多個與中心政體相聯繫的大區域（macro-regions），每個大區域都各有自己的市場層級體系。這個層級體系的各個組成部分（即市場共同體）在同一層次是分立的，而在文化上是同質的單位，但在上一個層級卻又互為影響；[4] 又指出這些市場共同體的開放和關閉的節奏，如何與王朝興衰相關。[5] 施堅雅企圖把這些在功能上分化、而在結構上又互相整合的系統展現出來，其理論乃建基於市場交換和距離成本計算的邏輯上。他的分析框架的一個基本假設是，中國農民是理性的，能夠適應千變萬化的管治環境，去追求最大利益。施堅雅對於市場層級體系的分析，為研究特定時空的社會生活提供了概念上的連貫性，但在這個分析框架中，經濟機制的重要性遠遠優先於政治、文化和社會機制。

宗族是華南地區最重要的社會組織之一，已故弗里德曼的中國宗族研究，對中國人類學研究影響深遠。[6] 秉承英國社會人類學的結構功能主義傳統，弗里德曼突出討論某些親屬法則，認為它們是中國文化的共同特色，並分析這些法則怎樣在中國東南部的三角洲地區扎根。弗里德曼指出，宗族組織的影響透過公產和張揚的公眾儀式得以彰顯，從而在其成員中形成文化認同的共同意識。

武雅士則通過研究民眾的宗教和儀式，分析國家與社會之間的關係。他把在農民中流行的民間宗教的幾個主要類目——神、鬼和祖先，與農民對存在於物質世界的幾個類目的觀感——帝國官僚、鄉村中的外人、親屬，對應起來，認為前者其實是後者的投射。在這裏，集體的表徵和分化的社會結構之間的緊張關係，可以追溯到涂爾幹模式（Durkheimian）的傳統。

　　20世紀60年代以後，新一代的學者不斷重新檢討和思考上述幾個中國人類學研究範式的理論根據。[7] 政治經濟學的研究一直質疑形式主義經濟學者把邊際效用理解為人類行為的主要動力的說法，強調依賴關係和取得權力的機會不平等所造成的選擇的局限。[8] 對戰後急速和劇烈的社會變化的敏感，也迫使學者意識到，過去社會被概念化為一個功能性的、沒有時間性的均衡系統，也是大有問題的。許多研究亦發現，人們會主觀地、有所選擇地運用歷史，讓過去影響現在；因而，如何結合累積的社會變遷去說明社會結構，也越來越受到重視。[9] 批判理論學派的學者在有關意識形態的討論中，指出了文化話語中出現的倒置、顛覆和牽制等幾種手段。[10] 研究者越來越覺得，儀式不但具有反映社會的象徵意義，更是產生新的意義的文化演繹。[11] 儀式的象徵性和工具性方面的意義，包含了多元的、不斷對話的和矛盾的聲音。許多新的理論框架，都假設人們的行為既不完全由文化規則所編排，也不是經濟力量所迫使的。在文化意義產生的過程中，人的主觀能動性和辯證的結構過程（structuring），成為目下研究者關注的焦點。[12]

　　這些理論的發展在最近的中國人類學研究中皆有所反映。埃米莉‧埃亨（Emily Ahern）通過分析儀式來瞭解政治和權力的運作。[13] 桑高仁（Steven Sangren）以法國結構主義理論作為出發點，來研究台灣一個小區的文化意義和社會結構的再生產，為我們提供了一個新穎的視角。[14] 華琛對宗族機制的分析，採用了歷史的研究取向。[15] 他考察了儀式在經過長時間的標準化過程中，如何在建立統一的文化身份的同時，又為不同的信仰留下自己的生存空間。[16] 孔邁隆認為，中國的文化話語的建立既透過儀式來表現，也衍生於共同的意識；它一方面在人們的社會生活中產生，另一方面也為國家政權所操控。[17]

　　本文乃沿著上述各學者的思路，企圖把中國文化、社會和歷史的研究，與當代主流的社會理論拉近，通過分析小欖自18世紀晚期以來至今舉辦的歷次菊花會，嘗試揭示節慶活動的文化表徵的性質、意涵和動力，如何與地方的政治經濟的演變相互交織，並探討研究者如何利用豐富的歷史材料，重新思考既有的分析工具。

小欖和沙田

小欖位於珠江三角洲新舊沖積平原的分界線上 (參地圖0.1)。明代以來，已經在珠江三角洲老沙田區扎根的宗族、商業和社會組織，都投入大量資金，組織開墾和改良淺海灘塗。這些淺海灘塗是珠江各支流夾帶的泥沙在珠江口沖擊形成的，當地一般稱為「沙」或「沙田」。同中國其他湖泊地區周圍的三角洲和沼澤地一樣，在中華帝國晚期開墾的沙田，並不是尋常的邊疆地帶。[18] 沙田的開墾從一開始便意味著大規模的資金投入和有計劃的行為。通過由那些擁有功名和官職的宗族成員所編織的非正式的政治關係網，宗族公嘗的族產管理機構和行會一類社會組織，向縣衙門承墾沙田，並獲得部分以至全部免除田賦。他們通過一些組織僱用地方上的勞動力進行這些開墾計劃。其中一類勞動力，就是那些被務農為生的陸上居民看成是異族、稱之為「蜑家」的水上居民。水上人和陸上人各有不同的習俗，彼此極少通婚。[19] 水上居民很少聚居成村，一些後來成為佃戶的水上人，充其量只在其租種的沙田基圍上臨時搭建一些茅屋居住。沙田的所有者或經營者在這些沙田地區，設立很多的「圍館」，圍館的運作組織包括穀倉、瞭望台、僱工的住所、看護沙田的護沙隊，以及一隊負責糧食運輸的船隊。

這些在地方上被稱為「包佃」的人，向沙田的業主承租沙田，再轉租給直接耕作的佃戶，收取地租。在收割和運輸的過程中，如何維護業主和經營者的收益是沙田經營的重要環節，不但耕戶「割禾青」後乘船逃之夭夭屢見不鮮，附近的勢豪搶佔強奪亦為常事，正如屈大均在《廣東新語》記載所言：「粵之田，其瀕海者。或數年，或數十年，輒有浮生，勢豪家名為承餉，而影佔他人已熟之田為己物者，往往而有，是為佔沙。秋稼將登，則統率打手，駕大船，列刃張旗以往。多所傷殺，是為搶割。」[20] 收割的穀物會暫時存放在圍館裏，再直接運到廣州、佛山、石岐、順德等城市或縣城的批發商。

然而，由於沙田在地理上遠離聚居的鄉鎮，在鄉鎮裏的宗族嘗產和其他社會組織的管理人，往往鞭長莫及，這個開放的「邊地」便為當地

人提供了各種累積財富的方法。有時，沙田地區上的運作組織會在沙田的某些據點上建立其基地。他們在經濟上崛起之後，就會培養子弟獵取功名，興修祠堂，建立宗族，以這些為人們熟知的文化手段，挑戰他們原來的蔭護人權利。在珠江三角洲從東至西，分佈著一系列鄉鎮，就是在過去三百年逐步從沙田開發建立的據點發展成為財富和權力的中心，這一系列鄉鎮把三角洲的舊區和新開墾的沙田區分開來。

儘管沙田是珠江三角洲鄉鎮經濟運作中不可分割的部分，但沙田區與聚居的鄉鎮在社會和文化上儼然分為兩個世界。直到近代，居住在沙田上的人一直被視為是居無定所、缺乏教養的賤民。[21] 這個支配的體系由地方豪強和佃戶兩極組成。地方豪強和佃戶之間的支配與被支配的關係，靠著武力來維持。佃戶被看成是社會和文化的邊緣，而在鄉鎮的地主與其操控的組織（往往是有勢力的包佃人）之間，卻存在著以共同的文化詞彙為基礎的對話和談判的空間。每當為田地的權益或抵禦侵佔而發生紛爭時，住在鎮裏的蔭護人和親戚就會出面仲裁調解。

明代初年，小欖還是個開發沙田的據點，到了19世紀後期，已發展成一個繁榮的城鎮。儘管小欖在行政上隸屬於治所設在27公里外的石岐鎮的香山縣，但實際上，小欖的社會生活和地方政治由當地何、李、麥三個大族把持。這三大族的成員控制了糧食生產、貿易和沙田的開墾。他們的族譜，展現幾百年來各聲名顯赫的宗族成員的功名與官銜。[22] 他們在明代末年建立了供奉其開基祖的祠堂，清代以後累次重修。供奉開基祖之下祖先的祠堂大部分建於19世紀。這些祠堂大多美輪美奐，用從東南亞運來的硬木作樑柱，配上精雕細琢的斗拱和柱石，體現其宗族成員在帝國官僚體制裏獲得的榮耀和地位。祭祖儀式每年至少舉行兩次，通過以這些祠堂為祭祀中心舉辦的祭祀活動，大族在鄉村社會裏的地位顯得格外突出。小欖鎮在20世紀中居民不過兩萬（包括鄰近的大欖鄉的人口），卻林立了大大小小393座祠堂，顯示了在祖先的庇蔭下，一代一代積累起來的財富。

正如弗里德曼所推想，宗族的理念也許是在中國北部的文化中心形成，然後被南方的「邊疆」地區接受。然而，這些更大範圍的社會特性

落實在小欖本地社會的時候,地方性的利益關係也是基本的出發點。在小欖,何、李、麥三大族的小的祖嘗增長很快,而大宗祠並不顯得特別重要,[23] 正好印證了這一點。來自沙田的多種收入來源,使個體家庭積累起相當的財富來建立起自己的祖嘗。從某種意義上講,宗族中頻密的分支過程,可以看成是宗族觀念一個「向下分散」(devolution)的過程。然而,大規模的開墾和動用政治權力抵禦侵佔的需要,使各個宗族房支必須依靠在始祖蔭庇下聯合起來的力量,這種組織方式在文化上得到國家的接受,在政治上也能夠獲得國家容忍。

與珠江三角洲地區特別富有的宗族相比,小欖的何、李和麥氏的祠堂的嘗產不能説特別豐厚,宗族嘗產的重要性在於發揮著一種政治保護傘的作用,維護其多方面的權益。作為宗族和其他儀式活動的中心,祠堂經營學校和糧倉,到沙田(尤其是鄰近的城鎮)收租;給小區裏的廟宇、團練和抗洪事務捐資;當宗族支派控制的地產涉及紛爭時,出面與徵税的胥吏討價還價。實際上,祠堂不僅是一個親屬組織,更是一個社區組織。[24]

像中國其他各地的宗族一樣,小欖的宗族積極尋求與帝國官僚體系建立聯繫。大宗祠以取得顯赫的功名或官銜的成員命名,例如:李氏宗族將其祠堂命名為「李尚書大宗祠」;何族兩支主要宗族的其中一支,把他們的宗祠命名為「何內閣大宗祠」,另一支則把其祠堂命名為「何太卿大宗祠」。1873年,這兩個宗族的勢力如日方中,他們一起以其共同的太公的名義,再建立一間祠堂;據説,這位「太公」是宋朝一個高官。宗族通過資助有志馳騁科場的讀書人獵取功名,興辦書院學堂,在族譜裏突出宗族成員文風鼎盛世代相傳的記錄,在城鎮的聯盟裏彰顯聲威,在社區儀式活動裏扮演舉足輕重的角色 —— 如此種種,都使宗族勢力得以與士大夫的文化拉上關係。[25]

這個富裕的城鎮也是頻密舉辦種種繁複的儀式活動的中心,其中,大族的祠堂及其財富是支持這些活動不可缺少的資源。[26] 小欖鎮各種寺廟和祠堂的重修及其舉辦的節慶活動,都少不了宗族嘗產管理者的參與,他們同時也是本鄉139間廟宇、寺院和社壇的贊助人。對於參加者

來說，這些儀式創造了宗教、社會和政治意義。在宗族祭祀之後有份分豬肉的人，擁有分享祖先蔭庇的資格，也就有權免費進入家族書院，在某些鄉村或街區有入住權，在受到來自政府或其他勢力的侵犯時，獲得族中有權勢者的保護。

小欖鎮的地方精英甚至在鎮上建了兩座城隍廟。本來，小欖的行政地位在縣城之下，按常規不應建立城隍廟。不過，城隍廟的建置顯示了小欖作為一個城鎮的特徵，對於提升小欖的政治地位具有象徵性的意義。

每逢神誕節慶，祭祖和拜神的活動都會把捐資者和信徒動員起來，其中每年中元節舉行的「打醮」活動是這類儀式的一個高潮。所謂「醮」是指每年農曆七月在全鎮範圍舉行的驅邪儀式。是時，鎮上最大的廟宇前會搭起戲台演戲，僧侶和道士被請來做幾天法事，淨境驅邪。小欖和鄰近地區五間最大的廟宇的神也會被「請」出來，載在十多隻船上，每天由一間廟宇的神帶領列隊沿河巡行。[27] 與此同時，人們拋灑米飯到河裏餵那些「餓鬼」。為了酬謝神恩，鎮上各家各戶都會準備貢品，在巡遊隊伍經過他們的門口時進行拜祭。在炮竹聲中簇擁著遊神隊伍的還有「色板」，所謂「色板」就是用金屬支架，把穿著色彩奪目的戲服、扮演種種民間和戲曲故事中的角色的小孩高高托起，由幾個人抬著，或用車推著巡行。出資組織色板者，不論是宗族、坊社或行會，在這個場合中都會不惜工本，誇耀競逐。[28]

同時，這些儀式又根據性別、年齡、親屬、財富、地域，在人事多變的世界裏劃分社會身份，儀式進一步鞏固地方上有權勢人士的權力地位。儘管打醮的資金不少來自宗族，但實際的儀式並非按親屬組織或關係操作。打醮的組織單位是廟宇，廟宇向祠堂、行業組織和街坊等募資。[29] 此外，積極參與遊神活動、在打醮結束時捐資聚宴的城鎮居民，也劃清了自己和沙田上的居民之間的界線，後者在這些儀式中不過是旁觀者。當地一直以來有「埋邊人」和「開邊人」的說法，而所謂「開邊人」就是指鎮外的佃戶和漁民，他們被認為貧窮且沒有文化。他們居住在基圍上，小區規模不大，沒有建立自己的宗族和廟宇。直到20世紀中葉，鎮上居民一直抱有這種強烈的排他心態。小欖鎮西南三公里的一個

較小的鄉村，一直以來都被小欖人視為「開邊人」。雖然這些原來很可能是疍民的人已經定居下來，形成自己的小區，但小欖的居民對他們仍然懷有歧視的態度。到20世紀40年代末，他們舉辦打醮儀式，醮棚卻被颱風吹塌了，多少年後，小欖鎮的居民仍為此感到幸災樂禍，認為該村本來沒有打醮的傳統，他們要效仿鎮上居民打醮，難免受到上天的懲罰。[30] 這次事件充分表明，地方節慶活動其實是本地文化和政治話語的動力。

菊花會

清代中期以後，小欖地方士人的活動非常活躍，與本地小區打醮不同，士人的活動大多在大祠堂、「欖鄉公約」、詩社和書院（如崇文堂和欖山書院）舉行。[31]

最早與菊花有關的文人活動的記載見於1736年，但它並非整個小區的活動。這次稱為「菊試」的活動，在曾任明代南京禮部尚書的李孫宸的尚書四世祖祠前舉行。[32] 五年後，類似的活動在大學士祠前舉行；「大學士」是指在南明官拜尚書的何吾騶。[33] 據清末何大佐撰寫的《欖屑》記載，在這兩次活動場地的中心位置都搭建了戲棚，兩邊擺滿盆菊點綴。「菊試」的舉行，「分三場考校，頭場要某花名，二三場要某種某名，花有正有從，紅、白、黃、紫，其類不一。每場要有正一盤，從一盤，仍分別字號，若試卷然。」同時，來自廣州的戲班在祠堂前演出多天，與廟會中戲班在神前表演的情況相若。

早期的「菊試」後來不復舉行，而興起另一種稱為「菊社」的活動，也是由文人組織發起的。在這些活動中，擺設百花、爭艷鬥麗自然不在話下，更重要的是遠近來客，騷人逸士，共聚一堂，以花為題，飲酒題咏。這類活動通常一年舉行一次，視乎出資者的財政狀況而定。

據一位麥姓的士紳記載，小欖首次以「菊花會」為名舉辦的活動，始於1782年。「菊花會」的出現，標誌著本來僅限於文人圈子的賞菊活

動，擴大到整個小區。與一般的神誕不同，菊花會屬臨時性質，在時間
和形式上沒有什麼成規。第一次與第二次菊花會之間相隔了九年，第三
次菊花會更在24年後才出現，並且是由於前一年發生的事件引發的。
當時，一個叫梁濟宇的人抗捐「防禦工費」，與小欖的權勢構訟，官府
拘拿梁到縣訊究，追繳銀兩，小欖的權勢「遂演戲樂神」，請來戲班在
廟前表演，顯示他們勝訴是得到神的庇佑。時值菊花盛開季節，遂稱
「菊戲」。這次事件令人們想起菊花會已經多年未舉辦，小欖鎮的幾個大
族遂起意在甲戌年 (1814) 辦第三次菊花會。當時一位自號「綠芸山房居
士」的本地文人在同年撰寫文章説，該次菊花會規模盛大，其他節慶活
動遠居其後。舉辦這次菊花會的目的明顯不過：為小欖人重振昔日的輝
煌。他寫道：

> 欖都俗呼為小柴桑，以鄉人好藝菊，深知菊性，善栽培，每有新
> 種，悉羅致園中，雖群芳譜弗備載也。歲歲九秋，菊花盛開，古色
> 幽香，清沁心脾，都人士間釀金為會。名黃華會。周遭數十里，錯
> 落安排，金英燦燦，倩梨園歌舞，絲竹管弦之聲，集以詞客吟咏。
> 清越拔俗，徹夜蠟炬熒煌，人醉人醒，如入異境，然而會無常期，
> 或十年一盛，或數十年一盛。自乾隆辛亥迄今，閱二紀矣。茲秋之
> 會，竟成於彼此訛傳，或以為花神所使云。先是省垣暨鄰邑戚友，
> 見欖都人，輒詢花事何若？都人俱以無是議對，而傳聞者卒無異
> 詞，及回視各處籬圃，菊日韶秀，間有萎者亦復發茂，莫或使之，
> 若或使之，翩翩然欲動也，爰合眾約以成會焉。[34]

值得注意的是，戲班在祠堂前演出，説明了祠堂實際上是菊花會活
動的中心所在。此外，戲班演出的戲種與「崑曲」類近，「崑曲」為大城
市上層士大夫所喜好，因此也是菊花會組織者表現自己的特殊身份的象
徵。[35] 對於小欖的大族而言，在甲戌年 (1814) 舉辦這次菊花會還有其獨
特的意義。據小欖幾個大族的族譜記載，他們的始祖就是在八個世紀前
的甲戌年，從南雄遷徙到珠江三角洲。組織者決定以甲戌年為準，每六
十年定期舉辦一次菊花會，目的是紀念始祖南遷定居的歷史，而這種對

南遷歷史的強調,在清代以後成為很多珠江三角洲大族確認身份的一種標籤。

為什麼最早的定居歷史對本地精英如此重要呢?明白這段歷史,對於我們瞭解1814年這次菊花會活動是必須的。聚居在珠江三角洲老沙田區和城鎮裏的大族一直致力開墾沙田,他們通過向官府報墾升科,取得了開墾的壟斷權。其他農民向他們交納地租,從而取得在沙田區從事墾殖的權利。這種關係令他們對沙田控制的權力不斷面對著實際墾殖者的挑戰。當大族享有的權利面對威脅時,需要確立其遷移的年代,以證明他們是最早的定居者。由此可以推測,大族的精英是想透過定期舉辦菊花會,表明他們在當地的存在由來已久。

在賞菊飲宴的同時,他們還舉行吟詩競賽,評選出來的詩歌懸掛在主辦菊花會的大宗祠前。不少詩歌或楹聯都以不事二主、隱居菊園的陶淵明為主題,似乎要表達一種淡泊功名、退隱歸田的心境。然而,這種心境並不是出於他們對明朝的忠誠,儘管在明末清初的時候,小欖的一些士人的確曾有反清復明之意,[36] 但到了18至19世紀之時,他們的子孫已經在清朝功名顯赫。各大族在這個時期編纂和重修的族譜,無不炫耀宗族成員的功名官祿。地方文人以菊花和陶淵明入詩,顯然別有深意,我們必須將這種表述置於廣義的國家文化和發展中的區域經濟裏,才能窺見箇中意涵。

在小欖和其他地方文人的作品中,常以梅、蘭、竹、菊為主題。從宋朝開始,菊花就是隱士的象徵,代表著知識分子超凡脫俗、不求聞達的高風傲骨。不過,這些人說是說「退隱」,但實際上仍與王朝秩序藕斷絲連。地方文人即使與朝廷保持距離,但只要他們積極營造和參與地方上的文人文化,實際上也就是在為他們參與本地政治累積資本;而參與地方政治,當然也必須拉攏帝國官僚。事實上,不同的利益群體往往會盡量和那些功名顯赫或位高權重的族人或鄉人拉上關係,以對地方政府發揮影響。

當然,在清朝做出歸隱田園、不問政事的姿態,也隱隱然表示著一種對宋、明兩朝的懷念,因為兩朝均亡於外族。時至19世紀初,這種

對前朝的眷戀已經不為清王朝所忌，強調這種歷史聯繫卻使大族能夠炫耀其久遠的定居和發展的歷史，成為他們與鄰近地區的競爭者爭奪沙田的憑據。

由於文獻材料零散不齊，我們不能隨意解釋小欖鎮的大族這時候大肆擴張的動機，也很難將菊花會和後來宗族所獲得的經濟利益直接聯繫起來。然而，我們至少注意到，菊花會提供了一種背景，讓長時間的定居歷史、宗族的權力和人們積極仿效士大夫的形象互相聯繫起來。這種紐帶是很重要的，小欖大族集體地取得國家文化的地位象徵和政治的聯繫後，以其宗族的名義，從官府那裏獲得沙田的合法佔有權，並開發成為肥沃的耕地。這些精英的經濟基礎千差萬別，有些經營田產，有些是本地銀號的老闆，有些是商人，但他們的財富來源一直穩固地與沙田的墾殖、來自族產和私人土地的地租，以及控制糧食貿易聯繫起來；並且通過積極參與帝國政權的文化對話，使之合法化。

何氏宗族19世紀的歷史便體現了這種趨勢。本地一位文人在1964年寫成的一份手稿詳細地論述了當時何族獲得土地、取得功名官銜以及建置祠堂的歷史，並認為他們的權勢在19世紀時達到頂峰。[37] 當時小欖的整體情況也顯示出地方勢力的興起。據道光《香山縣志》，當時欖都獲得功名的人數，幾可媲美香山其他地區的總和。縣志還記載了一次慈善的捐款，主要出資者包括何、李、麥三大族，三衛所以及小欖四圖的六個小姓。[38]

60年後，小欖下一代再次舉辦菊花會時，他們的用心更是顯露無遺。如同過去一樣，菊花會的活動中心是何氏的大祠堂，但值得我們注意的是，就在此屆菊花會舉行之前一年，何族建起了另一座宗祠，祭祀定居小欖的何氏兩兄弟的祖父，此舉絕非巧合。在這次菊花會中，何氏以此祠堂為中心舉辦花會的時候，和商人贊助的廟宇、行會和街坊組織互相協調，他們共同強調的是對小欖的地域認同。有關本次菊花會的文獻，也反覆論述大族和廟宇的存在，如何提高小欖鎮的聲望。此外，小欖的顯貴還聚集在欖山書院舉行飲宴，以張九齡為主題，吟詩作賦。張九齡是粵北人，在唐朝出任宰相。據說他開闢了粵北和贛南之間的大庾嶺山

道，從此為粵人銘記。這條把珠江流域與贛江流域連接起來的道路，在唐代以後成為廣東通往中原地區的主要路線，也是廣東許多大族認為他們的祖先從北方入粵的通道。[39] 小欖本地的精英聲稱他們的祖先本是中原望族，在宋朝南移到廣東。他們這樣的說法，一方面將自己與土著居民區分開來，另一方面也把他們書香門第的歷史提前了好幾個世紀。[40]

然而，1874年舉辦的菊花會發生了一些波折。首先是一場颱風毀壞了很多用於展覽的花卉，但也許更重要的，是一場已經醞釀了好幾年的政治風暴也在這個時候颳起來了。前任閩浙總督何璟是小欖人，恰好在這年回到小欖，下令禁止戲班演出。他提出的公開理由是，當年同治皇帝駕崩，不宜演戲，加上太平天國之亂剛平定不久，全國需休養生息，不應鋪張浪費。[41] 表面上看來，何璟似乎在運用地方精英願意服膺的道德教條來調和本地的利益，但他背後的動機其實更為複雜。當時，珠江三角洲的戲班集中在廣州、佛山等城鎮，以紅船為交通工具，到各地鄉鎮演出。1854年，佛山戲班的李文茂領頭造反，參加紅巾軍。[42] 叛亂雖然在1861年被清朝軍隊鎮壓下去，但本地社會仍處在軍事化的狀態。清朝政府對付普遍發生的農民叛亂的策略，是利用鄉紳組織地方軍事力量自衛，導致了地方社會的軍事化。[43] 有時宗族及其領袖支持政府，有時卻偏向於叛亂一方，為了爭奪土地和財產而互相傾軋。例如在小欖，那些支持曾佔據小欖鎮數月的叛亂者的人，被重新控制局面的官兵鎮壓下去。而由於小欖何氏宗族的興起而失勢的大欖蕭氏，也抓住了政治轉變的機會，奪取了麥姓宗族的田產。[44]

在紅巾之亂中，戲班行會解散了，佛山的瓊花會館夷為平地，直到1867年以前，禁止在珠江三角洲演戲。當小欖的精英籌備新一屆菊花會時，演戲的禁令已經解除了七年，但地方官員仍為這次菊花會活動擔憂，因為如果宗族間為爭奪地盤而爭鬥不休，菊花會很可能會演變為造反的舞台。當時的政治和社會形勢讓官員們不敢存有僥倖之心。小欖的精英遵從了禁止演戲的命令，然而，以張九齡在唐朝宦途險惡而借題發揮的詩作在詩賦競賽中勝出。此外，有文獻記載顯示，當時戲台前曾懸掛對聯，似乎演戲早已安排，甚至有可能曾經演出過。[45]

官員的憂慮並非毫無根據。眾所周知，自19世紀中期以後，香山縣城石岐的地方精英聯合起來，與珠江三角洲較早開發的地區的大族（如順德的羅氏和龍氏），為位於香山、順德兩地之間的沙田歸屬發生紛爭。[46] 小欖處在鄰近香山、順德兩地發生爭端的地帶，小欖的精英亦在雙方中間，處於兩難境地。儘管小欖的精英屬香山縣，但在地方行政的層面上，他們沒有參與石岐的精英在省城的社交和政治圈子的活動。從社會聯繫上看，小欖人與順德縣的居民更為接近。除了有密切的生意往來和通婚關係以外，小欖人也與順德人操共同的方言。沒有什麼文獻證據顯示小欖的精英在順德和香山的爭鬥中的立場，但我們可以想像，對地方政治非常敏感的官員，每當考慮邀請兩地的貴客出席什麼小區活動時，難免不費煞思量。

儘管宗族在菊花會上仍然擔當重要角色，但基於地緣關係形成的地方精英組織逐漸成為一種新興的力量，這種變化在1874年舉辦的菊花會最明顯不過。這次菊花會標誌著順德南部和香山北部以沙田為中心的區域經濟發展進入一個新階段，處在這一地區的小欖鎮迅速崛起成為一個主要的文化和市場中心。19世紀下半期，小欖商人從事機械碾米、釀酒、養豬、布匹和絲綢等生意，積累了大量財富。農民把城鎮周圍的稻田改造成桑基，發展養蠶業。桑葉和蠶繭在小欖和順德容奇的墟市出售。宗族徵收的地租從實物轉為貨幣，再把貨幣投資到順德和香山的生意上。就文化品味和生活方式而言，儘管小欖經濟是建立在對沙田的控制上的，但小欖的精英與順德和珠江三角洲較古老的鄉鎮的精英更相近。順德和小欖在文化上相近之處，最典型的例子莫過於兩地都有「不落家」和「自梳女」的習俗。事實上，早在道光《香山縣志》便有香山縣北部受順德這種風俗影響的記載，說出嫁婦女婚後往往居住娘家長達數年。順德和香山北部的大戶人家，給女兒的嫁妝都分外豐厚，常常包括土地或大量的糧食。[47]

然而，20世紀上半期世界市場和政治的動盪，使地方經濟變得非常脆弱。清政府在甲午戰爭中敗於日本，在義和團運動時又遭到八國聯軍的打擊，帝國秩序逐步解體。1905年，科舉制度廢除，意味著文

人晉升的正常途徑斷絕了。1911年，辛亥革命爆發，在孫中山的領導下，一個新的共和國建立起來，但中國很快就被外國勢力所支持的軍閥弄得四分五裂。直到1927年，在蔣介石領導的南京國民政府的名義下，中國才算是勉強維持著一種風雨飄搖的統一。然而，日本1931年佔領東北，至30年代末，幾乎控制了大半個中國，廣東主要的城市在1938至1945年間先後淪陷，被日本軍隊佔領。[48] 在這種危若累卵的政治情勢下，由於以沙田為主要收入的宗族與通常是沙田區的豪強的承租人簽訂的是長期租約，貨幣租額被固定下來，通貨膨脹令族產經營受益減少，[49] 許多祖嘗沒有能力支付繁瑣的宗族儀式，甚至停止對宗族成員分發豬肉。地方報紙也有不少關於宗族成員為將祖宗的土地瓜分出售爭論不休的報道。[50] 在遠離水道和大城市的地區，出現擁有武裝的「大天二」割據一方的局面。[51]

　　以往歷屆菊花會，體現並強化了在過去數個世紀建立起來的沙田控制、宗族權力以及國家文化權威之間的聯繫，到這個時候徹底打破了。在這種情勢下，我們也許會為20世紀30年代初還有人提出要舉辦菊花會感到困惑。事實上，各大族的值事對這個提議也感到猶豫不決。借用一個比喻，當戲台久廢失修，演員已經不太清楚自己該扮演什麼角色，那麼，這場戲演下去又有什麼意思呢？然而，這場戲確實在1934年上演了。在這次菊花會中，不但節目內容有所變更，就是活動的中心和籌辦組織的社會基礎都有很大的變動。在「欖鎮菊花大會委員會」的組織下，小欖鎮劃分為幾個街區來負責組織菊花會活動。此時，組織的基本單位再不是以宗祠為中心，而是以小區廟宇為中心。這時的小區廟宇已經成為維持治安的公所，得到地方上軍事強人的庇蔭，使宗祠顯得相形見絀。他們精心策劃菊花展覽，從佛山和廣州請來戲班，舉行打醮，並且組織儀仗隊伍，抬著神像沿著小欖鎮中心的河道巡遊。打醮和遊神，是過去的菊花會沒有的，為抗戰前夕舉辦的那次菊花會平添了幾分宗教色彩。

　　根據本地報紙的報道和筆者訪問參加過這次菊花會的人士所說，1934年這次菊花會的開幕式是在省港同鄉會的支持下，分別在兩個異

乎尋常的地點舉行。在開幕當天早上，整個組織委員會與他們的賓客在肯堂書室會面，這個地方是劉氏家族的一個私人祠堂。下午的活動在小欖鎮西部邊緣一個開闊的空地上進行，在那裏還搭建了一個大型的戲台。戲班不再演唱傳統的崑曲，取而代之的是迎合大眾口味的粵劇。組織委員會的主席何仿檀，是清朝時的武侍衛，也是一位商人，民國時為軍人，曾服務於省軍閥政府。[52] 顯赫的商人和區公所負責人相繼致辭，接下來的活動是選舉鎮上的耆老，當晚由港商李澤霖宴請。此外，商人和鎮政府還贊助組織展覽，展出現代絲和穀物生產的機器。平日負責向沙地的佃戶徵收地租的軍閥部隊，在舉行菊花會期間，駐紮在鎮上維持秩序。長達半個月的活動吸引了成千上萬的參觀者，其中更有遠自廣州和香港而來者。遊客很容易成為軍隊掠奪的對象，事實上，軍隊平日已習慣向戲班、廟宇、煙館和節慶活動中各種攤販徵收保護費。[53] 小欖鎮的三個大族也在自己的祠堂展示花卉盆栽，但鎮裏議論的中心已經轉移到個別富裕的家庭身上，這些家庭以其鋪張浪費的氣焰，參與這次菊花會的活動。其中一個著名的地方是榮園，這是一個由劉榮階和甘漢臣兩人共同擁有的花園，二人都以廣州和上海為金融基地，靠從事黃金和其他商品的投機買賣起家。筆者訪問了過去曾為劉榮階打工的一位花農，得知劉為了支付花會和設宴款待百多位來自珠江三角洲不同地方的親戚朋友的開支，不惜把他在廣州的一家商鋪變賣。

總的來說，在1934年舉辦的這次菊花會，反映出小欖鎮過去由基於土地財富和士人聲望的宗族所支撐的領導核心已逐漸解體，取而代之的是與省裏的軍閥有密切聯繫的地方豪強和海外商人的力量，這個群體的組織基礎是小區廟宇和街坊組織。這些新冒出來的利益團體，按照自己的想法去操辦1934年的菊花會。這次菊花會的活動，以這些人的權力基地、而非過去的大族祠堂為中心。從劇目的選擇、展覽的陳設以至各種費用捐資的收取，都反映出商人及軍人勢力所代表的文化，壓倒了士大夫的文化。這些精英之所以在20世紀30年代崛起，實際上是長年政治動盪的結果——先是隨著清王朝崩潰，軍閥割據達20年之久；至30年代，面對日軍入侵，中央政府喪失了僅餘的威信。小欖地方豪強

的權力也在這期間達到頂峰，1934年作為菊花會組織中心的小區廟宇和公安局，也是他們徵收稅捐和組織武裝的司令部。[54]

社會主義革命為小欖以及周圍的鄉村帶來巨大的轉變。1951年的土地改革沒收了宗族所有的田產，並將土地分給沙田上的佃戶。很多地主、公箱值事、商人和本地的大天二被鬥爭或鎮壓。20世紀50年代，農業集體化和國家統購統銷政策，使小欖本地的社會和經濟空間嚴重萎縮。[55]雖然在意識形態指導下，共產黨實行反對封建陋俗的政策，禁止了宗族和寺廟的活動，但在共產黨領導下的鎮政府還沒有等上60年，便又籌辦菊花會了。解放後，小欖的菊花會在不同的政治環境中舉辦了三次。第一次在1959年，為慶祝中華人民共和國建國十週年舉辦。第二次是在文化大革命後期，情勢略趨穩定時靜靜地舉行的。最盛大的一次，是在1979年經濟改革和政治開放的環境下舉辦的，在海內外引起了廣泛的注意。

1959年的菊花會很明顯是為了配合新政權而舉辦的政治活動。1973年的菊花會舉辦於一個政治動盪的年代，在文化大革命後期，人們還沒有完全從惡夢中醒過來，當時一些台灣商人決定在香港舉行菊花展覽。作為響應，小欖鎮政府也匆忙舉辦了自己的菊花會，以重申菊花會是本小區的象徵。在這次展覽中，一個以帶有傳統文化象徵的「仙女散花」為題的花卉造型，竟在黨內引起了上升到「政治路線」問題的爭論。儘管當時剛好在此地巡視的省長陳郁認為可以展出「仙女散花」的造型，但最後還是樹立了革命戰士雷鋒的形象，來表明活動符合毛主席的革命路線。

1979年小欖鎮政府舉辦的菊花會與過去大不相同。就在這前一年，中國共產黨召開了第十一屆三中全會，提出撥亂反正。小欖的幹部們希望在經濟改革的新時代來臨之時舉辦菊花會，表明實行改革開放的決心，吸引海外華僑回國投資。為了向本地和海外的宗親大力宣揚菊花會，組織者靈活運用了「家鄉政治」，以桑梓之情打動海外華僑和港澳同胞。這次活動由鎮黨委組織一個臨時的委員會籌辦，毫無疑問屬政府行為。從培植花卉、協調龍船競賽，到在廣州和佛山請劇團等事務，都

一一分派給政府屬下各個部門、工廠、街道委員會和學校負責。前面已
經提到，黨的領導向那些參與過民國時期菊花會的士紳地主請教，請他
們指導。國內和省內的新聞單位也被邀請報道這次活動，大肆宣傳共產
黨對改革開放堅定不移的決心。鎮政府也設宴招待港澳商人和同鄉會的
負責人。菊花展覽開幕當日，參加者達四萬多人，還有成千上萬的人陸
續到達，絡繹不絕。儘管鎮政府動員了所有個體戶準備食物，但在菊花
會的頭一天，全鎮的食物仍然脫銷，來自各地的汽車在凹凸不平的道路
上堵塞了足足幾天。不過，對於大多數居民來說，這些麻煩很快就過去
了，隨之而來的是無數的生意和投資的湧入。小欖鎮得到海外華僑和港
澳同胞的捐款，建設了一間現代醫院、一間小學、兩所港式飯店、一間
名為「菊城」的六層高酒店；而「菊城」這個名稱，很快就成為小欖鎮的
居民樂意認同的象徵。[56]

對中國人類學的反思

自施堅雅提出區域體系的研究取向以來，以區域為基礎分析中國的
歷史和社會，似乎已是不言而喻的了。按照施堅雅提出的區域體系的方
法，朝代興衰隆替的政治歷史，必須由人們日常經濟交換所衍生的交往
活動中審視。各個區域體系是由各種交換關係在功能上整合形成的。
區域體系的盛衰，依賴於人們在基於距離成本計算的特定技術和政府提
供不同程度的行政效能的條件下，怎樣利用他們的物質環境。在縣級以
下國家官僚體制中，沒有設立正規行政體制的層面，地方社會的動力受
農村集市的策略所控制，社會的共同體、準政治性及文化載體的單位，
就是在這個經濟框架上建立的。

在考察了包括小欖在內的地區性歷史變遷後，我們發現，地方共同
體的建立過程，包含著比施堅雅所論及的更為複雜的因素。沙田地區最
初的定居過程，是由已經扎根在該地區的社會機制的運作邏輯所塑造
的。地方社會的形成，無疑牽涉到經濟上各種精心算計，但這些算計都

是在一個社會分化、獲得權力的機會不平等以及充滿文化歧視的社會脈絡裏進行的。小欖鎮之所以會發展成為一個財富和文化的中心以及一個重要的市場中心，依賴於本地豪強在多大程度上有能力操控更大的社會中的種種資源，來利用並維持種種不平等的關係。包括菊花會在內的各種儀式和節慶活動，既反映、也強化了人們這些動機。

施堅雅也許提供了一個考察區域市場系統形成過程的經濟框架，不過，如果我們要瞭解各種身體政治、社會細胞和文化組織體現了權力和支配並提供了操控空間的能動性，就必須知道這種種元素都不是我們描述歷史過程的陪襯品，而是分析這個歷史過程不可或缺的部分。要爭論施堅雅的分析架構是否適用於中國的其他地方，或者討論他提出的大區域到底是分離的還是統一的，都是言不及義的。[57] 要明白一段由區域發展週期構成的歷史，應考慮到區域體系自我建構過程背後的文化動力。[58]

在一個主要不是由正式的國家機器管治的社會層次上，有必要通過考察小欖的社會組織，去瞭解小欖鎮的精英體現出來、並在沙田上行使的權力的性質。支配很少是基於直接的強制統治，因此，問題在於在小欖日常社會生活中，權力是如何被制度化起來的。[59]

由於在小欖的節慶活動的主要參加者是有權有勢的宗族，我們也許可以利用弗里德曼分析宗族的模型，補充施堅雅分析框架的缺失。弗里德曼著眼的是一個可以追溯共同祖先的單系繼嗣群的聚落形成的宗族共同體。維繫這個宗族共同體的是祖嘗，宗族的團體通過定期祭祖儀式來維繫，並通過培養獲得功名的子孫，修纂族譜，顯示其詩書世澤的宗族歷史，來提高宗族的聲望。弗里德曼還指出，這些宗族的發展屬於非對稱分裂（asymmetrical segmentation），宗族房派分支，取決於財產的數量和子孫人數的多少。弗里德曼的基本假設是，華南地區宗族的形成基於以下的幾個因素：一是為了防衛的需要；二是在三角洲地區需要組織大規模的灌溉工程；三是稻米的種植令某些宗族成員有機會積累起十分可觀的財富。這種功能主義的假設，把文化上的宗族理念視為不言而喻的前提，令一些後來的學者走向極端，以為一個沒有共同財產的宗族就壓根兒不是宗族。[60]

　　我們也許很難質疑，構成小欖主要社區成員的三大族的祖先，是帶著中國文化的理念來到小欖定居，並在沙田上找到合適的發展空間。當我們這樣想的時候，幾乎是假定親屬的理念是在鄉村中擴張勢力的有效手段。然而，我們要明白，這種情況其實是一個特定的歷史過程。科大衛認為，在明朝士大夫致力追求社會地位和政治特權的同時，擴張田產、修建祠堂、把定居祖先附會為仕宦世家的做法紛紛湧現。[61] 另外，與珠江三角洲老區的宗族的發展不同，小欖周邊地區的沙田開發積累起來的財富，使當地的祖嘗及祠堂激增。在小欖，街道上以書院的形式出現的祠堂星羅棋布，多是個別的富人為祭祀他們自己家族的祖先而興建的。理論上說，每個宗族成員都會開始一個新的房派，每建立一份祖嘗，共享這份祖嘗的子孫就形成一個宗支的組織。那麼，這類族產繁衍得越多，便會導致小欖的宗族結構愈來愈「向下分散」。這一種發展趨向，與那種借助在官府庇護下的集體保護傘去維護沙田控制權的需要，是背道而馳的。

　　各種節慶儀式令社會結構的張力得到鬆弛。小欖鎮的富人不乏各種儀式，來表現他們在地方處境的影響力，其中包括以寺廟為中心的小區祭祀，和以祠堂為中心的宗族祭祀。直到中華帝國晚期，士大夫在地方的文化話語起著顯著作用。菊花會的活動很可能是整合不同的地方利益與關懷的一個關鍵因素。換句話說，菊花會體現了一個可見的公共文化和互相協調的權力舞台。

　　假如建立在沙田上的宗族充滿著內在矛盾，需要通過節慶活動引入更多的文化手段，我們就有必要重新思考弗里德曼對於宗族形成過程所作的功能主義的假設，從歷史的角度去審視這個問題，假設華南地區的居民承襲漢文化的傳統是理所當然的話，那麼弗里德曼的宗族模式可以幫助我們理解小欖的材料。所有小欖（以至整個珠江三角洲）大族的族譜都聲稱他們的祖先來自中原地區。然而，眾所周知，在移民大量遷移到珠江三角洲之前，土著居民在這裏居住已經有很長久的歷史。科大衛的一篇文章啟發了我質疑小欖所謂世家大族的來源。[62] 他認為，在明朝的賦役制度下，廣東的本地人根據是否需要服徭役，把自己劃分為「漢」

和「瑤」兩大類。由是，在平原上定居的農業生產者，在國家擴充時佔有了文化上的優勢；居住在粵北山區的瑤，則一直維持著部落組織。如此看來，小欖的大族有不落家的風俗就並非偶然了，這種風俗類似於中國自西南往東南延伸的山區部族中所實行的婚俗。[63] 小欖的大族認為自己是漢族的理由，就是他們有這種婚俗，而被視為賤民的「疍家」則沒有這種習俗。我們也許可以提出疑問：小欖的大族是否本是土著居民，只不過在取得一定的社會經濟地位後，才把自己與他們稱為「沙田上的疍民」劃清界線呢？如果真的是這樣，我們是否可以這麼說：小欖宗族組織不尋常的擴張和豐富的節慶儀式，可能不完全是由沙田的經濟衍生出來的文化產物，而是一種本地居民在把自己整合到中國政治體系的過程中排斥他人的手段。我們毋須否認弗里德曼關於宗族的建立是出自人類功能性的傾向這一假設，但我們也應該充分重視文化融合的歷史，在這個文化融合的過程中，各種社會階層都會揮舞著帝國的旗幡，去營造本地社會的發展。[64] 簡言之，中國宗族的語言必須置於具體的歷史脈絡才能理解。

　　本文強調了文化話語作為小欖鎮的國家－社會關係的中心，同時也重新思考了過去有關中國儀式的研究。武雅士已闡明了中國民間信仰中的神、鬼、祖先這三個超自然的範疇，如何對應於現實世界的帝國官僚、鄉村中的外人，以及同族長輩等三類人物。這些範疇及相關儀式所反映的，是農民對權力、社會距離和同族關係的看法。假如我們同意社會罕有處於永久均衡狀態的見解，那麼，意義如何在儀式的創造、延續和改變中體現出來，去表達共同的文化意識呢？要充分認識到任何社會情境中內在的複雜性的細微差異，我們就必須把儀式活動置於本地小區具體的文化歷史中考察。假如權力遭受威脅，那麼誰會來爭奪？參與者提出訴求的基礎是什麼？他們出於什麼目的去攫取權力？他們是怎樣令自己隱含的議程為人們所明白？用什麼手段能夠壓制他人，或者顛覆現有的秩序？研究者如果能夠重視這些問題，也許能夠一方面改變機械地理解「文化是社會的反映」的看法，另一方面也能避免隨意地運用那些表面看來僵化不變的、在認識論意義和象徵意義上的範疇的危險。取而

代之的是，研究者可以在理性上把文化對話與區域性政治經濟的演變結合起來，並提出這樣一個問題：中華帝國作為一個農業社會，經歷了長時間的演進過程後，地方社會在什麼時候最能夠用自己的方法，去接納並滲入一個無所不在的國家文化呢？

在地方社會和權力中心關係的演化過程中，小欖菊花會成為把兩者結合起來的紐帶。菊花會為參與者製造了特定的社會身份和歷史意識，他們的後人可以根據自己的需要不斷加以解讀。地方豪強在明清兩代積極攀上地方政治舞台時，借助更大的政體的文化象徵來穩固自己的地位。20世紀初，當帝國秩序的根基搖搖欲墜時，新的地方精英階層亦應運而生。他們也組成團體，再運用那些既有的文化資源。解放之後，這種關係反過來了。一個強大的社會主義國家，將一個已經成為地方節日的傳統恢復起來，服務它的政治目的。總而言之，三種地方精英在不斷延續的傳統及變化的過程中都起了作用。他們在塑造自身地位的過程中，利用了本來由上而下滲透的國家文化，去創造地方社會。

為了嘗試理解菊花會在過去和現在，如何及為什麼會表現小欖的文化認同，我在施堅雅結構性的歷史分析框架上，加上了文化和權力的命題；同時，把弗里德曼的宗族語言放到一個涵化的歷史的脈絡中去理解，並且在武雅士提出的儀式的表達上，加上一層政治的考慮。我嘗試呈現一種以意義為中心、從歷史角度理解文化變遷的敘述，去掌握華南農村社會活生生的經驗和脈搏。在複雜的農業社會中，權力等級和多元的權威基礎既並存又互相競爭，在這種情況下，穩定性依賴於地方精英如何在地方社會和國家秩序的關係中定位。在中華帝國晚期，不論是士大夫的文化，還是宗族和小區組織，抑或是民間宗教，無不在合法化國家的權威和個人與國家的關係中定位。這些價值觀滲透到日常生活中，是國家構成所不可或缺的部分。經過十數個世紀的發展，國家既是行政組織的機器，也是文化理念。精英和普通人都投身到不同的競技場和對話中，來塑造這個文化理念；小欖菊花會就是這種競技場之一。我利用這個個案研究來突出意義、利益和權力的歷史交接點，強調歷史過程是由充滿文化創造性的人建構出來的。正是充滿創造性的人的種種活動形

成了社會生活的起伏變遷，而社會生活又不斷地給經驗賦予豐富的內容和結構。

（黃海娟、黎麗明譯，程美寶、劉志偉校）

本文是在筆者於1986年在廣東進行研究的基礎上完成的。這次研究獲美中學術交流委員會的資助。筆者謹在此鳴謝古迪、Raymond Grew、毛利、魏斐德（Frederic Wakeman）、匿名審閱人、耶魯大學人類學系的同事和賓夕法尼亞大學民族歷史學研討會的成員，先後提出不少寶貴意見。現在據1990年發表在 Comparative Studies in Society and History 的文章修改。

註釋

1　轉引自麥應榮：〈欖鄉菊花大會源流考〉，《開明報》（1948年2月2日）。

2　在小欖及其附近的地區，一共有18個以關帝廟為中心的衛所。1986年，我在北帝廟的遺址（衛所的總廟）中發現了一塊石碑，碑上列舉了這18個衛所的名字。

3　G. William Skinner, "Presidential Address: The Structure of Chinese History," *Journal of Asian Studies* 104, no. 2 (1985): 271–292.

4　G. William Skinner, "Marketing and Social Structure in Rural China," *Journal of Asian Studies* 24, no. 1 (1964): 3–43; G. William Skinner, "Marketing and Social Structure in Rural China," *Journal of Asian Studies* 24, no. 2 (1964): 195–228; G. William Skinner, "Marketing and Social Structure in Rural China," *Journal of Asian Studies* 24, no. 3 (1964): 363–399.

5　G. William Skinner, "Chinese Peasants and the Closed Community: An Open and Shut Case," *Comparative Studies in Society and History* 13, no. 3 (1971): 270–281.

6　Maurice Freedman, *Lineage Organization in Southeastern China* (London: Athlone Press, 1958); Maurice Freedman, *Chinese Lineage and Society: Fukien and Kwangtung* (London: Athlone Press, 1966).

7　Sherry Ortner, "Theory in Anthropology since the Sixties," *Comparative Studies in Society and History* 26, no. 1 (1984): 126–166.

8　Eric Wolf, *Empire and the People without History* (Berkeley: University of California, 1982) 和 David Seddon, eds., *Relations of Production: Marxist Approaches to Economic Anthropology*, trans. Helen Lackner (London: Frank Cass, 1978) 有關法國馬克思主義者的著作的概述；Donald Donham, *History, Power, and Ideology: Central*

Issues in Marxist Anthropology (Cambridge: Cambridge University Press, 1990) 的綜述則更具批判性。

9　Renato Rosaldo, *Ilongot Headhunting 1883–1974* (Stanford: Stanford University Press, 1980); Eric Hobsbawm and Terence Ranger, *The Invention of Tradition* (Cambridge: Cambridge University Press, 1983).

10　有關權力的討論，參見 Michel Foucault, *Discipline and Punish: The Birth of the Prison* (London: Penguin, 1977)；有關霸權的討論，參見 Antonio Gramsci, Quentin Hoare, and Geoffrey Nowell Smith, eds. and trans., *Selections from the Prison Notebooks (1929–35)* (New York: International, 1971)；還有 Peter Evans, Dietrich Rueschemeyer, and Theda Skocpol eds., *Bringing the State Back In* (Cambridge: Cambridge University Press, 1985) 關於國家所扮演的關鍵的角色的研究。有關「顛覆」和「牽制」等手段，參見 Natalie Davis, *Society and Culture in Early Modern France* (Stanford: Stanford University Press, 1975)；E. P. Thompson, "Eighteenth-Century English Society: Class Struggle without Class," *Social History* 3, no. 2 (1978): 133–165；Emmanuel Le Roy Ladurie, *Carnival in Romans* (New York: G. Braziller, 1979)；及 Peter Stallybrass and Allon White, *The Politics and Poetics of Transgression* (Ithaca: Cornell University Press, 1986) 有關巴赫汀（Mikhail Bakhtin）的研究。

11　Sally Moore and Barbara Myerhoff, *Secular Ritual* (Amsterdam: Van Gorcum, 1977); Clifford Geertz, "Centers, Kings, and Charisma: Reflections on the Symbolics of Power," in Clifford Geertz, *Local Knowledge: Further Essays in Interpretative Anthropology* (New York: Basic, 1983), pp. 121–146.

12　Philip Abrams, *Historical Sociology* (Ithaca: Cornell University Press, 1982); Pierre Bourdieu, *Outline of a Theory of Practice*, trans. Richard Nice (Cambridge: Cambridge University Press, 1977); 以及 Ortner, "Theory in Anthropology since the Sixties" 關於實踐理論的綜述。

13　Emily Ahern, *Chinese Rituals and Politics* (Cambridge: Cambridge University Press, 1981).

14　Stephen Sangren, *History and Magical Power in a Taiwanese Community* (Stanford: Stanford University Press, 1987).

15　見 Patricia Ebrey and James Watson, eds., *Kinship Organization in Late Imperial China, 1000–1960* (Berkeley: University of California Press, 1986)。

16　James Watson, "Standardizing the Gods: The Promotion of T'ien Hou (Empress of Heaven) along the South China Coast 960–1960," in David Johnson, Andrew Nathan, and Evelyn Rawski, eds., *Popular Culture in Late Imperial China* (Berkeley:

University of California Press, 1985); James Watson and Evelyn Rawski, eds., *Death Rituals in Late Imperial and Modern China* (Berkeley: University of California Press, 1988).

17　Myron Cohen, "Cultural Identity and National Identity in China," paper presented to the Workshop on the Construction of Chinese Cultural Identity, Institute of Culture and Communications, East-West Center, Honolulu (August 25–29, 1989).

18　關於洞庭湖周邊的開墾的研究，參看 Peter Perdue, "Official Goals and Local Interests: Water Control in the Dongting Lake Region during the Ming and Qing Periods," *Journal of Asian Studies* 41, no. 4 (1982): 747–766。

19　關於華南疍民的研究，參看 Barbara Ward, "Varieties of the Conscious Model: The Fishermen of South China," in Barbara Ward, ed., *Through Other Eyes: Essays in Understanding "Conscious Models"—Mostly in Hong Kong* (Hong Kong: The Chinese University Press, 1985), pp. 41–60, reprinted from Michael Benton, ed., *The Relevance of Models for Social Anthropology* (London: Tavistock, 1965)；陳序經：《疍民的研究》（上海：商務印書館，1946）；Dian Murray, *Pirates of the South China Coast, 1790–1810* (Stanford: Stanford University Press, 1987)。

20　屈大均：《廣東新語》，1700年序（北京：中華書局，1985），《卷二·地語》，〈沙田〉。

21　1970年代以前，沙田區的房子主要是茅寮和樹皮屋。1986年，當地的幹部告訴我，直到1970年代，沙田上的農民才願意建磚房，形成較集中的聚落。

22　據何仰鎬〈欖溪雜輯〉（手稿，1946），及其〈據我所知中山小欖鎮何族歷代的發家史及其他有關資料〉（手稿，1964）。小欖幾個大族在明朝開始有人取得功名，清中葉後，功名益盛。

23　在小欖何氏兩大房中，長房流慶堂只有三項田產，而二房烏環堂則超過十頃。

24　關於華南地區如何具體表現宗族的理念，以及宗族與共有財產的關係，研究成果相當豐富。可參看Maurice Freedman的 *Lineage Organization in Southeastern China* 和 *Chinese Lineage and Society: Fukien and Kwangtung*，以及其他進一步發揮其研究範式的學者的論述，包括James Watson, "Hereditary Tenancy and Corporate Landlordism in Traditional China," *Modern Asian Studies* 11 (1977): 161–182，及其 "Chinese Kinship Reconsidered: Anthropological Perspectives on Historical Research," *China Quarterly* 92 (1982): 589–627；Rubie Watson, *Inequality Among Brothers: Class and Kinship in South China* (Cambridge: Cambridge University Press, 1985)；Jack Potter, "Land and Lineage in Traditional China," in Maurice Freedman, ed., *Family and Kinship in Chinese Society* (Stanford:

Stanford University Press, 1970)；Hugh Baker, "The Five Great Clans of the New Territories," *Journal of the Hong Kong Branch of the Royal Asiatic Society* 6 (1966): 25–47，及其 *A Chinese Lineage: Sheung Shui* (London: Frank Cass, 1968)；和 Judith Strauch, "Community and Kingship in Southeastern China: The View of the Multi-lineage Village of Hong Kong," *Journal of Asian Studies* 43, no. 1 (1983): 21– 50。科大衛則強調社區與入住權和宗族理念互相纏繞的關係，修正弗里德曼提出的範式，見 David Faure, *The Structure of Chinese Rural Society: Lineage and Village in the Eastern New Territories, Hong Kong* (Hong Kong: Oxford University Press, 1986)。

25　不少研究都探討過宗族和士大夫文化的聯繫在中國其他地區和其他歷史時期的表現。參看 Jerry Dennerline, *The Chia-ting Loyalists: Confucian Leadership and Social Change in Seventeenth-Century China* (New Haven: Yale University Press, 1981)；Patricia Ebrey and James Watson, eds., *Kinship Organization in Late Imperial China, 1000–1960* (Berkeley: University of California Press, 1986)；Hilary Beattie, *Land and Lineage in China: A Study of T'ung Ch'eng County, Anhwei, in the Ming and Ch'ing Dynasties* (Cambridge: Cambridge University Press, 1979)；William Rowe, *Hankow: Commerce and Society in a Chinese City, 1796–1889* (Stanford: Stanford University Press, 1984); Robert Hymes, *Statesmen and Gentlemen: The Elites of Fu-chou, Chiang-hsi, in Northern and Southern Sung* (Cambridge: Cambridge University Press, 1986) 等各書。與這些地區相比，珠江三角洲地區宗族的發展有自己的特色。在珠江三角洲地區，宗族和士大夫的力量以沙田開發為基礎，到了 19 世紀末發展至頂峰。與上述各研究形成對照的是，20 世紀初中國地方控制、轉移到更加浮動的地方權力基礎。相關研究見 Mary Rankin, *Elite Activism and Political Transformation in China: Zhejiang Province, 1865–1911* (Stanford: Stanford University Press, 1986)；Prasenjit Duara, *Culture, Power, and the State: Rural North China, 1900–1942* (Stanford: Stanford University Press, 1988)；和 Philip Huang, *The Peasant Economy and Social Change in North China* (Stanford: Stanford University Press, 1985) 等書。

26　作者在下文會指出，這些地區的宗族在社區事務所扮演的角色極為重要，可與華北的情況對比，見 Duara, *Culture, Power, and the State*，和 Cohen, "Cultural Identity and National Identity in China" 的分析，以及弗里德曼有關珠江三角洲的老區和香港的研究。

27　當地居民認為最重要的五間廟宇，分別是位於小欖鎮西南方四圖的觀音廟、東部滘口的北帝廟、西北部大欖鄉的天后廟妙靈宮、東南部基頭鄉的北帝廟，以及東北面的帥府廟。

28 「出色」是珠江三角洲十分普遍的節日巡遊活動。其中最有名的是佛山的「秋色」、沙灣的「飄色」和小欖的「水色」。

29 很多村落均為單性村落，但四圖則是以北帝廟為中心、由六個姓組成的村落。滘口的北帝廟以前是明朝衛所的總部，鎮裏的關帝廟則屬衛所軍戶捐資。

30 在小欖老一輩的居民中，流傳著嘲笑九洲基打醮的歌謠。

31 欖鄉公約是乾隆時三大族所建的，詳情可參看何仰鎬〈據我所知中山小欖鎮何族歷代的發家史及其他有關資料〉。欖山書院在1740年由知縣建立，1749年得到三大族和衛所捐資；1756、1815年，縣官把小欖東南的若干處沙田劃歸書院所有。書院「每年聘請科名中品舉兼優之士掌教」，見何仰鎬：〈欖山書院興革史略〉，《中山文史》，第4輯（1984），頁96–98。

32 據《泰寧李氏族譜》（廣州：中外圖書館，1914）。明南京禮部尚書李孫宸是小欖泰寧李氏的十一世，該宗族奉為始祖的是據說從南雄南遷的必貴，而實際上共同的祖先是三世祖李光，據何仰鎬撰〈欖溪雜輯〉云：「李光所，在永安里泰寧一帶，關帝廟在茅十橋頭北（李光祖之十一世孫李孫宸，明萬曆年間登翰苑後，即由軍籍轉為民籍，諱言軍籍）。」可知李光是明初屯田所的頭目。李光的三個兒子中，長子耕樂一房為大房，所謂尚書四世祖祠，是耕樂的祠堂；另外李光次子和三子兩房共有另一祠堂。

33 關於何吾騶的事跡，參看徐續：《嶺南古今錄》（香港：上海書局，1984）。也可以參看《何烏環堂重修族譜》（1907）。何吾騶是烏環堂的第十三世，與李孫宸和伍瑞隆同時，均在晚明出任高官，三人俱為小欖文虹詩社的成員。何的死因不明，一般的説法是他在南明亡國時被害於廣州。何氏宗祠以其名義命名為「何內閣大宗祠」。

34 綠芸山房居士：〈菊徑薈記〉，見《中山欖鎮菊花大會彙編》（廣州，1934）。

35 關於粵劇的不同種類，參看徐續：《嶺南古今錄》。有關廣東神功戲的研究，可參見田仲一成：《中國祭祀演戲研究》（東京：東京大學東洋文化研究所，1981）。另參他的另一篇英文著作：Tanaka Issei, "The Social and Historical Context of Ming-China Chinese Local Drama"，和Barbara Ward, "Regional Operas and Their Audiences: Evidences from Hong Kong"；兩文皆收錄於Johnson, Nathan, and Rawski, eds., Popular Culture in Late Imperial China。

36 例如何吾騶之子何櫶巢，便因詩中表達了強烈的反清情緒而被人所殺。

37 何仰鎬：〈據我所知中山小欖鎮何族歷代的發家史及其他有關資料〉。

38 我很感謝蔡志祥和我分享他對小欖和大欖的歷史觀察，以及蕭國健提供一份1877年的小欖蕭氏分家文書。

39 一份1860年代歐洲傳教士繪畫的粵北北江的地圖，標出了這條張九齡開闢

的入粵信道的位置。有關定居的傳説，參看 Wolfram Eberhart, *Social Mobility in Traditional China* (Leiden: E. Brill, 1962)。在《何烏環堂重修族譜》(1907)、《何氏九郎族譜》(香港，1925年重印)、《泰寧李氏族譜》(1914)、《麥氏族譜》(1893)等，也有類似的入住傳説的記載。這類傳説不只見於小欖的族譜，在珠江三角洲其他地方的族譜也甚為普遍。

40 族譜一般會把祖先追溯到唐宋之前的名門貴冑，以提高本族的聲望，但其實，宋以前的世系有明顯的杜撰成分。唐代以前，在嶺南地區居住的，主要是所謂的「蠻獠」，有關唐宋以前廣東的情況，可參見曾華滿：《唐代嶺南發展的核心性》(香港：香港中文大學，1973)；王士性：《廣志繹》(北京：中華書局，1981)；屈大均：《廣東新語》等著作。

41 關於何璟的事跡，見何仰鎬：〈據我所知中山小欖鎮何族歷代的發家史及其他有關資料〉；關於紅巾軍佔領小欖鎮的記載，參看《小欖鎮志》(1984，油印本)。

42 關於粵劇和李文茂的資料，見《佛山文史資料》，第2、3、4輯。

43 關於地方士紳組織的團練，參看 Philip Kuhn, *Rebellion and Its Enemies in Late Imperial China* (Stanford: Stanford University Press, 1971)；相關研究也見於 Frederic Wakeman, *Strangers at the Gate: Social Disorder in South China 1839–1861* (Berkeley: University of California Press, 1966)。

44 參看蕭國健正在編錄的19世紀大欖蕭氏的地契。

45 《中山欖鎮菊花會文藝概覽》(廣州，1936)。

46 關於東海十六沙的紛爭，參看 Helen Siu, *Agents and Victims in South China: Accomplices in Rural Revolution* (New Haven: Yale University Press, 1989)，第2章。關於沙田地區士紳勢力的研究，參見西川喜久子：〈清代珠江三角洲沙田考〉，《嶺南文史》，1985年第2期，頁11–22 (原著發表於《東洋學報》，第63卷，第1–2期 [1981]，頁93–136)；松田吉郎 (Yoshiro Matsuda)：〈明末清初廣東珠江デルタの沙田開發と鄉紳支配の形成過程〉，《社會經濟史學》，第46卷，第6期 (1981)，頁55–81；片山剛：〈清代東珠江デルタの圖甲制について：税糧・戶籍・同族〉，《東洋學報》，第63卷，第3–4期 (1982)，頁1–34；並參看宣統《東莞縣志》，卷99–101，《沙田志》中有關小欖以東的萬頃沙的紛爭。

47 有關不落家的風俗，可參看 Marjorie Topley, "Marriage Resistance in Rural Kwangtung," in Margery Wolf and Roxanne Witke, eds., *Women in Chinese Society* (Stanford: Stanford University Press, 1975), pp. 67–88；Janice Stockard, *Daughters of the Canton Delta: Marriage Patterns and Economic Strategies in South China, 1860–1931* (Stanford: Stanford University Press, 1989)；Helen Siu, "Where Were the

Women: Rethinking Marriage Resistance and Regional Culture in South China," *Late Imperial China* 11, no. 2 (1990): 32–62。

48 有關這個時期廣東的財政危機，見秦慶鈞：〈民國時期廣東財政史料〉，《廣州文史資料》，第29輯（中國人民政治協商會議廣東省廣州市委員會文史資料研究委員會，1983）。

49 在民國時期，很多地方上有勢力的人都是包佃人。他們向宗族預先投得土地，再分租給農民或僱工耕種。

50 按照傳統的習慣，祖嘗是禁止出售的；關於這方面的訴訟的報道，可參看1930至1940年代的《中山國民日報》。

51 關於土豪的分析，參看 Guy Alitto, "Rural Elites in Transition: China's Cultural Crisis and the Problem of Legitimacy," in Susan Jones, ed., *Select Papers from the Center for Far Eastern Studies* (Chicago: Center for Far Eastern Studies, University of Chicago, 1979), 218–275。關於20世紀30年代的華北研究，參看 Duara, *Culture, Power, and the State*；和 Huang, *The Peasant Economy and Social Change in North China*；關於珠江三角洲的研究，參看 Siu, *Agents and Victims in South China*，第5章。

52 何仰鎬：〈何乃中小傳〉，《中山文史》，1987年第11期，頁71–72。

53 土豪的勢力，在20世紀30年代晚期至40年代日本侵華期間達到頂峰，袁帶和屈仁則就是兩個與軍閥有密切關係的地方土豪。

54 我在當地調查時，聽到當地人講述軍閥在一些較小的祠堂中駐紮軍隊，用武力威迫宗祠的主人，佔用祠堂；不過，他們其實也可能是與祠堂管理者串謀在一起的宗族成員。我沒有宗祠被拆分和建築材料被盜賣的數字，可作旁證的是番禺沙灣鎮（一個與小欖類似的、在沙田上崛起的鄉鎮）的情況。該鎮在日佔期間，許多宗祠都被土豪拆分變賣。

55 關於城鎮轉變的歷史，參看 Helen Siu, "Socialist Peddlers and Princes in a Chinese Market Town," *American Ethnologist* 16, no. 2 (1989): 195–212；關於官方對民間儀式的限制，見 Helen Siu, "Reforming Tradition: Politics and Popular Rituals in Contemporary Rural China," in Perry Link, Richard Madsen, and Paul Pickowicz, eds., *Unofficial China: Popular Culture and Thought in the People's Republic* (Boulder: Westview, 1989)；關於珠江三角洲西部較詳盡的分析，參看 Siu, *Agents and Victims in South China*。

56 這個名稱是在1959年的菊花會中，在報刊的報導中使用的。

57 Barbara Sands and Ramon Myers, "The Spatial Approach to History: A Test," *Journal of Asian Studies* 45, no. 4 (1986): 721–744; Daniel Little and Joseph Esherick, "Testing the Testers: A Reply to Barbara Sands and Ramon Myers's

Critique of G. William Skinner's Regional Systems Approach to China," *Journal of Asian Studies* 48, no. 1 (1989): 91–99.

58 正如杜贊奇有關華北的研究顯示，如果我們認為文化和權力扮演了相當重要的角色的話，那麼必須重新思考農村市場和社區組織的運作邏輯。

59 若要從一個比較的角度回顧各種有關權力的研究，可參見Steven Lukes, "Power and Authority," in Tom Bottomore and Robert Nisbet, eds., *History of Sociological Analysis* (New York: Basic Books, 1978), pp. 633–676；有關權力和權威等概念的討論，並見Geertz, "Centers, Kings, and Charisma"，和Michael Gilsenan, "Domination as Social Practice: Patrimonialism in North Lebanon: Arbitrary Power, Desecration, and the Aesthetics of Violence," *Critique of Anthropology* 6, no. 1 (1986): 17–37，如何運用韋伯的理論討論這個問題。紀爾茲以一個文化主義者的角度分析權威建立的象徵性過程，而焦申能（Michael Gilsenan）則更強調其政治和經濟基礎。在施堅雅建立其區域系統的框架時，這些概念都被忽略了。

60 Jack Potter, "Land and Lineage in Traditional China"，及Judith Strauch, "Community and Kinship in Southeastern China"針對Potter所提出的相反意見；並見James Watson, "Chinese Kinship Reconsidered: Anthropological Perspectives on Historical Research"對不同觀點的綜述。

61 David Faure, "The Lineage as a Cultural Invention: The Case of the Pearl River Delta," *Modern China* 15, no. 1 (1989): 4–36.

62 同上註。

63 「不落家」是指出嫁的婦女在婚禮翌日便返回娘家，隨後會定期回夫家探望，一直到產下第一個孩子時，才會在夫家定居。見Topley, "Marriage Resistance in Rural Kwangtung"；Stockard, *Daughters of the Canton Delta*；和本書第十一章的相關討論。

64 關於此課題較全面的討論，見Siu, *Agents and Victims in South China*，第3章。

第九章

宗族、市場、海賊與疍民：
明以後珠江三角洲的族群與社會

民國時期，一位地方文人盧湘父在新會縣《潮連鄉志》序中，對位於珠江三角洲西部的新會縣潮連鄉的歷史，有這樣一段敘述：

> 在南宋咸淳以前，潮連僅一荒島，漁民疍戶之所聚，蠻煙瘴雨之所歸。迨到咸淳以後，南雄民族，輾轉徙居。爾時雖為流民，不過如鄭俠圖中一分子。然珠磯巷民族，大都宋南渡時，諸臣從駕人嶺，至止南雄，實皆中原衣冠之華冑也。是故披荊斬棘，易俗移風，而潮連始有文化焉。夫民族之富力，與文化最有關係。地球言文化，必以河流；粵省言文化，當以海坦；古世言文化，必以中原禮俗；現世言文化，必以瀕海交通。我潮連四面環海，屬西江流域，河流海坦，均擅其勝。以故交通便利，民智日開。宜乎文化富力，與日俱增。試觀各姓未來之前，其土著亦當不少，乃迄今六百年間，而土著不知何往。所留存之各姓，其發榮而滋長者，大都珠磯巷之苗裔也。

這是珠江三角洲地區大部分鄉村和宗族講述本地歷史和文化的一種最常見的套路。香港新界元朗墟有一塊1938年重修的廟宇碑記說到，幾百年前在樹的西邊有一個疍家灣，樹東有疍家埔，經常在此避風的漁民在此地建一廟宇。後來的農民來到這裏，開墾土地耕種，並建立了一個墟市。[1]

　　這種描述直接引出的，是在地方社會中本地居民的身份認同問題。在珠江三角洲，所謂的原居民是否就是漁民呢？在什麼情況下，他們（或所謂的原居民）「不知何往」呢？最後在此定居的所謂農民又是什麼人呢？他們的定居史，又與漁民的定居史如何聯繫起來呢？

　　在中華帝國晚期出於讀書人手筆的歷史記錄中，珠江三角洲的漁民一般都稱為「疍」，這是一個文化或者族群的分類，有別於那些自稱來自中原的、有漢人血統的人，其區分標誌似乎在於他們的居住方式及其生計所依。宋代的《嶺外代答》的作者周去非曰：「以舟為室，視水為陸，浮生江海者，蜑也。」[2] 黃佐的嘉靖《廣東通志》也有類似的説法：「蜑戶者，以舟楫為宅，捕魚為業，或編蓬瀕水而居。」[3] 雍正皇帝在1729年發出的一個關於「蜑」的上諭，也有以下的描述：「粵東地方。四民之外，另有一種，名曰蜑戶，即瑤蠻之類。以船為家，以捕魚為業，通省河路，俱有蜑船。生齒繁多，不可數計。」[4]

　　許多研究華南的歷史學家都假設珠江三角洲上的農民和疍家是在職業、文化和血統上區分開來的不同族群。講到疍的來源時，一般都將其根源追溯到所謂「越」族。古代的歷史學家用「越」或「百越」的稱謂，去描述南中國居住在山峒或河面上的人口。[5]

　　本地漢人中流傳的傳説更指疍人神秘莫測，謂其在形體上具有怪異的特徵，屬異類無疑。17世紀著名的學者屈大均有如下的描述：

> 疍婦女能嗜生魚，能泅。昔時稱為龍戶者，以其人水輒繡面文身，以象蛟龍之子。行水中三四十里，不遭物害。今止名曰獺家，女為獺而男為龍，以其皆非人類也。[6]

　　不過，歷史資料顯示，在珠江三角洲，人口的構成和職業的區分並不是僵化的。數個世紀以來，不少水上生活的居民變成了農民，反之亦然。[7] 在珠江三角洲開發成熟的明清時期，當被稱為疍的居民參與沙田開發者與日俱增，最終成為農業耕作者的時候，這個過程尤其顯著。這個現象在番禺和順德的方志都有記載。[8] 屈大均就講到，「有居陸成村者廣城西周墩林墩是也」。[9] 如果我們仔細閱讀當地許多大族的族譜，也會

發現他們過去居住在水上的痕跡。新會縣天馬鄉的陳氏就是一個很好的例子。[10]

儘管一向以來，研究者都把「漢」和「疍」視為不同的文化和種族類別，但現代的學術研究還是多少捕捉到上述模棱兩可或者含混的現象。在1920年代，廣州的國民政府按照其制定的行政分類，將一些居民定義為「疍」，形成了詳細的人口記錄。但另一些官方報告顯示的統計數字卻是有差異的。雖然我們可以說，這是由於收集數據時採用了不同的方法，或者是因為被認為是「疍民」的人不願意向政府登記，但導致數字差異的原因有可能是對於如何界定哪些居民是疍民，其實有不同的標準。[11]

廣州嶺南大學的學者在民國時期所做的關於沙南和三水疍民的經典研究，也都很清楚地將研究對象界定為獨特的族群。[12] 不過，這些研究也顯示出，如何定義他們的研究對象是很困難的。在疍民研究上作出奠基性貢獻的著名學者陳序經，在運用政府有關水上居民識字程度的調查數字時，對如何辨別疍民便存有疑問：

> 疍民之能受到初等教育的，已算是萬幸，遑論中等教育與高等教育？……這個統計表中，所有的人口數目是包括了水陸居民而言，受中等及高等教育的陸上人是不是真正的疍民，還有疑問。所以照我們的推測，以為花地區科舉一項裏面的兩個男人似乎不是疍民。其原因是在前清科舉時代，疍民是沒有享受應試的權利的。[13]

1953年，廣東省政府民族事務委員會一個比較全面的調查報告繼續使用既定的分類，但調查者也發現當地人在辨認自己的身份時的模糊性；該報告指出，有些人在社會地位提升之後，會掩蓋他們的低微的出身。[14] 中山大學體質人類學家黃新美最近的研究，雖然也嘗試將她劃為「疍」的人與她劃為「漢」的人的體質特徵區別開來；不過，她得出的結論是，這兩類人的體質差別其實是十分微小的。[15]

我們在珠江三角洲的田野經驗也讓我們意識到，在疍民身份界定的問題上，研究者必須謹慎。由他人強加的標籤與自我認同，兩者之間的

對比簡直天差地別。[16] 我們在江門市潮連鄉聽到大族居民重覆強調說，潮連島南端某個宗族社群原來是疍家。但當我們問到後者的時候，他們強烈否認這樣的標籤，並指仍在河上居住的漁民才屬疍家。類似的情況，我們在珠江三角洲其他廣大的地區都經常遇到，我們有比較深入田野經驗的中山市小欖鎮、番禺市沙灣鎮和惠東縣的鹽州島，都有這樣的例子。[17]

　　生活習慣和社會地位的模糊性更引出了一系列的問題：那些農民和漁民是否來自同一本地族群呢？如果人們的身份是流動的話，那麼，在數世紀以來的定居史中，像「漢」或「疍」這樣的標籤又是如何製造出來，並在文人筆下得到合理化呢？地方上有勢力的人用什麼手段去將一些模糊的社會界線，用一些僵化的身份特徵去清楚劃分開來，最終設定了這些僵化的社會身份的原旨呢？另一方面，被歧視的群體又用什麼樣的文化手段，去改變自己的身份呢？帝國的機制有沒有提供討價還價的空間呢？再者，沙田生態的歷史發展有沒有為本地的居民提供獨特的環境，讓自己改頭換面呢？

　　如果採取某種文化策略，中華帝國晚期的國家及其教化的議程，又如何有助於合理化社會位置以及強化其權威？如果將血統追溯到中原，建立地域性宗族、擁有土地、參加科舉等等做法，是在以漢人為中心的政治科層裏取得地位的途徑的話，地方權勢以及王朝的國家機器又如何互相影響，去建立這些標準？以往的歷史學家習慣用漢化模式去說明中華帝國的形成過程，在這個模式下，朝廷積極和有目的地通過教化或軍事征服，從中央向周邊擴張。我們在這一章裏提出另一個視角，把帝國視為一個文化的觀念。帝國權威的隱喻向南方的邊疆社會的滲透，不是通過自上而下地發佈法令去實行的，而是通過本地人自下而上提升自己的動力而得到實現的。他們在某個歷史時期採用了來自政治中心的命題，並在建造地方社會的過程中，把這些命題當作國家秩序的語言加以運用。

　　如果我們從地方歷史本身的議程出發，研究族群和身份問題就不應將「從中原向廣東移民」作為理解本地歷史的起點，也不應假設來自中

原的所謂「漢文化向南方疆域滲透」是通過這些移民進行的。通過追溯移民的歷史，並不足以解釋地方社會如何建造出來、劃分族群的界線如何形成。其實，許多本地人遷徙的歷史傳說是值得質疑的。相反，我們應該集中分析本地人如何運用文化策略，把自己與真實的或想像的「中心」聯繫起來。經過提升自己社會地位的種種過程，他們最終取得一個被認為是主流文化的標記，並且各就各位地去確認自己的身份。

從這個角度去看，族群的標籤是一個複雜的歷史過程的結果，當中包含各種各樣的文化資源和權力的操控。在這個過程中，形成了具體的範疇，定義並區分本地的人群，某些聲音在歷史文獻中得以凸顯，某些聲音則消失得無影無蹤。來自政治中心的直接行政影響並不是許多人想像般強大，甚至實際上是微不足道和支離破碎的。問題在於，官方的議程如何同地方社會的歷史發展在某些時候互相契合，形成具有永恆意義的身份特徵。事實上，在這個定義身份的政治議程背後，存在著一個更為宏觀的、與國家締造有關的分析課題。如果國家締造的過程是包含著本地人如何用自己的辦法將自己同中心聯繫起來的話，我們與其將「邊疆」視為一個承受國家制度擴張的開放空間，不如更多關注地方上的人們如何運用他們的創意和能量，建立自己的身份認同。

歷史記錄告訴我們，珠江三角洲許多定規最初不被官方認可，但慢慢才被接納。地區上的宗族及祠堂在明代遍地開花，但並不見容於國家上諭。直到嘉靖皇帝掀起「大禮議」，身居朝廷高位的廣東官員站在皇帝一方，支持奉祠具有血緣的祖先。經過歷代的努力，這些社會形式才被視為理所當然。在這過程中，宗族的意義已遠超親屬與家庭關係，而成為帝國秩序在華南地區的重要基礎。[18]

宗族、族群與國家

科大衛、劉志偉和我在有關珠江三角洲宗族的研究中指出，大多數宗族關於祖先定居歷史的記憶和敘述是令人存疑的，這些宗族的祖先並

不一定是來自中原的移民，他們實際上更多是本地的土著。這些宗族的
部分成員，在不同的歷史階段操控著他們認作國家權力的象徵，加上他
們自己的創造，建立起自己在帝國秩序中的「合法」身份；通過貼上「漢
人」的標記，他們與當地其他原居民劃清界線。明清兩朝，在這種自我
劃界的過程中，珠江三角洲出現了單姓大族。這些宗族控制了廣袤的沙
田，也控制了墟市和廟宇，修築祠堂，編纂族譜，炫耀自己與士大夫的
聯繫。這些努力提升自己社會地位的人，在演示一些被認為是中華文化
的正統命題和身份標誌的同時，也創造著一套最後為官方和地方權勢共
同使用的排他性語言。

　　這套語言的表達方式多種多樣。通過南雄珠璣巷的故事，地方大族
追溯出他們與北方漢人之間不言而喻的聯繫，並證明他們在不斷擴充的
三角洲地區有入住權。他們強調自己「務本」，是「詩禮傳家」，炫耀歷代
功名以提高宗族的門第。這種種的形象，更通過他們編寫族譜和建立祠
堂而得到鞏固。以宗祠何留耕堂為中心的番禺沙灣何氏的出現，就是建
立在沙田控制基礎上的顯赫宗族的典型例子，他們在清代擁有的地方權
力，以他們控制了接近六萬畝的沙田，並向政府升科納稅，以及他們壟
斷性地控制了社區的北帝祭祀為基礎。[19] 通過儀式和權力的展示，大族
和非大族的身份的界線被進一步強化，那些被稱為「開邊人」的人，就是
在這個過程中被烙上了意味著剝奪陸上入住權的印記——「水流柴」。

　　在宗族和禮教的語言下，配合族群與文化的分層，原來的土著人口
被劃分為兩大類別，並被加上異族的標籤：山上的是「猺」，水上的是
「蜑」。這些人在文化上和社會地位上都被認為是低下的。在明末清初，
他們被視為威脅在平地上定居的農業社群的勢力，與盜匪無異。[20]

　　本地社會對於「猺」和「蜑」的態度，可能與不同人群在國家制度下
的地位相關。在有關種族、族群和涵化的國家話語中，國家的編戶齊民
政策意義攸關。[21] 帝國往往視這些南方的部族為異類，而不是臣民。他
們的經濟生活與沖積平原上的定居者互不相涉，兩者關係並不緊張。國
家也會用功名、禮物犒賞這些部族，並派特定行機關予以管理。除非心
叛離，不然都聽之任之。

除此以外，還有「良猺」一類。就像陳永海描述過的「畲」，這些部族已被涵化。只要他們耕種和繳稅，轉身為「漢」並不困難。[22] 晚清福建地區的一個案例，說明了當地官員的詮釋。光緒二十四年 (1898)，福建山區住民質疑被歸類為「畲」，官員審視後，接納他們的申訴，並引雍正皇帝的上諭，指出即使如「疍」，也並沒有排拒於合法臣民之列。因此，這些山中之民只要繳稅和參與科舉，應如常人一樣。儘管如此，官員還是建議他們改妝易服，以與當地社區融合。[23]

以往很多民族誌調查都顯示，在文化習俗方面，被標籤為「疍」的人，與陸上居民更為接近，與山上的猺或畲則差異較大。從飲食、婚嫁、風俗、家居擺設以至儀式，疍和陸上居民都是相當近似的。在民間宗教來說，他們維持著許多共同的信仰，例如洪聖、北帝、觀音。在語言方面，他們都說廣府話。在國家的教化議程裏，疍民也很少被認為是「異族」。在明朝的時候，「疍戶」屬一類特殊的戶口，需要交漁課，並沒有視之為異類，只是由於疍民不住在陸上，地方上禁止他們接受教育和參加科舉。雍正皇帝1729年的上諭，就顯示了官方也注意到廣東河道上人數眾多的疍戶備受歧視，強調其法律身份與平民無異，其上岸居住的權利需要得到保障：

> ……粵民視疍戶為卑賤之流，不容登岸居住，疍戶亦不敢與平民抗衡，畏威隱忍，局蹐舟中，終身不獲安居之樂，深可憫惻。疍戶本屬良民，無可輕賤擯棄之處，且彼輸納漁課，與齊民一體，安得因地方積習，強為區別而使之飄蕩靡寧乎？著該督撫等轉飭有司通行曉諭。凡無力之疍戶，聽其在船自便，不必強令登岸；如在力能建造房屋及搭棚棲身者，准其在於近水村莊居住，與齊民一同編列甲戶，以便稽查。勢豪土棍，不得藉端欺凌驅逐。並令有司勸諭疍戶開墾荒地，播種力田，共為務本之人，以副聯一視同仁之至意。[24]

雍正皇帝的上諭也提到要通過戶籍登記來改變疍民的地位，但這個上諭事實上並沒有在地方上得到真正的貫徹，疍民低賤的地位並沒有因為這個上諭得到明顯的改變，本地人對疍民的凌辱仍然非常嚴重。儘管

有些蜑民可以通過在比較有勢力的家庭中登記入籍來與「民」的社群融合，但這種融合只屬例外，因為一般的慣例是，某些蜑民雖然已經稱為耕種沙田的佃戶，但仍然被禁止在陸上建房子。在《粵東成案初編》中有一個 1825 年的案例，提到一個已經在岸上居住了三代的蜑戶成員，企圖鬻買功名，卻被處以重罰，理由是他的姊妹還是嫁給了蜑民，而他也沒有將自己的生活轉變向官府報告。可見，在社會和國家的眼中，這個人始終是蜑民，無法融入地方社會。[25]

這種動態的緊張關係是值得我們注意的。珠江三角洲商業化的政治經濟結構，使大量在沙田上的居民被吸納到一個有機運作中的農業生態中去，這種農業生態包含著成熟程度不同的沙田和土地擁有權。通過開發沙田與隨之而來的稻穀貿易，經濟財富得以容易累積起來，增加了社會地位提升的機會，也加快了群體成員結構上的流動性。當大面積沙田的擁有權受到質疑，當這些沙田轉化為可牟利的田產的潛力面臨威脅時，人們會積極地為其在陸上定居的權力尋求合法化。地方上原來有勢力者，會把有助於鞏固社會經濟地位的國家語言運用到極致，來排拒後來者，剝奪競爭者的權益。數個世紀以來，具有歧視性的族群標籤，就是在這過程中被固定下來的。

在這個族群等級形成的過程中，界線的劃分包含了爭奪沙田的入住權與國家議程之間的衝突和緊張的關係，其中涉及的幾個問題，值得我們特別注意。首先，國家編戶齊民這套話語所關注的，是要將人口固定下來，以保障稅收和賦役的社會基礎。其次，我們要評估國家的關懷，在多大程度上同地方群體的利益契合，讓後者得以將沙田轉化為可耕種的土地並定居下來，而得到社會提升的人又如何使用文化策略，在一個帝國秩序不斷演化的過程中，取得合法的身份。第三，宗族的語言、入住權、土地擁有權及在明代時出現的一些文化象徵，如何將那些自稱為「漢」和被稱為「蜑」的「浮動」人口從根本上區分為不同的族群。第四，如果沙田的居民能夠由以水為生轉為農業經營，並且成功地在珠江三角洲將自己培植成顯赫的宗族群體的話，他們是用什麼手法來突破這些文化標籤和政治障礙，使自己在陸地上有一席之地？在國家締造過程中的

幾個轉折點上，沙田的開發如何影響到不同群體在文化範疇上討價還價的緊張關係呢？

編戶齊民

王朝政府登記入籍，目的固然是徵稅和維持治安，但其意義不僅僅在於財政，而是一個文化和政治的議程。正如嘉靖《廣東通志初稿》卷二十二所言：

> 我朝洪武初取嶺表，又明年詔定天下版籍，凡民有色役者，以色役佔籍。十家為甲，十甲為圖，圖積為里，里積為縣。十年一更，而登降其生死。是時兵革之後，戶口尚少。其後流亡漸復，深林窮谷，稍成村聚。有司不能申明法令，以漸制未萌，俟其根蔓枝披，然後一切繩以刀斧，至於血刃血指，謹乃獲定，若己巳禍變及近日事可為鑒。巳版籍圖里鱗次，役事相聯，此國家制民訓俗之深意，而吏直以為簿書架閣，漫不省慮，不亦過歟。

在帝國的邊緣，登記入籍的措施，具有「制民訓俗」的意義，從而將蠻夷轉化為承擔國家賦役的編戶齊民，取得了擁有土地、參加科舉、獲取功名的權利。這些都是社會上升的「合法」渠道。然而，當王朝面對危機，一些疍戶為了逃稅和兵役而放棄原先的戶籍，成為官方文獻上的盜匪、海賊和蠻夷。換言之，身份可以被賦予，也可以逃避擺脫，可以借助某種手段去宣示，更可以通過文化的操作去製造，這都取決於他們以什麼手段獲得官方認可的流動策略。

在華南，明代中葉是戶籍和種族動力的歷史關鍵時期。科大衛之前的文章曾指出，明代特定的稅收政策引發了當地居民的強烈反響。那些繳稅的人入戶為民，而官方視那些未入戶者為猺。[26]

明初討伐廣東的時候，明朝政府企圖把大批流動人口收編為編戶齊民。嘉靖《廣東通志》記載了河泊所登記疍戶的做法，要求他們繳納漁

課，換句話說，政府以管治水上人口的辦法與管治陸地農耕人口的辦法並不相同。然而，隨著時間推移，記錄丟失，許多疍戶逃避登記戶籍，正如《東莞縣志》所言：

> 明置河泊所以領蜑民，分為上下十二社，編次里甲，督徵漁課，如縣之坊都。其後裁革所官，歸課於縣，而社如故。自海氛日惡，蜑民之梗者半人寇中，馴者亦徙居陸地，所謂十二社遂蕩然矣。[27]

與此同時，許多疍戶也被登記為軍戶，進而編入衛所，成為耕種的農民，正如《明太祖實錄》記載：

> 洪武十五年三月癸亥，命南雄侯趙庸籍廣州疍戶萬人為水軍，時疍人附海島，無定居，或為寇盜，故籍而用之。[28]

這些人後來有些成為了大族的祖先。雖然我們已經找不出證據說香山縣小欖鎮顯赫的何姓宗族原來是疍民，但何氏丸郎房第六代的一個成員何漢溟，就是在這個做法下被登記為軍戶的。據《香山小欖何氏九郎族譜》載：「洪武十四年，初造黃冊，公承戶，充大欖都第一團里長，十六年收集軍戎於南京鎮南衛百戶，年老，長子澤遠代行，後改水軍左衛。」[29]

疍民一旦被收編為軍，其身份就轉化為軍戶，逐漸與原來疍戶的身份脫離。經過一段時間之後，一些人用不同的方法再轉成民戶。其中一些人參加科舉獵取功名，踏入仕途。也有宣稱自己是士宦後代的人，建立起顯赫的宗族。他們會採用珠璣巷傳說，編撰族譜，建立祠堂。[30]小欖鎮的李族就是很好的例子。要究明李氏的來歷是很困難的，但他們的定居史敘述則是我們耳熟能詳的。當早期的定居者移住小欖去開發沙田的時候，他們用關帝或北帝廟為基地，建立了18個衛所。李家是其中一個衛所中的軍戶。後來，李家的一個成員取得功名，在明末的時候成為朝廷的高官；他們建立祠堂，編撰族譜，李氏宗族的戶籍遂由軍戶轉成了民戶，成為了小欖三大姓之一。他們建立了無數的祠堂，擁有萬畝沙田，並且積極參與宗族和社區的各種儀式。[31]

在地方社會，還存在種種通過入籍改變社會身份的可能性，康熙《番禺縣志》卷二十便說到疍民「有登陸附籍」。光緒《四會縣志》亦有一記載云：「(蜑民)往往有致富饒而賄同姓土著，冒充民籍者。」[32] 雍正皇帝的上諭，意在透過戶籍登記改變疍民的地位，從上面所引地方志和官員的材料可見一二。然而，鑒於地區上的諸種動力，這過程並不如諭令原意推展得那麼順利。

取士與功名

關於中華帝國晚期的社會流動性問題，在以往有關明清時期的歷史研究中，最為人們熟知的改變社會身份和地位的渠道，是通過科舉考試謀得官職。這一社會流動的目的和手段，也同樣被珠江三角洲土著居民利用。明代廣東著名學者黃佐在他編撰的嘉靖《廣東通志》中，提到一些疍民「近年亦漸知書」，並「亦有取科第者」。[33] 在這方面，明末著名將領袁崇煥很可能就是一個典型的例子。袁氏的家庭數代在西江販木為生，他的鄉下其實是東江的水邊，也不為當地已經定居下來袁姓宗族所接納。為了參加科舉，他到他的家庭經營木材販運的廣西藤縣冒籍考試。袁後來在大量流動人口聚集的東江邊建了與疍民祀蛇崇拜有關的三界廟。以上的事實顯示出他原來的身份很有可能是疍民，不過當他取得進士並由知縣升為兵部尚書後，他出生低微的家庭背景就被遺忘了。[34] 這一個案顯示出身寒微的人取得功名後，其族群身份和社會地位就有可能改變。

新會縣天馬鄉陳氏是另一個典型的例子，[35] 直到今天他們仍然被附近的人以帶有歧視的口吻稱為「疍家陳」。天馬鄉的人當然否認這種指稱，他們的宗族的不同房派建立了35間祠堂，並聲稱他們的大祠堂自明代以來就存在了，宗族成員中很多人取得功名。不過，天馬陳氏在1923年編撰的族譜，卻透露了一些有意思的情況。負責編撰族譜的房派，是陳氏定居天馬後第七代的成員，其房祖取得功名後移居縣城。族譜中有關他們來源的傳說，暗示了他們疍的身份：

我祖之始基也，居石溪北角……仰潮公以孤身鄉居，娶妣梁氏，
生守常祖，才四歲，有強徒遇仰潮公於本鄉接龍橋，起意謀害，
陰擠之，時西水漲急，飄末無蹤。祖妣梁氏聞耗，即攜子逃於小
喬舅家。強徒欲絕根株，多方偵索。舅以小喬人弱，不能庇，潛
呼小艇載往長熊，匿於其戚屬漁人郭公處。長熊、馬熊、鼠熊村屋
連接，依山臨水。馬熊村本馮姓人，因有斃林姓命案徙避者，遺
屋招售，祖妣以賤值得之，遂安居焉。守常祖字孔修，生三子
十二孫三十五曾孫……其後，馮姓有溺死而控告我族者，國字派
兄弟三十五人齊赴縣爭認，案官不能決釋之，勸馮民和，馮姓遂
徙居邑城西紫竹里，而天馬鄉漸為我族後斤有。長熊錢百益戶丁
逃亡，我族承充之，改為陳進戶，乃潮居都五圖五甲也。

雖然這個故事開始的時候聲稱他們在祖先本來也居住在陸地，但這
個故事很明顯是關於一個生活在水上的流動居民，在陸上定居下來，進
而獲得戶籍，並逐漸發展成為一個大族的故事。天馬陳氏族人一直祭祀
的祖先，是定居祖的母親，稱之為伯婆，同時也祭祀那姓郭的漁民，他
們的墳位於村後的山上。

水國貿易：市場與交通

鈴木滿男關於當代浙江漁民的研究，啟發我們聯想到在商業化的環
境下，廣東疍民的流動性所引出的相關問題。首先，他指出，同接待他
的本地幹部所講的方言不同，漁民所講的方言是一種在更廣泛地區通行的
方言，顯示出他們生活在一個由河道系統聯繫而成的廣大網絡中；其
次，他肯定了一個提法，過去以水為基礎的文化，跨越了一系列生態環
境的、由河流最上游的山塈直流而下至福建沿岸，在多個世紀以來，當
地的居民實際上跨過了一個又一個的山脈，在廣泛的地域流動。[36]

葉顯恩主編的《廣東航運史》，也說明了在高度商業化的地域經濟
中，生活在水上的流動人口在江河和海岸運輸中所發揮的重要作用。粵

東樟林的船戶是富裕的商人，當他們在海港建立住家和貨倉的同時，也從事走私和海盜活動，兩者都是累積財富和權力的渠道。[37]有人認為，貧苦的疍民作為僱工，往往被漢人批發商、高利貸者和船主所剝削。葉顯恩對這樣的看法提出批評，他的研究也揭示出，當某些行業被一些人壟斷的時候，水上人口是會發生分化的。[38]科大衛有關香港新界船民的研究也證實，有些疍民是有錢的，並對區域市場的廟會作出許多的捐獻。[39]

我們提出的問題是，疍民是否有可能在成為陸地上的精英之前，以富裕的商人的身份移居岸上呢？如果我們的假設成立的話，我們可能需要重新考察商人、船主以及河道市場在建立宗族社區與族群的層級中所扮演的角色。我們更可以進一步提問，珠江三角洲不斷擴充的沙田是官員和大族的足跡難以到達的，沙田的開發和佔有是否會為社會流動性提供更容易的渠道呢？

明清時期珠江三角洲沙田的不斷開發，很可能是其中一個重要的歷史機遇，一方面強化了固定的族群分類，另一方面容許人們很快地轉換其身份。以地域為基礎的群體在建立起大祠堂、敬宗收族的同時，也大規模開發沙田，向衙門升科報稅，這些都需要運用政治手腕，並能夠組織大規模的資本和勞動力，且在數十年以上的時間互相配合。那些通過圍墾開發出來的沙田，最終成為肥沃的土地，種植出稻穀和經濟作物。與此同時，取得在這些沙田邊緣圍築新沙田的權利，則一直存在著激烈的競爭。很多研究顯示出，珠江三角洲上新的社會秩序，是伴隨著宗族的語言、入住權和入仕等多種元素形成的。這個過程在以廣州和佛山為中心的沙田開發和稻米貿易的基礎上茁壯發展，亦同珠江三角洲急速的商業化及大小不同的市鎮的興起相輔相成。市場和運輸網絡的發展成熟，將水上人口劃入一個越來越有機的農業生產、貿易和工業的體系。在這些擴張了的空間，轉換職業和身份的機會也與日俱增。

疍民參與商業活動的網絡，從三角洲的西端至東南面的廣大的沙田，直至近代仍然十分蓬勃。1953年一份有關中山縣石岐水上人口的調查說：

據當地一些年老疍民的回憶，他們多來自江門市和順德縣的陳村、四邑的三埠。這些事實使我們比較清楚地瞭解到，過去（約在鴉片戰爭之前），珠江三角洲的水上疍民多以上述三地為活動中心，後來逐漸向附近河叉發展。而這三處，正是傳統的重要商業中心，由於運輸的需要，吸引和維持了大量的水上疍民。[40]

從明代到20世紀初期，珠江三角洲可說是一個不斷重新整合的社會生態系統。當人們藉著在市鎮附近進行的稻米貿易和相關的經濟作物的貿易積聚財富的同時，沿河搭建的茅寮和圍館發展成為人口稠密的村落。甚至有些人放棄了漁業，全力從事農產品的運載。比較富有的疍戶擁有了自己的船，也開始販運貨物，有些則在新興的市場上成為商人。在不斷變遷的沙田生態系統中，職業、活動的空間以及社會地位的游移不定，為這些水上居民製造了前所未有的機會。

然而，即使對於那些由於經營商業而積聚了財富的疍民來說，要在陸地村落或成熟的沙田上擁有合法居住的地位，還是需要創造一個「鄉下」，並追溯前事，證明自己與這個鄉下淵源深厚。較小的鄉鎮往往由已經落地生根的宗族控制，比較容易排斥其他可能的定居者。我們在番禺沙灣的調查中，看到一塊石碑，是光緒十一年（1885）五月由王、何、黎、李四姓組成的地方行政機構仁讓公局樹立的，內容是禁止他們的奴僕在沙灣建立祠堂，實際上意味著否定他們在當地社區的入住權，其碑文如下：

> 我鄉主僕之分最嚴，凡奴僕贖身者，例應遠遷異地。如在本鄉居住，其子孫冠婚、喪祭、屋制、服飾，仍要守奴僕之分，永遠不得創立大小祠宇。倘不遵約束，我鄉紳士切勿瞻詢容庇，並許鄉人投首，即著更保驅逐，本局將其屋段投價給回。現因辦理王僕陳亞湛一案，特申明禁，用垂久遠。[41]

然而，在比較大的市鎮或區域性城市中，宗族便很難維持其壟斷。大規模的商業中心，例如佛山、江門、小欖、容奇等市鎮，對於「外人」

的限制就不可能那麼嚴厲。正如乾隆《佛山忠義鄉志》卷六所云：「粵地多以族望自豪，新徙者每不安其處，鄉獨無此澆習，名家巨族與畸零之戶、驟遷之客都和好元差。故氏族至繁而門地自別。」

佛山霍韜家族的歷史最能說明這一點。被認為是中華帝國晚期四大名鎮之一的佛山，聚集了多個擁有大量沙田和有功名者的財雄勢大的宗族。霍韜的家庭歷史集中體現了這些方面。[42] 他祖父一代似乎是河灘上養鴨的家庭，用地方上的定義，很可能就是「疍民」。但後來他們在佛山從事鑄鐵業，經營種山及燒製陶瓷。在明嘉靖年間，霍韜獲得功名後，在官場不斷升遷，官至禮部尚書，其時他的家庭也積聚起大片的沙田。這個社會升遷的過程互相扭結，創造了一個活力蓬勃的地方文化與社會。

羅一星對明到民國年間佛山北面的三水縣蘆苞鎮的研究，亦顯示出社會向上流動的途徑迂迴曲折，以及在漁民和運輸業的經紀人、商人、本地豪強與周圍宗族之間持續地討價還價的過程。羅的研究顯示，低賤的族群標籤是留給疍民的（例如「水流柴」），而一些排他性的儀式就經常被利用來排拒那些未在本地落地生根的新來者和商人。[43]

盜匪與海賊

商業的環境向來是不穩定的，流動人口的存在，經常會引起社會不安。他們在地方遭到欺凌，加上物價波動的影響，當地有權勢的人經常將賦稅負擔轉移到新來者身上。[44] 史料顯示，當商人、船主、僱工和奴僕捲入海盜和盜匪的活動時，使用武力是司空見慣的。明朝發生的黃蕭養之亂便是其中一個例子。在江門的周玉和李榮之亂，就是由康熙時的遷界和海禁觸發的。嘉慶年間鄭一嫂和張保傳奇式的一生，在地方的傳說中是很有名的。這些故事增添了疍民社會地位提升的模糊性。清代後期，新會知縣聶爾康談到在濱海沙田環境下佃農、僱工、盜賊田主之間的關係時說：

> 查濱海圍田，多有賊匪打單之事，以故該田工佃亦多慣於作賊之
> 人，蓋非賊不能和賊，亦非賊不能禦賊也。該田主利其禦賊，藉
> 之捍衛者有之；利其作賊，坐地分肥者亦有之。該賊恃有田主
> 以為護符，遂於田主之前倍加勤奮，乘便即行作賊，元事仍舊耕
> 田，該圍藏垢納污，田主復為包庇。[45]

珠江三角洲地區沙田的佃戶僱工，一般都被視為蜑民，上述這段議
論反映出在官府的印象中，蜑民與賊匪難以區分。有時政府為了加強海
防，甚至會讓地方上蜑民的領袖承擔軍事上的責任，這些領袖募眾越
廣，職銜就越高。另一些時候，當他們對陸上的社群進行搶掠，以及與
政府軍隊發生戰鬥時，就變成惡名昭著的盜匪，[46] 在官員、地方豪強、
與盜匪之間，界線是十分模棱兩可的。

不論為官還是作賊，使用武力是另外一個「上岸」的方法。科大衛
早期一篇有關寶安縣鄧氏的文章，正好說明這一點。在遷界的時候，已
經建立起來的鄧氏宗族，處於紛亂狀態，有些繼續通過賄賂地方的豪
強，留在原來的地方；另一些則失去土地，或者消失了，或者轉為盜
匪。[47] 嘉慶年間海盜的猖獗，以及道咸年間紅兵所帶來的廣泛動亂，都
造成了權力真空，引致農村凋殘，土地被佔，情況與遷海時相若。從明
到民國年間，與獲得入住權利相關的一些暴力事件，在後來興起的宗族
的族譜中都有跡可尋。

要說明這一點，番禺沙灣的何氏的發展是很好的例子。在何氏族
譜中，特別提到了由明到清的朝代更迭中，奴變、祖宗產業被毀、宗族
成員被殺等事，[48] 族譜中《留耕堂考》一文描述了在這個動亂時期，何族
東奔西散的困境：

> 永曆丙戌 (1646) 冬，南嶺初腥，鄉難隨作，各姓奴僕，盡悖主
> 以煽亂，而七村惡少，俱從而和之，設營結寨，行劫掠，路無忌
> 悼，以貫二社為名，致我五姓雞犬不寧，各家越境，以避其鋒。[49]

雖然動亂最後平定了，何氏宗族的成員也在1663年著手重建宗祠，但馬上又遭遇康熙皇帝的遷海命令。據何氏的文獻顯示，他們到1669年展界之後才回到沙灣。留耕堂也到1688年才重建，並成為廣東最重要的宗族凝聚和聲望的象徵。但是，最後重新佔有這個地方和重建宗族成員的身份，其實已經不能完全弄清楚了。其中有一個居住在沙灣西北面韋涌村的何姓小宗族，聲稱是沙灣何族丙房的一個分支，在遷界時，他們冒著危險駕船到留耕堂，將祠中神主牌取回韋涌，安放在自己的祠堂中奉祀。沙灣何族回到沙灣後，他們又將這些祖宗的神主牌送回沙灣，因而被視為「何氏功臣，千秋典型」，並獲得了「各給酬勞田八畝，停繼血食勿替」的獎勵。[50]

犵崗宗族史

就我們對珠江三角洲的一般觀察，不難意識到，隨著農業和商業急速發展，在無垠的沙田邊界上的居民，其向上流動的途徑非常多樣。本章的後半部透過犵崗村的歷史片段，來說明那些被標籤為「蜑」的人如何以自己的方式建立宗族社群的過程。他們通過控制商業和運輸，以及利用與該地區特定國家政策相關的社會動盪所提供的機會，來提高自己的地位。

在潮連島的南端，有一鄉村名犵崗，在《潮連鄉志》中又稱為犵尾。犵崗的居民大多數是區姓，犵崗區氏儘管也建立起自己的祠堂，但仍然被潮連島北部和中部的宗族（陳、盧、區、潘）所排擠，甚至被視為「蜑民」，富崗的歐姓大族甚至強調犵崗的區氏與他們沒有血緣關係，認為兩個「區」的寫法是不同的（其實我們從他們編修的族譜看到，他們都是用「區」，而沒有用「歐」）。此外，在每年的洪聖誕巡遊活動，犵崗區氏的角色是相對次要的，洪聖大王在村裏稍作停留，很快就離開了。雖然犵崗的居民說洪聖首先是在犵崗上岸的，但犵崗以外的人，沒有人認為在島的南邊曾經有過洪聖廟。

　　在這個島北部和中部的大族的印象裏，豸崗有很多雜姓，是一個相對「未開化」的地方。不過，事實上豸崗鄉過去一度是以西江上沿江的人群為主要對象的一個很興旺的地方市場。這個村的確有一個區姓宗族建立了起來，並建了七間祠堂。[51] 至道光十八年（1837），更編寫了一本族譜。原來的居民與其他姓氏的人（朱、何、李、梁、林）共同拜祭一間小的天后廟。[52] 他們在島南端山邊修築起一群群的房子，在埠頭也有一個龍牌和一間洪聖廟，雖然由盧子駿於1946年編撰的《潮連鄉志》既沒有提到這個龍牌，也沒有提到這座洪聖廟，但當地村民堅稱自己的社區有份參與每年的洪聖誕巡遊活動。島上所有大族都參與的巡遊活動，在龍牌結束。這地方是區內水上居民的禮儀中心，他們組織「會嘗」，為活動捐獻巨額金錢。他們還說，洪聖最初在明代嘉靖年間被帶到潮連島時，它是先停在龍牌的位置，後來才被移到島的北部「大歐」（當地對居住在北部的區姓大族的稱呼）所在地。我們在豸崗的田野調查中，的確在市場發近發現一座小的洪聖廟，大約建於清代中葉。雖然現在豸崗主要是區氏宗族聚居的社區，但本地居民也指出，在本村歧山社（河岸附近的居民）有很多雜姓的家庭。[53]

　　我們再從文獻看，《新會縣志》記載了兩個明代後期士大夫的傳記，他們是潮連石阪里人，石阪里是豸崗五個坊里之一。在1837年編撰的《區氏族譜》（抄本封面題《居新會潮連石板里區姓立宗枝綿長》，以下簡稱《區氏族譜》）中，似乎也很清楚地記錄了這個區氏宗族的譜系。[54] 根據族譜的說法，豸崗區氏的遠祖是廣東所有區氏共同祖先林石公，唐代從浙江移居到珠江三角洲的南海縣，七代之後，有一個祖先為避海寇，徙居珠磯巷。至十五世復真南遷到新會，為豸崗的區氏一世祖。族譜記載復真之孫肇基本來住在順德縣，與一個姓胡的新會朋友一起到潮連遊覽，喜歡這裏山明水秀，便定居下來。[55] 現豸崗區氏一房的祖先板峰，就是肇基的曾孫，大約生活在明代初年。豸崗區氏有兩個最古老的祠堂，一是「月湖祖」，一是「古松祖」，供奉的祖先是板峰的孫子。據我們採訪的老村民說，月湖有七兄弟，七兄弟共同在明末建立起大宗祠，用的材料是非常昂貴的冬荊木。[56] 不過，這個大祠堂其實沒有多少

嘗產，以月湖和古松名義建的祠堂也一樣。[57] 其中一個兄弟居易沒有祠堂，但他的兩個曾孫應期和志遠，在明朝取得進士並擔任官職。相隔很長的時間後，一個為應期的祖父渭東祖建的祠堂修建起來了，並成為區氏人口最眾、田產最多的一房。渭東以下的三房的祠堂也在後來建立起來。[58] 他們佔了原來梁姓居住的地方，擁有特成沙的一部分 (據《龍溪志略》記載，特成沙是嘉慶以後才成沙的[59])，並擁有粉洲和橫沙等地的沙田。祠堂也將最大份的豬肉分給這一支的後人。在全盛時期，區氏還擁有稱為「下使」的奴僕，這些姓陳、李、張、盧、侯的「下使」，分別為不同的房派服役。[60]

雖然這個譜系的世系還算清楚，但這些文獻的語言和內容有很多含混的地方，編者似乎是從不同的族譜和方志抄錄了這些材料，以便在敘述中填補很多的歷史空隙。我們很熟悉這種重新製造傳統的技巧，但區氏宗族的文獻有兩處前後矛盾的地方是值得一提的。在豸崗的《區氏族譜》中，在一段顯然是從其他區氏宗族的譜牒中轉抄過來的珠磯巷遷移故事，當中涉及的人物並沒有出現他們自己聲稱的始遷祖復真的名字，只有在他們的世系圖中的始遷祖復真的堂兄弟崇真。這段故事說，從南雄遷移到新會的是崇真的父親以惠和伯父以貞、以信，也與世系圖中復真父親的名 (大經) 字 (悅嘗) 不符。很顯然，豸崗區氏是從其他宗族的譜牒中抄錄了有關的故事，並嘗試把自己的宗族來源與珠磯巷南遷故事聯繫起來，但沒有能夠自圓其說，這些生硬的拼湊祖先來歷故事的做法，在廣東宗族的族譜中是司空見慣的。

暴力與社會動亂

相關的材料也都顯示區氏來歷和身份是相當可疑的，究竟這個世系圖上的名字，同這些文獻的編撰者是否真的有關，我們也無法弄清楚。《區氏族譜》中抄錄了一篇以〈凌霄仙源類譜〉為題的文字，提到了兩次引起本地居民離開豸崗的事。一是康熙年間的遷界，文中記載，

「康熙甲辰，[奉]旨下令移界，族人則播遷矣，復歸只數十矣，從此子孫散居各方，安集他邑」。究竟誰來填補地方社會的真空，就很模糊了。另一次社會動亂是「道光圭辰，遭族匪串寇慘害⋯⋯率帶數人夜救出，逃居麻園。被南雄過老壯於冬，滅亡於疫者過半，大樹拔，祠屋颳毀。」

假設在這段記載描述的歷史事件中，豸崗的居民是曾經被暴力和社會動蕩驅散的話，取代他們的會是一些什麼人呢？當後來者利用一些零散的歷史資料在1837年編撰族譜的時候，[61] 他們的動機又是什麼呢？

康熙年間遷海引致的社會動蕩是眾所周知的。當地的文獻詳細記載了珠江三角洲疍民的領袖，番禺的周玉、李榮在江門的軍事行動。[62] 豸崗位於江門對面的潮連島的南端，應該不會置身於事外。區氏族譜中記載的那些流散到陽江、香山的九洲基、順德的勒流和佛山，最後定居在豸崗的人，是否就是那些聚集在江門的海寇，以及那些因遷海而叛亂的人呢？在平定之後，他們是否會佔了以前的居民的戶籍呢？

一個很有趣的旁證故事，涉及遷移到陽江、並以打魚為生的月湖祖一房。他們後來成員越來越多，建立了一座祠堂，當其中一個成員取得舉人之後，與豸崗區氏聯宗。豸崗的人表示沒有興趣，事情乃不了了之。

到了道光咸豐年間，紅兵之亂帶來廣泛的社會動蕩的時候，上述情況有可能再次出現。有兩份歷史資料，提到在江門和會城附近的血戰中，不同派系的匪徒與由士紳領導的團練及政府的官兵，在陸地和水上交戰。文獻記載許多匪徒的名字來自潮連，其中一個來自崗頭的陳松年，他成為會匪的頭目，多次劫掠江門和會城，直至其被捕和處死為止。在這些記錄中，豸崗在衝突中是被劫掠的鄉村之一。[63] 雖然這些社會動亂是在《區氏族譜》編撰之後發生的，但多少反映出當地流動不定的移民歷史，如何同大規模的暴力行動以及人們記憶的錯位和斷裂交織在一起。這同族譜或宗族文獻中繪畫的、綿綿不斷的世系圖形象，形成很大的反差。

商業與水路運輸

豸崗村的地理位置令其在社會動盪時很容易受到衝擊，但在太平盛世以及商業蓬勃時也擁有自己的優勢。《潮連鄉志》卷二《建置略》有一段關於豸崗的市場的記載，指出一直到20世紀，它在地區經濟所扮演的角色：

> 豸尾墟在豸尾近海處。帆檣雲集，市肆數十，逢一四七日為墟期。黎明則商賈輻輳，凡牲畜果蔬等各貨，間不畢集。墟設公秤，凡貨物重量，買賣兩家，均以公秤為準。交易者納公秤費若干，其權利歸潮連社學，歲入頗豐。自光緒末，商業移到江門，而豸尾墟遂零落矣。

這些描述並沒有誇張，我們訪問了一些出身於過去在豸崗從事農產品加工販賣商業活動的家庭的老村民，他們所講述的自己家庭的故事，能夠印證文獻的記載。我們在1991年訪問當地兩位分別時年85歲和75歲的區姓老人時，他們很肯定地說，在他們曾祖父（大約嘉慶年間）的時候，建立市場的宗族設了12個公秤去主持買賣。富崗區氏和盧邊盧氏控制了公秤並收費，豸崗的區氏以合夥人身份參與拍賣。[64]在市場附近的升平社，有一些由來自廣西的商人開設的燒石灰工場和製作船纜的工場。最重要的工場從事沖菜生產，從西江沿岸的鄉村，包括潮連、荷塘、古鎮等地，收購新鮮的沖菜，豸崗的工場僱請數以百計的女性從事翻曬和醃製的工作。水上的疍民將這些產品運到遠至順德陳村、廣州、佛山，以至香港和新加坡。那位75歲老人的曾祖父兄弟經營兩間大工場，分別稱為上廠和下廠，他們也都販運醃製這些沖菜所需的鹽。沖菜的銷售量每年超過一萬擔，遠至台山的商人都來做這門生意。雖然區家沒有從事農業，曾祖父有能力為自己建了一座房子，並在兒子結婚時建了一間大屋給兒子，纏足的媳婦來自荷塘村一個富有的家庭，他們的繁盛延續了幾代。時至晚清，江門批發市場取代了豸崗，區家關閉了其中一間工場。到民國初年，因為有一些屬

渭東祖一房的成員，控告他們走私鹽，他們把第二間工場也關閉了，從此這個家庭轉到務農。在升平社有兩間不尋常的大房子的主人，是被訪問的老人的曾祖父的表親，是月湖祖一房的人。他們是在豸崗醃製沖菜和從事貿易發家的。他們在同治年間捐穀買官，後來在香港和新加坡開設金鋪和珠寶店。

那位85歲老人的家庭也從事各種生意。他的曾祖父在江門的稻米批發市場上做買手，祖父生產船纜，並通過西江運到梧州，父親在豸崗養蠶，到容奇售賣蠶繭。這個家庭在1930年代、特別是日本佔領時期，生意做不下去以後，轉而向也在潮連的芝山陳氏的祠堂租地耕種。不無諷刺的是，當別無選擇後，他們以一種迂迴的方式開始務農。

隨著江門興起成為一個更具競爭力的蔬菜批發市場，豸崗的市場在19世紀後半期逐漸衰落。豸崗一些家庭轉而經營大片的沙田，以作為維持和提升自己社會地位的策略。即使採取這種傳統策略，亘的老闆們動員艦艇和追隨者的能力，對他們攫取土地和保衛財產還是至關重要的。

參與社區儀式

在社區禮儀的層面，潮連的老牌大族利用一切機會，調侃豸崗居民。當地有一句民謠說：「豸尾佬，生錯鬚，搭戲棚，無戲做」。這種情緒化的說法，多少顯示三角洲其他大族對居住在沙田的水上人的歧視，而後者將神功戲視為他們社區節慶的一部分。不過，話雖如此，豸崗事實上有參與當地的宗教和禮儀活動。即使帶有偏見的《潮連鄉志》記載有關每年洪聖誕巡遊活動，顯示豸崗也是參與出巡活動的。雖然沒有列出區氏宗祠展示任何文人的物品（這已是其他大族宗祠的傳統），但明確描述在遊神活動的第三天，洪聖大王被抬到「芝山及其鄰近的豸崗」，在神誕演出的七台戲中，豸崗負責其中一台。本地居民的敘述符合我們的一些觀察，還補充說，豸崗洪聖誕神遊活動是以埠頭

和市場附近的龍牌為中心的，戲一連上演幾天，臨時搭建的大戲棚一直延伸出江邊，而戲台是朝岸上的。數以百計的大船停泊在那裏，包括來自廣州和香港的大船。他們捐錢組織會嘗，由村裏的區氏管理，捐助還來自附近的工場。洪聖大王供奉在大祠堂和渭東祖祠堂中，接受拜祭，也在江邊附近的市場停留更長的時間。在19至20世紀之交這個市場衰落的時候，神誕和捐錢的活動也日漸萎縮。老居民回憶説，在1940年代，戲是在大祠堂前面演的，而不是在市場前面演的，也展示了珍貴的書畫。

陳寅恪先生對於中國歷史上的族群身份的界定，有一個非常著名的觀點。他認為，漢人與胡人之分別，文化較血統更為重要：「此點為治吾國中古史最要關鍵，若不明乎此，必致無謂之糾紛。」[65] 當代史學研究者接受這一觀念大抵不會有太多的困難。但是，人們的關注點習慣上多從民族同化（或稱融合，或言涵化）的角度著眼。

本文嘗試用一種歷史的方法去探索珠江三角洲社會，用人類學的眼光去解讀珠江三角洲的歷史。我們不僅僅希望指出，疍和漢的身份區分是通過王朝國家與宗族的語言來表達的，還希望指出數個世紀以來，珠江三角洲沙田上的文化界限也是流動不定的，在國家與地方社會互動的不同的情境裏，經常重新劃分。本文並不假設漢文化複合體的基本性質是通過人口遷移從政治中心擴散出來而形成的，也沒有強調邊疆的族群的同化過程。本文嘗試揭示的是，在國家和地方社會的締造過程中，漢與疍、農與商、民與盜、沙田區與民田區這些二元的分類是如何出現的。本地族群的再劃分，很大程度上是同政府為水上人口的社會流動提供的機會或者設定的限制聯繫起來的。在沙田發展的過程中，地方的情況也提供了很大的空間，讓人們去操控。雖然有限的歷史材料並不容許我們去弄清各種人群的來源，但從一個商業化的地區政治經濟所能提供的一系列選擇去探討，仍不失為有效的研究途徑。無論作為商人、船主、小的軍事頭領、走私者、海賊，還是許多被標籤為疍民的人，在中華帝國晚期不同的歷史轉折點，以自己的辦法得以「上岸」，為建造陸上社區而努力。更值得注意的是，他們在「上岸」的過程中，在一定的

歷史情境裏，也靈巧地採用了一套正統性的語言。雖然地方政府對珠江三角洲沙田的管治常常是鞭長莫及，但本地人卻可以能動地運用王朝的語言，製造出本地的國家秩序。

（劉志偉譯）

在潮連的研究得到 Wenner Gren 人類學研究基金會和耶魯大學東亞研究理事會的資助。時任中山大學歷史系程美寶博士在撰稿過程中提供許多幫助，在此謹一併致謝。本文修改自 Pamela Kyle Crossley, Helen Siu, and Donald Sutton, eds., *Empire at the Margins: Culture, Ethnicity, and Frontier in Early Modern China* (Berkeley: University of California Press, 2006)。

註釋

1 見科大衛、陸鴻基、吳倫霓霞編：《香港碑銘彙編》（香港：市政局，1986），頁535。

2 周去非：《嶺外代答》，卷三，外國門下（文淵閣四庫全書本）。

3 嘉靖《廣東通志》，卷六十八，外志五。

4 《清世宗寶皇帝實錄》，卷八十一，雍正七年五月壬申。

5 關於越人的源流，參見羅香林：《百越源流與文化》（台北：國立編譯館中華叢書編審委員會，1955）。

6 屈大均：《廣東新語》，卷十八，《舟語》。

7 見 Eugene Anderson, "The Boat People of South China," *Anthropos* 65 (1970)。他認為在社會動蕩的時候，不少陸上人會逃到水上，此尤以19世紀為甚。

8 見康熙《番禺縣志》，卷二十；咸豐《順德縣志》，卷六。

9 屈大均：《廣東新語》，卷十八，《舟語》。

10 參見〈陳族世譜〉（會城，1923）；另參 Helen F. Siu, *Agents and Victims in South China: Accomplices in Rural Revolution* (New Haven: Yale University Press, 1989)，第3章有關天馬鄉陳氏的歷史。

11 見陳序經：《疍民的研究》（上海：商務印書館，1946），第3章。

12 見伍銳麟：《三水疍民調查》（台北：東方文化書局，1948年重印）；陳序經：《疍民的研究》；嶺南大學社會研究所：〈沙南疍民調查〉，《嶺南學報》，第3卷第1期（1934年1月）。

13 見陳序經：《疍民的研究》，頁80。

14 參見廣東省民族研究所編：《廣東疍民社會調查》（廣州：中山大學出版

社，2001）。該書彙集了廣東省民族事務委員會1952–1953年進行的疍民調查的三個調查報告。

15 黃新美：《珠江口水上居民（疍家）的研究》（廣州：中山大學出版社，1990）。

16 Michael Benton, ed., *The Relevance of Models for Social Anthropology* (London: Tavistock, 1965), pp. 113–137.

17 見劉志偉：〈大洲島的神店與社區關係〉，載鄭振滿、陳春聲主編：《民間信仰與社會空間》（福州：福建人民出版社，2003）；另參本書第十三章。

18 David Faure, *Emperor and Ancestor: State and Lineage in South China* (Stanford: Stanford University Press, 2007).

19 見 David Faure, "The Lineage Cultural Invention: The Case of the Pearl River Delta," *Modern China* 15, no. 1 (1989): 2–36；Helen Siu, "Recycling Tradition: Culture, History and Political Economy in the Chrysanthemum Festival of South China," *Comparative Studies in Society and History* 32, no. 4 (1990): 765–794；Liu Zhiwei, "Lineage on the Sands: The Case of Shawan," in David Faure and Helen Siu, eds., *Down to Earth: The Territorial Bond in South China*, pp. 21–43。

20 見屈大均：《廣東新語》，卷七，《人語》。

21 參見Pamela Kyle Crossley, Helen Siu, and Donald Sutton, eds., *Empire at the Margins* (Berkeley: University of California Press, 2006) 一書中陳永海的文章，頁255–284。

22 只有當他們把文化標籤轉化為衝擊擁有入住權社群的力量時，文化差距才成為問題。

23 陳永海指出這點。所引材料取自中國少數民族社會歷史調查資料叢刊福建省編輯組：《畲族社會歷史調查》（福州：福建人民出版社，1986）。

24 《大清會典實例》（中華書局重印，日期不詳），頁1008。

25 朱榤：《粵東成案初編》，卷三十一，頁16a–17b。

26 David Faure, "The Lineage as a Cultural Invention: The Case of the Pearl River Delta," *Modern China* 15, no. 1 (1989): 4–36.

27 康熙《東莞縣志》，卷三，《坊都》。

28 《明太祖實錄》，卷一四三，頁1383。

29 何朝淦：《香山小欖何民九郎族譜》（香港），卷一，頁24。

30 見劉志偉：〈傳説、附會與歷史真實：祖先故事的結構及其意義〉，載上海圖書館編：《中國譜研究》（上海：上海古籍出版社，1999）。

31 參見本書第八章。

32 光緒《四會縣志》，卷 ・。

33 嘉靖《廣東通志》,卷六八,外志五。

34 東莞縣文化局編:《袁崇煥》(1984),頁9–25、35–56。

35 見Siu, *Agents and Victims in South China*,第3章。

36 鈴木滿男著,林薇娜譯:〈魚佬——相遇在浙江省北部、富春江的水上船民〉,載鈴木滿男主編:《浙江民俗研究》(杭州:浙江人民出版社,1992),頁128–140。

37 見葉顯恩主編:《廣東航運史〈古代部分〉》(北京:人民交通出版社,1989)。

38 見廣東省民族研究所編:《廣東疍民社會調查》。

39 見David Faure, "The Tangs of Kam Tin—A Hypothesis on the Rise of a Gentry Family," in David Faure, James Hayes, and Alan Birch, eds., *From Village to City: Studies in the Traditional Root of Hong Kong Society* (Hong Kong: Centre of Asian Studies, University of Hong Kong, 1984), pp. 24–42。

40 見廣東省民族研究所編:《廣東疍民社會調查》。

41 見劉志偉:〈宗族與沙田開發——番禺沙灣何族的個案研究〉,《中國農史》,1992年第4期,頁34–41。

42 見Helen Siu, "The Grounding of Cosmopolitans: Merchants and Local Cultures in Guangdong," in Wen-hsin Yeh, ed., *Becoming Chinese: Passages to Modernity and Beyond* (University of California Press, 2000), pp. 191–227。關於霍韜與佛山,參見David Faure, "What Made Foshan a Town?," *Late Imperial China* 11, no. 2 (December 1990): 1–31;羅一星:〈明清時期佛山冶鐵業研究〉,和譚棣華、葉顯恩:〈封建宗法勢力對佛山經濟的控制及其產生的影響〉,均收入廣東歷史學會編:《明清廣東社會經濟形態研究》(廣州:廣東人民出版社,1985)。

43 見Luo Yixing, "Territorial Community at the Town of Lubao, Sanshui County, From the Ming Dynasty," in Faure and Siu, *Down to Earth*, pp. 44–64.

44 陳永海考察了在粵北、贛南和閩西山區的商路上的類似情況,指出了商業不穩定與社會不安的關係。

45 聶爾康:《岡州再牘》,卷三,〈香山縣舉人劉祥徵呈保陳亞心一案批〉。

46 關於疍民海賊的進取戰略,參Dian Murray, *Pirates of the South China Coast* (Stanford: Stanford University Press, 1987)。

47 Faure, "The Tangs of Kam Tin," pp. 24–42.

48 Liu, "Lineage on the Sands," and Helen Siu, "Subverting Lineage Power: Local Bosses and Territorial Control in the 1940s," in Faure and Siu, *Down to Earth*, pp. 21–43, 188–208.

49　Liu, "Lineage on the Sands," pp. 30–31.

50　同上註，頁31。

51　《潮連鄉志》只列出了六間，見盧子駿：《潮連鄉志》，卷二，《建置略》。

52　這座廟稱為十保廟，十保是由芝山（陳姓）和其他沒有祠堂的小姓組成的行政區。

53　這五個社是：石攝里、良邊社、臨安社、升平社和岐山社。

54　見區騰耀編：《居新會潮連石垣裏區姓立宗枝綿長》（1838）；1985年，豸崗兩位老人區五毛和區錦耀也重修了《寨崗區氏族譜》。

55　我們一個訪問者的祖先，傳說先是受僱到這裏養鴨，後在當地入住（見1992年12月訪問記錄）。這個被訪者說區氏過去曾經很有錢，「由南雄遷來後變成疍民」。

56　不過，這個祠堂並沒有多少團產，正如一位老村民感嘆地說，「連香油錢都沒有」，要捐錢才分得豬肉（1992年12月訪問記錄）。

57　有趣的是，我們訪問的一個老人說月湖祖的祠堂曾經有田產，但到十四五世時把田產抵押去做生意而喪失淨盡。在民國時期，古松祖也把田產賣掉，以應付戰爭引致的饑荒。

58　《潮連鄉志》記載其中兩個祠堂供奉的祖先是象溪和詩三。

59　《龍溪志略》由鄰近潮連的外海鄉陳炬埠編撰，該書記述了嘉慶年間在外海洋面發生的一次戰事。在這次戰事中，海盜張保的船被打沉，沉船周圍遂沉在只成沙，就是後來的特成沙。

60　根據本地人的説法，月湖祖的下使姓張，古松祖的姓侯，渭東祖的姓陳。

61　屬古松祖一房的一位老人明確説，在道光咸豐時期，渭東祖一房人欺負他那房的子孫，他們逃到佛山，發誓永遠不回來，後來成為佛山富商，其中一個以其身家豐厚，被稱為「區十萬」。豸崗區氏的老人最近為了修族譜，還查訪到他們的一些後人，但他們已經不想同豸崗區氏恢復聯繫。

62　例如《潮連鄉志》，卷七，《雜錄略》。

63　見譚祖恩：《新會端變識略》（廣州：心簡齋，咸豐五年[1845]刻本）；陳殿蘭：《岡城枕戈記》（咸豐五年[1845]刻本）。

64　到民國初年，豸崗市場只剩下兩個公秤。

65　陳寅恪：《唐代政治史述論稿》（上海：上海古籍出版社，1982）。

第十章

廣東商人與在地文化

商人何在？

羅威廉的研究指出，早在西方帶來現代化衝擊之前，18世紀漢口商人已發展成熟。在與晚期帝國的對話過程中，他們展現的自主社會力量，深具制度性意義。[1] 然而，科大衛卻強調商人群體缺乏獨特的身份認同。他的研究聚焦在一個多世紀以前，居於佛山的商業精英如何孜孜以求士大夫的名位，這些商人即使富甲一方，卻沒有異於國家傳統的文化身份。[2]

學界曾對山西、徽州、福建和江南的商人團體、貿易組織、家族制度、生活方式、道德倫理以及與文人和國家的網絡關係等問題展開爭論。這些研究充分表明，從宋朝開始，市場體系漸趨成熟。[3] 商業的興衰循環與帝國王朝的命運息息相關，同時又振興了地區上的文化、藝術、家族組織以及民間宗教。[4] 然而，無論是歷史紀錄抑或是研究者的想法，商人團體除了留下物質和文化影響，他們的獨立身份往往模糊不清。

這種處境很大程度是因為他們除了商業以外，還經營許多其他事業。明代徽州商人投資於書院和文人事業；江南商人擅長園林工藝和高雅藝術；[5] 福建商人修築美侖美奐的寺廟；[6] 廣東商人則以族產的名義攫取廣大的沙田，他們憑藉這些資產建構了複雜的宗族體系。[7]

如果這些商人認同士大夫的文化形式，貢獻家鄉，那麼我們就不應該認為商人游離於農業體制之外，也不該把他們想像成是對國家正統的威脅。然而，許多研究問題的提出及歷史解釋往往基於這種國家與商人對立的假設。正因如此，羅威廉和科大衛在研究上的區別常被看成是歷史時間和地點的差異──佛山的精英被認為是源自農業政治經濟，並借用國家意識形態來把他們的行為合法化；漢口商人經營發展城市的私人機構及地區網絡達一個世紀，從而得以根據自己的主張，與國家政權「共謀、協商或對抗」。

這種認為帝國秩序會壓抑商業活動的想法，持續影響著學界對民國時期的想像。中國史學家一直為清朝未能實現中國經濟現代化而耿耿於懷，他們把王朝國家的統治稱為封建，罪過不亞於西方帝國霸權。在他們看來，中國新興資產階級便在清帝國朽壞的陰影下成長起來。一戰時，西方列強專注於歐洲而無暇東顧，為本地商業創造大量機會，新興資產階級遂得以發展壯大。這群人被稱為買辦、資本家、民族資產階級，歸屬不同的政治光譜，在通商口岸和沿海城市等新興城市迎來他們的黃金年代。[8]

類似的分析邏輯也常見於對海外中國離散群體的研究。王賡武認為海外中國商人之所以成功，是因為他們遠離帝國的控制，並靈活地適應了東南亞殖民政府和當地政府。[9] 劉廣京考察了行會和同鄉會的商業私有化進程，指出晚清買辦商人利用對西方制度的瞭解，藉以推行一套新的、應對國家和社會的實用哲學。[10] 20世紀早期的新興商業利益，被認為是延續了這種在繼承傳統商業和回應近代西方挑戰兩者之間尋求空間的策略。學界的焦點集中在民族國家的建造進程，認為躊躇滿志的都市精英在這個進程中擁有自主的身份和公共空間。[11] 民國時期國家權力四分五裂，南京、上海和廣州等地的部分商人團體，則充分利用其「邊緣性」來定位自己。

然而，我們不應忽略其他區域內各城鎮商人團體的沒落。自19世紀早期起，朝廷給予商人進行專賣的特權逐漸失效，徽商開始衰落。廣州許多行商在行商制度廢除之前就已破產。在廣東，從事農產品長途貿

易的商人也在20世紀初沒落，與在同一地區新冒起來的「大天二」形成鮮明對比。

我們很難說清楚中國歷史上這些經商者所面臨的困境、身份、生意性質、生活模式和價值觀，他們與政治權力之間變幻的關係，以及對國家的影響。在明清時期，「商人」一詞就無法定義為與國家相對應的一個獨立社會範疇；到了民國時期，他們命途多舛，就更難有清晰的界定。也許，把這些商業經驗理解為一個在特殊歷史節點上與文化、經濟、政治體制建構層層勾連的過程，似乎更為可取。既然歷史總有英雄和敗寇，那麼在國家與地方社會風雲變幻之際，到底是哪些因素影響了這些商人的命運？這樣的討論讓我們把關注點更集中在他們的身份認同上。除了國家／市場、城／鄉、精英／大眾、公／私等機械的二分法，我們可以關注商人為超越自身處境而努力打造的新聯繫。在這樣的努力下，他們有沒有創造新的舞台，從而把地方社會、整體政治秩序以及自己的身份整合起來。

我們一旦分析了地方的能動者及其歷史複雜性，國家的各項制度和議程就不再充滿限制和細碎繁複，而顯得微妙不可捉摸。從話語層面來看，國家可以是一個隨著操弄、爭議而滑動的文化觀念。我之前的文章曾論述過從去中心化的角度看待中國政權的觀點，這有助我們更透徹地理解身處帝國不同位置的社會群體是如何按照自己想像中的、來自政治中心的士大夫價值觀行事，從而與帝國相連。在此過程中，他們創造性地促成當地社會以及國家統治語言的建構。不管是否有意為之，後世認可的文化正統離不開這些代理人的本土資源和智謀。[12]

商人及其文化成就的性質含糊不清，亦促使我們反思中國歷史上及當今「公民社會」問題的爭論。裴宜理研究當代中國都市，曾有這樣的總結：「我們西方社會科學習慣把國家／社會的關係看成是一場零和遊戲，亦即社會的勝利就是國家的失敗；然而，這種看法並不適用於中國，因為中國的私人關係、公共組織及國家代理人纏繞不清。」[13]

我的這篇文章，是基於筆者於過去這些年在廣東珠江三角洲地區收集到的歷史及民族誌材料，以與帝國晚期商人團體及20世紀初期商

人團體的不同行動策略相比照。如果材料在時間上有斷裂，又或是有意地重新解讀，那是因為我的研究一向不是聚焦在商業經驗或者民國時期。我將倚重歷史學家，尤其那些專注在嶺南的同事的研究成果。在過去幾年，我們嘗試梳理歷史人類學的有關問題，重設描繪中國文化地圖的基本範式，並發掘那些在歷史關鍵時刻可能沒有受到應有重視的聲音。[14]

商人的形成：帝國晚期國家和社會

如果我們不把國家正統與農業體制視作商人利益的對立面，那又該如何評估商人團體在彌合國家和地方身份兩者之間所起的歷史作用？學者常假定，在創造對國家意識形態認同方面，文人要比商人重要得多。[15] 他們也許知道，在明清時期的商業地區，士紳和商人的身份經常是疊合的，但是他們絕少認為商人是文化主流。[16] 然而，余英時在一篇文章中提供了充分的證據，說明從16世紀開始，商人在盡力效仿正統的同時，已經能夠以自己的方式創造文化空間。在這個過程中，他們改變了中國傳統的哲學取向。[17] 曼素恩（Susan Mann）也同樣重視商人與主流文化和社會之間的相互影響，她指出：「就像所有農業社會一樣，中國官方認可商人並給予他們制度上的位置，從而把他們的社會地位合法化，讓其完全融入政治運作中。……清朝所提倡的『安民通商』承認了國家農業秩序與商業秩序是不可分割的。」[18] 她的研究摒棄了國家正統與商業利益相對立的假設，並且關注於國家肯認商業的好處後，商人的禮儀領導權及集鎮才可能發展。

科大衛讓我們注意到商人這種銜接功能的另一面——商人主動參與創建當地鄉土社會，而鄉土社會與儒學國家共享著近似乃至相同的文化基礎。他在探討這個問題時，突出了成為商人、創造宗族的新向度。在強調商業活動已經滲透到社會的各個層面時，他觀察到：「中國的歷史學家認識到，在明清時期，商人為宗族作出貢獻，並從中獲取從事商

業活動的資源。這種觀點雖然給予宗族在商業史上的一席之地，但還是把宗族看作外在於商業世界的制度。在這裏，我只想簡短提出，把宗族與商業活動區分開來的做法常常使人產生誤解；而宗族作為一種社會機制，應是中國商業史的內在元素。」[19] 科大衛提出，在一個沒有商業法的政治制度中，商人會積極尋求保護和贊助，以保障商業安全。從明朝開始，以地緣為基礎的宗族組織崛起，控制了華南的鄉鎮；他們憑藉族產、用於儀式和拜祭的華麗宗祠以及大批的士大夫成員，有意識為其新興的商業利益提供必要的保障網絡。[20]

科大衛的論點亦與社會生活的其他方面相關。明清時期珠江三角洲的史料提供了佐證，即沙田上建立的族產、民間宗教信仰與實踐、書院、以及珠三角地區擴展過程中以入住權為基礎的地緣聯繫等發展，均與該地區的商業化進程步調一致。儘管這些文化特質長期被認為是國家農業社會的主要組成部分，但若缺乏商業利益的投入及影響，這些將無法實現。[21]

佛山的史料證實了這點。佛山是中國四大古鎮之一，自明代起即以鑄鐵、陶瓷、染布和造紙工業聞名。此外，珠江三角洲地區冼、李、陳、霍幾大家族均源自佛山。15至19世紀，這些宗族培育了為數不少的文人精英，坐擁遼闊的沙田、陶窯、木場、冶鐵廠、當鋪、墟場以及內河碼頭。他們有效組織了地方防禦，在對抗1450年黃蕭養之亂中尤其得力。他們亦推動了佛山祖廟的信仰，每年舉行隆重儀式。

佛山所在的南海縣有一位著名的本地人霍韜，他的經歷恰好演示了上述多種利益和經驗是如何創造性地結合在一起的。據推測，霍韜的祖先應該是靠在河邊養鴨起家的。後來，他們開始經營鑄鐵、陶瓷以及伐木場等生意。霍韜在文人道路上取得成功。隨著他在仕途得意，官運亨通，他的家族積累了大量沙田上的產業，構成了科大衛所說的族產主體。霍韜在嘉靖年間(1522–1566)擔任禮部尚書，在1520年代的大禮議之爭中站在皇帝一邊，與絕多數朝廷大臣樹敵。據科大衛的說法，這是明代朝廷最情緒化、也是最有分歧的爭論。霍韜和其他兩位來自廣東的官員強調血緣關係的首要性，支持皇帝在儀式上以血親優先，而非傳位

與他的堂親。因此，1525年霍韜在家鄉佛山附近的石頭鄉建了一座拜
祭家族祖先的家廟，並非純屬巧合。自此之後，以地緣關係為基礎的宗
族制度在廣東盛行起來，這一制度重視與共同祖先的血緣關係、士大夫
成就、族譜編寫以及嘗產。[22]

根據科大衛的觀察，我們或許會認為是霍韜創造了廣東文化正統的
士大夫傳統。然而，在明朝推行海禁政策的時期，霍亦以推動海外貿易
聞名。他反對朝廷實施海禁，認為與東南亞的貿易可以讓雙方互利，本
朝不應將這些地方的貿易商人拒之門外，實行自困。[23]

從佛山的史料可以看到，商業活動、沙田發展、族產興起以及文人
成就相互作用，促成了地方文化和社會的繁榮。商業活動看來不像是齊
一的農業社會成長起來的新興社會力量；商人最終也沒有發展成挑戰朝
廷的自治力量。相反，商人在帝國財富和統治的全盛期，又或是農村社
會與商業運作緊密聯繫的時期，似乎最如魚得水。商人利益和他們的文
化策略使得地方、區域以及國家的身份認同互補，並彼此滲透。譚棣華
和葉顯恩兩位中國經濟史學家儘管採用了馬克思主義的論述框架，但卻
明晰地概括了這個歷史過程：

> 在明中葉商品經濟發展、社會分工擴大的歷史條件下，佛山鎮才
> 得以憑藉鐵冶、陶冶業的發展而蓬勃興起。但是，封建宗法勢力
> 也隨著佛山經濟的繁榮而日漸強大，並不斷加強了對經濟的控制
> 和干預，由於富商巨賈不斷向封建官紳轉化，各宗族又靠族產進
> 行人才投資，培植出一批批的封建官僚，終於造成「士大夫之籍斯
> 土者，列邸而居，連數里」的現象，坐吃山空的人口不斷增加。原
> 本是生產型的城市逐漸向消費型城市轉化，一個專業化的工商業
> 城市也終於轉化為維護封建主義的堡壘。[24]

在概括明清時期中國各地商人與國家的關係時，歷史學家提及的主
題有社會多元性、出色的自我管治能力、持續的繁榮、強調道德約束的
官僚聯盟等。[25]此外，正如佛山史料所示，商人在地方社會中扮演的角
色，決不是因為缺乏其他投資途徑而採取的被動適應措施。他們在城裏

的商業運作，只有依靠他們積極培養的農村基礎及相關文化資源才有保障，這些恰好也是帝國王朝力推的教化議程的一部分。[26]

對比徽商

佛山商人與徽州商人的相似之處很顯著。除了歷史時空的不同——徽州位於安徽，佛山位於廣東珠三角地區，我們還可以作以下幾個方面的對比。[27] 首先，徽州很少有人擁有大量私人土地。葉顯恩在關於明清徽商的著作中寫道，擁有100畝以上私有土地的地主鳳毛麟角。[28] 在商貿積累下來的巨額財富中，土地投資所佔分額極少。不過商人對族產的貢獻卻非常可觀，有時可以是數千畝的山林地。[29]

許多族產長期由富戶租種，再由他們僱用佃僕管理這些山林地。[30] 這樣，商人就有了穩定的貿易貨源（如木材、竹子、茶葉等），而所得的利潤又常以放貸形式來賺取利息收入。以鄉鎮為基礎的族產管理人，將珠江三角洲的大片沙田批給佃農長期耕種。[31] 而且，在廣東，常有整個單姓村都是那些大宗族的佃僕。不管他們人數有多龐大，都被主人看作是雜姓，因而沒有自己的祖祠，有很多儀式上的限制。[32]

徽州和廣東商人的族產及他們資助的各種儀式，除了經濟功能外，還有文化／政治的面向。這些族產以始祖的名義設立。有了朝廷官員的正式認可，當地人聲稱擁有原住身份，並以此獲得相關入住權和使用權。這些族產管理人與城鎮商人亦有著特殊的社會紐帶和義務關係。許多族產管理人雖然成了富裕的企業家，但由文化規則劃定的社會身份地位的力量依然很強大。[33] 儘管居住在遙遠的城鎮，商人對族產的貢獻保證了他們在地方社區的合法資格。宋漢理（Harriet Zurndorfer）對范氏家族資產的研究表明，經過族系分支在土地及其他方面的數代投資，其成員在商業上也獲得成功。[34] 總而言之，宗族不僅是血緣關係和儀式：他們明顯有著政治經濟影響的文化創造。[35] 宗族成為新興身份等級制度中的一個重要組成部分，商人可以通過親緣和贊助，從中得益。

文化策略也延伸到地方社區之外。徽州的史料指出，商人通過資助教育事業，建立起複雜的政治關係網絡。[36] 古徽六邑就有51個大小不一、功能各異的書塾，大部分建立於明朝和清初徽商極度興盛的時期。商人大力支持村學和鄉學，不僅將族人輸向官場，亦擴展了這些學塾在教學之外的功能。有時基於地緣關係，有時基於宗族網絡，這些機構成為地方領袖、商人和官員整合地方士大夫話語、進行政治拉攏活動的場所。從這些學塾畢業的學生人數驚人。明朝時期，徽州一共出了298位舉人、392位進士，清朝則有698位舉人及226位進士。[37] 歷史上具有重大影響的新安學派代表人物均為安徽本地人，可視為此進程的一部分。[38] 或許，與其把晚期帝國看作是政治機器，還不如把它視為綜合性的文化概念；如此，地方的代理人才得以從內部進行靈活操控。[39]

徽商還大力發展精緻的文人生活方式、地方戲劇及文化藝術。四大徽班均得到顯赫商人的贊助。[40] 我們很難把這種舉動看作是單純追求「奢靡」。[41] 反諷的是，在徽商熱衷效仿文人、追求他們所認為的國家正統時，他們卻在帝國秩序內部創造出新的、連接城鄉的文化社會空間。概言之，從徽州的發展可以看到，在構建國家和把地方社會整合進帝國體系的文化過程中，商人可能在其中發揮了核心作用。盛清時期，他們在儀式中的角色也是如此。

施堅雅關於市場體系的論著，證實了經濟節點對文化整合的重要性。從「無徽不成鎮」這句民諺就可以看出，徽商在長江流域經濟體系中的重要性。[42] 除此之外，他們對主流文化取向的影響也不容忽視。值得指出的是，四位應乾隆皇帝要求向四庫全書館捐超過500種書的人中，三位是徽州商人。[43]

晚清危機：被打亂的平衡

商人集團在明清全盛時期成功維繫了與區域社會及都市政治的整合關聯，但隨著時間的推移，這個平衡在19世紀被徹底打破。孔飛力

(Philip Kuhn)和曼素恩把晚清的危機歸咎為：地方軍事集團的利益在19世紀中叛亂爆發後日益壯大，使中央政權加強了對地方社會的直接控制。面對國家日益增多的干涉，商人團體能否處之泰然，很大程度取決於他們扎根的地方社會。曼素恩在關於會城（廣東新會縣城）的研究中分析了這點，她描述了19世紀中期會城及毗鄰江門市的商人團體對政府強制徵收釐金的反應。以本地葵扇商會和勢力強大宗族為代表的新會商人，成功抵制了釐金稅的徵收；江門商人——很多是跑運輸的（筆者猜測他們原是「疍家」，在本地並無歷史淵源），則離開當地以避稅。（疍家是包括佃農、漁夫、水上運輸者等在內的流動人口。）歷史學家羅一星在數十年後的蘆苞發現，富商們也有類似的命運。蘆苞是佛山北部的一個水上市場，成為當地的貨物集散地後繁榮起來。商人們受到來自鄰近村落的新興本地商人的強大挑戰。本地商人用「水流柴」（對疍家的一種稱呼，在地方上一般都沒有入住權）的標籤來剝奪他們的權利。[44]這些由握有入住權的群體強加給流動群體的標籤，是晚清帝國秩序中用於排外和界定社會等級的重要文化手段。

這也許不是一種悖論，當王朝面臨自身合法性危機時，商人們也跟著遭殃。19世紀早期，問題開始以不同的形式出現。當國家授權的貿易壟斷權瓦解時，徽商迅速衰落。[45]19世紀末，同樣的情況發生在四川芙蓉井鹽場的精英族系身上，當時國家已無法從鹽場生產中獲利。珠江三角洲各城鎮的商人並不依賴國家授予的特許權，因此他們通過維持本地壟斷和地方網絡，在19世紀持續了幾十年的發達。辛亥革命之後，隨著海外華僑資本的流入，葵扇和陳皮商人實際上還達到了商業鼎盛期。

然而，國家權威的喪失最終還是波及到他們。他們逐漸失去在地方及區域市場內執行貿易條款的力量。對於棄毀的合約及信貸合同，索賠的方法也越來越少，他們的利益更容易被邊緣群體侵犯。當地方豪強奪去他們過去控制的鄉村腹地，且漠視道德權威、士大夫禮儀及社區儀式所代表的權力時，他們也面對重重困難。在新會，進行穀物、葵扇、陳皮等貿易的多間大商家倒閉。行會和書院擁有的財產及鎮上的族產，

都被地區邊緣的新興豪強奪走並轉手出售。他們的軍隊通常佔據社區廟宇，用作徵稅站。當與豪強的談判破裂，商人組織的領袖有可能被綁架，必須付出贖金方能脫身。中日戰爭期間，中央政權全面衰落，商人的沒落也同時在加速。中山縣小欖鎮393個祖祠中，有過百被地方豪強拆除，他們與日軍及國民黨軍官保持著緊張的對峙狀態。

　　商人的困境部分源於戰爭及政治動亂，並使原有的制度解體，令城市和農村均受重大毀壞。黃宗智曾指出，在華北農村的商業化地區，尤其是那些軍閥所經之地，損失慘重。[46] 杜贊奇強調了國民黨政權經由本地代理人對區域政府及村級政府的侵入。[47] 在珠江三角洲縣城及鄉鎮，商人的生意是連接城鄉的重要紐帶，他們的處境出現了兩極分化。一些生意得以倖存，另一些則萎縮衰敗。[48] 雖然周錫瑞（Joseph Esherick）及冉玫鑠（Mary Rankin）描述了本地精英用以維持優勢的諸多策略，但我們仍不禁想問：民國時期興起的新力量，是否催化了以傳統方式獲得財富者的衰落？

　　商人團體與「封建」傳統的帝國政權並不為敵。反之，他們參與的方式容或有異，但都熱衷與政治中心和地方社會打交道。不管是商人還是軍隊，作為20世紀初期新興勢力，都能創造出新的國家語言及地緣關係，把地方社會與民國政府聯繫起來。至於那些仍依賴於王權政體語言及地方社區共享的文化想像的人，則要靠邊站了。

　　在接下來的部分，筆者將集中探討關於民國時期，珠三角商人衰落時一個較少被關注的事實：由於武裝的土豪興起，他們沒能維持與鄉村社會的聯繫。[49] 在19世紀晚期的大部分時間裏，商人用以包裝自己、契合王朝教化秩序的文化資源，對他們在區域性城市和鄉村的社會身份及經濟能力至關重要。植根於農村的基礎被侵佔後，他們在國家庇護人網絡中的合法地位因此被削弱。相應地，以雙方默契為基礎的關係網絡及政治談判舞台也被堵死。而且，不同於上海或廣州的商人，這些商人距離新的政治中心太遠，以致不能發展出另外的文化舞台來維持必要的政治對話。當國家成為掠食的軍事機器而非可塑的文化觀念時，商人的困境看起來日益嚴峻。這打破了屈從與對抗之間的微妙平衡關係，史謙德

曾敏銳地把這種平衡形容為商人團體「對國家代理人的擁抱和陪襯」。[50]

順著這樣的設想,我們必須追問一些不同於以往的新問題:民國時期扮演主要角色的是哪種商人?我們怎麼拆解他們是如何獲取經濟資源和使用文化策略的?在參與構建新的民族國家及文化身份的過程中,哪個群體迎來了黃金時代?面對新興的工商群體,我們如何評價傳統的商人機構及其競技場的命運?不論是現在還是過去,除非我們重新評價他們不同的地方基礎,以及他們與帝國正統或現代國家體系的共謀關係,不然我們將很難概括中國資產階級這一代和他們在重構地區、政權和國家上所起的作用。

廣東商人

要理解廣東商人為何會敗給來自地域邊緣的軍事豪強,我們就必須瞭解他們成長的鄉村基礎。從1980年代中期起,筆者與一群歷史學家在珠江三角洲地區進行了幾個地方的調研,這些地方由西江、北江和東江水系組成。[51] 從明朝到晚清,這部分的三角洲經歷了急速的商業化過程。[52] 從沙田的邊緣到縣城,鄉鎮之間的市場網絡越來越強大。區域性城市開始形成,成為農業和手工業的本地及遠途貿易生產和流通中心。如前文所說,佛山著名的特產是鑄鐵、陶瓷、染布及紙張。[53] 新會的農產品有稻穀、陳皮及葵扇。當地居民定居幾個世紀,透過繁複的宗教儀式建立起自己的身份認同,宣稱他們與中國的帝國秩序有重大關聯——他們是來自中原的移民,是皇族和官宦的後代。這一文化建構過程,體現在下述地方政治經濟的重要轉折點。

沙田的發展

若要闡釋清楚市鎮及區域性城市的商人如何在三角洲站穩腳跟,我們就不能忽略沙田的發展,以及與此相關的文化動力和從中衍生的權力

關係。大片沙田地帶被開墾為可耕種的農地，這一轉變與鎮上精英的各種利益密切相關。他們還控制了收成，因為在商業化後的三角洲，稻穀貿易變得日益重要。新會的居民在晚宋時期就開始墾植三角洲西側的沙地。[54] 明朝時期，東南部廣闊的河沙地帶也開墾成熟。[55] 沙田開墾如此之快，以至於18世紀的官員不得不因為上游水災泛濫而出手干預。[56]

明清時期，在以市鎮為基礎的族產名義下，大量沙田被開墾。縣城及市鎮的商人集團經常資助這些高度資本化的項目。他們以頃為單位收購沙田，然後捐出作為公嘗。[57] 長期佃租的承包人通常也是這些族產的管理者，他們把這些沙田分成小塊，給農民租種。做族產的佃租承包人可以是一門獨家生意。為了取得族產租約的拍賣權，拍賣人需要支付龐大押金。[58] 從一開始，商人的財富就與土地發展及稻穀貿易休戚相關。

宗族語言及族群等級

投資族產固然可以盈利，但更重要的是，一旦與族產扯上關聯，商人就能獲得基於宗族的社區的話語權。這套話語也標識了族群等級分明的政治地理。沙田邊緣的城鎮居民聲稱家族血統和中原望族有淵源，常炫耀財富和與士大夫的關係，並在自己與那些他們稱之為「蜑」的人群之間設置嚴格界限。憑藉冠冕堂皇的說辭和時常動用的武力，這種宗族集團成為掌握入住權的有效途徑，並引來大筆資金投資於沙田開墾，排除潛在的競爭者，還保證商貿條款得以實施。在佛山地區 (18及19世紀的小欖鎮和順德縣城，以及晚清的沙灣鄉) 興起的大族，就是顯著的例子。[59] 由於河道蜿蜒而產生的邊界紛爭時有發生，往往依靠文化策略展示威信和權力來解決；那些城市節點裏的半官方民兵組織，以及市鎮裏由官員、商人及宗族信託聯合組成的議事局，也在行使權力。[60]

然而，紳商聯盟的優勢並非固若金湯。在「山高皇帝遠」的沙田，即使是最受歧視的人群也可能獲得社會流動。地方官員積累足夠資源後，就與他們之前的贊助人談判，此間動用武力甚是常見。他們最終習

得一套必要的文化象徵，從而站穩腳跟，與那些遠在擴張中的沙田上的新佃農和疍民分道揚鑣。誰可以在居住地搭建祖祠，這已成為地方生活中最富爭議性的話題，常招致各姓氏間的流血事件、世仇及官司。

在爭奪宗族文化象徵的激烈鬥爭背後，是人們如何巧妙宣示自己對沙田的控制權。宗族祠堂、廟宇及書院都是展示政治手腕的公共舞台。縣城附近有官方機構和地方官員、士大夫的制度和禮儀，左右著對峙和談判的規則。然而，越靠近沙田，控制權就越仰仗赤裸裸的武力。在這些地方，士紳的儀式不再重要，相應的政治影響開始式微，統治的語言摻雜了民間宗教崇拜、道上兄弟、草寇的語彙。筆者在和劉志偉合寫的一篇文章中指出，身份認同是變化流動的。在和平時期，一些從事貿易和運輸的水上居民積累了足夠的資源，體面地「上岸」；而在混亂年代，那些仍生活在地域邊緣的人群則被扣上「盜寇」之名。[61]

沿海貿易

廣州從明朝起即是官定的貿易港口，這一歷史環境促進了它與東南亞及更遠地區的海上貿易網絡的興起。[62] 海外貿易對沿海和三角洲地區影響深遠。國外的品味和要求左右了當地農業和手工業的生產，國外的白銀也開始進入日常的貿易往來，也有以捐獻的方式流向寺廟。[63] 甚至早在鴉片大量進口的18世紀晚期之前，對外貿易就刺激了強勢的、擁有武裝艦隊的商幫，文化上曖昧不明的買辦，以及口岸和集鎮間精密複雜的市場網絡的形成。[64] 貿易產生的巨大財富，遠遠超出了政府的監管能力。在內河地區，這些從事貿易的商幫在和平年代維持著體面的商人模樣；一旦王朝終結，他們就被視為異域奸棍、地方豪強、海賊或走私犯。[65]

總的來説，在沙田和沿海地區的政治生態下，令人眩目的商業財富和土地財富交織，使地域宗族團體、繁複的宗教儀式、士大夫主張、盜匪形象、以及非正統和海外利益間的界限變得模糊。這些都是沙田和沿海政治生態的必然結果，也是從明朝到20世紀早期廣東商人生活的特

徵。明朝經典小說《水滸傳》裏,梁山好漢的故事絕非虛構;同樣,只困囿於市鎮之內的商業精英也難以想像。不過問題仍然存在:是什麼造成了民國初期幾十年中財富的戲劇性重組?為什麼商人不能繼續履行他們自明朝以降就很擅長的聯繫國家、士大夫及鄉村社會的功能?筆者通過分析以會城為主的史料,來嘗試解釋這些問題。

19世紀的新會會城

會城從明朝開始就已經頗具規模。[66] 城裏何、劉、許、莫四大宗族控制了縣城南部及東南的大片沙田。人數超過三千的何族勢力最大,皆因其祖先何熊祥在明朝萬曆年間在南京擔任戶部尚書。他的家族從縣城南端的一個小村搬到縣城中心,所住之地也因為他的官職而被稱為「尚書坊」。在他漫長的退休年月中,他「混跡漁樵販市之中」;[67] 不過地方上一有大事,他「即身出主之」。其他宗族的祠堂則集中在縣城南門附近,夾雜其中的有新晉商人的貨棧和糧食碼頭,這些貨棧和碼頭由無數水路連通三角洲其他市鎮和縣城。[68] 然而,該地區的發展進程週期性地遭到破壞,當地居民四處流離。明朝時期,三角洲地區出現大批奴僕對抗族系的叛亂。清初康熙皇帝推行的海禁政策,亦令情況越來越嚴峻。[69] 復界返鄉的遷民最終在這個地區重新安頓下來。他們也發展為區域性宗族,宣稱自己有入住權,與士大夫文化拉上關係。[70]

如前所述,開墾沙田是一項資本化的商業活動,它不僅需要長期的勞動力和資源投資,也需要靈活的政治手腕。19世紀,會城和江門的大商買繼續以嘗產的形式投資發展沙田。例如,族產何炳如堂在道光年間開設致和米店,隨後在江門開設了和盛銀莊,用所賺的利潤收買了族田140畝。[71] 另有記載,一李姓宗族宣稱曾在縣城的西門有一間祠堂。清末,他們在會城中心找了一塊地,一些族人通過借貸和捐獻,「重建」了祠堂以保存祖先牌位。祠堂管理人花了73,000銀兩來建造祠堂,用剩下的24,000銀兩買下了新會和香山縣間的一塊沙田,作為族產。[72] 租佃

承包戶和地方官員在身份上是主顧和親屬，但之間構成等級關係，而廣大的沙田地區正是通過這種關係，與市鎮聯為一體。

沙田收穫的稻穀，銷售到會城和三角洲地區的其他市鎮。另一種長途貿易的主要農產品是蒲葵。農產品以不同的方式，將會城和鄉村地區聯繫起來。一位本地文史研究者估計，到19世紀晚期，當地超過250頃的堤圍地用於種植蒲葵樹。一些葵場主有20頃左右的蒲葵地，許多人還自行曬乾葵葉進行加工。[73] 另有一群葵商製作蒲扇，大商人則從事遠途貿易。

會城的商人組織在周邊地區很有權勢。葵場主、蒲扇加工作坊和葵商分別屬不同的行會，這些行會監管著複雜的勞力分工、信貸安排和貿易規則，並巧妙施展權術。葵扇貿易的最高組織是葵扇會館及其管理機構餘慶堂。[74] 根據扇子的成品等級、工場所在地以及運銷地區的不同，旗下還細分成更小的行會組織。[75] 貿易組織最關心的是如何掌控貨源供應。葵場主不登記即銷售蒲葵的話會導致價格波動，葵商要保持成品水準也會因此變得困難。[76]

出江幫依託本地及行商協會的網絡關係，將蒲葵遠銷到漢口、重慶、蘇州、鎮江和長沙等區域性城市，並帶回許多外省貨品（如四川的草藥，以及湖南、湖北、長江地區的棉布和黃麻）到新會周邊地區銷售。[77] 19世紀以來，經由江門便利的水路交通通至廣州、上海和香港，有時一些外國汽輪也會用上。在世紀之交，英國太古洋行（Butterfield and Swire）的船隊每艘平均裝載200至300噸的葵扇，及其他本地特產如蔗糖和柑橘，運到中國北方。[78]

1848年會城葵扇會館正式成立之前，貿易組織就已存在。會館成立之後，蒲葵的生產貿易變得更制度化。到19世紀末，會館已成為當地最強大的政治經濟力量。它只擁有幾百畝地，土地的收入用來舉行祭祀和政治拉攏活動。更重要的，它取得了蒲葵種植、投資、製作及貿易的壟斷權。餘慶堂作為會館的管理機構，由不同的甲（附近有葵扇企業的地方）、參與葵扇製造各道程序的商號選出的代表組成。葵扇行透過入行商號交納的會費加上土地收成，當時一年收入可以高達30,000兩銀

子。會館給兩位會總各1,000兩銀子,就必要事務與官府進行交涉。會館亦設有民兵隊,以收取租金和罰金,並確保拖欠的承包戶定期供應葵扇。[79] 1860年代,聶爾康任新會知縣期間,葵扇會館由葵商兼岡州公局成員梁春榮領導。曼素恩在閱讀聶爾康的《岡州公牘》時發現,會館曾有力抵制知縣徵收釐金稅。[80]

20世紀最初二十年中,會館的主要會員至少繼續維持著繁榮局面。一些主要的葵商也經營陳皮貿易(另一種遠銷外地的重要土特產),林恆利和劉怡記是其中兩家。他們傳承數代家族生意,也擁有地產。他們先壟斷了重慶市場,然後是上海市場。[81] 從會館舉行的祭祀儀式,和在會城南端商業區的社區廟宇帝臨堂舉行的節日慶典及遊神活動中,會城商人的團結可見一斑。

除了族產、廟宇、行會的關係網絡,地方紳商和官員的另一重要舞台就是縣城書院。[82] 這些書院都以地緣為基礎組織起來。據1840年《新會縣志》記載,1752年當時的縣令設立了岡州書院,並為其配備了1,100畝田地。1806年,會城及附近幾個鎮的本地精英接管了書院。另一位縣令於1760年在江門建立了景賢書院,並給書院劃撥了一些存在訴訟爭議的沙田。1845年,八位來自不同姓氏的有功名者建立了西南書院,書院的嘗產由縣城西南部兩個區的紳商捐資建成,創建了一個聯盟。

雖然書院有推動教育和宣揚士大夫價值觀的明確目標,但他們的議程遠超於儒家教育。每個書院都擁有600至1,000畝的沙田。為了呼應國家明確的教育目標,書院也舉行孔聖誕的紀念儀式。此外,書院也資助有志之士,書院資產包括某地區各個姓氏族人捐獻的土地,由此將地緣和宗族緊密相聯。書院則擺放並拜祭他們的祖先牌位以示報答,宗族的理想從而得到強化。這般認祖歸宗繼而確立了宗族對土地和務本所屬權的合法性。問題是:這些書院在多大程度上是國家正統對社會控制的反映?它們又在多大程度上是本地的創造?這個互相挪用的過程值得探討。

我把書院視為有形的市鎮競技場。地方百姓,特別是那些經濟利益與鄉村腹地發展密不可分的新興商人集團,在這個競技場上靈活運用

一套文人符號系統，精明地施展著各自的影響和勢力。借用杜贊奇對華
北的看法，這些紳商組織就是有形的權力文化網絡中的節點。這個網絡
聯接城鄉，劃定社會邊界，明確身份地位，施加控制，最終使每位成員
都在逐步進化中的帝國秩序裏各司其位。[83] 書院在危機時刻成為政治動
員的中心。在 1850 年代中期，當地的亂民連同洪兵洗劫了順德縣城、
鶴山和江門鎮，包圍了會城兩個月，並大肆破壞周邊城鎮。新會知縣和
一些本地名人想盡辦法，把社區領導人集合在各書院以商討合作對抗事
宜，[84] 第一次是在岡州書院召開。當江門受到威脅，他們轉到景賢書院
碰頭。依託書院成立的公局呼籲富商捐款，周邊市鎮的宗族則提供人
員。然而，這些領頭人常因自身陣營中不同姓氏的「不肖成員」引發的
混亂而感到沮喪，而那些富裕家庭則猶豫是否要參與其中。大多數人逃
離縣城，而留在城裏的則遠遠避開公局。事實上，代表會城紳商利益的
葵扇會館更被叛軍佔領過很短一段時間。[85]

　　與中國其他地方一樣，珠江三角洲的動亂改變了地方精英此前在鄉
村發展的權力關係。從 1854 年紅巾軍叛亂到 1949 年共和國成立，這一
世紀見證了該地區全面黷武的進程。縣城裏的官員和紳商組織似乎越來
越無力調停或領導地方，而在地域邊緣的武裝豪強則接管了事務。他們
興起了許多以徵稅和收保護費為明確目標的「護沙」機構。聲名狼藉的
東南局（廢除公局後改名為東南公約），就是由縣城東南三個鎮的地方
豪強操控的。[86] 他們在沙田用武裝艦隊走私鹽，掠奪收成，榨取稅金和
罰金。當西南書院的士紳向知縣聶爾康報告，書院地盤內的農民被東南
公約的民兵抓起來、且被毆打和囚禁時，知縣也只能表示憤慨。而當知
縣的手下抓到走私者時，民兵卻可以把他們要回來。在一個案例中，東
南局的武裝力量帶著其頭領簽名的聲明，強行開走裝載了扣押貨物的船
隻。[87]

　　到 19 世紀末期，會城商人對社會政治的參與轉到了新的機構和舞
台——善堂。商人們的個人慈善行為在歷史上很出名，並因此得到了功
名和官銜。然而，面向貧民的大規模慈善和救濟組織，只是在清朝最後
幾十年才迅速增加。這些組織的商人關注地方社會上因為城市局面變遷

而引發的社會問題。[88] 他們除了為貧苦大眾提供免費食物、醫療、棺材和喪葬等形式的救濟，也在危急的時候安撫民心。在會城，善堂的董事會成員由銀莊行家及從事稻穀、葵扇和陳皮貿易的大商人組成。

這一小節的關注點有限，無法更詳細探究晚清新近出現的這種商人參與本地社會的體制。我的觀察是：實際上，這些政經行為的合法性雖然仍然來自儒家倫理，但這些組織的中心已向城市轉移。[89] 我們還需進一步研究方可判定，以市鎮為基礎的商人將注意力轉向對城市貧民的救濟，和他們失去以往曾與鄉村社區共享的道德權威，這兩者間孰因孰果。

民國時期的贏家和輸家

當帝國秩序逐漸淡出舞台，依附於特定機構的社會群體跟隨著國家、地區和本地的政治動蕩起起伏伏。在珠江三角洲的集鎮和城市，商人的命運似乎與權力結構和地域聯繫的影響力休戚相關。這裏所說的地域聯繫涉及以宗族組織為中心的關係網絡和資源、市場體系、民間宗教及政治支持。隨著清朝的滅亡，地方統治和國家權威的語言被重新修訂。

以市鎮為基礎的族產之消亡

我曾在一篇關於民國時期的文章中，比較了三個市鎮的地方強人以迥異的方式，從內部改變了宗族制度。[90] 會城以南幾里路的天馬鄉，那裏族產的佃耕承租人接管了業主的土地而發跡，並在那裏建造祠堂以示其入住權。立基於市鎮的族產之所以消亡，與土地租佃結構、收租方式及繳稅等方面息息相關。在民國財政劇變時期，從長期佃耕承租人收取的現金租金變得一文不值。但是，族產必須向地區和本地官員繳交各種名目的稅金及附加費。地方豪強替政府收稅，並把政府糧額以外多收的

部分據為己有,他們也經常強迫或窘同族產管理者廉價「出售」土地。抗日戰爭期間(1937–1945),稻穀成為貴重商品。大多數地方豪強站在入侵會城的日本軍隊的一邊,接管了葵圍和柑地,轉而種植稻穀。他們讓農民用稻穀來付租金,然後把收來的稻穀囤積在會城穀倉,伺機倒賣。

天馬陳氏與會城大宗族的關係亦發生轉變,而這種轉變在1948年一段小插曲中尤為凸顯。那時正值全面內戰時期,地方上的權力真空帶來了機遇和經濟流動性。莫氏宗族是會城裏資產雄厚的地主和商人,聲稱祖先從明代開始就在此定居,並留下了精美的祖祠。在20世紀最初幾十年,他們和天馬的地方豪強(其中一些過去曾是他們的批佃人和管箱人)就莫氏沙田的控制權發生了無數衝突,有的甚至訴諸官府。1940年代,莫氏宗族中一個地主家庭在會城經營了一份本地報紙。編輯莫朝雄是一位律師兼縣城政客,他將其父撰寫的嘲諷天馬陳氏出身低賤(當地稱之為「疍」)的文章登在報上。地方政客調停失敗後,天馬的地方豪強發動了一百多位鄉民遊行至會城報館辦公室,準備痛打莫朝雄一頓。雖然莫成功逃脫,但他的辦公室還是被搗毀。受陳氏賄賂的縣城官員並沒有制止這場暴動,也沒有法辦滋事者。[91]

在中山縣附近的小欖鎮,大宗族族產的命運稍有不同。從18世紀起,以經營土地和稻穀貿易為主的四大姓氏把持該鎮,他們的族產擁有大片沙田土地。一個只有幾千居民的小鎮卻擁有393間祠堂,實在令人嘆為觀止。不過,到了1930年代,他們也一樣敗在軍事豪強手中。沙田上的地方強人沒在沙田上建造祠堂,原因是那裏沒有成規模的村莊。他們反而搬到鎮裏,佔領廟宇,拆除不少祠堂。1934年,鎮裏最重要的社區活動——六十年舉行一次的菊花會,那些殘存的祖嘗幾乎無力撐起門面。最活躍的參與者反而是在上海金融市場投機的雜姓人,他們的盟友是地方上的武官,後者又是廣州軍閥的政治代理人。[92]

1939年後期,日本軍隊佔領了該地區。鎮裏的軍事豪強與駐紮在石岐(中山縣城)的日本軍隊勉強維持著和平狀態。鎮裏393間祠堂,被毀的過百。鎮裏領袖開辦了一個名為「四友堂」的社交俱樂部,以便各方豪強能夠在此結識交往,解決利益衝突。他們組建「公司」,經常動

用武力從沙田上收取稻穀和稅金。[93] 他們的庇護人是袁帶,過去是護沙隊隊長,時任國民政府第三軍團司令官。他的副手和侄子屈仁則在鎮上派駐了軍隊,另外七位隊長則駐守在沙田區。[94]

番禺縣沙灣鎮是一個較小的集鎮,位於沙田東南角深處,何氏宗族積攢了 60,000 畝已開墾的沙田。何氏宗族的成員,以及李、賴、黃等一些小姓,一共建造了 116 間祠堂。每年一度在始祖祠留耕堂和當地北帝廟舉行的儀式,蔚為壯觀。[95] 鎮上居民靠穀租生活。負責收租的是有權有勢的大耕家,他們是宗族成員。在動盪的民國時期,拍賣田地和收取租金都必須動用武力。參與拍賣的主要是族產管理人和大耕家,他們有自己的武裝護衛隊保駕。留耕堂的財產、族產管理人的職位,還有族產支配的廣大權力關係網絡,都是爭奪的中心。激烈的競爭加劇了人們對族產的認同。但是本地居民非常清楚,本地豪強與更「合法」的管理人及大耕家之間的區別,是在於前者和他們的中山同夥一樣,在偏遠的沙田組織徵收「公司」攫取保護費,富貧通吃。[96]

總之,新一代的地方強人在地方邊緣崛起。他們的權力雖然沒有得到文化上的認可,但他們攫取以市鎮為基礎的宗族的利益,從而積累大量財富。他們避開了傳統裏談判的舞台,而在一個保護與威脅都不是那麼牢靠的網絡中,直接與新興的地方軍事頭領建立聯繫。一套新的權力語言,取代了幾個世紀以來曾經培育過紳商聯盟的文化網絡。當鄉村社區被納入地方豪強的個人軌道,帝國秩序的權威在鄉民的日常生活中便漸行漸遠了。[97] 廣東和其他地方的軍閥確實採用了各種士大夫的象徵和活動,如建造他們自己的祠堂、資助學校、競選縣政府職位和贊助社區祭祀儀式。然而,這些為取得合法性而進行的儀式性努力,隨著整體政治秩序中快速加深的危機而被淡化。[98]

會城商人的去士紳化

因為政治大環境的劇變,20 世紀初期的商業也迅速去士紳化。1911 年辛亥革命之後,各個軍閥政權都在尋求海外華人的投資。1931

至1936年，廣東軍閥陳濟棠掌權，資本流入達到高峰，他致力建設一個以香港和廣州為中心的工業貿易基地。[99]

會城雖然位於三角洲西部的邊緣，卻因幾十年前移民香港和美國的華僑而聞名。國家建設和現代化的召喚，帶來了機會和挑戰。許多新的生意人來會城從事葵扇和陳皮貿易，打破了本地商人精英集團的壟斷。[100]餘慶堂在1922年改革了領導結構，由各甲推選代表組成的機構更名為理事會。

直到1930年代晚期，與前廣州公局有聯繫的紳士繼續在會館政治中發揮作用，[101]但實權則掌握在理事會主席陸卓南手中。陸的事業生涯反映了當時商人領袖所面對的政治流動性，以及他們為求發展而採用的策略。陸在1918年加入曬蒲葵行業之前是個木炭商，很快把業務擴展到製扇行業，成為出江幫的新貴。他是葵扇會館製扇行其中一甲的代表，迅即在隨後的新會商會（成立於1908年）成為董事會成員。1922年，餘慶堂重組，他擔任會總，兩年後又接掌了新會商會主席一職，並將其武裝軍團轉移到葵扇商會。商團是在會城的商業區遭受強盜洗劫之後，首次組建起來的。[102]它發展極為迅速，從1919年的5個小隊發展到後來的11個小隊，有近500名隊員及800支來福槍。陸自己領導的小隊以他的企業所在地三亞為大本營。他與地方豪強對抗或共謀；這群人已經佔領葵圍，常將生葵賣給出價最高的拍賣人，而非在城裏的承包人。[103]他是國民黨新會支部理事會的成員，領導同一支隊伍（這時候改名叫民團）鎮壓了1920年代末的一場工人罷工。他還是1930年舉行的十年一度的帝臨堂遊神活動的主要組織者。他在日據時期扮演的角色雖無據可考，但其貿易王國存活至1940年代。即便如此，他與當地社區的種種關係卻沒能挽救他的生命。他在土改時被定性為惡霸，當眾判審，最終飲彈斃命。

類似事件反映出市鎮商人進退維谷的處境，夾在本地豪強和新興地區軍閥中間，左右為難。[104]清政府倒台不久，地方軍閥就快速變賣了廣東政府的財產，會城也不例外。一群來自鄰近台山縣的余姓商人，在原會城縣府旁邊有一間祖祠，他們與廣州軍閥龍濟光手下的官員秘密協

商，想買回這一產業。一群地方名人知道這個協議後，決定競標。為了奪回財產，他們動員會城三所公局的成員、商會及海外商人組成了一個獨特的聯盟，也動用廣州的政治關係，最後通過廣州新會商會主席何錦堂的協助，購回該產業。他們深知，在動盪的政治環境下盟友多、力量大的道理，因此萌生建立一個縣級書院的想法。這項計劃強調，在「自治」的原則下，三個地區的紳商要合群協作。從1915到1928年，足足花了13年時間才把書院建成。仿照此前書院的組織，贊助人參股方可在新祠堂內擺放祖先牌位。他們很快就籌集了634,000兩銀元，書院在1923年正式成立。然而，這些資源令地方軍閥眼紅，其中一個當年就索要10,000銀兩保護費。這個軍閥囚禁了包括何錦堂在內的幾位主要紳商，收到贖金方才放人。[105]

商人們並非束手就範、任由地方軍閥和新官侵犯，1923年就有一次抵制稅收的事件。會城的商業區沿南城門外的一條水道而建，經年累月，堤壩上出現了一些商鋪。1923年，正逢廣東地方軍閥重新評估政府財產的浪潮，新會縣府決定向廟宇和商店強制徵收評估附加費。當徵稅人用木板封店時，店主被迫罷工。經縣領導調停，雙方商定總價，縣政府亦保證以後再也不進行評估。然而，沙田發展局否決了這項決定並開始徵收新稅，於是會城的商人領袖不斷上書省政府，直至扳回原來的決議。[106]

然而，商人在其他事上的努力就不如這般團結了。二十年來，連續四任縣令就拆除新會舊城牆、建設新道路這件事情上，在新舊幾派互相競爭的商家之間迴旋運籌。這是因為修建道路是吸納捐款、收受賄賂、徵收附加費的好途徑，所以對於這項工程應該官辦、官商合辦還是民辦的爭論無休無止。到1949年共產黨接管政權時，這個項目還只是完成了部分而已。[107]

海外華僑商人帶來的新力量，推進了本地權力的轉變，這與王朝秩序被推翻後、政治經濟力量逐步轉向華南有關。身為廣東人的孫中山十分依賴香港和美國華僑。在現代化和民族主義的名義下，海外商人尋求機會，以求重建真實的抑或想像中的「家園」。與省會或縣城新一代自

稱「政治家」的人有聯繫的軍閥們，也通過慈善組織、商會、同鄉會或宗親會等尋求海外商人的支持。這個趨勢在陳濟棠統治廣東的1930年代到達了高潮。政府積極投資基礎設施、工業及商業，廣東維持了幾年的穩定時期。

新會的幾個例子展示了這些新生能量，「故鄉」的觀念依然很強大。科大衛描述過潭岡（位於會城西南）阮氏怎樣試圖重建曾於1919年、因與其他族姓不和而遭破壞的整個宗族社群。在1920至1930年代，他們持續努力二十多年，由香港的董事會成員僱用當地人負責重建。在查閱會城負責人於香港董事會通信的檔案後，科大衛根據這些信息，發現董事會一直備受困擾，最終亦未能重建書本上記述的宗族社群。在商人們看來那套理所當然的權威話語，早已無法指導當地的行為。實際的地方政治動態遠遠超乎他們的想像。[108]

岡州碼頭是海外商業利益參與的一個更為複雜的項目。這個碼頭計劃建在會城的西南邊緣。從發起人草擬的章程來看，參與者眾，且有遠見，並非基於狹隘的地緣關係。其他縣的商人，尤其是香港商人，受到熱情邀請，參與贊助這項聯合投資。1910年，通過香港新會商會的努力，幾位在香港的大商賈聚集一堂，計劃興建一個碼頭。他們草擬了章程，一個月後在會城明倫堂會晤有興趣參與的商人。數月後，他們在香港吸收了70名董事會成員，並得到資金的承諾。商鋪的建築已有草圖，還計劃在河的對岸設立一座碉樓。雖然省級官員拒絕為碉樓計劃提供補助，這些商人還是繼續進行下去。筆者無法找到別的材料追蹤此事，不過碼頭的建設後來似乎擱置了。[109]

大約同一時候，中山縣亦有類似開發香洲港的項目。事實上，這個項目的構想已付諸實施，道路和商鋪都已建成，商人亦開始進駐。他們指望省府能給予港口免稅權。廣東東部海岸的漁民開始湧過來，以滿足運輸及其他勞動力需求。然而，省府官員沒有給予港口免稅權，商人們最終虧本撤離。本地豪強接管了遺留下來的設施，香洲成為戰時活躍的走私之地。[110]

建造新寧至江門的鐵路也屬於這種大型工程項目，倡導人是一名移

民美國的台山商人陳宜禧。但是，鐵路規劃沿線的一群鄉紳、商人和軍事豪強出乎意料地組成聯盟，阻撓興建。1907年開始的這個項目需時14年才竣工，鐵路建成之前，工程負責人不得不竭力與地方官員和軍閥打好關係。在工程建設期間，與本地軍閥亦發生了無數衝突，例如綁架工程師、毆打工人等等。因為公路和汽車的運輸競爭力不斷增強，這條鐵路並不盈利；抗日戰爭中，鐵路遭日本軍隊轟炸，殘餘部分也被幾個當地幫派拆毀。[111]

揮之不去的問題

在帝國晚期和民國時期的珠江三角洲地區，「商人」身份認同所仰賴的權力和權威體系都經歷了劇烈的重組。由於他們自身的歷史特殊性，明清時期的大商賈集團能夠通過運用正統的話語體系，與中央政權進行有力的對話。在地方上，宗族、廟宇、行會和書院是進行這些對話的平台。[112]

當帝國權威的隱喻從政治話語中引退時，傳統的商賈集團備受打擊，這從會城商人的經歷可略窺一二。軍事豪強與根基不穩的軍閥政府互相勾結，隨意把弄一套權力話語。掠食的「大天二」用武力擴充權力版圖，新的商業領域不再海納百川。[113] 在地紳商的衰亡，某種程度上還延伸到海外華僑團體：他們在本土權力結構中也逐漸被邊緣化，因而他們在三角洲地區重建故鄉的不懈努力大部分未能實現。早在1949年共產黨對其進行直接打擊之前，使商人利益能與地主及鄉村社會利益融合，同時又分享帝國政權道德權威的文化策略，早就已經從公共領域消失了。

雖然地方豪強在1950年代土地改革中被打倒，但商業活動的新舞台並沒有成形。相反，正如筆者之前的著述所指出的，毛澤東政權實際上消滅了所有私人商業。隨著村莊日益「細胞化」，三角洲地區市鎮的規模和影響迅速縮小，他們與外界的聯繫也被切斷。市場、宗族、民間

信仰的傳統架構以及與它們相聯的文化涵義均遭破壞。這些關係曾經創造性地把村民與地方、國家連接起來，並為帝國晚期廣東的地方代理人提供了一個相對繁榮、多元的運籌周旋的舞台。[114]

那些關於民國時期討論的分析假設仍具當下相關性。我們能否認為，後毛澤東時代預示著一場國家與市場、強有力的官僚機構與新興企業家利益之間的角力？抑或是，我們必須找到一個沒那麼截然二分的分析框架，來闡釋改革開放後全國各地相對自由發展起來的商業能量？此外，我們如何看待可能從根本上改變了社會體制和文化價值的毛式政治？[115]

當下的珠江三角洲商業活動異常活躍，但我們仍需探究這些「商人」是何許人。把持這些生意的往往是新一代的地方幹部，他們通過自己在國家系統中的位置控制市場。隨著巨額財富接踵而來的，是新的專制主義。[116]市鎮官員以前所未有的熱情和規模，組織社區儀式，追求一套強調故鄉的話語。這為吸引海外資本和商業聯繫提供了新的基礎。[117]在地方節慶和豪華筵席上，他們大玩本土尋根政治。這些場合是展現權力和影響力的舞台。尋根政治吸引了華僑投資工廠、體育場館及學校。在中央政府推進現代化、謹慎接觸西方模式的時代，地方官員和居民抓住機會，努力尋求中國新興中產階級的地位。[118]1990年代的「地方豪強」是那些開著奔馳（Mercedes-Benz）汽車、撥打移動電話動用公安民警給自己開路、在自家豪華別墅卡拉OK房招待生意夥伴和情婦的地方官員。

在廣東及其他沿海省份，隨著新的消費模式及政治網絡興起，新的城市景觀日漸成形。但是仍有一些揮之不去的問題，值得我們深思及繼續研究。在珠江三角洲的縣城（及市區），當地政府的統治不容小覷，之前幾十年的毛式政治刻意將當地的國家利益和商業利益對立開來，如今這裏新興的商業老闆的性質和身份又是如何？我們是否假設，過去商業議程只是被壓制，如今國家決定退場後，就開始報復性的回潮？還是我們應該預期，一手擁有國家授權、一手靈活掌控本地資源的地方官員，會發展成新一代現代化精英？他們利用確立的權力基礎，與國家權威談判、競爭並相互適應，同時再造地方傳統。當中央政府致力定義一

條新的「具有中國特色的社會主義」道路時，這是否就是他們付諸實踐
的「中國的」、「現代的」方式？若是如此，我們從之前幾代商人的經驗
中必須吸取什麼經驗教訓，才能更好地理解整個政權、國家代理人、企
業家及地方社區各自的議程，是如何被驅動和重構的？

（歐冬紅譯，劉志偉、余國良校）

本文原載於 Wen-Hsin Yeh, ed., *Becoming Chinese: Passages to Modernity and Beyond*
(Berkeley: University of California Press, 2000)，中譯據此略作修改。

註釋

1　William Rowe, *Hankow: Commerce and Society in a Chinese City, 1796–1889*
　　(Stanford: Stanford University Press, 1985).

2　David Faure, "What Made Foshan a Town? The Evolution of Rural-Urban Identities
　　in Ming-Qing China," *Late Imperial China* 11, no. 2 (December 1990): 1–31.

3　參看中國經濟史學者傅衣凌關於明清商人資本，葉顯恩和宋漢理關於徽
　　州，以及斯波義信 (Shiba Yoshinobu) 關於江南的著作等等。關於中華帝國
　　晚期的地區系統週期，參看施堅雅的著作。

4　關於家庭制度和婦女，參考伊沛霞和高彥頤 (Dorothy Ko) 的著作。關於民
　　間宗教，參考濱島敦俊 (Atsutoshi Hamashima)、韓森及萬志英 (Richard Von
　　Glahn) 的著作。

5　參見韓德 (Joanna Handlin Smith)、柯律格 (Craig Clunas) 及卜正民關於明朝
　　商業及文化的著作。

6　丁荷生 (Kenneth Dean)、鄭振滿：《福建宗教碑銘彙編：興化府分冊》(福
　　州：福建人民出版社，1995)。

7　David Faure, "The Lineage As a Cultural Invention," *Modern China* 15, no. 1
　　(January 1989): 4–36.

8　Marie-Claire Bergère, *The Golden Age of the Chinese Bourgeoisie, 1911–1937*, trans.
　　Janet Lloyd (Cambridge: Cambridge University Press, 1989). 另見黃逸峰等：《舊
　　中國民族資產階級》(南京：江蘇古籍出版社，1990)。

9　Wang Gungwu, "The Culture of Chinese Merchants," University of Toronto–York
　　University Joint Centre for Asia Pacific Studies, working paper series no. 57 (1990).
　　王賡武指出，當海外華商從官僚政治的約束中解放出來，其自身的文化才
　　得以繁榮。

10 Liu Kwang-ching, "Chinese Merchant Guilds: An Historical Inquiry," *Pacific Historical Review* 57, no. 1 (1988): 1–23; 另參看其著作，劉廣京：《經世思想與新型企業》(台北：聯經，1990)。

11 Mary Rankin, *Elite Activism and Political Transformation in China: Zhejiang Province, 1865–1911* (Stanford: Stanford University Press, 1986); Keith Schoppa, *Chinese Elites and Political Change: Zhejiang Province in the Early Twentieth Century* (Cambridge: Harvard University Press, 1982); Joseph Esherick 和 Mary Rankin 編輯的論文集 *Chinese Local Elites and Patterns of Dominance* (Berkeley and Los Angeles: University of California Press, 1990) 中，蕭邦齊 (Keith Schoppa)、Lenore Barkan 及史謙德 (David Strand) 的文章；另見 Susan Mann, "Merchant Investment, Commercialization, and Social Change in the Ningpo Area," in *Reform in Nineteenth Century China*, ed. Paul A. Cohen and John Scherecker (Cambridge: Harvard University Press, 1976), pp. 41–48；Joseph Fensmith, "From Guild to Interest Group: The Transformation of Public and Private in Late Qing China," *Comparative Studies in Society and History* 25, no. 4 (October 1983): 617–640；Michael Godley, "Overseas Chinese Entrepreneurs as Reformers: *The Case of Chang Pi-Shih*," in *Reform in Nineteenth Century China*, pp. 49–62；Hao Yen P'ing, *The Comprador in Nineteenth-Century China: Bridge between East and West* (Cambridge: Harvard University Press, 1970)。

12 參見本書第八章和第十一章；另參 Sally Humphreys, ed., *The Culture of Scholarship* (Ann Arbor: University of Michigan Press, 1997), pp. 139–186。

13 Elizabeth Perry, "Trends in the Study of Chinese Politics: State–Society Relations." *China Quarterly* (September 1994): 704–714; Deborah Davis et al., eds. *Urban Spaces in Contemporary China: The Potential for Autonomy and Community in Post-Mao China* (Cambridge: Cambridge University Press, 1995), pp. 297–301; Philip Huang, "'Public Sphere'/'Civil Society' in China? Paradigmatic Issues in China Studies, III," *Modern China* 19, no. 2 (April 1993): 107–240.

14 關於廣東省新會縣的資料，參考 Helen Siu, *Agents and Victims in South China: Accomplices in Rural Revolution* (New Haven: Yale University Press, 1989) 中的第3至5章。關於我們研究團隊發表有關廣東歷史的論文，可參見 David Faure and Helen Siu, eds., *Down to Earth: The Territorial Bond in South China* (Stanford: Stanford University Press, 1995)。

15 見 Hsiao Kung-chuan, *Rural China: Imperial Control in the Nineteenth Century* (Seattle: University of Washington Press, 1960)；另見 Frederic Wakeman Jr. and Caroline Grant, eds., *Conflict and Control in the Late Imperial China* (Berkeley: Center for Chinese Studies, University of California, 1975)。

16 界線是模糊不清的。商人採用了士大夫的生活方式，而不成功的士大夫變成了富裕的企業家。參考徽州的歷史資料及 Shiba Yoshinobu, "Ningpo and Its Hinterland," in G. William Skinner, ed., *The City in Late Imperial China* (Stanford: Stanford University Press, 1977), pp. 391–440。

17 Craig Clunas, *Superfluous Things: Material Culture and Social Status in Early Modern China* (Urbana: University of Illinois Press, 1991); Timothy Brook, *The Confusions of Pleasure: Commerce and Culture in Ming China* (Berkeley and Los Angeles: University of California Press, 1998) 等著作中關於明朝的商業財富對文化和社會的深刻影響的內容。參考一篇有深刻見解的文章：Yu Ying-shih, "Business Culture and Chinese Traditions—Towards a Study of Evolution of Merchant Culture in Chinese History," in Wang Gungwu and Wong Siu-lun, eds., *Dynamic Hong Kong: Business and Culture* (Hong Kong: Centre of Asian Studies, The University of Hong Kong, 1997), pp. 1–84。

18 Susan Mann, *Local Merchants and the Chinese Bureaucracy, 1750–1950* (Stanford: Stanford University Press, 1987), pp. 27–28.

19 David Faure, "A Note on the Lineage in Business," *Chinese Business History* 1, no. 2 (April 1991): 1–3. 這篇文章的較長版本，在第二屆現代中國經濟史學術會議上重刊，見 David Faure, *The Lineage As a Business Company: Patronage versus Law in the Development of Chinese Business* (Taipei: Institute of Economics, Academia Sinica, 1989)。

20 David Faure, "Lineage as a Cultural Invention: The Case of Pearl River Delta," *Modern China* 15, no. 1 (1989): 4–36; David Faure, "What Made Foshan a Town? The Evolution of Rural-Urban Identities in Ming-Qing China," *Late Imperial China* 11, no. 2 (December 1990): 1–31.

21 Faure and Siu, *Down to Earth* 一書的導言部分。

22 David Faure, "The Emperor in the Village: Representing the State in South China," in Joseph Mcdermott, ed., *State and Court Ritual in China* (Cambridge: Cambridge University Press, 1999).

23 關於佛山的工業和宗族，參見廣東歷史學會編：《明清廣東社會經濟形態研究》（廣州：廣東人民出版社，1985）中的一系列文章，尤其是羅一星：〈明清時期佛山冶鐵業研究〉；葉顯恩、譚棣華：〈論珠江三角洲的族田〉；曹騰騑、譚棣華：〈關於明清廣東冶鐵業的幾個問題〉；譚棣華、葉顯恩：〈封建宗法勢力對佛山經濟的控制及其產生的影響〉；鄭克晟：〈霍韜的政治主張和經濟思想——讀《明史·霍韜傳》札記〉。另參見廣東省佛山市博物館等編：《明清佛山碑刻文獻經濟資料》（廣州：廣東人民出版社，1987）。

24 譚棣華、葉顯恩：〈封建宗法勢力對佛山經濟的控制及其產生的影響〉，頁163。

25 關於江南，參見斯波義信、曼素恩、埃爾文（Mark Elvin）等人的著作。

26 徽州商人的大宅、宗族組織及書院是公開的證據。為了保證商業運作的堅固基礎，商人嘗試通過同鄉會、貿易商會、慈善行為、捐納及支持民間信仰等方式，培育庇護人和各種地域聯繫。參考葉顯恩、譚棣華及羅一星在廣東歷史學會編的《明清廣東社會經濟形態研究》中的文章。關於商業與民間信仰的關係，參考 Valerie Hansen, *Changing Gods in Medieval China* (Princeton: Princeton University Press, 1990)；Richard Von Glahn, "The Enchantment of Wealth: The God Wutong in the Social History of Jiangnan," *Harvard Journal of Asian Studies* 51, no. 2 (1991): 651–714；另見濱島敦俊關於江南城隍廟的研究。關於晚清的情況，參考 Madeleine Zelin, "The Rise and Fall of the Fu-Rong Salt-Yard Elite: Merchant Dominance in Late Qing China," in Esherick and Rankin, *Chinese Local Elites and Patterns of Dominance*, pp. 82–112；也見同書 Lynda Bell, "From Comprador to County Magnate: Bourgeois Practice in the Wuxi County Silk Industry," pp. 113–139。

27 葉顯恩：《明清徽州農村社會與佃僕制》（安徽：安徽人民出版社，1983）；張海鵬、王廷元編：《明清徽商資料選編》（合肥：黃山書社，1985）；劉淼輯譯：《徽州社會經濟史研究譯文集》（合肥：黃山書社，1987）。

28 葉顯恩：《明清徽州農村社會與佃僕制》，頁43。

29 同上註，頁42–56，關於徽州少數的私田和龐大的族產的描述。

30 Harriet Zurndorfer, *Change and Continuity in Chinese Local History: The Development of Hui-Chou Prefecture, 800–1800* (Leiden: E. J. Brill, 1989); 亦見劉淼輯譯：《徽州社會經濟史研究譯文集》中相關文章。葉顯恩指出，除了佃僕，外來勞動力（本地稱之為棚民）也是徽州商人享有盛名的木材、鹽及茶場生意的勞動力來源之一（《明清徽州農村社會與佃僕制》，頁84–85、110–116）。

31 Siu, *Agents and Victims in South China*，第4章。

32 新會梁啟超的鄉下新會茶坑村旁邊的袁家村就是這樣一條佃僕村。潮連是一個在江門邊上的小島，那裏的大宗族全部都有佃僕。亦參考譚棣華：〈明清時期珠江三角洲的世僕〉，《廣東歷史問題論文集》（台北：稻禾出版社，1993），頁45–72。

33 葉顯恩：《明清徽州農村社會與佃僕制》；另見傅衣凌關於福建的研究，那裏有大量關於富裕起來的前佃僕想建造自家祠堂的挑戰和衝突。關於珠江三角洲的相似個案，參考 Liu Zhiwei, "Shanwan of Panyu County," in Faure and Siu, *Down to Earth*, pp. 21–43。

34 她的研究關注徽州休寧縣的范氏家族。安徽的休寧縣和歙縣盛產士大夫和商人，參考 Harriet Zurndorfer, "Local Lineages and Local Development: A Case Study of the Fan Lineage, Hsiu-ning Hsien, Hui-chou, 800–1800," *Change and Continuity in Chinese Local History*. 她指出，對族產及慈善的投資未必很大，但是通過資助彙編族譜及偶爾的慈善行為，徽商可以確保他們的本地根源及維持與休寧的聯繫。她以生活在揚州的富裕鹽商范活為例說明。參見宋漢理：〈徽州地區的發展與當地的宗族——徽州休寧范氏宗族的個案研究〉，載《徽州社會經濟史研究譯文集》，頁49。在嚴重的洪災和饑荒時（1539、1542），他斥巨資救濟難民。然而，宋漢理指出這些只是有政治及商業目的的公開行為，就如他饋贈貴重禮品予朋友及官員一樣，而他並無意幫補自己的兄弟的生活。

35 David Faure, "The Lineage as a Cultural Invention"; Helen Siu, "Recycling Tradition: Culture, History, and Political Economy in the Chrysanthemum Festivals of South China."

36 葉顯恩：《明清徽州農村社會與佃僕制》，第3至5章。

37 同上註，頁187–192。有必要指出的是，一些考取功名的人數代居住在城裏，但是卻宣稱自己的鄉下在徽州的各個農村裏。

38 理學家程顥、程頤、朱熹都宣稱自己是徽州（亦稱新安）六邑之一的歙縣人，參考葉顯恩：《明清徽州農村社會與佃僕制》，第5章。

39 這與蕭公權對國家意識形態和政治控制自上而下的研究取向正好相反。

40 比如，居住在杭州的鹽商鄭景濂的孫子，還有江鶴亭，都是這些戲劇的出名的資助人。參看葉顯恩：《明清徽州農村社會與佃僕制》，頁227。

41 參考 Clunas, *Superfluous Things*。關於徽州，參考葉顯恩：《明清徽州農村社會與佃僕制》，第5章。至於士大夫和商人都醉心的晚清精美的江南庭院，則參考 Joanna Handlin-Smith, "Gardens in Ch'i Piao-chia's Social World: Wealth and Values in Late-Ming Kiangnan," *Journal of Asian Studies* 51, no. 1 (February 1992): 55–81。

42 葉顯恩：《明清徽州農村社會與佃僕制》，頁98。

43 Keith Hazelton著，劉志偉、陳春聲譯：〈明清徽州的宗族與社會流動性〉，載《徽州社會經濟史研究譯文集》，頁76–96，註釋27。原始資料可參考永瑢等編：《四庫全書總目》（北京：中華書局，1965），卷1，《聖諭》，頁2。

44 Luo Yixing, "Territorial Community at the Town of Lubao, Sanshui County, for the Ming Dynasty," in Faure and Siu, *Down to Earth*, pp. 44–64.

45 葉顯恩：《明清徽州農村社會與佃僕制》，第3章第6節。

46 Philip Huang, *The Peasant Economy and Social Change in North China* (Stanford: Stanford University Press, 1985).

47 參考 Prasenjit Duara, "State Involution: A Study of Local Finances in North China, 1911–1935," *Comparative Studies in Society and History* 29, no. 1 (1987); Peasenjit Duara, *Culture, Power, and the State: Rural North China, 1900–1940* (Stanford: Stanford University Press, 1988).

48 〈廣州工商經濟史料〉,《廣州文史資料》,第36輯(1986),關於民國初期廣州工商業情況的專號。

49 Siu, *Agents and Victims in South China*,第4至5章。

50 David Strand, "Mediation, Representation, and Repression: Local Elites in 1920s Beijing," in Esherick and Rankin, *Chinese Local Elites and Patterns of Dominance*, p. 218.

51 我們的訪問地點在三角洲西部邊緣、屬西江流域的會城(新會縣城)和江門,香山縣小欖鎮,以及往更東南方向的番禺縣沙灣鄉;另外還有佛山市,以及北江進入三角洲地區的入口三水蘆苞。

52 參考葉顯恩、譚棣華:〈明清珠江三角洲農業商業化與墟市的發展〉,載廣東歷史學會編:《明清廣東社會經濟形態研究》,頁57–97;另參考譚棣華:〈清代珠江三角洲商品經濟的發展與土地問題〉,《廣東歷史問題論文集》,頁81–98。

53 羅一星:〈明清時期佛山冶鐵業研究〉,頁75–116;另見譚棣華:〈從《佛山街里》看明清時期佛山工商業的發展〉,《廣東歷史問題論文集》,頁225–242。

54 趙士松編撰:《三江趙氏族譜》(香港:出版者不詳,1927)。趙氏在三江鄉東南部擁有廣袤的堤田,宣稱是宋朝末代皇帝隨從的後代,因為被蒙古打敗而來到這裏。另一個記錄是關於江門南部外海鄉的陳氏,有一位叫陳湘(石泉)的成員有40頃沙田,租金收益是9,600石稻穀。參考譚棣華:《清代珠江三角洲的沙田》(廣州:廣東人民出版社,1993),頁76。

55 開墾的沙田位於新會縣的東部,香山縣(1925年後改名中山)的北部,番禺的南部。這些沙田最後被稱為西海十八沙、東海十六沙和萬頃沙。

56 參考西川喜久子(Kikuko Nishigawa)著,曹磊石譯:〈清代珠江三角洲沙田考〉,《嶺南文史》,1986年第2期,頁11–22;原著刊登於 *Tōyō Gakuho* 63, nos. 1–2 (1981): 93–136。另參見譚棣華:〈清代珠江三角洲商品經濟的發展與土地問題〉,頁81–98。

57 黃啟臣:〈明清珠江三角洲的商業與商業資本初談〉,載廣東歷史學會編:《明清廣東社會經濟形態研究》,頁187–236。

58　葉顯恩、譚棣華：〈論珠江三角洲的族田〉，頁22–64。

59　Faure and Siu, *Down to Earth* 中關於珠江三角洲宗族集團 (lineage complex) 的發展過程。

60　參見西川喜久子關於本地當局對順德沙田的保護的著作；另參考譚棣華：〈鄉族地主對珠江三角洲地區的控制與護沙的原委〉，載《廣東歷史問題論文集》，頁155–174。

61　Helen Siu and Liu Zhiwei, "Lineage, Market, Pirate, and Dan—Ethnicity in the Pearl River Delta," in Pamela Kyle Crossley, Helen F. Siu, and Donald S. Sutton, eds., *Empire at the Margins: Culture, Ethnicity, and Frontier in Early Modern China* (Berkeley: University of California Press, 2006).

62　1685年放寬海禁，但是清朝政府於1757年關閉了沿海港口，只留下廣州作為對外貿易之地。參考黃啟臣、鄧開頌、肖茂盛：〈廣東商幫〉，載張海鵬、張海瀛編：《中國十大商幫》(合肥：黃山書社，1993)，第5章；另見李龍潛：〈明清廣東對外貿易及其對社會經濟的影響〉，載廣東歷史學會編：《明清廣東社會經濟形態研究》，頁279–312。

63　關於明清時期白銀在廣東的流通，參看陳春聲：〈清代廣東的銀元流通〉，載明清廣東省社會經濟研究會編：《明清廣東社會經濟研究》(廣州：廣東人民出版社，1987)，頁206–236。

64　可參看《明清時代商人及商業資本》中關於福建的海上貿易團隊的論述以作對比，參見傅衣凌：《明清時代商人及商業資本》(北京：人民出版社，1956)；還有，《廣東航運史 (古代篇)》對廣東東部汕頭附近漳林港的商人集團的論述，參見葉顯恩：《廣東航運史 (古代篇)》(北京：人民交通出版社，1989)。

65　章文欽：〈明清廣東中西貿易與中國近代買辦的起源〉，載廣東歷史學會編：《明清廣東社會經濟形態研究》，頁313–348。

66　會城的一些材料來自 Siu, *Agents and Victims in South China*，第2至5章。筆者當時並未關注現在探討的問題，為了撰寫這篇文章，我又重新閱讀這些材料。

67　譚棣華：《廣東歷史問題論文集》，頁158。另外，根據當地的說法，何熊祥畢生積累了350頃沙田，死後分給了他的兒子們。他分完家產後，隨手把九子沙給排行第九的新生兒子。這是一塊狹長形的沙田，有6,000畝。數世紀以來，其他家產不是被人接手就是變賣，而九子沙直到20世紀仍是何文懿堂祖產的一部分，由此可見何氏家族在會城的勢力。參見何卓堅：〈尚書坊何氏封建組織〉，《新會文史資料選輯》，1981年第1輯，頁51–56。

68　在城南有譚氏，南門有莫氏，南邊塘有許氏。在一份許氏的族規裏，該作者感嘆：「自從先祖從開平輾轉到新會，一百多年來家族興旺，功名和財富收穫甚豐。但近數十年來，家道中落。」參見《許姓族綱》（手稿，會城，1936）。在1970年代後期，莫氏宗祠還在會城南邊佇立。

69　例如，該地區的兩份族譜記錄了這些事件：新會三江趙氏族譜和潮連蘆鞭蘆氏族譜。附近的中山縣的一本梁姓族譜，也記錄了相似的困難。參見（中山）《康熙梁氏族譜》，5a–5b，〈乾霧族譜序〉寫於康熙十二年（1673），中山1927年重編版。

70　比如，陳氏的先祖於明朝定居在會城南邊數里的天馬鄉。其一位第七代的子孫考取了功名，轉而定居到會城南門外不遠處的五福里（《陳族世譜》，1923）。嘉慶十五年（1711），五福里建起了一間紀念他的祠堂。到了19世紀，他的牌位被安放在會城的西南書院，還安放在廣州商人聚居的地方、西關的陳家祠裏。

71　譚棣華：《清代珠江三角洲的沙田》，頁79。

72　《直卿祖祠落成公定祠規附徵信錄》（李允成堂刊，1901）。

73　據估計，最大的15個種植和曬蒲葵的葵場主壟斷了該行業90%的生意。參見關協晃：〈解放前新會葵葉經營概況〉，《新會文史資料》，1983年第12輯，頁1–28。

74　餘慶堂屬下各行都有自己的行會組織：老葵行有聯興公棧，曬扇行有聯義堂，合扇行有同仁堂，出江行有廣順堂。

75　集美堂的一份文件顯示，在1713年到1845年期間，有693名會員簽名加入一曬葵和製葵行會。

76　《集美堂會規簿》（手稿，會城，出版年不詳）。

77　關協晃：〈解放前新會葵葉經營概況〉。

78　莫應湘：〈英商太古洋行近百年在華南的業務活動與莫氏家族的關係〉，《廣東文史資料》，1985年第44卷，頁77–131。

79　會館成員經常預支貸款給種葵商，以期得到定價供應的保證。收成的時候，種葵商往往願意價高者得，因此並不容易找到貨源。

80　Susan Mann, *Local Merchants* 的第7章。還參見聶爾康：《岡州公牘》（1867年刻本）。

81　關協晃：〈解放前新會葵業經營概況〉。林恆利在對日戰爭前已經倒閉，而劉怡記還維持到中華人民共和國建國初期。新會檔案館的土改材料顯示，劉怡記有大量地產。這些企業的成員在行會以及後來的新會商會中都成為有勢力的代表。關於經營陳皮貿易的企業，可參見何卓堅：〈解放前的新會陳皮業〉，《廣東文史資料》，1965年第20輯，頁111–121；何卓堅：

〈解放前新會陳皮的經營概況〉,《新會文史資料選輯》,第10輯(廣東,1983)。

82 要瞭解更多有關書院的情況,可參見Siu, *Agents and Victims in South China*,第4章。

83 還可參見本書第八章。

84 紅巾軍1854年起義,1855年進入珠三角各地,於1860年代被殲滅。

85 關於廣東紅巾起義的歷史概況,可參見廣東省文史研究館、中山大學歷史系編:《廣東洪兵起義史料》(廣東紅巾軍的興起),第1卷(廣州:廣東人民出版社,1992)。關於會城的相關事件,可參見陳香浦:《岡城枕戈記》(岡州,1855);譚祖恩:《新會靖變識略》(1855;廣州:中山圖書館,1960年重印)。譚的談話記錄曾經提到,葵扇會館曾一度被起義軍接管。

86 這三個鎮是潮連(大姓是盧、陳、區和潘)、荷塘(有容姓和李姓)以及外海(陳姓)。洪兵起義時,一些臭名昭著的頭頭就出自這些鎮。

87 譚棣華:《廣東歷史問題論文集》,頁155–174。原引於《嚴飭東南公約各紳論》,出自聶爾康的《岡州公牘》。

88 例如,在廣州有九大善堂。除了日常的濟貧,這些善堂很快就各有分工:推進新技術、推動婦女教育、培育地方自治、維護社會治安。參見鄧雨生編:《全粵社會實錄初編》(廣州:調查全粵社會處,1909)。關於19世紀末香港商人的文化和政治影響的詳細論述,可參見冼玉儀對東華三院的研究:Elizabeth Sinn, *Power and Charity* (Hong Kong: Oxford University Press, 1989)。"Philanthropy and the Business World"歸納了她的觀點,出自Wang Gungwu and Wong Siu-lun, eds., *Dynamic Hong Kong: Business and Culture* (Hong Kong: Centre of Asian Studies, The University of Hong Kong, 1997), pp. 230–252。

89 《新會城同善善堂仁濟義會韜澤義會濟群義會惜字施茶執埋白骨廿五期徵信錄》(會城:藝興承印,1936)。

90 參見本書第十三章。

91 倫海濱:〈馬熊人搗毀《民會日報》〉,《新會文史資料》,1983年第6輯,頁47–50。

92 主持菊花會開幕儀式的是第三區的長官,他還是國民政府的專員。一起主持的還有一位本地人何乃中,他曾是軍閥馮玉祥的顧問。合豐書院裏還舉行了一場生意洽談會。這間書院是鎮上幾個小姓為了和大姓競爭而建起來的。

93 關於中山縣沙田上的地方豪強,可參見《中山文史資料》,第1–3卷。最有勢力是以小欖為大本營的民生公司,以及以沙田邊上民眾為大本營的民利公司。

94 何仰鎬過去是一位大地主，也是本地的文史研究者。他估計，在小欖西南邊的一塊狹長形沙田四沙，被這些地方豪強控制的面積，在戰後從400畝增加到7,500畝（個人訪談，1986）。

95 關於沙灣何氏家族的崛起，可參見劉志偉：〈宗族與沙田開發——番禺沙灣何族的個案研究〉，《中國農史》，1992年第4期，頁34–41。北帝是華南的民間神靈。在沙灣，本地人認為北帝是明朝開國皇帝的權威象徵。北帝廟以及何氏的留耕堂成為沙灣的文化和政治中心。

96 前者以武力自衛，稱作「槍嶍」；後者據說以武力侵略別人，稱作「槍公」。

97 我認為這是20世紀這些村莊走向細胞化的開端。在毛澤東時代，共產黨的行政機器獲得至高無上的權力，而村莊的細胞化也臻至巔峰。參見Siu, *Agents and Victims in South China*。

98 Siu, *Agents and Victims in South China*，第5章。關於珠江三角洲三個社區宗族傳統的重構，還可參見本書第十三章。關於其他地區軍閥在儀式上的努力，可參見Edward McCord, *The Power of the Gun: The Emergence of Modern Chinese Warlordism* (Berkeley and Los Angeles: University of California Press, 1993)。

99 〈藍天歲月〉，《廣東文史資料》，1987年第37卷，關於1930年代廣東軍閥陳濟棠的專號。

100 關協晃：〈解放前新會葵葉經營概況〉。

101 其中有一位梁鴻業，他的父親是一位審查委員，他自己買了一個小功名。另一位士大夫首領是來自會城何氏大房的何若珊，他是新會商會的會長。

102 麥炳坤、黃霄南：〈新會城商團始末〉，《新會文史資料》，1965年第3輯，頁1–19。

103 1948年的一份文件列出了行會成員以及與他們簽約的大葵園主，這些葵園主中有出名的地方豪強。這份文件還顯示，他們並沒有按合同上的數量供貨給生意夥伴。參見新會縣葵扇商業同業公會編：《本會會員商號答買各圍業佃三旗玻璃長柄生筆老葵已清訖未清訖一覽表》（新會，1948）。

104 Siu, *Agents and Victims in South China*，第4、5章。還參見新會書院董事理財員編：《籌建新會書院徵信錄》（會城：藝興，1927）；以及《新會書院公定嘗祭及管理章程》（會城：藝興，1927）。

105 〈興建新會書院的經過〉，《新會文史資料》，1964年第2卷，頁30–36。

106 新會城沿河商會維持團編：〈承回會河兩岸鋪尾始末記〉（會城：出版者不詳，1924）。

107 莫榮坊、許仲桃：〈新會縣拆城築路的經過〉，《新會文史資料》，1964年第2卷，頁20–30。

108 David Faure, "Lineage Socialism and Community Control: Tanggang xiang in the 1920s," in Faure and Siu, *Down to Earth*, pp. 161–187.

109 《廣東岡州商埠章程全卷》(香港，1911)。另參見《中國商業新識》(出版者、出版年不詳)，頁178–182。

110 何志毅：〈香洲開埠機器盛衰〉，《廣東文史資料》，1985年第46卷，頁87–97。

111 劉伯皋 (遺稿)：〈新寧鐵路興建時在新會遇到的地方勢力的阻撓及其他〉，《新會文史資料》，1983年第9卷，頁9–11。還可參見鄭德華、成露西：《台山僑鄉與新寧鐵路》(廣州：中山大學出版社，1991)。

112 在 *Down to Earth* 一書中，作者們認為，通過對宗族、地域、族群認同和宗教儀式的不斷重新界定，珠江三角洲的地方社會得以融入中華帝國秩序中。他們關注的是，在一個擴張中的中華文化和政體中，地方社會的人們為了定位自己而採用的象徵和工具性手段。

113 「大天二」的說法來自中國骨牌遊戲，地方上一般指那些獨霸一方的地方豪強。

114 這是拙著 *Agents and Victims in South China* 的主要觀點，是以新會田野調查為基礎的歷史敘述。

115 我過去發表的作品中曾處理這一問題。參見 Helen Siu, "Socialist Peddlers and Princes in a Chinese Market Town," *American Ethnologist* 16, no. 29 (May 1989): 195–212；"The Politics of Migration in a Market Town," in Deborah Davis and Ezra Vogel, eds., *China on the Eve of Tian'anmen* (Harvard University Press, 1990), pp. 61–82；以及 "The Reconstitution of Brideprice and Dowry in South China," in Deborah Davis and Stevan Harrell, eds., *Chinese Families in the Post-Mao Era* (Berkeley and Los Angeles: University of California Press, 1993), pp. 165–188。

116 或許不同層級的政府、中心以及區域之間存在利益衝突，但與國家官僚系統維持良好關係，對於做好生意仍然重要。參見 Elizabeth Perry, "China in 1992: An Experiment in Neo-authoritarianism," *Asian Survey* 33, no. 1 (January 1993): 12–22；Dorothy Solinger, *Chinese Transition from Socialism: Statist Legacies and Marketing Reforms, 1980–1990* (New York: Sharpe, 1993)。關於地方法團主義，可參見 Jean Oi, "The Role of the Local State in China's Transitional Economy," *China Quarterly* 144 (December 1995): 1132–1149。

117 Helen Siu, "Community Festivals in South China: Economic Transformation and Cultural Improvisations," in Chi-kin Lo, Suzanne Pepper, and Kai-yuen Tsui, eds., *China Review* (Hong Kong: The Chinese University Press, 1995), pp. 1–17.

118 Helen Siu, "Redefining the Market Town through Festivals in Contemporary South China," in David Faure and Taotao Liu, eds., *Town and Country in China: Identity and Perception* (New York: Palgrave Macmillan, 2002).

第五部分

辨史於幽微

　　我的學術興趣多樣。除了一本民族誌專著，也與人合編了幾卷有關文學、文化和區域史，以及當代政治、經濟問題的著作，還有幾本探討互聯亞洲的貿易帝國和21世紀中國與非洲交往歷程的文集。面對上述不同學科與研究對象的最大挑戰，莫過於辨識其中的共通主題。同事常常訝異於我為何特別喜歡與搞文史的學者混在一起，事實上，這完全是無心插柳的結果。1985年，我想進行有關後毛澤東時代集鎮復興的田野工作，於是去了廣州中山大學。葉顯恩及湯明燧兩位教授囑咐他們的學生劉志偉、陳春聲與我作伴。我們一走就走了二三十年，青春年少時的求索，如今沉澱為許多值得深思的學術問題。我們熱衷跨學科探究，不囿於院校科系的界限，逐漸發展為有意義的知性探求，在人文與社會科學之間架搭橋樑。

　　正如在本文集第一篇文章〈反思歷史人類學〉指出，我們有相通的分析和方法上的關切。人類學家沉浸在社區、家庭或社會事件等微觀環境；歷史學家則專注於時間長河上的不同歷史時點。兩個學門奮力將諸多微觀研究主題置於宏觀的結構或時間性過程中。同輩的人類學家是幸運的，我們在20世紀70、80年代當研究生，歷史的社會科學範式在知性及意識形態上都遭到挑戰，我們開始從權力與分殊的世界史視野重新定義種族和文化的他者。我將這些批判視角引入在廣東的田野工作，並得到歷史同道的重視。

　　在眾多夥伴中，我與劉志偉一起在田野的時間最久。最初，他一心指望從調研對象得到諸如族譜、石碑及錄載其上的文字的具體材料。他起初對我嘮嘮叨叨、重重覆覆地跟村民談論相同的問題覺得不解，但最終明白了。因為村民說了些什麼、怎麼說，以及沒有說什麼，對我們理解這些對象同樣重要。多年下來，劉志偉跟我都漸漸相信，如果我們珍視人的能動性，那麼就得在研究對象發現其自身的相關語境中，理解其聲音背後的種種細節。「走田野」的目的，是要體味那些鑄造歷史文獻、民間故事、儀式及其他民間敘事的器物與言說環境。我們視他們的敘事為權力語言並各種社會階層的角力，以便在有意識的區域建構中為自己定位。

〈婦女何在？〉一文背後是有個故事的。1986年，我花了一整年研究珠江三角洲集鎮的復興。劉志偉與我作伴，尋訪當地的歷史材料，一群老婦重覆向我們提到她們及其祖輩一直都在實踐的婚俗：她們結婚後至少等一兩年才會住進夫家。我起初以為這種「不落家」的習俗，是跟毗鄰順德有關：因為19世紀末、20世紀初順德繅絲業迅猛發展，使得女工在經濟上獨立，為「自梳女」提供了集體「抗婚」的條件。但在去了一次廣州市立圖書館後，我的想法起了變化。陳春聲與我翻閱許多由士大夫寫成的縣志，記錄當地的風俗習慣、功績及擁戴儒家倫理的事例。記載在《香山縣志》的《列傳‧列女》引起我的注意。表面看來，所載之事整齊劃一，例如：「周氏，伍汝霖妻，年二十末，于歸時聞夫病篤，奔至伍家侍奉湯藥」，出於好奇，我問陳春聲，這些婦女好像不是跟丈夫住在一起。更值得注意的是，她回夫家的舉動為何值得在充滿儒家教化的縣志中被褒揚。我懷疑「不落家」的習俗勿寧是一種規範，而不是當地的抗婚。如果「不落家」是當地的主流，那麼它的社會民族誌背景是什麼？尤其是這些農民常視自己為漢人，他們宣稱其祖上是從中原來。我們從批判式閱讀所學到的，是從士大夫意圖所框定的論述細節中窺探另一種迥異的文化傳統。追問「婦女何在？」，使我從新思索帝國晚期一個區域的生成史，以及當時華南地區與國家構作兩者之間的縮合方式。

社會民族誌、歷史與文學成了我早年生涯的關切。1980年代，受人類學田野理論探究的反思影響日深，我編了《毛的收成》一書。[1] 它源於我當時渴望理解毛時代受種種政治運動壓傷的一代人的精神狀況。到了1980年代，整個氛圍起了變化。當北京那些文化大腕開始失去依靠，氣氛就變得很不一樣。年輕作者在長期要求奉獻與犧牲的社會主義傳統中，竭力表達他們那種複雜的心理情狀。正如我的同事史景遷（Jonathan Spence, 1936–2021）在書中前言所說：

> 浮在這些段落的情感惹人神傷，但如果這些先入之見能被適當理解，那就不足為怪了。因為在中國，表達的模式長久被壓抑，實在有許多東西需要重新再說……這些作者都會認同，不論在住

房或是思想方面，中國人的隱私已經蕩然無存。失卻自尊教他們
受盡折磨，迫使他們時刻爭相競奪、終日討價還價、不斷懇請乞
求。最後，吶喊變成哀嚎，而哀嚎終於像排山倒海般爆發。[2]

1984年，我有機會在耶魯大學衛理人文中心（Whitney Humanities
Center）當梅倫學人（Mellon Fellow），該中心雲集了來自不同學科的傑出
學者。有些成了多年老友，如古迪、阿普特（David Apter）、特拉登堡
（Alan Trachtenberg）及布魯克斯（Peter Brooks）；有些則啟我以思，如戴
維斯（Natalie Davis）、紀爾茲、克里弗德（James Clifford）、金斯伯格、哈
特曼（Geoffrey Hartman），助我把解構、權力、再現與詮釋學所關注的
議題融入自己的研究中。與此同時，來自不同科系且具有跨學科興趣的
親密朋友也決定組織讀書小組，若不然，我們實在沒動力去啃那汗牛充
棟的著作。多年以來，讀書小組受益於批判社會理論與文學詩學，絕不
亞於社會民族誌與歷史學。

我編的第二本文集《犁溝》，[3] 在導言部分援用再現政治來理解20世
紀動蕩的中國。我把五代以書寫中國農民為主的知識分子的作品結集。
1930至1940年代，具有進步意識的知識分子選擇以書寫呈現農民的悲
慘境況，為的是指控暴虐的國民政府以及其後的日本軍事入侵。但這樣
的聲音漸漸被他們一直忠心擁戴的共產黨意識形態消弭。最終，他們沒
有多少選擇，以致不得不寫農民，並得按革命標準形式寫作。他們在歷
次政治運動中屢受批評，不單因所寫的東西，也由於具有不可靠的小資
產階級成分而受指控。於我而言，他們筆下多變的農民形象，折射出這
些滿懷理想的知識分子、他們所呈現的農民，以及一個有權決定他們生
活的黨國，這三者之間那種稀薄、搖擺不定，而且充滿暴烈的關係。這
本文學集子，與我那本談農村轉型的專著，[4] 彼此補足，相互對照。知
識分子與中國農民，兩者既是能動者，亦是受害人，在他們稱為「革命」
的社會、政治劇烈變動的歷程中共謀。在歷史與文學文本的字裏行間，
我試著參悟人類行動者的悲劇複雜性。

（余國良譯）

註釋

1 Helen Siu, *Mao's Harvest: Voices from China's New Generation*, co-edited by Zelda Stern (New York: Oxford University Press, 1983).

2 Jonathan Spence, preface for *Mao's Harvest*, p. vi.

3 Helen Siu, *Furrows: Peasants, Intellectuals and the State: Stories and Histories from Modern China* (Stanford: Stanford University Press, 1990).

4 Helen Siu, *Agents and Victims in South China: Accomplices in Rural Revolution* (New Haven: Yale University Press, 1989).

第十一章

婦女何在？：
華南地區的抗婚及地域文化的再思考

在閱讀1923年版《香山縣志》中的《列傳·列女》一卷時，我被以下這則敘事所震驚：

> 周氏，伍汝霖妻，年二十末，于歸時聞夫病篤，奔至伍家侍奉湯藥，越數十日，夫卒。哀號不已……[1]

上述文字記載這位年輕女子的婚姻狀況含糊不清，讓人不禁疑惑：如果那時候她不在夫家，那她從何處回來？也許有人會認為，在縣志中羅列一些未過門的女性到夫家守節的做法並不罕見，以上的文字可能只是這類記載中的一種，正可以解釋周氏為何仍未入住伍家。然而，材料中還有其他的證據，讓我們可以對這段話進行不同的解讀。同一本方志中另兩條類似的模糊記載，引起了我的懷疑。一條記載描述了一名23歲的女子(過了正常婚齡)為一男子的「聘妻」，她在得知丈夫死訊時回到了夫家。另一條記載則是這樣的：「李氏，伍培桂妻。培桂遠處無蹤。李氏年三十奔至夫家守貞……」[2]而《香山縣志》更早版本中的一條記載，則使情況變得更為複雜，它提到「黃圃、小欖、海州諸鄉，略染順德餘風，既嫁尚多不肯歸其夫家者」。[3]

儘管這些文人筆下的故事，用含糊的措辭表達了儒家理想中的節婦形象，但將其置於種種被稱作是「抗婚」或「不落夫家」婚俗的脈絡中進行討論，或更適當。《香山縣志》描繪的情形亦非獨一無二。有學者描

述過珠江三角洲（見地圖 0.1）的多種婚姻形式，並對它們的興衰作出了不同的解釋。例如，托普萊（Marjorie Topley）重點研究了順德縣的自梳女。這些自梳女會進行「梳起」的儀式，包括盤起髮髻、結拜金蘭，並且立下繁複的誓言，誓不婚嫁。許多自梳女有自己的住所，通常她們和其他獨身女性在這裏聚會。托普萊用「抗婚」來概括這些行為，並將其與 19 世紀順德的繅絲業聯繫：繅絲業的迅猛發展，使女工在經濟上獲得了獨立。她聲稱，當繅絲業於 20 世紀 20 年代崩潰的時候，抗婚行為也同樣面臨衰落。[4]

托普萊也將「不落家」與這種獨身現象及順德的蠶業聯繫起來，認為「不落家」是南海、番禺兩縣周邊地區妻子不從夫居的習俗。這裏的女性會完成任何儒家正統婚禮中的繁複儀式，卻會在與丈夫共度洞房之夜後回到娘家。此後，她一直居於娘家，只有在公婆的生日與死忌，還有一些重要節日，才回夫家探望。直到臨盆在即，才會長居夫家。很多女性還設法不回夫家，直至度過了懷孕年齡。

托普萊的討論雖然以蠶業經濟為主軸，但還是有注意到文化和意識形態的因素。她關心的是，地方上獨特的反婚態度如何與經濟獨立結合，從而給該地區「未婚」女性以討價還價的空間。她引出了兩個有趣且值得深入探討的問題。首先，女方家庭串通一氣才使「抗婚」得以可能，他們一定會從這些女性的所得中獲益。其次，「抗婚」背後其實是一種文化價值的衝突：受意識形態驅動的儒家權威猛烈批判整套地方習俗和信仰。

陳遹曾[5]和蘇耀昌[6]則理所當然地視經濟因素為抗婚之根本，並將這些婚姻策略分類排序：獨身代表抗婚的高級形態，延遲同居則是一種妥協，兩者的不同取決於女性可以動用的經濟資源。[7]

斯托卡（Janice Stockard）強調「不落家」（她用 "delayed transfer marriage" 這一術語）是該地區始源文化複合體（original cultural complex）的一部分，[8]這樣的婚姻會被某些特定地區接受，而不會將其視作背離儒家規範的非正常形態。但斯托卡襲用托普萊結構性和經濟的論證取徑，描述了當地婦女如何把這樣的文化資源與繅絲業帶來的經濟獨立結合，發展出不同

的抗婚策略。其中一種策略是給丈夫補償一筆錢讓他娶妾，這樣既可以保持自己的獨身地位，同時亦在儀式上承擔了已婚女性的義務。經過一些時日，這些策略普遍為社會接受。至於不落家的婚俗如何成為這些地區的文化規範，斯托卡除了簡要地指出廣西和福建的少數民族也存在類似行為之外，並沒有超越托普萊的直觀看法。[9]

我的假設則是，香山（1925年更名為中山）縣在帝國晚期是一個十分富庶的地區，當地富人熱衷於表現他們與士大夫文化的緊密聯繫，該地流行的婚姻形式應該是漢人所接受的從夫居。這本應是人群遷移與涵化的結果。事實上，這裏大多採儒家的婚禮儀式——訂婚、繁複的禮品交換、婚禮、拜祭祖先以及宴請親朋好友。但令我意外的是，方志中提到的那些女性並沒有在婚後馬上遵照從夫居這一慣例。此外，她們當中的一些人在丈夫臨終前趕回，還有像李氏那樣30歲回夫家守節，這些都被認為是值得公開褒揚的行為。更為重要的是，受縣官委任纂修方志的地方精英，看上去似乎對這些事習以為常。那麼，《香山縣志》中那些含糊其辭的記載，是否編撰者假託儒家言詞，藉以表達這種情感的一種手段？假定方志和族譜是某些特定社會群體為了他們的意識形態和物質利益而建構出來的文獻，那麼他們讚譽這些貞潔婦女背後的動機和歷史情境又是什麼？

我曾在進行民族誌田野考察時遇到過類似的含糊不清。[10] 即使在香山這樣一個小地方，對婚俗的詮釋卻差別甚大。在香山縣一個繁榮市鎮小欖，我採訪過當地一些老年婦女。她們堅持認為，從她們的祖母、母親到她們自己，按規矩都要離開夫家三到五年。只有在夫家打算納妾以後，才會回去和丈夫住在一起。她們聲稱，如果來自顯赫的士大夫家族，則會在外面住更長時間，靠自己豐厚的嫁妝生活。但是，有名望的家族都不會去計較聘禮。相反，她們還提到，在市鎮周邊沙田居住的窮戶並沒有這種新娘不落家的婚俗，他們只送出非常少的嫁妝，卻索要「多得令人難堪」的聘禮。此外，自社會主義革命以來，不落家婚俗被認為是「封建的」，在鎮裏的年輕人中不再時興。而沙田的窮戶除了繼續索要高額聘禮，也日漸堅持讓他們的女兒不落家。[11] 1989年，我在番

禺縣南部的沙灣聽到了類似回答。和小欖一樣，沙灣也是處於明初形成的老三角洲地區和晚清時期開發的淺海灘塗邊緣市鎮。

通過前述文獻提供的總體結構性解釋，我們很難深入分析這些地方性表達以及含糊不清的措辭。這些研究者對中國婚俗的觀念在不同程度上存有問題，因而未能釐清地方社會的幾個問題。首先，除了斯托卡提到的情況外，他們的解釋還暗含著一種假設，就是在蠶業影響出現的前後，香山順德地區普遍流行的是正統的婚姻形式。此一觀點與史載相矛盾。早在道光七年 (1827) 的《香山縣志》，就已經視不落家為一種盛行於珠江三角洲南邊香山縣和順德縣的風俗。而更遠的東南部番禺縣，在康熙年間亦已存在類似習俗。[12] 而且，科大衛提醒我注意番禺簡氏宗族的一份出版材料。簡家的一名成員曾於乾隆四十四年(1779)參加鄉試，他的傳記題為〈番禺小洲系頡雲公〉，其中有提到：「……其鄉聯二十四鄉，名曰彬社，鄉俗之女，其陋習，歸寧不返，如忿之，則歸死夫家。其女誣訟，坐此受累者從矣。公率彬社同人，以鄉陋習，聯告有司，勒石示禁，俾誣訟不行，陋習遂革。」[13]

其次，如果這些學者視蠶業為能給地方女性提供討價還價的空間，那麼為了分析的需要，蠶業中多種產生收入的活動須作更為細緻的區分，因為它們以不同方式影響地方經濟以及女性的家庭地位。沙田是廣闊的淺海灘塗，在沙田與老三角洲地區之間，有一系列繁榮的集鎮，其中包括小欖、順德和沙灣。沙田的居民承佃鎮上大量的宗族嘗產，成為耕作沙田的佃戶。歷史上，鎮上精英貶低他們，視之為文化和經濟上的下等人。細緻地探討該地區的社會生態，不但有助於揭示該地區進行何種生產活動，更有助於揭示與之相關的社區和社會群體間的權力關係。這些關係持續地重新定義文化規範和家庭動力。

本文的目標是利用華南地區的歷史民族誌資料，理解文化在貫穿於整個歷史時期的過程中，到底是怎樣與政治經濟相互交織。本文通過揭示不同的人群如何維持以及重新詮釋地方婚姻行為的意涵，力圖描繪出珠江三角洲地區更為廣泛的社會變遷過程。該地區的婚俗表明，自帝國晚期至今，不同社區中向上流動的人群，即興利用他們自己以及帝國政體

逐漸擴張帶來的文化資源，創造了一個生機勃勃的象徵複合體，以及由族群、經濟和政治的細微差別層層交迭而成的社會景觀。

婚俗、香山和順德

　　香山縣小欖市鎮周邊的地區，是不落家婚俗盛行之地。18世紀後期，這裏經歷了一個從淺海灘塗向繁榮商業區轉變的過程。[14] 城鎮居民中，富裕的地主和商人家庭佔了很大的比例。通過沙田族產帶來的收入，他們生活舒適，很少從事繅絲生產。這些人家的女兒會攜巨額嫁妝出嫁，並在娘家長期逗留。而在緊挨城鎮的村落，居民也會遵循類似的婚俗。他們種桑養蠶，將蠶繭拿至順德出售。直至20世紀30、40年代日本侵華，大量繅絲業工人因食物短缺，從順德遷來小欖，這裏才出現由地方豪強創辦的繅絲廠。近郊的人家也持有沙田裏大片的稻田，他們有時會僱用一些被蔑稱為「蜑」的勞工去耕種。正如前文提到的，這些生活在舟楫上的沙民並沒有不落家的婚俗。他們只送出少量嫁妝，卻索要大筆的聘禮。有時候，他們女兒亦會成為鎮上人家的女僕或妾侍。因此，我們也許可以認為，在小欖鎮內外進行的種種生產活動，與順德機械化繅絲廠女工的勞動，以不同的方式把女性與她們的家庭、婚姻、財產和社區聯繫了起來。

　　此外，斯托卡認為，為夫買妾的行為是存在於19世紀末的一種抗婚策略，但在小欖，這種買妾習俗先於機械化的繅絲生產出現。據道光七年 (1827) 版的縣志記載，小欖一名何姓婦女19歲時嫁入楊家，並用其嫁妝為丈夫買了一個妾侍。這條記載有點含糊不清，因為它提到這名婦女用自己的錢為夫買妾後，增加了她不落夫家的可能性，並因此沒有養育兒女。這一切的發生遠在為當地女性生活帶來巨變的繅絲業到來之前。而且，小欖何族在19世紀有錢有勢，何氏攜豐厚的嫁妝出嫁，亦很可能並非一名勞動婦女。而事實上，窮人家的勞動女性時常會成為填房或妾侍，並在婚後立即從夫居住。[15]

更進一步而言，托普萊和斯托卡提出的一些證據，與我的訪談以及檔案中的調查記錄相吻合。這就是，無論是在精英家族還是平民家庭，如果沒有家族成員之間的協作，順德的自梳女與香山的不落家婚俗是不可能維持的。我們並不能假定這些婦女的經歷像盧蕙馨（Margery Wolf）描述的台灣婦女那樣深受創傷，[16] 也同樣不能假定她們在利用經濟環境對抗壓迫的結構。這些婦女並非在唱獨角戲。

自梳女的情形，說明了家族與地方社會的共謀。自梳女的角色已得到社會認可，年輕姑娘也可以在她們的「姑婆屋」中聚會，參與集體活動。[17] 也許有人會認為，此種形式的獨身曾在社會上引起爭議，只是在既成事實之後才被接受。但在某些家庭，這樣的容忍達到了最大的限度。有時候，自梳女會得到一筆財產，並永久被視作娘家成員而受到敬重。研究者們也引用大量的事例，說明民國時期的有錢人家會為「梳起」的女兒建造獨立的房子，並為她們提供贍養之資。清輝園的主人、順德最有勢力的士大夫家族龍家，便是其中之一。還有順德昌教鄉的黎召明，他曾在晚清出任福建海關道，而他兒子亦曾在民國初期胡漢民督粵時任民政司長。黎召明之女情初成為自梳女後，黎家特為她在廣州建了一座大宅。當家族同意女兒「梳起」時，就會在家裏宴客，一若男子娶親，是人生重要的喜事。[18]

在家境不那麼寬裕的人家，自梳女對親族兄弟更顯重要。清代方志有大量例子表明，未婚女性之所以選擇留在娘家，是為了方便照顧父母和兄弟姐妹。我在小欖對老年婦女的訪談也顯示，20世紀同樣存在類似情況。受訪者們說，尤其在弟弟年紀尚小時，家裏強迫她們獨身，她們亦指望最終會受侄子們的照顧。麥由所在的大欖鄉，位於小欖鎮的西邊。20世紀40年代末，她離開了自己生活的單姓村，和幾個表姐妹一道來到香港，成為當地一些人家的女傭人。四十年之後，她用自己的積蓄在大欖建了一所房子，命名為麥宅。如今她的侄子全家住在那裏，自己只保留一個房間。[19] 這些獨身女性的財產通常會由她們的兄弟繼承。然而，也有富裕的自梳女把財產留給其「徒弟」的情況。這些「徒弟」受託辦理自梳女的「後事」，也會在自梳女離世後拜祭她們。[20]

　　與自梳女相比，不落家的婚俗牽涉到更為廣泛的親屬與地方社會間的合作，這些情況早有所載。順德的一本族譜記述了一件事：早在明代中葉，一名女性用她畢生積蓄購得15畝地，並且終生不落夫家。在她去世之後，娘家的人在祠堂邊建了一個小房子，供奉她的牌位。[21] 而另一件事則牽涉到了官府。順德胡家的一本支譜，記載了一件發生在19世紀初的公案。一名不落夫家的女性在夫歿後回家，並被判獲得原配地位。但這樣的判決與其丈夫家人的意願相違，因為他們想把此位置給予填房。[22]

　　在香山縣，新郎一家會在節日邀請新娘回家時舉行繁複的儀式，而新娘則只會與丈夫短暫相處。每一次，來自富裕家族的新娘都會由自家的女僕陪同，而且只會吃娘家為她準備的飯菜。此種做法會持續一年，雙方家庭也都覺得十分妥當。女家會把巨額的嫁妝和其他陪嫁品留給外嫁的女兒們，作為對她們長期的支持。據光緒三年 (1877) 大欖蕭家一份財產分配的文書記載，蕭家的一名女兒得到一大筆穀物，供她婚後回娘家時使用。這筆穀物足有四石，足夠一個人吃上一年。[23] 這種供養女兒的做法，同樣流行於民國時期的有錢人家。麥由 (採訪於1986年) 回憶到，她舅舅一位夫人的娘家十分富有。每當家婆得罪這位夫人的時候，她都會反駁說：「我帶米食水」，意思是她只喝夫家的水，但吃的米糧都是從娘家帶來的。有時候，陪嫁品還包括田產，接受田產的女性將終生受益。有三個人證實了這種做法 (採訪於1986、1987年)，一個是革命前小欖最大的地主何仰鎬。作為何家的一家之主，40年代末妹妹結婚的時候，他把50畝地給了她。這份地契連同珠寶以及其他嫁妝一起，由武裝的家丁護送著，在鎮裏招搖過市。此外，麥由和梅芳 (70歲，一直在香港當女傭) 也都斷言，地契會鑲在鏡框裏，或者放在其中一個禮盒裏。她們還提到，有時候女兒會得到永久的田產，並傳給自己的後代。[24] 這種以女性名義維持的田產，需要姻親雙方長期的互動。由新娘不落家而來的一系列儀式，加強了新娘與新郎兩家的女性成員之間的聯繫。

　　以上證據給我們一個明確的印象，那就是從清代中葉到民國時期，不落家的婚俗能夠得到支持，地方社會在此過程中扮演了舉足輕重的角色。我的長者朋友們聲稱：「如果你太快和你的丈夫住在一起，人們會

嘲笑你，説你沒有教養。」根據這些言論，我們似乎應該在更為廣泛的
文化史脈絡中考察這些習俗，探討它們通過何種方式建立起文化規範，
而它們自身又是如何變成抗婚策略的。

再思抗婚

如果我們把地方的婚姻形式，視作在珠江三角洲複雜多變的文化內
部競爭者們為爭奪地位而使用的象徵行為，那麼，由順德機械化繅絲業
所引發的歷史發展帶來的若干表達之中，20世紀初勞動婦女的「抗婚」
很可能便是其中之一。然而，若是有人認為，女方家族的共謀產生於商
業化的鄉村經濟帶來對女性勞動的高度重視，那我們將很難解釋為什麼
在超過一個世紀的時間裏面，同樣的做法會流行於最不看重女性勞力的
富裕家族。這些婚姻策略的維持若非直接從經濟的考慮出發，那我們又
該如何解釋這些現象？

我們雖然很難確定這項習俗產生的時間，但至少可以考察從帝國晚
期到近代的過程之中，與不斷發展的區域政治經濟相應，這樣的文化行
為被何人、以何種方式維持及改變。[25] 關於華南地區社會文化變遷的主
要過程，不落家婚俗的不同表現方式又告訴了我們什麼？在這些過程
中，男性和女性在婚姻與家庭這一親密的世界裏面，各自扮演了怎樣的
角色？隨著珠江三角洲成為其居民有意識的區域建構，這一相對「私人」
世界的互動，又是怎樣與更宏大的、那些冒升群體的文化認同與社會排
斥聯繫起來？

族群聯繫：一個文化的討論

從中國的東南部一直延伸到西南部，在歷史上曾被界定為非漢人地
區。我很有興趣把小欖的不落家婚俗置於所謂的非漢人群體的行為這一

脈絡中展開討論。不落家的變種至今仍流行於福建的畲族、廣東的瑤族、海南島的黎族、廣西的壯族以及貴州的苗族。[26] 已故的林惠祥根據20世紀50年代福建惠安縣進行的一項關於女性集體自殺的調查，認為惠安縣的習俗代表了早期母系社會的殘餘。一方面，他把妻子的長住娘家與產翁（父代母育）、搶婚儀式、以及趕表或拜同年（尋找婚前配偶）的行為聯繫起來，這些行為都被認為是從母系社會轉向父系社會的特徵。另一方面，他認為漢人在惠安縣多個世紀的影響，使不落家轉變成一種壓迫女性的習俗，因而導致了大量新娘自殺。[27]

林惠祥這個論題關注社會變遷，採用了在世襲體系中社會制度與社會整體變遷之間存在關係這一過時假設。但在分析中，這種惠安縣與過去及當下的族群習俗之間存在的差別非常重要。和小欖一樣，惠安的習俗需要極度的性抑制。然而，出現在被界定為非漢族人群身上的習俗，卻被人們用性自由區別開來。[28] 在海南島，黎族的女性可以得到自己家庭提供的一間單獨寮房。她可以在此和性伴侶交合，未來的丈夫亦可以與她的家庭一起幹活和居住，直到他們共賦同居為止。[29] 華南地區非漢族人群的「放寮」，是公然冒犯儒家的道德規範，以至於在官方和民間的文字中，常常對此不以為然。[30] 此外，為了建立起譜系上的權利與地位，[31] 小欖和惠安的女性在夫家生育至關重要。但是對非漢族人群來說，只有在女性的生育能力被確定後，她們才會長居夫家。也就是說，女性生育後，生物上的父子關係往往已不再重要。[32]

小欖和順德那些所謂的漢人與少數民族相比，兩者在婚姻實踐意義上的異同，非常能夠說明問題。珠江三角洲地區獨特婚姻形式的調適與創造性的融合，可以視作為一種文化策略，有些人利用它完成自身的社會流動以及對他人的社會排斥。上述不同的意涵勾勒出了移民、定居、文化融合及衝突的歷史過程。通過釐清華南地區這種融合的傳統，我們可以在歸類為少數民族的人群與自稱以務農為本的漢人之間，搭建起重要的歷史聯繫，進而釐清一個過程的本質與動力。通過這一涵化的過程，原住居民在帝國政體逐漸擴張而形成的象徵複合體之上進行即興創作，並於其中佔據了不同位置。

這一文化史視角的中心問題之一是：珠江三角洲地區大量的漢人家族和社區，到底由什麼人組成？要回答這個問題，批判地分析文字的族譜與方志顯得尤為重要。在清代，珠江三角洲的大族聲稱，他們的祖先在宋代 (960–1127) 歷次南遷中來到廣東。他們在粵北的南雄府停留一段時間之後，最終遷移到三角洲地區。人們認為，這些中原移民帶來了後代視為中國文明的道德理想——宗族原則、祠堂、族譜以及正統的婚姻行為。[33]

但是眾所周知，人類學與歷史學的證據顯示，包括廣東在內的華南地區，早在宋代之前很長時間就已經有人定居了。研究者迄今仍在爭論這些人口的組成。通過語言學以及其他的文化特性，我們也許可以「解構」出，來自北方的移民如何成為一個包括本地居民的「華南原住民」(southern Chinese) 的過程。

已故的著名文化歷史學家羅香林提出，史前中國居住著五種不同的人群。其中，夏 (屬於漢藏語系) 包含兩個分支。一支從陝西的漢江與渭河水系，一直擴展到山西和河南；另一支則分佈於南方和西南地區的廣闊區域，也就是後來被稱為「越」的人群。[34] 儘管他們出現得比較晚，但是其語言學上的多元性也意味著他們不可能來自單一的北方群體。新石器時代東南沿海一些脫離自然狀態的漁夫和農民，與太湖周邊 (長江下游) 的早期文化相關，也有人認為，這些人說的話屬南島語族 (Austronesian，太平洋中南部諸島)。[35] 在不同的史前時期，他們向西向南遷移，也遷到了台灣和南部的海洋地區。[36]

無論越人的起源是什麼，後世的朝代都將他們整合到其政治版圖之中。[37] 從歷史文獻可見，多個世紀裏，他們有著越 (百越)、濮 (百濮)、俚僚、南蠻等名稱。這些華南地區的居民之間雖然存有差異，但也擁有一些共同的文化特徵。與北方的漢人不同，他們「斷髮文身」、「鑿齒崖葬」、「印紋陶」、「干欄式建築」以及「不落家」。[38]

他們居住的地域廣袤，從浙江南部、江西和福建經過湖南，一直到雲南、四川、貴州、廣西、廣東和海南島。關於他們內部的差異性，以及他們與中原逐漸擴張的漢文化之間關係的問題，遠沒有得到解決。有

研究者強調這些人群發展的獨立性和自主性，並質疑那些將百越與西南地區的百濮等同起來的相關討論。他們通過比較身體、文化和語言學上的不同，認為百越以水為依託，精於航海且膚色白晰，而百濮則在山地生活，外形接近膚色偏黑的東南亞人。[39]

　　圍繞百越的爭論與廣東原住居民的特徵相關，也關乎他們在文化上與漢人主導的王朝秩序的互動。雖然不少這樣的理論只依靠極少的考古學和語言學線索，而且應該萬般謹慎地對待，但我們還是可以將其置於近期華南地區考古研究總體結論的脈絡之中，以窺見人群分化和遷移的複雜歷史過程。首先，從身體與文化上來說，相比西南的百濮（貴州、廣西西南、廣東西南、海南島），廣東的原住人口很可能更為接近源自浙江、江西和福建的百越。這些原住居民中的一部分可能是從浙江經由江西，沿珠江水系的主要支流北江，移民到粵北。這些遷徙的人群還可能會被中原的戰亂沖散，隨後經由湖南境內的水系向西遷移，與湖南、四川、貴州和廣西東北部使用漢藏語系的人群相互融合。在後世的朝代，尤其在唐代以後，這些人的後代沿粵西珠江水系的另一條主要支流西江，移民到了珠江三角洲。[40] 他們的歷史經歷不同於百濮，是因為在政治經濟上更大程度地受到北方漢人影響。漢唐時期（公元前2世紀至公元9世紀），他們當中的很多人主動接受帝國官員的涵化。[41] 雖然仍舊有許多人逐水而居，已故的梁釗韜也據此認為，他們便是那些後來在珠江三角洲生活的疍民的來源，但是兩廣北部與江西交界地區的大多數陸上人群，卻被貼上「猺人」的標籤。[42]

　　這些人與逐漸擴張的漢人王朝秩序間的關係，即使不是躁動不安，也是複雜多變的。中原的政局變動時常會導致地方的軍事割據，以及大量的南遷人群。秦朝末年（前207），官員趙佗便趁亂擴張勢力，割據廣東西部，建立了南越國。[43] 他的十萬大軍也最終與當地原住民融為一體。正如最近在廣州南越王墓（趙佗之孫的陵墓）出土的文物所展示的，這一過程使漢文化與越文化在重要的方面產生了融合。[44] 事實上，正是由於趙佗宣稱適應了當地習俗，清代學者屈大均滿懷憤慨地寫道：「佗非其種族，故宜其棄冠帶，反天性，甘與鸓國之工爭雄長也。大使南越

文不得早為中邦，漸被聖化。至漢興七十餘載，始入版圖。佗誠越之罪人也。」[45]

漢朝末年 (220)，帝國被地方割據勢力所瓜分，同時亦受到北方遊牧民族威脅，導致新一輪的人群遷移。根據羅香林的研究，人們把這些人叫做「流人」(流浪的人)，當中很多是單身的男性。他們最終與女性原住民通婚，並且在當地社會定居下來，也習得一些原住民的習俗。

第三股移民浪潮發生在唐代末年 (907)。為了抵禦雲南南詔國的威脅，王朝在廣西和四川駐紮軍隊。這些軍隊在桂林 (廣西) 發生叛亂，當地人也加入其中，導致人口流動並最終帶來文化的融合。[46]

儒生們撰寫的官方文獻往往把「蠻夷」、土匪以及王朝的抗稅者混為一談。在廣東，主要的軍事戰爭發生在明萬曆皇帝 (1573–1620) 統治期間。戰爭中，王朝把一些涵化程度較淺的居民納入了其賦稅體系，並通過任命地方豪強 (土司) 實行統治，或者將其趕到了山林地區。[47] 據屈大均所記，在廣東，漢族的一些邊緣人口也加入了這些山區河峽的人群之中。他們襲擊平原上的鄉村聚落，並且通過暴亂威脅王朝的統治。[48] 其中，活動於珠江三角洲西邊新會和新寧 (台山) 邊界的「山盜」最為聲名狼藉。而生活在舟楫之中、歷史上被官方和民間稱為「蜑」的「水盜」，則藏匿在廣闊的淺海灘塗，騷擾商人和鄉民。[49]

另一方面，宋代以前，王朝官員不僅在軍事據點中駐紮，還推動當地設立學校，弘揚儒家道德，以及允許有抱負之人參加科舉考試。[50] 這一結合的過程在行政與文化的意義上，將華南地區整合到了漢人主導的王朝秩序當中。經過漫長的時間，大部分當地人與移民和軍隊通婚，而且逐漸涵化。[51] 但是，明清的歷史文獻卻仍繼續用「猺」指稱生活在粵北山區的居民，用「猺」或「蜑」指稱生活在三角洲下游廣闊淺海灘塗的居民。這些淺海灘塗在明清時期逐步開發，灘塗上的沙田人變成了老三角洲地區地主和商人的僱工或佃客。因為一直被禁止上岸，他們只能在船上沿水路停泊，或者在基圍上臨時搭建茅屋居住。這種情況一直持續到 20 世紀的 30、40 年代，那時候崛起的地方豪強在沙田上建立社區，從而站穩腳跟，而且用武力圈下自己的勢力範圍。[52]

正如前文提到，在珠江三角洲大族的定居傳說中，人們堅持認為他們的祖先來自中原，並在粵北的南雄落腳。這個神話還補充道，在1014年，有35個姓氏從南雄向南遷移到珠江三角洲，並獲得當地居民幫助。[53] 根據前文展示的歷史線索，這次移民的範圍應該受到質疑。這些三角洲「移民者」中的大多數，會不會是在華南地區官方歷史文獻中被稱為「猺」或「蜑」的當地人？這些人是否獲得了帝國文化逐漸擴張帶來的經濟資源和文化象徵，而最終將自身整合到了一個演進中的「中國」文明之中？

與中國其他地區一樣，廣東地區史學編撰中關於族群認同的說法，必須謹慎對待。族群分類往往被士大夫精英用作一種社會排斥的手段。平原上定居的社群將族群標籤用於邊緣人群。[54] 在華南地區的原住人口中，社會分層是清晰可見的。借助帝國晚期漢人王朝秩序的逐漸擴張，一些人自視為漢人，同時也給山裏涵化程度較淺之人貼上「猺」的標籤，給水上人貼上「蜑」的標籤。在此過程中，這些群落適應了新的環境和壓力，並且重新界定自己的婚姻習俗與文化認同。[55]

即使承認不落家的習俗源於歷史上被稱作非漢人的人群，林惠祥的研究和我自己的田野考察之間仍存在有趣的對比。[56] 由於五彩的服裝以及不落家的習俗，今日福建惠安縣的婦女很容易被識別出來。她們一直居住在河澤地區與南中國海的交匯處，既是漁民也是農民。[57] 雖然我們可以認為這群隔絕的惠安人保留了一些與漢人有別的原住民習俗，但是我們很難把同樣的看法用於小欖鎮及其周邊居民的身上，因為該處的精英學會了任何可以被稱作中國人生活方式的象徵符號。然而，如果小欖人已經積極地擺脫了他們原住民的過去，那麼當面對19、20世紀正統婚姻儀式與儒家價值觀的複合體時，他們為什麼仍舊延續不落家這種獨特的婚姻行為？為了解釋這個問題，我們需要社會學的視角。

家庭的親密世界：一個社會學的視角

人們很容易接受這樣一個觀點：隨著當地人參加科舉考取功名，進行種種經濟活動，以及在道德上與官場有所對話，漢人主導的王朝秩序以及與之相關的宗法文化便滲入地方社會。華南地區存在著大量的例子，讓我們看到許多來自中央王朝、具有官員身份的士大夫竭力在地方社會推行教化的行為。一些非漢人血統的人也因其傑出的儒家言行，而被士大夫記錄在他們撰寫的文獻中。[58]

然而，男性也擔當著兄弟、丈夫、兒子、父親、供養人、家眷等多重的角色，在情感和社會意義上與女性有著緊密聯繫。個人在公共生活中承受的壓力與獲取的成就，都會透過家中這些連鎖的角色產生影響。漢人正統的婚姻儀式與地方上不落家行為的奇特結合，會不會是漢人與原住居民長期互動的過程中，在公共期望與私人需要之間相互妥協的結果？

如果遵循這樣的思路，我們就可以在兩方面進一步進行討論。首先是方法上：在過去，歷史學家大量依靠官方的文獻來源。在這些文獻中，我們看不到弱勢的人群，看不到沒有掌握文字的人群，也看不到在公共社會生活中沒有說話聲音的人群。現在，文化史學者與民族誌學者們更為傾向於把口述傳統與文學作品、私人日記和書信這些非傳統文獻結合起來，以闡明日常社會經驗的複雜性。清代徐珂編著十三卷的《清稗類抄》與屈大均的《廣東新語》在這方面提供了一些有價值的材料。[59]通過把這些材料置於地方文化建構的過程中進行探討，我發現，儒家那永恆不變的標準「骨骼」似乎並非人們一直描繪的那般宏大。而且，這副「骨骼」需要通過日常生活富有創意的變化使之充實豐滿，因為正是這種變動不居，組成了地方社會的社會細胞與文化組織。

其次則是實質性的 (substantive)：新的民族誌與歷史學證據，讓我們可以顛覆女性在正統婚姻中被描繪的孤獨與屈從的處境。作為支撐的母系親屬網絡、[60]富裕家族提供的慷慨嫁妝、[61]對寡婦的供養、[62]兄弟姐妹的相互支撐、[63]還有夫妻間的情感，[64]這些都表明中國女性比我們過去的想像存在更多討價還價的空間。[65]這些研究揭示出，女性不只是社會中

任人擺佈的棋子。相反，我們可能會提出，即使珠江三角洲那些在社會中冒升的人群會願意強加一些他們認為必須遵守的儒家價值，但這亦非完全由他們決定。他們的女眷在塑造婚姻期望及有關儀式內容中佔有一席之地。直到社會主義時期，她們的生活也最少為帝國文化所觸及。

此外，我們不應該假設：官方認可的正統婚姻模式是普遍存在的，這種模式被男人接受，卻被女人抗拒。我們更應該把文化過程視作一系列地方的即興創作，這種創作不僅體現傾向性，其本身亦成為一個更大整體的重要組成部分。無論男女貧富，都對這個更大的整體表現出認可和參與。在《廣東新語》中的「人語」(關於人)、「女語」(關於女性)、「事語」(關於事件)和「神語」(關於神靈)部分，屈大均發現，在他遊歷過的地方社區中，存在著一連串令人困惑的習俗。[66] 有些習俗大大地冒犯了他所持的儒家價值觀，以至他提出必須禁止這些習俗的想法。儘管其他士大夫和官員也曾有過類似努力，卻並未很成功。[67] 從更廣泛的意義上說，在順德和小欖，女性自身與其家族在支持他們習以為常的婚姻形式中形成的共謀，可以被視為這個反抗過程的一部分。

但是，家庭的動力及其文化傳播的功能，並不能與其身處其中的社區割裂開來。孔邁隆指出，由於社區和宗族的構成不同，家庭動力也不同。他認為，大宗族共同體擁有公嘗的土地，它們顯示出與眾不同的「家庭組織、居住模式、婚姻、收養以及一般的社會互動」模式。[68] 在這些宗族共同體內，精英家庭的社會生活較平民更獨立於集體，他們也有更為顯著的姻親關係。要從這個社會結構視角看問題，我們必須從珠江三角洲政治經濟演進的脈絡，考察順德與小欖社區中的婚姻策略。

區域文化與政治經濟

我之所以把目光放在順德－小欖地區，原因是顯而易見的。如果假設廣東的原住居民之間存在著文化接觸與社會分化並不是整齊劃一的，而這又會在社會景觀上導致非漢人婚姻習俗的產生，那麼我們仍舊必須

要問：不落家的行為是怎樣首先被小欖和順德這一特定地域上冒升的家族採用，而後又為 19 世紀繅絲業中的女工所認同與採納的？而且，在今日的小欖，我注意到了一種很有趣的現象。小欖市鎮的居民聲稱，「現在我們的新娘在婚後會立即住下來，只有外面沙田的農民才會有那種不落家的封建習俗」，以此與周邊的鄉村社區界分開來。[69]

我以為，我們可以在一個發展中的區域政治經濟的脈絡中，審視這種文化行為的演化。多個世紀以來，珠江三角洲一直向東南方擴展。老三角洲地區的居民通過墾田，首先開發了淺海灘塗。到了帝國晚期，主要的土地持有者是以廣州、佛山及南海、順德、新會、東莞和香山縣城為基地的公嘗（祖嘗、商業性資產和書院）。定居在陸地的社群把沙田的居民排斥至社會邊緣，並且給他們貼上「猺」或「蜑」的標籤。這些以市鎮為基地的田產往往由僱工經營，他們在沙田設立據點，監督開墾計劃，維護河堤，向生活在舟楫中或沿堤圍臨時搭建茅屋的佃戶收租，並且守護糧食的運輸。經過一段時間，他們從廣闊的邊地裏積聚自己的資源，並常常從他們的蔭護人中篡奪權力。

我曾經在另一篇論文中提出，小欖正是這樣一個在沙田裏的據點。[70] 小欖的地方豪強有時會被老三角洲地區的居民稱作「猺」或「蜑」。這些人的權勢在 18 世紀末、19 世紀初達到了頂峰。他們通過一系列行動成功攀升：考取科舉功名並建立與士大夫文化的聯繫，在新近形成的沙田區裏聚斂祖嘗，通過編撰精細的族譜把自己的來源追溯至中原，建造美輪美奐的祠堂，以及不惜重金投入公共禮儀，這些舉措都牽涉獨特的權力文化象徵。[71] 這個向上攀升的時期發生在清代中葉至末期之間。在這期間，地方的婚姻習俗創造性地與儒家規範結合起來，從富裕家族傳播到平民人家。貧窮勞動者與打魚的則被趕到沙田，鎮上居民提到他們的時候，都會稱其為「蜑」。蜑民最終適應了一種不同的婚姻形式：婚後馬上落夫家，只有少量的嫁妝，與索要高額的聘禮。

在整個 19 世紀，這些新富通過帝國認可的經濟、政治與文化手段，與鄰縣的豪強角力，以拓展其在沙田裏的勢力範圍。[72] 另一方面，他們劃起嚴格的文化界線，將自身與那些在舟楫生活的佃客區分開來。

一些貧民無法在三角洲更為發達的地區謀生，也成為了在沙田生活的底層。[73] 他們不得在沙田上建房定居，村落很小，而且幾乎沒有任何廟宇和社壇。在小欖，不落家婚俗以及連帶而來的慷慨嫁妝，被有錢人家自豪地世代維持下來。這將他們與其卑微的鄰居的婚姻習俗區別開來。在我與小欖一些出身有錢人家的老年女性的對話中發現，她們的娘家會提供「雙倍嫁妝」，以炫耀財富與地位。我偶然見到一位麥氏在20世紀40年代出嫁時候的嫁妝清單（一本30頁的印刷小冊子）。雖然麥氏堅持說這並不講究，但已足夠令人驚嘆：其中有可觀的珠寶、瓷器、銀器，以及兩套酸枝家具。[74]

到了20世紀30、40年代，我們可以很清晰地看到，小欖周邊那些向上攀升、曾被認為是疍民的人群，也同樣採用不落家的婚姻形式。這種情況在沙田新的地方豪強中尤為明顯。麥由的堂哥麥勇幹（化名）的婚姻便是一個例子。40年代中期，他在廣州讀了一年大學後回到家鄉，父親是個富農。他們一家在沙田裏擁有田地，還產絲養蠶，並且經營了一家酒廠。家人不顧麥勇幹的反對，讓他與當地豪強劉家的女兒結婚。日據時期，劉家在沙田裏變得異常強大。劉家新娘的嫁妝包括了貴重的珠寶，與放在紅色禮盒中的地契。麥的妹妹清楚記得，婚後整整一年，她和她的一些女性朋友都會定期到這位新娘的娘家拜訪。她的娘家在一個邊遠的鄉村，每次去的時候，麥的妹妹都會帶上禮物，並且邀請新娘回訪。這位新娘回來時，則會帶上自己的女僕和食物。

正如在清朝末年，小欖那些冒升的精英會使用這種婚姻策略作為社會排斥的手段，我們沒有理由懷疑，在世紀之交，順德迅猛發展的繅絲業中的女工會更進一步的利用這種策略來進行抗婚。這些反抗運動在小欖留下了遺跡。我在1986年訪談的那些老年婦女回憶，她們與她們的「姐妹」是如何用布緊緊地將自己的身體包起來，以防止在洞房之夜進一步的性行為。她們還說到，在定期拜訪夫家之後，她們又是如何在黎明以前「逃」回娘家的。我記錄了一些事件，在這些事件中，丈夫和他們的堂兄弟會在路上埋伏起來，將那些「逃」回娘家的女性捉拿回家。然而，至少在一個例子中，這個做法失效了。麥由講述了她姑婆的一次

驚險遭遇。她身體強壯，又是家中獨女，因而有機會與她的兄弟們一同
學習武術。她「逃」回娘家時被捉，當她丈夫和一位堂兄弟試圖把她扛
到船上去的時候，她成功掙脫，並把他倆推下水。當然，還有一些比較
斯文的會面。例如，一名女性在洞房之夜幾乎沒有看清丈夫的臉，當丈
夫去市場買菜，她沒有覺察到自己把菜賣給丈夫而感到萬分尷尬。另一
名女子則從夫家「逃」回娘家時，在黑夜中迷了路，一名男子為她引路，
這人恰巧就是她的丈夫。[75]

　　如果說，在清朝末年與民國時期，抗婚運動給小欖的女性帶來更多
討價還價的空間，那最後的諷刺則來自於社會主義革命之後。直到最近
的改革時期，沙田的村民都被嚴格限制在農村集體之內。到了70年
代，許多人才離開了他們的舟楫，遷到鄉村的核心區居住。但這些人仍
舊貧窮，而且與城鎮格格不入。相比之下，國家給予城鎮居民的則要多
得多，他們得到了食物、教育、醫療以及工廠的工作崗位。更為諷刺的
是，沙田水上人的「上岸」使岸上更多的人家採取了不落家的婚姻形式。
這種情況也許是隔離所造成的，因為他們一直堅持解放以前的觀念，認
為採取這樣的婚姻形式十分重要，現在因穩定的居所而增加了其實現的
可能性。然而，城鎮居民卻仍舊嘲笑他們的嫁妝寒酸，並索要高額聘
禮。令人更感諷刺的是，他們被嘲笑在堅持一種「落伍的婚姻習俗」。[76]

文化、社會與歷史

　　當我在文章最初問道「婦女何在？」的時候，就牽涉到幾個問題。
這些問題有助於闡明，在珠江三角洲這一特定地域之內實際發生了什
麼。婦女是否與丈夫一同居住？這樣的婚姻策略起源於何時？什麼人採
取了這樣的婚姻策略，為什麼要採取？這些策略是否顯示出抗婚？通過
說明不落家行為在繅絲業以前很長時間就已經流行於富裕家族，並揭示
出牽涉其中的女性與她們的家族和社區間的共謀，筆者希望能在經濟性
的解釋之外，為這些行為的興衰提供一個文化史的視角。

我以為幾個世紀以來，這些婚姻策略一直被不同的人群在各種經濟和政治環境下維持著，同時也被改變著——帝國晚期進行領地擴張與文化排斥活動的「士大夫」宗族，世紀之交利用其經濟獨立進行抗婚的女工，以及當代切望加入城市工人階級、並與其農民鄰居劃清界線的小欖居民。這些植根於地域的人群基於自身的利益，各自解讀地方婚俗。他們又合力為一個自身所從屬的、不斷擴張的政體，維持著其文化假設與歷史承傳。

雖然這個政體被高度分層，但在不斷擴展的珠江三角洲裏，社會流動很容易實現。上升過程中不可缺少的部分，包括了文化（與族群）分類的創造與重新詮釋。這種創造與重新詮釋使一部分人的視野與選擇空間得以擴大，同時也使另一些人受到限制。珠江三角洲的本地人口通過利用地方資源，各自努力爭取在更大的帝國秩序中的位置，導致了一個有意識的區域建構的演進。儘管這一建構存在著內部的多樣化，但也同時刻上了中國文化與歷史統一性的印記。珠江三角洲的大族堅持自己是漢人，聲稱其祖先從中原地區經由南雄遷到此地，他們又修建祠堂、編撰族譜，並進行正統的婚姻形式。19世紀小欖的精英聲稱其是漢人，因為他們與沙田人不同，他們因士大夫的聯繫而屬於大族，而且有著不落家的婚俗。[77] 而今日沙田裏的農民，也就是被小欖居民稱為「蜑」的那些人，說他們是中國人，因為他們同樣進行不落家。

抗婚問題的提出，讓我們對「珠江三角洲居民是什麼人」這一問題產生了疑問，並且使我們進一步面對「中國文化的演化應該如何被概念化」的問題。通過使用廣東的民族誌材料，筆者嘗試用兩個問題把文化、歷史和政治經濟聯繫起來。首先，在複雜的、文人主導的國家社會中，統治精英的象徵秩序支配著政治與社會對話的禮儀。那麼，地方社會以及那些沒有掌握文字、缺乏政治聲音的群體，在何種程度上投身到其自身和更大的歷史構建過程當中？其次，我們又應該怎樣通過文化分析，將這個過程合為一體？

如果文化是一個論爭的園地，那珠江三角洲便為交迭的論爭提供了沃土。[78]「地方」習俗的參與有賴一個不斷擴張的王朝秩序，同時也有賴

於與之相聯的地方建構。在一幅更為完整的民族誌圖畫被重構出來以前，我們最多只能對此歷史過程與文化意涵提供一個盡可能合理的解讀。儘管本文可以説明不落家婚俗如何以及為何得以在小欖地區維持，我還是無法解釋為何這個習俗會在其他地區徹底消失。[79] 為了可以完整解釋華南地區各種婚姻習俗的出現、再現和消失，我們需要在演化的區域與帝國文化的脈絡中，對地方社會結構進行大量的歷史研究。這些材料有助於我們比較與對照中國化（sinicization）的不同過程，進而達致一個更為系統化與理論化的結論。為了向此目標邁進，我們樂見歷史學與人類學攜手聯姻。

（梁敏玲譯）

這篇論文是以者於 1986 年進行的田野考察為基礎而寫成的。此研究獲美中學術交流委員會資助，曾作為亞洲研究協會 "Down to Earth: The Territorial Bond in South China" 專題會的與會文章（華盛頓，1989 年 3 月 17–19 日）。筆者在此感謝孔邁隆、戴慧思、費俠莉（Charlotte Furth）、古迪、劉志偉、魏斐德、華若璧以及匿名評論人提出的意見。

註釋

1   《香山縣志續編》，卷十三，《列女》（1923）。

2   同上註。根據周婦人的年齡，此事應該發生在 19 世紀 70 年代以前。

3   《香山縣志》，道光七年（1827），卷二，《風俗》。這些聚落位於香山縣北部與順德縣接壤之處，是一片已經開發了的淺海灘塗，時人稱之作「沙」。此外，這段文字同樣暗示了不落夫家的行為也流行於順德地區。

4   見 Marjorie Topley, "Marriage Resistance in Rural Kwangtung," in Margery Wolf and Roxanne Witke, eds., Women in Chinese Society (Stanford: Stanford University Press, 1975), pp. 67–88。許多女工隨後移民到了香港和東南亞，成為當地一些人家的女傭。她們仍舊維繫著共同扶持的關係網，有的還延續至今。

5   陳逴曾、黎思復、鄔慶時：〈「自梳女」與「不落家」〉，《廣東文史資料》，1964 年第 12 輯，頁 172–188。

6   Alvin So, The South China Silk District: Local Historical Transformation and the World System Theory (New York: SUNY Press, 1985).

7 也有其他學者建立了這樣的聯繫。參看徐珂編：《清稗類抄》（北京：中華書局，1984），卷五；以及金生：〈粵桂的「自梳女」和「不落家」〉，《東方雜誌》，第32卷，第8期（1935），頁89–90。

8 Janice Stockard, *Daughters of the Canton Delta: Marriage Patterns and Economic Strategies in South China, 1860–1930* (Stanford: Stanford University Press, 1989).

9 她在書中提到，這並非她的研究可以探討的問題。

10 1986年，我在小欖和它周邊的鄉村社區進行了一年的研究工作。在9至12月間，我對訪談中60歲以上男女性較集中的300個家庭進行了隨機抽樣調查。

11 帝國晚期，小欖周圍的沙田裏居住著在舟楫上生活的下層佃戶，他們被鎮上的人稱作「蜑」或「沙民」。

12 陳邇曾、黎思復、鄔慶時：〈「自梳女」與「不落家」〉，頁172–188。

13 《簡氏宗聲》（香港，1955）。

14 關於小欖鎮大族勢力的崛起以及他們與沙田居民的關係，詳參本書第八章。

15 填房比妾侍享有更高的地位，根據婚姻形式的不同，她們可能會在外居住一段時間。

16 Margery Wolf, *Women and Family in Rural Taiwan* (Stanford: Stanford University Press, 1972); Wolf and Witke, *Women in Chinese Society*, pp. 111–142.

17 我對香港和中山自梳女進行的訪談表明，年輕女性通過在姑婆屋中進行的社交活動以及為自梳女辦理種種事務，學會了大量相關的禮儀知識。根據斯托卡的描述，這些姑婆屋與年輕女性的房屋並不存在重合的情況。

18 陳邇曾、黎思復、鄔慶時：〈「自梳女」與「不落家」〉，頁176、184。

19 麥由是一名自梳女，我小時候她曾在我家工作。她提到，由於那時候的環境特殊，她並沒有完成整套儀式，但也同樣盤起了頭髮。她時年55歲。我家其他的幫工來自番禺，其中一名未婚女性出生在廣州附近的鄉村，後來在那為弟弟一家購置房子，甚至還在她那些十幾歲的侄子中找了一個來收養，並竭力幫助他永久移居香港。現在，她與這個侄子一同住在自己的公寓裏。

20 陳邇曾、黎思復、鄔慶時：〈「自梳女」與「不落家」〉，頁185。

21 參看《順德桂洲胡氏六房譜》（1899），頁11b。參考資料由科大衛提供。

22 見[民國]胡吉甫修：《廣東順德桂洲胡富春堂家譜》（1937），頁15–16。這件事發生在1835年丈夫去世前後。該族譜由科大衛提供。這份族譜還記載了胡家一名第八世的女性，與宗族裏其他的「姑婆」（獨身女性或獨立的年長婦女）在祠堂後面建了一間房子並居住其中，因為她丈夫家的財產「全被揮霍」了。

23 這樣的信息來自蕭國健（Anthony Siu）所有的一份分家文書，他的祖籍是與小欖相鄰的大欖鄉。

24 梅芳的爸爸是順德龍山一位富裕商人。她的丈夫是順德龍家人,這家人富
甲一方,且有著廣泛的人際網絡。麥由則來自大欖一個富裕的農民家庭。
蔡志祥博士爬梳珠江三角洲大量族譜和方志,發現該地區起源的南雄神
話,文本作者因雙倍嫁妝而認為他們與疍民不同的論斷,以及女兒出嫁時
提供的、往往包括土地的高額嫁妝之間,存在著有趣的聯繫。

25 根據陳邁曾、黎思復、鄒慶時:〈「自梳女」與「不落家」〉,頁173。位於
沙田內部的番禺縣南部地區,是另一個存在自梳女與不落家風俗的區域。
一項對番禺南部大龍村的研究表明,在2,028位女性居民當中,有245名是
立誓「梳起」的自梳女。在中山的沙欄村,有46人進行不落家。在福建,
林惠祥與蔣炳釗發現,儘管政府明令禁止,該地仍舊存在大量進行不落家
的人群。林惠祥:《林惠祥人類學論著》(1962;福州:福建人民出版社,
1981);蔣炳釗:〈福建惠安婦女長住娘家婚俗的特點及其殘留的歷史原
因〉,載《人類學研究》(惠安:廈門大學人類學系,1985),頁112–119。

26 參看徐珂編:《清稗類抄》,卷五記載關於少數民族的婚俗。這些清代文獻
提到,西南地區的人群裏存在著不落家的婚俗。其中有提到,一名官員因
堅持苗族人結婚後應馬上同居,而被當地人奚落。關於福建的不落家婚俗
的研究,也可參考林惠祥發表於1962年的〈論長住娘家風俗的起源及母系
制到父系制的過渡〉,載《林惠祥人類學論著》,頁254–288;以及蔣炳釗:
〈福建惠安婦女長住娘家婚俗的特點及其殘留的歷史原因〉,頁112–119。
Stockard, *Daughters of the Canton Delta* 也同樣提到這一婚俗與少數民族的聯繫。

27 蔣炳釗在〈福建惠安婦女長住娘家婚俗的特點及其殘留的歷史原因〉中對此
做了更明晰的闡述。感謝黃樹民提醒我注意這篇文章。

28 參看徐珂編:《清稗類抄》,卷五記載關於清一代南方與西南地區少數民
族的性自由。近代的相關論述,可以參考中國人類學會編:《婚姻與家庭》
(南昌:江西教育出版社,1987),以及吳存浩:《中國婚俗》(濟南:山東
人民出版社,1986)。

29 儘管這些寮房與順德那些「女仔屋」看起來很類似,但其背後的動機與運作
的方式並不相同。參考 Stockard, *Daughters of the Canton Delta* 中對女仔屋的
描述。孔邁隆指出,珠江三角洲地區的「女仔屋」和「男仔屋」與強大的宗
族共同體有關,在這些共同體中,家族對其成員的控制較為薄弱。Myron
L. Cohen, "Lineage Development and the Family in China," in Jih-chang Hsieh
and Ying-chang Chuang, eds., *The Chinese Family and Its Ritual Behavior* (Taipei:
Institute of Ethnology, Academia Sinica, 1985), pp. 210–220.

30 參看黎族簡史編寫組:《黎族簡史》(廣州:廣東人民出版社,1982)。在中
國,歷史研究者們把這種習俗的變化與從妻居到從夫居的轉變聯繫起來。

見朱俊明：〈牂柯越與東南越〉，《中南民族學院學報（社會科學版）》，1986
年增刊第 S1 期，頁 28–36。

31 關於惠安的情況，見蔣炳釗：〈福建惠安婦女長住娘家婚俗的特點及其殘
留的歷史原因〉，頁 112。關於廣東的情況，見陳遹曾、黎思復、鄔慶時：
〈「自梳女」與「不落家」〉，頁 172–188。

32 多個世紀以來，漢族的官員同樣評論過這些習俗的不適當性。見朱俊明：
〈牂柯越與東南越〉，頁 28–36；以及《貴州通志》。亦可參考《清稗類抄》中
相關的清代文獻。關於歷史上廣東的情況，參考李默：〈廣東瑤族與百越
族（俚僚）的關係〉，《中南民族學院學報（社會科學版）》，1986 年增刊第
S1 期，頁 115–125；黃朝中、李耀荃主編，李默校補：《廣東瑤族歷史資
料》，上下冊（廣西：廣西人民出版社，1984）。

33 參考 Wolfram Eberhard, *Social Mobility in Traditional China* (Leiden: E. J. Brill,
1962) 關於廣東宗族來源的討論。

34 見羅香林：《中國民族史》（台北：中華文化出版事業社，1953）。

35 見 Huang Shih-chang, "A Discussion of Relationships Between the Prehistoric
Cultures of Southeast China and Taiwan," paper presented at the International
Conference on Anthropological Studies of the Taiwan Area: Accomplishments and
Prospects, National Taiwan University (December 1985), pp. 25–31.

36 關於台灣與東南沿海地區人口的聯繫，參考 Chang, Kwang-chih, "Taiwan
Archaeology in Pacific Perspective"；Huang Shih-chang, "A Discussion of
Relationships Between the Prehistoric Cultures of Southeast China and Taiwan"；
Richard Pearson, "Taiwan and its Place in East Asian Prehistory," paper presented at
the International Conference on Anthropological Studies of the Taiwan Area。

37 歷史文獻有記載戰國時期的會稽國，該國後來被楚國所佔。

38 參看蔣炳釗、吳綿吉、辛土成：《百越民族文化》（上海：學林出版社，
1988）。也可參考《中南民族學院學報》1986 年出版的文章。

39 我注意到民國時期的一篇文章，發現了有意思的現象。文章提到南寧地區
矮黑的「橫塘婆」有不落家的婚俗，使用不同的語言，性方面比漢人更為開
放。參見金生：〈粵桂的「自梳女」和「不落家」〉，頁 89–90。

40 這樣也許就解釋了為何廣東的「瑤」在語言上被明確地分成了兩類。關於他
們的不同之處，參看胡起望、華祖根：《瑤族研究論文集》（武漢：中南民
族學院民族研究所，1985）。

41 參看汪寧生：〈越濮不同源〉，《中南民族學院學報》，1986 年增刊第 S1 期，
頁 65–71；侯哲安、張亞英：〈百越簡析〉，載百越民族研究會編：《百越民
族史論叢》（南寧：廣西人民出版社，1985），頁 35–46；以及潘世雄：〈濮

為越說——兼論濮、越人的地理分佈〉,《中南民族學院學報》,1986 年增刊第 S1 期,頁 72–79。

42 李默這位著名的廣東瑤族研究專家,通過歷史材料謹慎地勾勒出了一幅他們在該地域活動的地圖。參看黃朝中、李耀荃主編,李默校補:《廣東瑤族歷史資料》。

43 參看梁廷楠關於南越國的作品。[清] 梁廷楠、[漢] 楊孚等著,楊偉群校點:《南越五主傳及其他七種》(廣州:廣東人民出版社,1982 年重版)。

44 南越國的出土文物展示出這種關係。趙佗之孫的陵墓最近在廣州發掘,從出土的文物可以看出,源自中國北方的樂器和器物,與南方文化中流行的形態與設計(例如蛇與青蛙)產生了交融。展覽中最令人震撼的文物,是一隻雕刻著戰爭場景的金屬鍋,畫面中的人穿著草裙,戴著羽毛裝飾的帽子。他們拿著人頭,站在又長又彎的船上。

45 屈大均:《廣東新語》(香港:中華書局,1983 年重版),據潘來康熙三十九年(1700)為本書作序,第 32 條。

46 羅香林:《中國民族史》,頁 19–21。

47 廣西大瑤山的瑤人,參看胡起望、華祖根:《瑤族研究論文集》;其作者認為,在明王朝的統治下,經過一個世紀的戰亂與動蕩,這些來自不同地區的瑤人最終被趕到了山裏。

48 同樣參看李默:〈廣東瑤族與百越族(俚僚)的關係〉,頁 115–125。

49 屈大均:《廣東新語》,頁 246–250,第 236 條。

50 參看帝國晚期記錄在歷史編撰中,著名學者中據稱是瑤人祖先的傳記。

51 小欖鎮有 18 個以關帝廟為中心的衛所。我在小欖北帝廟(衛所的總廟)的遺址中發現了一塊石碑。石碑因紀念 19 世紀末的一次廟宇重修而建,衛所資助人的名字也列了出來。明代一位朝廷大臣李孫宸,就是小欖這些軍事衛所一位成員的後人。由於官居高位,他一家人在人口登記中得以從軍戶變成了民戶。直至 19 世紀,區分這兩種人群還是很困難的事情。

52 參看 Helen Siu, *Agents and Victims in South China: Accomplices in Rural Revolution* (New Haven: Yale University Press, 1989),第 2、5 章。

53 參看 Eberhard, *Social Mobility in Traditional China*;也可以參考 Siu, *Agents and Victims in South China*,第 2、3 章。關於民族誌的證據,參考《珠江三角洲農業志》(佛山:佛山地區革命委員會,1976),第 1–6 卷。

54 關於清代水路運輸組織以及對疍民的歧視,參看葉顯恩:〈明清廣東水運營運組織與地緣關係〉,《廣東社會科學》,1989 年第 4 期,頁 66–73。穆黛安(Dian Murray)研究華南地區疍民水盜的歷史分類時,亦持同樣觀點;Dian

Murray, *Pirates of the South China Coast, 1790–1810* (Stanford: Stanford University Press, 1987。科大衛對此也表達了類似的謹慎。

55　David Faure, "The Lineage as a Cultural Invention: The Case of the Pearl River Delta," *Modern China* 15, no. 1 (1989): 4–36. 科大衛強化了這些觀點，認為在明朝統治的強行徵稅下，廣東的當地居民完成了採取不同族群認同的過程。交稅的人聲稱自己是漢人，沒有交稅的就被貼上了「猺」這個標籤。關於此一論題，同樣可以參看瑤人的文獻，如《過山榜》。

56　1987 年夏天，我在福建南部停留了一段短時間。廣東電視台最近製作了一個名為《惠安女》的節目，就把目光集中在了這些女性身上。

57　事實上，這些漁民或農民當中的一些人順著東南沿海，遷移到粵東 (海陸豐地區) 和香港，他們說的是閩南語，被認作「鶴佬」。而在珠江三角洲以及廣東南部沿海地區的人則說廣州話，穆黛安將他們分作「鶴佬疍」與「廣東疍」兩類。

58　參看黃朝中、李耀荃主編，李默校補：《廣東瑤族歷史資料》，其中關於著名人物的傳記。

59　由於《清稗類抄》摘引自日記和非官方材料，也沒有顧及材料的脈絡，因而存在一定問題，其中一點便是無法確定原作者的參考點。一個可能的重新確認的方法，就是參考 [清] 吳道熔編：《廣東文徵作者考》(廣東：中山圖書館，1958)。這本書考證了《廣東文徵》的作者，其中很多文章都可以在《清稗類抄》中找到。同樣可以參考冼玉清：《廣東文獻叢談》(香港：中華書局，1965)；[清] 何大佐：《欖屑》(抄本，大概成書於 1770 年代)；[清] 張渠：《粵東聞見錄》(清乾隆版，1738)；以及 [清] 陳徽言：《南越遊記》(清咸豐元年刻本，1851；廣州：廣東高等教育出版社，1990 年重版)。

60　Bernard Gallin, "Materilateral and Affinal Relationships in a Taiwanese Village," *American Ethnologist* 62 (1966): 632–642.

61　Patricia Ebrey, "The Early Stages in the Development of Descent Group Organization," in Patricia Ebrey and James Watson, eds., *Kinship Organization in Late Imperial China, 1000–1940* (Berkeley: University of California Press, 1986), pp. 16–61.

62　Jerry Dennerline, "Marriage, Adoption, and Charity in the Development of Lineages in Wu-hsi from Sung to Ch'ing," in Ebrey and Watson, *Kinship Organization in the Late Imperial China*, pp. 170–209.

63　徐珂編：《清稗類抄》，頁 2497–2523；蕭鳳霞田野筆記 (1986)。

64　徐珂編：《清稗類抄》，頁 2024–2044。

65 同樣可以參考表達男女感情的木魚書，它們在女性當中尤為流行。關於民國時期廣東社會生活的其他方面，參看周康燮主編：《廣東風俗綴錄》（香港：崇文書局，1972）。該著摘錄自1920年代出版的一本民俗學週刊《民俗》，並將其再版。

66 見屈大均：《廣東新語》。

67 同樣可以參考黃朝中、李耀荃主編，李默校補：《廣東瑤族歷史資料》；以及《清稗類抄》卷五中的摘錄。

68 Cohen, "Lineage Development and the Family in China," p. 211.

69 小欖市鎮居民與沙田居民之間的尖銳社會分化，是通過「我們這裏」與「他們那裏」一類措辭區別開來的。在一次去番禺的田野考察中（1989年2月），我發現番灣的居民與周邊沙田的村民間，同樣存在這種分類。

70 參看本書第八章。

71 同上註。小欖何族是該地最大最有勢力的姓氏，何族成員明代開始就已經取得功名。關於何族專門的歷史，參考何仰鎬：〈據我所知中山小欖鎮何族歷代的發家史及其他有關資料〉（手稿，1964）。

72 香山與順德的精英對東海十六沙的爭奪，以及他們與東莞精英對萬頃沙的爭奪，都是生動的例子。參看廣州香山公會1919、1922年版的《東莞縣志》。

73 參看Helen Siu, "The Politics of Migration in a Market Town," in Deborah Davis and Ezra Vogel, eds., *China on the Eve of Tiananmen* (Cambridge: Harvard University Press, 1990), pp. 61–82中關於小欖鎮與沙田間的人群流動的總結。

74 酸枝家具分別置於客廳與臥室，以顯示家世的顯赫。

75 這些故事是我在1986、1987年訪談時候聽到的。我懷疑這樣的故事已為當地人熟悉，以至於成為當地婚俗的標準評論。

76 參考本書第七章。鄉鎮與沙田居民間關於嫁妝與聘禮的差異，一直延續了下來。在20世紀80年代中期，小欖地區新郎一家標準的婚禮花銷，包括新婚的單獨住宅、婚宴，以及為新娘一家提供最多800元的宴會花費，而嫁妝則需要5,000到6,000元。這使得一些人家抱怨，嫁女仍舊是耗盡家財的事情。另一方面，這一時期沙田裏的村民只為他們的女兒提供很少的嫁妝，卻會索要幾千元的高額聘禮，以便讓婚宴可以持續幾天。據稱，聘禮的一部分還被留在家庭預算當中，用於兒子將來的婚禮。

77 根據華德英的研究，香港的疍民認為他們是中國人，是因為他們的寡婦可以再婚。

78 文化是一個爭論的領域的觀點，來自毛利；Muriel Bell使我再次注意到這個問題。

79 孔邁隆在1989年4月13日哥倫比亞大學的近代中國研討會（Modern China Seminar）期間，向我提出了這個問題。

第十二章

社會責任與自我表達：
《犁溝》序言

對於世界

我永遠是個陌生人

我不懂它的語言

它不懂我的沉默

我們交換的

只是一點輕蔑

如同相逢在鏡子中

對於自己

我永遠是個陌生人

我畏懼黑暗

卻用身體擋住了

那唯一的燈

我的影子是我的情人

心是仇敵

——北島〈無題〉(1988) [1]

1980年代——至少在1989年6月之前，中國文壇的景象生機勃勃，但又令人困惑。官方對於「精神污染」和「資產階級自由化」的擔心，恰恰反映了當時中國知識分子(作家為其中一分子)對馬克思主義和中國共產黨普遍缺乏堅定信仰。[2] 共產黨領導人雖然從1980年代早期開始已容許更多元的政治觀點出現，但他們依舊期望人們對國家無限忠誠。然而正如上引北島詩句所表達的那樣，作家們始終抗拒參與對話，這成為擺在共產黨面前的一大難題。因為人們的腦袋拒絕使用政府命定的語言思考或表達，意識形態的工程師發現很難模鑄別人的見解和觀點。更有意思的是，作家內部也是一片亂哄哄。本文開首引北島的詩，是「朦朧詩」的代表作；傳統詩人攻擊這種詩，說其艱澀難懂，背離了中國傳統詩文的修辭手法。[3]

此外，詩中表達的痛苦情感，被認為是不懂得欣賞浸潤在詩意的敏感背後更大的文化力量。這場文藝爭論表達的道德信息非常清楚：新詩人太沉溺於無法超越個人經驗的主觀自我，因而他們的詩作缺乏社會承擔，沒有社會效應。

小說家也感到類似的緊張。新寫作技巧的實驗以及逐漸興起的主題，老是沉湎於個人的心理和疏離的感覺，同樣極具爭議性。[4] 就像對新詩的反應一樣，不滿新的寫作風格和內容主要還是落在道德層面。對許多中國現代作家來說，1919年的五四運動象徵著中國知識分子熱情參與文化批判和政治重建。這種思想覺醒帶著一種強烈使命感，一種厚重的社會承擔。背棄世界，儼如是公開侮辱這一不朽的知識分子傳統。

劉賓雁是一位直率的作家和記者，對中國共產黨嚴厲批判，他認為作家應承擔社會責任。社會責任支撐著作家的身份認同，而且激發創作熱情。劉斷言，當今的政治已經深深嵌入社會生活，作家的當務之急就是揭露政治矛盾，並以此作為尋找解決之道的工作方式。將政治與文學分離是不現實的，因為這樣會進一步脫離他們寫作題材的本質。[5] 更有甚者，很多中國知識分子當日曾因被定罪而受苦，他們今天沉溺於個人主義，會被視為一種道德上的背叛。面對殘酷的政治迫害，他們曾經奮

圖 12.1
李曉斌攝：〈上訪者〉(1976)，
刊於《大眾攝影》，1986年8月，
承蒙李曉斌允許轉載

鬥和極力維護的價值，都變得一文不值。[6] 回顧自己在中國革命艱難道路上扮演的角色，他們不禁要問：當他們熱心地用政治手段去破壞傳統的時候，是否也不經意地破壞了更深層次意義上的文化精神？他們還要問，年輕作家中繼而產生的文化疏遠和政治疏離，是否會進一步沉澱更多知識分子的毒素？[7]

1988年《人民日報》(海外版) 刊登的一組富啟迪性的文章，夾雜了居高臨下的態度與感情創傷。[8] 其中一篇出自作家劉心武，他當時四十多歲，並以關心年輕一代聞名。[9] 另一篇是思想開放的哲學家李澤厚和膽大直言的文學批評家劉再復的對談。這些文章的語調是溫和的，作者強調他們理解並尊重年輕一代作家的一切經歷，但字裏行間傳達的信息也很清楚：年輕作家不願意面對時代的考驗，他們在逃避社會責任。劉心武的評論非常典型：

過去太封閉、太僵硬了，一旦打開門窗，一旦可以活蹦亂跳，卻又驚愕而傷心地發現門窗外面的世界已變得那麼不可思議，縱使是拔腿狂奔，似乎也難以縮短自己和外面世界的距離，於是乎生

出一種交織著焦慮、焦躁和焦急的情緒，在「三焦熱盛」的情緒下，又很自然地希圖找到一條走向世界的捷徑。

審視這些批評者的態度，讓人驚奇的是，按中國的標準看，他們其實還是「年輕人」，亦非共產黨的御用文人。他們在文學上反對黨的政策，也不認同文化獨裁，並且在最近十年的改革中遊歷海外、開闊眼界。1989年2月，李澤厚與32名著名知識分子聯名上書中央，要求特赦那些1970年代末期因參與民主運動而入獄的人（接著，另外42名科學家和43名中青年知識分子也在類似的請願書中簽名）。[10] 弔詭的是，雖然這些聯署人批評年輕作家，但他們是因為北島的表態才關注異見者魏京生。如果這些批評者與年輕作家的意見相左並非因為意識形態之爭，那又是什麼呢？

批評者們無法接受這種憤世嫉俗、與世隔離的文藝，而一再強調參與感，並希望年輕一代引以為榮。[11] 爭論源自對中國現代知識分子身份認同與政治參與的分歧。這迫使這些支持者重新思考，在改革年代他們的作品如何與社會、國家聯繫起來，並且思考如何在一個嚴苛且經常無情地行使權力的黨國中發揮批判力。事實上，這些新派作家與政治現實疏離的程度也深淺不一。北島在釋放魏京生的簽名運動中的角色，比在他的創作中所表現的更接近一個政治性文人。他傾向疏離於政治，但卻發覺有時候很難。當政府質疑他發起的簽名請願運動時，他寫道：「我是個詩人，政治並非我的興趣所在，我也厭倦做一個新聞人物。我本想在33人簽名發表後隱退，回到我的書桌前，回到我的幻想世界中去，但如果中國之大，真的容不下一張書桌的話，我當然不能選擇沉默。」[12]

這些新派作家對他們所應承擔的文化角色抱有複雜的矛盾心理。他們大多數在1960年代後期的文化大革命成長，痛苦地意識到自身所經受的政治洗禮。他們見證了1960年代末的劇變，作為知識青年還被下放到鄉間多年，曾深刻地自我反思。[13] 作為《詩刊》雜誌的編輯，謝冕把他們的痛苦置於這個時代的脈絡中審視：過去五十年，文學鮮見充沛

的思想與情感,這些新人就在這樣令人窒息的現實中成熟起來。[14] 他們清楚地意識到政治批評不是一種權利;而他們報效社會的責任已經異化,變成為非人的政治目標服務。[15] 他們目睹了一代代知識分子是如何為使命感所迫,最終根據意識形態改造自己的思想,這些意識形態正如魯迅在20世紀早期所寫的吃人的禮教一樣,把知識分子「吞噬」。[16] 毛澤東時代更有「臭老九」的說法,所以那時的知識分子被下放到農村做苦力勞動。在對抗國家時,他們和那些他們想要為其出頭的農民一樣無能為力。年輕一代欣賞前輩們用沉默的高貴 ── 正如楊絳的《幹校六記》所述 ── 來抵抗這樣的境遇。然而,欺騙與共謀卻讓他們懷疑自身所處的文化和社會。在詩人顧城筆下,一直被視為生命之源的嘉陵江就成了惡毒之流:[17]

> 一瞬間 ──
> 崩坍停止了,
> 江邊高壘著巨人的頭顱。
>
> 戴孝的帆船,
> 緩緩走過,
> 展開了暗黃的屍布。

他的痛苦溢於言表:

> 我的影子
> 被扭曲
> 我被大陸所圍困
> 聲音佈滿
> 冰川的擦痕
> 只有目光
> 在自由延伸

　　一些年輕作家開始進行淺薄自利的實驗,以求在急速商業化的社會裏迅速獲得認同。[18] 另一些則投身於所謂「純藝術」,以對抗他們不屑的

政治意識形態。但很多人對於關注社會的藝術心懷矛盾，因為他們對父輩的苦難感同身受。1979年，當作家阿城的父親，一個電影評論人，在被打成「右派」二十年後終於接到平反通知時，阿城嚴肅而動情地表達了這種感覺。他以朋友的角度說出了作為一個兒子的感想：

> 如果你今天欣喜若狂，那麼這三十年就白過了，作為一個人，你已經肯定了自己，無須別人再來判斷，要是判斷的權力在別人手裏，今天肯定你，明天還可以否定你，所以我認為平反只是在技術上產生便利，另外，我很感激你在政治上的變故，它使我依靠自己得到了許多對人生的定力，雖然這二十多年對你來說是殘酷的。[19]

70年前，魯迅曾描述了在他那個年代國民深陷於傳統而不能自拔的境況：「假如一間鐵屋子，是絕無窗戶而萬難破毀的，裏面有許多熟睡的人們，不久都要悶死了」；雖然他不確定叫醒其中較為清醒的幾個人只為「使這不幸的少數者來受無可挽救的臨終的苦楚」是否公平，但仍執起筆來直面困境。[20] 正如《魯迅及其遺產》這本文集的不同作者都指出，魯迅作品中大無畏的獨創性源自於他的堅定信念：不僅要揭露壓迫社會生活的不合理權力，更要無情地剖析自身的衝動。他的文字慧黠反諷，流露出的內省精神，浸滿了作者因內心的魔鬼和外界敵人而引發的痛苦，而這種痛苦根植於他自覺融入的文化與歷史。正因為如此，李歐梵認為魯迅「給作為現代中國知識分子的經驗賦予了一種文藝形式」。[21]

關於「智慧的痛苦」這個課題，阿城和他的父親應該深有同感。[22] 差異在於當老一輩作家繼續忠誠地為一個更加美好的世界而努力時，年輕一代卻疑懼這種嘗試解放的努力恰恰重新建構了一個鐵屋子。他們質疑革命運動，也懷疑其使命感。使命感究竟是一個「永恆」的文化保留劇目，還是20世紀特殊政治環境下的特有產物？使命感的辯護者們是否太過全神貫注於與外界權力的鬥爭，以致忽略了自身內在的衝動及行動帶來的政治後果？有些參與這程多事之旅的年輕一代開始認同這種質疑，視之為覺醒和重新出發的起點。在他們自覺地擺脫知識分子的政治使命的同時，他們能否對自身的文化包袱進行更深切的反省？如果他們

現在拒絕充當被俘的靈魂，他們又將如何開闢新天地？對此，阿城認為出路在於批判性的文化反省。對他而言，忘記過去貌似誘人，但其實過去難以一筆勾銷：

> 若將創作自由限定為首先是作者自身意識的自由，那就不能想像一個對本民族文化和世界文化認識膚淺的人能獲得多大自由。……老一輩的作家，多以否定的角度表現中國文化心理，年輕的作家，開始有肯定的角度……從而顯示出中國文學將建立在對中國文化的批判繼承與發展之中的端倪。[23]

政治權威與文化批判

新派作家試圖以疏離作為文化反省的一種手段，教黨政官員和他們的同行都感到不知所措。這場爭論反映了20世紀中國知識分子在權威體系中扮演著根深蒂固但又處境微妙的角色。[24] 傳統上，成為一個中國人意味著對中國文化、社會和政體演進的忠誠與認同，這一歷史過程深受道德規範和政治權威互相滲透的影響，並通過文字力量得以強化。

為什麼學者覺得必須要把自己和道德規範及政治權威連在一起？如何理解他們的寫作對社會深遠的影響力？要回答這些問題，我們有必要瞭解中國的書寫歷史的淵源及其生命力。「中國人」有著不同種族、語言和文化上的起源，而中國人的身份認同依賴於書寫文字。在中國，書寫文字可追溯到公元前2000年至1500年左右。[25] 商周時期的歷史，主要由巫祝和史官記載。隨著帝國官僚系統逐漸制度化，國家文化則由朝廷的史學家和文人記錄。一代代的學者建立起了書寫傳統，並形成道德和智識的原則。他們分享這些原則，並不斷辯其本義。通過書寫的紀錄，古代先賢的辯論深遠地影響著文化發展。[26]

直至20世紀，成為中國人意味著共享一個宇宙，參與個人與宗族、社區和國家層層相聯的生活方式。在一個有序的宇宙中，每個人都各司

其位。這種穩固的生活方式與權力符號的操作有著錯綜複雜的關係。行政精英壟斷的文人寫作構成了這個符號體系的核心，到 11、12 世紀時已滲入日常生活。[27] 在政治領域內，如果寫作傳統的控制權不穩，不僅統治者地位不保，就連政府不斷擴張的「文明」進程中的對象，諸如土地、群眾、歷史記憶，還有道德規範與文化的對話等亦受威脅。[28]

書寫的國家文化向下滲透的過程並不僅限於官方文本。每個朝代都有獨特的平民文化，與其官方文化互相作用。如白芝 (Cyril Birch) 指出：

> 中國故事和小説毫無疑問屬於一個次傳統，有別於屬正史、諸子百家、詩詞歌賦一類的精英文化，但這個傳統的分歧很容易被誇大。早期的成長週期是漫長的，就像珊瑚礁那樣靠連生成長起來，當整個文明的道德價值和哲學基礎被神聖化，這個週期便走向終結。……偉大的小説作品，通過童蒙稚子的閱讀、説書人和戲曲的口頭傳播，深入民間，就像精美絕倫的大教堂使得歐洲農民確信他是基督徒一樣。[29]

書寫傳統作為政體的「教化」工具，易於成為民眾意識的一部分，而學者自視為教化過程中不可或缺的中介人。

正因為政治權威如此直接地參與構建社會及社會的道德規範，中國在 20 世紀之前都沒有出現現代民族國家的端倪。「天下」這個詞直至近現代才被「國家」取代。當意識到這個龐大的帝國更多地是由共同的文化遺產、而不是由軍事力量或法律－政治行政部門維繫，使得民國時期曾到訪中國的哲學家羅素 (Bertrand Russell) 和社會學家帕克 (Robert Park) 發出「中國實為一文化體而非國家」的感嘆。[30]

然而，中國從來不缺依靠武力得天下的暴君。忽視他們的力量是不切實際的，但本文要討論的是這種權力的性質和基礎，以及他們行使權力的方法。經過幾個世紀的修正，古代先賢哲學已經形成一套統治者和被統治者都遵循的國家文化，其核心是基本社會關係 (君臣、父子、夫婦、兄弟、朋友) 中履行的一套禮儀和相互責任。人生的完滿就是在道德修養和社會實踐中維護這些關係。國家文化的生命力由內而生，並

對外延伸，使家庭、社會和宇宙有序運作。上天把統治的權力賜予仁君（用儒家術語來表達就是「內聖外王」）。在封建帝國時代，仁慈的政府是人們的理想，君主的過失則受到代表這套價值系統的士大夫的懲罰。更嚴重的時候，君主的過失成為農民起義合理化的原因，起義領袖會聲稱統治者有違天命。軍事領袖聲稱自己的統治地位恰好說明自己是奉天治國（雖然往往反過來說才是真相），他們還強迫御用哲學家和史學家來肯定他們在這套價值系統中實際所處的地位；值得注意的是，他們覺得自己必須這樣做才合理。

儘管農民起義是為了抗議王朝暴行、企圖重新恢復道德規範與政治秩序，起義領袖（往往是些被免職的士大夫或軍人）會聲稱自己是替天行道。另一方面，文人可以選擇兩種不同但互相關聯的道路。一種是積極介入，為民請命，規勸統治者（諫）；另一種是退出政治漩渦，過隱居生活（隱），並拒絕為非法政權服務，直至秩序恢復。兩種行為都符合文人效忠的道德範式。這樣的舉動或許並不常見，但他們被烙印在歷史意識中，成為士大夫文化和大眾思想中象徵體系的一大部分。[31]

在諸多文化期待下，士大夫的角色都很艱難。他們佔據社會的最高位置，在教育、仕途及財富方面享有優先權。他們文以載道，確保政治秩序以及他們所處地位的合法化。「學而優則仕」是文人的座右銘，這種態度也讓朝廷得以籠絡最優秀的人才。但是，士大夫服膺的另一個原則是對社會負責。批評政治暴行是一種道德權力和社會責任。即使很少有士大夫實踐這個原則而與王權對峙，這種行動就在歷史意識裏具有表率意義。他們是掌權者背上的一根芒刺，因為後者的正統性依賴於前者所代表的價值體系。儘管幾個世紀以來，其主旨與意義經歷了劇烈轉變，學術與權力這樁脆弱的聯姻卻一直被視為理所當然。[32]

20世紀初期，由動態的、自主的城市文化精英領導下的現代民族國家所推動的進步、科學理性和民主等理念，對深受西方思想影響的文化精英影響深遠。被稱為中國啟蒙運動[33]的五四運動，中外學人都認為這是對一個農業國家原始觀念進行竭力批判的集中體現。這些努力是否成功還有待討論，但是城市文人的確企圖切斷他們與鄉村社會之

間的親緣與鄉緣紐帶，然而，原來正是這種紐帶一度維繫著帝國與官僚的權力。藉此，城市文人重新定義自身在政府系統的位置。他們不再遵循傳統來為政治目標服務，認為自己有權創造一個新的政治秩序和道德規範。

現代知識分子真誠地審視自己的角色和責任。在《天安門》一書的前言中，史景遷意味深長地總結了他們痛苦的社會參與：

> 書中的中國人都是某種形式的知識分子，他們的思想、文字、行動構成本書的核心，他們雖然不能直接為工人或農民發聲，但也絕非單純的旁觀者。在他們彼此唇槍舌劍或者無力回天的時刻，某種程度上確實可以將之比為希臘戲劇中的幫腔，或悚懼或神迷地注視著舞台中央早已成定局的人神交戰。然而，這些中國人的文化論調時而尖銳刺耳，身段時而拘泥形式，但畢竟有別於傳統的幫腔，依然擁有必要的力量，得以讓他們離開原來的走位，走向舞台中央。不過，這樣的人物著實也容易較別人早一步捐軀——簡言之，它們乃是「時代先驅」；但不可否認，他們往往流露出令人讚嘆的睿智。這樣的智慧，屬於已經洞穿這齣獨特劇碼伏流歸向的人，他們理解到，這不是一場能讓舞台兩旁的無動於衷的戲。[34]

弔詭的是，歷史敘述中的主角們用他們生命演繹的這齣關於革命、文化自豪以及人類尊嚴的事關重大的戲劇，恰恰顯示了繼續將作家與政權及其變更的權力基礎聯繫起來的價值系統的頑固生命力。建立現代民族國家的願景深受遺留下來的文人傳統影響。杜維明認為，雖然學術文化在內容上標榜反傳統，但其在知識論的層面上保持權威性，意味著他們實際上仍追隨傳統。李歐梵強調中國的「現代主義」與歐洲反權威傾向的現代主義大相徑庭。五四時期，城市「布爾喬亞」的文化精英大多相信自己要帶領中國建立一個新的建制、走向一個強大的民族國家。[35] 此外，與前人並無不同，知識分子以道統自命，監督著代表政統的王權。他們希望在創造新的政治文化進程中充當領頭羊。

打破文化舊習與熱衷建立民族國家，這兩者之間充滿張力。[36] 前者注重批判的自我反省，後者則是對前者的威脅。愛國熱情是如何在不經意間阻斷了對國家獨裁的審視？又如何妨礙了參與者對自身動機與角色的反思？政治限制這類「外在」的因素顯然束縛了群眾，但是深埋於文化期待的「內在」因素，亦滲透心靈、僵化了思想。

在拯救國家於空前危機的熱情中，現代中國知識分子積極投身於國家建設，這樣做在早期看來至少提供了解決危機的方法。但是，這阻礙了他們進行更深層次的、至關緊要的自我反省——不是對物質或制度上變化的反省，而是對影響、塑造他們認識論的反省。面對現代化的壓力，自我審視的缺失扭曲了知識分子對文化傳統的評價，導致了道德與分析上的僵局。[37] 他們要不就是反對傳統，要不就是反現代化，卻不質疑他們自己的角色與義務。因此，他們無法覺察自身的角色性質已悄然生變。知識分子在道統與政統之間左右為難，後者亦再在戰爭和革命的影響下變得岌岌可危。這個強大但是未完成的反省過程導致了他們所處的困境，特別是他們與共產主義運動（1949年後是馬克思列寧主義政體）的關係，以及與農民佔多數的勞動人民的關係。[38]

道統與政統的緊張關係在20世紀加劇。面對四伏的政治危機，全盤批判傳統成了激烈的應變方式。清政府在面對西方列強及日本侵略擴張時唯唯諾諾，政治經濟的全面癱瘓導致人們對文化道德根基的信心盡失。五四運動及隨後幾十年的知識分子運動顯示了問題的嚴重性，以及他們試圖解決問題的堅定決心。這個過程中，知識分子抱著強烈的使命感參與其中，道德規範和政治權力的關係也因此被重新定義。

知識分子面臨的兩難困境顯而易見。面臨西方的挑戰及農民的貧困，知識分子在經過一個世紀的追問後得出結論：中國需要建立現代化民族國家的裝備。19世紀中期，清朝好些高級官員也認同「師夷長技以制夷」的主張。[39] 當清帝國在1890年代經歷恥辱性失敗，保皇派建議改革政治體制來解決國家面臨的困境。不論是支持洋務還是主張君主立憲，仍不過是有限度採取西方的技術和制度以保持帝國的秩序。不過，百日維新（1898）失敗以及保守派對維新人士的逮捕斬首，最終促使部

分精英分子加入革命，推翻君主制。儘管民國政府於1912年成立，但是割據各地的地方軍閥卻粉碎了建立一個民主統一政權的希望。在搶佔中國地盤的各殖民國家的支持下，軍閥割據不但沒有改善民生，反而成了動亂的泉源。對那些參加了北京1919年5月4日反對政府的遊行的人來説，中國的物質與精神文明已岌岌可危。無論是為了生存，還是為了安慰備受凌辱的文化自尊，民族獨立運動已然勢在必行。但是，精英們為之奉獻並滿懷希望的新政體——「國家」，其本質卻仍有待探討。軍閥政權、國民黨以及共產黨鼓吹各種建立國家的意識形態，令人眼花繚亂。尚未明晰定義的道德權威與政治權力之間的關係，讓文化精英的位置日益不穩。

相比之下，清王朝衰敗後冒起的軍閥，文化水平有限，只顧搶佔地盤，難以從傳統道德規範中獲得正統性。他們努力發明新的權力基礎，但公然違背道義，表明其努力只是流於表面。[40] 1927年後，國民黨領導下的國家一統的脆弱外表曾燃起了知識分子的熱情，但是蔣介石針對左翼分子實施的「白色恐怖」令其倖存者對他的政策心存恐懼。同時，在1930年代抗日戰爭中，國民黨軍隊的低效也讓許多愛國者失望。當他們目睹國民黨在城市對持不同政見者的恐怖行動及其軍隊在農村虐待百姓的行徑時，他們殘留的希望也徹底破滅。

在中國，農民經常是文化與政體生命力的象徵。他們若生活安裕，即可證明執政者是奉天承運，反之則不然。在20世紀早期，作家和農民相當疏遠，但在憤怒與恐懼之下，他們創造了一種文學。這些作品裏充斥著無辜的農民被困於戰爭、強姦、殺戮的情景等種種有違道德規範和政治權威的獸行。這些農民被凌虐，儘管不盡真實，但卻成為聲討各種政權的象徵。

茅盾的作品〈泥濘〉（本書[《犁溝》]選編的第一篇文章），及其他一些作家如葉聖陶、許地山、巴金、丁玲等刊登在上海文學期刊《小説月報》上的作品，忠於1920年代流行的寫實主義。他們的人文主義關懷與吸收西方思潮的熱情，使其作品具有世界主義的視野。吳祖緗的短篇小説《某日》也被收入本書，他被認為是1930年代描寫鄉村主題最傑出的

左翼作家之一，嫻熟地結合人文主義關懷與寫實主義的技巧。不過，在革命浪漫主義興起後，之前曾呈現的都會氣息亦日漸褪色。[41]

一些人很早離開了人世。魯迅曾悲痛追憶人稱「五君子」的年輕作家，他們因為同情馬克思主義而被殺，不過他們得名或許不是因為文學素養，而是因為政治信念。在烈士犧牲的背後常常是痛苦的自我反省，正如瞿秋白1935年被處決前在獄中寫成的《多餘的話》。他36歲時已是卓有建樹的馬克思主義文學批評家與理論家，在1927–1928年短暫當過中國共產黨總書記。1934年當共產黨高層前往延安時，他留在後方被國民黨軍隊抓獲。知道自己死期將近（他同時患有肺結核），他解開了之前15年一直包裹自身的層層浪漫樂觀主義紗布，斷言自己的政治生涯是虛偽的：他只是一個「小資產階級」，對於自己曾參與創建的運動來說，他是多餘的。這篇文章備受爭議。他的同志不承認其真實性，認為是國民黨偽造的文章，旨在顯示追隨共產主義的城市文人的無能。實用主義者認為那是瞿秋白為了保命而寫的。即使真的出自瞿秋白之手，寫作動機可能也很複雜。不管我們同意哪種說法，都容易忽視現代知識分子共有的困擾。[42]

那些在延安加入共產黨但對革命不抱幻想的知識分子，也進行了長時間的意識形態審視，這個過程有時候讓人歡欣，有時候令人痛苦，最終都不得不接受。那些以為共產黨代表了城市無產階級先鋒隊的人肯定感到失望。中國共產黨早在1920年代就對馬克思主義做了重大調整。中國共產黨創始人之一、北京大學教授李大釗，認為中國應該有一場農民也參加的革命。在他的概念中，中國是一個受外國帝國主義剝削的「無產階級國家」。他的革命策略是召集一條廣泛的聯盟戰線，其中包括工人、民族資產階級以及農民；他認為農民天生就具有民族主義精神。[43]

雖然李大釗後來被北洋軍閥抓獲並於1926年被槍殺，但他關於中國農民的思想為毛澤東所採用。在共產黨被蔣介石軍隊逼入農村後，1930年代中期開始領導中國共產黨的毛澤東將目光轉向了農民。[44] 在蔣介石和日本的雙重打壓下，共產黨逐漸將重心轉移到農村，並越發鼓吹愛國主義。共產黨官方文件和左翼文學把日本視為直接的外國侵略者，

抨擊蔣介石帶領下的國民黨在對抗外敵侵略時的無能。在新興的政治話語中，漢奸和軍官、政府小職員、地主、資產階級買辦都被認為是革命的敵人。

　　民族救亡的主題豐富了1930年代中期文學語言的色彩。小說出現越來越多中國化的字眼。[45] 在文化領域，作家們爭論馬克思主義在文學批評上的應用，討論大眾文藝和國家救亡文學的進一步發展，並就新政體的性質、其聯盟及敵人的身份認同以及運動的參與者的操守等一一提出問題。左翼作家中一個關鍵的爭論是抗戰時期文學的方向。跟隨魯迅的人認為，應對中國傳統及政治進行嚴肅批判；那些選擇共產主義政治實用主義、圍繞在文學理論家周揚身邊的作家，則宣揚國防文學。他們拒絕西方的理性主義，也拒絕那些維持中國傳統的文學技巧，試圖從廣泛的統一戰線中廣納百川。[46]

　　雖然聚集在延安的作家懷有不同的動機和期待，但他們基本都著眼於國家救亡——這也是當時共產黨員貌似追求的目標。研究中國現代文學史的夏志清特別指出這種「中國情結」、愛國熱情源於「一種道德思索的背負」，與此相伴的是一種模糊的階級正義感。[47] 這兩種思想正與傳統信念相吻合，即文化精英應該肩負恢復政治和道德秩序的社會重任，這是統治者以及被統治者都信奉的信念。從某種程度上說，共產主義者贊成國家政權建基於共享的道德共識，但是共產黨要做定義道德共識的代理人和先鋒，並為之奮鬥。

　　受斯大林影響，1930年代的共產黨領袖改動了他們的政治議程，並要求服膺其下的農民、知識分子等都要緊跟路線。革命鬥爭中要達到意識形態統一，就意味要信奉列寧和斯大林關於黨建的策略。毛澤東特別警告革命同志要反對中國農民的「封建」思想及西化知識分子的「小資產階級」傾向，稱這兩種思想與黨的價值觀不同。毛澤東相信農民本質上具有革命潛質，而對於言談出眾、文質彬彬但有獨立思想的知識分子，卻多少感到不以為然。為了推動革命，他要求所有同志建立起一切服務於黨政目標的世界觀，不作他想。只有在如此定義的話語框架下，才能提出批評。

1942年毛澤東的延安文藝座談會講話，強調了作家在意識形態工程上的責任，明確了對作家的政治束縛。[48] 這個講話拉開了為期三年的黨內整風運動的序幕，毛的思想權威在這個運動中確立。講話亦結束了一年來藝術家陣營內部的牢騷和疑惑。抗戰已經持續四年，城市知識分子的愛國精神，被共產黨寄居陝西窯洞的艱苦生活磨得所剩無幾。更重要的是，共產黨官僚作風漸長的政治現實咬噬了他們的革命浪漫主義。一場掙扎後，他們才接受了現實環境。比如，羅峰就堅持應該延續魯迅的批判精神傳統；丁玲在〈三八節有感〉中尖銳地揭露了女性在延安的困難處境，傳統的社會等級和男性權威在延安依然被視為理所當然；蕭軍悲哀地指出幹部工作的獨斷，扼殺了道德生機。然而，毛要求他們的寫實主義要展現共產黨領導下所取得的成就，只能對階級盟友表示同情，諷刺批判則只留給階級敵人。丁玲和其他表達不滿的人遭受了毛發動的嚴厲公開批判，被勸糾正他們的小資產階級觀點。[49]

一場更嚴重的衝突發生在共產黨的強硬派（如毛的秘書陳伯達）和激進的城市知識分子王實味之間。王實味1907年生於破落的書香門第，1925年考入北京大學英文系，1926年加入共產黨。他是非常優秀的翻譯家，出於對馬克思理論的興趣，翻譯了列寧和托洛茨基的主要著作。1937年末，他離開湖南老家，奔赴延安。他在1942年3月13日及23日《解放日報》上發表了〈野百合花〉這篇文章，一年後的1943年4月，他因為在文中攻擊延安幹部的腐敗和特權主義而被捕入獄。受到宣揚絕對平均主義的指控，他為自己的不滿辯護，並警告那種忽視革命領導者自身錯誤的機械化的歷史發展觀。[50] 他的行為以及對他的嚴厲處置引起了激烈的公開爭論，這在後來被稱為「王實味事件」。他因為同情托洛茨基而被視為反革命。關於他在延安的最後歲月以及被處死的記錄令人心寒，凸顯了黨內兩派——一方是新興的斯大林主義者和軍事領導人，另一方是有獨立思想的城市知識分子——之間的緊張關係。[51]

一九四七年春，山西。

連綿的土山，風颳著，把綿密的灰吹進每一道密密絎著的衣縫。
清明已過，仍不見一點綠意。

興縣，破敗的小鎮。作為晉綏根據地的首府，唯一的標識是間或
從這個或那個窰洞式平房的窗口探出的小旗。戰鬥正在幾百里以
外的河西進行，這裏的黃昏是寧靜的。

蔡家窰，晉綏行政公署公安總局駐地。

一個手提砍刀的幹部模樣的青年人走進一孔小窰，拖出一個同為
幹部模樣的中年人，拉到偏僻的山腰，手起刀落……殷紅的血沉
甸甸地灑落到乾硬的黃土地上。

死者：王實味。罪名：托派分子、國民黨特務、反黨集團頭目。
沒有終審判決和裁定，沒有上訴與駁回，執行的依據是一份批准
了的報告。[52]

　　這份記述王實味死刑的文字與瞿秋白的文字形成了諷刺的對比。
儘管瞿秋白本人懷疑他在革命中的角色，他的死刑——當然是很殘忍
的——經過了國民黨最高領導人的討論。他的犧牲有人見證，並得到
一定的尊重。對王的死刑令，則秘密來自黨內某個自覺受其革命熱情威
脅的高層幹部而已。[53] 回望起來，不管他的死亡如何淒涼，只不過是一
場山雨欲來的演練。

　　1930 至 1940 年代左派作家和共產黨的衝突反映了一個重要事實——
延安知識分子為思想自由奮勇抗爭，此時黨領導人尚未坐穩位置，還未
真正能壟斷思想。同樣清楚的是，這些中國作家也站在威權文化網絡的
頂端，譴責一套恰恰給予他們地位以抒發己見的社會和政治規範。加入
了共產黨的左派作家發現，他們不得不宣揚某種政治權力的理想，而這
種政治權力正逐步剝奪他們表達思想的權利。在之後的年月中，學者們
的使命和道德感發生了變化：以前是質疑那些偏離了誠品德行的政權，
現在是與一個宣稱掌握真理的政權進行抗爭。一個惱人的問題是：為什
麼這些知識分子選擇與共產黨為伍？被戰爭破壞的城市生活不比陝西生

活容易。更何況，當時共產黨不可能阻止覺醒者的離開。究竟是什麼讓他們認為沒有回頭路可走？

共產黨在1950年代牢固確立政權之前，已全力向作家灌輸意識形態。在這場鬥爭中，牽涉到的事件都很複雜。儘管表達異見的聲音在延安時期即被消聲，黨的理論家力圖控制那些不完全信服的左派知識分子「資產階級自由主義」思想。更重要的是，黨領導人面臨越來越多信奉馬克思主義的年輕一代（許多人來自黨內）的挑戰，質疑他們的政治權威。知識分子傳統的使命感和道德感繼續被調用，在一個新的政治舞台上被重新組裝；只是這個舞台上的當事人與他們的意識形態之間的權力關係已經起了重大變化。在日益被認為是理所當然的馬克思列寧主義陣營內，鬥爭不斷。不過，即使對如何定義黨的正統有過激烈辯論，但黨的合法性並未受到質疑。

這樣的緊張關係在1950年代中期對著名馬克思主義文學評論家胡風的迫害中顯露無遺。[54] 胡風自1930年代開始即堅定地反對黨的教條主義，在1950年代早期他繼續挑戰毛澤東的權威，堅決保持個人獨立性。在一篇題為〈五把刀子〉的長文中，他控訴黨的教條主義扼殺了藝術家的敏感性。他的觀點後來被定性為「小資產階級自由主義」，甚至是更嚴重的「反革命」，這個罪名讓他承受了長期的牢獄之災。許多朋友都被迫批判他，包括魯迅的遺孀許廣平，她曾寫到胡風「背叛」了他們。小說家巴金後來回憶了黨的幹部如何粗暴要求他指控胡風。[55]

1956至1957年解放思想的百花齊放運動及隨後的反右運動中，這些知識分子對基於開明批判思想的獨立政權仍抱真誠信仰，但他們的這種信仰與基於愛國精神和馬克思主義的革命信念並不和諧。最後的結果，看似是前者的全面投降。1957年，那些大膽說出對黨的反對意見的人首當其衝受到迫害，尤其不可忽略的是，此時開始用上新的政治分類來給異見者扣帽定罪。黃秋耘、高曉聲、方之和其他收錄在本集中的作者，都被標籤為不同程度的「右派分子」。他們成為黨的敵人，被下放到幹校進行「再教育」。

茹志鵑1958年發表的短篇小說《百合花》，為文壇帶來了一股新鮮

氣息。她在1980年回顧時承認，若非當時有一段時間因為對政治現實「麻木」不察而贏得一些空間和距離，她絕不可能創作出這個小說。我們不禁疑惑，是否這些年輕的馬克思主義作家太投入、太膚淺，以至於無法估計自身行動導致的政治後果。實際上，這正是當26歲的方之來找巴金討論組織「探求者」時，巴金腦中所想的。

> 我在一九五七年反右運動開始前不久見過方之同志一面。他的面貌我現在怎樣努力回憶也想不起來。我只記得他和陸文夫同志一起來找我，談他們組織「探求者」的打算。……他們說已找某某人談過，得到那位同志的鼓勵。我瞭解他們，三十年代我們也曾這樣想過，這樣做過。這兩位年輕人在創作上似乎有所追求，有理想，也有抱負。我同情他們，但是我替他們擔心，我覺得他們太單純，因為我已經感覺到氣候在變化，我勸他們不要搞「探求者」，不要辦「同人雜誌」，放棄他們「探求」的打算。我現在記不清楚他們當時是不是已經發表了「探求者」的宣言，或者這以後才公開了它。但有一點是可以確定的，他們沒有聽懂我的話，我也說不清楚我的意思，他們當然不會照我的意思辦。[56]

如果說1950年代尚有給人反思和辯論餘地，1960年代早期尚有空間進行批判性再評估，那文革時期全國範圍內的獵巫就對誰都不放過。在狂熱的意識形態對抗的氛圍下，沉默和退卻不再是可行的選擇。舊「右派分子」被揪出來，與被控站錯政治路線的黨的支持者一起受羞辱。想要站穩中間路線，必得極度小心地擺平各方。黨內各派別你爭我奪，在他們眼中這實在是一場生死決鬥。緊張的黨派之爭把早已分化的知識分子圈強行兩極化。在意識形態極端化的時刻，就連緊跟毛路線、並在激進的政治年代爬升至高位的浩然，也因為沒有充分表達對黨的忠誠而遭批評。共產黨官員一手壟斷了文藝地位和傾向的定義。

在1980年代，回首往事，倖存者堅持認為，他們除了反覆嘮叨之外別無選擇。[57] 他們這樣做的原因還不清楚。我們可以理解，離開了被當地幹部控制的集體而別無其他生計的農民，不得不順從黨的命令。甚

至可以說，在1960年代中期，中國共產黨成功壟斷了對道德和政治權威的詮釋權，幾乎沒有給知識分子留下獨立判斷的基礎。如果他們要生存，唯一的選擇就是在黨的意識形態的壟斷下，改造自己，並繼續相信黨始終會有所克制。然而，這真的完全只是生存的問題嗎？許多作家以反抗缺乏認受性的權力的文人傳統為傲，自己數十年前也曾勇於面對這種反抗所帶來的致命後果，可是為什麼他們覺得在後革命時代毫無選擇呢？

這是今天作家們爭辯的中心議題。這種毫無選擇的感覺在多大程度上是自我強加的？許多1930年代的左派作家在共產革命之後隱退到幕後，而1950至1970年代的馬克思主義作家們是否在恢復近代知識分子遺產時，為自己建造了「鐵屋子」？巴金在回憶錄中大膽承認，他在文革初期依然堅信黨的指示，認為自己有必要接受思想改造。[58] 劉賓雁被判刑22年，並於1988年離開中國，卻依然忠誠於黨，這種忠誠的基礎何在？他幾年前在《第二種忠誠》中寫到書中主角嘗試為一個幹部平反，這是否是他自己的寫照？

今天許多作家以人文主義理想和全新的使命感作為對抗暴力政權的力量源泉，但由於政體的性質有了很大改變，他們的反抗精神背後亦呈現出新的意義。對一些人來說，知識分子無權定義、也無權代表道德權威的年代仍歷歷在目，此時，「社會責任」是那些作家為了實現自我表達所作的暗地努力。對於那些依舊相信馬克思列寧主義理想及黨的基本設想的人來說，是時候再次對政治暴行抗議。1989年初，特赦政治犯的呼聲正是這種勇氣和信念的表現。[59] 但問題依然存在：既然他們有那麼不愉快的經歷，為什麼知識分子仍然忠於國家政權？對於新一代作家決定放棄既有的語言模式而開創新的對話，他們焦慮的背後又是什麼？

1980年代的文學作品表達了一種與農民默默相通的共鳴。農民與黃河，一向被認為是中國文化和社會生命力的象徵，歷史上很多文學精英都宣示了這種關聯。今天，這種同情多了一種面相，也許是因為多年下放農村的生活讓作家們對農民有了更現實的理解。而且，國家立意改造這二者，對他們肆意施展權力。這些經歷為原本社會文化上相距甚遠

的作家與農民架起了一座橋樑，正如李準的兩卷本小說《黃河東流去》中所表達的那樣。現實批判主義再度繁榮起來，從這本選集中高曉聲、古華及李銳的著作中可窺得一斑。

但這對於新一代作家來說遠遠不夠。今天，他們當中的許多人已經決定，只要黨和國家繼續壟斷道德權威，他們就拒不參與意識形態對話。這些作家轉向了農民的個人感傷，這和他們自己的體驗類似。本選集中，阿城的〈炊煙〉一文即痛苦地描繪了這種情感。[60] 農民的負擔來自麻木不仁但根深蒂固的國家結構；然而，作家的包袱卻部分地來自他們的社會使命感所基於的價值系統。他們想要探索他們及農民感傷背後的動力。他們相信這動力深埋於國家文化之下，尚未被意識形態沾染。文藝批評家陳村認為，這些作家的關懷與加西亞‧馬爾克斯 (Gabriel García Márquez) 的關懷類似：他們都關注生命狀態，它超於善惡之上，超於虛實之上，超於喜怒之上，但是他們又創造了一個彙集所有這些情感的世界。[61] 他們為了挖掘塑造自己生活和思想的文化，努力把自己從當代政治中解放出來，難道有理由說這些作家是沒有社會責任感的、放任自我的個人嗎？

1989年4月，北京好幾萬學生遊行到天安門廣場批判政府。為了回應官方的指責，他們轉到街上，堅持自己的行為是愛國的。再者，北京市民一致支持學生的主張。氣氛變得異常熟悉：在清理道德腐敗的政府、讓國家回歸正途的名義下，人們洋溢著使命感和自我奉獻精神，對理想主義和善意欣喜若狂。學生雖然稚嫩，但他們的目的被認為是高尚的，他們的情感也得到認同：這是一個有良心的中國人會做的事情。但是政府堅持這場民主運動只是外國顛覆分子鼓動的反革命動亂，不可以和70年前的五四愛國運動相提並論。在政府眼裏，這群學生不能算是中國人。

「何謂中國人」這個問題再一次引起爭論。這個過程牽涉到一群日益浸淫於多元、動盪的現代社會的知識分子的道德抉擇、社會規訓、經濟動力及政治強制。就算那些因為年紀小而躲過了文革滄桑的年輕人，也意識到他們並未能置身事外。既然政府採取了強力鎮壓學生運動的行

為，他們還能寄希望於僅僅限制黨國過分行為的路線嗎？這場文學爭論的雙方作家在事件展開時相對沉默。[62] 數千個手無寸鐵的遇難者正是被他們信任的政府槍殺；那些對遇難者表示深切悼念的人，這時候該如何看待專制主義，尤其是當這獨裁主義正是他們幾十年前不自覺造就的？

　　人之所以為人，並非完全聽從文化規則的安排，也並非只受經濟需要的驅動。人類正是因為自己參與創造了驚心動魄的政治過程，而更具悲劇色彩。研究現代中國知識分子的學術著作經常強調他們參與當代政治的被動性，但是這種觀點忽視了他們在創造強調社會責任感的政治文化過程中扮演的積極角色。隨著1905年廢除科舉制度，特別是1911年清政府倒台，受過教育的精英分子的體制基礎被摧毀了；他們懷抱更強烈的使命感，過渡到了20世紀。這是在新的道德秩序下，為保留自我表達權力而作的絕望嘗試，抑或是他們在新體制中被閒置的情況下，為維護自許的重要性所採取的巧妙策略？[63] 無論如何，對國家責任和社會責任的傳統假設已為適應新的政治現實而循環再生。這種責任感的主張使失去地位的知識精英得以重新定義自己的社會身份，並獲得這個共同體的統一象徵及政治平台，這兩者都是自我表達的最終形式。[64] 即使在今天，忠於整個文化的社會政治批評在普通公眾眼中仍然是一個文化事實，對許多知識分子來說更是特殊召喚。但這也吻合掌權者的利益。[65] 比如，中國共產黨就很少挑戰知識分子與政府對話的使命感，它更關心的是掌握劃定對話條件的權力。

　　問題是，一旦共產黨不計人力成本地達到目的，知識分子及他們的文化角色是否變得更加無用？

　　後毛澤東時代的改革進行了十年，「文化傳統」這個詞彙不再是一個禁忌；相反，這個詞現在很流行。人們重燃對新儒家思想的興趣，並召開國際研討會；作家們深入鄉村採風，以期瞭解那些繼續灌注於當代意識的、未被革命政治沾染的文化根源；另外一些人開始探索中國特殊的國家文化如何培育出毛派的極端主義。自魯迅1918年以《狂人日記》細察中國傳統起，經過一段很長時間的中斷後，傳統又再被審視而非被全盤否定。[66] 在今天討論使命感的背後，是再造文化霸權的共謀問題；

這種擔心也曾激起了魯迅的自審。這個辯論迫使主角們檢視他們對於書寫文字的特權的認定，他們忠誠於對子民抱有人文關懷的國家的哲學基礎，以及由此而來的作家與當權者的曖昧關係。比如，當年輕作家深思一些文藝課題，並宣稱只有當作者和他們的寫作對象不被政治和道德責任束縛在一起、創意才可能勃發的時候，他們是在重新定義知識精英在現代中國社會中的自我形象嗎？而這個形象一方面深深植根於中國文化的價值結構中，另一方面鑲嵌於適應20世紀中國政治現實的「循環再造」的傳統？[67] 關於文藝表達和作家追求的性質的爭論，似乎發起了一場姍姍來遲的文化批評。[68]

實際上，畢生奉獻給革命的中國資深作家巴金，也明確提出了進行嚴厲自我反省的需要。他在1980年代出版五卷本散文合集之時，序言裏寫道：

> 千言萬語，不知從何說起。一百五十篇長短文章全是小人物的喜怒哀樂，自己說是「無力的叫喊」，其實大都是不曾癒合的傷口出來的膿血。我擠出它們不是為了消磨時間，我想減輕自己的痛苦。寫第一篇「隨想」，我拿著筆並不覺得沉重。我在寫作中不斷探索，在探索中逐漸認識自己。為了認識自己才不得不解剖自己。本來想減輕痛苦，以為解剖自己是輕而易舉的事，可是把筆當做手術刀一下一下地割自己的心，我卻顯得十分笨拙。我下不了手，因為我感到劇痛。我常說對自己應當嚴格，然而要拿刀刺進我的心窩，我的手軟了。我不敢往深處刺。五卷書上每篇每頁滿是血跡，但更多的卻是十年創傷的膿血。我知道不把膿血弄乾淨，它就會毒害全身。我也知道：不僅是我，許多人的傷口都淌著這樣的膿血。我們有共同的遭遇，也有同樣的命運。不用我擔心，我沒有做好的事情，別的人會出來完成。解剖自己，我挖得不深，會有人走到我的前頭，不怕痛，狠狠地挖出自己的心。……要消除垃圾，淨化空氣，單單對我個人要求嚴格是不夠的，大家都有責任。我們必須弄明白毛病出在哪裏，在我身上，也在別人身上……那麼就挖吧！[69]

這本文選無意回答前面提出來的問題，它更多的是舉例說明需要思考的問題，而非解釋這些問題。在一個層面上，文選追循知識分子與傳統的有意割裂；另一個層面上，追溯他們對傳統的重新建構。藉此，筆者希望展現他們文藝作品中潛在的張力，以捕捉現代中國知識分子悲劇性的、迷惑的困境背後的堅定信仰生命力。

犁溝

　　知識分子和農民都是20世紀中國政治舞台上的重要角色。文選中的短篇小説即著墨於農民生活，由文壇的領軍人物在1930至1980年代創作。在各個部分的介紹中，筆者嘗試勾勒出指引知識分子思想和行動的價值結構，並闡明在一個由作家不自覺的努力推動下、急劇轉變的政治秩序中，將作者與其寫作對象聯繫起來的文化機制是怎樣的。

　　農民文學的一個主要問題是，文藝精英描寫的、不善表達自己的農民階級生活遠離他們自身的世界，但是兩者的命運又以多種方式相扣。五四運動以來，作家通過描述農民如何受害來控訴舊的文化傳統和政治秩序。但是，在把未覺醒的民眾當作社會工程的對象、把自己當作這項社會工程的推動者的過程中，知識分子並未成功填補自己與農民之間的鴻溝。在把傳統樹立成攻擊的具體對象時，他們沒能對自身權威的根源進行反思。筆者選了一些作品，這些作者選擇通過描寫農民來揭露權力的脆弱，揭露農民是被侵犯的對象。這些農民形象大多不能「當真」。相反，它們暴露了作者對農村生活和大眾文化的認識太過天真，與鄉村現實相距甚遠。不過它們倒是反映了作者對於整個社會秩序的憤怒感。這些著作體現了這些作家在潛在政治設想的引導下參與新政治文化所作的努力，這本身就是一種意義重大的歷史敘述。

　　1920年代流行的文學潮流中，批判寫實主義描述了作家對自我及對農民的追問。本文集挑選了茅盾、吳祖緗和蕭紅這幾位最有名的寫實主義作家的作品。我把他們的作品和另外幾位參加了共產黨、並傾盡心

血刻畫農民的作家作品放在一起。[70] 政治運動及後來高度組織化的黨國有效推行了教條主義。在教條力量的推動下,寫作行為漸漸呈現出不同的意義;對政治過失及折磨本質的理解也是如此。作家們繼續扮演文化賦予他們的角色,但在馬克思列寧主義下,他們可以支配的空間減少了。他們宣傳農民既是革命的主人,又是社會工程的改造對象,這一主旋律在趙樹理、康濯及周立波的作品中都顯而易見。但是他們精英主義的假設和農民本分的忠誠,在政治上卻被認為不可靠。

反教條主義的鬥爭,成為1950年代許多作家最關心的議題。他們既要面對黨逐漸增強的思想意識形態壟斷,又要面對以農民的名義進行的革命所造成的、由廣大農民承受的苦果,他們的反教條鬥爭恰恰反映了他們夾在中間的尷尬位置。這種緊張關係在本書所選的康濯、方之的小說及黃秋耘的文章中均有所反映。一些人直抒胸臆,並為此付出了代價,他們以為被放逐的事實仍可像以前一樣來肯定他們聲音的重要性。另一些人則集體停止寫作,比如茅盾在文藝行政部門取得高位,卻沒有加入共產黨。但是,毛派奉行嚴格的階級語言,這意味著知識分子不僅會因為寫了什麼而犯錯,而且連他們的身份都是錯誤。正如順從了共產黨、有時與之共謀的農民一樣,作家們緊張地跟隨著黨的指示,甚至經常承認莫須有的罪名。[71] 政治束縛使作家無法接近他們描寫的主題。社會主義寫實主義作品充滿了正面、有遠見的英雄,農民所處的困境被強有力地壓制下去。許多作家終於開始體會到受害者意味著什麼。然而,依然有許多人繼續與他們寄予眾望的政治機器展開一場注定失敗的對話。白樺在《苦戀》中對這種單戀作了尖銳的暗示。[72]

研究中國現代文學的學者傾注大量心力在左翼文學運動上,這一事實說明了這場運動的參與者具有迷人魅力,主導了20世紀的文藝意識。夏志清和夏濟安認為,這些作家無意中把自己賣身給一場最終吞噬了他們的政治運動。[73] 李歐梵則指出,真正自省的知識分子如魯迅,他們除了用筆桿子推動政治變革,亦在價值激變的世界裏繼續探索自己的價值觀。在大量1920年代以來的左翼文學作品中,我們不難找到那些審視文化劇目和把未來理想化的作品。在消沉和反思的1920年代,魯

迅把自己隱退到魏晉時期(220–316)詩作的行為稱為「空留紙上聲」。[74]
回首看去，文革的倖存者為自己不被允許保持沉默而感到異常痛苦。然
而在1980年代，年輕詩人北島在他的信仰被自己的政治狂熱搗碎時，
異常珍惜自己的沉默。沉默與抗議、撤退與參與，這些背後的涵義正是
這本選集想要探索的。這個進退的過程揭示了不同世代的作家如何帶著
自身的文化設想和政治追求，與他們孤注一擲真誠參與的政治轉變過程
達成了妥協。

　　這本選集選入的作品並不具有完整代表性。我深知，就算面對絕
境，人類的反應還是千差萬別的。然而，我們還是有可能通過這些作品
來瞭解那些造就作者和作品主人公困境的道德風貌。每部分的故事都有
潛在的共同特徵，而我的編排旨在捕捉他們對各個時代核心情節所作出
的貢獻，因為文化、藝術及政治互相纏繞，最終形成了有關人類共同努
力和選擇性記憶的有意義的敘述。

　　「犁溝」這個詞包含許多涵義。它代表了中國數代作家所目睹的各個
政權接二連三在農民背上犁出來的道道疤痕。基於社會責任感，作家們
直抒己見，並在文學領域裏耕出印記。幾十年來這些犁溝無數次相交，
他們一起為構成世世代代的社會意識的政治景觀提供了精神上的基底。

　　面對民族國家建設的政治以及馬克思列寧主義政權國家的思想壟
斷，中國現代作家作出妥協，這與其他地方的作家不無相似之處。[75]然
而，不同的文化假設和政治格局造成了不同張力。在中國，恰恰因為知
識分子可以從兩千多年來的士大夫傳統和追求現代化國家的前瞻願景中
汲取靈感，革命目標也激發了文學活力。[76]經過五四運動洗禮的知識分
子的社會使命感加劇，但無論其意圖有多顛覆，這種使命感繼續鞏固著
他們在專制國家文化中所扮演的共謀角色。那些參加了共產主義運動的
知識分子發現，他們的聲音恰恰被他們宣揚的革命語言淹沒。這場運動
的特殊轉向，使得城市知識分子成為黨的農村傾向的對立面，儘管這兩
者被民族主義聯繫在一起。

　　政治環境迫使現代作家用黨領導人提倡的文風來書寫其作品，但他
們對這種做法愈發感到矛盾。諷刺的是，對黨國的順從導致了深刻的信

仰失落，並最終顛覆了新秩序和知識分子的使命感。這個過程是極度痛
苦的。這種矛盾不僅挑戰了他們的政治忠誠，而且挑戰了他們的文化身
份和歷史意識，因此關於這個過程的爭論很激烈。這些激烈爭論揭示了
一種人類被其自身價值觀所迷惑的集體精神狀態。這種張力如何塑造了
現代中國文藝的敏感性，正是本文選的焦點所在。

（歐冬紅譯，程美寶校）

本文取自《犁溝》（*Furrows: Peasants, Intellectuals, and the State*），現稍作修改。1989
年天安門事件發生後三星期，該書殺青交付史丹福大學出版社。

註釋

1　引自《聯合文學》，第4卷，第4期（1988），頁108。

2　關於精神污染爭論涉及的哲學問題的官方觀點，可參考梁麗儀：〈中共中央
　　為人道主義和異化問題定調〉，《七十年代》，1984年3月，頁40–41。這篇
　　文章是對胡喬木1984年1月27日發表在《人民日報》的文章〈關於人道主義
　　和異化問題〉的一篇分析。亦可參看李思的摘要，見李思：〈精神污染言論
　　總匯〉，《文藝情況》，第91期（1983年12月21日），後重刊於《七十年代》，
　　1984年3月，頁42–51。

3　參考香港中文大學翻譯研究中心的《譯叢》（*Renditions*）在1980年代的辯論。
　　另見璧華編的選集，璧華、楊零編：《崛起的詩群：中國當代朦朧詩與詩論
　　選集》（香港：當代文學研究社，1984）。《詩刊》的編輯謝冕，為年輕的實
　　驗詩人說話。他和對此種現象表示理解的批評家徐敬亞認為，表達自我的
　　嘗試實際上是對共產黨過去對詩意敏感性的扭曲的一種反應。

4　參考鄭樹森：《八月驕陽》（台北：洪範書店，1988）的介紹部分，當中列舉
　　了這場爭論的主要議題。劉曉波對新派作家的批評值得關注。另見Bonnie
　　McDougall, "Zhao Zhenkai's Fiction: A Study in Cultural Alienation," *Modern
　　Chinese Literature* 1, no. 1 (September 1984): 103–130一文對北島（趙振開的筆
　　名）詩作的分析，及William Tay, "Wang Meng, Stream of Consciousness, and
　　the Controversy over Modernism," *Modern Chinese Literature* 1, no. 1 (September
　　1984): 7–24一文對關於王蒙意識流實驗的爭論的分析。

5　在1920年代，蘇聯影響力很強的時候，批判寫實主義在中國是很流行的
　　寫作體裁。例如魯迅就向中國文學界推薦了許多部俄國文學作品（見Leo

Ou-fan Lee, *Voices from the Iron House: A Study of Lu Xun* [Bloomington: Indiana University Press, 1987])。早期的左派作家吸收了匈牙利的盧卡奇 (György Lukács) 的理論，並嘗試在他們的作品中反映整個時代，及通過戲劇性的情節表現人類的困境。然而，斯大林時代帶來了向更形式主義的社會主義寫實主義的轉變。中國共產黨選擇了最「先進」的篇章作為楷模，毛澤東主義者則將斯大林的路線推至極致。Mau-sang Ng, *The Russian Hero in Modern Chinese Fiction* (Hong Kong: The Chinese University Press, 1988)。批判和人文主義的藝術潮流就這樣被嚴厲抑制了。

6　劉賓雁早年加入了共產黨，1957年因為描寫了黨的黑暗面而被標籤為「右派」。1979年平反之後，他加緊揭露政權的腐敗。他的《人妖之間》和《第二種忠誠》均很著名。1985年，他被投票評選為中國作家協會的執行委員。1987年，他與劇作家吳祖光、哲學家王若水、物理學家方勵之等對黨的公開批評家一起被開除出黨。劉從1988年開始住在美國，並且加入了流亡海外的民運領導人行列。對他的觀點的概括，參考劉賓雁：《劉賓雁言論集》(香港：香江出版，1988)，以及香港《九十年代》雜誌的執行主編李怡對他的一次訪問。見李怡：〈再訪劉賓雁〉，《九十年代》，1988年5月，頁16–30。

7　參考北京記者薛涌 (杜維明：〈傳統文化與中國現實〉，《九十年代》，1985年11月，頁56–68) 及李怡 (李怡：〈五四的困境與今天的突破〉，《九十年代》，1989年3月，頁68–75) 就五四運動對杜維明的訪問。杜對中國最近的「文化反思」感興趣。關於「傳統」的議題，都反映在由六集電視連續節目《河殤》所引發的爭論中，參考三聯書店：《龍年的悲愴》(香港：三聯書店，1989)。另見李澤厚、劉述先及李怡的討論 (李怡：〈劉述先談河殤〉，《九十年代》，1988年12月，頁88–91)。

8　參考李澤厚、劉再復：〈文學與藝術的情思〉，《人民日報》(海外版) (1988年4月14日)，頁4；〈要有點「使命感」〉，《人民日報》(海外版) (1988年5月20日)，頁2，其中引用了劉心武的話；劉心武：〈中國作家與當代世界〉，《人民日報》(海外版) (1988年3月11日)，頁4。

9　劉心武是《人民文學》的編輯。他更出名的著作是短篇小說《班主任》、中篇小說《立體交叉橋》及小說《鐘鼓樓》。

10　《九十年代》1989年3月、4月號包括了公開信的內容及關於簽名運動的若干報道和分析；參看李怡：〈簽名運動一月來的發展〉，《九十年代》，1989年4月，頁16–20；李怡：〈我與魏京生有共同的歷史：訪問三十三人公開信發起人北島〉，《九十年代》，1989年3月，頁22–23；齊辛：〈四十二人公開信小析〉，《九十年代》，1989年4月，頁23–24；齊辛：〈中國知識界的突破性行動〉，《九十年代》，1989年3月，頁20–21。

11 劉賓雁將年輕作家分為兩派。北島及韓少功屬於那些其作品仍然與政治現實對話的一群，故而還是可以接受的。他不喜歡那些只探索個人內在情感、而忽視社會關懷的年輕作家。參看劉賓雁、陳映真：〈對話〉，《華僑日報》（紐約）（1988年8月12日），頁28。

12 參看李怡：〈簽名運動一月來的發展〉；李怡：〈我與魏京生有共同的歷史〉》；齊辛：〈四十二人公開信小析〉；齊辛：〈中國知識界的突破性行動〉。

13 隨著他們的作品越來越多，這些作品被認為是下鄉知識青年文學。參考《聯合文學》，第3卷，第12期（1987），頁82–147，為他們的作品組織專號。

14 參看謝冕的三篇文章：〈在新的崛起面前〉、〈失去了平靜之後〉、〈通往成熟的道路〉，分載壁華、楊零編：《崛起的詩群》，頁83–85、89–92、130–136；及徐敬亞：〈崛起的詩群〉，載《崛起的詩群》，頁97–129。自五四運動以來近代中國知識分子的世代分類，參考 Vera Schwarcz and Zehou Li, "Six Generations of Modern Chinese Intellectuals," *Chinese Studies in History* 17, no. 2 (Winter 1983–1984): 42–56。

15 「傷痕文學」和「揭露文學」是毛澤東1976年逝世後中國興起的第一波文學浪潮，旨在揭露毛澤東時代的恐怖。參考 Helen Siu and Stern Zelda, eds., *Mao's Harvest: Voices from China's New Generation* (New York: Oxford University Press, 1983)；Perry Link, *Stubborn Weeds: Popular and Controversial Chinese Literature After the Cultural Revolution* (Bloomington: Indiana University Press, 1983)。後續的發展可參考 Jefferey Kinkley, ed., *After Mao: Chinese Literature and Society, 1978–1981* (Cambridge, MA: Harvard University Press, 1985)；Michael Duke, *Blooming and Contending: Chinese Literature in the Post-Mao Era* (Bloomington: Indiana University Press, 1985)。

16 此處指魯迅1918年的經典短篇小說《狂人日記》。從一位妄想狂患者的眼中，他對傳統禮教如何模塑人們的心理習慣以及埋沒人性，提出了強烈的控訴。

17 有關顧城的父親顧功對於顧城詩作的描述，參考 Siu and Zelda, *Mao's Harvest*, pp. 9–15。

18 1989年北京的一個藝術展證實了被政治關注的藝術家最深刻的恐懼。自稱為行動派的一些年輕藝術家以「非傳統」的方式，故意引起人們對其藝術作品的注意。其中兩人從一位親近的高級軍官子弟朋友家裏得到了一把槍，在展廳裏槍擊了一幅畫作。不管他們表達的「藝術」價值是什麼，對於那些希望運用非傳統的方式來表達他們反抗政治權威的藝術家來說，他們倚賴家庭的權力及特權是令人反感的。參考姬蘭：〈槍聲響後：現代藝術展的風波〉，《九十年代》，1989年4月，頁50–52。

19　阿城：〈父親〉，《九十年代》，1988年6月，頁12。

20　引自 Vera Schwarcz, *The Chinese Enlightenment: Intellectuals and the Legacy of the May Fourth Movement of 1919* (Berkeley: University of California Press, 1986), p. 13.

21　Leo Lee, ed., *Lu Xun and His Legacy* (Berkeley: University of California Press, 1985), pp. xiii, 31.

22　這個詞從王若水為中國青年而寫的文章裏來，見王若水：〈智慧的痛苦〉，《青年論壇》，1985年第2期，重印於王若水：《智慧的痛苦》（香港：三聯書店，1989），頁313–318。

23　阿城：〈文化制約著人類〉，《評論叢刊》，1985年第10期，頁92。

24　關於中國知識分子怎樣在不同方面與國家聯繫在一起，參考Yue Daiyun and Carolyn Wakeman, *To the Storm: The Odyssey of a Revolutionary Chinese Woman* (Berkeley: University of California Press, 1985)；Jefferey Kinkley, *After Mao*；Duke, *Blooming and Contending*；Merle Goldman, Timothy Cheek, and Carol Hamrin, eds., *Chinese Intellectuals and the State: In Search of a New Relationship* (Cambridge, MA: Harvard University Press, 1987)，特別是其中瓦格納（Rudolf Wagner）的文章。

25　鄭德坤：《中華民族文化史論》（香港：三聯書店，1987）；Frederick Mote, *Intellectual Foundations of China* (New York: Knopf, 1971), p. 5；Kwang-chih Chang, *Art, Myth, and Ritual: The Path to Political Authority in Ancient China* (Cambridge, MA: Harvard University Press, 1983)；Ping-ti Ho, *The Ladder of Success in Imperial China* (New York: Columbia University Press, 1962)。

26　Mote, *Intellectual Foundations of China*, p. v.

27　參考 Etienne Balazs, *Chinese Civilization and Bureaucracy* (New Haven: Yale University Press 1964)；Chung-li Chang, *The Chinese Gentry* (Seattle: University of Washington Press, 1955)；Chang, *Art, Myth, and Ritual*；Ho, *The Ladder of Success in Imperial China*。

28　關於比較的目的，參考 Jack Goody, *The Logic of Writing and the Organization of Society* (Cambridge: Cambridge University Press, 1986) 一書中關於書寫和社會組織的論述。

29　Cyril Birch, "Foreword," in Andrew Plaks, ed., *Chinese Narrative* (Princeton: Princeton University Press, 1977), pp. x–xi.

30　梁漱溟：《中國文化要義》（台北：正中書局據1949年版重印，出版日期不詳），頁19。這並不是要否認中國政體的法制要素以及起源於秦朝的法制根源，根據牟復禮的說法，「（秦）明確否認了所有的人文價值並十分無情地蔑視崇敬的傳統」（Mote, *Intellectual Foundations of China*, p. 114）。

31 屈原是公元前3世紀的一位詩人和官員，代表了即使在流放時期都保持忠誠的反對及尊嚴。為了表示抗議，他投江自盡，這個行動以大眾文化的形式被記憶下來。在端午節，人們將糉子投入江中餵魚，以使魚類不要破壞屈原的屍體。這類例子還有很多。陶淵明是一位公元4世紀的詩人和官員，辭官歸隱，他筆下的菊花成為了紳士歸隱的象徵符號。

32 余英時分析了儒學、大宗族的興起及從這些宗族出來的儒生、王朝的命運三者之間的互相聯繫。他指出，儒生亦欣賞與干祿無關的道家傳統。這些自我意識的、反官僚的身份認同在魏晉時期（公元3世紀）最為明顯，當時許多文人醉心於玄學，拒絕承認社會及政治生活中的儒家秩序。余英時認為這種思想傾向是士人文化的真正組成部分，後來的士人遇上奸險的政治舞台時，即訴諸其學術隱退的象徵符號（余英時：《中國知識階層史論 [古代篇]》[台北：聯經出版事業，1978]）。18世紀的諷刺小説《儒林外史》描寫了士人，及他們要彌補自身之抱負與帝國加諸他們身上的政治約束間日益擴大的差距的努力嘗試，揭示了知識分子感到要強制加諸自身的強大的意識形態力量（Paul Ropp, *Dissent in Early Modern China* [Ann Arbor: University of Michigan Press, 1981]）。

33 Schwarcz, *The Chinese Enlightenment*.

34 Jonathan Spence, *The Gate of Heavenly Peace* (New York: Viking, 1981), pp. xiv–xv. 譯文主要沿用史景遷著，溫洽溢譯：《天安門：中國的知識分子與革命》（台北：時報出版，2016），頁19，有幾處略作修改。

35 參考杜維明：〈傳統文化與中國現實〉；及〈對傳統進行反思〉，《當代》，第5卷，第1期（1987），頁16–23；李歐梵：〈中國現代文學中的現代主義〉，《九十年代》，1987年9月，頁96–99；Leo Lee, "Modernity and Its Discontents: The Cultural Agenda of the May Fourth Movement," paper given at the Four Anniversaries China Conference (Annapolis, MD, September 1989)；Schwarcz, *The Chinese Enlightenment*, p. 8；李怡：〈五四的困境與今天的突破〉。關於對中國近代知識分子的傳統設想及政治權力間的互動，參考 Merle Goldman, *Literary Dissent in Communist China* (Cambridge, MA: Harvard University Press, 1967)；*Chinese Intellectuals: Advice and Dissent* (Cambridge, MA: Harvard University Press, 1981)；Goldman, Cheek, and Hamrin, *Chinese Intellectuals and the State*。

36 關於這種緊張狀態的詳細分析，參考李澤厚：《中國現代思想史論》（北京：東方，1987）；劉再復、林崗：《傳統與中國人》（香港：三聯書店，1988）。五四運動及其含義，參考 Tse-tsung Chow, *The May Fourth Movement: Intellectual Revolution in Modern China* (Cambridge, MA: Harvard University Press,

1960)；關於五四時期的文學，可參考 Merle Goldman, ed., *Modern Chinese Literature in the May Fourth Era* (Cambridge, MA: Harvard University Press, 1977)。

37 余英時：《從價值系統看中國文化的現代意義》(台北：時報文化，1983)。五四新文化運動初期也有一些知識分子有所自省，魯迅和胡適的早期著作便是其中的例子。然而，這個階段很快便結束了。從1920年代末期開始，即使是魯迅自己也多少掉進了政治漩渦中。

38 關於未完成的文化反思進程，參考李澤厚：《中國現代思想史論》；劉再復、林崗：《傳統與中國人》；甘陽：〈自由的理念：「五四」傳統之缺失面——為「五四」七十周年而作〉，載林毓生等編：《五四：多元的反思》(香港：三聯書店，1989)；及甘陽編：《中國當代文化意識》(香港：三聯書店，1989)。

39 他們對於西方技術的渴望，並沒有包括願意接受西方的文化價值觀。正如張之洞在19世紀晚期所鼓吹的「中學為體，西學為用」那樣。

40 關於這些軍事豪強的策略，參考 Guy Alitto, "Rural Elites in Transition: China's Cultural Crisis and the Problem of Legitimacy," in Susan Mann, ed., *Select Papers from the Center for Far Eastern Studies* (Chicago: University of Chicago Center for Far Eastern Studies, 1979), pp. 218–275.

41 這個分界可以由文學研究會和創造社概括。根據夏志清的研究，前者利用《小說月報》作為喉舌，後者則通過一系列的刊物如《創造季刊》、《創造日報》、《洪水》和《創造月刊》來反擊前者的寫實主義。從1920年代末以來，創造社的作家們出於宣傳共產主義理想的革命狂熱，明顯地加入了浪漫主義成分。郭沫若就是其中的一個代表。見夏志清著，劉紹銘等譯：《中國現代小說史》(台北：傳記文學出版社，1979)。

42 關於對瞿的評價，參考王士菁：〈關於瞿秋白的評價問題〉，載北京師範大學中文系現代文學教研室：《現代文學講演集》(北京：北京師範大學出版社，1984)，頁162–176；以及陳鐵健：《瞿秋白傳》(上海：上海人民出版社，1986)和 Paul Pickowicz, *Marxist Literary Thought in China: The Influence of Ch'ü Ch'iu-pai* (Berkeley: University of California Press, 1975) 二書中的傳記資料。

43 參考 Maurice Meisner, *Li Ta-chao and the Origins of Chinese Marxism* (Cambridge, MA: Harvard University Press, 1969)；Chalmers Johnson, *Peasant Nationalism and Communist Power: The Emergence of Revolutionary China, 1937–1945* (Stanford: Stanford University Press, 1962)。

44 雖然毛最關心階級問題，但他的策略證實了在1920至1930年代一個統一的救國戰線是正確的。關於民國時期的鄉村經濟，參考 Ramon Myers, *The Chinese Peasant Economy: Agricultural Development in Hopei and Shantung,*

1890–1949 (Cambridge, MA: Harvard University Press, 1970)；Guy Alitto, "Rural Elites in Transition"；Elizabeth Perry, *Rebels and Revolutionaries in North China, 1845–1945* (Stanford: Stanford University Press, 1980)；Philip Huang, *The Peasant Economy and Social Change in North China* (Stanford: Stanford University Press, 1985)；Prasenjit Duara, *Culture, Power, and the State: Rural North China, 1900–1942* (Stanford: Stanford University Press, 1988)；David Faure, *The Rural Economy of Preliberation China: Jiangsu and Guangdong, 1870 to 1937* (Hong Kong: Oxford University Press, 1989)。關於共產黨如何發動農民的研究，參考 Chalmers Johnson, *Peasant Nationalism and Communist Power: The Emergence of Revolutionary China, 1937–1945* (Stanford: Stanford University Press, 1962)；William Hinton, *Fanshen: A Documentary of Revolution in a Chinese Village* (New York: Monthly Review Press, 1966)；Mark Selden, *The Yenan Way in Revolutionary China* (Cambridge, MA: Harvard University Press, 1971)；Suzanne Pepper, *Civil War in China: The Political Struggle, 1945–1949* (Berkeley: University of California Press, 1978)；Ralph Thaxton, *China Turned Rightside Up: Revolutionary Legitimacy in the Peasant World* (New Haven: Yale University Press, 1983)；Yung-fa Chen, *Making Revolution: The Communist Movement in Eastern and Central China* (Berkeley: University of California Press, 1986)；Mao Zedong, *Report from Xunwu* 尋鄔調查, in Roger R. Thompson, ed., trans., and introduction (Stanford: Stanford University Press, 1990)。

45 參考瞿秋白和胡風對馬克思主義文學的批評，及其與中國平民的關係的相關文章。

46 參考丁易：《中國現代文學史略》(北京：北京作家出版社，1955；香港：文化資料供應社，1978年重印)；丁望：《中國三十年代作家評介》(香港：明報月刊，1978)；夏志清：《中國現代小說史》；Lee, *Voices from the Iron House*。也參考 Lee, *Lu Xun and His Legacy* 一書中胡志德 (Theodore Huters) 及賀大衛 (David Holm) 的文章。這個觀點應與瞿秋白在1930年代早期關注左翼文學過度「歐化」的觀點區分開來。瞿的觀點是沿著階級路線的。他擔心許多作家的資產階級、城市、精英的預設使得他們無法運用農民大眾可以明白的語言。參考 Paul Pickowicz, *Marxist Literary Thought in China*。馬克思文學批評家胡風堅定地反對中國化。他和魯迅是朋友，他的觀點使他在1940至1950年代成為了毛澤東的反對者。

47 C. T. Hsia, *A History of Modern Chinese Fiction* (New York: Columbia University Press, 1971), p. 533. 對農民有道義主旨和具同情心的民粹主義的俄國文學，影響了這種態度的形成。參考 Mau-sang Ng, *The Russian Hero in Modern Chinese Fiction*

(Hong Kong: The Chinese University Press, 1988) 及 Paul Pickowicz, *Marxist Literary Thought in China: The Influence of Ch'ü Ch'iu-pai* (Berkeley: University of California Press,1975)。黨深受斯大林主義影響，許多用馬克思主義術語思考的知識分子如王實味和胡風，隨後被迫當成托派及修正主義分子。

48　對延安文藝座談會及其後二十年的批判評介，參看Tsi-an Hsia, "Twenty Years After the Yenan Forum," in Cyril Birch, ed., *Chinese Communist Literature* (New York: Praeger, 1963), pp. 226–253. 另參見戴晴：〈王實味與《野百合花》〉，《文匯月刊》，1988年第5期，頁23–41；及Selden, *The Yenan Way in Revolutionary China* 中關於延安整風運動的論述。關於延安時期文學辯論的調查，參考劉增杰等編：《抗日戰爭時期延安幾個抗日民族根據地文學運動資料》(太原：山西人民出版社，1983)。

49　Hsia, "Twenty Years After the Yenan Forum," p. 232.

50　翻譯了王實味〈野百合花〉的班國瑞 (Gregor Benton) 説，王更多地是憑良心，而非憑大腦説話。對於他所受到的折磨，參看 Gregor Benton, ed., *Wild Lilies, Poisonous Weeds* (London: Pluto Press, 1982)；戴晴：〈王實味與《野百合花》〉；夏志清：《中國現代小説史》；Timothy Cheek, "The Fading of Wild Lilies: 'Yan'an Talk' in the First CCP Rectification Movement," *Australian Journal of Chinese Affairs*, 11 (January 1984)。

51　參考戴晴：〈王實味與《野百合花》〉；馬勵：〈王實味事件的研究〉(台北：國立政治大學東亞研究所未刊碩士論文，1974)；Cheek, "The Fading of Wild Lilies" 對於此事件的描述。戴晴指出這個事件與毛澤東對馬克思主義的中國化有密切聯繫。

52　戴晴：〈王實味與《野百合花》〉，頁23。

53　戴晴暗示這個命令可能來自賀龍將軍，他當時在根據地當權，明顯漠視法律程序。許多知識分子都認為這些軍事領袖是與強盜所差無幾，而賀龍也對知識分子從來沒有什麼耐性。

54　胡風在魯迅晚年成為了他的朋友。1935年，黨派了左翼作家聯盟的四位代表警告魯迅小心這段友誼，譴責胡風是「內部間諜」。這個行為激怒了魯迅，稱他們為「四條漢子」並拒絕合作。見夏志清：《中國現代小説史》，頁312。

55　丁抒：〈鎮反肅反及胡風案〉，《九十年代》，1987年9月，頁109–113；巴金：《無題集》(香港：三聯書店，1986)，頁150。

56　巴金：〈悼方之同志〉，載《探索集》(香港：三聯書店，1981)，頁9–12。

57　Vera Schwarcz, "Reflections on the Intellectual Climate of China," in Ronald Morse, ed., *The Limits of Reform in China* (Boulder, CO: Westview, 1983), pp. 121–137.

58 巴金：《真話集》（香港：三聯書店，1982），頁69。

59 忠實的反對派的兩個著名例子，就是王若水（《痛苦的智慧》[香港：三聯書店，1989] 和王若望（《天地有正氣》[香港：百姓文化事業，1989]）；這兩位都是突出的馬克思主義哲學家及文藝評論家。

60 史鐵生的自傳性短篇小說《我的遙遠的清平灣》描述了一位老農民與一位因病癱瘓的知識青年同病相憐的境況，由於篇幅有限，筆者未能將其收入本文選。

61 參考陳村：〈關於《小鮑莊》的對話〉，《上海文學》，1985年第9期，後重印於《評論叢刊》，1985年第12期，頁64。另見曾振南介紹張欣欣作品的文章（曾振南：〈啟航！從最後的停泊地：讀張欣欣的近作隨想〉，《文藝報》，1985年第4期，重刊於《評論叢刊》，1985年第7期，頁23–26）；及丁帆、徐兆淮對鄉土文學的捍衛（丁帆、徐兆淮：〈新時期鄉土小說的遞嬗演進〉，《文學評論》，1986年第5期，頁11–18）。在最近一次私人通信中，韓少功說他已經不再創作此類小說了。

62 一位學生領袖曾評論說，他的一個遺憾就是學生未能聯繫起知識分子、作家及記者（New York Times [June 3, 1989]）。

63 這個觀點最早是吳茂生提供給我參考的。張申府被投閒置散的感覺，也可參考舒衡哲（Vera Schwarcz）的相關討論，見Schwarcz, The Chinese Enlightenment。

64 關於創造傳統的概念，參考Eric Hobsbawm and Terrence Ranger, eds., The Invention of Tradition (Cambridge: Cambridge University Press, 1983)。劉納將發揮媒介作用的傳統文學與作為宣傳國家救亡和社會改革的積極工具的現代文學區別開來，見劉納：〈在逆現象中行進的新時期文學〉，《文學評論》，1986年第5期，頁16–20。

65 許多工人和市民支持示威，不僅僅是因為他們要公開自己的失望，也是因為許多人相信這些學生，這些社會未來的領袖是愛國的，正努力帶來一個更好的政府和國家。這可以視為是向受教育精英尋求道德領導的傳統態度依然存在的跡象嗎？

66 參考李歐梵：〈從兩個文學會議看中國文學的反思〉，《九十年代》，1986年12月，頁78–81；季紅真：〈多種文化思想的衝突〉，《中國社會科學》，1986年第4期，重刊於《評論叢刊》，1986年第11期，頁30–45、51。

67 在與劉賓雁的一次對話中，李歐梵歸納了涉及的各種議題的複雜性（李歐梵：〈從兩個文學會議看中國文學的反思〉）。他同意劉的感傷，但是反對劉訴諸社會良心以阻止在過去四十年均不被允許的藝術探索。李希望經過一段時間對藝術或文化的尋根，年輕作家可以有足夠的視角，將抽象的

文化根源探索與社會政治生活中的現實課題聯繫起來。另參見施叔青對劉賓雁及其他作家的訪問。施叔青：《文壇的反思與前瞻》（香港：明報出版社，1989）。

68 我探索這場文化批評的意圖，可援用馬庫斯（George Marcus）和費歇爾（Michael Fischer）的話加以歸納：「這場哲學批判非常穩固地建基於知識社會學，追問信仰和思想上的關係，以及這些信仰和思想的傳遞者和鼓吹者的社會地位。這類文化批評的效果是去神秘化；它發現話語所表達的文化意義背後和當中所包含的利益；揭露了支配和權力的形式；因而，它常被當成是意識形態批判。」參見 George Marcus and Michael Fischer, *Anthropology and Cultural Critique* (Chicago: University of Chicago Press, 1986), p. 114.

69 巴金：《巴金隨想錄》（香港：三聯書店，1988），頁 212–215。

70 1949 年後，也有關於「工」和「兵」的作品，但更多是描寫「農」的，這是因為大量的作家被下放到鄉村「體驗」農民生活，描寫農民如何「擁抱」以他們之名進行的革命。

71 Schwarcz, "Reflections on the Intellectual Climate of China."

72 來自軍隊的中年作家白樺在 1980 年創作了《苦戀》，在 1981 年成為官方報復的目標。李怡七年後訪問了他，見李怡：〈白樺還執迷不悟地苦戀祖國嗎？〉，《九十年代》，1988 年 1 月，頁 84–92。

73 夏志清：《中國現代小說史》；Hsia, "Twenty Years After the Yenan Forum"。

74 Lee, *Voices from the Iron House*, p. 39.

75 關於東歐作家遇到的相似政治問題，參考昆德拉（Milan Kundera）、史克沃萊茨基（Josef Škvorecký）及米沃什（Czesław Miłosz）的著作。

76 關於文化及政治經濟的理論陳述，以及馬克思主義與文學，參考雷蒙・威廉斯（Raymond Williams）的四本書：Raymond Williams, *Culture and Society* (London: Verso, 1958)；*Marxism and Literature* (London: Verso, 1977)；*Politics and Letters* (London: Verso, 1979)；*Problems in Materialism and Culture* (London: Verso, 1980)。關於文學的聲音如何被其身處的歷史政治環境所編碼，參考新歷史主義者如格林布拉特（Stephen Greenblatt）的著作。雖然有人或許會斷定，自我主張的聲音不可避免地受到歷史環境下社會規範和政治議程的影響，但是中國的文本似乎可以自我生成。另外，關於巴赫汀（Mikhail Bakhtin）的概要，及對他關於文學和文化表現中文化霸權和顛覆聲音的著作的修正，參考 Peter Stallybrass and Allon White, *The Politics and Poetics of Transgression* (Ithaca, NY: Cornell University Press, 1986)。

第六部分

構建地方：
地域性與跨地域性

　　我在中國地方歷史的研究中，曾探尋過地域身份認同和「地方」的意義建構。通過 *Down to Earth: The Territorial Bond in South China*[1] 一書，科大衛和我擺脱了施堅雅的經濟學模型，視區域系統為集各種政治、文化偶然性的有意識歷史建構。明清時期，居於華南的當地人善用各種工具性、象徵性的手段，把自己納入有利於己的、或真實或想像的國家形構過程中，華南地區於焉「造成」。當帝國不只是一套組織上的行政架構，而更多是一套文化上的觀念，地方就便於以多元的方式來建立自己在帝國的身份認同。

　　如果國家與本土社會是相互建構的話，那麼縮合兩者的主要手段為何？歷史上，它們都很獨特的。劉志偉和科大衛認為，明清時期的華南發展了一套實現地方控制和融入國家版圖的權力文化網絡，宗族在其中舉足輕重。鄭振滿和丁荷生 (Kenneth Dean) 指出，福建地區運用宗教儀式作為參與宋朝國家建構的文化工具。這些多元地方文化成就於帝國擴張過程中的某個特定歷史時刻，是一個跨地域的歷史過程。這樣，用歷史的視角來考察地方之構建，不論是施堅雅的經濟模型，抑或是弗里德曼和武雅士的結構功能論，都需要重新檢視。

　　在談地方建構的同時，也必然碰到有關中央與邊緣的定義。在 *Empire at the Margins*[2] 一書中，不同作者都質疑傳統史學的觀點，即認為帝國對化外之民的管治通常是予以文化上的薰陶與政治威嚇。以國家為基準的敘事，往往將地方、種族以及疆域描繪為權力關係。在前述的這本書中，我和劉志偉合作的文章以疍民為例，強調「族群」標籤的話語性本質。我們看到，「蜑民」這個標籤是如何被那些在地方上擁有悠久文化、且享有入住權的農民強加於這些在海上流動的人群身上。這個過程讓我們看到，珠三角的農業和商業群體如何在嶺南地區崛起。當某些人將另一些人「他者化」並與之劃清界限，「地方」由此被建構。這種看法與人類學家弗格森和古普塔的理論相呼應，他們反對那些把文化、人口、領土和政體等經驗實在混為一談的觀點。與其在觀念上把它們看成是自然存在的實體，不如從它們的歷史聯繫以及形成過程中涉及的權力關係開始。[3]

　　我與科大衛在另一篇短文"The Original Translocal Society and Its Modern Fate"中再次強調地方社會構建的歷史維度。[4] 我們質疑農村／城市、地方／全球、傳統／現代的線性社會發展觀。我們主張，帝國晚期中國地方社會及身份認同的形成更多仰賴於跨地域資源——族譜強調外來移民，地方神靈把儀式和民間信仰追溯到更廣闊的區域勢力和帝國隱喻。因此，地方農業社會並不固化與受限，而是與多層次的社會基底相連。表面上看，這與施堅雅論市場體系以及中國農村社會因應王朝的興衰而時開時合的觀點合轍。然而，我們更強調的是，國家在定義一個群體的合法性時，享有穩固的地方成員資格在話語意義上非常重要。有趣的是，政治經濟現實如何與文化意義和話語議程相互交織，在不同的歷史時刻形塑了人們的地方經驗和跨地域經驗。

　　此外，華南農村在許多世紀以前就參與世界貿易，對跨地域經驗並不陌生。珠三角地區的廟宇興修捐獻中，曾出現過墨西哥銀元的痕跡。在廣州、澳門、香港以及珠三角的口岸城市，街上有成排的歐式商賈大宅。教堂、清真寺和歐洲風格的墓地並存於都市景觀，啟發了作家葛旭（Amitav Ghosh）。2012年4月，他在耶魯大學的演講更提出「中國化」就是「廣州化」的想法。貿易帝國、殖民經驗以及宗教律法傳統交錯成為多元文化舞台，重置了原有的性別和階級等級體系，令周遭人們得以積極實踐能動性，繼而行動起來。有趣的是，商業精英可以向中央「買官」，從而提升自己在「邊疆」的地位。

　　馮客（Frank Dikötter）、[5] 李歐梵、[6] 葉文心[7] 筆下民國上海的開放兼容和大都會消費，也適用於珠江三角洲（廣州、香港、澳門）。[8] 然而弔詭的是，當行政權力和政治資源向邁向現代化的城市傾斜，村民和農民就被結構性地劃為「他者」。在政治和意識形態上，他們被視為落後的殘餘，是改革或革命的對象。過去城鄉之間的有機聯繫逐漸解體，在營造本地社會和形塑其人口主體性時，一套迥異的標準強加其上。

　　隨著商業、親屬、民間宗教以及儀式上的跨地域網絡被破壞，農民的他者化和鄉村社會的細胞化在毛時代臻至頂峰。[9] 此時的問題在於，革命帶來的結構性後果如何在後毛澤東改革三十年之後繼續影響著地

域、身份認同和人們的生活期待。兩億農民工湧向城市，他們除了勞力和農民身份以外別無所有，他們有的又是什麼樣的「跨地域」經驗？地方政府如何在城市發展中畫地為牢，而那些日漸以擁有房產作為建立自我認同的新興中產階級，其利益又是如何體現在空間上的？[10] 此外，身處城市發展道路上的農民，如何應對由虛榮的城市規劃者和貪婪的房地產市場所引發的金融海嘯？

　　本部分的文章著重探討不同歷史時期下地方構建的過程和地域性/跨地域性的問題。第十三章處理民國時期地方土豪改寫宗族勢力版圖的過程，而這過程從根本上重新定義社區動力，以及中心與邊緣之間的文化對話。第十四章針對1990年代和2000年代早期的房地產熱潮，香港工薪家庭為尋找經濟適用房，在政治邊界另一端製造的消費景觀。第十五章則聚焦香港出現激烈的「新移民」他者化現象，顯示戰後一代香港人的心態。他們強烈依附於地域身份認同的價值與權利，以反對從大陸來港的新人口。至於第十六章，重點描繪「城中村」村民的面貌。今天廣州的心臟地帶，關於村民和流動人口在話語上依然僵化不變，諷刺的是，村民甚至著意鞏固毛時代遺留下來的農民身份和集體土地所有權來最後一搏。為了久未兌現的「解放」，他們與租客、全球地產發展商以及市政府就收地賠償討價還價。問題是，他們與下一代是否已準備好融入這快速的城市化生活？抑或只是仍在他們的土地上畫地為牢，不管這是他們自己又或是由他人所強加的？

（嚴麗君、余國良譯）

註釋

1　David Faure and Helen Siu, *Down to Earth: The Territorial Bond in South China* (Stanford: Stanford University Press, 1995).

2　Pamela Kyle Crossley, Helen Siu, and Donald S. Sutton, eds., *Empire at the Margins: Culture, Ethnicity, and Frontier in Early Modern China* (Berkeley: University of California Press, 2006).

3 Akhil Gupta and James Ferguson, "Beyond 'Culture': Space, Identity and the Politics of Difference," in Gupta and Ferguson, eds., *Culture, Power, Place: Explorations in Critical Anthropology* (Durham, NC: Duke University Press, 1997), pp. 33–51.

4 David Faure and Helen F. Siu, "The Original Translocal Society and Its Modern Fate: Historical and Post-Reform South China," *Provincial China* 8, no. 1 (2003): 40–59.

5 Frank Dikötter, *The Age of Openness: China before Mao* (Hong Kong: Hong Kong University Press, 2008).

6 Leo Ou-fan Lee, *Shanghai Modern: The Flowering of a New Urban Culture in China 1930–1945* (Cambridge, MA: Harvard University Press, 1999).

7 Wen-hsin Yeh, *Shanghai Splendor: Economic Sentiments and the Making of Modern China, 1843–1949* (Berkeley: University of California Press, 2007).

8 Michael Tsin, *Nation, Governance, and Modernity in China: Canton 1900–1927* (Stanford: Stanford University Press, 1999); Po-yin Chung, *Chinese Business Groups in Hong Kong and Political Changes in South China* (London: Macmillan, 1998); Leo Ou-fan Lee, *City between Worlds: My Hong Kong* (Cambridge, MA: The Belknap Press of the Harvard University Press, 2008).

9 Helen Siu, *Agents and Victims in South China: Accomplices in Rural Revolution* (New Haven, CT: Yale University Press, 1989).

10 You-tien Hsing, *The Great Urban Transformation: Politics of Land and Property in China* (Oxford: Oxford University Press, 2010); Li Zhang, *In Search of Paradise: Middle-Class Living in a Chinese Metropolis* (Ithaca: Cornell University Press, 2010).

第十三章

顛覆宗族權力：
1940年代的地方土豪和地域控制

如果說，華南的地方權力建基於豐厚的族產和舞弄士大夫形象的能耐，那麼清朝滅亡之後，宗族這一制度有何變化？[1]正如劉志偉所述，19、20世紀之交，番禺縣沙灣何氏似乎大權在握。人丁興旺、團結一致的何氏咄咄逼人，要求沙田上的其他居民（即所謂「疍家」）對自己俯首帖耳。[2]但是，血緣紐帶和地緣權力即使不是驟興驟滅，至少也是能屈能伸的。清朝滅亡不到十年，原本處於社會邊緣的海外商人，就試圖在新會縣照本宣科重建宗族。[3]但正如科大衛指出，由於他們根據地方情勢而臨時拼湊出來的社區控制手段，與維繫宗族團結的語言發生衝突，因此遇到了困難。[4]

那麼，到了1930和1940年代，當中國陷入更深重危機時，這些宗族的命運又如何？在珠江三角洲，一代土豪迅速崛起，填補權力真空，他們可沒有多少正統性可言。地方軍閥此時與日本軍隊勉強維持著停戰局面，而這些土豪就是地方軍閥的包稅人。他們佔據祠堂，建立新的地域社會控制網絡，並通過勒索和走私大發其財。本文假設早先的社會紐帶仍繼續被重塑，並分析這一時期三個相鄰社區內圍繞著宗族而出現的權力鬥爭。在這些地區，當戰爭和社會動亂已滲入到村民的日常生活經驗時，宗族和地域意味著什麼？

宗族祠堂名下田產在新會天馬鄉、香山小欖鎮和番禺沙灣鎮的不同命運，引出這樣的問題：在這些靠開墾三角洲沙田而富裕起來的社區，

宗族如何與當地社區的發展聯繫起來？民國時期的政治動盪又如何改變了這些社會關係？當地居民對於關權力和權威產生新認識時，又在多大程度上採納新興政治話語來創造可延續的身份？

新會縣天馬鄉

1920年代，新會縣天馬鄉是個大鄉，居民超過兩千，且都姓陳，鄉裏的集市每日經營。天馬鄉與新會縣以南兩個頗具規模的市鎮相鄰，一是三江，居民都屬於趙氏宗族；另一是雙水，居民分屬陳氏、譚氏和林氏三大宗族。天馬鄉陳氏只擁有幾座祠堂，都是早期定居過程中修建的，這些祠堂發揮著租佃承包機構的作用。作為天馬鄉陳氏主要祠堂的務本堂，只擁有不足一百畝的土地。[5]務本堂陳氏是天馬鄉六公里外、新會縣城內何氏與莫氏的宗族田產的佃戶，向何氏與莫氏繳納貨幣租，並把何氏與莫氏的宗族田產分包予務本堂陳氏的族人耕種。務本堂本身則徵收實物地租，用以維持宗族儀式。務本堂還是當地社區事務管理機構。[6]族老和值理收租、納稅、修理堤圍、調解爭端，維持村落的公共秩序。當地居民都得象徵式地向務本堂繳納一點費用，才能夠在堤圍上種植果樹，在縱橫交錯的河道裏打魚，以及使用河灘和進入當地墟市。

對陳氏居民而言，能夠進入務本堂的譜系至關重要。這譜系確保了他們在村裏的入住權、租佃農田的權利、或以其他方式謀生的權利。在天馬鄉南端有一破落小村，由「雜姓」所居，包括被務本堂驅逐的陳氏族人。他們被稱為「下戶」和「沙民」，只能在村裏圍墾土地之外的沙田上耕種。他們當中很少有人獲允搭建永久住房，大部分人只能住在艇上，或住在堤圍沿岸的茅寮裏。[7]「雜姓」的人口可能很多，甚至可能綿延幾代。但是，「雜姓」這個詞成了社區內被剝奪權利的成員的代號，因為他們從未與任何祠堂建立譜系。

不過，身為務本堂陳氏宗族的成員，卻也面對兩重困境，一重是社會困境，一重是經濟困境。務本堂陳氏看不起住在偏遠沙田上的人，但

是，靠近縣城的名門望族也不怎麼把務本堂陳氏放在眼裏。在他們眼中，務本堂陳氏是「蜑」。務本堂陳氏的族譜上，分明可以找到證據，證明他們起初的確住在船上，漂泊無定。但是，這麼多年來，我遇到的務本堂陳氏族人，從不承認這種社會等級分類；相反，他們努力將自己跟他們口中的「沙民」區分開來。[8] 這種標籤創造出複雜的社會等級，由此可見，把社區的入住權建基於真實的或虛假的宗族譜系，是當地人宣示其政治和經濟利益的精明方式，也是天馬鄉內外的社區建立歷史的重要一環。[9]

1930 年代後期，軍閥當權和日軍佔領所造成的動亂，沉重打擊了新會縣城裏、已經商業化的宗族。天馬鄉崛起的土豪即所謂「大天二」，也加速了新會縣城宗族的滅亡。土豪們把原屬縣城宗族的田產佔為己有；又包攬了蓬勃的米穀貿易，並將貿易網絡延伸至新會縣更南端的市鎮；還為各路軍閥走私鴉片、酒類和其他被課以重稅的商品。當 1930 年代末抗戰爆發時，土豪們重整市場網絡，同時向國民黨政府和日軍供應貨物。由於國民黨軍隊撤退到三江和雙水，天馬就和這兩個大鎮一起成為當地市場網絡的樞紐，贏得了「小澳門」之譽。

在共產黨政權接管前夕，天馬鄉共有 35 座祠堂。其中十多座被鄉民稱為「私家祠堂」者，是 20 世紀才建立的。1987 年我去天馬鄉時，鄉民熱心地帶我參觀一座現代式樣的祠堂，是 1940 年代初當地勢力強大的土豪陳仕芬修建的。陳仕芬和士大夫階層的關係是牽強的。他聲稱自己的祖父曾擁有一低級科舉功名，但他自己還是靠武力發家的。陳仕芬於祠堂落成後，為展示其影響力，大宴賓客。他邀請了附近的豪強、還有日軍和國民黨政府的代表，後兩者都帶著各自的護衛隊和機關槍來赴宴。村民把陳仕芬這座祠堂稱為「生祠堂」，意指屬於陳氏大家族。它是一座三層建築，沒有傳統中彰顯士大夫地位的大門和鍋耳牆；不過，這祠堂供養著鄉中學校，這學校就連著祠堂。

天馬鄉為數眾多的小祠堂，也沒有傳統上那種又寬又高的大門。務本堂在戰爭期間為了社區自衛，囤積大量軍火；這些新建祠堂和務本堂都起了強化血緣關係的作用，它們各自設立族產，既確立了自己與開

基祖的譜系，也宣示了宗族支派盛衰無定的發展模式。諷刺的是，對於天馬鄉陳氏來說，幾百年來，他們被新會縣城宗族排斥，無法享受宗族制度的完整文化意涵，但在民國時期幾十年的動亂中，天馬鄉陳氏才真正體會到宗族制度的完整文化意涵。

香山縣小欖鎮

小欖是個位於香山縣石岐和順德縣大良之間的市集鎮。在19世紀，小欖成為商業財富、科舉功名及宗族權力的中心。小欖有何、李、麥三大姓，各自都有據說幾百年前開基此地的祖先。小欖何氏有兩個支派，與珠江三角洲廣泛流傳的定居故事一樣，兩支何氏均認為，他們的開基祖是兄弟，在宋代從南雄逃到這裏。其中一支何氏，有祠曰烏環堂，奉十郎為祖先；另一支何氏，有祠曰流慶堂，奉九郎為祖先。烏環堂何氏論財富、論人丁，都勝於流慶堂何氏。兩者都修建了美侖美奂的大祠堂。這兩兄弟的祖父據說是宋朝高官，1873年，兩支何氏的部分成員共同出資，打算為這位宋朝先祖修建祠堂。同天馬鄉一樣，小欖居民憑藉跟開基祖的聯繫而獲得當地的入住權。[10]

珠江三角洲上的主要宗族，都捧出在明朝做過高官、對廣東的士大夫和民間文化有重要影響的成員。佛山附近的石頭鄉霍氏宗族，捧出霍韜；新會縣何氏宗族，捧出何熊祥；香山縣小欖鎮何氏宗族，捧出何吾騶。[11]事實上，小欖何氏與李氏的大祠堂都是以他們族內成員曾獲得的最高官銜來命名的。作為小欖兩支何氏之一的烏環堂何氏，其祠堂烏環堂也被稱為「內閣大宗祠」，因為其第十五世成員何吾騶在明末當過翰林和尚書。李氏祠堂的大祠堂被稱為「尚書大宗祠」，因為其族人、與何吾騶同時代的李孫宸，也官至尚書。

在小欖，自18世紀開始迅猛的沙田開發，使宗族制度遍地開花。[12]沙田上，大片土地迅速生成，官府根本無法登記，因此，靠開發沙田而致富的花樣就有很多：或宣稱有權把河灘開發成堤圍澤地，從而象徵式

徵收「沙骨」費；或向佃農徵收租穀，從而進入並控制穀物交易；或勾
結當地官員或欺騙他們，以圖大規模避稅。[13] 小欖鎮當地的歷史學者何
仰鎬，通過族譜估計小欖何氏自第五代 (14世紀末) 開始就聚積土地和
建立族產。該宗族的眾多祠堂大都修建於19世紀，當時何氏成員正處
於科舉和官場上的高峰。[14]

　　人們對大姓敬畏有加，而大姓的首腦就成為當地政治聯盟「欖鄉公
約」的核心。小欖鎮大姓的大宗祠跟其他支祠，積極贊助鎮上五座主要
寺廟的節誕活動。自19世紀初以來，大姓的大宗祠跟其他支祠，也是
全鎮菊花會的組織者。[15]

　　到了20世紀，小欖鎮祠堂中，擁有祖嘗者超過三百。部分祖嘗是
由宗族內富裕的士大夫成員設立的，他們的子孫也控制穀米交易、養
豬、種桑、養蠶、釀酒等生意。小欖有兩個桑葉墟市；商人們從各地
收購蠶繭，在位於小欖和順德大良之間的容奇鎮蠶繭市場進行貿易。
許多人還是錢莊行家和當鋪老闆，向顧客收取貨幣租或實物租，供應
順德陳村的糧倉。由這些祠堂資助或舉行的儀式，彰顯了先祖崇拜、
宗族權力、地域控制、士大夫政治和商業財富的相互聯繫。[16] 小欖鎮
上這些豐富的活動，跟沙田上的生活構成強烈對比。只要離開鎮外一
兩公里，就很難看到有一定規模的村子。在這些地方上勞作的是流動
性很高的佃農，他們住在茅寮或艇上，被認為經濟地位低下，且遭受
社會排擠。

　　民國時期為小欖鎮的宗族制度及與之相連的社會等級帶來劇變。
跟天馬的情況相反，小欖的土豪沒有留在村子裏。事實上，三角洲上新
開發的沙田上沒有多少稍具規模的村子。土豪一旦在沙田地區佈置了忠
心的爪牙，就把重心移到鎮上。

　　袁帶就是這麼一個人物。他是順德和香山縣沙田地區的「護沙隊」
頭目。在收穫季節，他的手下就駕著機動艇和大帆船組成的艦隊，來到
沙田，確保收繳費用。1915年，他與另一個護沙隊隊長在石岐的魚類
批發市場附近發生武裝衝突，導致了大範圍的平民損失。1922年，他
跟正要退下來的鎮長李景雲開戰，導致石岐商人聚居地被洗劫。袁帶的

勢力遠及新會縣，連廣州的軍閥政府都授予他軍銜。1930年代，袁帶在小欖設立了總部，在沙田上為自己的同黨劃定勢力範圍。[17]

1934年的菊花會，很能夠體現小欖鎮土豪的崛起及隨之而來的小欖鎮宗族的衰亡。[18]組織委員會的負責人是何乃中 (何仿檀)，他是清光緒戊戌科武進士，也是商人。他來自小欖一個富有的地主家庭，不過，讓他建立名聲的主要原因，是他曾擔任軍閥馮玉祥的參謀。[19]菊花會開幕演講由梁炳雲擔綱，他曾被任命為香山縣(1925年改名中山，小欖是其行政中心) 第三區區公所的負責人。他還在合豐書院所在地組織了一個交易會。合豐書院是鎮上其他小姓幾十年前創立的，主要用以跟大姓抗衡。

菊花會的總部設在劉氏宗族一個書院內。劉榮階和甘漢臣這兩個在上海金融市場上投機發財的新貴，組織了自己的花展，成了鎮上的話題。異乎尋常的是，地方上的寺廟成了這些活動的中心，並得到土豪們的贊助。土豪們把軍隊駐紮在寺廟裏，把寺廟當作是徵收稅捐的總部。當地學者何仰鎬是當年鎮上最富裕家庭的家長。他回憶到，最終參與菊花會的主要祠堂都耗盡錢財，之後幾年竟然無法向成員提供祭肉。

1938到1945年間日軍入侵，加速了小欖宗族體系的衰亡。珠江三角洲上的主要城市和縣城都被日軍及其同黨控制，他們勉強和地方土豪維持一種休戰狀態。部分土豪從國民政府中獲得「自衛隊隊長」的頭銜，而國民政府則退到廣西附近的西江上游。袁帶和表弟屈仁則擔任了第七戰區第三縱隊的司令和副司令(簡稱「挺三」縱隊)。[20]他們以抗日為名，組建了機動戰船隊。他們在香港、澳門、被日軍佔領的廣州、順德和容奇，以及由國民政府控制的珠三角北部之間走私戰爭物資，包括來自山區的穀物、礦物、木材和香料，還有來自香港和澳門的鹽、煤油、衣物、藥物、麵粉、香煙和鴉片。

「挺三」縱隊有11支支隊，每支隊隊長都是袁帶的同黨，他們本身也是土豪。他們的活動都頂著該公司的名頭，[21]以抵抗日軍的名義徵收「紅標」，以保護莊稼之名徵收「黑標」。[22]當地居民在1986年時回憶到：「我們交錢給政府和土匪。錢都落到同一口袋裏。」

　　小欖鎮宗族嘗產已所剩無幾。事實上，在這動盪的十年裏，祖嘗的值理所收到的貨幣租已變得一文不值，他們又無法用實物支付各種稅費，土豪趁機強行「買下」了許多嘗產。據何仰鎬估計，抗日戰爭之前，土豪在小欖西南部堤圍圍沿岸的四沙地區擁有四百畝地。抗戰之後，土豪們擁有的土地達五千畝。何仰鎬自己在四沙的二十畝地也被土豪奪走了。何仰鎬及家人在戰爭期間逃到澳門，財產損失慘重。

　　黎湛泉是戰爭期間由日方任命的第三區的負責人。1986年我在香港訪問他，他透露了小欖及其附近地區土豪之間的一些有趣的政治動態。[23] 黎湛泉來自廣州附近的南海縣。他被任命時是石岐一個重要政治人物的幕僚，黎本人在小欖有生意。大部分土豪在小欖都有豪宅和生意，保證日軍和土豪在香山順德地區的力量平衡，對維持小欖鎮的穩定至關重要。

　　日軍給黎湛泉帶來的麻煩最少。日軍一個陸軍中尉率兵駐紮沙口，那是小欖東邊的出口，是疍家漁船聚集的地方。在屈仁則部隊的幫助下，黎湛泉向日軍提供他們所需的勞動力，並上繳一小部分從沙田上收來的稅費，因此讓日軍感到滿意。他與佔據石岐的日軍關係良好，那位陸軍中尉也就很克制。黎湛泉跟在沙坪的共產黨人也有聯繫，沙坪位於小欖西北，未被佔領，做生意依然可用中國貨幣。他從袁帶那裏買了一椿房子，組織了名為「四友堂」的社交俱樂部。他們在觥籌交錯之際，劃分地盤，解決糾紛，調解綁架地方富豪事件，處理部隊紀律問題，以及決定徵收稅費事宜（黎湛泉承認，他徵收的稅費從未上繳廣州）。這些土豪駐紮小欖，相互交往，居然勉強維持了平和局面。正如黎湛泉回憶道：「只要我們這些老闆不開戰，不搶劫，誰敢製造麻煩？」[24]

　　根據1986年我對何仰鎬和鎮上其他學者的訪談所瞭解到的，土豪並沒有直接霸佔小欖鎮祠堂，而是勾結祠堂管理人，來達到接管的目的。麥氏一個很大的祠堂就是這樣被拆。主要宗族的大祠堂都保存下來，但超過一百家小祠堂被拆，建材被賣掉。[25] 一般宗族成員往往自願加入拆毀祠堂的行動，因為他們已饑貧交迫。戰爭大幅削減了小欖的商業活動，意味著鎮上居民的工作機會減少。田地裏需要的勞動力不是給

日軍、就是國民黨的軍隊拉夫拉走了,讓原來已經緊張的農業生產雪上加霜。人們失去生計,但由於戰爭和封鎖,糧食價格卻前所未有地居高不下。[26] 小欖鎮由單姓主導的社區逐漸被多姓社區取代,因為大姓或逃避戰亂,或家道中落,房子都賣給了外姓。當時買賣宗族財產的爭議,可見諸鎮上報紙刊登的無數聲明和案件。

土豪們追求向上流動的策略,也加深了宗族衰亡時的痛苦。土豪們尋求跟鎮上沒落的大姓結為姻親。過去,鎮上大姓通常會為女兒提供可觀的嫁妝,並且女兒出嫁後也暫時不落夫家。鎮上大姓曾用這種「不落家」的方式,以便把自己與越來越桀驁不馴的沙田居民區別開來。鎮上貧苦人家的婦女在婚後馬上就住到夫家,因為她們許多的家庭成員在戰爭期間不幸身亡或分散四方,也沒什麼嫁妝可言。以前,鎮上居民認為沙田上的居民索要聘禮是恬不知恥的,可是如今,鎮上居民自己嫁女兒,也開始要起聘禮來。[27]

總而言之,曾經屬於宗族的權力的文化網絡,內外交困,因而被削弱。天馬的土豪利用新斂的財富建構自己的宗族體系,但小欖的土豪卻不同,他們把權力建立在小欖鎮各個互相較勁的組織上,卻任由宗族逐步消亡。毛澤東時代的政治運動,為小欖鎮的宗族體系和社區儀式劃上了句號。[28] 更有甚者,1980年代「現代化」進程席捲珠三角,小欖鎮倖存的祠堂被拆得更快,以便讓路於工廠和新興暴發戶的住宅區。[29] 對於年輕的幹部和企業家來說,祠堂屬於異己的「封建殘餘」,跟他們的生活早就無關。

番禺縣沙灣

沙灣是位於番禺縣沙田邊上的一個市集鎮。這裏的沙田形成得比天馬和小欖附近的要晚。晚清時期對於沙田的積極開發,令沙灣鎮迅速發展,鎮上居民的力量也迅速壯大。在20世紀初,沙灣的商業比不上小欖,但財富和人口都比天馬多。控制著沙灣的是一個何氏宗族。沙

灣何氏的先祖何人鑒,據說在宋朝就已定居於此。沙灣何氏的族譜不乏誇張失實之處,它聲稱在1233年,何人鑒依靠當時著名官員李昴英的力量,從廣東常平司獲得大量河灘,所涉及的土地向西一直延伸到香山縣的邊界,總共超過三萬畝。族譜還提到明初時,何氏「已有人口三千之眾,族內分為十四房」。[30] 他們的成員設立管理委員會「樹本堂」來管理不斷擴大的族產。最後,何氏的各個支派又總共額外獲得35,000畝地。樹本堂在廣州還擁有店鋪、碼頭和土地,擁有自己的船隊和配備武裝的護沙隊,並僱用大青、牙更、灘精、丈手,監督糧食的徵收和修理堤壩。[31]

同小欖和天馬一樣,對於沙灣居民來說,能追本溯源到號稱擁有當地大量土地的始祖,具有重要的政治意義。有規定稱,只有何氏的族人才能佃耕祖嘗土地。何氏支派凡116個,其中很多都設立了自己的族產,但不少支派還是通過佃耕祖嘗土地而積累了不少財富。[32] 當地的歷史學家估計,超過四成的何氏族人都從留耕堂「租」了大幅土地,然後再分租給佃農。

圖 13.1 沙灣何氏留耕堂正前門內(1991年攝)

圖 13.2 沙灣以南的一個外圍村莊的茅草屋（1991年攝）

　　20世紀初，沙灣何氏留耕堂和各支派總共控制著六萬多畝農田及其穀物田租。他們把糧食賣到附近的市集鎮──陳村，而何汝仲在陳村的銀號「和生號」，就是何氏族產的銀號。陳村附近一帶，早已是糧食和經濟作物的融資和貿易中心，沙灣在這些方面相形見絀。跟高度商業化的小欖不同，沙灣仍然是其精英的居住地，而這些精英的財富幾乎全靠對糧食的控制。

　　跟小欖一樣，沙灣鎮居民攀附宗族權力的同時，也設置壁壘，排斥沙田居民。沙田上的人至今被稱為「疍」，不屬於任何大姓，並被認為貧窮而粗俗，從未獲邀參加鎮上任何節誕。北帝巡遊和「飄色」是沙灣鎮兩大節誕，需要鎮上各宗族成員齊心協力，這些宗族成員都住在鎮內社區，或稱「坊」或「甲」。那些不被認為是沙灣鎮居民的，包括在鎮南端上的村民，不得參加這些節誕。[33]

　　今天，來自沙田、社會主義革命後才搬到鎮上的移民，繼續自稱「開邊人」（來自外面的人）。例如，有個之前當過道士的人，原本住在沙田上的大涌口村。1940年代，當地土豪為建造蔗糖作坊，拆了他父

親的茅寮，他們因此就搬到鎮上，至今仍自稱「開邊人」。我還知道另一案例：沙灣鎮一個貧民，搬到沙田修築堤圍。他娶了個「沙田婆」，在沙田安家。他的女兒最終嫁回沙灣鎮，但四十年後她的鄰居仍稱她為「疍家婆」。[34]

沙灣何氏在留耕堂的餘蔭下，雄霸一方，似乎不可動搖。[35] 但是，民國時期，何氏內部崛起了四家，號稱「四大耕家」，即四家佃耕承包者。他們出身卑微，以每畝60到100斤的低廉田租，租佃祖嘗田地，然後轉租予手下，或直接佃予沙田上的農民，由此發家致富。他們把盈利所得，自購田產，並繼續把佃耕承包業務擴展到番禺和東莞。[36] 他們很少自己動手修堤墾田。

四大耕家的兒子們大都在現代學校裏接受教育，成為該地區第一代農業實業家。他們拓展業務，經營大型磨坊。他們響應廣東軍閥陳濟棠把蔗糖發展成經濟作物的呼籲，興建了蔗糖種植園和蔗糖作坊。他們的財富，與沙田上的佃耕承包業務緊密相連，也與個別祖嘗緊密相連，但在當地居民記憶中，他們都是實業家。他們有四家公司：「生利」、「信興和」、「利記」和「劉記」，都稱為「鋪」。這些實業家在沙灣是勢力強大的人物。1930年代和1940年代，他們跟當地的武裝土豪既鬥爭又合作，維持武裝部隊，為防禦而修建堅固的碉樓。儘管如此，他們在社區裏還是有一定的正統性，獲得人們的好感。居民把他們跟土豪即所謂的「大天二」區別開來，認為後者用暴力欺迫百姓。

信和企業的創始人何厚教，原本是沙灣鎮何氏精英的跑腿。有些精英很賞識他，因此把祖嘗的部分土地租給他。他的15個兒子都接受現代教育，第六子何相，入讀廣州的嶺南大學。1930年代，何相在沙灣外的一個村子設立了實驗性的蔗糖種植園及信興和蔗糖加工作坊。他僱用了當地的工頭（「大青」）來管理蔗地，每人每月工資大約是三石糧食。[37] 1941年，何相父親去世，何相繼承所有家族企業。那時，日軍已經控制了廣州和珠三角地區的主要城市。

為了避免業務過於分散，何相關閉了他父親在廣州和香港買下的銀號和珠寶行，集中精力經營沙灣的農業企業。他在公開拍賣會上競投祖

圖 13.3
沙灣以南的涌口村、建於
民國時期的碉樓（1989年攝）

圖 13.4 民國時期沙灣地方權力人士的社交俱樂部（1991年攝）

嘗田產，獲得了政府徵收田產稅的包稅配額(紅標)，還跟土豪協商保護費(黑標)事宜。[38] 他為自我防禦，修建三座碉樓，並擁有一支武裝船隊，用以監督收成。

有兩名與何相同一時代的人，在軍事事務上扮演更活躍的角色：何樹亨、何端。何樹亨是何生利的長子，也是生利行的經理，生利行是留耕堂最大的佃耕承包戶。[39] 他組織了一支自衛隊，配備了兩台機關槍，在1938年沙灣南邊抵抗日軍的戰鬥中，還上了前線。[40] 何樹亨跟何相在軍事活動中與何端合作。何端被稱為「先生端」，曾是番禺一個老土豪的軍師。

儘管何端的崛起有賴於他在軍事上的活動，但使他備受尊重的原因是他融入了地方精英的圈子：在留耕堂的公開拍賣中競投以便租佃田產，為資助地方學校籌款。[41] 在1938和1939年間，他因抗日立場而聞名，他與何相及當地其他知名人士一起組建了「建設救濟委員會」，該委員會在1940年相當於鎮政府，與控制了番禺中心的市橋的日軍勉強維持休戰狀態。委員會以危難時刻需要有效防禦和社區重建的名義，把鎮上所有宗族的資源集中起來。

在土豪和日軍的拉鋸中，沙灣確實蒙受破壞。在日軍佔領期間，土豪輪流擔任鎮長，既得日軍的好處，又與國民軍隊合作。他們從沙田徵收田稅。有時，權力的平衡難以維繫。1940年，市橋土豪李輔群的盟友何健，出兵佔領沙灣。沙灣鎮自衛隊潰逃香山順德，何健的部隊一連三天洗劫了沙灣鎮。

四大耕家很少會被看成是「大天二」，尤其是如果他們參與管理族產。當地俗語說：「拿槍的人不會拿著祖先銀櫃的鑰匙。」抗戰期間，有人暴然崛興，被認為是軍事冒險家，居民對他們又怕又恨，何端幾乎就是這樣的人。在那些靠祖嘗收入維生的地方居民眼中，土豪完全沒有可取之處，因為「他們靠槍吃飯」，「忽略基本的道德戒律」。

土豪跟留耕堂及其主要佃戶的衝突，還蔓延到沙田外沿。土豪們在那裏強行徵收原應屬於留耕堂的田租。有時候，他們跟農民勾結，一起欺騙留耕堂的主要佃戶。一位利記行的前僱員回憶到：「如果這些小

一點的土豪有點良知，他們應該從農民那收取田租，每畝地給我們60斤。但是，就算我們強烈要求，也只能每畝收到20斤田租而已。如果他們跟香山交界處一個叫民眾的地方的蜑賊勾結，那就更糟了。俗話說，『海有多大，疍家就有多強』。」[42] 這些土豪還拆掉寺廟，用那些材料在村子裏修築瞭望塔，這些塔被稱為「地方惡霸的別墅」。[43]

部分沙田上的武裝土豪勢力強大，得以在鎮上立足。他們從那些因戰亂而失去財富的家族買下支祠，把總部設在裏面。[44] 何成的父親從未工作過，終生靠幾處房產過活。何成識字，但在廣州當小商販謀生。何成很機智，日本人來時，他所屬的宗支組建護沙隊，何成也加入護沙隊。他在權力鼎盛時期，手下大概有幾百人，總部設在鎮上的一個書室。日據時期，另一個土豪何汝根被任命為鎮長，何成就此與何汝根發生衝突。他曾經跟活動於番禺－順德－香山交界的共產黨游擊隊合作，抗擊駐紮在市橋、支持日軍的李輔群與何健的軍隊。他也向何氏祖嘗徵收費稅，同時也向留耕堂沙田大佃戶佃種土地。1945年，何成在廣州遭對頭人槍殺，時年32歲，其迅速崛起因此戛然而止。他去世後，年僅16歲的弟弟重組了他的軍隊，投奔了何端，盤踞於番禺縣西南角。

類似的土豪還有何汝根，他在戰爭期間擔任鄉長，跟何成發生衝突。戰後的鄉長是何崇保，人稱「盲眼保」，在權力真空的1949年，他在沙灣街頭伏擊並槍殺了何相和他的保鏢。據何相的弟弟說，何相欲與共產黨妥協，何汝根十分緊張。邀請何相到他家，就何相提出的、跟沙田佃農達成分成協議的事宜進行商討。當時，共產黨的軍隊已經到過沙灣，地方土豪正在繳械。何相沒帶武器就去，同去的還有他兄弟的保鏢，但他一踏出何崇保的大門就遭槍殺。

沙灣的情況跟小欖不同的是，在小欖，武裝土豪跟雜姓一起，加速了鎮上大姓的衰亡。在沙灣，居民認為當地的動蕩是何氏成員內鬥造成的。留耕堂一直都是活動中心，其財富亦是爭奪對象。1950年代初，許多當地土豪要麼逃離該地區，要麼被共產黨逮捕和槍斃，留耕堂祖嘗被分給沙田上的貧民。留耕堂和其他祠堂沒有被推倒，至今仍然存在。雖已淪為破敗的倉庫、牛棚或村委辦公室，但仍頑強地見證著一段充滿

圖 13.5 沙灣何氏的一個較小的祠堂，被改作倉庫（1989年攝）

圖 13.6 新會縣天馬鄉附近的典型地貌，
漸次顯示出河道澤地被開墾後遷進的民居（1991年攝）

榮耀和爭議的過往，讓有心人沉思。1980年代初，象徵著何族的財富和權力的留耕堂重新修茸，被指定成為省級歷史遺址。在香港，小欖同鄉會仍繼續運作，吸引小欖鎮的成功的海外同鄉，投資鄉梓，作用日趨重要。但沙灣仍舊依靠何氏的宗族組織。

通過比較宗族制度在天馬、小欖和沙灣的不同命運，我希望展現一個文化變遷的故事，從中把握華南農村真實的歷史經驗的複雜性。回顧帝制中國晚期，我們可以看到這三個鎮上以控制土地而崛興的宗族，其崛興與沙田的開發密不可分。珠江的主要支流西江，流向西南方，沿途沉積，形成沙洲，這三個鎮上的人們，就在不同時期墾殖沙田。他們的庇護人住在珠江三角洲較早形成的陸地上，他們就利用這些庇護人的文化資源，隨機應變，建構自己的歷史和身份，並建立起一系列獨特的社會機制。族譜和祖嘗背後的自我炫耀意圖是顯而易見的。在中國王朝國家不斷擴張的政體內，這些新興社區裏力爭上游的人們積極尋求自己的位置，而「宗族」和「社區」的語言就是他們攀附和排斥的手段，彰顯了他們精明的政治手腕。他們的這些行為，是用本土的想像，把傳統舞弄到無以復加的地步。[45]

民國時期，宗族和地方制度面臨許多挑戰，因為經濟結構發生了根本變化，擁有不同地域基礎及合法性基礎的新貴勢力強大，於是動搖了宗族和地方制度所依賴的王朝權威。在動盪的1930及1940年代，舊時精英的權力基礎正分崩離析，珠江三角洲上這些制度的命運，就由那些曾被邊緣化的人操縱。無論這些人是受傳統束縛的外來人，或是受現代教育的農業實業家，還是不識字的武裝土豪，他們都利用有關國家締造的新興意識形態，登上為自己搭建的地方政治舞台。

宗族和社區的理念顯然依舊存在於社會生活和大眾思想中，這似乎讓人很難認為王朝秩序已從根本上動搖，也很難認為推行現代化的國家已成功滲透到農業社會。但是有證據表明，這些文化體系表面不動，但其實正在當地以不同形式迅速重組。這種變化在小欖鎮最為明顯。該鎮經濟自19世紀起就已開始商業化和多樣化。宗族的權力不再建立在對土地的直接控制上，祖嘗在戰爭期間也是最脆弱的。來自沙田的土豪

奪取了小欖鎮大姓的土地，搬到鎮上，建立一套新制度，也不怎麼需要協商。在1949年的革命後，共產黨槍斃了土豪惡霸，把剩下的祠堂變成辦公室、倉庫和工廠，把沙田上的宗族祖嘗分給昔日的佃農。1963年，小欖鎮與周邊的公社在行政上分離，失去了小欖鎮與沙田產權的最後一絲聯繫。小欖鎮和它主要的宗族已經徹底失去其昔日的地緣身份。

戰爭期間，天馬鄉的土豪能夠修建祠堂，是因為他們強行奪取土地，把原屬於鎮上地主的田租據為己有。但是，天馬鄉的宗族祖嘗制度的繁榮，不應被純粹視為是具有彈性的傳統在新的土壤裏重新發芽。它同時也意味著這個區域出現了新的中心和邊緣的矛盾。[46] 陳氏在民國時期的崛起，對新會縣縣城附近的鄉鎮，特別具有威脅性，因為天馬鄉本身就是一個有相當規模的聚落，原來的定居者並不姓陳。我們細讀陳氏在1923年編撰的族譜就會知道，他們跟原住居民經過許多協商和鬥爭後，才得以定居下來。儘管他們的人口在晚清增多，卻始終未能與久已立足該地區的宗族平起平坐。陳氏設立眾多祠堂和祖嘗後，終於得到他們昔日的地主的認可，即使這種認可是在陳氏槍桿子的威脅下獲得的。儘管天馬鄉的土豪最終在1950年代被共產黨連同農民一同打倒，天馬鄉還是被看作是一個「合法的」陳氏宗族的社區。界定區域邊界的文化界限，被進一步推到未被圍墾的沙洲上，在那裏，「雜姓」最終組成了一支獨立於天馬鄉陳氏宗族的生產隊。

維持沙灣留耕堂於不倒的，則是另一種政治力量。幾百年了，留耕堂得到宗族語言的強化，而宗族語言一直具備權威，留耕堂作為地主以及社區象徵的優越地位，並沒有因戰亂而削弱，反因戰亂而得到鞏固。留耕堂對這個地區的支配是如此徹底，以致來自沙田上最有力的挑戰者，都需要在宗族的權力結構下行事。沙灣在共產黨革命後，和天馬一樣，許多曾靠槍桿子統治的土豪都被槍斃，其餘都逃亡了。田產都分給了鎮上何氏的貧民以及何氏在沙田上的佃農。共產黨為了打破何族的權力，特意聘用「雜姓」居民擔任當地幹部。如今，他們佔據了大片土地，並享受著他們在毛澤東時代建立起來的經濟和政治特權。但是他們仍被沙灣鎮居民稱為是「雜姓」，彷彿他們從來沒在鎮上立足過。諷刺

的是，清朝沙灣五大宗族在祠堂裏立了一塊石碑，規定獲得自由的奴僕不得修祠，如今這祠堂已被用作黨支部多年，而這塊石碑依然矗立。

本文對宗族、社區和政治的分析，闡釋了歷史人類學關注的幾大問題：我們研究歷史事件時，如何處理權力的不平等？政治經濟體系不斷演變、不斷製造差異，人們如何在這種空間脈絡下理解社會制度和文化觀念？在農業王朝社會，不同的權力等級結構和權威基礎並存且時有爭議，其能否保持穩定，往往取決於地方精英如何在社區以及整個政體中定位自己。地方合法性的演變都涉及到國家文化的滲透，無論是王朝的文化還是革命政權的文化。地方勢力以及受控於地方勢力的人，都在眾多場域中參與塑造這一滲透過程。20世紀有關宗族和社群的話語，是幾代政治人物利用舊詞彙創造新詞彙的手段，過去如此，日後亦然。[47]

（張珺譯，曾惠娟、卜永堅校）

本文收入科大衞與蕭鳳霞合編的 Down to Earth: The Territorial Bond in South China*，現據此壓縮刪節。*

註釋

1　關於華南地區這個問題的研究，參見 Maurice Freedman, *Lineage Organization in Southeastern China* (London: Athlone, 1958)，及其 *Chinese Lineage and Society: Fukien and Kwangtung* (London: Athlone, 1966)；David Faure, *The Structure of Chinese Rural Society: Lineage and Village in the Eastern New Territories* (Hong Kong: Oxford University Press, 1986)，及其 "The Lineage As a Cultural Invention: The Case of the Pearl River Delta," *Modern China* (1989): 4–36；Rubie Watson, "The Creation of a Chinese Lineage: The Teng of Ha Tsuen, 1669–1751," *Modern Asian Studies* 16 (1982): 69–100；和 Patricia Ebrey and James Watson, eds., *Kinship Organization in Late Imperial China, 1000–1940* (Berkeley: University of California Press, 1986)。與華北的比較，參見 Myron L. Cohen, "Lineage Organization in North China," *Journal of Asian Studies* 49, no. 3 (1990): 509–534。

2　Liu Zhiwei, "Lineage on the Sand," in David Faure and Helen F. Siu, eds., *Down to Earth: The Territorial Bond in South China* (Stanford: Stanford University Press, 1995), pp. 21–43.

3　David Faure, "Lineage Socialism and Community Control," in Faure and Siu, *Down to Earth*, pp. 161–187.

4　這個看法，發表於「亞洲研究協會」(Association for Asian Studies) 1990年4月5日至8日在芝加哥召開的年會上。我這個研究的贊助，部分來自美國國家科學院美中學術交流委員會。之後，耶魯大學社會科學院研究基金，和溫納‧格蘭人類學研究基金會 (Wenner Gren Foundation for Anthropological Research) 的贊助，讓我的研究得以繼續進行。沙灣部分的研究是由劉志偉、科大衛、戴和、陳春聲和我在1989年夏天共同完成的。劉志偉和我自此以後不時回到沙灣做短期調查。

5　參見1923年編撰的《陳族家譜》。

6　參見 Helen F. Siu, *Agents and Victims*，第3章。

7　建造堅固持久的房子意味著入住權。1971年，這些居民最終被組成生產大隊。

8　像疍民這樣在文化上處劣勢地位的族群，如何看待自己？參見 Barbara Ward, *Through Other Eyes* (Hong Kong: The Chinese University Press, 1985)。我發現，住在中山市和番禺縣比較老的沙田上的村民，對於住在新近形成的沙田的居民，也有類似的看法。

9　關於這個觀點的總體概述，參見 David Faure, "The Lineage as a Cultural Invention"，和 "The Written and the Unwritten: The Political Agenda of the Written Genealogy," in Institute of Modern History, Academia Sinica, ed., *Family Process and Political Process in Modern Chinese History* (Taipei: Institute of Modern History, Academia Sinica, 1992), pp. 259–296。科大衛強調用文化來定義階層的重要性，認為馬克思主義者太過專注物質方面的定義。

10　這適用於民戶。至於軍屯成員即所謂軍戶，是通過18個衛所來獲得土地的。每個衛所都在關帝廟裏有一個儀式上的總部。明末清初，這兩種戶籍的邊界已變得有點模糊。在明朝官至尚書的李孫宸，就把戶籍從軍戶改為非軍戶。他的親屬在小欖鎮上建立了聲勢顯赫的李氏宗族。關於小欖鎮早期的宗族建設的早期歷史，參見 Choi Chi-cheung, "Descent Group Unification and Segmentation in the Coastal Area of Southern China" (PhD diss., University of Tokyo, 1987).

11　參見 David Faure, "The Lineage as a Cultural Invention"。

12　關於中山順德交界地區的沙田發展，參見何仰鎬：〈據我所知中山小欖鎮何族歷代的發家史及其他有關資料〉(1964年手稿，我有其影印本)；以及黃永豪：〈清代珠江三角洲沙田、鄉紳、宗族與租佃關係〉(碩士論文，香港中文大學，1986)。關於何文懿公 (即新會何熊祥) 嘗產和沙灣何氏留耕堂的發

展，參見葉顯恩、譚棣華：〈論珠江三角洲的族田〉，載廣東歷史學會編：《明清廣東社會經濟形態研究》(廣州：廣東人民出版社，1985)，頁22–64。

13　參見Siu, *Agents and Victims*，第2章，其中概括了有關珠江三角洲沙田發展的現有研究。

14　關於何氏在19世紀的崛起，參見何仰鎬：《中山小欖鎮何族歷代的發家史》。何月溪是何氏第六代成員，在1381年稅賦登記時，登記了208畝地，他當時26歲。到了1422年，他戶籍登記下的土地已經達到21,909畝(頁37)。何仰鎬還注意到這些祠堂用的建築材料。在這以前，用的是紅岩(來自番禺的採石場)和蠔殼。自19世紀中以後，祠堂的建材有來自香港的花崗岩。

15　參見 Helen Siu, "Recycling Tradition: Culture, History and Political Economy in the Chrysanthemum Festivals of South China," *Comparative Studies in Society and History* 32, no. 4 (1990): 765–794；以及田仲一成：《中國鄉村祭祀研究：地方劇の環境》(東京：東京大學東洋文化研究所，1989)。關於宗族支派分與合這個問題，更具理論意味的探討，參見P. Steven Sangren, "Traditional Chinese Corporations: Beyond Kinship," *Journal of Asian Studies* 43 (1984): 391–415；以及 Emily Ahern, "Segmentation in Chinese Lineage: A View from Written Genealogies," *American Ethnologist* 3, no. 1 (1976): 1–16。

16　參見Siu, *Agents and Victims*，和 "Recycling Tradition"。商人要麼以商會的名義，要麼以蒸嘗的名義，大手筆贊助鎮上的社區宗教儀式。他們為鎮上寺廟的翻修捐款，還資助寺廟的神祇巡遊隊伍。

17　參見吳銳生：〈石岐當年小軍閥喋血記〉，出自《中山文史資料》，第2輯(無出版日期)，頁49–50；吳恨：〈「十八間」劫禍〉，《中山文史資料》，第2輯(無出版日期)，頁51。

18　關於這些節日的細節，參見《中山文獻》(台北)裏的原始文件，或者田仲一成：《中國鄉村祭祀研究：地方劇の環境》，其中複製了部分的原始文件，並提供了節日地點的地圖。

19　參見何仰鎬：〈何乃中小傳〉，出自《中山文史》，1987年第11卷，頁71–72。何乃中想引進新的年輕的管理人，以此改革祖嘗的管理。但年輕的管理人還是同樣腐敗，何乃中失望離開，去了北京。

20　參見《中山文史資料》，第三輯，頁66–71。

21　參見李澤林：〈挺三縱隊與民利公司〉，載《中山文史第1–3輯選刊》，第2輯，頁52–54。

22　參見〈挺三縱隊與民利公司〉。「紅標」的意思是，農民要收割穀物，必須向公司支付保護費，收費方法是每畝三十到二百斤穀不等。「黑標」是「保護

費」。沿著眾多河道運客運貨的航船，也要交「自衛費」。關於戰爭期間小欖貨幣市場情況的簡要描述，參見何仰鎬：《中山小欖鎮何族歷代的發家史》，頁25–26。

23 何仰鎬介紹我認識黎湛泉，他希望展示黎湛泉歷史中「漢奸」以外的一面。黎湛泉於1989年去世，但在去世前一年獲准參觀小欖。

24 黎湛泉的操縱十分成功，甚至有共產黨石岐地下黨的軍事領導在共產黨奪取政權前夕，邀請他來協商地方土豪的問題。在1950年代末土改前夕，他逃亡香港。

25 這時期中山的報紙登滿了關於非法銷售祖產的爭端的公開聲明。參見何仰鎬：《中山小欖鎮何族歷代的發家史》，頁28中關於祠堂被拆的部分。

26 1943年饑荒時，一元只能買到四錢的糧食，部分老年人至今仍記憶猶新。

27 關於小欖及附近村子裏結婚時的財物交換習俗，參見 Helen Siu, "The Reconstitution of Brideprice and Dowry in South China," in Deborah Davis and Stevan Harrell, eds., *Chinese Families in the Post-Mao Era* (Berkeley: University of California Press, 1993), pp. 165–188.

28 參見 Siu, *Agents and Victims*，和 "Recycling Rituals: Politics and Popular Culture in Contemporary Rural China," in Perry Link, Richard Madsen, and Paul Pickowicz, eds., *Unofficial China: Popular Culture and Thought in the People's Republic* (Boulder, CO: Westview, 1989), pp. 121–137.

29 參見 Helen Siu, "Socialist Peddlers and Princes in a Chinese Market Town," *American Ethnologist* 16, no. 2 (1989): 195–212.

30 參見何汝根、而已：〈沙灣何族留耕堂經營管理概況〉，《番禺文史資料》，第2期(1984)，頁69–77。族員把四房稱為「甲房」、「乙房」、「丙房」和「丁房」，甲房又分成兩支。同時參見《何氏世系圖》(手稿，年份不詳，可能是民國時期)，其中記載說，宗族在第四代時分成了四房，後來再分為十四房，他們各自的支祖都是開基祖的孫子。

31 葉顯恩、譚棣華：《論珠江三角洲的族田》，頁33中有何留耕堂的財產統計材料。記錄顯示，何氏第一塊祖嘗是在萬曆十五年(1587)時獲得的。與此矛盾的記錄參見《番禺縣續志》(1911)；最早的記錄是在由當地人編撰的《留耕閣沙田總志》(手稿，1920)，編撰時間可追溯到康熙年間；同時參見何汝根、而已：〈沙灣何族留耕堂經營管理概況〉，頁69–77。

32 當地受訪者說有139個祠堂。我在政府文件中數到的只有116座。關於留耕堂的財產，參見葉顯恩、譚棣華：《論珠江三角洲的族田》，頁33–36。同時參見《留耕閣沙田總志》。

33 參Liu, "Lineage on the Sand," pp. 21–43。

34 對於沙灣鎮及附近村子的幹部來說，他們出身沙田，地位卑微，成了十分
   尷尬的問題。人們從幹部的姓氏可知道他們不屬於鎮上大姓，也就意味著
   他們可能是沙田上的居民，革命後才入黨的。有一次，當我問起「孖甲」
   時——那是一個當地居民用來把自己和「蜑」區別開來的說法，我得到的只
   有茫然和困惑的表情。

35 關於社區日常事務的管理情況，見《辛亥年經理鄉族草簿》(手稿)和《田賦
   雜志》(手稿)。這些文件保存在番禺區政府辦公室。

36 何煊是信興和成立人的兒子之一。我訪問他時，他提到公司的經理，也就
   是他的兄弟何相，也承佃番禺南村的吳氏和東莞的明倫堂的田產。

37 當時有四個加工廠。最大的一個屬於何氏的生利行，有一台70至80匹馬
   力的榨糖機和十個煉爐。何相的信興和有一台50匹馬力的榨糖機和六個煉
   爐。日軍佔領期間，這些企業生意最好。何相的一位「大青」是順德人，在
   土改時被當作土豪而槍斃。

38 在一次訪談中，何相的弟弟證實，大租戶交給留耕堂的田租是每畝60斤，
   之後再以每畝80到100斤的田租把田地租予農民或小的佃戶。我認為，交
   給留耕堂的田租裏，包含了交給政府的稅金。

39 當地居民認為他是四大佃戶中最大的。參見吳禮彭、楊錫潘：〈番禺沙田
   封建地租種種〉，《番禺文史資料》，第4期 (1986)，頁187–191。據記錄，
   生利公司僱了100個長期的大青和80個押耕，每年田租收入達123,400石。

40 參見何志強、而已：〈沙灣狙擊日艦記〉，《番禺文史資料》，第1期 (1983)，
   頁33–35。

41 根據何端同代人說，何端來拍賣會時，都帶上配備機關槍的手下。1939
   年，他佔據了以沙灣何族的設立人命名的明德學校，改用他的名字。1940
   年，建設救濟委員會成立後，學校改名「象賢中學」。參見何品端：〈象賢
   中學校史〉，《番禺文史資料》，第3期 (1985)，頁115–130。1989年，我訪
   問了何端昔日幾名手下。

42 這是何蔭濃告訴我的，他的父親是利記成立人的第九個兒子。

43 沙灣一個寺廟的前住持何正行稱，被推倒和遭到嚴重破壞的是寺廟而不是
   祠堂，大型的神像被切割出售。被拆掉的寺廟是菩提寺、觀音寺和半山庵
   (碧霞寺)，七層的寶塔也被一層層拆掉。

44 何權文是一個勢力強大、外號為「周倉成」的土豪的弟弟；周倉成在1945年
   於廣州被對頭人殺了。他駐紮在番禺縣西南邊角的沙田上，但家還是在他
   哥哥買的沙灣的一個書院裏。居民戲稱那祠堂為「一丁祠」，因為這家人的
   男嗣很少。

45 參見 David Faure, "The Written and the Unwritten"。

46 在為 Anton Blok 的書 *The Mafia of a Sicilian Village, 1860–1960: A Study of Violent Peasant Entrepreneurs* (New York: Harper & Row, 1975) 所寫的前言中，蒂利 (Charles Tilly) 指出了一個跟民國時期的鄉村中國很像的情形：在一個急劇變化的社會中，親屬間的緊密聯繫以及地域性的聚居模式，是強有力的政治工具。儘管蒂利所描述的是在同一時期西西里的鄉村領袖的暴力基礎，但他的話也非常適用於民國時期的中國。此外，參見 Prasenjit Duara, "State Involution: A Study of Local Finance in North China, 1911–1935," *Comparative Studies in Society and History* 29, no. 1 (1988): 132–161 中關於「國家內捲化」的論述。Michael Gilsenan, "Domination as Social Practice: Patrimonialism in North Lebanon: Arbitrary Power, Desecration, and Aesthetics of Violence," *Critique of Anthropology* 6, no. 1 (1986): 17–37.

47 費爾曼 (Steven Feierman) 在分析坦桑尼亞的社會變遷時指出了一個類似的問題：「在實際的歷史分析中的難題是，要創造一種研究方法和一種民族誌的描述方式，讓我們能夠把握那既延續又不斷在變化的文化概念，並讓我們能夠把握那既創造新話語又說著傳承舊話語的行動者。」參見 Steven Feierman, *Peasant Intellectuals: Anthropology and History in Tanzania* (Madison: University of Wisconsin Press, 1990)。

第十四章

華南豪宅的文化景觀： 一段區域歷史的敘述

論「空間」

自 1980 年初，中國改革開放的速度超乎想像。數以千萬的「盲流」標誌著自 1957 年以來畫地為牢、捆綁農村人口的戶籍制度已臨崩潰。[1] 新興城鎮和都市掀起了以市場為本的消費，人們對官僚國家分配制度的依賴大幅降低。[2] 國際資本流進中國的體現就是工業園的建設，那裏的中外合資企業生產高科技產品，供應世界市場。[3] 從大連到深圳的沿海地區出現了經濟特區。台資和港資工廠僱用成千累萬來自內陸省份的年輕民工。[4] 市場驅動的傳媒網絡，終於開始零敲碎打地挑戰國家的壟斷，為中國觀眾提供了「帶有性別取向的」(gendered) 公共空間。[5] 中國人擁抱世界的衝動，催生了萬花筒般多姿多彩的消費活動，人們扶老攜幼，按照自己的方式去消費麥當勞及其他快餐。[6] 同樣，電影編導、小說家、搖滾樂手及其粉絲們為大眾文化另闢蹊徑，既不純粹是外國舶來品，亦非完全吻合國家的主流範疇。[7]

儘管中國政府試圖有選擇地進行經濟改革，但引進市場對社會、文化、政治方面產生的影響卻是深遠的。學者們越來越關注私人空間界線、公共領域、公民社會以及彈性身份等問題。[8] 表面上，幾十年的國家滲透和控制有所鬆動，普羅大眾似乎終於獲得片刻閒暇和渠道，接觸國外的世界。然而，有學者強調，國家機制並沒有退出大眾日常生活的

舞台，其影響是內捲的。在 *Positions* 這本期刊中，王瑾 (Jing Wang) 等指出，它的方針路線繼續影響並塑造人們的思想和文化產業。[9] 我們不應該把國家和社會看作二元割裂，問題是如何分析二者的互動，和看待國家社會互動過程中參與者的能動性。[10]

在中國歷史上，人民為各種緣故和目標而離鄉別井，並不新鮮。但在今天，人口流動噴發的活力，卻有其獨特之處。[11] 在後毛時代，人們追逐一波又一波的時髦玩意和消費品。那麼，我們怎麼看待近年的房地產狂熱？如果我們知道營造私人房地產市場的幕後力量是各級政府，並知道人們為何拼命地想買房子，那麼，房地產「瘋潮」對於我們理解中國近期改革開放的本質和進程，有何啟示？在微觀層面上，消費者經受幾十年的抑制，他們在多大程度上仍殘存著國家官僚科層體制的影響？一系列商品劈頭蓋臉堆到他們面前，由此有沒有產生對家庭、社會流動和身份認同的新話語？區隔在他們和洶湧而至的國際化影像之間的又是什麼？在宏觀層面上，中國城市空間的人口結構複雜、私人房地產市場勃興、行政機構重組、城際聯結加強，這能否成為新區域政治經濟體系的樞紐？在區域景觀的形成中，文化意義到底如何以特定的歷史基礎循環流動？本文試圖以後毛時代廣東地區的「豪宅熱」，予以說明。1990年代，中國許多地區都經歷過建築熱潮。海外華人資本，尤其是香港開發商的資本，在一定程度上塑造了北京、上海等沿海大都市的外貌，例如豪華屋苑、大型商場、五星級酒店、高爾夫球場、私人會所。[12] 在這些城市，私人住房市場增長的速度和力度非常可觀，主要動力其實是行政單位向員工提供福利房。然而，在1980年代及1990年代初，大多數海外發展商並沒有意識到這一點，他們只盯住中國大城市裏面的跨國公司和企業的人員，以為他們才會買或租房子。結果，這個算盤落空，很多發展商損失慘重。1990年代末到2000年代初，中國政府放鬆了對城市居民住房的管制。發展商因而調整策略，迎合市場的需要，[13] 建造國內消費者能負擔得起的私人住宅。同時，一些家庭也開始實行「一家兩制」策略，家中一人「下海」到私人企業冒險，另一人則繼續留在公家單位，享受公家分配的基本保

障。社會等級以前是由官僚政策和政治特權界定。如今，在更為鬆動的、可讓人遊走於國家和市場之間，他們在追求自己的私密空間，同時能否重新模塑社會等級？新的住房選擇，是否已經改變了他們的地緣認同和信念？

對後毛時代逐漸形成的各種文化景觀，在概念和方法論上，都有著共同關注。人類學家古普塔和弗格森〈「文化」之外：空間、認同及差異政治〉一文中指出，空間、地方及其認同，本質上都是建構而得。[14] 就物理而言，空間是連續的。要將其變成一個個具有自身特徵的「地方」（例如地點、區域、國家等），就要賦予它深刻意義和強烈認同。「地方」如何定義、日常化、劃分，很大程度上取決於參與這建構過程的成員間的權力關係。社會科學往往將空間、地方、文化不加區分，交叉使用。然而，古普塔和弗格森提出的「差異政治」概念，警惕我們要批判地看待這些表述。如果我們援用上述社會科學對「地方」的僵化定義，那麼就無法從理論上理解位處邊緣和流動的人群，而「差異政治」這個概念顯得尤為重要。[15] 對於古普塔和弗格森，[16] 以及其他學者如詹姆遜、[17] 哈維（David Harvey）[18] 等看來，後現代社會以新的邏輯和目標重新劃分空間。社會學家朱津（Sharon Zukin）、建築歷史學家海登（Dolores Hayden），以及人類學家阿帕度萊、賀斯騰等人，組成了跨學科研究小組；他們關注文化和權力如何在都市景觀形成過程中互相交織，又如何構成複雜的機制，影響地方和全球的互動。[19]

我用以上學者的分析工具，處理華南的情況。我特別關注那些在歷史上形成的政治和經濟力量。它們在不同時期強化或軟化香港和珠三角之間的「界線」，讓人們區分你我。今天，市場的流動性刺激個人和家庭努力尋求私人空間。作為一個區域，華南正在重新劃野分疆。這有助我們理解：華南如何在中國各種變動中，怎樣通過真實或想像的「全球」市場力量來重新建構自己。全球和在地力量如何交織是近來學術辯論的熱點，然而處於兩者之間的「區域」定位，卻還未引起足夠的重視。我所說的「區域」不是指那些約定俗成的地理上的實體，而是其創造者刻意裝飾自己。[20] 他們使用的手段不是任意的。國家的話語霸權

繼續發揮規限作用，亦不能忽視諸如房地產開發商、房產經紀、銀行和法律機構，以及引領品味和時尚的文化產業等社會力量。同樣富有影響力的是地方精英的歷史經驗，這些經驗看上去是不可捉摸的，但他們有份決定什麼是可以想像的。[21]

本文將「區域歷史」看作為我們瞭解地方意義和全球資本互動的場域。穿透所有這三個層面的，是後改革時代國家內捲化的影子，既體現在意識形態領域，也體現在制度層面上。本文有關國家力量的討論，是和都市空間和全球化的宏觀理論相結合的。本文不認為全球化削弱了民族國家，反而和其他學者一樣，認為國家是全球化的重要決策者和推動者。國家能量更多地集中在都市，為國際商品、人才、影像的流通提供了重要的物質環境。然而，都市本質上是求分而非求合的，是立異而非趨同的，這些都市因此也成為國家和眾多利益集團之間、乃至利益集團內部之間劇烈交鋒之地。[22] 本文希望以華南豪宅這種新興文化和物理景觀為例，突出地方、區域、全球聯結在一起的眾多過程，這些過程既交織，又互補對立，就是構成所謂「區域」的空間層次。

如何把握區域的流動性？要完成這個研究任務，就要在民族誌方法論上有突破，不能像傳統的民族誌研究那樣，在單一地點進行密集式田野調查。喬治・馬庫斯（George Marcus）在1998年的論文中，討論了一種新興的多點民族誌方法（multi-sited ethnography），即「探討文化意義、物品和認同如何在分散的時空內循環流動」。[23] 要理解區域，作為一種隨時變化的實體，民族誌研究者需要跟隨正在建構的區域，並把握在地能動者的話語、認知、情感、定位和策略。更具體地說，「多點民族誌的研究，是考察各鏈條、路徑、線索、交叉或並置，從中建立起某種理論的或物理的範圍，各個地點間的聯繫和交接，有著明確而既定的邏輯，這實際上就是整個民族誌的支柱」。[24] 針對華南這個正在重組的區域，我打算用這一方法，勾勒出該區域跨境的文化「地圖」。

華南房地產的自助大餐

香港和華南迅速的重新整合，是華南豪宅熱潮的重要動力。不像北京、上海、天津、武漢等城市，華南房地產市場所生產出來的、被消費的文化影像，特別變幻無常、雜亂無章。華南有三個充滿活力的大城市，分別是深圳、廣州和珠海，它們彼此之間和與香港之間，由機場、鐵路、船隻和高速公路網連接起來。

數十年來，深圳一直是沉睡在香港與大陸之間的一個邊境小鎮。直到2000年代初期，深圳奇跡般地發展成為一個近400萬人口的商業和工業城市。深圳的人口面貌絕非以「原居民」為主，相反，深圳吸引了來自黑龍江、湖南、四川等地的建築工人；電子廠生產線上的全是外來打工妹；投機者、販毒者、人口販子、走私者以及全國各省市政府駐深辦事人員紛至沓來，希望迅速大撈一把。在深圳的新城區，為迎合新貴階層以及外國商務人士的需求，高檔寫字樓、摩天大廈、高爾夫球俱樂部等拔地而起，把陳舊的工廠宿舍擠走。這裏最近落成的一些新地標是中信廣場、深圳證券交易所以及各式豪華公寓。它們沿著寬闊的大馬路一字排開，而大馬路則充斥著貨車、巴士、的士和豪華轎車。

在廣州，政府利益盤根錯節，單位所建的商品房與其他非政府機構和海外公司所建的樓宇，平分廣州的城市景觀。儘管如此，新建樓盤的建築風格也緊跟香港市場的品味。與深圳一樣，廣州的高檔公寓設計時尚，設備先進，緊貼世界潮流，以便迎合21世紀高級金融業的大都市品味（見圖14.1）。[25]

與以上大都市既競爭又相連的，是珠江三角洲的其他城鎮，如江門、順德、中山、佛山、番禺、東莞等，它們本身也頗具吸引力。大量豪宅裝修得富麗堂皇、金碧輝煌，儼如想像中的昔日皇宮一般。這些豪宅所希望招徠的，是過去幾十年在此出生、後來到了香港、但在香港買不起好房子的香港人。隨著香港和大陸的聯繫越來越密切，每個星期或者隔一個星期往返大陸與香港已不再昂貴，也不麻煩。成百上千的度假

圖 14.1
廣州火車東站
附近的中信廣場
（2002年攝）

屋密密匝匝地分佈在人工湖和「重返自然」有機農莊的周邊，作為城市人
逃離喧囂的樂土。大多數香港家庭都負擔得起這種度假屋，例如一套寬
敞的兩房一廳單位，最低叫價15萬人民幣。然而就在度假屋旁邊，鄉鎮
企業工廠煙囪卻排放煤煙和化學氣體。

　　華南的房地產自助大餐有其宏大的跨國一面，但同時也有其強烈的
鄉土味道，似乎由割喉式市場競爭所推動，但也植根於地方政治經濟利
益，同時還背負著毛澤東時代的包袱。這市場的商品房是有檔次、有結
構的，但推出市場卻毫無章法，而消費者們也一窩蜂買房子來追求他們
的春秋大夢。大概十年前，大家對這場消費革命後面的國際市場力量所
知無幾。那麼，現在是否已經擺脫了政治中心的控制？中國最近開始擁
抱世界，是否引導了香港重投祖國懷抱？香港和中國大陸之間，繼續在
「一國兩制」的脆弱平衡中進行政治拉鋸戰。但在文化上和社會上，香
港和中國大陸的界線越來越模糊不清，已成為人所共知的現實。中國正
式加入世界貿易組織，引發又一波跨國公司積極進入中國的熱潮，它們
都盯著中國市場。此外，關於香港和深圳之間是否要24小時通關的討
論，令深圳的房地產被瘋狂吸納，同時令香港新界北區的房價繼續受
挫。[26] 房地產行情之變化非常劇烈，一次土地拍賣的結果，向開發商發
出價格和盈利信號，邊境兩地的市場需求幾乎立即出現波動。[27]

大門口沒有陌生人

1998年，一份香港報紙對粵港邊境旅客過關的混亂情況提出警告，僅清明節一天，過關人次就達22萬之多，比1996年增加1.4倍。[28]據《大公報》報道，2001年清明節，僅羅湖關口過關人數就超過了20萬。香港政府的統計數據顯示，2000年，香港居民進入中國大陸達五千萬人次，其中的30%是因為商務理由；這一年，香港居民在大陸消費達294億港幣。[29]越來越多港人天天到深圳、廣州、珠三角一帶工作。以香港為基地的大型公司（如匯豐銀行、恆生銀行、國泰航空等）為降低租金成本，紛紛在廣州、深圳等地建立分公司或辦事處。香港政府有關部門預測，2002年農曆新年的黃金週，粵港邊境將有600萬往返人次，比往年同期上升11.5%。[30]

香港包工頭、貨櫃車司機、小企業老闆等因為工作關係，必須經常到大陸的工廠和工地工作，這些往返粵港的人最先引起傳媒的注意，是因為他們的婚外情發生率急劇上升。沿著粵港主要交通幹道而出現一個個特殊的社區，得到「二奶村」的惡名。[31]從五年前左右起，技術人員、專業人士、初級經理等也湧進大陸工作。在香港青年協會舉辦的一個會議上，一名服務機構的成員估計，大概有30萬到40萬香港居民在大陸工作。[32]該協會一項調查顯示，隨著中國加入世界貿易組織，45%的受訪者表示願意在大陸發展他們的事業，他們大部分都是受過良好教育的專業人士。[33]香港統計署預測，香港人口到2029年將達到900萬，其中76%的人口增長來自移民，是最主要的增長動力。那些在大陸居住、在香港工作（或者反過來）的流動港人，將從現在的17.9萬上升到31.3萬。[34]其他調查表明，有100萬年紀越來越輕的香港人會考慮在廣東買房子。[35]

香港和華南的物理界限變得前所未有的模糊。也許有人會說，從歷史而言，這道界限從來就不那麼涇渭分明。香港自從1843年成為英國殖民地開始，就源源不絕接收大陸移民。商人、工人以及他們的家庭往返於大陸與香港，並保持聯繫。即使在二戰之後，中港的政治界線開

始壁壘分明，仍然有大量難民湧入香港。第一波到來的是日本投降之後重返香港的難民；1949年共產黨建立政權前夕，又有成千上萬人從大陸逃離至香港；大躍進 (1959–1961) 又引發新一波移民潮；1960年代末、1970年代初文革的暴亂，也同樣引發移民潮。1979–1981年間，中國大陸在毛澤東死後開始改革開放，又引發新一波移民潮，人們至今記憶猶新。香港政府終於開始實行嚴格的邊境控制，放棄所謂「抵壘政策」，將逮捕到的非法入境者即時遣返。但是，在這個新政策實施之前，已有超過50萬人來到了香港。他們絕大部分是單身漢，來自粵東、珠三角的西部以及閩南這三個華南最貧窮落後的地區。他們通常被稱為客家或「鶴佬」(即福建南部、汕尾、江門等地的沿海漁民)，在整個1980年代，他們返回大陸老家娶媳婦。[36]

1990年代，大量「新移民」家庭，通過各種各樣渠道進入香港。儘管香港政府已經增加了合法移民的配額 (目前是每天150人)，但仍然有很多人要輪候多年。[37] 當這些「分居家庭」尚未在香港團聚時，住在哪裏？如果父親需要在香港上班而母親仍在大陸等候，那麼在香港的幼兒如何能得到照顧？於是，我們看見越來越多擁有居港權的兒童，每天往返粵港上學。他們和母親住在深圳或者九廣鐵路沿線的新市鎮，但卻每天到香港上學。政府官員終於開始考慮學者的建議，即粵港之間的界限要保持彈性，應該把珠三角發展成為香港大都會的「後花園」。珠江三角洲不僅應該提供高質素的勞動力、土地和工業產品，也應該為越來越多往返粵港的流動家庭提供價廉物美的住房和服務。

房地產狂熱

1990年代初，中國政府開始改革住房分配制度，把原來很多由政府、單位分配的社會生活資源 (如住房等) 逐步交給市場解決。鄧小平南巡極大地刺激了廣東私人房地產的發展，到了1992、1993年，這市場更近乎瘋狂。1993年，我探訪了鄰近廣州的番禺某個新屋苑的單位，

那裏真是令人眼前一亮：上百幢九層高的樓房整齊排列一起，樓房之間是開闊的、有品味的景觀佈置。但樓房內沒有安裝電梯，室內水泥裸露的牆壁，讓人看出手藝之粗糙，令人突然想起毛澤東時代單調乏味的生活。但是，樓房大堂內身穿制服的保安，卻相當有禮。參觀者會看出來，這樣的屋苑華而不實。一位朋友向我炫耀其標誌鮮明的停車場，但裏面一輛車也沒有。屋苑還有一家燈光昏暗的小型超市，在當時這可是新鮮玩意。屋苑甚至有一家糕餅店，售賣港式甜包。我很快發現，該小區的開發商原來是一家已在香港上市的公司，其大股東正是廣東省政府。儘管在香港和廣州都進行了聲勢浩大的促銷，但銷售業績依然很不理想。一套兩房一廳單位，售價25萬人民幣，遠超一般民眾的支付能力，而分期付款在當時是聞所未聞的。同時，當時許多人對於私人能否擁有房產仍然心存疑慮，尤其開發商既非工作單位，也不是政府部門。交通問題也讓消費者額外操心，因為連接屋苑和外界的私家車和出租車都極少，路程也遠。不過，我的朋友還是辭去政府機關職務，下海經商，雖然存在種種不穩定因素，他的成就依然令別人羨慕。

　　1993年的大約同一時間，我還參加了位於珠三角西邊的一個鎮舉辦的「藝術節」，該鎮是江門附近一個小島。藝術節圍繞島上一座建於晚清的廟宇內的神靈而展開。村民把這次活動視作神靈復興，而活動的組織者即鎮幹部和香港同鄉會成員，卻在活動中大力宣傳一個建在該島北邊風景秀麗之處的豪宅樓盤。同時，他們為建造一條連接該島和江門市的大橋發起募捐。鎮幹部相信，只要大橋建好，必然能提升全鎮地價。精美的促銷特刊，目標是海外華人買家。來自香港的發展商和建築師受到盛情款待，而來自江門市的高官則發表辭藻華麗的演講。香港同鄉會的多名成員和商界友人都有投資該樓盤項目。[38]

　　然而，廣東和其他地區一樣，它們的房地產開發項目被中央忽然禁止上馬。從1993年下半年開始，中央政府開始宏觀調控。銀行對房地產項目的貸款來勢洶洶，去也匆匆。許多發展商收完買家訂金之後，或宣告項目取消，或宣告破產，甚至捲款潛逃。許多買家永遠看不到他們

夢寐以求的房子。零零星星的別墅內，四壁空空，水管生鏽，周圍雜草叢生，對於追求富貴和追求舒適的盲動來説，這情景彷彿就是當頭棒喝。惠陽淡水的情況更為淒慘。淡水位於珠江三角洲東部，是客家方言區，是香港許多「新移民」的家鄉。許多人為退休養老計，在這裏買了房子（見圖14.2）。宏觀調控七年之後，仍有不少為此而喪失畢生積蓄的工薪家庭在香港上街遊行，發洩他們的憤怒與沮喪。[39]

圖 14.2　惠陽地區的「爛尾樓」，因1990年代中期宏觀調控而未能落成

推銷急流勇進的新生活

1995至1998年，華南的房地產市場相當平靜，主要原因是香港的政治局面。自1995年底，香港和大陸不少投機者把資本灌進香港的股票和房地產市場。某些處於最高端的豪宅，每平方呎居然叫價二萬港幣以上，買家源源不絕，銀行也提供大筆按揭。這一切都在亞洲金融危機中灰飛煙滅。房地產價格平均暴跌40%-60%，至今仍在下滑。這次的「苦主」不僅是那些工薪家庭和「新移民」家庭，很多中產階級家庭和大陸投資者也因香港房地產市場的崩潰而損失慘重。「負資產」這個新的時髦詞彙在媒體和政治諷刺文學中頻頻亮相，成為大眾口頭禪。大陸許多開發商本來希望香港九七回歸後，華南房地產市場會更紅火，但最後他們都退出了這個市場。

　　然而，到了1999年，我發現氣氛變了。廣東許多政府單位建了房子後，允許職工以大幅津貼價購買。我的一位朋友聘請室內設計師重新裝修他的房子，安裝了空調、實木地板和摩登浴室。他們一家也時常在週末去一所位於市郊的「度假屋」。前文提到那位1993年在番禺某個新屋苑買了兩房一廳的商人朋友，在廣州北郊又買了新房子。僅是室內裝修，他就花了數萬元人民幣，客廳天花安裝意大利風格的吊燈，浴室鋪設大理石地板。現在，他擁有一家中等規模的諮詢公司，請了近20名大學本科學歷的員工。他平常開著屬於自己的日本小車，不時用手機打電話，穿梭於他位於廣州的公司和廣東的其他城市。[40]

　　以上這些個人投資，正好說明珠三角城市家庭正在上升的購買力。廣州有報道說，廣州居民的消費需求，大大刺激了廣州周邊城鎮的房地產市場。1999年夏，繼番禺和順德之後，花都(舊稱「花縣」，是廣州東北部的一個縣，當地居民以客家為主)也在廣州組織一次集體促銷活動，推銷22個花都高檔地產項目。發展商據說很有信心，相信將來在花都興建的新機場會帶旺該區域。地方政府強調全面規劃基礎設施的重要性，並承諾根治「爛尾樓」現象。該報道還引述一些政府統計數據：1999年1月到7月，房屋預售總面積比去年同期上升1.5倍，並預料住房價格增幅亦與之相同。[41]

　　香港的開發商和代理商似乎也重拾信心。自1999年底，九龍的商業區出現越來越多的長期樓盤展銷廳，其目標顧客是那些中等收入、因工作或家庭原因和廣東來往密切的家庭。地產經紀也在中文電視頻道發動大規模廣告攻勢，目標是香港和廣東的觀眾。在巴士和火車上，我常聽見一些「師奶」(即中年家庭主婦)邀約朋友週末去她們位於番禺、順德、中山等地的度假屋打麻將，或者比較各種車船的時間表、食肆價格、服務質素等。不時還能聽到她們抱怨子女在「上面」(即中國大陸)工作時間越來越長，留在香港的時間越來越少。在提及丈夫的時候，語氣總帶有焦慮不安和鄙夷。這些師奶認為，男人一有機會就找「北姑」(大陸妓女)，甚至在大陸安第二頭家，包二奶的已經不再限於貨櫃車司機和地盤工頭了。[42]

1999年底，我跟香港一家地產經紀公司的要員談話，他作了以下總結：如今，在珠三角買房子的主要是往返粵港的小商家。他們在金融危機中的損失不及直接從事國際金融行業人士那麼嚴重，而珠三角經濟逐步復蘇，也使他們部分人累積其資金。這批新買家也似乎看透了香港的房地產市場：有升值潛力的他們買不起，而低端房產只怕日後貶值更甚，因此投資大陸的房地產也許更穩妥。發展商把樓盤建好以後才能推出市場，因此爛尾樓現象將不會重演。一個樓盤一旦能成功吸引香港居民，在其他潛在買家眼中就往往成了質量的保證。[43]

房地產市場也越來越和一整套有關消費的文化產業結合，強調吃喝玩樂，包括精品店、的士高、水上樂園、食街、銷售特約設計師產品的時裝城、甚至是人造滑雪場等。[44]

2000年夏，我跟隨一群香港居民參觀珠三角一個度假村式樓盤，即日來回。這樣的「睇樓團」每週一次，由開發商和地產經紀安排，而這個樓盤的廣告攻勢非常猛烈。有興趣的人或獨自、或闔家報名參加「睇樓團」，以便到現場看看物業。團員坐滿一輛旅遊巴士，大部分都是中年夫婦和他們的子女，他們都是準業主，有些已在香港的銷售中心買了樓，現在前去驗收新居。活動結束之際，大概三分之一人會在現場的銷售處簽約。也有一些人像我一樣，只是去看看。他們回大陸買樓的動機大同小異，這七十多個團員中，大部分都來自中低收入家庭，這從他們住在九龍和新界的何處就可看出。途中閒聊，我感覺到大部分人認為自己在香港永遠買不起好房子，還擔心珠三角經濟發展將推高那裏的房價。在他們心目中，在這裏買房子有兩個好處：一是現在用來度假；二是未來用作退休，到那時香港和大陸的差距將越來越小，交通更為便捷，生活配套更為完善。

我問他們：「買房子為何選珠三角？」他們的答案很少是「落葉歸根」。一對來自上海的老夫婦，孩子在戰後的香港長大，遂決定在廣東的這個度假村式樓盤「定居」。他們當然更想回上海，但兒孫們週末來珠三角探望他們，比到上海更容易、更便宜。這個樓盤的休閒設施和生活環境非常好，完全是他們在香港所不敢想的。在我看來，這些房子的

山寨版巴洛克風格、外加帝王式奢華的裝潢，看起來很「土」。與度假村一河之隔，就能看到不遠處的熔爐噴出濃煙和煤灰。附近雜草叢生的土地上，東一塊西一塊地建起了僱用外來民工的鄉鎮工廠和臨時搭建的員工宿舍。和我同行的團員看在眼中，卻似乎毫不介意。一旦進入戒備森嚴的度假村大門時，一切都令我們感覺彷彿置身於一個夢幻世界，享受奢華與閒逸。然而，有買家對於階級文化的差別還是有感覺的。當他們知道我住在香港島中半山區 (該區居民以外國僱員、受高等教育的專業人士家庭為主) 的時候，就不停地問：「你不會對珠三角的房子感興趣吧？你在香港的居住環境很好啊，而且你是到海外度假的。」

在此之前兩個月，在五一勞動節假期，我還去了廣州郊區的另一個樓盤，那裏的居民結構和上述樓盤不同。它是一個由海外華人和市政府共同開發的地產項目。前幾期的房子基本住滿人了，開發商繼續興建和售賣新房子。在非週末時間，那裏出奇地安靜。據房地產經紀估計，超過65%的居民都是香港人，把那裏當作一家大小週末度假的地方。當時那裏一個單位大概賣30至40萬元港幣。從香港到那裏需要四個小時，可坐直通巴士、船，或經廣州坐火車。會所餐廳供應西式自助餐和各式中餐，游泳池是為家庭設計的。根據宣傳手冊，該樓盤的賣點是安靜、翠綠的園林環境，還有個小農莊，可供業主自己種菜。那裏還有自行車道和一個很大的人工湖。沿湖是一座座帶有私家泳池、閒人免進的獨立別墅，很少有香港人會買這種價值1,200萬人民幣的別墅，絕大部分買家都是在東莞市和番禺市南端新興工業區南沙開設工廠的台灣商人，這些別墅安全和優質的管理服務，是吸引他們的重要原因。

2000年此行讓我感到吃驚的，是那裏的國際學校。顯而易見，它不是為香港人子女而設的。這裏的學生，部分是該區域幾十萬台灣企業主和高層管理人員的子女；另外，越來越多的廣州家庭也把子女送來這裏讀書。入學條件之一是在那裏擁有物業。我探訪的一對退休夫婦，住在一套有花園的兩房公寓，該房是由他們在廣州工作的兒子買的，孫子就在那裏的國際學校上學。這對夫婦還有一個兒子，住在附近的市內住宅。他是一位自僱的專業人士，家就是公司，配備電腦和網絡，每週

駕著日本名牌轎車往返廣州數次。他們顯然是廣州的新興中產階級。現在他們和香港的中低收入階層同住一個樓盤,那些人只在週末才能去那裏,逃離香港擁擠的住所和緊張的工作,享受閒暇和寬敞的空間。這些樓盤的包裝和形象正在改變。該樓盤最近期的規劃,是興建一座會議中心和一座小型醫院。另外,據說那裏將來有地鐵連通廣州市中心。發展商希望,所有這些配套設施能夠吸引更多廣州的中產家庭。

兩個月後,另一位廣州朋友邀我去他在廣州近郊的新家。他的父母用積蓄在那裏買了兩套房子,兩個兒子每人一套。由於他們在廣州都已經各有單位分配的房子,所以一般也是週末才去那裏度假。那個屋苑仍在不斷建造更新更豪華的樓房,但是,擠滿展銷廳的買家主要是廣州人,而不是香港人了。那裏也有巴士去香港,但更多人搭乘每小時一班到廣州天河的班車。天河是廣州的新興商業區,有銀行、政府機關、摩登大型商場(如時代廣場),商場內有西式咖啡館和飯店。那個屋苑的經紀粗略估計,10%左右的住戶是外籍公司職員,他們是租客;另外20%可能是香港家庭,其餘是廣州和番禺的、擁有私家車的專業人士。那裏有一個相當大的游泳池和健身房,四處種樹養草。和順德、番禺的屋苑相比,這個屋苑的會所較小,服務也較少。屋苑內有些小飯館和賣日常用品的小店。一出屋苑大門,就是由香港一家大型上市公司營運的港式大型超市。整個屋苑環境顯示,這是在市區工作的專業人士的郊區住所。1999年,這個屋苑推銷高層樓房時,經紀們把相關資料燒錄成VCD,送給買家。像番禺一樣,這個屋苑也有個相當大的國際學校,招收屋苑居民的子女。

每次去廣州看望完朋友後,我都會坐直通車回香港。通常我會去廣州火車東站附近的時代廣場,打發等車時間。當我坐在那裏的咖啡廳小啜咖啡的時候,我越來越覺得自己已經身處香港了。商場的外觀、商店陳列櫃的佈置、服務人員的溫文有禮、顧客品味的檔次等等,對香港人而言是那麼的熟悉。有時因為配合火車班次,我會坐廣深城際列車,經羅湖過關,然後乘地鐵回到香港島。從羅湖過關,和坐直通車從紅磡過關,感覺完全不同。從羅湖過關的,多數是香港工薪家庭,他們到深

圳享受相對便宜的消費活動，很多都住在新界的上水和粉嶺，這兩區因為容納大量來自廣東農村的新移民而迅速發展起來。這兩區許多家庭經常回大陸買日用品，一買就買一週所需的份量；[45] 對他們來說，到深圳比去九龍市區或香港島更省時間。他們大部分日常消費，如購物、做按摩、唱卡拉OK、吃飯等，都去大陸，反映出他們的生活重心逐漸北移。在他們心目中，政治界限幾乎形同無物。[46]

深圳房地產的文化導向也發生了變化，一批新的、有策略的發展商已經進入深圳市場。他們不再問津羅湖關口附近的舊商業區，那裏只聚集小商店，吸引低收入的香港消費者。這些發展商把目光投向了未來深圳地鐵沿線的物業。他們心目中的消費者，是緊貼世界潮流的中港年輕專業人士。[47] 深圳地鐵從1999年10月開始動工，第一期路線將橫貫城市東西兩端，共設有14個站點，東端將在羅湖關口和香港火車連通，西端將連通新的深圳市政府和皇崗口岸，這裏不遠處還有一個靠近廣深高速公路的高爾夫球度假村。

隨著中國加入世界貿易組織，深圳市政府對深圳市基礎建設作大規模重整，搬進新區，其效法對象是澳洲的堪培拉。[48] 深圳市政府早在1995年就產生了興建中央商務區（CBD）的想法，1998年正式動工，目標是在珠江三角洲建立一個由香港、深圳、廣州組成的國際都市帶。這個計劃強調招徠專業人士，培養一種新市民，設計出一個公共空間系統，由交通系統、政府大樓、市民廣場、高科技展覽館、青年文化宮、購物廣場以及眾多住房項目構成。[49] 參與該規劃的發展商都是在廣東舉足輕重的集團，例如深業集團、中銀集團、中國海外集團、深圳市政府，以及香港的長江實業、和記黃埔。粗略估計，深圳地鐵第一期沿線正在動工的房地產項目就有63個。[50] 一些在香港上市的大地產代理商，也參與了這些項目。其中，中原和美聯這兩大地產代理商的加盟，給香港買家帶來不少的機會和信心。[51]

香港某一知名開發商在深圳推出一個樓盤，發售五個月後，我和該集團的幾位職員到現場參觀。[52] 我們過關之後，沿著六車道的大馬路，只花了三分鐘的車程，就來到展銷廳。該樓盤擁有一個歐洲化的名字，

標榜的是新千禧年的精緻生活。面對兩層樓高的大屏幕，我想像著未來
買家的樣子，他們將主要是深圳地區的專業人士和新貴，迎接他們的是
兩層樓高的大屏幕，以鐳射光影營造出電子空間的乾淨清涼，和全球金
融業的高檔氣氛。大屏幕上閃出的第一個影像，是健康活潑、正在爬行
的小寶寶，標題是：「相信現在，相信未來；盼望是進步的動力，而進
步就是新生活的開始。」在宣傳冊子上，該樓盤的建築師說自己的目標
是為住戶創造一個「新的空間藝術，就是身處其中令人有說不出的豁然
感覺」；整個樓盤的建築理念是培育下一代，盡量接觸大自然，強調寬
敞的、智能化的生活空間。[53]

　　該樓盤的示範單位具備各種裝修風格，既有適合年輕一族的新潮，
也有古典歐洲的優雅。關於智能化生活的概念，室內設計師是這樣說
的：「透過預先鋪設的寬頻網絡，將每住戶緊密連接到資訊網絡世界。
讓住戶進行視像會議、網上傳真、網上傾談及接收電子郵件等功能。設
有網上購物服務，住戶足不出門便可從各大超級市場及商鋪選購生活所
需。」樓盤的數碼化特色，延伸到智能化電梯系統，從你走進大堂的一
刻起，就能預先設置電梯把你送到那一層樓。這些設計，都是為了吸引
那些正在樓下參觀的專業人士。[54]

　　地產代理稱，第一期的預銷成績很好，八百套單位，每平方呎叫價
100美元，幾乎一推出即告售罄。買樓的人一大早就排成「人龍」。地產
代理在發售的第一天就收到數以百萬計的訂金，以至不得不請銀行派出
特別衛隊來押送現金。為數三千的另外一期單位，一個月後將在香港預
售。[55] 第一期規劃還包括建造一家國際幼兒園，方便在深圳安家的香港
人子女入讀。以後幾期的規劃，還準備建造與國際學校接軌的小學和中
學，另外還有一家港式大型超市。

　　促銷資料不斷強調樓盤的賣點：知名的品牌、優質的管理、高檔的
服務、便捷的基建設施，確保屋苑內外都能有優質的生活環境。樓盤讓
買家安心於現狀，憧憬著未來。樓盤銷售人員來自上海、廣州等大城
市，他們是中國新生專業人士的典範：大學畢業幾年、英語流利、具有
全球視野、精通商業技巧、熟悉當地政府運作。幾週之後，我跟他們其

中一位來到廣州，參加一家大型超市的隆重的開幕禮。廣州的助理經理們和來自香港母公司的高級外國經理相處愉快，不亢不卑。我著實花了點時間看看這超市：新鮮的海鮮和包裝好的蔬菜整齊地放在清潔光亮的貨物架上，此外還有英國芝士、法國紅酒、日本壽司。早上來的，多是退休老太太，她們到處看看；之後是午飯時間的人流高峰；傍晚時分，不少年輕專業人士下班後，坐地鐵來此買現成晚餐回家。超市目標是每月接待 30 萬名顧客。這些消費者帶回家的不僅是日用品，還有對新生活的嚮往：多元的選擇、健康的環境、優質的服務。毫無疑問，超市的目標是賺錢，但是超市經理們說，他們在超市這個平常的場所，通過銷售日常用品這樣一種普通的行為，創造不平凡的事情，即引領中國正在形成的中產階級的品味。他們對此興奮不已，我也分享他們的興奮。三個月後，其中一名員工給我發來電子郵件，報告喜訊：該超市營業額一天最高已經達到 500 萬人民幣。

全球－區域－地方的敘述

我試圖通過這篇短文，用廣東珠三角的豪宅市場，來勾勒一幅不斷變動的文化景觀。在理論上，空間總是延續的。然而，把連續的空間劃分為一個個有文化意義的點和面，卻需要複雜的歷史、經濟、政治媒介。毫無疑問，後毛澤東時代國家推行改革開放，確立了大致的發展框架和軌道，允許人民和市場力量打交道。在房地產和在思想領域一樣，市場讓人們用新角度來理解私人與公共空間，並讓個別區域的人民以創新的方式擁抱世界。這些宏觀的命題，可從個別買家買房子和裝修房子的過程中落實到日常生活中。我必須強調一個重要的媒介：區域政治經濟體系的框架，它既有劃野分疆的作用，又有化育生成的作用。

中國的改革開放何去何從？全球化的影像是否滲透中國？中國人能否選擇自己的生活空間？要回答這些問題，我們必須把一套有意識的區域敘述的幾個層面整合起來。首先，這套敘述是關於一群流動於該區域

的人群的故事，他們曾是二戰後到香港避難的難民，曾是粵港分居家庭所帶來的新移民。他們帶著自己的文化包袱，構成了華南人口景觀的一個主要部分。不管政治上的表述如何，歷史上，廣東和香港之間的人民移出移入，總讓兩地的政治界限變得模糊不清，1997年香港主權的回歸更加速了兩地整合的進程。然而，實踐「一國兩制」意味著香港和廣東內地仍然存在著社會、經濟及制度等各方面的巨大差異。[56] 兩地物價的差異，很大程度上決定了不同的社會群體能負擔得起什麼。到目前為止，在廣東買房的人，絕大多數都是被香港這個急速發展的國際金融大都市所邊緣化的人，他們的「北上」幾乎是出於本能。他們是和珠三角社會最緊密相連、最不擔心政治氣候反覆的一群人。

其次，珠三角各市各鎮各有其發展大計，決定了投資和消費兩方面的選擇。房地產市場的起落，很大程度上取決於地方政府是否具備城市規劃的遠見，能否維持良好的投資環境。在後毛的二十年改革開放期間，珠三角地方政府也進行種種刻意的、自我吹噓的活動，花樣之多，令人目眩，包括把被認為陳舊的社區一股腦鏟平的所謂舊城改造，以及重新舉辦地方民俗節誕。[57]

另外一些制度上的渠道，包括了地產發展商的資本實力、市場和銷售的網絡，以及銀行和法律事務所等等。他們的生意，與買房子的個人和家庭緊密相連。他們的創業故事苦樂參半，房地產早期發展的盲目狂熱給他們上了代價慘重的一課。今天，重新復蘇的房地產市場，不僅需要雄厚的財力和過硬的政治後台，更需要精心培養「消費」這種文化產業。結果，只有真正具備實力的公司，才能在房地產市場生存下來。文化意義和政治導向的循環流動，不僅在迎合、同時也在塑造著準業主的文化想像力和追求。發展商為了創造必要的形象，和當地媒體關係極為良好。粵港兩地的消費者，也熱心參與其中。

前文已指出，我採用了一種非傳統、多點民族誌的研究方法，以觀察一個正在形成的跨境文化景觀。通過人員、資本、影像以及意義的流動，什麼是全球的，什麼是區域的，什麼是地方的，也就一一被創造出來，為了追蹤這個過程，我自己也成為了這流動中的一分子。我感謝那

幾位香港中年主婦的慷慨,他們幾乎不知道我是誰,卻邀請我和她們到番禺度週末。[58] 和我一起乘大巴去珠三角樓盤的「睇樓團」成員,也將繼續感到疑惑,為什麼我這個陌生的中產人士會對他們的夢想住宅感到興趣。我曾經很討香港及內地房地產經紀的厭,他們不能理解我那些回答不了的問題,但至少也不認為和我聊天是浪費時間。我同時能夠感受到一些香港初級經理的憂慮,他們日益感到內地同行帶來的競爭壓力。女性專業人士更要擔心在跨境婚姻市場上輸掉。深圳某樓盤的一位來自上海的銷售人員,欣然在其僱主開發的高尚住宅區中安了家;與此同時,香港的大學畢業生也似乎精明地準備「北上」發展事業,接受挑戰。同樣令我興奮的,是陪我的朋友在廣州時代廣場為他們在市郊的新居選購裝飾品。有時候,我在香港、倫敦或紐黑文(New Haven)的精品店購物時,會覺得某樣東西也許會適合放置在他們飯廳的某個角落,也許那時他們正在細品我從倫敦商業區皮卡迪里(Piccadilly)的福南美森(Fortnum & Mason)買來的英國紅茶。廣東豪宅這不斷變動的文化景觀,反映生活在逐漸消逝的粵港邊界兩邊的不同人們,到底是怎樣帶著對世界、對國家、對區域的不同感知,去追尋他們的個人財富和夢想。

(楊美健譯,卜永堅、余國良校)

本文初稿發表於 2001 年 6 月 18–20 日在杭州舉行的學術研討會「把握中國:空間、地點、大眾文化」,我衷心感謝會議籌辦者。文章後來收入 Jing Wang, ed., *Locating China: Space, Place, and Popular Culture* (London: Routledge, 2005),現據此稍作修改。

註釋

1　Dorothy Solinger, *Contesting Citizenship in Urban China* (Berkeley: University of California Press 1999); Zhang Li, *Strangers in the City* (Stanford University Press, 2001).

2　Deborah Davis et al., *Urban Spaces in Contemporary China* (Cambridge: Cambridge University Press, 1998); Michael Dutton, *Streetlife China* (Cambridge: Cambridge University Press, 1998); David Fraser, "Inventing Oasis: Luxury Housing Advertisements and Reconfiguring Domestic Space in Shanghai," in Deborah Davis, eds., *The Consumer Revolution in Urban China* (Berkeley: University of California Press, 2000), pp. 25–53; Deborah Davis et al., "Introduction," in Davis, *The Consumer Revolution in Urban China*, pp. 1–22.

3　馮國劍：《貿易與投資：中國大陸、香港、台灣》(香港：商務印書館，1997)。

4　Ching Kwan Lee, *Gender and the South China Miracle* (Berkeley: University of California Press, 1998); Ngai Pun, "Opening a Minor Genre of Resistance in Reform China: Scream, Dream, and Transgression in a Workplace," *Positions* 8, no. 2 (2000): 1–25; 宋恩榮：《香港與華南的經濟協作》(香港：商務印書館，1998)。

5　Mayfair Yang, "Mass Media and Transnational Subjectivity in Shanghai: Notes on (Re) Cosmopolitanism in a Chinese Metropolis," in Aihwa Ong and Donald Nonini, eds., *Ungrounded Empires: The Cultural Politics of Modern Chinese Transnationalism* (Berkeley: University of California Press, 1997); Mayfair Yang, *Spaces of their Own: Women's Public Sphere in Transnational China* (Minneapolis: University of Minnesota Press, 1999).

6　Yunxiang Yan, "Of Hamburger and Social Space: Consuming McDonald's in Beijing," in Davis, *The Consumer Revolution in Urban China*, pp. 201–225; Jun Jing, eds., *Feeding China's Little Emperors: Food, Children, and Social Change* (Stanford: Stanford University Press, 2000).

7　Jianying Zha, *China Pop* (New York: The New Press, 1995); Claire Huot, *China's New Cultural Scene: A Handbook of Changes* (Durham, NC: Duke University Press, 2000).

8　Craig Calhoun, *Neither Gods Nor Emperors: Students and the Struggle for Democracy in China* (Berkeley: University of California Press, 1994); Elizabeth Perry and Jeff Wasserstrom, eds., *Popular Protest and Political Culture in Modern China*, 2nd ed. (Boulder: Westview Press, 1994); Aihwa Ong, *Flexible Citizenship: The Cultural Logics of Transnationality* (Durham and London: Duke University Press, 1999); Richard Kraus, "Public Monuments and Private Pleasures in the Parks of Nanjing: A Tango in the Ruins of the Ming Emperor's Palace," in Davis, *The Consumer Revolution in Urban China*, pp. 268–311; Nancy Chen et al., *China Urban: Ethnographies of Contemporary Culture* (Durham: Duke University Press, 2001); Arif Dirlik and Yudong Zhang, eds., *Postmodernism and China* (Durham, NC: Duke University Press, 2000).

9　參看Jing Wang, "On Popular Culture and The State," in *Positions* 9, no. 1 (Spring 2001)。王瑾強調，國家為維繫統治、抓住文化市場，有一套微妙的方針及操縱手段。關於後毛澤東時代中國日常生活中的「國家內捲化」概念，參

看 Helen Siu, "Socialist Peddlers and Princes in a Chinese Market Town," *American Ethnologist* (May 1989)；關於儀式，參看 Helen Siu, "Recycling Rituals: Politics and Popular Culture in Contemporary Rural China," in Richard Madsen, Perry Link, and Paul Pickowicz, eds., *Unofficial China: Essays in Popular Culture and Thought in the People's Republic* (Boulder: Westview Press, 1989), pp. 121–137；關於後毛澤東時代中國家庭問題，參看 Helen Siu, "The Reconstitution of Brideprice and Dowry in South China," in Deborah Davis and Stevan Harrell, eds., *Chinese Families in the Post-Mao Era* (Berkeley: University of California Press, 1993), pp. 165–188；關於後毛澤東時代民間節誕問題，參看 Helen Siu, "Community Festivals in South China: Economic Transformations and Cultural Improvisations," in Lo Chi-kin, Suzanne Pepper, and Tsui Kai-yuen, eds., *China Review* (Hong Kong: The Chinese University Press, 1995), pp. 1–17。

10　參看 Zhang Li, "Migration and Privatization of Space and Power in Late Socialist China," *American Ethnologist* 28, no. 1 (February 2001): 179–205。關於帝國晚期「商人」在宗族、商業和文人文化的互動中的作用，參看本書第十章。對於毛時代的權力及管理機制的早期研究，有一篇很好的概括，參看 Andrew Kipnis, "The Anthropology of Power and Maoism," *American Anthropologist* 105, no. 2 (June 2003): 278–288。

11　參看 David Faure and Helen Siu, "The Original Translocal Society and its Modern Fate: Historical and Post-reform South China," *Provincial China* 8, no. 1 (April 2003): 40–59。

12　主要由香港商人羅康瑞控制的瑞安集團，是香港一家上市公司。瑞安集團率先投資上海的私人豪宅、高端購物及消閒商場、私人會所。他們其中一個有名的項目就是「新天地」。其他在香港上市的主要開發商包括：長江實業、恆基兆業地產、恆隆地產、嘉里建設、新世界發展。

13　參看李永安：《有土斯有財──中山房地產投資指南》（香港：中國房地產投資顧問公司，1998）。這是一個提供給中國房地產投資者的典型指南。作者是香港和華南房地產投資顧問，以其親身經驗，提供了在投資者買樓時所要考慮的中國財產法律、稅收政策、市場和技術細節等基礎知識。這本書的意圖無疑具有商業性質，希望更多人買樓。

14　Akhil Gupta and James Ferguson, "Beyond 'Culture': Space, Identity, and the Politics of Difference," *Cultural Anthropology* 7, no. 1 (1992): 6–23.

15　Liisa H. Malkki, "National Geographic: The Rooting of Peoples and the Territorialization of National Identity among Scholars and Refugees," *Cultural Anthropology* 7, no. 1 (1992): 24–44; Liisa H. Malkki, "Refugees and Exiles from

'Refugee Studies' to the National Order of Things," *Annual Review of Anthropology* 24 (1995): 495–523.

16 Gupta and Ferguson, "Beyond 'Culture.'"

17 Fredric Jameson and Masao Miyoshi, eds., *Cultures of Globalization* (Durham, NC: Duke University Press, 1998).

18 David Harvey, *The Condition of Post-modernism* (Oxford: Blackwell, 1990).

19 Sharon Zukin, *Landscapes of Power: From Detroit to Disney World* (Berkeley: University of California Press, 1991); Dolores Hayden, *The Power of Place: Urban Landscapes and Public History* (Boston: MIT Press, 1995); Jameson and Miyoshi, *Cultures of Globalization*; James Holston, ed., *Cities and Citizenship* (Durham, NC: Duke University Press, 1999).

20 有關刻意的區域建構的過程,參看 "Introduction," in David Faure and Helen Siu, eds., *Down to Earth: The Territorial Bond in South China* (Stanford: Stanford University Press, 1995)。這些「區域」建構模式的主角,就是已經站好位置的行動者,他們的動機、盤算、定位形成互動過程。對於區域過程在理論上的展現,參看 Cartier Carolyn, "Origins and Evolution of a Geographical Idea: The Macroregion in China," *Modern China* 28, no. 1 (January 2002): 79–143。另參看 Cartier Carolyn, *Globalizing South China* (Oxford: Blackwell, 2001)。可作比較的研究,參看 K. Sivaramkrishnan and Arun Agrawal, eds., *Regional Modernities: The Cultural Politics of Development in India* (Stanford: Stanford University Press, 2003)。

21 參看 Anna Tsing, "The Global Situation," *Cultural Anthropology* 15, no. 3 (2000): 327–360,有關「全球」的概念如何被地方代理人定義的處理。

22 Neil Brenner, "Global, Fragmented, Hierarchical: Henri Lefebvre's Geographies of Globalization," *Public Culture* 10, no. 1 (1997): 135–167; David Harvey, *The Condition of Post-Modernism*; Arjun Appadurai, *Modernity at Large: Cultural Dimensions of Globalization* (Minneapolis: University of Minnesota Press, 1996); Arjun Appadurai, "Spectral Housing and Urban Cleansing: Notes on Millennial Mumbai," *Public Culture Fall* (2000): 627–651; Holston, *Cities and Citizenship*; Saskia Sassen, *The Global City* (Princeton: Princeton University Press, 1991); Sivaramkrishnan and Agrawal, *Regional Modernities*; Mark Purcell, "Citizenship and the Right to the Global City: Reimaging the Capitalist World Order," *International Journal of Urban and Regional Research* 27, no. 3 (2003): 564–590.

23 George Marcus, "Ethnography in/of the World System: The Emergence of Multi-Sited Ethnography," in *Ethnography Through Thick and Thin* (Princeton: Princeton University Press 1998), p. 79.

24 同上註，頁90。

25 在珠江堤岸的屋苑，讓我聯想到倫敦的金絲雀碼頭。這些高層大廈的住宅，每間面積大約140平方米，配置所有現代化設備，價格上百萬人民幣。在廣州郊區的二沙島，一個著名的香港開發商建立一批豪華住宅區，設有高牆、私人泳池和保安人員，價格高達2,500萬人民幣。

26 《明報》2002年1月的一篇報道顯示，上海的平均租金飆升，但香港的房租卻與去年同比下跌20%。〈滬商廈市道料跑贏香港〉，《明報》（2002年1月23日）。

27 有關香港對於房地產價格和銷路的爭論，參看2001年10月到11月的《明報》。最近的深圳政府土地拍賣會，讓開發商意識到土地價格飆升。雖然香港主要的開發商都有出席，但很少競投。拍賣會結束後，開發商預期，更多香港居民會回流到最接近深圳的低檔房產市場：新界西北。

28 〈盡快擴建過境設施應付人潮〉，《文匯報》（1998年4月6日）。

29 〈港人去年北上消費294億〉，《明報》（2001年4月24日）。

30 〈春節料逾六百萬人次過關〉，《明報》（2002年2月2日）。

31 常平鎮是九廣鐵路重要一站，其中有一屋苑是出名的「二奶村」。另一個著名的「二奶村」是臨近深圳的布吉，而且進出、居住或工作都無須證明文件。

32 香港政府最近一份報告表明，從1992年到2002年，在大陸工作的香港居民數目從64,000上升到240,000。這些人大部分都是經理級的人物，每月工資大約有15,000港幣。參看Census and Statistics Department, *Special Topics Report No. 35: Hong Kong Residents Working in the Mainland of China* (Hong Kong, 2003).

33 〈中國入世機會多，四成半人願北上〉，《蘋果日報》（2001年3月31日）。

34 關於香港人口變化的詳細統計分析以及對於未來的預測，參看Richard Wong and Ka-fu Wong, "The Importance of Immigration Flow to Hong Kong's Future"，這是由2022基金會贊助的有關香港人力資源的調查計劃報告，完成於2004年12月，未正式發表。

35 《廣東買樓王》，2000年9月，頁16–17。

36 參看劉型、彭炳清：〈惠州解放後的收容遣送工作〉，《惠州文史資料》，1995年第11輯，頁134–145。根據這篇文章，從香港遣返的「非法移民」，被關進惠州城內的臨時拘留所的人數暴增。劉型、彭炳清在另一篇文章〈解放後惠州的婚姻狀況〉，《惠州文史資料》，1993年第9輯，頁94–104中提及「與海外居民結婚」的人數增多，大部分都是當地女性跟回鄉男性結婚。

37 參看香港《文匯報》的每天移民名單，這些「配偶和子女」大部分都來自珠江三角洲東岸和西岸貧困的農村地區。關於這些移民家庭的居留住權問題，長期是香港立法會和公共媒體激烈爭議的話題。

38 關於該鎮的節誕，參看Siu, "Community Festivals in South China"。

39 參看《明報》(2000年8月29日)，A3版，〈大陸「爛尾樓」業主靜坐示威〉的
    報道：20個家庭在東莞、深圳、中山和惠州的爛尾樓中泥足深陷，因此在
    香港市中心持續24小時靜坐示威。據估計，爛尾樓的「苦主」大約在600至
    700人之間，涉及19個房地產項目，存在爭議的資金超過一億港元。

40 我很清楚地向他表明，我對豪宅和廣東新城市中產階級感興趣。

41 參看《大公報》(1999年8月28日)，B07版，〈物業代理：樓市已消化加息
    因素〉。每平方米的價格由1,200元到3,500元人民幣之間。

42 至於結了婚的職業婦女，她們看守丈夫的方法就是跟著丈夫，寸步不離，
    因此被戲稱為「根德夫人」，取其諧音「跟得」。

43 參見《明報》(1999年11月2日)，D02版，〈旺角商廈租市受惠〉，有關兼營
    內地房和香港鋪位代理的樂信國際主席蔡偉傑的訪問，其中很多觀點都具
    有促銷作用。

44 參見《廣東買樓王》的隨書附送刊物《深圳旅遊王》，2000年11月的輔助性
    資料。其口號大意是：「買度假屋，比住酒店還便宜」，這本雜誌包裝精
    美，目的是吸引香港人前去買樓，其中很多「報告」都必須放在這個脈絡裏
    來加以把握。

45 從羅湖到紅磡的列車經過上水、粉嶺兩站之後，乘客就少了一半。因為很
    多人從深圳買東西，然後在上水、粉嶺下車回家。

46 香港最近一部電影《少林足球》，很能說明問題。這部電影由香港著名喜劇
    演員製作，電影部分取景於廣州時代廣場，很受香港和大陸觀眾歡迎。《少
    林足球》有意識地模糊了香港和大陸的界線，而這界線在過去的香港電影
    中，都是被刻意強化的。

47 香港一家地產經紀行美聯物業，對準業主作隨機抽樣調查，調查報告發表
    於《廣東買樓王》，2000年10月，第17期，清楚反映香港準業主和大陸準
    業主對於深圳房地產市場偏好之差異。57%的受訪香港準業主傾向於購買
    羅湖區的房產，只有35%的大陸準業主有相同偏好。另一方面，52.2%的
    大陸準業主傾向於在福田區買房子，而只有7.7%的香港準業主有相同偏
    好；福田是深圳新區，有新的政府機關和文娛設施。這些數字大致能夠反
    映深圳的房地產情況。但是，美聯物業的目的是賣房子，其數據之搜集並
    不嚴密公正，這是我們要注意的。

48 參見深圳規劃與國土資源局的報告《深圳中區》。香港某個開發商把這份文
    件收進其房屋項目促銷包中。媒體也推測，這個開發商既然在2000年5月
    推出豪宅，則有關香港和深圳24小時通關的辯論，應該很快就有結果了。
    參看香港經濟日報發行的房地產專刊《置業家居》(2000年5月13日)，頁9。

49 參見深圳規劃與國土資源局編：《深圳中區》。

50 《廣東買樓王》，2000年10月，第6期增刊。

51 用當地術語來說，這就是「品牌效應」，又有「一條龍」，即由政府統籌基建，由開發商設計樓盤項目，由知名地產代理商進行管理、宣傳、銷售。這樣一條龍式的運作，規模大得多，顯示出政府和開發商決心洗脱前些年「爛尾樓」的污名。關於中原地產在這些活動的參與，參看〈中原集團逐鹿中原〉對中原地產（中國）行政總裁的專訪，載《廣東買樓王》，2000年9月，頁18–23。

52 該公司的一位行政人員得知我正在研究珠江三角洲的豪宅，遂邀請我一同參觀。

53 引文來自這個樓盤的推銷資料。

54 同上註。

55 香港的房地產代理商擔心，這樣意味著三千以上的香港買家被搶走，所涉及的資金達30億港元。參看《置業家居》（2000年5月13日），頁8。

56 Helen Siu, "Remade in Hong Kong: Weaving into the Chinese Cultural Tapestry," in Tao Tao Liu and David Faure, eds., *Unity and Diversity: Local Cultures and Identities in China* (Hong Kong: Hong Kong University Press, 1996), pp. 177–196.

57 Helen Siu, "Redefining the Market Town Through Festivals in South China," in David Faure and Tao Tao Liu, eds., *Town and Country: Identities and Perception* (St. Antony–Macmillan, 2002), pp. 233–249.

58 其中一位中年婦女，在香港市中心街道邊經營小商店，她和丈夫已在珠江三角洲買了兩套房子，一個供他們退休後使用，另一個供給她的兩個小孩（私人談話，香港，2000年12月至2001年12月）。她每次見到我，都友善地邀請我跟她的朋友一同去她的房子度週末。

第十五章

定位「香港人」和「新移民」

尋找「新移民」

　　數十年來民眾的跨境流動，造就了香港社會與中國大陸之間的密切聯繫。王于漸和王家富分析了人口統計紀錄，從中可見，這些人口流動從戰後幾十年間持續不斷，潮起潮落。在1996年，將近40%的香港人口是在香港以外的地方出生。[1]本章從人口統計紀錄中擷取一個片段，藉以檢視與近期從中國大陸移入人口的有關政策、假設和程序，並評估它們對香港現在和未來人文環境的影響。我集中探討兩波移民潮。第一波是在1970年代末至1980年代初越過邊界、進入香港的那批人，他們往往是非法入境，被稱為「新移民」，而且受到部分香港居民輕蔑。他們找到工作並融入香港社會，之後許多人返鄉結婚。在1990年代，他們開始把在大陸的配偶和年幼子女帶到香港，這些人成為第二波新來者。民間也把這一波移民浪潮俗稱為「新移民」，而自1990年代中起，政府當局把他們稱為「新來港人士」。這種標籤所蘊含的意義有點變化，從1980年代只表示差異，變為把這些人無情地視為社會的負擔。這兩波移民潮，在人力和社會方面為香港帶來複雜的問題。

　　用來為這些新來港人士下定義的語言是刻板的，僅從行政管理角度著眼。加上通俗說法所用的標籤，它們使人看不清移民、婚姻、家庭構成、跨境網絡和移動，其實是個複雜和不斷變化的過程。本文採

用循環流動（circulation）這個概念來剖析這些標籤，並探討人員、貨物和價值觀沿著管制時鬆時緊的邊界多方向流動。香港人是個變動不居的對象，本章想要處理它的定義，以及促進現今香港市民和新來者的策略性參與。

大難題，軟數據

在第二次世界大戰和中國共產主義革命之後的近十年間，香港經歷了反覆波動的跨境人口移動。但是，香港政府為了控制這個流動，在1950年與大陸當局協商實施配額制度。香港接收所有獲中國發出通行程的中國公民到香港定居，而這些通行證由中國審批和管理。圖15.1所示，人口在穩定上升，但從圖15.2可見，在這種上升的中間，出現反覆不一的流入和流出。

圖 15.1 香港人口估算（1948–1996）

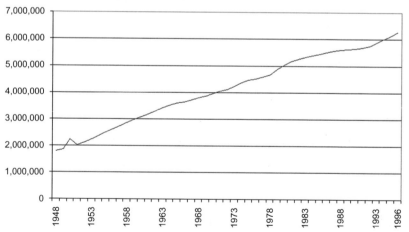

資料來源：整理自 Kit Chun Lam and Pak Wai Liu, *Immigration and the Economy of Hong Kong* (Hong Kong: City University of Hong Kong Press, 1998), p. 10。

圖 15.2 內地公民流入及流出香港人數（1948–1996）

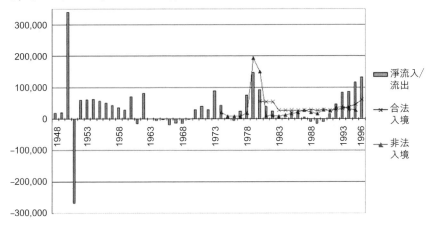

資料來源：同圖 15.1，頁 12。

　　在戰後幾十年，由於中國的重大政治變化，邊界時緊時鬆，大大影響了香港的人口情況。有兩次歷史節點，對於瞭解香港今天的人口面貌很重要。第一個是在毛澤東領導的共產革命後幾十年翻天覆地的歲月，中國閉關自守並限制跨境交通，此時土生土長的一代香港人成年，出現了獨特而本地化的香港文化和身份。戰後嬰兒潮世代成為此地冒升的中產階級，他們是形成「香港人」的核心。[2] 第二，從 1978 至 1981 年間，中國開始改革開放，並短暫放鬆邊境控制，約五十萬人進入香港，最終獲得居留權，這些人大多數是非法入境（見圖15.2）。

　　雖然香港過去一直是移民出入之地，但 1980 年代出現新的社會氛圍，以歧視態度看待這些湧入的移民。在那些自詡為香港都市社會一員的人眼中，新移民是鄉下人和窮人。傳媒把「阿燦」（來自中國大陸的土包子）和省港旗兵（來自廣州收錢犯案的罪犯）的形象廣為傳播。這些移民象徵幾十年孤立與積弱、搖搖欲墜的中國，他們一下子大舉湧來，焦慮不安的香港人把他們標籤為新移民，以表示他們在文化取向、社會地位和經濟水平方面與前代移民的差別。[3] 不過，這些新來者還是被吸收到香港經濟之中，充當基礎基建工程的勞動力。有些人成為了香港與華

南的中間人。他們取得的成就不一，而許多人在1980年代末至1990年代初回鄉結婚生子。

　　隨時日推移，審批中國出境通行證（單程證）的標準和數目時有改變。獲批來香港的理由主要是家庭團聚（見表15.1）。

表15.1　歷年單程證配額的情況

時期	配額	備註
1950年前	沒有配額	可自由出入。
1950年	150	港府引用《入境管制條例》，設立配額制度以限制由內地來港的華裔人士，廣東省居民不在此限。但措施在得不到中國政府的同意和配合下，無法有效執行。其後經中英政府磋商，中國終將每日「單程證」配額限制於150個。
1978年	150	配額雖為150個，但持單程證來港的中國公民增至每天310人。
1980年	150	中國政府再次將每日單程來港人數限制在150人。
1983年	75	經中英政府磋商後，單程證配額下調至每天75人。
1993年	75	配額沒有指定類別，但基本上有21個分配予子女。
1993年11月	105	單程證的每天限額由75人增加30個至105個。新增的30個配額平均分配予香港永久性居民在內地的子女，及分隔十年以上的配偶。
1995年7月	150	增加每天45個單程證名額至150個。新增的配額中，30個名額乃分配予在九七後可享香港居留權的港人子女（實施首年，0–5歲及16–20歲的合資格子女各獲15個配額），另外15個名額分配予分隔十年以上的配偶。
1996年7月	150	放寬子女專項名額的年齡限制，准許九七後可享香港居留權的6–15歲子女申請。放寬後，45個配額予在九七後可享香港居留權的港人子女，30個予已分隔十年的配偶，75個沒有指定類別。
1996年12月	150	在子女45個專項名額以外，再增加21個子女浮動專項名額，使子女名額增至66名，但每天150個單程證配額維持不變。
1997年7月	150	港方要求將子女專項名額增至90個，但未被內地接納。
1997年9月	150	將45個子女固定專項名額及30個配偶專項名額全部撥予廣東省，使廣東省的總單程證配額由104個增至108個，其中除兩類專項名額外，尚有33個非指定配額。

資料來源：一國兩制研究中心：《內地居民移居香港政策、現況的檢討及政策建議》（香港，2002），頁4。

在1980年代初,中國政府開始大量發出雙程證,供持證人到香港探親或做生意。許多持雙程證到香港的人都逾期逗留。從政府的統計概況和媒體上的形象所見,這些訪客和新移民似乎都是來港依親的婦女,她們的經濟條件差,缺乏就業市場所需技能,還有年幼子女的負累。她們是香港居民的配偶,而這些香港居民可以歸為幾個類別:在1980年代初獲得居留權的非法入境者;還有年紀較大的男性勞工,他們越來越想在邊界彼方尋找娶得起的妻子。[4] 他們的子女在1980年代末至1990年代中出生,許多人在等待獲批單程證到香港定居。他們來到香港後,與家人一同擠住在九龍老區和新界不大理想的地區(見表15.2)。

表15.2 按區議會分區劃分的內地來港定居未足七年人士比例 (2001)

排名	區議會分區	比例
1	油尖旺	7.9%
2	深水埗	7.3%
3	九龍城	4.8%
4	觀塘	4.8%
5	北區	4.7%
6	葵青	4.5%
7	荃灣	4.3%
8	黃大仙	4.1%
9	元朗	4.1%
10	西貢	3.3%
11	中西區	3.1%
12	東區	3.0%
13	屯門	3.0%
14	大埔	2.7%
15	沙田	2.7%
16	灣仔	2.6%
17	南區	2.0%
18	離島	1.9%

資料來源:政府統計處(社會分析及研究組):《人口普查2001主題性報告——內地來港定居未足七年人士》(香港,2002),頁51。

社會工作者認為，這批新來港人士得到的個人支援網絡很少。他們既不會說市區粵語，也不懂英語；兒童在學校遇上困難；夫婦之間的年齡往往相差很大，這增加了婚姻的壓力。直至幾年前，這些家庭通常都是「分隔兩地」，並且因為中國的官僚阻礙和貪污而變得不穩定。[5] 單親父母不得不辭去工作，並申請公共援助。大眾傳媒以煽情手法處理涉及新來港人士的家庭悲劇，但公眾對於他們仍然不感同情。政府部門和社福機構竭力提供支援，但它們所要協助的新移民家庭，似乎繼續受貧窮所苦，並飽受歧視。[6]

與此同時，香港與大陸之間的人民、貨物、服務和文化意象往來，出現大幅增長，香港居民視之為理所當然。他們日漸重新調整自己以便「北上」。香港的工廠遷移到中國，隨後是大量技術支援部門和熱切的消費者。專業人士和商店顧客加入商人、小工廠東主、承包商、運輸工人和學童的行列，成為定期通勤的人。深圳和珠江三角洲的房地產市場迎合香港家庭的需要，這些家庭想尋找買得起的度假或退休居所。每天往返兩地的人，令邊界變得模糊。

不過，「新移民」的標籤仍然存在於許多香港居民心中。由於傳媒以煽情手法報導最極端的家庭暴力和貧窮個案，令公眾認為這些案例普遍存在於領取社會福利人士之中。在經濟不景氣和政治不明朗的年代，公眾群情激憤是可以理解的。居港權問題引發的爭議，還有民眾對於2000年入境處縱火事件的反應，顯示本地人對這一波新移民心懷敵意。今天，公眾的反感反映他們對移民所持的看法，不只認為他們非我族類，更是社會負累。香港自1997年起經歷痛苦的結構轉型，中產階級深受其苦，缺乏安全感，對香港何去何從深感焦慮。

在「新移民」的標籤之下，有什麼複雜的構成和過程？1984年《中英聯合聲明》簽署後，中國政府發出規定，訂明哪些人在當時和未來合資格移居香港。五個類別之中，有四類是與家庭團聚有關。但是，這些規定的執行「協調不足，效率低落，缺乏透明度和問責性」，令輪候的家庭飽受痛苦，造就貪污舞弊，更導致鋌而走險的行為。[7]

《基本法》在1990年4月通過，當中第二十四條關於香港居民在內地出生子女的居留權，條文語焉不詳，爭議之處極多，觸發了一波又一

波的非法移民潮。孕婦逾期留港產子；有些父母聽到會有特赦的謠言，試圖把孩子偷渡到香港。全國人民代表大會常務委員會在1999年介入，以解釋《基本法》來結束爭議。香港居民在內地所生子女獲得永久居留權的資格受到更大限制(即子女出生時，父母必須有一方是香港永久居民)，而且發出單程證的權力仍然牢牢掌握在中國當局手中。即使這些港人子女擁有香港政府發出文件，證明他們擁有居留權，但仍要留在中國等候單程證。政策的反覆變化和由此引起的爭議，大大影響了這個地方的人文環境和與之相關的情緒。

「新移民」的社會構成

人口統計數據(1981、1991、1996)顯示，每一批來自大陸的移民都反映出政策的轉變。這幾批人各有其特殊的特徵、歷史和政治包袱，有各自獨特的社會和經濟構成。[8]

首先，內地移民大多來自廣東省，其次是福建省。不過，對比起1981年的情況，到了1996年時，相較於來自其他省份的人，來自廣東的比例日漸增加(見圖15.3)。

圖 15.3 合法來港內地公民來自的省份 (1991–1996)

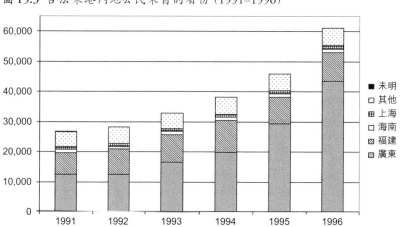

資料來源：同圖 15.1，頁 28。

其次，儘管合法移民的數目在這些年間都很穩定，但在1978至1981年間有大量非法移民湧入 (接近40萬；見圖15.2)。這批非法移民的社會構成不同於其他移民潮：他們絕大部分是來自農村的年輕男性，能說市區粵語的比例低於一般人口 (84%對98%)。在1981年的人口普查中，這批人被列為「近期移民」，但在1991年的人口普查中則被列為「較早期移民」。相較於1990年代來到的人，這些大多是非法入境的「較早期」移民教育程度較低，也缺乏技能，但他們的勞動參與率卻較高 (見表15.3)。

表 15.3 香港人口的勞動參與率 (15至64歲)

	本地人 (%)			前期移民 (%)			近期移民 (%)		
	1981	1991	1996	1981	1991	1996	1981	1991	1996
勞動參與率									
合計	66.5	72.8	70.4	63.8	66.3	65.2	85.3	66.3	61.0
男性	77.4	84.2	84.8	85.6	85.7	83.2	95.8	82.7	82.3
女性	55.7	61.1	61.1	40.2	41.9	43.1	69.9	58.0	48.4
不從事經濟活動									
合計	33.5	27.2	27.2	36.2	33.7	34.8	14.7	33.6	39.0
男性	22.6	15.8	15.8	14.4	14.3	16.8	4.2	17.3	17.7
女性	44.3	38.9	40.6	59.8	58.1	56.9	30.1	42.0	51.6

資料來源：同圖 15.1，頁50。

到了1980年代末至1990年代中，有另一批人加入這股移民潮定居香港，[9] 這批更為近期的移民，大多是三群香港居民的內地配偶和子女，這三群人是：在1960、1970年代於大陸娶妻的男性勞工；在1978至1981年間以非法途徑移居香港，之後返回大陸結婚的移民；以及年紀較大的男性勞工，他們同樣越來越多在大陸尋覓自己娶得起的妻子。[10] 1991年的人口普查顯示，有95,000名香港居民 (男性佔93%) 在內地擁有配偶，其中的男性超過403人是50歲或以上。這些香港居民有310,200名子女，41.7%是30歲或以上。[11] 根據香港政府為協助家庭團聚而提出的建議，單程證的配額調整過幾次。在1995和1996年，大部

分申請者要等候一至三年不等，不過輪候時間差異很大，顯示有大量違規的不正常情況。[12]

　　最後，與人口數據密不可分的是社會階級問題。政府統計處編製了三個關於擁有內地配偶的香港居民的專題研究，[13] 顯示有大陸配偶的香港居民呈增長趨勢（見圖15.4、15.5）。與一般香港人相比，這些居民的教育程度較低，大部分從事製造業和體力勞動工作（見圖15.6、15.7a、15.7b、15.8a、15.8b）。

圖 15.4 有內地配偶的香港居民數量（1991–1999）

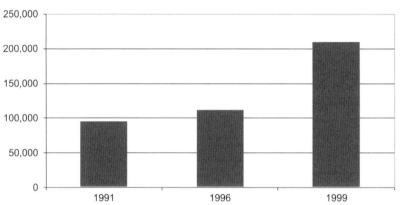

資料來源：整理自 Census and Statistics Department, *Special Topics Report No. 8* (1991), *No. 15* (1997), *No. 22* (1999)。

圖 15.5 跨境婚姻平均數量（1986–1999）

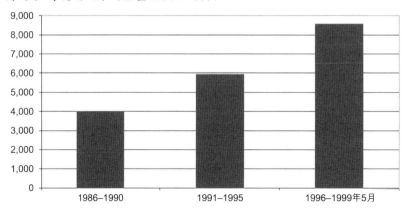

資料來源：同圖 15.4。

圖 **15.6** 有內地配偶者及香港一般人口的教育程度

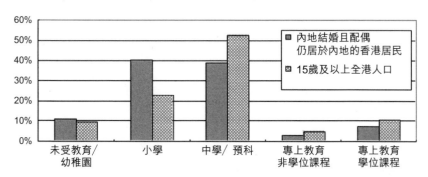

資料來源：同圖 15.4，以及 Census and Statistics Department, *1996 Population By-Census* (1997)。

圖 **15.7a** 在內地結婚且配偶仍居於內地的香港居民按行業劃分的就業總數 (1996)

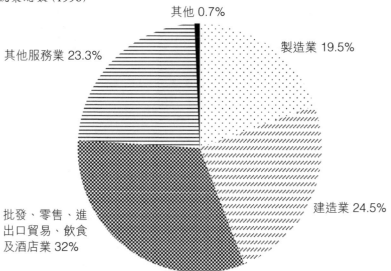

資料來源：整理自 Census and Statistics Department, *Special Topics Report No. 8* (1991)、No. 15 (1997)，以及 *1996 Population By-Census* (1997)；其他服務業包括運輸、倉庫及通訊業，金融、保險、地產及商用服務業，以及社區、社會和個人服務業。

圖 15.7b 香港居民按行業劃分的就業總數（1996）

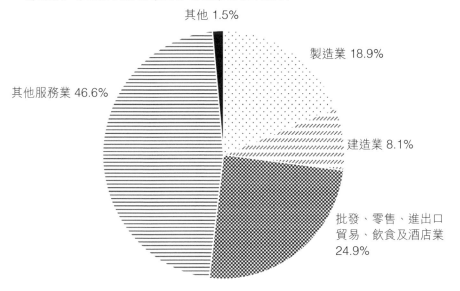

其他 1.5%

製造業 18.9%

其他服務業 46.6%

建造業 8.1%

批發、零售、進出口
貿易、飲食及酒店業
24.9%

資料來源：同圖 15.7a。

圖 15.8a 在內地結婚且配偶仍居於內地的香港居民的就業職位（1996）

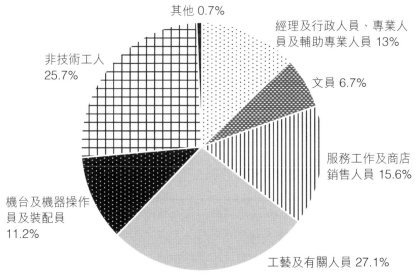

其他 0.7%

經理及行政人員、專業人
員及輔助專業人員 13%

非技術工人
25.7%

文員 6.7%

服務工作及商店
銷售人員 15.6%

機台及機器操作
員及裝配員
11.2%

工藝及有關人員 27.1%

資料來源：整理自 Census and Statistics Department, *Special Topics Report No. 15*
(1997)。

圖 15.8b 整體香港人口的就業職位 (1996)

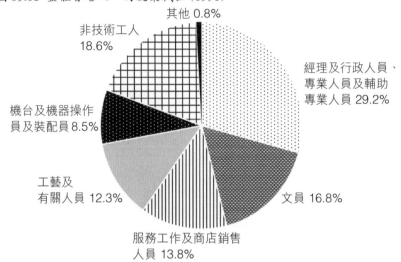

資料來源：同圖 15.8a。

　　政府統計處在1999年3月至5月調查了香港居民在內地所生子女數目，發表《第二十二號專題報告書》，顯示出清晰的趨勢。據估計，209,400名香港居民在內地生了286,300名內地子女；這些港人子女有七成是20歲或以上。這些發現也透露一個令人驚訝的數字——香港居民在內地所生的登記婚姻以外子女，估計有505,000人。雖然這項研究主要關於申請移民的資格，而非實際申請數目，但它確定了一點，那就是由於內地經濟越來越自由化，香港與中國之間的婚姻和家庭活動也隨之增加，形成了橫跨邊界兩方的複雜社會面貌。

　　在1978至1981年來港的那批非法移民所生的子女更為年輕，而且人數在1990年代不斷上升。事實上，在1997年7月剛過後，香港永久居民在內地所生子女的居留權問題再次熾熱起來，那時人民入境事務處估計共有35,000名兒童在輪候單程證，之後又把這個數字上調至66,000人，當中六成介乎6歲至15歲。林潔珍和廖柏偉僅根據廣東一省的內地兒童申請數字，就估計人數超過66,000。以當時每天撥給廣東省兒童的配額計算，輪候最久的可能要等六年半才能赴港。[14]

　　進一步的研究揭示了452,000名在1991至2000年間以單程證來港人士的家庭狀況：當中92%是香港居民的配偶（妻子佔93.9%）和子女（見圖15.9a、15.9b）。

圖 15.9a 以單程證來港人士的家庭狀況（1991–2000）

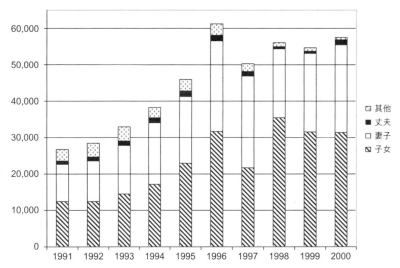

資料來源：整理自一國兩制研究中心：《內地居民移居香港政策、現況的檢討及政策建議》，頁64。

圖 15.9b 以單程證來港人士數量（1991–2000）

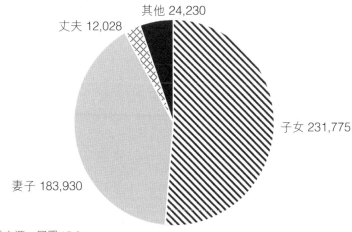

資料來源：同圖15.9a。

　　此外,從1991至2001年,香港近期移民(即未在香港住滿七年的人)的百分比由2.6%升至4%,合共266,577人(見圖15.10)。從人力資源的觀點看,相較於同一年齡層的本地人,這批在1990年代移居香港的婦女和兒童,教育程度較低、丈夫年紀較大,而且生育子女的數目較多。他們的勞動參與率也較低(44.2%對61.4%)(見表15.4、15.5、15.6、15.7、15.8、15.9a、15.9b)。會說粵語的百分比進一步掉到52.8%

圖 **15.10** 香港內地來港定居未足七年人士佔人口百分比(1991、1996、2001)

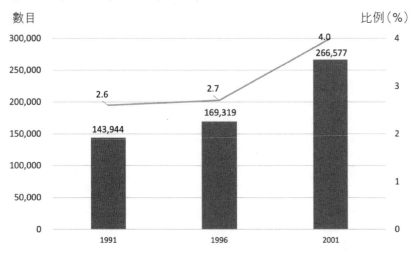

資料來源:同表15.2,頁14。1996–2001年數字根據「居港人口」數目編製;1991–2001年數字根據在人口普查時刻在香港的居民(包括暫時不在港的居民)的數目編製,1991年人口普查時的人口數字以這基礎計算為5,674,114人。

(1991年的人口統計) 和56.7% (1996年的人口統計),後來升至72.3%
(2001年的人口統計),但仍然低於本地人的89.2%。那些有工作的人繼
續做低薪的非技術工作,處於經濟等級結構的底層。根據這三次人口普
查,他們的家庭住戶每月收入中位數一直低於本地人。[15]他們的配偶有
不少人是從事正在消失的製造業,面臨結構性失業。從統計概況看,相
較於土生土長的香港居民,這批人的處境似乎很黯淡。

表15.4 能説選定語言/方言的5歲及以上內地來港定居未足七年
人士比例 (2001)

語言/方言	5歲及以上內地來港定居未足七年人士			5歲及以上全港人口		
	作為慣用語言	作為其他語言/方言	合計	作為慣用語言	作為其他語言/方言	合計
廣州話	72.3	23.2	95.5	89.2	6.8	96.1
普通話	2.4	47.0	49.4	0.9	33.3	34.1
客家話	8.0	7.3	15.3	1.3	3.8	5.1
福建話（包括台灣話）	5.2	3.1	8.3	1.7	2.3	3.9
潮州話	3.5	3.4	7.0	1.0	3.8	4.8
四邑話	2.8	2.2	5.0	0.3	0.9	1.2
上海話	0.6	0.8	1.4	0.4	1.1	1.5
其他中國方言	5.0	5.5	10.5	0.8	2.1	2.9
英語	0.1	13.8	13.9	3.2	39.8	43.0
其他	0.1	0.5	0.6	1.2	6.0	7.2

資料來源:同表15.2,頁23。數字不包括失去語言能力的人士。

表 15.5 按性別及教育程度（最高就讀程度）劃分的15歲及以上內地來港定居未足七年人士比例（1991、1996、2001）

年份	性別	未受教育/幼稚園	小學	初中	高中/預科	專上教育
內地來港定居未足七年人士						
	男性	3.3	18.0	37.4	28.4	13.0
1991	女性	13.7	27.2	30.6	23.3	5.3
	合計	10.3	24.2	32.8	24.9	7.8
	男性	2.4	17.0	35.4	28.6	16.7
1996	女性	8.2	26.7	31.4	25.8	8.0
	合計	6.4	23.7	32.6	26.6	10.7
	男性	1.5	12.6	46.0	30.6	9.3
2001	女性	8.3	29.2	36.0	21.9	4.6
	合計	6.7	25.3	38.4	23.9	5.7
全港人口						
	男性	7.1	26.0	22.9	31.0	13.0
1991	女性	18.5	24.3	15.4	32.4	9.4
	合計	12.8	25.2	19.2	31.7	11.2
	男性	5.1	22.7	22.7	32.5	17.1
1996	女性	13.8	22.6	15.2	35.1	13.3
	合計	9.5	22.6	18.9	33.8	15.2
	男性	4.6	20.4	22.5	34.8	17.8
2001	女性	12.0	20.6	15.6	36.7	15.1
	合計	8.4	20.5	18.9	35.8	16.4

資料來源：同表 15.2，頁 26。「高中/預科」數字包括於1996年中期人口統計同等教育程度（最高就讀程度）的「技術員」（其他專上教育以外的進修課程）及於2001年人口普查的「專業教育學院/前理工學院證書/文憑課程」。而在1991年人口普查，相近類別的「工業學院/理工學院證書/文憑課程」則包括在「專上教育：非學位課程」內。

表 15.6 按性別劃分的在勞動人口中內地來港定居未足七年人士數目（1991、1996、2001）

性別	1991			1996			2001		
	勞動人口	非勞動人口	勞動人口參與率(%)	勞動人口	非勞動人口	勞動人口參與率(%)	勞動人口	非勞動人口	勞動人口參與率(%)
15歲及以上內地來港定居未足七年人士									
男性	26,712	8,251	76.4	27,812	9,543	74.5	22,546	17,718	56.0
女性	38,779	33,854	53.4	37,416	45,453	45.2	54,022	78,926	40.8
合計	65,491	42,105	60.9	65,228	54,996	54.3	76,568	96,644	44.2
15歲及以上全港人口									
男性	1,742,271	470,676	78.7	1,925,095	586,759	76.6	1,948,976	762,011	71.9
女性	1,068,731	1,088,687	49.5	1,257,402	1,297,262	49.2	1,489,016	1,398,969	51.6
合計	2,811,002	1,559,363	64.3	3,182,497	1,884,021	62.8	3,437,992	2,160,980	61.4

資料來源：同表 15.2，頁 30。

表 15.7 按職業劃分的 15 歲及以上內地來港定居未足七年工作人士比例
（1991、1996、2001）

| 職業 | 工作人口比例(%) | | | | | |
| | 1991 | | 1996 | | 2001 | |
	內地來港定居未足七年人士	全港人口	內地來港定居未足七年人士	全港人口	內地來港定居未足七年人士	全港人口
經理及行政人員	4.9	9.2	8.5	12.1	3.0	10.7
專業人員	0.9	3.7	1.8	5.0	0.9	5.5
輔助專業人員	3.2	10.3	5.2	12.1	4.1	15.3
文員	10.3	15.9	13.5	16.8	10.9	16.3
服務工作及商店銷售人員	15.2	13.2	22.0	13.8	30.7	15.0
工藝及有關人員	15.7	14.7	14.7	12.3	11.0	9.9
機台及機器操作員及裝配員	24.0	13.5	8.3	8.5	4.1	7.3
非技術工人	25.4	18.6	25.3	18.6	34.9	19.5
漁農業熟練工人及不能分類的職業	0.5	1.0	0.7	0.8	0.3	0.3
合計	100	100	100	100	100	100

資料來源：同表 15.2，頁 33。

表 15.8 按行業劃分的 15 歲及以上內地來港定居未足七年工作人士比例
（1991、1996、2001）

行業	工作人口比例（%）					
	1991		1996		2001	
	內地來港定居未足七年人士	全港人口	內地來港定居未足七年人士	全港人口	內地來港定居未足七年人士	全港人口
製造業	48.0	28.2	25.3	18.9	10.4	12.3
建造業	5.4	6.9	7.8	8.1	11.7	7.6
批發、零售、進出口貿易、飲食及酒店業	31.2	22.5	42.9	24.9	51.9	26.2
運輸、倉庫及通訊業	3.4	9.8	5.4	10.9	4.0	11.3
金融、保險、地產及商用服務業	3.4	10.6	6.9	13.4	5.0	16.1
社區、社會及個人服務業	7.6	19.9	10.8	22.3	16.2	25.5
其他	1.0	2.1	0.8	1.5	0.7	1.0
合計	100	100	100	100	100	100

資料來源：同表 15.2，頁 34。「其他」包括「農業及漁業」、「採礦及採石業」、「電力、燃氣及水務業」等行業，及報稱的行業描述不足或不能分類。

表 **15.9a** 按每月主要職業收入劃分的 15 歲及以上內地來港定居未足七年工作人士比例（1991、1996、2001）

每月主要職業收入（港元）	工作人口比例（%）					
	1991		1996		2001	
	內地來港定居未足七年人士	全港人口	內地來港定居未足七年人士	全港人口	內地來港定居未足七年人士	全港人口
0–5,999	86.7	57.2	40.9	20.4	43.3	18.7
6,000–9,999	10.4	25.5	38.1	31.7	40.2	24.5
10,000 或以上	2.9	17.3	21.0	47.9	16.5	56.8
合計	100	100	100	100	100	100
每月主要職業收入中位數（港元）	3,600	5,170	6,500	9,500	6,000	10,000

資料來源：同表 15.2，頁 35。

表 **15.9b** 有內地來港定居未足七年工作人士的家庭和所有家庭的家庭月收入中位數（1991、1996、2001）

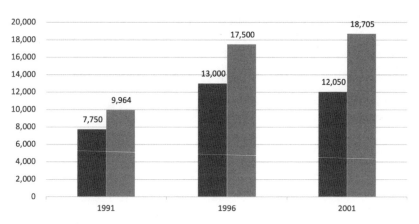

■ 有內地來港定居未足七年人士居住的家庭住戶　　■ 全港家庭住戶

資料來源：同表 15.2，頁 40。

統計數據以外

繪製區域圖像

　　大多數香港人視新移民為「鄉下人」。這是來自中國的歷史包袱，在毛澤東時代，中國農民在行政和實質上被圈限於鄉村集體經濟，沒有什麼社會流動的機會。改革開放後，中國「流動人口」的數目在2002年達到1.2億以上，改變了中國沿海城市的社會面貌。然而，他們深受城市人歧視，令中央政府要一再推出政策干預。[16] 不過，這個歷史包袱沒有令新來港人士容易地適應香港城市。雖然許多人就業而且很有生產力，但仍因為他們的鄉土氣和口音而被標籤為「新移民」，而且本地人對他們抱有很大敵意。

　　他們雖然都被認為「土里土氣」，但生活處境卻差之天壤。我在廣東和福建進行田野考察時，見到一些社群很有辦法，另一些則癱瘓無力，這種情況給我印象很深。由於這兩省是許多香港新移民的故鄉，若能摸清他們的文化底蘊，肯定有助釐清移民的困境。在毛澤東時代結束後，香港傳媒已能輕易進入華南某些地區，因此，來自珠江三角洲區域核心（如廣州、佛山、南海、番禺、中山、順德、東莞部分地區等城市）的移民，長久以來就接觸到主流「香港生活」。[17] 這裏也有多樣化的移民歷史，以及再度興旺的商業往來。他們在香港有已經落地生根的親戚，而市區粵語也不是很大的語言障礙。來自福建的移民可能較難適應香港社會的粵文化，但他們與同鄉建立了網絡，而同鄉亦提供互助的資源。[18] 來自珠江三角洲東部和西部邊緣（例如台山、開平、新會、江門、惠州、惠陽、汕尾、河源、清遠等城市）的人擁有的網絡較少。許多人是1978至1991年間由廣東省最貧困和鄉下的地區（講客家話、福佬話和四邑話的地區）以非法途徑移居香港，他們的人生經驗都是在農村。

　　香港新移民來自哪些地區？他們以哪些不同的方式適應主流香港生活？我的團隊訪問了香港和中國內地的政府單位、非政府組織和社工，

嘗試藉以得出微觀的民族誌資料，以補人口統計數字之不足。[19] 這些前
線組織與這些新來港人士保持緊密接觸，並且敏銳地觀察到新來港人士
不斷變化的構成。此外，從2001年1月起，我的團隊就一直蒐集刊發
在香港《文匯報》上有關廣東和福建每天150個來港配額的數據。截至
2004年6月，我們共收集到126,329個個案資料。

《文匯報》列出九個新來港人士移居香港的理由（見表15.10）。一如
所料，獲發單程證來港的人士，仍以港人的配偶和子女最多。然而，我
們將近期的新來港人士做地域分類，得出一些有趣的發現：圖15.11和
表15.11顯示，他們來自三組城市。第一，年齡較大的子女和配偶來自
1949年前的商業重鎮，這些地方素有民眾離鄉外移的歷史（廣州、佛山
和江門[四邑]）。第二，較年輕的子女和配偶來自珠江三角洲農村地區
邊緣的新興城市，這些城市是多次非法移民潮的源頭（惠州、汕尾、清
遠、東莞部分地區、深圳[寶安]和江門沿海）。第三，自1997年起，他
們也來自供應全球製造業的繁榮新城市（深圳、東莞）。

表15.10 廣東省及福建省批出赴港定居單程證名額
（2001年1月1日至2004年6月30日）

類別	男	女	沒標明性別	總數
1. 夫妻團聚	3,055	46,573	3,945	53,573
2. 照顧無依靠父母	2,897	1,195	0	4,092
3. 無依靠老人投靠親屬	309	1,190	21	1,520
4. 無依靠兒童投靠親屬	4,123	4,923	194	9,240
5. 繼承產業	0	1	0	1
6. 香港永久居民子女	23,129	26,030	39	49,198
7. 夫妻團聚攜帶未成年子女	4,105	3,796	576	8,477
8. 照顧父母	149	74	0	223
9. 認養子女	2	3	0	5
總數	37,769	83,785	4,775	126,329

資料來源：整理自《文匯報》（2001年1月1日至2004年6月30日）。

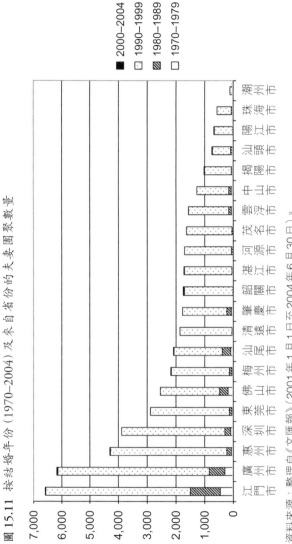

圖 15.11 按結婚年份 (1970–2004) 及來自省份的夫妻團聚數量

資料來源：整理自《文匯報》〈2001 年 1 月 1 日至 2004 年 6 月 30 日〉。

表 15.11 香港永久居民子女及夫妻團聚攜帶未成年子女

年齡	0–5歲	6–10歲	11–15歲	16–20歲	21–25歲	26–30歲	31–35歲	36–40歲	41–45歲	46–50歲	總數
潮州市	45	14	7	5	5	5	5	5	5	4	100
陽江市	145	67	26	8	1	3	7	4	1	1	263
珠海市	241	91	65	32	18	39	60	40	5	4	595
韶關市	438	73	30	10	0	3	10	20	10	2	596
揭陽市	186	181	145	40	8	12	14	11	5	4	606
湛江市	341	143	49	24	3	10	14	14	10	3	611
茂名市	549	136	47	5	7	9	7	3	2	0	765
雲浮市	263	119	73	23	37	95	92	115	69	11	897
清遠市	457	169	46	10	5	43	82	78	46	0	936
汕頭市	167	169	103	44	31	145	154	97	29	3	942
中山市	313	143	154	66	43	152	161	86	22	5	1,145
河源市	709	433	101	25	4	3	17	11	7	2	1,312
梅州市	589	229	124	44	46	129	178	199	79	5	1,622
東莞市	1,034	566	354	133	60	253	246	174	78	9	2,907
肇慶市	449	320	183	54	97	374	597	602	263	12	2,951
汕尾市	518	1,056	1,213	411	132	214	208	98	54	6	3,910
廣州市	1,538	672	389	143	65	258	428	608	393	87	4,581
惠州市	1,938	1,487	1,047	325	136	304	314	130	52	4	5,737
佛山市	696	469	290	191	177	939	1,321	1,180	468	20	5,751
深圳市	1,611	1,146	700	500	227	663	687	302	78	11	5,925
江門市	1,413	1,321	970	499	484	1,946	2,434	2,209	750	28	12,054
總數	13,640	9,004	6,116	2,592	1,586	5,599	7,036	5,986	2,426	221	54,206

資料來源：同表 15.10。

如果把廣東城市的整體經濟地位(以人均收入、教育水平和都市化
程度來量度)來為這些地域分類，就會知道這些新來港人士(1997年後
來港的一批除外)是來自廣東省的邊陲地帶。[20]如果政府想有效為這些
新來者在到港前提供適切幫助，又或是在他們來港後強化他們的地區網
絡支援，那麼，摸清他們來自何處就顯得很有必要；這使我們擺脫對他
們的僵化標籤，並提供更準確的背景，有助我們瞭解新來港人士的困境
(表15.12)。

表15.12 廣東省城市基本情況 (1990)

	非農業人口		人均國民收入		教育程度		綜合 排名
	%	排名	人民幣	排名	%	排名	
深圳市	62.6	1	4,785	1	25.5	2	1
廣州市	57.5	2	3,721	5	26.9	1	2
珠海市	43.6	3	3,740	4	19.9	3	3
佛山市	34.9	4	4,109	2	12.2	6	4
韶關市	30.3	5	1,620	9	13.4	4	5
中山市	24.3	6	3,511	6	9.8	9	6
江門市	26.5	7	2,222	7	11.9	7	7
東莞市	23.4	10	4,078	3	8.6	14	8
惠州市	23.6	9	1,768	8	9.6	11	9
潮州市	23.7	8	1,563	10	8.8	13	10
湛江市	18.2	14	1,515	12	11.1	8	11
肇慶市	15.2	15	1,517	11	9.5	12	12
梅州市	14.4	17	858	18	13.0	5	13
茂名市	12.2	19	1,238	13	9.7	10	14
汕頭市	18.8	12	1,130	15	8.3	16	15
陽江市	18.5	13	1,172	14	7.9	18	16
汕尾市	20.6	11	889	17	5.3	19	17
清遠市	14.9	16	1,126	16	7.9	17	18
河源市	13.1	18	715	19	8.5	15	19

資料來源：整理自廣東省統計局編：《廣東統計年鑑1991》(北京：中國統計出版
社，1991)；廣東省人口普查辦公室編：《廣東省1990年人口普查資料》(北京：中
國統計出版社，1992)。「教育程度」為各市6歲及以上人口中接受高中或大專教育
的百分比。

1997年後的「新移民」

《文匯報》的資料也突出在1990年代末從廣東省五個最商業化、工業化和城市化的城市(廣州、佛山、深圳、江門和惠州)來港的大批移民。這些人許多長年任職建築工人和工廠熟練技工,生產紡織品、輕工業產品和高科技設備,供應全球市場。有些人進入蓬勃的服務業,不但接觸到香港媒體,也接觸到形形色色決心從香港「北上」的通勤者。[21]

在2003年,有238,200名香港人在中國內地工作,大部分在廣東省(88%),擔任各種專業、製造業、銷售業和服務業職位。[22] 他們與外來民工結婚,其結果是新一波來自內地的配偶,他們更多是以城市為家的一群,而且有在工廠工作的經驗,門路廣、辦法多,擁有人際網絡。前線組織的人員察覺到他們的服務對象屬於這一批新來者,他們來自不同省份,而且來過香港無數次,會說市區粵語,在內地有他們不大願意放棄的工作和家。

在2007年2月,香港特區政府公佈2006年的中期人口統計,顯示出跨境婚姻數目上升的清晰統計趨勢。從結婚對象的年齡和經濟情況可見,這些婚姻和十年前締結的截然不同。在1996年,香港男人的六萬宗登記婚姻中,娶內地新娘的有24,000宗。而七百宗個案繼續涉及50歲或以上的男人,這些跨境婚姻中男性的年齡中位數是38.7歲,女性則是28.5歲。一個有趣的發現是:在1996至2006這十年間,香港女性嫁給內地男性的數字躍升2.5倍,而娶內地女性為妻的香港男性則增加14%。[23]

展望將來

中國變化步伐之快,超乎想像。可以預見,在未來二十年,在香港與內地之間流動的人口會越來越多。由於《內地與香港關於建立更緊密經貿關係的安排》(CEPA)擴大,以及整合泛珠江三角洲地區的計劃,跨境往來者不再局限於來自東莞工廠的勞動階層家庭,可能還包括初級

管理者和技術人員,這些人擁有住在香港和中國內地城市、從事專業工作的配偶。他們的家庭成員組成、價值觀、事業前景和消費行為,將迥異於那些在1990年代來到的、和我們今天所見的新來港人士。

令邊界變得模糊的因素,不只是資金和貨物的流動,還有移入者、移出者、通勤者和跨境消費者所帶來的文化意義交流。馬傑偉指出了這種跨境創意產業的交流,以及它如何影響生活方式。[24] 前往珠江三角洲和廣州的人,見到越來越多由跨國企業經營的大型商店。我早在2001年就參加了廣州百佳超級市場的盛大開幕儀式。這件事對於日常生活的文化變遷很有啟示作用。我看到一批又一批渴望前來參觀這個超級市場的本地顧客。早上有帶著孫子的祖母;午飯時間湧來一大群辦公室的上班族;到了傍晚時分,我見到坐地鐵回家途中來採購家庭用品的夫婦。這些商店生意興隆,它們很有策略地迎合不同類型的家庭。顧客帶走的不只是貨品,還有商店推廣的意念:健康清潔的環境、高科技的管理、優良服務,以及前所未有的選擇。這些顧客可以找到各地的食物、日本壽司、法國紅酒和英國芝士。伴隨消費而來的是新的文化價值觀、家庭生活方式、品味和渴望。今天在廣州,想吃快餐順理成章就去麥當勞,星巴克和宜家家居大受年輕人青睞。要是這些顧客來香港探訪或定居,可想而知是難以符合過去十年大部分公眾心中的「新移民家庭」形象。問題是:有關人力資源的政策思想是否瞭解到這些實際發生的新事實,並且發揮足夠的靈活性,以同時考慮來自農村移民的歷史包袱,以及越來越富裕的城市通勤者的需要。[25]

政策影響

包容的文化語言

我已指出,我們必須努力消除「新移民」在民眾心中和大眾傳媒上被化約的形象(經濟上處於弱勢、土裡土氣、貧窮和適應不良)。另外,

政府機構對待這些新移民時所採取的處理方式（視之為社會問題、社會福利和服務的對象，並且是控制和管理的目標），雖然立意良善，但頗為僵化，須予以質疑。至今蒐集到的數據描繪了一段複雜和有所差異的歷史。瞭解這段歷史，有助政府以具前瞻性和有策略的方式改善移民法規、家庭和福利服務、教育和就業訓練。我們預料這個地區會有更多家庭成員因人生不同階段的不同需要而往來流動，所以必須重新思考「邊界」和「移民」作為分析和行政概念的意義。

近年來，政府使用「新來港人士」一詞，它事實上可能與大眾心中的「新移民」概念有很大差異。這個官方用詞所依據的是法律和行政標準：那些憑單程證進入香港而未住滿七年的人。政府藉著兩項調查追蹤新來港人士，得出有關他們的社會學輪廓特徵，一項調查是新來者入境時所做，另一項則是民政事務總署在這些移民申請身份證時所做。由此集得的數據，與人口統計數據和專題報告相輔相成。

機構和學者都認為，一個特定群體被視為「新來港人士」，從性別、年齡、收入、教育程度、職業、婚姻狀態等實質數據，可以得出他們的社會學輪廓特徵。調查也問到籍貫，通常是指行政區（如廣東、福建和上海），偶爾也會問及方言（以促進兒童的學校教育）。跨境來港後不久即向政府和非政府組織求助的新來港人士，通常可以經由社區中心、學校和社會福利機構找到他們。這是這個故事中清晰可見的部分。

政府的主要關注是令新來港人士盡快融入本地社會，背後的假設是：隨時間過去和有適當的支援，任何適應問題都能夠減輕。學者和社工建議了林林總總的方法來加快這個過程，包括：與學校合作，協助在語言方面遇到障礙的兒童；為缺乏足夠技能的人提供短期再培訓課程；推出家庭服務和加強社區支援網絡，幫助有需要的單親父母。政府嘗試說服內地當局調整配額制度，以加快家庭團聚，並使移居香港的兒童能盡早在本地接受教育。

另外有一個較不那麼清晰可見的故事，更為複雜和煽動人們的情緒。如果我們應用歷史角度，把重點放在排他性的文化語言在何時、為什麼和怎樣被運用，我們結果可能得出被稱為「新移民」的不同的目標人

群。那些被貼上侮蔑形象的人，可能不是新來港人士，有些人無論在香港住了多少年，由於他們土氣的行徑和缺乏教育，一直無法融入社會。他們繼續被僱主和公眾特別針對，視之為「新移民」。另一方面，一些來自珠江三角洲繁榮城市地帶的人，在取得香港身份證後幾乎馬上就融入社會，無需任何公共援助。他們合資格申請入境，但決定按兵不動。也有些人以非法方式來港，而且可能面臨適應的問題，但他們從沒出現在官方紀錄或公共援助網絡中。若以這種方式來看「新移民」，我們就不能用合法居留權地位或到達香港的時間來界定他們。此外，他們逗留的時間長短無助於解決這些問題，也不會減少公眾對他們的偏見。今天，香港逐漸融入中國內地，尤其是泛珠江三角洲地區，這帶來新的跨境模式。這種歷史背景對於評估香港現在和未來的人力資源十分相關，特別是新來港人士的家庭需要，以及他們可以有什麼貢獻。在此刻本地居民缺乏安全感和覺得受威脅之時，當務之急是如何培養包容的語言。

事實上，包容文化應當擴大，不應局限於對待大陸移民。艾爾敦（David Eldon）和陳志武一再強調北望神州十分重要，但必須與香港的全球視野相配合。如果香港想強化其金融中心地位，它所需的勞動人口就必須從內心欣賞這個城市作為兼容並包、海納百川的空間，而且不同於區內的其他競爭者。為了加入全球經濟，中國改革者迫切需要國際化的專業實務和眼光。香港憑著獨一無二的歷史網絡，應當有能力提供這種資源。[26] 要在新的中國世紀參與其中，香港必須敢於與眾不同。

如同 Hong Kong Mobile 一書內幾章所顯示，香港歷來是「流動的空間」，商品、人才、資金和文化資源在此地往來流通，而她則從中得益。在此過程中，香港建立了完善的制度作為支柱。無論是吸引海外專業人才，還是培養來自內地的新移民兒童，都將有助香港人明白令一代代香港人按照自己的條件面對中國和世界的情況。這是從歷史教訓中學到的「靈活定位」（flexible positioning），本地居民從這些歷史教訓中培養各種內地資源去面向世界，又利用世界的資源來向北方邁進。[27]

這是「一國兩制」的精髓。在今天急速轉型的環境裏，明確知道應在哪裏劃下界線，哪些人是中介人，應鼓勵什麼樣的制度和專業實務，

應開拓哪些文化視野，全是重新界定寬鬆的邊界的必要步驟。在宏觀的政治方面，大家要超越意識形態掛帥的分類，以瞭解香港的殖民過去和後改革中國的差異。在微觀的日常生活層面，大家需要對抗排他性的文化語言，這種語言瀰漫在大家如何建構「新移民」的概念和怎樣對待他們。如果我們追求的目標是開放性，那麼香港現存的制度和商業實踐若能繼續公開透明、管理完善而且可追究責任，就可以提供有吸引力的環境，吸引全球各地人才前來工作，並且吸引新移民到來，與土生土長的人一同培養成長。

有什麼路向圖？

如果放眼全球的專業人士和正在變化的新來港人士，是香港向北方邁進的關鍵經濟和文化中介者，那麼現在就有兩條路線。一條關乎結構，另一條關乎地理－區域。結構性路線是為協助香港的多種族專業人士聯繫內地越來越富裕的城市中產階級，因為後者需要優質的服務。CEPA有助專業界別加快這個過程，而且著重點應放在金融、後勤、法律、測量和會計服務。此時，這種城市協同發展集中於中國沿海城市，如大連、上海、北京、廣州和深圳。內陸省份的城市正急起直追，並為這種城際互動提供巨大潛力。泛珠三角的概念就是典型例子，而近期舉行的經濟高峰會，其目標是令香港的發展計劃配合中國的計劃，這次會議的精神也是希望在整合之時，充分發揮地區獨特性。[28]

所謂關乎結構的路線，同樣可以應用於地理路線。盱衡大局的思維需要對毗鄰地區有更為透徹的文化觀和歷史觀，而這些地區是大多數新移民的故鄉。第一，歷史上的珠江三角洲東部和西部是兩個不同的世界。西部沿著西江有正在發展的城市帶，廣州、佛山、番禺、順德、中山、珠海和江門是歷史上相聯繫的節點。在東部，東江流經東莞部分地區和惠州，但深圳和這些東部城市在歷史上並無商業或文化聯繫，而且被客家農村山區所環繞。

第二，兩個地區有不同的發展取向。東莞和深圳被視作經濟奇跡。

東莞靠著台灣資金、勞力密集的工廠制度，以及來自內陸省份的廉價勞動力而興旺發展。深圳作為經濟特區，極大地依賴於行政干預。農民工數目非常多(數以千萬計)、財富的追求很狂熱，節奏快速的生活令人喘不過氣來。但收入差距很大，而且本地社會參與很少，社會問題沒有獲得足夠的關注。在外觀現代化的工廠、高速公路、色彩繽紛的廣告板和哥爾夫球場以外，公民社會仍遙不可及。[29]

珠江三角洲西部的城市，由於幾百年來在商業、宗族、社群、語言和禮儀方面的聯繫，歷史上與香港和澳門緊密連結(並且通過西江沿江的城市連接至中國西南)，經濟多樣化。這個地區工業蓬勃，並擁有國內市場。在過去十年，這些城市大力建設基礎的交通運輸設施，並轉以服務業為主，以配合正在興起的都市帶，因此要爭奪本地匱乏的專業和技術人才。即使經濟最發達的城市，也知道自己過去太集中在本地資本和國內市場，現在想要建立全球聯繫。城市的領導加快把非本地人納入到往往受嚴格保護的都市地區，省政府和大學正大量派出人員到海外受訓。本地社會的每一層次都參與到這個過程，並因此而變得更加堅實壯大。在如廣州這些核心城市，居民利用選舉和法律方法去保障自己的財產權。[30]

大家不應忽視正在崛起的廣州中產階級(許多是來自北方城市的大學畢業生和獨立創業家)的生活方式。他們是一股動態勢力，享受各種選擇，包括豪華住宅、超級市場、私人汽車，以及週末時到鄉郊休閒度假村旅行。他們也消費照搬自國際傳媒的文化意象。許多人家中擁有多台電腦和手提電話。最近，他們加入其他中國城市人的行列，到香港大舉購物。廣州的人均可支配收入居於全國前列，消費需求急速轉向高級文化產品和服務，似乎有可能培養與香港人一致的共同文化語言。[31]

分析意義

我在本文不以行政分類，而以言說分類來界定目標人口，並且揭示僵化標籤背後的複雜歷史和情感，目的是讓政策關注與學術研究相結

合。不同的歷史時刻，把來自中國內地的移民變成香港人。他們的人生、抱負、文化資本和重大舉措匯聚交融，充實戰後香港的人文面貌。它們錯綜複雜的生活經驗，是促進香港成功的要素，但也很脆弱。跨境婚姻在未來將繼續塑造香港的人力資源。這些變動不居的對象十分複雜，大抵不是政策制定者一直用來界定人口的那些分類所能涵蓋。我們需要能反映邊界動態過程和流動本質的分析工具。

如果重視過程的取向是重要的，大家就必須問，對於香港這種結構不斷急速變化的城市，該如何看待作為「地方」的香港，以及作為「人口」的香港人。如冼玉儀所說，香港歷來是「流動的空間」，[32] 在處理香港居民的身份時，大概不能以靜態的物理或行政界線來定義。反之，大家欣賞不同的世代如何賦予香港多重意義，這個香港既是法律上的居所，也是謀生和發跡的來源，是寄託核心價值、家族歷史和記憶的重要地點，並且是前往其他地方的跳板。凸顯這些歷史層次和情感如何構成幾百萬居民的特質很有用處，這些居民的策略有企業精神，他們的文化構成隨情況而變化，又勇於爭取公民權利。

疆界是一種參照框架，有助於分類和安排次序，從而塑造社會生活。[33] 當疆界的維持出現新的形式和意義，我們該如何重新評估社會生活的流動，以及它的複雜性和矛盾？我們促請政策制定者探討與文化、歷史和論述因素有關的準則。如果他們想以家庭橫跨邊界兩方的「新移民」為對象，想靠鼓勵這些家庭向北方流通、擴大香港的覆蓋面，想追蹤可以造成很高公共衛生風險的邊緣化人口，並想與中國內地和海外的香港移民家庭結成網絡，這點就尤其相關。

世界城市空間的本質，為重新思考邊界和疆域再添一個向度。聯繫世界的能力，也會帶來波動性。[34] 香港有蓬勃的公共文化賦予她特色。人們既從建築硬件、也從社會活動的軟件獲取意義，後者包括：家族和宗教儀式、本地人和訪客的炫耀性消費、社群節慶、表演藝術、電影和媒體上的形象，以及示威遊行。這些事件互相交織，為日常生活增添色彩和節奏，並令全球矚目。維多利亞公園的六四燭光晚會、七一示威遊行，以及韓國農民在香港街頭策動的反世貿抗爭，都是少數值得注

意的例子。更多事例會被以數碼化的速度和一覽無遺的方式，發送到世界。政府大量投資於加強聯繫性，並對控制和穩定的問題感到焦慮，這完全可以理解。問題是如何把一個動蕩的全球化城市景觀，變為凸顯這個地方獨特優勢的場域。香港若要創造公平和公開的「空間」吸引人才，就需要健全的制度和包容文化。這些都是為香港多元化的人力資源定位的基本原則，這些人力資源包括外僑、學生、外籍勞工、訪客、土生土長的人，以及新來港人士。

總之，香港人的重新定位，可以是珠江三角洲不斷變化的人力資源地圖的一環。珠江三角洲東、西部之間的差別，以及新移民和廣州中產階級情況的差別，凸顯出城鄉差距是中國面臨的大難題。香港人（土生土長或者新來港人士）的關鍵舉措，能有助消除這個差距，並為所有相關的人培養一個有教養、從容自信和兼容並蓄的地區。此刻的香港或許缺乏上海那種炫目的硬件，人才也不及上海眾多。但要強調的是，香港現有的典章制度可以把此地的硬件和軟件整合，創造可以預測的結果，和意想不到的驚喜。

（林立偉譯）

本文原載於 Helen F. Siu and Agnes S. Ku, eds., *Hong Kong Mobile: Making a Global Population* (Hong Kong: Hong Kong University Press, 2008), pp. 117–147，稍經更新修訂成為此章。筆者感謝余國良在田野工作、數據蒐集和編輯方面提供的寶貴協助，王家富和蔡小慧在量化數據方面提供不可或缺的技術指導。

註釋

1 Kit Chun Lam and Pak Wai Liu, *Immigration and the Economy of Hong Kong* (Hong Kong: City University of Hong Kong Press, 1998), p. 1.

2 見 Helen Siu, "Remade in Hong Kong," in Tao Tao Liu and David Faure, eds., *Unity and Diversity: Local Cultures and Identities in China* (Hong Kong: Hong Kong University Press, 1996), pp. 177–196；Central Policy Unit, *Hong Kong Identity and Social Cohesion* (Hong Kong, 2002)。另見 David Faure, "Rethinking Colonial Institutions, Standards, Life-Styles and Experiences," and Bernard Hung-

kay Luk, "Education Reforms and Social Mobility," in Helen F. Siu and Agnes S. Ku, eds., *Hong Kong Mobile: Making a Global Population* (Hong Kong: Hong Kong University Press, 2008), pp. 231–246, 293–326。

3   Helen F. Siu, "Immigrants and Social Ethos: Hong Kong in the Nineteen-Eighties," *Journal of the Hong Kong Branch of the Royal Asiatic Society* 26 (1988): 1–16.

4   一國兩制研究中心：《對香港人口政策和入境政策的檢討及建議》（香港，2002），頁4；Census and Statistics Department (Social Analysis and Research Section), "Hong Kong Residents Married in China," *Special Topics Report No. 15* (1997): 1–16；*Special Topics Report No. 22: Hong Kong Residents with Spouses/Children in the Mainland of China* (Hong Kong, 1999).

5   Lam and Liu, *Immigration and the Economy of Hong Kong*, 第3章；一國兩制研究中心：《內地居民移居香港政策、現況的檢討及政策建議》（香港，2002），頁73–79。

6   見近期出版的一本收錄了12個中年婦女（大多數是新來港人士）故事的書，她們都住在天水圍這個聲名狼藉的「貧民區」。她們的故事雖然悲慘，但表現了她們在艱困環境中奮力求生，令人敬佩。陳惜姿：《天水圍十二師奶》（香港：藍藍的天，2006）。另見許鞍華的得獎電影《天水圍的日與夜》（2008）和《天水圍的夜與霧》（2009），以及張經緯拍攝跨境家庭的得獎紀錄片《一國雙城》（2011）。

7   Lam and Liu, *Immigration and the Economy of Hong Kong*, p. 33.

8   同上註，第4章。

9   在1991、1996年的人口調查中，他們被稱為「近期移民」。

10 一國兩制研究中心：《內地居民移居香港政策、現況的檢討及政策建議》，頁23–32。

11 Census and Statistics Department (Social Analysis and Research Section), "Hong Kong Residents Married in China," *Special Topics Report No. 8* (1991): 115–126.

12 Lam and Liu, *Immigration and the Economy of Hong Kong*, pp. 29–33.

13 Census and Statistics Department, "Hong Kong Residents Married in China," *Special Topics Report No. 8* (1991); "Hong Kong Residents Married in China," *Special Topics Report No. 15* (1997); *Special Topics Report No. 22* (1999).

14 Lam and Liu, *Immigration and the Economy of Hong Kong*.

15 Census and Statistics Department, *2001 Population Census: Thematic Report—Persons from the Mainland Having Resided in Hong Kong for Less Than 7 Years* (Hong Kong, 2002), p. 40.

16 有關毛澤東時代中國農民的困境，見 Helen F. Siu, *Agents and Victims in South China: Accomplices in Rural Revolution* (New Haven: Yale University Press, 1989)。有關現今的緊張和城鄉差別的變化，見本書第十六章。

17 早在1980年代，我到珠江三角洲進行田野調查時，就到處見到許多家庭用電視天線接收來自香港、而非廣州的廣播訊號。年輕一代開始説香港電視上的粵語(夾雜一些英語用詞)，而有能力的年輕夫婦就按照香港電視劇所見的方式裝修自己的家。近十年來，互聯網在多方面令兩地文化變得更為緊密。

18 來自福建的新移民聚居在北角和堅尼地城。福建籍立法會候選人蔡素玉受到民眾支持，也可從中看到族裔／地區的聯繫。

19 在2004年夏天，我們拜訪了幾個政府部門，與負責政策、蒐集和分析數據的人員，討論我們研究的一些主題。不過，我們無法取得關於新來港人士的更細緻地區分佈的詳細數據。在非政府組織方面，我們訪問了新福事工協會、明愛莫張瑞勤社區中心、香港國際社會服務社、香港社會服務聯會的相關負責人。這些機構為我們講解了他們各自不同的任務和資源，還有更重要的是他們服務新來港人士的前線經驗。訪談的詳情如下。甲、民政事務總署：2004年7月9日(星期五)，10時30分，呂建勳(時任民政事務總署助理署長)；乙、社會福利署：2004年7月19日，14時30分，李婉華(時任總社會工作主任[家庭及兒童福利])、張達明(時任高級社會工作主任[家庭])；丙、新福事工協會：2004年5月28日，14時，李健華牧師(已故，時任總幹事)；丁、明愛莫張瑞勤社區中心：2004年6月7日，10時，黃美娟(時任社會工作主任)；戊、香港國際社會服務社：2004年7月2日，11時，廖金鳳(時任服務總監[內地新來港人士服務])；己、香港社會服務聯會：與政策研究及倡議／國際及地區事務業務總監蔡海偉討論。

20 我們利用1990年廣東省的人口統計數據，因為這些數據是在這批非法移民回鄉尋找配偶和生子女時蒐集。

21 如前所述，2002年官方估計，全國流動人口超過1.2億，跨省流動人口佔4,242萬。最多人流出的省份是四川、安徽、湖南、江西、河南和湖北。最多人流入的地區是廣東(35.5%)、浙江(8.7%)、上海(7.4%)、江蘇(6%)、北京(5.8%)和福建(5.1%)。見〈流動人口已超過1.2億，其中跨省流動達4,242萬，進入廣東人數居全國首位〉，《南方都市報》(2002年10月7日)。另見林初昇(George Lin)、司馬雅倫(Alan Smart)和Josephine Smart有關跨境流動和正在出現的都市化模式的近期著作。

22 Census and Statistics Department, *Special Topics Report No. 35: Hong Kong Residents Working in the Mainland of China* (Hong Kong, 2003).

23 與香港大學葉兆輝博士的討論，令我獲益良多。見 Census and Statistics Department, *2006 Population By-Census* (Hong Kong, 2007)；另見一些主要報章的分析：〈男少女多失衡港女愛郎難求〉，《星島日報》（2007年2月23日）；〈港男娶港女10年跌8.6%〉，《明報》（2007年2月23日）；〈港男娶內地女年齡差距增〉，《明報》（2007年4月23日）。見 Nicole Dejong Newendorp, *Uneasy Unions: Immigration, Citizenship and Family Life in Post-1997 Hong Kong* (Stanford: Stanford University Press, 2008) 中對於1997年後香港跨境婚姻的深入研究。

24 見 Eric Ma, "Transborder Visuality," in Siu and Ku, *Hong Kong Mobile*, pp. 63–82。

25 有關邊界變得模糊，見本書第十四章。

26 根據近期的人口數字，香港外僑人數近年大幅下降。這種趨勢令人憂慮。雖然外僑人數減少的原因很複雜，但這凸顯了一個問題，那就是香港是否有吸引全球不同人才的競爭力。新加坡最近在移民政策方面的變化（為那些來這個城市找工作的人發出暫准移民簽證），被視為香港應該嚴肅考慮的積極措施（見艾爾敦的演講：David Eldon, "The Talent We Need," *The Bulletin*, Hong Kong General Chamber of Commerce [April 6, 2006]；另見王于漸在香港總商會的演講：Richard Y. C. Wong, "Hong Kong's Human Capital: Strategic Challenges—Practical Solutions," keynote address, CEO Manpower Conference, Hong Kong General Chamber of Commerce, Hong Kong [May 30, 2007]）；另見陳志武接受《人民日報》和《環球時報》的訪問（2007年6月29日）。

27 「靈活定位」的概念呼應王愛華的著作，見 Aihwa Ong, *Flexible Citizenship: The Cultural Logics of Transnationality* (Durham, NC: Duke University Press, 1999)。

28 見自2004年起在香港和廣州舉行眾多政策會議的海量文獻和政策聲明。在廣東省委書記張德江推動下，提出協調秩序的泛珠三角合作框架，涵蓋長江以南的九個省和兩個主要城市。另見政府和傳媒對於特區政府在2006年9月11日組織的經濟高峰會的報導，這個會議凸顯香港的發展配合中國的「十一五」計劃這個主題。

29 中國記者樊榮強寫了一系列比較順德、中山、番禺和東莞等地的深度報導，載於《新經濟》2003年第6、10、11、12期。他的觀察與我得自田野調查的看法頗為相似。

30 近年來，在中國各地，不論是農村還是城市，由於地方政府貪污舞弊和明目張膽地使用武力，引發暴力衝突，令這種努力遭到挫敗。

31 整合與流通可以涉及重要的文化交流。比如，我在2003年底參觀廣州藝術博物館的一個展覽，該展覽名為「18–19世紀羊城風物：英國維多利亞阿伯特博物院藏廣州外銷畫」，由維多利亞阿伯特博物院、廣州文化局、英國文

化協會、中山大學歷史學系合辦，主要贊助商是太古地產和國泰航空。中
國和歐洲畫家在過去兩百年的藝術傑作關於普通日常生活：船舶、製瓷、
製絲、製茶、各行各業、鳥和植物。展品及其研究深入的雙語圖錄，體現
了自18世紀以來華南非常世界性的商業文化，先是集中於廣州和倫敦，
後來成為香港和上海不可或缺的部分。這是令人感動的經驗，因為這個展
覽、藝術家和今天的組織者之間背後的互相尊重，破除許多環繞英國－香
港－中國經驗的制度障礙和政治宣傳，明顯是以開明的方式跨越疆域的界
限。

32 見 Elizabeth Sinn, "Lessons in Openness," in Siu and Ku, *Hong Kong Mobile*, pp.
13–43。

33 關於疆界和它們在字面和隱喻上的意義的理論，見 Daphne Berdahl, *Where
the World Ended: Re-Unification and Identity in the German Borderland* (Berkeley:
University of California Press, 1999)。另見 Sandra Teresa Hyde, *Eating Spring Rice:
The Cultural Political of AIDS in Southwest China* (Berkeley: University of California
Press, 2007)。她強調政府機構對於愛滋病的材料和論說式表述，以顯示偏
見、污名和文化政治如何維持邊界和目標人群的存在。

34 James Holston, ed., *Cities and Citizenship* (Durham, NC: Duke University Press,
1999).

第十六章

顛沛不流離：
後改革時期華南非公民的城市空間

　　來自湖北的27歲大學畢業生孫志剛，勤奮上進，在繁華的廣州任職服裝設計師。2003年3月的一晚，他如常去住處附近的網吧，在天河區黃村的主幹道上被警察截查。他給朋友打電話，囑他們趕緊帶證件到派出所，證明他的身份和工作單位。孫志剛最終沒能保釋，被送進收容所，後來又轉送至收容人員救治站。在收容站護工的授意下，他遭同房獄友痛打；次日，因嚴重內傷死亡。若不是孫志剛的朋友告知，家人還蒙在鼓裏。他們心情悲慟，花了4,000人民幣做屍檢，結果發現孫志剛的背部被打得血肉模糊。追查死因的過程阻礙重重，直到同年4月底《南方都市報》進行報導，[1] 情況才起了變化。事件引起譁然，報紙陸續披露其他惡待流動人口事件，法律學者亦籲請中央關注流動人口的憲法權利。隨後，有關人員被迅速懲處，當局亦取消收容制度。國家出台的新救助方案，反映了對待流動人口和公民身份的新取向。[2]

　　然而，公眾完全沒有看到孫志剛的死與他身處的地點有莫大關連：正是後改革時代權力和實踐的空間結構釀造了這幕悲劇。當城市卯足全力向周邊擴張，村莊被高速公路、購物商場和廠房吞沒，亦因此吸引數以萬計的流動人口來租房、工作和生活。城鄉這種表面上的土地融合，似乎模糊了兩者既有的界限。但本文欲說明的是：集體所有制以及過去由黨國建立起來的等級森嚴的公民身份制度，配合著無情的市場力量和

國家擁抱現代化的過程，造就了今天中國城市迅速擴張，但在其邊緣卻存在不少由那些「動彈不得」的居民所形成的飛地。

本文關心的問題是：在廣州邁步向前的發展過程中，那些在國家制度難以確定的時候盡用周圍資源的社會群體，到底如何重構城鄉關係？他們又是怎樣重新解釋權力結構？[3] 這些過程也發生在其他新自由主義力量盛行的地方，例如消除種族隔離制度後的南非[4] 和孟買。[5] 孫志剛事件雖然引起公憤，但本文更在意其中被忽略的歷史問題，希望藉此理解人口流動中的確置（emplacement）與錯置（displacement）。

重構城鄉區隔

1949年中國共產黨上台，當時的國策是用有限的資源發展國有工業，藉以養活那些可靠的城市工人，可是農民卻被排除在外，只能局限在以集體土地所有制為基礎的生產單位裏。尤有甚之，政府為了強化中央計劃和社會治安，於1958年實施戶口制度，省級地方政府不同程度予以執行。凡是未經批准到城市居住和工作的人會被拘留，然後遣回原籍。城市居民的生活必需品完全由國家分配，日常生活被牢牢控制。歷史上，市集是充滿活力的文化、經濟和政治空間，並且與城市緊密聯繫，[6] 但毛澤東革命時代的抑商政策使之了無生氣，城鄉之間由此形成壁壘。

戶口不只是一項制度，還隱含著區隔和歧視。[7] 行政上，它支撐著一個公民身份體系，不同等級的人在財產、工作、社會流動、政治文化上升空間等方面享有不同權利。國家給予農民的生活機會少之又少，農產品價格被壓得很低，政治上又不允許他們脫離集體經濟。幾十年來，儘管毛式修辭一再稱農民是最可靠的革命夥伴，但骨子裏始終被視作封建殘餘，更屢次成為政治變革的犧牲者。五花八門的政策分類，被嚴格監控的文藝活動與媒體渲染，再加上無日無之的激烈意識形態鬥爭，在制度上都使農村處於不利位置。加諸農民的各種束縛是如此理所當然，

而且浸染了整個國家的日常語言與想像。城裏人享受國家分配的工作、教育、生活空間，他們雖然對農民和流民熟視無睹，但始終如鯁在咽。農民早已成為一個意識形態類別、避猶不及的身份象徵。[8]

今天，老百姓對農村和流徙仍然心存偏見，這種感覺隨著國企重組、大量工人下崗和城市生活不穩而與日俱增。[9]由於引入市場，後改革時期放鬆了就業限制，過億農村人口從內陸省份來到沿海大城市，進入全球資本聚集的製造業中心。[10]成千累萬在東莞和深圳外資工廠裏生產玩具、衣服、鞋子和電器的打工妹，是華南作為世界工廠的一大標誌。[11]

創業者以及像孫志剛這樣的大學畢業生，在大城市的裏裏外外尋找自己的機會。他們寧可住在城市邊角的廉價房，也不住工廠宿舍。這個混雜的群體，其居民身份及相應的權利始終曖昧含糊。這群既不窮又不土的年輕人使城中村村民一躍成為房東階級。縱使管治結構及意識形態依然繃緊，但法律精神已在變化，訴諸道德的爭議亦變得不確定。[12]政策議程所依賴的種種國家範疇，還緊緊地框定人們的身份認同、記憶和行動。城中村村民一邊因租房的流動人口致富，另一邊卻予以輕視猜疑。其實，廣州的城裏人也看不起村民。與世界其他地方的政府不同，廣州市政府視城中村為罪惡和疾病的淵藪，是影響現代化城市形象的「毒瘤」。沒怎麼受過教育的村民根本無法在城市裏找到工作，也趕不上城市日新月異的消費步伐。他們儘管富足地在村裏生活，但在文化和政治的意義上卻與流動人口一樣混亂不安。孫志剛死前居住的黃村，正是這般光景。

孫志剛事件引出一串問題。城市擴張和人口流動雖然改寫了城鄉關係，但權力結構仍在文化層面禁錮著農民，從而令流動人口邊緣化。我們該如何分析這些權力結構？不同形式的實踐如何既與市場力量交織，又與國家的管理、規訓和監控共存？本地社會又是怎樣和其中的受害者不自覺地共構這種他者化過程？我們是否可以將城中村和其中的生活形式，視為強加的意識形態和政策在過去半個世紀碎裂、重組、內捲後所積澱的不同層次？

　　本文以廣州南邊三個相鄰的城中村的民族誌研究作為論述基礎。革命時代，千多名村民被分成幾個生產隊。雖然是多姓村，但大姓還保有自己的祠堂、宗族禮儀和社會網絡，顯示了不同層面的凝聚力。在毛澤東時代，政府有時會徵用他們的耕地，也要按政府下派的任務上繳蔬菜、豬和家禽。直到上世紀80年代末，城中村因為交通基建的發展而變成市區的一部分。村政府將生產隊的土地租給工廠，村民則在自己的宅基地蓋房，然後做其本小利大的出租生意，為外來工和創業者提供廉價住處。在那些人口最密集的城中村，外地人甚至比本地人多十倍。[13]就如一位村民所說的，他們已經從「耕田」變成「耕屋」了。

　　2002至2004年，為了進行本土現代性的研究，我定期到華南觀察城中村。我和我的助手除了親身走進村子，亦先後與城市規劃師、城市居民、村幹部、外地創業者、本地村民等約40人進行訪談。我關心的是，他們的生活彼此交織、互賴共存，卻又視對方為「他者」。借助20世紀30年代對這個地區的社會學研究，我希望通過這些城中村，描繪中國改革前後的所有制、空間性和社會衝突的歷史。在這裏，歷史不僅僅是背景，更是一個分析框架，用以展示不同政策階段的制度和意識形態，如何形成這些研究對象日常生活中的意義之網。他們的生活和渴想就嵌在這張網上，為此他們討價還價、申訴和鬥爭。我想從歷史的過程來探討構成城中村的關聯性和排他性、能動性和受害過程、留滯和錯位的種種條件，從而令我們重新思考以下兩個理論問題：確置和錯置，以及二元對立和過程。

再思錯置

　　學者在研究全球難民、商人、專業人士及勞動人口的流動時，多聚焦於空間的錯置和流散動向這兩個問題。無疑，戰爭和大規模的國家舉措，催使我們認真看待不同人群的遷徙乃至整個社群的滅絕，然而這種流動總是從物理意義上來理解的。下文將以廣州的案例，剖析隱含在這

種遷移背後的各種複雜因素。我們以為，即使沒有空間上的遷徙，但蝕刻在日常生活中的文化拘禁和政治上的他者化方式，再加上國家機器和語言予以制度上的鞏固，這反而可能造成最深切的「顛沛不流離」，即是看起來紋絲不動，但卻無時無刻不處於劇變中。我們該如何理解那些既凝定、又跌宕的情感和策略？

人類學中的韋伯轉向，[14] 為全球化各種力量與不同的本土代理人之間的交差互動，提供了新的思考路向。在全球的層面上，羅安清（Anna Tsing）有力地批判全球聯繫的想像，以及它所假定的那些問題重重的取徑。她這樣分析：

> 流動備受強調而不是開掘管道的過程；國家與區域的單位被視為變動的起點，卻無視它們劃定地貌的轉移、爭奪能力。我們輕忽訴求者的聯合，沒有看到他們局部且變換的訴求。我們摸不到建構強有力、主要的場所的物質及制度性元素，可只有透過這些元素才能形成單位與級別的合理訴求。我們描繪在這些訴求之內想像的景象，甚於形成級別的各式文化、政治。[15]

莫琪（Liisa Malkki）也提出類似觀點。她透過研究大規模的跨國難民流，[16] 貼近現實地關注其中的「錯置」與「確置」問題。莫琪與人類學者、地理學者互動交流，敏感於商品、資本、人流的意象在全球性流動的聚散離合。[17] 她質疑社群、文化、身份認同與根柢性這些學術語言中充斥著功能主義、不顧現實的假設（這些假設視流動人口、難民及他們的流動要不是病態的，至少也是有問題的），認為不能把這些群體看作是國家序列中的異常者；相反，應該以同理心來理解他們以及整個過程。她還更進一步看穿國際組織的說詞，尤其是人道的託管政策。不論是流動還是拘禁，這些過程必須放在歷史和文化的脈絡下分析。正如莫琪所說：

> 難民發現自己很快就面臨一個超越政治和歷史的流動世界，他們在這個世界僅僅是「受害者」……正是這個失去歷史和政治重力的

漂浮世界一方面為難民提供庇護，另一方面卻又可以變為一個非人道的世界。[18]

丹尼爾 (E. Valentine Daniel) 的論文〈難民：關於「錯置」的論述〉呼應莫琪的分析，看重「難民」一詞背後的深層含義。他的論旨在於：「不困於『難民』的外延和內涵，將視野放寬到構成難民這個現象的論述場域及其隱含的實踐……到底哪些字詞、制度、行動、成見、假設、歷史，共同構成一個意義場域，使『難民』表象得以真實呈現？」[19] 他同時指出，民族歷史也是理解「錯置」問題的重要背景，並試圖將「難民」理解為話語，強調了姿態、結構、器物、沉默及蒙昧等等都有可能成為創造權威與事實的條件。在急驟變化的時刻，當人們不再相信國家能保護他們的生命時 (不論就物質、文化或精神的意義上來說)，形成難民的條件於焉產生。他認為，置身地方的各種事務、並能辨識其中千絲萬縷關係的人類學家，當更能體會這種由「顛沛不流離」所致的創痛和信任危機，從而挑戰當局的各種行政範疇。[20]

乍一看來，上述有關跨國難民流的研究與中國拉不上關係。城中村村民既不是法律意義上的難民，也不是全球流動的人口。不過，我找到了極其相似的分析路徑。被貼上「外來工」和「村民」標籤的人從來得不到丁點好處，相反，卻要背負不同政策轉變時期被城市人視為落伍者的包袱，並且任由強大的國家體制擺弄，他們一再經受錯置的創痛。在後改革時代，無孔不入的中國體制重新釐訂國家優次，這種創痛顯得尤其突出。作為一位歷史人類學者，我很想理解「在五色紛陳的當下，處身在過去和未來相續相離的夾縫中的人們，到底採取什麼樣的生存策略」。[21]

今天，三種相互交纏的現實處境令村民和外來工處於不利之境。首先，是不再珍視勞動、但延續了的社會主義寫實 (socialist realism)。其次，是某種赤裸裸、適者生存、市場第一的資本主義寫實 (capitalist realism)；消費革命已經在中國沿海城市如火如荼，但這對內地的窮鄉僻壤來說仍遙不可及。最後，是政府高揚現代化和發展的民族敘事。

村民和外來工常被視為落伍的，是國家的危害。[22] 這些論述機制和相關歷史經驗，不斷構成今日城中村濃重的社會氛圍。

我將會點明，在城鄉邊界日益模糊和意識形態不確定的當下，「他者化」的過程是層層迭迭的。由此進一步說明，「錯位」不應理解為只是物理意義上的漂泊，而是文化和政治上的拘禁。長期以來，不同城市的空間力量及相伴的認同政治，為那些無處容身和邊緣人群提供了各種「飛地」。固若金湯的富人小區、備受爭議的巴西貧民區、公共公園，以及拉丁美洲、南亞和非洲的臨時中轉屋，這些都是由階級、族群和後殖民意識所構建的。[23] 對於後改革時代的中國來說，我們可否將城中村的「錯置」問題理解為前述三種現實處境共同交織的結果？今天的中國，黨和國家帶頭重釋道德權威，重組政治體制，引入市場改革以趕上全球經濟的步伐。在這個引人關注的轉折點，沿著城市擴張的地貌（物質上的、社會上的、精神上的），哪裏可以更好地理解其中的折衷調和？[24] 通過深入的民族誌解讀，我將展示一個分殊的界域和衝突過程，宏大的政策在其中化為人們日常生活的點滴。

二元對立與過程

自上世紀90年代以來，緊隨外來工的足跡，學者對中國的關注從農村轉入城市。經濟學者關注政府推行市場化的步伐，以及大批勞動力帶來的生產力。[25] 政治學者探究公民社會的議題，以及城市公民權利的種種爭議。[26] 社會學者聚焦於，當國家既有分類系統和勞動制度受到挑戰而開始重組時，地區和社會如何分化，社會保障如何漸漸丟失。[27] 人類學者則在休閒消費、性別與身體的標籤、地方社會的權力景象等領域，尋找一個轉圜的空間。[28]

後改革時期的國家視那些被貼上「盲流」標籤的外來工為流轉的過客，然而他們在變動的過程中卻不斷轉型。可是，國家機構在制定法律和控制措施時強化了這種二元性，並以這種二元對立的思維模式組織各

種人口統計數據。學者順應這種分類方式，並據之作為分析問題的框架，他們將外來工視作一個特殊的社會類別，在前未有過的機遇下「離土不離鄉」。[29] 即使有些研究肯定外來工的主觀能動性，但主流論述始終無法擺脫這種城鄉二分思維。[30] 近年來，這種受線性發展的城市轉型觀影響的刻板分類，在中國外來工和城中村的社會和政策研究中尤其明顯。[31] 與這些研究不同，蘇黛瑞（Dorothy Solinger）、張鸝、項飈卻有更深層的理論追求，他們的研究點出了外來工創造自己的社群，克服不利於自己處境的精巧方法。[32]

我在本文想探究一套稍有不同的概念語言。先從相互交織的社會和政治過程開始分析（最好從民族誌研究和歷史研究見其梗概），以明白出現在日常經驗中的僵化標籤和二元對立的觀感，到底如何強加在外來工身上，以致令他們的生活空間與現有行政的（和分析的）分類系統產生極大緊張。這些標籤內含了政治、行政管理以及文化的意義，而非不證自明、用以進行研究的材料；恰恰相反，它們是有待解構的社會歷史產物。[33]

廣州的實際邊界和概念邊界不斷變動，所以強調過程的研究方法尤其適用。對城中村村民和外來工的既有界定越來越站不住腳。越來越多外地人來這裏讀書、找到一份好工作、隨家人來定居、買房子、做生意，通過自己的努力獲得永久或暫時的居住權。[34] 專業人士和創業者是城市新興市場經濟的中堅，但城市居民和城中村村民被困在城鄉二元體系中，缺乏社會定位的指引和文化語言來與這些外來人聯繫。[35] 外來人口的流動帶來市場的興起和後改革發展的現實，卻由於官方、學界以及大眾對市民的界定仍受國家分類系統的左右，致使他們處於一種嚴重的錯位狀態。

外來人口通常聚居在周圍有工廠和工地的城中村，[36] 廣州市政府多次組織清理行動，試圖清除這些落後和不文明的地方。政治體制主流話語雖然對成功和違法有明確的一套說法，但這些龍蛇混雜的外來人口，諸如上進的處長、局長、老闆、打工族、小姐，他們在主流的政治話語中到底是成功抑或違法，還是無法說得清。[37]

一如前述，外來人口與城中村村民的生活息息相關。與外來人口不同的是，村民根本沒有動過。他們不再耕田，與農作物再無關係。他們雖然沒有能力在城市自在工作，但並不貧窮。捕捉到後改革市場對房屋的需求，他們將屬於集體的物業和個人物業出租，收入不菲。他們已經成為中國迅速的城市發展過程中不可或缺的部分。但問題是，他們能否將手中的資源變成主流社會所認同的文化資本？官員出於政治上的考慮不願驅散他們，卻又不重視他們局促生活環境裏的基本需要：公共衛生、排污系統、水源、道路和社會治安等。近在咫尺的城裏人嫌棄他們遊手好閒、有失體面。我想說的是，村民為了獲得集體土地和個人土地的租金收入，不惜一切地保留農村戶口，這愈發加深了城鄉之間的界限。因此，反對清拆城中村和遷走村民的行動越演越烈。[38] 他們被困在一個沒有持續發展能力的過程中，被卡在過去和未來之間，他們的處境要求我們細析形成城鄉區隔及與之相伴的市民序階的結構和論述因素。在廣州熱切地奔向現代化的關節點上，人類學者得以看清社會結構，認清哪些重要群體身在其中，捕捉到中國大都市邊緣獨有的緊張。這些解釋將有助我們從過程的角度，進一步深化對「錯位」的理解。[39]

華南新的跨地域空間：市場驅動力

廣州城中村的緊張局面很大程度上源於華南地區釋放的市場力量，它左右著物業產權、就業和自主創業的發展。目下中國經濟熱火朝天，但華南的過程尤其突出，35% 的跨省流動人口都衝著廣東而來，便很能說明問題。[40] 廣東有著悠久的華僑史和外貿史傳統，是中國投向全球化懷抱的南窗口，也執全國輕工業和電子產品生產的牛耳。深圳和珠海經濟特區從默默無聞的小鄉鎮搖身一變，成為有幾百萬流動人口的現代城市。像深圳，證券交易所、機場、集裝箱碼頭、高速公路、工業園區、高爾夫球場、酒店、私人豪宅和大商場（圖 16.1）一應俱全。珠江三角洲驕傲地向世人展示包括佛山、南海、番禺、順德、中山和東莞等「小

圖 16.1
高檔商場裏的城市顧客

龍」的成就：城市基礎設施、工業生產、都市化一日千里，而廣州則重
新建立與它們的聯繫。在珠三角東部，尤其是東莞和深圳，大量台商和
日商的資金在這裏投資。[41] 有了工廠，專業人士和服務業工人隨之而
來，大批北方的大學畢業生在高薪和市場光環的吸引下湧入來。為了安
頓這些外來人口，鄉鎮製造了大量屬於過渡性質的戶口類別。[42]

　　1992年鄧小平南巡後，全國的大城市都像深圳一樣積極投資基
建，吸引了一批又一批的外來勞動力，其中一部分為日趨繁榮的娛樂
消費產業提供服務。數以萬計的香港人掀起在國內買房和消費的熱潮，
他們只要在廣州和珠三角置業，便可擁有當地戶口。一些新小區更出
現「二奶村」。大量外來工為蓬勃發展的休閒與消費產業提供服務（圖
16.2）。[43]

　　隨著珠三角地區的發展，廣州也迅速向周邊地區擴張。2002年，
廣州超過1,000萬的人口中，700萬有廣州戶口。[44] 這個城市越來越開
放，只要誰願意付出市場需要的價錢，誰便能在這裏謀職、居住、為下
一代尋求教育機會，也可以滿足基本生存需求或享受豪華服務。[45] 廣州
的兩座火車站展示了截然不同的城市發展面貌：城西的舊火車站以國內
路線為主，擠滿了為討生活而湧向工廠和工地的外來工（圖16.3），政府

圖 16.2 廣州地鐵廣告顯示的消費熱潮

圖 16.3 廣州舊火車站的外來工

要定期採取清理行動。[46] 相反，高速發展的城東（圖16.4），新火車站旁有公園和廣場，還有人造瀑布、修剪整齊的草坪，中信廣場矗立一旁。這個雅緻的公共空間代表了「後世貿」的城市景觀，它吸納的是另一種「流動」人口。

圖 16.4 天河區廣州火車東站廣場

後改革時期廣州的毛式「地主」：歷史包袱

在社會主義時代，廣州的行政單位和生產單位如果要擴張，政府會徵地。農民求之不得，因為他們可以藉此機會轉為城市戶口，然後在工廠工作。那個年代，誰不希望下一代能成為城市居民？他們想方設法拉關係、央求，甚至不惜賄賂。但國家牢牢地控制著城市，農民想要變為居民的機會少之又少。然而，到了上世紀90年代，情況發生了翻天覆地的變化，東莞是一個很好的例子：它本是廣州東南邊的農村地區，自從廣深高速公路橫穿其中，推動了城區的發展。數以百萬計的外來人口在這裏打工，生產的玩具、日用品、工具、鞋、衣服遍佈全世界，企業來自香港、日本、台灣，也有像摩托羅拉、TDK這樣的高科技大品牌。東莞市中心有像模像樣的廣場、林蔭大道、公共建築、商務酒店，儼如

一座現代化小城。然而，當地惡棍和孤注一擲的外地人不斷肇事，工廠火災、勞工糾紛、持械搶劫、暴力罪案常見報端。[47]另一個令官員頭痛的問題是，新一代城中村村民變成「紈褲子弟」。他們教育程度不高，瞧不起工廠和體力勞動，靠村集體和家裏收取的租金生活，被稱作「四不青年」。在國家極力鼓吹的市場經濟下，全球資本在東莞創造了一種工廠管治模式，不需引入公民社會制度，獲利於廉價的勞動力。城中村村民除了出租房地產外，根本就無法參與地方發展。在官員眼裏，他們沉迷賭博、女人和毒品，在現代工業社會毫無前途可言，卻陷溺於這種令人擔憂的現狀而不自知。簡而言之，城中村村民比外來工更不如。

與此同時，廣州城中村的問題也引起公眾注意。據官方2002年的統計，廣州138個城中村的土地面積約87.5平方公里，佔廣州總面積的22.67%。市政府根據省政府下達的政策，通過各種方法將之清理。[48]

然而，珠海特區政策研討會的一份宣傳材料卻指出，當地26個城中村合共45,000位村民和150,000外來人口，儘管政府下決心整治，但土地始終是一大難題。官方營造的城中村形象黑白分明：骯髒、混亂、落後，基礎設施極差，趕不上時代。政府正努力推動一場新的土地革命，以消滅這些「城市毒瘤」。按官方的說法，村民徹底打破舊有的鄰里關係，然後遷進政府專門為他們興建的嶄新、現代化的文明小區。[49]與整個民族高舉發展和現代化的大旗相呼應，地方政府為此振臂高呼。可是，如果沒有優惠的稅收政策和商業利益作誘因，開發商一定不會參與。另一方面，村民的要求往往又脫離現實。村幹部就在對鄉親的忠誠和執行政府政策的政治需要之間，左右為難。[50]

村民如何在城市官員、村幹部、外來租客、同姓宗親以及鄰里之間尋找平衡？這些過程反映了多層面的、自相矛盾的元素，從中可以感受到，他們帶著幾分矛盾和百般無奈，被迫接受城市闖入他們生活的現實。在城中村狹小的空間裏，土地共有的國家政策與戶口制度的意識形態，已深植在人們的日常生活以及意識裏。人們要在這樣的環境中，為新生的創業精神爭取發展空間。這種感覺何其似曾相識。五十年前，毛澤東革命向農民許諾了一個人間天堂。[51]今天，他們覺得自己在「背

水一戰」，這是當年不曾料到的。[52] 我就是在這樣一個歷史轉折點中，進行廣州的民族誌研究。我希望展示全球資本流動在這個地區所劃出的分殊界域，並它所引發的農民工流動以及獨特的城鄉割離。所有這些經歷，都可以從這群被緊緊捆在一起的「錯位」人口反映出來。

非公民的空間

河南與廣州市區僅一河之隔。如果你在河南北端的珠江岸邊漫步，一幢幢意大利裝飾派風格的高層豪宅映入眼簾，霓虹燈閃閃發亮（圖16.5）。這裏，一套140平方米的房子售價150萬人民幣，相當於18.7萬美元。寬闊的人行道整齊乾淨，兩邊是成排的街燈和修剪整齊的花木叢。若不是紅色的橫幅提醒這是社會新貴現代且有品味的住所，也許不少人會以為自己處身倫敦金融中心金絲雀碼頭。在散步道的另一邊，是中山大學雅緻的北門。

圖 16.5 珠江岸邊的寧靜時刻，豪華公寓林立

15年前，我用七分錢就可乘輪渡從市區來到中山大學。那時大學北門周邊只有破舊的村屋、爛泥路、供漁民和交通船隻使用的渡頭，顯得有點凋敝。而大學南門門口是河南的主幹道，有一個連接市區各地的公交車總站。一些集體食品店和街頭小販爭生意，村民、學生和教工會前來光顧。甘蔗、水果、蔬菜和塑料用品就擺在垃圾堆旁或者骯髒的排水溝邊。越過馬路走向校園的路上驚心動魄，你會見到嘈雜的公交車和噴著黑煙的拖拉機，從四面八方竄出來數以百計的摩托車，出租車卻難得一見。我還記得，公路邊的村莊盡是低矮的紅磚房和豬圈，菜田、甘蔗地和果林散佈其中，還有一些荒廢土地。

1949年革命以前，這是美國教會辦的嶺南大學校址，周邊有許多村莊。據1930年代嶺南大學師生收集的數據顯示，那時農民除了耕田以外，還有做小買賣和打工的。村裏祠堂很多，民間信仰活動也很豐富。與省內其他地方相比，村民的收入中等，教育設施亦在中上水平。有些家庭靠出租房屋，有的靠海外匯款維持生計。當時的研究者都認為村莊的前景一片美好，原因是擴張的商業城市會吸納他們。[53]但是，戰爭中斷了他們進一步的研究。

2001年，我在廣州觀察豪宅市場的變化，不經意地走進了附近的村子。不管從外觀抑或文化上，這些村子都與後改革時期廣州的極度擴張、走向現代的趨勢毫不搭界。村莊表面看來已被城市包圍，但村民卻有自己一套生活方式，頗有點大雜燴的味道。[54]村口矗立顯眼的新牌坊，村名赫然其上。主幹道上有祠堂、老菩提樹，還有村委辦公室。過去在端午節讓村民興奮不已的小龍舟，如今在一潭死水中載浮載沉，水面是一層厚厚的垃圾。人們散坐四周，百無聊賴，有的抽煙、賭博、聊天，女人們則在市場裏忙乎。走進曲曲折折的小巷，以前的豬圈和後院廚房現在都被改建成出租房，這些僭建物蓋在老房子的周邊，使巷子顯得又黑又窄，人和動物擠在寸土之中，偶而還能看到小雞在垃圾桶邊和殘垣斷壁上覓食。小士多提供公廁和收費電話服務，看來出租的房子沒有這些設施。

這裏聚集了大批來自四面八方的外來人，體現了後改革時代的市場力量。村口佈告欄貼滿招工廣告，外來人三三兩兩的背著行囊在村裏行

走。有村子把土地出租作布匹市場，不少操外地口音的人聚在通向這條村的橋邊，希望能被前來招工的布廠老闆選中。四處褪色的標語提醒外來人辦理暫住證，還要去計劃生育辦公室報到。[55] 滿街是各地風味的小攤，四川菜、河南菜、廣西菜、江西菜、客家菜，外來人可盡嘗家鄉風味。理髮師把理髮椅放在路邊，相伴的是撿磚頭、木板和廢鐵的拾荒者，不時還會見到來自廣東北部山區的婦女和小孩行乞。那些左右穿插、無牌經營的摩托車司機，生意還算不錯。[56]

我進行田野調查的南景村，楊慶堃在1948至1951年間已作過研究，近年也有不少學生以此為研究點。為了說明不同時期影響村民生活的權力場，我會簡述某些民族誌的關鍵時刻。[57] 楊慶堃眼中的南景村是一幅田園風景畫：「鄉村小屋，周邊有耕地、菜園，還有池塘、水溝和小溪，果樹零星散佈其中，不遠的山上有些墳墓，編織出一幅傳統中國的『田園廬墓』圖，充滿濃烈的『家園』和生命根源的味道。」[58] 1948年該村有1,100人，共230戶，主要由兩大宗族組成，左右著村中大小事務。由於靠近市區，南景村人口密集，地價比較貴，出租率也高，村民的就業也相對多元。對於那些沒有土地和房子的雜姓家庭，村民稱之為「流動元素」、「暫居者」、「客旅」。[59] 據他的記錄，革命前村裏沒有明顯的有閒階級，地主和孩子們都在城裏居住和接受教育，有的還到香港和上海闖世界，熬出頭的人則很少回到村中。

到了社會主義革命時期，村民的生活比較艱難。毛澤東的抑商思想使他們無法到城裏打工幫補家計和做小買賣，要自由流動幾乎不可能，也為鄉村生活設置重重關卡。行政上，南景村分為六個生產隊，每個生產隊可以分得一些土地和生產工具。每家每戶都有生產任務，糧食、豬、蔬果等均以低廉價錢上繳國家採購辦公室。那時的農村一窮二白，跟城市毫不相干。然而，日漸擴張的城市需要越來越多農地興建工廠，失去土地的生產隊卻可因此換得夢寐以求的城市工作和城市戶口名額，這無疑是農民離開農村的黃金機會。

1983年，郝令昕在南景村做博士研究時發現，村地面積只有1948年的一半，常住家庭則增至390戶，2,495名村民有1,392人以務農為生，

六七百間房子相伴而建。除了人口自然增長，這時有兩群人遷入村：80戶人從城市到村裏租房子，還有一批鄰近鄉鎮的男性娶了村裏的女性而遷入。與此同時，取得城市戶口和在工廠工作的村民仍住村裏。由於這些人的存在，令城市對鄉村的影響越來越大。但是，郝令昕沒有注意到其實村民也在外流。當時的政府對農業生產的行政管治已經鬆綁，允許剩餘勞動力到商業、小型工業和服務業中尋找出路。村子西邊的鄉（過去的「隊」）開始出現一些小企業，為國內、香港和澳門的公司生產手工藝品、服裝和手袋，招收其轄下的六個村（南景村是其中之一）的村民做工人。儘管村民不再以耕田為生，但他們的戶口、權利和認同仍然依附在農村，亦即政府所謂的「離土不離鄉」。南景村的總體生活條件迅速改善，郝令昕估計村民比廣州市普通工人有更多餘錢消費。與城市人相比，他們的食物花費較少，房子大而現代化，還用上了彩電、冰箱和洗衣機。[60]

1990年代，南景村的生活起著更深層的變化。2000年，高崇就村經濟和親屬結構開展研究時，全村524戶，戶口人口共1,609人。全村1,879宗物業出租中，村集體佔188宗。大約11,845名流動人口在756間工廠、商鋪和服務行業中工作。[61] 殘破的宗祠雖然還在，宗族儀式也定期舉行，但其在經濟和文化上的影響已越來越弱。麥姓和查姓兩大宗族的人數還是最多，六個生產隊中（改革後改名作「社」）佔了五個。[62] 有些小姓的人開始抱怨，兩大姓的人霸佔了村幹部的位置。

但是，村裏家庭與家庭之間緊密的聯繫讓高崇吃驚。幾代同堂的情況十分普遍，父母們通常和已婚的小兒子、孫輩住在一起。即使兒子有自己的房子，父母要不住在同一幢樓，要不就住在附近。[63] 村民大多在村內通婚，遠一點的也不過就是鄰村，但幾乎不和城市人通婚。仍有外來男性因娶了本村女性而遷入村裏。[64] 本村男性也娶非本村女性，但要不是在附近工廠和服務業打工的外來女性，就是娶了其他村的女性而搬走。那些受過教育、有穩定收入的外來人，無論男女，從不考慮與村民結婚。總的說來，村民的通婚情況嚴重內捲化。

表面看來，這種婚姻模式似乎是外界文化偏見的產物。高崇認為，

城裏人看不起村民，使他們在婚姻市場缺乏競爭力。但他還提到另一個現象：為了享受村裏的集體分紅，無論男女，村民怎樣都不願將自己的農村戶口轉為過去夢寐以求的城市戶口。1980年代以來，南景村和鄰村的土地價值飆升，政府徵地帶來的收入達每畝10萬人民幣，出租工廠和市場也為村集體帶來不菲的收入。只要有本村戶口，就能享受集體分紅。對於一個幾代同堂的家庭而言，如果每人都有分紅，整個家庭一年的收入可以高達幾十萬。在那些分紅情況好的村，已婚婦女為了保住分紅資格，都不願隨丈夫遷走戶口，相反還把丈夫遷進村裏。高崇觀察到越來越多南景村的男性，特別是那些有點錢的，會娶同樣有分紅資格的鄰村女性，然後搬到鄰村，而自己的房子就用作出租。[65] 從外面嫁進來的女性，除非有農村戶口，否則也無法獲得丈夫村裏的分紅，這造成村裏的男性不願娶城市女性。正是這樣，獲得分紅的規則和急增的分紅，都促使村民集體採取更著眼於村內生活和村內社會資本的婚姻策略；換言之，他們的生活和社會資本也越來越局限在村裏。對村民而言，不論在經濟上還是意識上，戶口制度仍然根深蒂固。

我在2002年開始城中村的田野研究時，就碰到高崇描述的這些情況。正當大多數農村人口想努力擺脫農民身份，國家當局亦在辯論應否進一步放鬆人口流動的同時，城中村村民卻想方設法保護自己的集體戶口，這未免有點諷刺。退休的村民在抱怨過去沉重的配額、低廉的採購價、得不到尊重，還有自己的無奈。後毛澤東時代的改革，徹底改變了他們的生活：他們不再需要向國家上繳農產品；村集體把地租給企業作工廠和市場；租金收入除了負擔行政支出，剩下的就作為紅利分給擁有本地戶口的村民。在富裕的村，比如南景村旁有布匹市場的村，每年人均分紅可達幾十萬。有這樣的收入，誰還願意去工廠打每個月只有600人民幣的工？在南景村，村民現在只關心誰有權利分紅；算計著扣除公共衛生、村辦學校、道路維護、幹部工資、社會治安等集體開銷，每人還能得到多少分紅；他們也著力指控那些與工廠老闆、開發商勾結的村幹部。[66]

一位南景村村民曾告訴我她女兒在國家政策變動下的悲慘命運。

1950年代，她和丈夫都是農村戶口。在偶然的機會下她獲得了城市戶口，此後生的孩子順理成章地具有城市戶口身份，但是此前生的女兒則只能持有農村戶口身份。直到1990年代初，女兒嫁給一位城市居民才轉為城市戶口。就在女兒取得城市戶口不久，村裏的出租業興旺發展，可是她無權得到村集體分紅；與此同時，城市國有工廠重組，她又要面臨下崗的命運。[67] 所以這位村民感嘆道：「在不該當農民的時候，我的女兒是個農民；而在不該當工人的時候，她卻當了工人。」

分紅的收入使村民的私生活日形複雜，不少村民津津樂道娶了外來女人的本村男人的不幸。一位外來媳婦未舉行婚禮就把戶口遷入村裏，當她獲得分紅權利，就不願再和丈夫有任何關係。最後，丈夫付她四萬人民幣才肯離開。另一位娶了外地髮廊妹的村民也很不堪，他的父母總疑心她與男顧客有不正當關係，擔心她會跑掉。後來，她的窮親戚、窮朋友不斷從粵北來投靠她。最終，父母將他的妻子掃地出門，婚姻也就此告終。[68]

村民還機智地利用有限的個人土地使用權，在房產市場牟利。除了股份和分紅，村民絞盡腦汁為自己和直系親屬謀算居住空間和出租空間。有男丁的農村戶口家庭，可以額外得到一份宅基地。直到1990年代，村民（至少每位男村民）都能得到建房的土地，有些家庭還能得到一塊自留地。到了後改革時代，足智多謀的村民在這些地上，給退休的父母和已婚的兒子建房子。他們對住房寸土必爭，房子擠向鄰居、侵佔公共空間、塞住小巷和下水道，大大增加火災和下水道堵塞的危險。城中村儼如一個迷宮似的三不管地帶（圖16.6）。

村民只在意眼前的利益，他們心裏明白自己缺乏流動的管道。過去四十多年，他們被壓在行政等級的底層，未來亦很可能是市場上的輸家，他們戲稱自己的出租業為「社會主義農村的殘餘」。1990年代初期，農民將劃歸他們的土地視為集體的最後一次分配，他們想方設法在使用期限內獲利（圖16.7）。一旦政府鏟除城中村，他們想到的就是索取最大的賠償。根本沒有驅使他們修護房子的誘因，更不用說提升居住質素了。由於這些原因，更加深了城市人和官員對村民的成見。

圖 16.6 城中村的狹窄住房和污染情況

圖 16.7 一張呼籲公共秩序的告示正被城中村的租房廣告掩蓋

　　我有一次去探訪一位南景村村民，發現他的房子竟同時租給25名租客。他們雖然住在一起，卻由於頻繁更換而互不相識。房東抱怨，有些租客欠租後就渺無影蹤，損失了好幾千人民幣，還考慮是否要追究。幾乎沒有房東願意為租客提供防火等安全設備，不過這位房東強調，租客亦很少對此提出要求。租客大多來自貧窮的農村，對出租屋潛藏的危險和衛生健康的問題毫無警覺。除非出了什麼大事，否則村幹部絕少向市一級報告。上級也睜一隻眼閉一隻眼，從中還能撈點好處。[69] 雖然市政府定期宣傳出租房屋給流動人口的政策和相關社會治安話題，但於事無補。[70] 一位退休的村幹部就對現任領導的管理無力表示失望，並且抱怨別人指控她惹是生非，依戀著那個被意識形態牢牢控制的過去。[71]

　　儘管租客帶來了真實的和想像的麻煩，但村民通過不同的房屋出租安排來解決這些問題。麥先生有三個兒子，他的兒子一如村裏其他男性，每人得到60平方米的宅基地。幾年前，他們把這些份額湊在一起，建了四幢四層樓的小房子。他們一家住其中一幢，父母和三個兒子每家一層。剩下的房子合共超過20個房間，他們以每個單位每月400人民幣的價錢出租。麥太太成為總管，負責找租客、談價錢、簽合同，還要管理房子。她很注意選擇租客，寧願以低一點的價錢租給信得過、租期較長的人。他們不時遇到麻煩，最常見的是這些租客突然失去工作或生意失敗。她的兒子雖然沒有一個要靠分紅過活，也有在外面打工，卻沒有想過要搬離這個村子。

　　2002年夏天，南景村的一個「社」透過精心規劃的房地產項目，大舉參與市場。一位私人開發商獲邀在村的一大片集體地上蓋房，恰巧就是村長的兄弟。他有香港關係，亦能籌資。於是村民可以用不同方式購買這個項目的房子：用他們每年獲得的分紅抵扣，或者用他們過去的房子和土地來等值交換。對於家庭成員多的家庭來說，可以自由地為已婚兒子和女兒選擇獨立的房子。如果孩子不住，房子會出租給附近的企業主和廠商。

　　即使大院的保安嚴密，但村民並沒有安全感，同時與他們認為具威脅性的「外來分子」劃清界線。為了防堵外來的危險，大院築起高高的圍牆。保安對進出大門的人都嚴加查問，這一點都不希奇，常見於中國的工作單位。一個多月前，村民認為有外來工潛入院子盜竊，他們乾脆把門封了。這裏經常可以看到成群的年輕男女在樓與樓之間的空地打撲克或搓麻將，這跟我在東莞聽到的情況相似。有些村民認為，這些「二世祖」只懂拿家裏的錢揮霍。如果公安上門掃蕩，門口的保安就為他們「放風」。

　　村子籠罩著疑慮的氣氛。有一次我要到一位村民家裏，問遍鄰居，竟然無人認識，更不要説知道他們一家的行蹤了，回報我的只是木無表情的面孔和警覺的眼神。又有一次，我在村裏的小店喝茶，一位老人主動告訴我，他養了一頭大狗看家，兒子還不准他隨便告訴別人自家的電話號碼。他從不敢在晚上出門，擔心碰上壞人。他繪形繪聲地談起那些經常被公安掃蕩的賭博窩點、強姦和鬥毆多發點。我們訪談過的另一個村幹部家庭，他們家的每個窗戶都焊上防盜網，不久前曾被盜竊，此後在門口拴著一隻看家狗。屋主説，看來都是那些外來工幹的，因為他們想掙「快錢」，事後亦難追查。

　　其實，並非所有租客的形象都像那些帶有威脅性的外來工，但被「他者化」的方式並無二致。一晚，我和幾位大學生去拜訪他們的朋友，一位住在南景村鄰村的「小老闆」。這位從江蘇來的張先生年輕斯文，穿G2000的T恤，戴著眼鏡。他迫不及待地強調，江蘇有悠久的文化底蘊和從政之風，由於靠近上海，商業發達。他的叔叔早幾年就來到廣州，在隔壁村的布料批發市場租了一個鋪位。就在一年前，村民未經上級政府批准便擅自開了新的布匹市場，很快吸引全國幾百家布料生產商，周邊的小服裝廠因此有了充足的原料供應。本地村民在生意上鬥不過這些外地商家，因此他們將店鋪租給這些外地人。對張先生來説，這裏租金不算貴，但必須先付村裏幾十萬啟動資金，他們租住兩房一廳的房子，每月租金也要一千多人民幣。對他們來説，生意還是很有賺頭的。他們從家鄉運來絲綢和其他高檔布料，然後賣給周邊數百家的小工

廠。在他看來，江蘇的布料工廠被設備先進的國企包辦，像他們這樣的小企業沒什麼發展空間。但廣州就很不同，因為經由香港、台灣、澳門而來的投資商貿管道很多。

像張先生這樣的商人，不少在廣州賺了大錢。到張先生家拜訪的一位溫州人，在村裏和番禺買了不少物業。為了讓女兒出國讀書，他還花了好幾十萬的中介費。無論是張先生還是他的朋友，對戶口毫不在乎。張先生在家鄉有城市戶口，他計劃搞好家裏的生意後就離開這個村子、甚至廣州，所以沒有打算把戶口遷來。在這個明亮、乾淨、寬敞的房子裏，我們喝著他從家鄉帶來的龍井茶，吃著葡萄，交換我們對世界的各種看法。[72]

很明顯，張先生和他的朋友對房東漠不關心。對他們來說，這個老人一家雖然擁有房子和每年幾十萬的租金收入，但他們「只是吃吃喝喝，打打麻將，根本沒做什麼有價值的事情」。張先生是外地人，但對外來工的印象卻與本地人並無兩樣（圖16.8、16.9）。他覺得，大部分小案件都是外來工幹的，而來自東北的人尤其凶悍，他們沾手各種大案，諸如持械行劫，販賣毒品、武器，以及操控色情事業。[73]

圖 16.8 新移民在城中村的主要街道上待業

圖 16.9 新移民前往村內的公安局

對於小心翼翼地保護著自己地盤的城市居民來說,村民和外地人都是避之不及的「賤民」。有的城市家庭由於覺得外地人不可靠,寧願多花些錢請本地保姆。[74] 可是,我問他們有沒有接觸過外地人,又或是這些外地人有沒有跟村民起過衝突,他們卻無法確實回答。當我繼續問到那些從其他城市來到廣州的專業人士時,他們卻又不覺得這些「外地人」有什麼不好。儘管如此,他們還是覺得,外來工為城市帶來前所未有的富足,但「階級矛盾已到了讓人感到不安的地步」。[75]

2002年10月1日,南景村正式在行政上成為市區的一部分,再次面臨國家干預,村民要變成城市人嘗盡苦頭。除了村幹部改由區政府管轄外,其他方面似乎沒有多大改變。區裏將很多服務業工作外包給外面的公司,收費比村委管理時貴好幾倍。成為城市居民後,村民可以理所當然地在城市找工作,年輕人也出去闖世界了,但仍只有10%的村民選擇搬到村外住。

那些繼續住在村裏的人開始發現許多行政上的不便,過去擁有的自主性也日漸被蠶食。一位老人抱怨:「區裏的人什麼都管,辦公室的人都很不人性化。再小的事情也要填無數的表格和寫數不清的申請,儼如緊箍咒。有一天,我騎著沒有牌照的自行車到菜市場,結果警察給我開

了一張罰單。」另一位住在村集體大院的退休老人發現，連大院裏的保安都換了：「原本的村民都被換成了穿制服的外地人。」工廠開始在大院裏租房作員工宿舍，儘管這是被明文禁止的。其實，15至20個工人擠住在一間房子，陽台上密密麻麻晾曬的衣服早就說明了情況。「誰家會有這麼多的衣服？」對他來說，這些外地人徹底侵犯了他的那個與世隔絕的村莊世界。更糟的是，村裏還有另一個更強大的入侵勢力。一位老人驚恐地描述一起事件：兩幫黑社會分子持刀對峙，村民和保安被嚇得躲起來。這起事件有其因由，村裏的色情事業、毒品交易、聚眾賭博等違法活動肆無忌憚，黑社會在這裏很有市場。

　　總的說來，我拜訪過的村民家庭都有些共通點：由於有分紅和租金收入，他們大多生活富足。家庭成員在各政策階段獲得不同的戶口身份。今天，即使是那些擁有非農村戶口、在城市裏工作的下一代，他們也寧願和父母一起住在村裏。大家對外地人心懷戒懼，尤其提防外地租客。總而言之，他們對「外來人」的態度，摻雜著百般無奈與不信任。難以捉摸的政策轉變，以及村民在國家的大氣候中長期處於劣勢，這種境況早已被視作理所當然。今天，這三種支離破碎的現實在他們日常的經濟策略、思維方式和個人感受中持續深化。

顛沛不流離

　　通過有限的歷史和民族誌材料，我試圖描繪在廣州這些不為人知的街巷裏的「他者化」過程，藉以解明權利資格、賦予、管治、公民身份等長期區隔農民、流動人口與城市居民的因素背後的來龍去脈。不論過去還是現在，種種話語上的標尺夾著國家機制的實踐，形成了一個規範著社會、經濟生活的秩序。作為一套行政制度和意識形態分類體系，戶口與集體所有制進一步強化本已分明的界限，並將中國城市中一大批人口邊緣化。儘管城中村村民能在市場中迅速謀取暴利，但出乎意料的是，他們依然顛沛不流離。

今天，政府正處在意識形態轉變的十字路口，我們利用這個特定空間，勾畫村民和流動人口在變動中的華南的生活實況。城中村不是過去的殘餘，而是中國後改革時代現代性的一個組成部分。村民仍處身現存的社會主義等級秩序中，同時被迫與市場的不安定、身上的歷史包袱相妥協。在行政體制再造的過程中界限被重寫，人們一方面質疑新的規制，可是另一方面又不顧一切地追尋新的機會。在城中村可以看到「波動」與「凝定」同時並存，促使我們重新思考「錯位」的概念。城中村村民和流動人口是中國相續發展的主要參與者，唯有將「錯位」的概念從他們物理意義上的位移相分離，我們才能看到其中環環相扣的歷史過程、言說與體制的種種實踐，是怎樣共同編織「顛沛不流離」的經驗的。如此看來，後改革時代的廣州與後種族隔離政策的南非、被清洗後的孟買，何其相似。

（余國良、嚴麗君譯）

本文原刊於 *American Ethnologist* 34, no. 2 (May 2007): 329–350，現略作修改。我曾於 2003 年 8 月在阿姆斯特丹舉行的 "Gangs, Crowds and City Enclaves" 研討會、2003 年 12 月在耶魯大學中國法律中心 (China Law Center) 作過與本文相關的演說。我感謝與會者提出的意見，特別是 Thomas Hansen 和 Peter Pels。我還要感謝包蘇珊 (Susan Brownell)、Carolyn Cartier、斯科特、戴慧思、科大衛、Lei Guang、Virginia Dominguez 以及兩位匿名評審人的建議。楊美健、嚴麗君、余國良和 Yukiko Tonoike 為我的研究提供許多幫助。

註釋

1 關於事件的介紹，見中國新聞週刊：〈孫志剛死亡真相，誰該為此負責？〉，引自中國新聞社，chinesenewsnet.com（2003 年 6 月 6 日）。
2 網絡和報紙呼籲，停止收容制度所帶來的制度性暴力。幾位北京年輕法律學者上書全國人大常委會，指出收容制度是違憲的。他們抗議濫用職權的行為，並強調要尊重公民的個人基本權利。國務院啟動了旨在幫助貧困流浪人士的新制度，於 2003 年 8 月 1 日生效。
3 關於中國戶口制度和多重公民身份制度，可以參看 Dorothy Solinger, *Contesting Citizenship in Urban China: Peasant Migrants, the State, and the Logic of the Market* (Berkeley: University of California Press, 1999) 的討論。關於空間的規劃工程和公

民權利的其他情況，比如種族隔離時代南非的種族驅逐和工業化、消除種族隔離制度後的新機遇，可以參考 Gillian Hart, *Disabling Globalization: Places of Power in Post-Apartheid South Africa* (Pietermaritzburg: University of Natal Press, 2002)；相關的文獻還可參考 James Ferguson, *Expectations of Modernity: Myths and Meanings of Urban Life on the Zambian Copperbelt* (Berkeley: University of California Press, 1999)；Thomas Hansen and Finn Stepputat, eds., *Sovereign Bodies: Citizens, Migrants, and States in the Post-Colonial World* (Princeton: Princeton University Press, 2005)。

4   Hart, *Disabling Globalization*.

5   Arjun Appadurai, "Spectral Housing and Urban Cleansing: Notes on Millennial Mumbai," *Public Culture* 12, no. 3 (2000): 627–651; Thomas Blom Hansen, *Wages of Violence: Naming and Identity in Post-Colonial Bombay* (Princeton: Princeton University Press, 2001).

6   Helen Siu, "Redefining the Market Town through Festivals in South China," in David Faure and Tao Tao Liu, eds., *Town and Country: Identities and Perception* (Basingstoke, UK: St. Antonys–Macmillan, 2002), pp. 233–249.

7   戶口制度起源於明朝，主要為了收稅和社會控制的目的。戶籍意味著社會認同、稅收情況、族群差異、遷移歷史、個人權利，以及對宗族、社區、朝廷的義務。它使中華帝國晚期的行政力量滲透到地方的社會、經濟和文化版圖中。科大衛和蕭鳳霞認為，市場、宗族、廟宇和灌溉系統、商人的慈善活動以及地方書院，是農民與市鎮、城市取得聯繫的物質和文化資源。然而，到了20世紀初，民國的政治中心逐漸轉移到城市，「農民」一詞意味著有待改造、現代化以及革命的落後事物。戶口制度在社會主義階段保持著對城市的傾斜。它是一個有力的工具，將人區分為不同種類：國家和集體，住在農村或住在城市，農業生產者還是產業工人。這些由上至下排列的身份，意味著人生迥然不同的機會。社會主義改造將人們經營生活、個人流動和政治權威之外的其他選擇空間大大縮小，才令戶口制度得以強制性地成為行政上的操作。城鄉之間的界限花了二十多年構建，有賴於毛澤東的黨國有系統地將社會不同的層次壓縮。社會主義國家的語言是如此專斷，以至黨國的官僚政治和它的社會分類系統在改革時代一再被重覆。諷刺的是，再複製者竟是那些熱切地想將革命拋諸腦後的人。我稱這個過程為「國家內捲化」。David Faure and Helen Siu, "The Original Translocal Community and Its Modern Fate: Historical and Post Reform China," *Provincial China* 18, no. 1 (2003): 40–59.

8   關於現代中國「農民」一詞的意義變化，可見 Myron Cohen, "Cultural and Political Inventions in Modern China: The Case of the Chinese 'Peasant,'" *Dædalus*

122, no. 2 (1993): 151–170。Lei Guang, "Rural Taste, Urban Fashions: The Cultural Politics of Rural/Urban Difference in Contemporary China," *Positions* 11, no. 3 (2003): 613–646精彩地概括了官方分類系統怎樣與俗眾的觀感結合，從而產生了今日農村和城市權威刻板論説和形象。Zhang Li, *Strangers in the City* (Stanford: Stanford University Press, 2001)則闡述了後改革時代流動人口犯罪行為背後的文化邏輯，而這個邏輯把錯位的農村視為威脅、社會污染的元素。

9　由於無法與後毛改革時代釋放出來的市場力量競爭，中國工業城市的大部分國有工廠已經倒閉。大量工人下崗，得不到退休金和其他工作保障。這對東北的工業城市打擊尤為嚴重。張鸝和蘇黛瑞有這方面的論述。Zhang Li, "Spatiality and Urban Citizenship in Late Socialist China," *Public Culture* 14, no. 2 (2002): 311–334; Solinger, *Contesting Citizenship in Urban China.*

10　關於戶口制度的歷史和實施的詳細論述，可見蔡昉編：《中國人口：流動方式與途徑(1990–1999)》(北京：社會科學文獻出版社，2001)；陸益龍：《戶籍制度——控制與社會差別》(北京：商務印書館，2004)；俞德鵬：《城鄉社會：從隔離走向開放——中國戶籍制度與戶籍法研究》(濟南：山東人民出版社，2002)。

11　Ching Kwan Lee, *Gender and the South China Miracle: Two Worlds of Factory Women* (Berkeley: University of California Press, 1998); Pun Ngai, *Made in China* (Durham, NC: Duke University Press, 2005).

12　在人員複雜的廣州市區邊緣，城中村自己組織了「村保隊」，負責日間的社會治安和處理小偷小摸。見陳義平：〈關於外來人口的安置問題——一項關於廣州市外來工情況的調查〉，載柯蘭君、李漢林主編：《都市裏的村民》(北京：中央編譯出版社，2001)，頁251–279。

13　2004年，三大村中最大的一個有本村人六千名、外來人口十萬名(這是負責人口工作的村幹部的估計)。

14　Charles F. Keyes, "Weber and Anthropology," *Annual Review of Anthropology* 31, no. 1 (2002): 233–255.

15　Anna Tsing, "The Global Situation," in Joan W. Scott and Debra Keates, eds., *Schools of Thought: Twenty-Five Years of Interpretive Social Science* (Princeton: Princeton University Press, 2001), pp. 104–138.

16　Liisa Malkki, "National Geographic: The Rooting of Peoples and the Territorialization of National Identity among Scholars and Refugees," *Cultural Anthropology* 7, no. 1 (1992): 24–44; Liisa Malkki, "Refugees and Exile: From 'Refugee Studies' to the National Order of Things," *Annual Review of Anthropology* 24 (1995): 495–523.

17　Appadurai, "Spectral Housing and Urban Cleansing"; James Clifford, "Diasporas," *Cultural Anthropology* 9, no. 3 (1994): 302–338; Akhil Gupta and James Ferguson, eds., *Culture, Power, Place: Explorations in Critical Anthropology* (Durham, NC: Duke University Press, 1997); Ulf Hannerz, *Transnational Connections* (London: Routledge, 1996); Hart, *Disabling Globalization*; James Holston, eds., *Cities and Citizenship* (Durham, NC: Duke University Press, 1999); Mark Purcell, "Citizenship and the Right to the Global City: Reimagining the Capitalist World Order," *International Journal of Urban and Regional Research* 27, no. 3 (2003): 564–590; K. Sivaramakrishnan and Arun Agrawal, eds., *Regional Modernities: The Cultural Politics Development in India* (Stanford: Stanford University Press, 2003).

18　Malkki, "Refugees and Exile," p. 518.

19　E. Valentine Daniel, "The Refugee: A Discourse on Displacement," in Jeremy MacClancy, ed., *Exotic No More: Anthropology on the Front Lines* (Chicago: University of Chicago Press, 2002), pp. 270–286.

20　同上註，頁277–279。

21　Brian Axel, "Introduction: Historical Anthropology and Its Vicissitudes," in Brian Keith Axel, ed., *From the Margins: Historical Anthropology and Its Futures* (Durham, NC: Duke University Press, 2002), p. 3.

22　2002年，阿布－盧格霍德（Lila Abu-Lughod）在耶魯大學一次關於埃及肥皂歌劇和現代主題性的構建的學術研討會上，討論過這三種現實。關於半世紀以來中國文學中的農民形象，見 Helen Siu, *Furrows: Peasants, Intellectuals, and the State—Stories and Histories from Modern China* (Stanford: Stanford University Press, 1990)。我認為，跨越五代人的作家的藝術創作，深受各種政治事件的戲劇性轉折影響。

23　對這個問題，Setha Low 所編的論文集有深入分析：Setha Low, ed., *Theorizing the City* (New Brunswick, NJ: Rutgers University Press, 1999)。此外，亦可參 Teresa Caldeira, "Fortified Enclaves: The New Urban Segregation," in Low, *Theorizing the City*, pp. 83–107；Appadurai, "Spectral Housing and Urban Cleansing"；Janice Perlman, *The Myth of Marginality: Urban Poverty and Politics in Rio de Janeiro* (Berkeley: University of California Press, 1976)；和 Dolores Hayden, *The Power of Place* (Cambridge, MA: MIT Press, 1995)。

24　關於「文化經濟」的概念、當代華南都市的想像政治，見 Carolyn Cartier, "Symbolic City/Regions and Gendered Identity Formation in South China," *Provincial China* 8, no. 1 (2003): 60–77。有關後改革時代中國的空間性，而不限於人口流動這個問題，見以下一組頗具理論深度的論文：John Flower,

"A Road Is Made: Roads, Temples, and Historical Memory in Ya'an County, Sichuan," *Journal of Asian Studies* 63, no. 3 (2004): 649–685；Sara Friedman, "Embodying Civility: Civilizing Process and Symbolic Citizenship in Southeastern China," *Journal of Asian Studies* 63, no. 3 (2004): 687–718；Mayfair Mei-hui Yang, "Spatial Struggles: Postcolonial Complex, State Disenchantment, and Popular Reappropriation of Space in Rural Southeast China," *Journal of Asian Studies* 63, no. 3 (2004): 719–755。他們以寬闊的歷史視野，看待空間性和中心－邊緣之爭。

25　見 Nicholas Lardy 和 Barry Naughton 的著作。

26　見 Elizabeth Perry and Jeffrey Wasserstrom, eds., *Popular Protest and Political Culture in Modern China*, 2nd ed. (Boulder, CO: Westview Press, 1994)；和 Solinger, *Contesting Citizenship in Urban China*。

27　見 Deborah Davis, ed., *The Consumer Revolution in Urban China* (Berkeley: University of California Press, 2000) 關於社會不平等和消費的論述。

28　見 Susan Brownell, "Making Dream Bodies in Beijing: Athletes, Fashion Models, and Urban Mystique in China," in Nancy Chen, Constance D. Clark, Suzanne Z. Gottschang, and Lyn Jeffrey, eds., *China Urban: Ethnographies of Contemporary Culture* (Durham, NC: Duke University Press, 2001), pp. 123–142；Louisa Schein, *Minority Rules: The Miao and the Feminine in China's Cultural Politics* (Durham: Duke University Press, 2000)；Louisa Schein, "Ethnoconsumerism as Cultural Production? Making Space for Miao Style," in Jing Wang, ed., *Locating China: Space, Place, and Popular Culture* (London: Routledge, 2005), pp. 150–170；Tim Oakes, "Land of Living Fossils: Scaling Cultural Prestige in China's Periphery," in Wang, *Locating China*, pp. 31–51；和 Friedman, "Embodying Civility"。

29　關於城市外來工和城中村的論述，見中國社會學家和政策研究小組近期出版的書，比如柯蘭君、李漢林主編：《都市裏的村民》；李培林主編：《農民工》(北京：社會科學文獻出版社，2003)；李培林：《村落的終結——羊城村的故事》(北京：商務印書館，2004)；白南生、宋洪遠：《回鄉，還是進城？》(北京：中國財政經濟出版社，2002)；周大鳴、高崇：〈城鄉結合部社區的研究：廣州南景村五十年的變遷〉，《社會學研究》，2001年第4期，頁99–108；以及張建明：《廣州城中村研究》(廣州：廣東人民出版社，2003)。關於1949年革命以後的社會總體分層及近年農民工階級的形成，見陸學藝主編：《當代中國社會階層研究報告》(北京：社會科學文獻出版社，2002)；陸學藝主編：《當代中國社會流動》(北京：社會科學文獻出版社，2004)。

30　見 Wanning Sun, "Anhui baomu in Shanghai: Gender, Class, and a Sense of Place," in Wang, *Locating China*, pp. 171–189 關於安徽保姆的論述。也可見 Arianne M.

Gaetano and Tamara Jacka, eds., *On the Move: Women in Rural-to-Urban Migration in Contemporary China* (New York: Columbia University Press, 2004)；和 Dorothy Solinger, *Narratives of the Chinese Economic Reforms: Individual Pathways from Plan to Market* (New York: Edwin Mellen, 2006)。

31　儘管這些研究未能批判地對待外來工城中村這樣被構建的國家分類系統，但卻提供了有價值的民族誌材料。1930年代，嶺南大學的社會學者研究了南景村周邊的村莊。楊慶堃於1940年代後期曾在南景村作過民族誌調查。郝令昕1985年寫過一篇相關論文〈南景村的農民家庭構成和家庭消費〉。周大鳴（周大鳴、高崇：〈城鄉結合部社區的研究〉）和他的學生也重返過南景村，幾個學生就這個點寫過一些論文。這也是我的其中一個調查點，這些歷史敘述和中國學者的社會學分析讓我獲益良多。我希望通過自己的分析框架，能批判性地重新考慮被大多數人所接受的城鄉二元對立論以及農村的單一發展道路論。我將關注那些一層又一層的歷史經驗如何被交迭於民族誌所描繪的現實中。

32　見 Zhang Li, "Contesting Crime, Order, and Migrant Spaces in Beijing," 201–222；Zhang Li, *Strangers in the City*；Zhang Li, "Spatiality and Urban Citizenship in Late Socialist China"；也參考 Jeong Jong-ho, "Renegotiating with the State: The Challenge of Floating Population and the Emergence of New Urban Space in Contemporary China," (PhD diss., Department of Anthropology, Yale University, 2000)；項飆：《跨越邊界的社區》（北京：三聯書店，2000）。關於中國城市的流動人口和他們對公民權的抗爭，參見 Solinger, *Contesting Citizenship in Urban China*。關於性別化的歷程，參見 Gaetano and Jacka, *On the Move*。

33　關於世界各地流動人口和都市貧困的研究著作，早已汗牛充棟，自成一體。經典的民族誌研究例如有 Perlman, *The Myth of Marginality*；Herbert J. Gans, *The Urban Villagers: Group and Class in the Life of Italian-Americans* (New York: Free Press, 1962)；及 Elijah Anderson, *Streetwise: Race, Class, and Change in An Urban Community* (Chicago; London: University of Chicago Press, 1990)。Hansen, *Wages of Violence* 以及 Ferguson, *Expectations of Modernity* 等則提出了一些新的概念，與1970年代的研究相當不同。

34　近年來，香港創業者也試著在這座城市開辦一些小型企業，加入了不再依靠國家分配的個體戶行列。見 http://www.dayoo.com 對此的近期報導。他們在廣州開酒吧、特色餐廳等。

35　類似的對二元對立框架的批判，見周大鳴：〈永恆的鐘擺——中國農村勞動力的流動〉，載《都市裏的村民》，頁304–326。

36 劉夢琴在廣州石牌村的研究持相同看法。北京邊緣的浙江村外地人的同構型較強，而石牌村的外地人更加混雜，流動性也更強。劉夢琴：〈石牌流動人口聚居區研究 —— 兼與北京「浙江村」比較〉，載《都市裏的村民》，頁219–233。

37 關於後改革時代的商業成功和美好生活的大眾話語，這些類別成為其中的一部分。見 Xin Liu, *The Otherness of Self: A Genealogy of Self in Contemporary China* (Ann Arbor: University of Michigan Press, 2002)。

38 見上海的周正毅事件，以及南京和北京的街頭暴力衝突。見〈不能因拆遷損害公民利益〉，《中國經濟時報》(2003 年 11 月 28 日) 閔良臣的報導。

39 見 Mary Ann O'Donnell, "Inhabiting ShenKong: The Specificity of a Global Imaginary"，2000 年 11 月 6 日在芝加哥大學的演講。

40 〈流動人口已超過 1.2 億，其中跨省流動達 4242 萬，進入廣東人數居全國首位〉，《南方都市報》(2002 年 10 月 7 日)，A11 版。根據官方估計，1.2 億流動人口中，4,242 萬是跨省流動的。最多人口外流的省份是四川、安徽、湖南、江西、河南和湖北。最多人口流入的省份是廣東 (35.5%)、浙江 (8.7%)、上海 (7.4%)、江蘇 (6%)、北京 (5.8%)、福建 (5.1%)。在珠江三角洲地區，外來人口常常是本地人口的數倍之多。

41 見 Carolyn Cartier, *Globalizing South China* (Oxford: Blackwell, 2001) 和 George Lin, *Red Capitalism in South China: Growth and Development of the Pearl River Delta* (Vancouver: University of British Columbia Press, 1997)。

42 小欖鎮的大企業今日集團，僱用了 500 名大學畢業生從事銷售和研發工作。對於市場改革初期該鎮的分析，見 Helen Siu, "Socialist Peddlers and Princes in a Chinese Market Town," *American Ethnologist* 16, no. 2 (1989): 195–212；Helen Siu, "The Politics of Migration," in Ezra Vogel and Deborah Davis, eds., *China on the Eve of Tiananmen* (Cambridge, MA: Harvard University Press, 1991), pp. 61–82。關於這些市鎮裏大量模棱兩可的戶口類別，可見許學強、劉琦、曾祥章：《珠江三角洲的發展與城市化》(廣州：中山大學出版社，1988)。

43 見 Helen Siu, "The Cultural Landscape of Luxury Housing in South China: A Regional History," in Wang, *Locating China*, pp. 72–93。

44 該資料是全省統計結果。

45 我曾與房地產和廣告從業者、報紙編輯、布料生產商等談過。在鐵路沿線的市鎮，香港和澳門的小老闆、承包商、貨櫃車司機或租或買下物業，在此「包二奶」。

46 火車站周邊成為一個猖獗的「毒窩」。

47 見樊榮強：〈東莞憑什麼？〉，《新經濟》，2003 年第 10 期。

48 見省政府文件。廣州每個區的幹部手中，都有一套專門的城中村宣傳材料。比如，《海珠區「城中村」改制工作宣傳卷刊》就在2002年6月出版。

49 珠海市香洲區改造城中村建設文明小區辦公室編：《別了， 城中村》（2002）。

50 村幹部本身也面臨兩難境地。廣州市海珠區一個佔地不足3平方公里的城中村裏，住著二千村民和六萬外來租客。在一次改造城中村的行動中，一位村幹部不願放棄自己的不完全合法的物業。那是一間2,000平方米的商鋪，每年的租金收入可達24萬人民幣。參見〈瑞寶村整治（上篇）〉，《羊城晚報》（2001年8月7日）的報導。

51 簡要地瞭解那場革命，可見Helen Siu, *Agents and Victims in South China: Accomplices in Rural Revolution* (New Haven, CT: Yale University Press, 1989)。

52 在關注中國城市發展的學者中，李培林和他的團隊曾在廣東開展過田野調查。他們的社會學分析與我的直觀感覺十分相似。我們起初都認定，這些城中村不會在城市發展進程中被自然消化。它們是戶口制度和毛澤東時代集體經濟的產物，並被歧視農民和外地人的文化語言所加以維繫。集體安全的保護網已經危如累卵，而村民一味想著最大限度地得到租金收入而精打細算，這些過程都與曖昧不清的社會等級相互交纏。這台社會戲劇的主角泥足深陷，在物質和精神上都是錯位的。見李培林主編：《農民工》；李培林：《村落的終結》。

53 見伍銳麟：〈廣州市河南島下渡村七十六家調查〉，《嶺南學報》，第6卷，第4期（1937），頁236–303；伍銳麟、黃思懇：〈舊鳳凰村調查報告〉，《嶺南學報》，第4卷，第3期（1935），頁93–161。

54 李培林在廣東城中村見到的村容村貌，與此也十分相似。

55 政府要負責查明，這些外地人是否已經用過他們的生育指標。計劃生育政策在城市裏抓得很嚴。

56 正式的執照上印有「粵A」字樣。

57 見C. K. Yang, *The Chinese Family in the Communist Revolution* (Cambridge, MA: MIT Press, 1959)；周大鳴、高崇：〈城鄉結合部社區的研究〉；高崇：〈南景村親屬結構的變遷〉（碩士論文，中山大學人類學系，2001）；郝令昕：〈南景村的農民家庭構成和家庭消費〉（未刊稿，1985）。我的角度和他們不同。

58 Yang, *The Chinese Family in the Communist Revolution*, p. 10.

59 同上註，頁11。

60 見郝令昕：〈南景村的農民家庭構成和家庭消費〉，頁51。

61 高崇：〈南景村親屬結構的變遷〉，頁3。

62 為了保護當事人，我改動了村裏的族姓。

63 這是我 2002 至 2003 年田野調查期間見到的普遍現象，我們訪問過的所有家庭都是這樣安排住所的。偶然會有些年輕人搬到城市居住，但父母仍會在村裏為他們保留住所。

64 高崇發現，1990 年 10 月至 1999 年 2 月期間，在南景村管轄範圍內登記結婚的 127 宗婚事中，62 宗是在女方戶口轄區內登記的。高崇：〈南景村親屬結構的變遷〉，頁 40。

65 高崇：〈南景村親屬結構的變遷〉，頁 42。

66 2005 年 9 月發生在番禺太石村村民和村幹部之間的衝突，就揭開了村莊事務中岌岌可危和強烈情緒的冰山一角。為了保護村裏的利益不被腐敗的幹部侵蝕，連老婦人也積極參與其中。國內和海外媒體親眼目睹了村民遭到政府的粗暴對待。

67 PBS 曾放映過韋蘇 (Sue Williams) 的作品《赤字中國》(*China in the Red*)，其中記錄了中國東北工業城市裏的國企重組面臨的劇痛。Sue Williams, written, produced and directed, Kathryn Dietz co-produced, *China in the Red* (Alexandria, VA: PBS Video, 2003).

68 2003 年 3 月對老村民的訪談。

69 有一家人將原來的房子拆掉，新建了一幢四層樓房，用作附近布匹市場的倉庫。這極容易引起火災，明顯違反有關規定。但這家人用一萬人民幣遮住了官員的眼睛。

70 見一個本地外來工網站 (http://www.dagonzu.org) 上張貼的有關規定。對房東來説，違反這些規定所要繳納的罰款是無關痛癢的。

71 2002 年 12 月和 2003 年 3 月，我數次到她家中探訪。通過與她的鄰居及同事的對話，我感覺他們很怕這位伶牙俐齒的女性，與她甚少往來。她用自己的份額買了幾套村裏的集資房。兒子一家住在她樓上的單位，小兒子一家已經在城市裏居住和上班。她去世的丈夫也是個幹部，他們曾經一起到過很多地方旅遊。

72 2003 年 8 月，我在村裏聽説，張在新布匹市場旁的村外買了一套房子。新布匹市場是由另一個村興辦的，原址是一家國有工廠，新的租客都湧到那裏了。我看到的商鋪寬闊、整潔、光亮。

73 他自己沒有親身經歷過這樣的罪案，只是從新聞報導裏得到這樣的印象。

74 一個本地保姆每個月工資大概 600 人民幣，而外地保姆只需要 300 至 400 人民幣。不過這家人又説，由於改革後大批國企工人下崗，這種情況有所改善。

75 2003 年春天沙士期間，我的朋友們都善意地勸我不要冒險去城中村。我的這些住在東山區 (官員家庭較多的區) 的朋友説，城中村是疾病、犯罪和死亡的危險地帶。

第七部分

歷史上的全球化
與亞洲的後現代

21世紀的特點是「亞洲復興」，以幾個主要歷史潮流為標誌。我和同事編輯的幾本論文集，突出歷史上曾存在一個互聯互通的亞洲，[1] 並指出在不同歷史時刻，像馬可波羅 (Marco Polo) 和伊本‧白圖泰 (Ibn Battuta) [2] 這樣的人，翻動了跨越洲際的文化萬花筒。他們攀山越海，不受帝國或民族國家的邊界所限，[3] 所到之處連成一體，發展出一套獨特的貿易、族群共居、宗教傳統以及權力博弈的機制。無論是從觀念上還是從事實上看，歷史上的全球時代和今日亞洲之後現代紀元，有一個共同之處——「流動空間」，[4] 從港口城市到綠洲小鎮，是多重流動路徑上的關鍵交匯點。[5] 自20世紀後期以來，它們成為全球金融、消費和服務的樞紐，[6] 除了在彈指之間催生無數交易，還是親密的社會交往和文化分層的角力場。它們不是形體僵化、涇渭分明的實體單元，而是變動不居的都市叢集。他們所具備的重要性及豐富意義，是人們在重要歷史時刻有意為之的產物。[7]

這部分的幾篇文章聚焦於作為都市叢集的香港，她是由幾代人的生活經歷所織造的。我們在 *Hong Kong Mobile: Making a Global Population*[8] 一書已有強調。今日之香港，身上滿帶過去幾個世紀歷史大潮雕琢的痕跡。在早期，島嶼和港灣是沿岸漁民的天然避風港和市場。藉著有限的農田，用想像中的帝國體制作為文化資源，本地及外來的農民締造大族的歷史。自19世紀中葉始，香港在大英帝國的殖民經歷中成為都市。那時在香港混世界的，除了從廣東、福建和長江三角洲地區前來的華商及勞動力，還有他們的競爭對手——來自大英帝國的蘇格蘭銀行家和殖民地官員、巴斯人，也有來自南亞的錫克教信眾、東南亞和中東的穆斯林。他們的名字已經鑴刻在商業大樓、公共建築、街名、教堂、清真寺、教會學校，乃至墓碑上。[9] 香港就是這樣一個具有悠長全球經驗歷史的社會，由層層文化資源組成的肌理，滋養了好幾代人。在1997年回歸中國前夕，我呼籲大家真誠地尊重鄧小平政治方略中的「兩制」。第一篇文章是我在1996年12月7日和1997年6月30日的兩次演講，重點提出以意識形態為尚的愛國主義切勿以二元的思維框架看待歷史，並希望聽眾可以細味過去香港的殖民地經驗。

第二篇文章出自我編的 *Merchants' Daughters: Women, Commerce, and Regional Culture in South China*。[10] 這本書聚焦20世紀華南地區逐漸納入帝國版圖並捲入貿易王國後，女性在現代化變遷過程中所遭遇的機遇和險境。我的文章〈女強人：性別化的魅力〉關心的是，香港在戰後數十年從殖民地社會蛻變為亞洲金融中心，幾代專業女性的成長經驗。這群「女強人」同時享受中英雙語的精英教育，年長一輩成為殖民地政府的中堅力量，後繼之輩則活躍於法律和立法界。在中國深陷於內部革命，而香港毫無懸念地被推向世界，她們適時地滿足了家庭期望，亦符合世界專業要求。到了後毛時代，中國啟動市場改革，政治和社會邊界大大模糊。此時，全球經驗歷史悠長的香港，面對著經濟強勁且自有文化期待的中國。本文關心的是，當兩者融合成為一個政治願望，未來的性別問題又會出現什麼轉變？

第三篇文章〈後現代亞洲受困中產階級的重新調適：以香港為例〉探討的是1970年代成長的香港一代面臨的困局。由於戰後香港獨特的歷史處境，他們屬於本土化的一代。既趕不上全球經濟的飛快步伐，又與大陸體制格格不入，他們對於日漸嚴重的貧富差距和自身社會地位的「下流」處境十分心焦。文章提出，不應視香港為一個僵化的行政實體；只有把她視作一個過程，我們才可能看到、並充分利用那些超乎邊界的資源和影響力。

此文與另一個關於重新定位香港作為商業中心的新研究項目相關。在 "The Art of Hubbing" 這個研究計劃書中，梁其姿和我刻畫了一個長達半個世紀的過程：[11] 殖民主義解體，全球經濟的新自由主義勢頭漸強，中國經濟開放門戶，日漸一體的亞洲成為世界未來之重要增長點。我們再次借用「拼裝都市」這個概念，來理解香港作為一個「中心」背後的層層歷史經驗，並反思政策。容我引用計劃書中的大段文字：

> 只有充分明白自己身處的格局、肩上的擔當及背後的依託，香港才能更好重新定位……要走向全球，應該如何繼承發展與中國和亞洲的歷史聯繫？要北上開拓，它又該如何利用自己實實在在的

層層世界經驗？還有，作為一個全球商業中心，它需要一批具備
文化適應性和社會流動性的勞動力。那麼，這一需求和那些「凝固」
困頓的人口的訴求之間需要有個平衡，否則社會資源將無法持續
再生和共享。香港必須超越經紀人的角色。

在這些議題上，我們要質疑一種世界觀——長久以來，城市或國
家被一面倒地看作是一片劃定的領土及對其明確的政治認同。香
港更像是樞軸，人和利在此間川流不息。當這樣的變幻無常發生
在有限的空間和資源上，城市環境壓力重重，人文生態也不堪一
擊。最緊要的是，東－西、北－南、市場－國家這些引以為常的二
元對立觀念已不足以成為打開香港格局的基石。若要明白這個大
局，我們需要水平思維的分析工具，需要培養一種敏銳的洞察力
去接受跨界和變化本是恆常，由此才能預見變動不居的區域格局
帶來的機遇和挑戰。

香港的大都會歷史是個優勢——須理解到其中的複雜性，方能好
好加以利用。香港面臨的最關鍵的挑戰在於，要加入中國和亞洲
發展的快車道，它應該如何突出別具一格的城市個性以及無可代
替的地位。它的獨一無二與自身全球歷史傳統一脈相連。理解「樞
軸」的藝術在於，有機地、人性化地看待層層相連的宏觀、區域、
地方環境。

2014年雨傘運動引爆了長期積壓的社會政治騷動，向世界表明香
港面對另一次清算時刻。街頭衝突和各色政治民調，反映了代際間的決
裂。「中國人」和「香港人」的身份認同問題，在政府和批判政府的每一
個政治舉措中都有所體現。「獅子山下」這個激勵幾代人努力擺脫貧困
和移民心態的精神象徵，已在年輕一輩心目中漸漸消失，他們主要是中
產階級並受過教育，在相對富裕的香港出生和成長。令人驚訝的是，在
雨傘運動中，十多名攀山者在獅子山頂垂下了「我要真普選」巨幅黃色
直幅，他們的大膽行為重新煥發獅子山下的精神。從那時起，獅子山象
徵了一個新的香港夢。許多人遠走他方，而另一些人則選擇留下面對不

確定的未來。這個夢將會如何，取決於香港市民不斷變化的身份、他們的靈活變通及積極行動。因為，他們重新自我定位，是與形塑自身生計和政治抱負的種種跨地域力量休戚相關。

（嚴麗君、余國良譯）

註釋

1 Eric Tagliacozzo, Helen F. Siu, and Peter C. Perdue, eds., *Asia Inside Out: Changing Times* (Cambridge, MA: Harvard University Press, 2015); *Asia Inside Out: Connected Places* (Cambridge, MA: Harvard University Press, 2015); *Asia Inside Out: Itinerant People* (Cambridge, MA: Harvard University Press, 2019).

2 Ross Dunn, *The Adventures of Ibn Battuta: A Muslim Traveler of the 14th Century* (Berkeley: University of California Press, 1986/2005).

3 Martin Lewis and Kären Wigen, *The Myth of Continents: A Critique of Metageography* (Berkeley: University of California Press, 1997); Joanna Waley-Cohen, *The Sextants of Beijing: Global Currents in Chinese History* (New York: W. W. Norton, 1999); Valerie Hansen, *The Silk Road: A New History* (Oxford: Oxford University Press, 2012).

4 Manuel Castells, *The Rise of the Network Society* (Oxford, UK: Blackwell, 1996).

5 Eric Tagliacozzo and Wen-chin Chang, eds., *Chinese Circulations: Capital, Commodities, and Networks in Southeast Asia* (Durham: Duke University Press, 2011).

6 Saskia Sassen, *The Global City: New York, London, Tokyo* (Princeton: Princeton University Press, 2001).

7 Thomas Bender, "Postscript—Reassembling the City: Networks and the Urban Imaginaries," in Ignacio Farias and Thomas Bender, eds., *Urban Assemblages: How Actor-Network Theory Changes Urban Studies* (New York: Routledge, 2010), pp. 303–323; Tagliacozzo, Siu, and Perdue, *Asia Inside Out: Connected Places*, pp. 1–2.

8 Helen Siu and Agnes Ku, eds., *Hong Kong Mobile: Making a Global Population* (Hong Kong: Hong Kong University Press, 2008).

9 Elizabeth Sinn, *Power and Charity: A Chinese Merchant Elite in Colonial Hong Kong* (Hong Kong: Hong Kong University Press, 2003); David Faure, *A Documentary History of Hong Kong, Vol. 2: Society* (Hong Kong: Hong Kong University Press, 1997).

10 Helen Siu, eds., *Merchants' Daughters: Women, Commerce, and Regional Culture in South China* (Hong Kong: Hong Kong University Press, 2010).

11 Helen Siu and Angela Leung, "Proposal for Theme Based Research," *Research Grants Council* (Hong Kong, 2011).

第十七章

文化、歷史與民族認同：
香港與華南

從文武廟到回歸廣場

還有不足24小時的時間，香港便正式回歸中國了。不過，講了足足十多年的「回歸」，卻從來都不是一個確切的用語。中國政府一向在有關收回香港的官方文件及對外宣傳中，都是用「中國對香港恢復行使主權」的字眼。政治學上的「國家主權」有清晰的界定，而掛在嘴邊的「回歸祖國」卻不免沾上種種的感情色彩。我們必須認清一點，「主權」可以恢復，歷史卻不能「回歸」；「認祖歸宗」應該立足現在，「民族感情」務必首先尊重自己。只有承認這些事實，「一國兩制」中的「兩制」部分，才有可能得到體現。畢竟，「一國」牽涉到的是主權問題，而主權問題相對容易地在外交和政治層面上得到解決；「兩制」則拖著沉重的歷史包袱，纏繞著複雜矛盾的情感，要得到充分的尊重與落實，實有待時間的考驗。

體現國家主權的物質象徵，莫過於國旗、國歌與國徽。明天晚上，我們大抵都會凝神注視著米字旗徐徐下降、五星紅旗緩緩升起的一刻，這一刻將會是中國對香港恢復行使主權最具象徵意義的一刻。不管香港人喜不喜歡，藍色的那面旗已經在這小島的半空飄揚了一百五十多年之久，紅色的這面則會在7月1日午夜開始飄揚。國旗就像國家主權一樣，無論你的審美觀點如何，你都不能改變——除非你願意又有能力投身到另一片國旗之下。

　　國旗區旗雖然不能改變，人民大會堂新設的「香港廳」，卻容許香港的設計師在一定的範圍內，有一個可以發揮創意的空間。據說，北京的設計師為「香港廳」設計了一個現代新穎的形象，香港的設計師卻不以為然，認為用明式家具和英式皮沙發並陳，才能表現香港中西合璧的特色。我們可以想像，「香港廳」後來的定稿，一定是一個磋商妥協的結果。事實上，人民大會堂各省及自治區大廳，與人民大會堂作為一個整體的關係的象徵意義不言而喻：地方主義固然搞不得，統轄在中央政權之下的地方特色卻絕對能夠得到欣賞。

　　有人提議說，要在商廈林立的中環設立一個「回歸廣場」。這個「回歸廣場」的建議，不禁使我產生一種時空錯亂的感覺，仿如處身1920年代的哈爾濱，又好像回到1840年代香港的太平山街。1920年代哈爾濱剛剛脫離俄國的佔領，落入一名中國軍閥的統治。在俄式教堂、學校和墳墓林立的市中心，一些中國商人設立了一座傳統中國式的「極樂寺」，他們似乎要向世界宣佈，哈爾濱已經重回中國的軌道；又好像要告訴別人，他們的民族情操是何等的高潔。1847年，香港一群商人在太平山街一帶的華人小區捐資興建一座文武廟，這座至今仍香火鼎盛的廟宇，自1869年跟東華三院掛鈎以來，一直到1960年代都是香港華人的權力中心，是本地華人精英與殖民地政府就華人事務討價還價的「公共場所」。我以下要敘述的一套香港歷史，恰恰是夾在1847年文武廟的興建和1997年「回歸廣場」的建議之間的一百五十年歷史。

　　這一百五十年的歷史，有人說是充滿屈辱、充滿血淚的歷史。我們不能否認，香港從貧困到繁華，是無數無名的香港人艱苦克勤的結果；不過，香港回歸中國，是否就意味著香港人要把流過血的傷口拿回祖國去，渴望得到撫平？是否意味著香港人必定會激動得流涕痛哭？是否像中國許多省市慶祝香港回歸活動一樣，要奏起一曲雪「百年恥辱」的調子？雖然我們可以這樣去想像，但如果我們走進普通香港人的生活中，這一幕則未必是他們生活的真實。我要敘述的香港歷史，恰恰說明在這一百五十年間，香港已經發展出跟中國內地一種大不相同的文化和

社會面貌，這套獨特的文化社會面貌抗拒任何一廂情願的對民族承擔的要求。感情，到底是不能勉強的，或者至少需要培養的。孩子大了，發展出獨立的思想和人格，父母應該讓他們走出自己的路子，卻不等於他們對父母的親情會變得淡薄。

邊陲的民族主義觀

近半年以來，有關香港的敘述變得越來越政治化。本來是異常複雜的社會和文化經驗，都被簡單地塞進一個兩極分化的框框。有關香港的故事常常這樣論述：西方帝國主義割斷了中國的一塊土地，在這塊土地上的中國人民從此備受殖民地主義者的歧視；離開了母體一段那麼長的時間，戰後香港新一代的華人精英與中國的關係一度十分疏離；因此，當香港回歸中國之時，便是中國一洗前恥、香港人重投祖國懷抱之日。這種以民族主義為主調的「香港故事」，表達了政治中心尊嚴受損、喪權辱國的感覺——這個政治中心曾經是清朝政府，然後是國民政府，而現在則是中華人民共和國政府。

這種從政權中心出發的民族主義觀，雖然做出一種「敵我分明」之勢，卻不一定為地方上的人民所認同。當代帶有民族主義色彩的史家說，1841年廣州「三元里抗英事件」是反帝愛國運動；清朝的士大夫說，1857至1860年間英法聯軍佔據廣州是辱國。忠君也好，愛國也好，地方人民與洋人對抗時，卻不一定具備這種忠君愛國的情緒。三元里的人民是在抗英，卻不一定在愛國，事情可能很簡單：洋人打到你的門前，搶奪你的財產，不反抗才怪，這和村落間的械鬥可能差別不大。當香港被割讓給英國時，衝突肯定是有的，但這個小島上有多少居民有「喪權辱國」的感受，卻教人感到懷疑。畢竟，中英雙方政府的官員可能覺得個人的榮辱比這小片土地的命運更重要：清廷的琦善和英方的義律，不約而同地因為香港的割讓而丟臉失寵。同樣地，1899年的新界大族也

的確是因為「英夷」「奪我土地」而「武裝抗英」，但這個「我土」是指國土還是宗族的土地，這個「英」是指大英帝國還是英警英兵，或者英賊，又有誰可以說得清？

民族主義的論述又說，廣東沿海人民向來有「反抗外來侵略的光榮傳統」，不過，史料也告訴我們，廣東地區的沿海人民自明朝以來已經是出名的「異域奸棍」，引起官員的憂慮甚至反感。我們不必為這些充滿感情色彩的敘述所糾纏，且看看一些不容否認的事實：自明朝以來，許多華南沿岸進行走私貿易的中國帆船，都掛上荷蘭、葡萄牙、英國或法國的旗幟，以求方便和得到保護；鴉片戰爭前後，華南沿岸許多人口，包括富可敵國的行商，都直接間接地參與了各種各樣的對外貿易甚至是鴉片貿易，他們的利潤構成了廣東省政府甚至朝廷收入的很大部分；鴉片戰爭爆發前夕，廣東好些著名的士大夫，正是力主鴉片貿易合法化的謀士。中外衝突不是沒有，但中外各階層的人士在生意或其他方面成為合作夥伴，也大有人在。19 世紀以來，華南沿岸的人民與朝廷和外國的利益關係，非常微妙複雜，不能黑白分明地講清楚。以當時的香山縣為例，由於鄰近澳門及以廣州為中心的珠江三角洲的國際貿易網絡，官員都為當地人民「漸染夷俗」而感嘆，但在這個縣出身的買辦和官員，像容閎、徐潤和鄭觀應等，都活躍在廣州和上海等地，從事種種革新性的政治和經濟活動，而為後世近代史家所稱許。

殖民地的中介者：香港華商

以民族主義為主調的「香港故事」，不但假設了殖民地主義者與反殖民地主義者之間的鬥爭常常存在，而且認為這種鬥爭已經把民族矛盾推到水火不兼容的地步；「英國人」一律被劃為貪得無厭的逐利者，無時無刻不在剝削和壓制香港華人。這樣的敘述漠視了一百多年來殖民地政府與香港人之間的微妙關係，也漠視了香港人如何運用他們的創意與精力，以及他們面向世界的幹勁，造就了香港獨特的社會氣質與個性的過程。

　　種種的歷史證據給我們展現了一幅複雜細緻的圖畫。香港的華商從一開始便扮演著不可或缺的中介角色，正如上幾個世紀以來嶺南地區的貿易家一樣，香港的華商善於處世，也有足夠的財富去附庸風雅，購買官職功名，換取傳統文化的正統地位。也正如許多流寓外地的中國商人一樣，香港的華商也十分熱衷於建立他們與故鄉的聯繫與認同感，無論這個故鄉是真實的，還是只存在於想像之中。這群身處殖民地的華商，跟國內的商人一樣，運用著宗族、土地、慈善事業以及功名利祿等資源，跟清帝國的秩序連成一氣；我們可以說，財雄勢厚的商人在形成足以與政府抗衡的勢力之前，往往都先為朝廷所收納。他們不是不可以運用雄厚的資源顛覆政府，不過，他們往往更願意竭盡所能，為自己在帝國中尋求一個認可的位置。香港大學冼玉儀博士《權力與慈善事業》一書的封面圖片，生動地展示了19世紀中期香港華商的這副面貌。該幅圖片所拍攝的是東華醫院的一群董事，他們一律身穿清廷官服，正要在香港籌辦一所西式醫院，當時西式醫院在中國內地還不十分普遍，及後東華醫院在香港的地位，也是因在英國法律制度下制定的醫院條例而得到確立的。在這裏，我們不禁要問：這群身處邊陲又服膺中央的香港華商的經驗，究竟有多少是屬於純粹「殖民地」的經驗？

　　殖民地管治充滿歧視和不公是毫無疑問的，在確立華人的政治權益的層面上，香港政府一直趑趄不前，在很長的一段時間裏，英商是香港經濟的最大獲益者。邊陲地區一向是受帝國中心的剝削多於被合併，這是殖民帝國的本質。不過，我們也不可以否認，香港百多年來各種機制的建設，是「洋人」與「華人」共同努力的結果。香港的華人也足夠靈巧，時時刻刻在這片殖民地上抓緊機會。在香港被割讓的頭一二十年裏，成千上萬的內地人口為了逃避太平天國之亂，紛紛選擇來到香港，他們當中有海盜，有漁民，有工匠，也有富有的家庭。他們很多都能夠靈敏地利用香港的商業法律，以及他們在中國的商業網絡，把他們的生意擴展到世界各地去。1860年代，由華人黃勝及伍廷芳主持的中文報紙《中外新報》，為華商提供了需要的船務和商業行情。在差不多同一個時候，執華人進出口業牛耳的金山莊和南北行已經勢力不菲，前者增長至239

家,後者亦有84家。至1870年代,香港的華人人口已幾達15萬,當中的中上階層更越來越多擁有房地產。據1880年港督軒尼詩的一封函件透露,當時香港最大的地產主是華人,香港稅收的90%以上由華人負擔。1882年的一份《香港政府憲報》也說,在1881年繳納最大宗的房地捐的20人中,內有華人17人。可見,到1870、1880年代之交,華人社會的經濟狀況已經起了明顯的變化,成為香港一股不容忽視的經濟政治力量。

我這裏要強調的是,在各種力量的交相碰撞之下,作為殖民地的香港,直接或間接地提供了獨特的環境和機會,讓人們擴展自己的才華與能力。香港華人的創意得到釋放,把中英兩個商人文化聯繫起來。在大起大跌之中,香港的華商逐漸在這片土地上扎根,不讓外商專美。他們之所以能夠左右逢源,部分原因是由於他們掌握了殖民者的語言。他們的子女很多都在本地的學校接受了雙語教育,成為跨文化的專業精英。他們更掌握了外商所沒有的優勢,就是跟中國內地建立起非常密切的生意網絡,這一點在金山莊與南北行的商人中至為明顯,元發行和乾泰隆是其中的表表者,他們的商業網絡遍佈香港、中國、泰國、東南亞和北美各地。1847年文武廟的興建,標記了華商進入政治領域的開始,再加上東華醫院、保良局、各種街坊組織和漢文學校,相互交織成一個文化、權力和慈善事業的綜合體,形成華人小區的骨幹。

跨立國家與世界之間的專業人士

香港華商的成就之所以能夠得到保障,很大程度上有賴於香港各種專業人士提供他們所需的法律和商業上的服務。這些專業人士包括會計師、律師、建築師、測量師、醫務人員、教育工作者,和各種船務與銀行業的專才。當伍廷芳、黃勝、何啟和韋玉等人被委任為立法局議員的時候,就意味著日益壯大的華人商業和專業社群,在正式的政治舞台上有一席之地。

　　跟商人一樣，香港的華人專業人士對中國和西方社會都發揮了一定的影響。原籍新會、在新加坡出生的伍廷芳（1842–1922），因為教會的關係，早年入讀香港聖保羅書院及中央書院，後來留學英國修讀法律，1877年畢業，取得大律師資格，回香港擔任律師，於1880年被委任為立法局議員；兩年後入李鴻章幕僚，1896年出任駐美國、西班牙及秘魯公使。伍廷芳竭力為晚清及民國政府制定商業及刑事法規，1920年代開始更支持孫中山的統一事業，與國內其他軍閥抗衡。另一個不得不提的例子非何啟莫屬。何啟（1850–1914）早年於中央書院畢業，1872年開始到英國修讀醫科及法律，隨後回香港擔任律師，並在1887年創辦香港雅麗氏醫院，附設西醫書院。他積極發表政治言論，著《新政真詮》一書，及後更受到他的學生孫中山的影響，轉而支持辛亥革命。

　　甚至孫中山自己也毫不諱言地點出他在香港的經驗，對他建設中國的未來怎樣發揮了正面的影響。他在1923年香港大學的一次演講中發表的言論，在今天聽起來雖然好像不合時宜，但卻十分發人深省。他坦言他的革命思想「係從香港得來」，又感嘆辛亥革命已經過了12年，中國「不特無甚進步，人民之受苦更深」。最後，他更語重心長地對在座的香港大學學生說：

> 中國有一良好之政府，我心願已足，現時香港有六十餘萬人，皆享安樂，亦無非有良好之政府耳。深願各學生，在本港讀書，即以西人為榜樣，以香港為模範，將來返國，建設一良好之政府，吾人之責任方完，吾人之希望方達。

　　這些具有政治理想的專業人士，建立了香港社會的骨架，對中國的現代化和國家建設也作出了巨大的貢獻。我們可以說，所有這些在香港受教育的專業人士，都是名副其實的中國民族主義者。他們把在香港這個獨特的環境中所得的經驗，帶到中國，他們善用自己的跨文化身份，而不會輕易被反殖民地的激情弄得歇斯底里。但是，他們會在適當的時候運用他們所接受的西方教育，秉著社會公義，與殖民地政權的不公對抗，贏得中國同類人士的尊重。如果我們簡單地把他們標籤為「殖民地

的產物」，忽略了他們的香港背景積極的一面，漠視了他們對中國的貢獻，這樣對他們又是否公平呢？

我們也不必為同時期許多中國知識分子對香港不懷好感而覺得奇怪。國內很多著名的文人像聞一多、魯迅和巴金，1920、1930年代的時候都來過香港。抗戰初期，香港更成為國內知識分子的避難所。在他們的文學作品的字裏行間，我們不難感受到他們對香港的觀感充滿矛盾和緊張。他們哀嘆香港承受了差不多一個世紀的中國人的血淚，他們覺得香港不再像中國，但他們這個中國卻並非現實上的紛亂的中國，而是知識分子心目中理想的中國。雖然香港所具備的世界性和社會秩序都教他們印象難忘，甚至有人認為她足以成為「南方的一個新文化中心」，但更多的人為香港「失養於祖國」而感到悲哀，更有人說她是個「野孩子」。正如多年來從事香港文學研究的盧瑋鑾說：

> 每遇國內有什麼大變動，她總會以出人意表的包容力量，接納祖國來人，而因各種不同原因借居此地的人，又會帶來許多好處。但過客畢竟心中別有所屬，對這個暫居的地方，總是恨多愛少，這種彼此相依卻不相親的關係，形成了香港的悲劇性格。

的確，在許多國內知識分子的眼中，香港是一個教他們想起中國（還有他們自己）受傷受辱的地方。他們這種看法，與其說反映了香港的真實的一面，不如說是他們自己的寫照。

不錯，1930年代的確是民族主義者和革命家躍躍欲試的時代。20世紀上半期，中國牽扯在列強與軍閥之間，遭受連番挫敗，不少知識分子本身在香港或者國內就有遭受殖民地官員侮辱的經驗，他們的感受，我是絕對可以理解的。不過，我們是否需要毫無批判地套用他們的眼光，評價百多年來香港作為一個殖民地的歷史呢？如果我們這樣做，香港所面臨的困境豈非像傳統中國女性一樣？在父權社會中，評價女性的標準在於她有什麼用處，而不在於實際上她是什麼。如果她的經驗和感情不符合聲稱擁有她的人所想和所需的，她便遭受譴責的話，這樣對她——不管這個她是中國女性或香港——又公平嗎？

戰後成長的新一代「香港人」

　　如果以民族主義為中心的思想模式有礙我們理解香港過去的文化特質的話，我們可以容許它影響我們對於香港的現在與未來的評價嗎？或許有人會對這個課題置諸不理，認為今天的人們已經能夠看穿政治的修辭而不理會它的約束性。不過，也有人指出，我們日常使用的語言和詞彙實際上塑造了我們眼中的世界。不加以批判地使用這些語言和詞彙，結果往往使得一切可以想像的可能性都受到局限。有見於近日有關香港身份認同的討論和由之而起的洶湧澎湃的民族主義情緒，我認為我們有必要趕緊檢視一下我們的目光與假設，以便更透徹地看清問題的本質。

　　我認為香港戰後成長的一代已經把香港建造成為一個多元的文化世界。這一代人——不論是香港出生的，或者是從外地移入的，甚或是已經移居海外的——都不約而同地在為這個小島創造出一套獨特的社會個性與氣質。這個小島跟不論是現實的或者是想像的中國都緊密相連，卻又跟廣闊的世界毫不脫節。這些人的努力在過去數十年中，為香港的華人社會說出一個跟傳統中國、跟其他的殖民地社會、或者是民族主義的論述都大不相同的故事來。他們的身份認同和民族感情，跟他們的上一代一樣複雜和有活力。如果僵化的政治分類不能給這一代人一個適合的定位，我們為什麼不能從他們的角度出發，給予他們充分的理解呢？

　　不管抱有何種政治立場，人們一般都認為 1960 年代是香港開始建立起自己一套獨有的社會個性和氣質的時代。1960、1970 年代的時候，正值中國把對外的大門閉緊，香港頓失與內地直接的聯繫，只能徑自投進世界。這樣的陰差陽錯，使得香港戰後成長的一代不得不把自己的教育成果和專業才華，全心全意地投資到這塊小小的土地上。漸漸，香港贏得了亞洲金融的領導地位，也加快社會流動性，促使 1980、1990 年代大量中產階級的崛起。這批正值中年或壯年的香港精英的成長經驗，相對與中國疏離，但他們的未來卻肯定要延伸到 1997 年以後，直接面對中國政權的來臨。這些戰後的新生代在文化上或許還可以認同中國，

但在許多其他事情上，他們卻常常直接間接地表示：文化認同並不等於無條件的政治信奉。

中港兩地是否能在不同的事情上達到共識，很大程度上視乎我們怎樣看待香港經驗的本質。近日很多論爭中表現出來的極端立場，教我感到頗為錯愕。對於這些立場，我們大部分人大抵都不會認同，但它們的確在公開論壇上湧現。簡單來說，這類立場有三種：第一是認為香港的跨國際都市生活方式及對西方社會秩序的追隨，跟所謂的「中國人身份」是對立的。一向被認為能夠與儒家倫理和諧並存的商業意識，也遭到抱持這種立場的人所鄙棄，說它缺乏深度，集體使命感也不夠充足。第二是香港多年以來以社會公義和尊重個人為基礎而建立的政治與司法程序，被視為是殖民地的產物，與中國民族主義的議程相左。第三種立場更為露骨，一旦有人嘗試超越殖民地政治與民族主義的框框，從香港的角度理解香港本身，便被認為是高舉「香港沙文主義」，與所謂的「中國民族主義」對抗。

抱持這些立場的人實際上是漠視一個鐵一般的歷史事實。在文化層面上，文學理論家鄭樹森有力地指出，自1940年代後期到1970年代，在國民黨「白色恐怖」統治下的台灣，以及政治運動此起彼落的中國大陸，容不下一點點忠誠的反對聲音。反而在香港這塊彈丸之地，卻為中國知識分子提供了一個中國大陸跟台灣都缺乏的、但至少可以安身立命的空間。錢穆、全漢昇、羅香林、簡又文、唐君毅、牟宗三、徐復觀等，都在香港這個相對上免疫於極端的政治意識形態的衝擊的地方，過了一段尚算平靜的日子。這群學者在學術人格和使命上之所以嘗試加入現代的議題，也許或多或少都和他們身處一個尊重法治、崇尚專業意理、追求個人自由、能夠開放地面向世界的社會有關。那個年代的香港雖然不能為他們提供富裕的生活，但至少給他們一個安靜的環境，繼續自己的學術追求；相形之下，陳寅恪最後二十年在中國大陸的遭遇，如何不令人惋惜？

或許有人覺得知識分子的經驗距離普通人太遠，認為香港人普遍崇尚庸俗的物質主義。不過，也有人唱反調，以去年(1996)李麗珊揚威

奧運為例，說香港人如何有毅力有理想，一時間「香港精神」的説法響徹雲霄。傳媒對李麗珊的渲染，一度被轉化為一場政治化的討論，成了「香港沙文主義」和「中國愛國主義」的角力。其實，我們毋須被全城歡慶的情緒牽著鼻子走，也無謂被政治化的論爭糾纏。如果香港任何一類專業人士揚威海外昭示了什麼「香港精神」的話，或者説，如果香港有什麼值得標榜的「精神」的話，應該是數十年建立起來的專業意識、對個人的尊重、對法治的追求，以及鍥而不捨的工作態度。我最近翻閱丘良先生的香港影集，一幅又一幅的黑白照片，無聲卻有力地展示了1960和1970年代的香港社會面貌 —— 貧困無依的老婦、天真無邪的街童、狹窄簡陋的公共屋村 —— 教我們知道香港是如何在這種物質匱乏的條件下成長起來的。

這種種感受依然深植我們的日常生活，偶爾會在1980和1990年代炫富式的消費主義中重新出現，讓我們體會幾代香港人為取得今天地位所經歷的艱辛。我們更要接受一個事實：在可望的將來，香港會繼續是一個移民社會，貧窮無助將會在這個現代都市陰暗的角落中繼續存在。如果香港不能保住她既有的一套社會秩序與法制基礎，將無法包容這一群又一群蜂擁而至的新移民，將無法繼續健康理性地成長下去。不無諷刺的是，與李麗珊精神相違的「為求發達，不擇手段」心態，似乎又使香港與過去幾十年從貧困中翻身的後毛澤東中國緊密相連。

構思中的回歸廣場：開放與包容

最後，一個重要的命題，是香港人的身份認同問題。經過了多年的歷史發展，香港已經走出了一條自己的路子。與民族主義的論述迥異，「香港人」的身份已變得多元龐雜，不是簡單地用「西方」或者「殖民地」等語詞可以涵蓋。蔡寶瓊[1]和陸鴻基[2]已經指出，香港學校的教育，中國元素佔有至關重要的位置。又如宗教禮儀的實踐，傳統元素以都市的方式循環再生。此外，學者亦強調香港流行文化的多元性，及其無所

不包的特色。香港市民在這樣一個混雜的環境中成長,他們擁有了重疊的身份:既是香港人,也是廣東人、中國人,亦是世界公民。簡言之,「香港人」所依存的這片土地已經再沒有清楚的界線,她裝載了多層次的社會意涵、經濟利益和政治取向;她能夠放眼國際,同時又心懷中國,立足本土。1970年代,香港學生深受世界激進思潮鼓舞,要求社會改革,許多人將目光投向中國,尋找社會主義烏托邦。到了1990年代,世界對中國市場的興趣成為後工業香港的生命線。香港在這個獨特位置所提供的東西,推動了中國重新進入國際社會。

誠如冼玉儀所說:

> 香港文化是在一個充滿歷史矛盾的獨特環境中成長起來的。香港是中國通向世界的窗口,也是世界理解中國的窗口。在香港,中國的、外國的、新的、舊的、正統的、非正統的,於此共冶一爐。各種矛盾催生了多元、流動、生機勃發的文化獨特性。如果我們用一種單向度的、扁平的、非歷程的框架來理解她,那未免狹隘又不公平。[3]

我試圖表明,從明朝到20世紀末,在地的民眾已遠遠越出國家機器所能及的範圍,並且打破任何對他們嚴苛而僵化的分類。商人、世紀之交的專業人士、革命者、難民、戰後嬰兒潮一代和新移民,他們與國家的諸種舉措相互激盪,發揮巨大智慧,創造了今人稱之為香港的現象。如果我們要講香港對中國能夠作出什麼貢獻,就是要在跟中國打交道的時候,堅持自己已經建立起來的社會規範;繼續讓世界進入香港,協助中國進一步走向世界。香港一向就扮演著這個角色,香港人應該有自信在九七以後,能繼續擔當這個角色。

在某一意義上,香港應該為她的邊陲位置感到慶幸。雖然地處邊緣,她的人民卻在無數的歷史契機中抓緊機會,選擇自己覺得最有意義的道路。作為中國邊緣的嶺南地區的歷史也告訴我們,嶺南地區越是發展出一套獨特的文化,地方精英便越積極強調自己在文化和歷史上的正統性,對中央政權的向心力也越強。發展到18、19世紀的廣義的中國

文化是辯證的：地方文化千姿百態，卻都用著一套大同小異的表述方式。可見，只要中央給予地方足夠的空間，容許並尊重「兩制」甚至「多制」並存，「一國」便越能夠得到落實與鞏固。

我敘述的香港故事，當然只是云云香港故事的其中一個版本。無論個人的政治信念如何，我希望我這個故事和其他許許多多的故事，都能夠在一個開放包容的論壇上發出聲音，互相激蕩和砥礪。如果真的要在中環設置一個「回歸廣場」的話，我建議不要在這個廣場上樹立任何東西，就讓它開放、包容，成為一個名副其實的「公共空間」——不為什麼，只為這是真正值得提倡的「香港精神」。

（程美寶譯）

本文原是1996年12月7日在香港大學、1997年6月30日在浩然基金會的兩次演講講稿，經修訂後發表於 Gary Hamilton, ed., *Cosmopolitan Capitalists: Hong Kong and the Chinese Diaspora at the End of the Twentieth Century* (Seattle: University of Washington Press, 1999), pp. 100–117。

註釋

1　蔡寶瓊：〈民族教育的繆思〉，《明報》（1996年8月9日）。

2　陸鴻基：〈殖民地教育與所謂政治冷感〉，《明報》（1996年8月9日）。

3　Elizabeth Sinn, *Culture and Society in Hong Kong* (Hong Kong: The Center for Asian Studies, the University of Hong Kong, 1995), p. iv.

第十八章

女強人：性別化的魅力

女強人

雖然香港職業婦女一直為人所分析及注意，但有關女性專業人士和政治人物的研究並不多。[1] 相較於男性公眾人物的傳記，寫女性風雲人物的嚴肅傳記寥寥可數。[2] 本地文化產業傳播這些婦女的形象時，以有趣而混雜的特質來描述她們。在大眾的印象中，她們迥異於中國內地和台灣的女性公眾人物。有人說，中國女高官太過「男人婆」，而台灣女性官員則愛「撒嬌賣俏」。反之，香港女性既強勢，又時尚迷人，憑自己的本事建立專業自信，而又保持魅力。[3] 無論大家同意不同意這些概括印象，還是很值得探討女強人的多重意義，以及在特定歷史脈絡裏 (香港殖民和後殖民時代的發展) 與她們相關的人格魅力。香港女性「撐起半邊天」，是否靠靜靜地徹底變革工作場所、家庭和文化期望？如果是這樣，性別議題又是在什麼場域、通過什麼方式，為公眾所認識？如果不是這樣，又有什麼矛盾和緊張？本文利用1990年代末一些重要女性專業人士和官員的公共生活，藉此探討香港戰後在華南的發展，為她們提供了哪些「有意義的空間」。然而，對於她們的成就，大眾的觀感是性別化的，而且是建立在混雜的文化假設之上。憑藉了不起的優雅和魅力，兩個世代的女性似乎在艱難環境中致力改變她們自己和社會。

本文集中探討在制度、言說和個人層面，令這種參與得以出現的背景。儘管香港居民局促於一個狹小的地理疆域之中，但他們有兩大帝國的文化資源、意象和制度可資憑藉。在其殖民地歷史的頭一百年，香港受商人文化的全球擴張所影響，這個商人文化的行事方式是變動不居、開放和非傳統的，但儒家在主張和追求方面是保守的。華商的貿易夥伴及他們所體現的多文化道德，又增添另一層文化資源。歷史學家冼玉儀認為，在將近百年的歲月裏，香港是個重要樞紐——在中國、南北美洲和東南亞之間流動的空間。因此，它為男女過客和定居者提供了一個實質的環境，讓他們在此地積澱一層又一層的價值和制度實踐。[4]

在戰後幾十年間，香港相對地隔絕於實行政治孤立的中國。它的外來資金和勞動力，成為全球工業化生產的一環。在 1960 年代，灣仔和九龍紅燈區的酒吧和舞廳，是「蘇絲黃的世界」的具體代表；而與這個世界成對比的，是溫文、孝順的良家少女生活，她們在工廠和家中勤奮工作，生產行銷全世界的假髮、玩具和塑膠花。本地電影公司塑造「工廠皇后」和「大學女生」的大眾形象。陳寶珠和蕭芳芳等幾位女明星爆紅，成為那個年代的偶像。[5]

1960 年代末，中國文化大革命觸發香港社會動盪，其後政府大力投資於香港的基礎建設、教育、房屋發展和社會服務，而這需要大量行政支援。在 1980 至 1990 年代，香港改變策略，轉而致力為國際金融提供服務，這也為渴望成為中產階級的家庭，提供了前所未有的社會流動機會。一套城市式、現代化、世界主義的觀念，成為正在茁壯成長的中產階級抱持的主流文化，這套觀念強調制度公平、廉潔政府和專業效率。在這種環境中，一代公務員和著名女性專業人士成熟起來。在 1970 年代出現在傳媒的「女強人」一詞，其後幾十年成為家喻戶曉的用語。

凱倫‧科爾斯基 (Karen Kelsky) 的《邊緣女性》(Women on the Verge) 談日本婦女，很有啟發性。書中分析逾六十位女性的思想心態，她們代表在全球流動、放眼世界的專業人士階層。該書集中討論的，是與關於現代性和東方式表述的公共討論密不可分的情色想像，但作者提供的分析架構，有助於探討個人如何參與主流意識形態典型化。能動性往往充

滿模糊性、共謀和反抗。在這個例子中具諷刺意味的是，女性在日本政治和企業結構中處於邊緣地位，反而令受過教育的婦女獲得難得的機會到國外旅行和發展全球性的事業。這些婦女在種族與情慾政治之間的空間探索，挑戰對於性別、婚姻、家庭和事業的僵化期望。[6] 在埃及開羅，薩巴‧馬哈茂德（Saba Mahmood）在這個很不同的文化環境中從事民族誌研究，她的研究對象把職業志向融合到非常性別化的宗教和道德期望，馬哈茂德在他們身上找到能動性。

戰後幾十年的香港婦女，是否也處於類似處境之中？她們有什麼樣的性別化空間和結構位置？

她們沒有像數百萬投入全球生產線的外籍婦女勞工那樣，流動的身體往往被遠離家園的服務業和娛樂產業所消費。反之，世界來到香港專業女性的面前，她們佔據商界和管理層級要津。這些女性驚人的流動軌跡，具有什麼文化意象和典型性？

從近期的數據，可看到她們的成就。根據1996年的人口統計數據，年齡介乎19至44歲的香港女性，86%受過高等教育，到了2006年增至92%。[7] 商業數據顯示，在獨立個人資產方面，女性壓倒男性。擁有超過100萬港幣流動資產的人中，51%是女性。至於打工「貴族」，亦即月入十萬或以上的人，有21%是女性，比前一年的16%為高。此外，83%的香港企業有女性擔任高級行政人員。[8] 婦女在政府和公共服務界也位居要津，並且在公眾意見調查中常常名列前茅。[9] 她們究竟是怎樣獲得如此驕人的成績？

來自香港豪門的婦女一直備受注目。在公眾眼中，她們得享崇高的社會地位，是來自專業能力以外的因素。儘管有些人曾在海外接受優良教育，但人們強調她們靠血緣或婚姻取得的家庭背景。她們在東華三院和保良局等慈善機構擔任名譽總理。有些人參與社區工作，例如照顧老人的鄰里服務、婦女福利事務等。[10]

以婦女為主題的出版物上，會看到互相衝突的形象。在圖書館藏書中，可以找到幾十年來女青年會出版的《香港婦女年報》。今天在書報攤、書店和酒店，可以找到《尚流》（*Hong Kong Tatler*）、《清秀雜誌》、

《姊妹》之類的刊物。[11] 在低俗的那一端，展示女性色情圖片的華文日報和小報，肆無忌憚地販售。

在階級層級的頂端，有幾代在國外受教育、胸懷世界的社交名人，欣賞表演藝術和光顧畫廊。許多人是「潮流引領者」，她們現身社交場合，為小報的八卦新聞提供話題。不過，參加慈善組織和從事一些炫耀式消費是人們期望豪門會做的事。這些家庭的女性成員負起一些社會責任。她們受人矚目的身影，並沒有從根本改變男性世界的性別期望。[12] 若這些豪門在社交上有某些放肆荒唐曝光後，本地小報就為之欣喜若狂。對於涉及其中的女性，公眾情緒很少給予同情。

然而，在1970年代初傳媒上開始出現「女強人」一詞，令人想到一種在專業領域獨當一面的特殊意象。女性在公務員隊伍裏擔當管理層職位，或許可能開始了靜默的「革命」，但公眾心中她們仍然面目模糊。殖民地時代的公務員，無論男女都被訓練為在幕後孜孜矻矻的行政人員，而不是追求在政治仕途飛黃騰達。如科大衛在2003年指出，那是殖民地時代的文化。[13] 令人矚目的女主管來自傳媒界和公職服務。記者柳蘇在散文集《香港，香港……》追溯了這些公眾人物出現的歷史。他舉出幾個女強人的例子。一個是周梁淑怡，她在1970年代擔任電視台主播和管理人員，1980年代獲委任為立法局議員。鄧蓮如女男爵在美國受教育，擔任太古集團董事，之後獲任命為貿易發展局主席和行政局首席非官守議員。她在1990年代獲冊封為女男爵，成為英國上議院議員。譚惠珠是修讀法律出身，在中國擁有商業利益。在1997年前的二十年間，她獲香港和中國政府委任加入無數公職委員會。公務員方面，陳方安生在1984年獲任命為政府部門首名女性署長。張敏儀在1985年成為政府新聞處處長，當時才三十多歲。[14] 不過，公眾要到臨近九七的激烈談判中，公務員隊伍的性質和新聞自由成為重要問題時，才注意到這些女性。

有關香港命運的談判，由1980年代中持續至1997年後幾年間，在這段期間有更多專業女性投身公共服務和政壇。當中的著名人物包括教育統籌局局長羅范椒芬、立法會主席范徐麗泰、律政司司長梁愛詩、保安局局長葉劉淑儀、行政會議成員王葛鳴、平等機會委員會（平機會）

主席胡紅玉、大學教育資助委員會(教資會)主席林李翹如，金融界方
面則有查史美倫。查史美倫是在美國受訓練的律師，她在1990年代成
為權力很大的證券及期貨事務監察委員會副主席，並在2004年完成三
年任期後擔任中國證券監督管理委員會副主席(相當於副部長職級)。
在2007年，她取代林李翹如出任教資會主席，就有關香港八所高等院
校的政策和撥款向政府提出建議。陸恭蕙曾是立法局議員，後轉為投身
環境保護，為公眾爭取權益，而不接受政治任命。吳靄儀是五屆立法會
法律界議員，並且是新成立的公民黨重要成員，她主張公眾要密切審視
政府的政策和程序。

在本地政壇，很少女性能像陳方安生一樣，在香港和國際社會各界
公共輿論中廣受敬重。從1995年獲港英政府任命為布政司，到2001年
辭任香港特別行政區政務司司長，陳方安生以前所未見的魅力，吸引住
公眾的注意。她在本地政壇邊緣徘徊了幾年之後，在2007年參加立法
會補選，與前保安局局長葉劉淑儀爭奪議席，再次備受公眾注目。葉劉
淑儀從公務員隊伍「退休」幾年後也展現政治雄心。[15] 公眾期望這些女強
人有何貢獻？

「布政司陳太」

陳方安生在1993年獲時任總督彭定康(Chris Patten)任命為布政司
後三天，就聯同17名娘家家人返回安徽省祭祖，祭祖儀式「傳統上」屬
於男性的領域。對她的關注還有另一層意義：它令人聯想到在古代科舉
考試考取狀元的士人，獲得功名後會回鄉拜祭祖先。事實上，有省級官
員把陳方安生比喻為「一品官」。陳方安生的祖父方振武將軍在抗日戰
爭時奮勇抗敵而傳頌後世，舉行祭祖儀式是為紀念他的墓地重修完成。
政治協商會議和安徽省政府專程邀請陳方安生參與此事。然而，陳方
安生就算不是中國傳媒的焦點所在，也無疑是香港傳媒注意力的集中
點。[16] 除了她和家人在方將軍新修葺的墓園的照片，還有一張她站在包

公祠前的著名照片。包公是帝制時代的官員，自古以來就是無畏無懼、剛正為民、公正無私的象徵。香港傳媒對她的期望顯而易見。

中國政府似乎也渴望把她放入重要的世系之中，儘管這是她娘家而非夫家的宗族連繫。香港主權在不到四年後就會轉變，陳方安生獲末代港督任命為布政司，表示她在九七後的香港政府中會是重要的政治人物。政府似乎急欲向香港華人推銷愛國主義，陳方安生的祖父是抗日時期的名將就成為重要因素。撫養她長大的叔父方心讓是另一項優勢。方心讓積極推動改善殘障人士權益，故與中國最高領袖鄧小平的殘疾兒子建立深厚友誼，方心讓與國務院港澳事務辦公室主任魯平也有交情。香港的親中報章已強調她「民族感情真摯強烈」。除了是首位女布政司，她還因為是首名華人布政司而備受讚頌。[17]

在一個仰慕儒家傳統的商業社會中，公眾沒有忽略陳方安生的母親方召麐是著名畫家這一點。她在大陸舉行過幾次畫展，微妙地暗示她得到中國當局接納。此外，在陳方安生的眾弟弟中，一人是專科醫生，另一人則是聯合國傳譯員。一如陳方安生，他們都是現代士人的一員。

除了她娘家的背景，傳媒還把陳方安生描繪成賢妻孝女。這些形象是針對那些關心婦女責任和家庭的人，報章以疼愛的口吻描述她每個星期天都會到金鐘太古廣場的高級餐廳與母親吃午餐。陳方安生在一次訪問中坦言，如果丈夫反對她出任布政司，她未必會接受任命。她符合傳統商人家庭的期望，丈夫讚賞她「出得廳堂，入得廚房」。一份香港中文報章把她的美好特質概括為「出身傳統中國家庭，服膺儒家忠孝之道」。[18]

為準備她的事業，陳方安生入讀適合的學校。她在天主教中學接受英式精英教育，之後考上香港大學（港大），港大是大多數香港公務員的搖籃。陳方安生與她那一批大學畢業生加入香港公務員隊伍之時，香港正從地處邊陲的殖民地社會，蛻變為充滿動力的地區金融中心，這些大學畢業生最終成為本地政務官的骨幹。當一個競爭性的市場需要卓越和氣度時，精英教育體系就為這個地方培養最出類拔萃的男女。陳方安生是這個制度的受益者，她充分把握這種機會。她登上布政司之位時，已在政府任職31個年頭。

　　當時和今天的公眾在陳方安生身上看到什麼特質？辦事幹練的人可不止她一個；政府內外有許多本事不亞於她的管理者，她的紀錄也非完美無瑕。陳方安生以不肯妥協著稱。她擔任社會福利署署長時發生「郭亞女」事件，她下令破門入屋，從情緒不穩定的母親手中帶走一名小孩，她因此事大受抨擊。若論口才，許多立法局和行政局議員都不亞於她。若說財富帶來權力，她的生活雖然優渥，但算不上是大富之家。她的公眾形象如何反映社會期望？這些期望在1990年代末政治轉型期的關鍵歲月，是否有改變？像她這樣令人注目的女性官員，香港特別行政區成立後的12年間，將面臨什麼樣的事情？

　　陳方安生與行政長官、一眾高官和華人領袖參加1997年的主權移交儀式。在現場一片黑西裝和軍服的海洋中，她站在一條無人走道的最高處，走道分隔兩旁的官員和賓客。她一身紅衣，站在舞台中央介於兩方人馬的「中間」地帶，這個影像完全是無心插柳。她是否代表殖民地公務員的曖昧處境，是一場前所未有的政治實驗不可或缺的部分？還是對於她那一代職業女性和公眾人物的性別化空間來說，這是個不祥的轉折點？

　　過渡時期的香港風雨飄搖，在這短短十年間，陳方安生向全球傳媒顯示她是「香港鐵娘子」和「香港良心」，會挺身捍衛這個城市的價值觀。[19] 如代表法律界的立法會議員吳靄儀所說：「她獲總督彭定康選為布政司時，資歷深厚又有魄力，並因體現公務員的價值觀而廣受他們支持，但她在國際上知名度不高，也缺乏明星氣質。她獲培養為領袖，也以優雅的姿態應運而出。」[20] 這也是為什麼2001年1月她請辭的消息傳出時，無人相信她表面所說的理由。吳靄儀再次痛心地說：「訓練有素的高級公務員一般不會因為『個人理由』和『想多花時間陪伴家人』而辭職。她請辭無疑代表把香港公務員的價值觀移植到九七後的政府這場實驗以失敗告終。」但是，陳方安生在1990年代所任的官職，代表了那一代女性官員的巔峰，她們的地位源自香港致力橫跨世界和中國的特殊歷史時刻。我們從這些女性的人生和事業中，可看到戰後香港的獨有特點出現哪些變化？

「手袋黨」

陳方安生在殖民時代後期的公務員隊伍中快速扶搖直上，但她不是唯一如此的人。女性公務員的數目，從1980年的34,322人上升至2000年的61,566人，佔政府僱員的33%。[21] 在同一時期，另外有19,000多名男性加入政府工作，但男性在公務員總人數所佔的比例下跌了8%。此外，在1,272名首長級以上的公務員中，女性佔22%。在22名最高級官員（局長級）中，有8人是女性，這批女性高官獲得「手袋黨」的稱號。在1990年代後期，約莫在香港回歸中國之時，這些明顯衣著時尚和有權力的女性，成為香港家傳戶曉的名字（見表18.1、18.2）。[22] 以下的報章報導十分常見：

> 人所共知，政府內部有個「手袋黨」，「黨員」全部是政府內部的高層女性官員，上至政務司司長陳方安生，然後有衛生福利局局長霍羅兆貞、庫務局局長俞宗怡……前新聞處長丘李賜恩等……七十年代，陳方安生與一群女政務官聯合組成女政務官協會。一起打江山、一起爭取與男性同僚分庭抗禮，多年來種下的情緣皆源於此。
>
> 如今這班均已身居要位的女戰友，現時仍不忘定時定候聚會。其中每年一次大閘蟹聚餐是少不了的。聽說「手袋黨」眾黨員還計劃，稍後籌辦成功爭取同工同酬同福利大型紀念慶祝會。
>
> 一班女高官凝聚力如斯強，難怪有女官員慨嘆：「不知為什麼班男人儼如一盆散沙？」[23]

表18.1 首長級人員性別比例（2000）

職級	女性	男性
D7或以上	5（23%）	17（77%）
D5和D6	11（18%）	49（82%）
D4	40（22%）	145（78%）
D1和D2	219（22%）	786（78%）
總數	**275（22%）**	**997（78%）**

資料來源：翁煜雄：〈粉黛官場英雄失色〉，《蘋果日報》（2000年6月25日），A11版。

表 18.2 主要女性公務員（2000 年 6 月）

陳方安生（政務司司長）

梁愛詩（律政司司長）

葉劉淑儀（保安局局長）

俞宗怡（庫務局局長）

任關佩英（環境食物局局長）

羅范椒芬（教育統籌局局長）

尤曾家麗（資訊科技及廣播局局長）

李淑儀（經濟局局長）

李麗娟（民政事務總署署長）

陳馮富珍（衛生署署長）

鍾麗幗（房屋局副局長）

張敏儀（前廣播處長，後擔任香港特區政府駐東京經濟貿易首席代表）

韋玉儀（香港駐美國總經濟貿易專員）

黃錢其濂（退休衛生福利司）

霍羅兆貞（退休衛生福利局局長）

資料來源：《蘋果日報》（2000 年 6 月 25 日），A11 版。

　　這些公務員是何許人？公眾期盼她們具有什麼樣的特質和權威？人們是如何評價、應付和面對她們？在北京居住了很長時間的馬震平，到香港為一家中資企業工作，他對於香港女性得到的機會讚嘆不已。他認為她們是世界上最幸運的女性，唯一例外的是：幹練的女性似乎很難找到如意郎君。馬震平接觸過形象為「性別模糊」的中國大陸女性，還有文化大革命時期他形容為「聲嘶力竭、激烈過火」的女紅衛兵，他覺得香港職業女性在她們的細膩中特別溫柔。不過，他感到迷惑，不同於會為男女廁所數目不平等而上街遊行的台灣女性主義者，香港女性異常容忍本地男性的主張。此外，她們雖然具有世界眼光，也沒有太多社會束縛，但許多位高權重的香港婦女繼續在自己的姓氏前冠上夫姓。[24]

　　感到疑惑的不止馬震平。俞宗怡當上局長級官員時，她容貌姣好、舉止嫻雅，還有一身剪裁優美的中式衣著，都令公眾為之驚艷。她一直

小姑獨處，也成為一名男子打電話到電台清談節目關注的問題。他問：
「這樣有魅力和賢淑的人，怎麼會沒有丈夫和子女？」前廣播處長張敏
儀是另一個被男性評頭品足的對象，她以性格剛烈和不妥協的政治立場
著稱，人稱「張大姐」。張敏儀的朋友和敵人推許她為「香港城中最美麗
的女王老五」。[25]

　　這些身居要職的女性，也有些人遭公眾以負面和同樣性別化的言論
來評價。曾任人民入境事務處處長、時任保安局局長的葉劉淑儀，因發
表強硬的政治觀點和其嚴厲的「治安」措施，不受開明派市民歡迎。但
是，小報的焦點不是這些問題，而是毫無忌憚地嘲笑她的外表──樣
貌、髮型和衣服。[26]葉劉淑儀嘗試控告出版商性別歧視，聲稱自己的形
象被歪曲，但平等機會委員會(由著名的自由開明派律師胡紅玉擔任主
席)以事件不違法為由，不受理她的個案。在這事件之後不久，一名很
受人敬重的傳媒主持人在電視節目中訪問她。她大吐苦水，並透露自己
身為寡婦和慈母的辛酸。政府在2003年7月嘗試根據《基本法》第二十
三條制定國家安全法，此舉引起很大爭議，葉劉淑儀為此事辭職，即使
她辭職後，公眾對她的看法仍然褒貶不一。[27]她負笈史丹福大學進修一
段短時間後，在2006年重返香港政壇。傳媒馬上注意到她的髮型「已有
改善」，但焦點很快轉到她在香港的政治野心。香港公眾對於女性有這
些互相衝突的形象和期望，是由什麼因素造成？在戰後幾十年，這些女
性獲得前所未有的事業機會，但造成性別化期望的文化空間，是否沒受
到質疑？她們的事業為何集中在公職領域，而非商界或學界？[28]這是因
為殖民時代的教育、殖民時代後期的職業結構，還是非盈利的白領界別
擴大，婦女可在其中大展拳腳，而不必闖入男性的領域？或者商業社會
對於文人虛榮的貪戀，繼續規限著現代家庭生活和女性的自我觀感？這
些問題的答案可以很複雜。

　　我不打算把這些政府女高官與男性官員相比較，一一做深入的社會
學分析。不過，探索一些深層次問題會很有助益。這一代女性官員和
公眾人物的教育背景大同小異，都曾在教會學校上學，獲得卓越的英語
能力。有時候，她們對於服務公眾甚至有種近乎宗教的承擔。根據一

些上過天主教女校的人說，校內有一些活生生的女性楷模——教師和學校行政人員（包括外國人和本地人）。許多人畢業後繼續與中學母校維持感情聯繫。這些職業婦女參與校董會、做公開講座、參加年度頒獎禮活動，成為年輕學子的榜樣。從表18.3可見香港一些歷史悠久的頂尖教會學校。

表18.3 主要教會學校及其傑出女性畢業生

聖保羅男女中學	周梁淑怡（立法會民選議員） 譚惠珠（前立法局委任議員） 余若薇（資深大律師，立法會民選議員）
嘉諾撒聖心書院	陳方安生（前布政司） 梁愛詩（前律政司司長） 任關佩英（前環境食物局局長）
瑪利諾修院學校	劉健儀（立法會民選議員） 胡紅玉（前立法局委任議員、平等機會委員會主席） 劉慧卿（立法會民選議員） 查史美倫（前證券及期貨事務監察委員會副主席） 李麗娟（民政事務局常任秘書長）
拔萃女書院	黃錢其濂（前衛生福利司） 霍羅兆貞（前衛生福利局局長） 韋玉儀（香港駐美國總經濟貿易專員） 李淑儀（前經濟局局長） 廖秀冬（前環境、運輸及工務局局長） 黎高穎怡（前公務員事務局常任秘書長）
聖保祿學校	鄧蓮如（前立法局首席非官守議員、貿易發展局主席） 吳靄儀（資深大律師、民選立法會議員）
嘉諾撒聖瑪利書院	羅范椒芬（前教育統籌局局長） 戴婉瑩（申訴專員）
聖士提反女子中學	范徐麗泰（立法局委任議員、立法會民選議員及主席） 關淑華（前香港家庭計劃指導會執行總監） 葉劉淑儀（前保安局局長） 王葛鳴（前房屋委員會主席）
庇理羅士女子中學	俞宗怡（公務員事務局局長） 方黃吉雯（前行政會議及立法局議員）

在精英教會學校接受英式教育是重要的依憑。在1970年代和1980年代，能考上大學的學生只有2%，而得到這種教育培養的女性，就能成為這2%中的一員。表18.4列出大量上過港大的、過去和現任女高官和擔任公職的女性。據我訪問過的三位活躍女律師說，在中學或大學，女學生在英文方面尤其出眾，而投考政府行政主任和政務主任，尤其需要這種語言能力。此外，許多女學生修讀人文學科和社會科學科目，而非理科、醫科和工程這些傳統上被視為男性領域的學科。政務主任職系較重視應徵者的全面通才教育，優秀的文科生獲鼓勵去投考此職系。[29]

表18.4 曾入讀香港大學的1990年代末高級公務員

姓名	主修	入職年份	年份和最高職位
陳方安生	英文	1962	1993，布政司
任關佩英	文學士	1969	2000，環境食物局局長
羅范椒芬	化學	1975	2000，教育統籌局局長
黃錢其濂	英國文學	1969	1990，衛生福利司
韋玉儀	文學士	1969	1999，香港駐美國總經濟貿易專員
葉劉淑儀	英國文學	1975	1998，保安局局長
廖秀冬	化學及植物學	1973	2002，環境運輸及工務局局長
俞宗怡	歷史	1974	1998，庫務局局長
戴婉瑩	法律	1974	1999，申訴專員
尤曾家麗	社會科學	1977	1995，副保安司 1997，行政署長 2000，資訊科技及廣播局局長
劉吳惠蘭	文學士	1976	1999，市政總署署長
李淑儀	文學士	1974	2000，經濟局局長
李麗娟	文學士	1971	1995，政務總署署長

這些女士的語文能力卓越，因此能夠選擇以法律為主修科目。許多人取得法律學位和擁有私人執業經驗後，在1997年之前和之後獲委任為立法局和行政局議員，以及成為公共服務機構和政府委員會的成員。[30] 香港女律師的數目一直不少。近年港大法律學院女學生的人數超過男學生。在1960年代，全體律師中有10%是女性，到1990年代初增

至30%，而且她們的組織能力顯見於香港大律師公會（多次由女性擔當主席）、香港律師會和香港女律師協會。[31] 在2001年舉行的香港大學九十週年校慶晚宴中，那些上台的何東夫人紀念堂「女舊生」，主要是由時任政務司司長的陳方安生及其「手袋黨」帶領的公眾人物和公務員。[32]

經歷同一教育過程的男學生人數更多。他們入讀教會開辦的頂尖男校，之後考進港大。那麼，為什麼女性政務官會成為公眾矚目的人物？科大衛在其關於香港殖民史的著作中認為，原因在於本地和外籍公務員之間固有的不平等，以及避免政治對話的文化：

> 我不認為1950和1960年代的香港人不關心政治，但我也曾指出，在香港的政治意識形態中長期有種感覺，認為香港人無法管治自己。由於這個原因，我覺得戰後一代的香港大學畢業生很令人著迷。他們受到東西方文化精髓薰陶，獲培訓為香港的上層人物，若說香港社會有精英，他們應該就是精英。此外，他們獲灌輸強烈的社會責任感，難道他們不應該在思想方面引領風氣？……香港的俊彥之士有宏大抱負，但能施展的舞台很小，可以理解，這些人轉為從商，投身社會服務和專業工作。我沒有提到公務員，因為即使到了1945年，從港大畢業的華人，沒有人奢望能在公務員隊伍中升遷到高位……招聘華人擔任原稱官學生的政務主任，要到1950年代中期才成為慣常舉措。港大畢業生覺得自己能爬到多高的職位？我敢說，當時沒有一個華人認為能做到部門首長（遑論香港總督），因為本地化政策還遠在九霄雲外。[33]

那些不願到政府任職的男性，不少人在私營領域出類拔萃。那一代人中有成就非凡的私人執業律師，包括傳奇的大律師余叔韶。[34] 男人也較容易加入家族企業，這些企業極少會由女兒繼承。如果科大衛的說法邏輯正確，那麼香港的傑出男性大學畢業生沒有在政治事業領域與女性競爭，是因為他們在社會流動方面有更好的選擇；女性公務員的成功是歷史的偶然，而非兩性等級制度真正逆轉。她們安身於這些行政職位，是因為她們自己、家人及公眾都對女性的事業不寄厚望。

政治明星：再論政治魅力

從「手袋黨」所見的跡象錯雜不一，並不表示主宰性別關係的傳統價值觀沒有受到挑戰。大約在陳安方生及其「手袋黨」在公務員隊伍中青雲直上的同時，另一批女性專業人士也在政壇粉墨登場。她們的背景、訓練和光芒與這些高官很相似，但她們佔據顯眼的社會和政治空間。公眾似乎也以非常錯雜不一的性別概念來評價她們。

李樹培夫人（本名曹秀群）屬於戰後嬰兒潮之前的世代，是非常著名的「商家女兒」，她的事業橫跨將近半世紀。她在民國初年生於越南西貢，父母是福建人，她獲得各種教育機會——西貢的女校、香港的英式寄宿學校（聖士提反女子中學）以及美國浸信會傳教士在上海開辦的大學。她的父親年輕時移居越南，並且步步登高成為成功的米商。他頗為溺愛自己的獨女，把她與兒子一同培訓，明言有一天她會協助兄長打理家族生意。她唸寄宿學校的歲月獲得豐厚的零用錢，因為她父親相信女人應該經濟獨立，才不至因貪錢而誤入歧途。

李樹培夫人獲商學士學位後，在香港的中南銀行工作將近十年，晉身管理職級，並獲得男同事敬重。雖然她最終嫁入醫生世家，大部分時間花在養育子女，但身為一個有政治影響力家族成員的妻子，她履行了隨這種身份而來的各種公共義務。李樹培夫人投身於促進香港婦女福利。從1950年代至1980年代，她獲政府授予很多榮譽和公職。香港大學向她頒授榮譽博士學位。在1993年，她答應在香港鄉村俱樂部與我共晉午餐，並接受訪問。那時她已八十多歲，對於自己爭取了幾十年，終於令體制有所改變，這位優雅的耆宿感到十分欣慰，並寄望年輕一代再加努力。

在自傳中，李樹培夫人重點列出她向香港政府爭取保障婦女權益所做的工作，包括擔任過的一連串公職：香港中國婦女會（1938–1990）、香港家庭計劃指導會（1951–1990）、香港基督教女青年會（自1946年起成為會員）、大學婦女協會香港分會和香港婦女協會的創辦人及會長。報章稱讚她取得四個「第一」。她在1974年獲英女皇頒授司令勳章（CBE），

是香港第一位獲此勳章的女性；第一位獲得香港大學榮譽法學博士的中國婦女；第一位獲委任為市政局議員的華人女性；而且在1966年成為首位立法局女議員。[35] 把她當「太太」看待的人，都會見識到她的真本色。[36] 她曾任職的銀行認為她有丈夫照顧，故此不需要加薪，她憤而辭職。美國國慶酒會不招待來賓女眷，她就堅持以立法局議員的獨立身份參加。她自認為在香港立法局取得的最大勝利，是在1971年成功廢除納妾制度。

《南華早報》有篇文章概括了公眾對她的欣賞。弗農‧拉姆（Vernon Ram）在〈鬥士的畫像〉（"Portrait of a Crusader"）中說：

> 在今天的香港，華人婦女在職業和公共生活享有崇高地位，她們的成功主要歸功於一位女士不屈不撓的鬥爭。她就是77歲的李曹秀群博士，這位長者現在已退休……李曹秀群博士以一介女流之力，單槍匹馬發起運動，爭取一夫一妻制婚姻立法，令香港法律與中國和台灣已實行的法律趨於一致，那時候，今天的一些主要女性立法局議員和商界管理人員若非還沒出生，就還只是嬰兒。李曹秀群博士毅然以此推動這項工作為己任，因為港府發覺要處理越來越多因華人家庭糾紛而起的複雜法庭案件，這些案件大多與財產繼承有關。政府委任一個七人委員會研究這個情況，並提交報告。委員會在1949年呈交報告，但隨即被擱置。其後李曹秀群博士組織請願，並向時任港督的葛量洪提交請願書，葛量洪承認自己對中國法律一無所知，遂向羅文錦爵士徵詢意見，他草率地否決這個建議。之後李曹秀群博士鍥而不捨爭取早該實行的婚姻制度改革，開始歷時二十年的戰鬥。當時納妾習俗令繼承和婚生地位存在灰色地帶，而這項法律的關鍵所在，就是在這種社會風氣中法定婚姻的定義：約有十條法例是取決於它。不過，多得一些願意支持的立法局議員，尤其是時任按察司、現已冊封爵士的羅弼時（Denys Roberts），李曹秀群博士的努力最終成功，婚姻改革法案在1971年成為法律。李曹秀群博士穿著剪裁優雅的旗袍，說起話來輕聲細語，令人誤以為她是柔弱女流，其實她智慧機敏

和邏輯縝密，相對於後世一些婦女解放運動家鋒芒逼人的言詞，令人耳目一新。[37]

李曹秀群博士在1968年說：「社會上有三種不公義的情況，是我想撥亂反正的。第一是為婦女爭取同工同酬。第二是能全面保障婦女權利的婚姻法。第三是修改繼承法，令婦女和男性一樣，享有相同的財產繼承權……整天打麻將會浪費我受過的教育。我決定利用我所受的財務訓練和商界經驗，協助不同的組織……我早在戰前就說，香港在文化和心態方面落後世界其他地方五十年。我在戰前對此不大關心，因為我沒想過會留下來。但現在情況不同。所以我在1949年開始致力改變一些束縛壓抑的法律。」此後的事，則已人所共知。[38]

2005年9月，李曹秀群博士以98歲高齡謝世。她的經歷無疑是非比尋常的特例，但這個精英婦女階層所得到的機會背後的結構，也很值得注意。她是華南沿海的商家女兒，這種背景賦予她資源、社交網絡和識見。跨國商貿往來、被戰爭和革命所動搖的殖民地結構，以及正在形成的新興工業社會，為她提供了令人生圓滿和有意義的空間。在不確定的時代，她獲得的機會或許是萬中無一，但戰後香港擁有自由化和已擴大的經濟體系，令這一代人能有快速的社會流動。

在今天較年輕一代中，頭角崢嶸的政治人物不勝枚舉。[39]本文重點論述其中三人——胡紅玉、陸恭蕙和吳靄儀。她們擔任律師、政府委員會和政策智庫成員，以及民選立法會議員，開展了出色的公職生涯。這些人的事業和公眾對她們的看法，顯示出香港處於歷史轉捩點時正在變化的性別期望，此時香港在另一個動蕩的政治環境中，社會和文化認同被重新建構。

胡紅玉在1992年獲港督委任為立法局議員時，是一家律師行的資深合夥人。一如許多政府官員，她曾入讀教會學校(瑪利曼中學)，並在1970年代初從港大畢業，獲法律學位。她說，她很幸運，父母負擔得起為她和弟弟提供平等的教育機會。她身為長女，被期望負起家庭責任。在我們多年來的對談中，她坦承很感激父母的關注和信任，不過她

知道他們心中其實希望她是兒子。[40] 然而，在事業方面她遇到許多女性楷模。她接受實務訓練時，指導老師是高露雲律師行高級合夥人張淑姬，她是專利和版權法的國際權威。

胡紅玉作風低調，但一直熱心堅定地捍衛平等機會的權利。她獲港督彭定康邀請擔任立法局議員時，沒有特定的政治目的，只懷有一股服務公眾的責任感。她逐漸把焦點放在婦女和平等機會事務。胡紅玉在1995年擔任平機會委員時，自掏腰包花了一百多萬元，聘請專家研究和撰寫十分全面的平等機會草案，涵蓋範圍涉及年齡、性別、種族、宗教、政治信念和職工會活動。但政府在立法局內外進行大規模遊說活動，阻撓這個法案通過，胡紅玉公開表示她意興闌珊，並痛斥政府「手段卑鄙」。傳媒感激她的正直和勇氣，冠以「平等機會之母」的稱號。[41]

在1999年5月，政務司司長陳方安生邀請胡紅玉擔任平機會主席。胡紅玉接受這個挑戰，不過她獲此任命使許多人感到意外。沒有人想到，政府會邀請一個時刻盯著它並批評它的人擔任這個職位。胡紅玉忠於她的專業熱情，主張以積極方式教育公眾認識歧視問題。她矢志使世人更瞭解那些被邊緣化的人（如精神病、愛滋病患者等），而且毫不猶豫挺身代表他們打官司，也決心調查政府部門和企業的不公平做法。

這不是空口說白話。她擔任主席的三年間，打了好幾場備受矚目的官司，包括性別歧視的案例。在2001年2月，法院判決一名僱主違法歧視懷孕員工罪名成立。更為大膽的案例是控告教育署。她擔任平機會主席後不久，就著手處理一份有關「中學學位分配辦法」的調查報告，政府自1978年就採用這種派位方法。然而，男女分隊派位，而且男女校中有固定的男女比例配額，令一些家長覺得子女受到不公平對待，無法入讀心儀的學校，遂向平機會投訴。平機會不理政府大力反對，尋求司法覆核。高等法院在2001年6月裁定「中學學位分配辦法」違法。胡紅玉在法院裁決後說：

> 高等法院的清晰裁決，為各方面確立明確的方向。為了確立管治威信及問責性，政府及教育署應迅速作出行動，以避免進一步的

支出或資源損耗，及盡量減少對學生、家長與學校可能產生的混亂。「中學學位分配辦法」是公眾關注的基本教育問題，因此政府及教育署必須糾正錯誤。一個公開、公平和沒有歧視的教育制度是我們的學生應享有的基本權利。[42]

胡紅玉的專業精神與政府部門的官僚作風形成強烈對比，深受公眾讚賞。[43] 在許多人心中，她是聆聽弱勢人士聲音的「女強人」。她最終離開平機會，是爭議很大的政治事件，她獲得不少公眾支持。其後她從事其他促進社會福祉的工作，並把心力放到私人慈善事業和法律教育。

與胡紅玉同一世代的陸恭蕙，在1992年10月獲委任為立法局議員。她是香港觀察社創社成員，這個組織是一群有公共精神的專業人士在1987年創立。她在立法局初次發言之後，公眾就知道眼前這個人是政壇明日之星。《南華早報》的一篇重要文章宣稱「陸恭蕙直抒己見，暴得大名」。[44] 陸恭蕙以率直、堅持原則和口齒便給著稱，她在1990年代進入政壇，想要推動開風氣之先和世界主義的工作——以廣闊胸襟詮釋藝術，喚醒大眾注意種族和其他社會歧視，挑戰新界宗族鄉村根深蒂固的繼承習俗，還有最重要的是，動員大眾關注環境問題。雖然有些人視陸恭蕙為末代港督彭定康的門生，但她的眼光不局限於香港政治，而且是少數與海外非政府機構有聯繫的立法會議員。自她在政壇為人認識後，本地傳媒常常用「鬼妹仔」這個親暱的稱呼來叫她。但保守的華人官員看不慣其「西化」作風，因為她既不按照他們的文化規則辦事，也不遵守政治慣例。

陸恭蕙成長時所受的栽培，是戰後一代家境優渥香港兒童的典型。她是另一名「商家女兒」，在她成長的家裏，擁有事業的獨立女性所在多有。[45] 陸恭蕙童年時在一所法國修院小學唸書，學習英文和法文，許多同學來自世界不同地方。她13歲時入讀英國寄宿學校。陸恭蕙像許多同時代的專業女性一樣，從英國的大學獲得法律學位，並在受教育過程中培養出對藝術的興趣。她很早就接觸中國，因為她加入一家從事對華商品貿易的跨國大公司，並在公司內青雲直上。

　　陸恭蕙因參與政治運動而為香港公眾認識。她早在1985年就參加地球之友，其後兩度擔任其董事局主席。當過一任立法局委任議員後，她在1995、1998年兩次參加直選，在香港島選區高票當選。從1994年起，在港督彭定康和之後的行政長官發表年度施政報告之同時，她也出版《另類施政報告》。她在1997年成立民權黨，政綱以環境保護為重點，爭取年輕、教育程度高和具有世界眼光的中產階級選民。她在《另類施政報告1997–1998》中提出「五年計劃」，這是大膽的經濟和社會計劃模式。在1999年，行政長官提出把香港建設成世界級都會，她針對這個構想指出，若要令香港保有競爭優勢，就須加強它特有的自由，利用這個城市融合多元文化的性質，大力投資於教育，繼續保持文明、開放和與世界聯繫，並令環境可持續發展。[46]

　　陸恭蕙在環保議題方面得到最多公眾支持。回顧過去，她覺得他們的努力救了部分維多利亞港。她說，需要極大耐性和長年的研究，才能喚起市民發聲反對政府不斷在維港填海的計劃。立法會最終於1990年代末通過她草擬和提出的法案，大大限制了政府建議的計劃。她看到，以專業意見強化基層綠色運動十分重要，可以創造很大壓力。她偏重於教育程度高的階層，令她流失了一些選票，因為政敵批評她對香港窮人的境況明顯缺乏瞭解。

　　陸恭蕙在2000年9月決定不再競逐連任，令許多人感到失望，尤其是傳媒，因為它們的頭條新聞失去一位眾所矚目的明星。她對於立法會無法有所作為感到沮喪，決定另覓其他政治溝通途徑，處理她關心的問題。[47]其他議員認為她之所以有這種挫折，是因為她無力參與政黨政治。親商界的自由黨共同主席田北俊說「她變成議會獨行俠」。在陸恭蕙決定不再參選連任後，有位著名傳媒主持說，她大概很快就會被選民遺忘。她的反應很直接。她毫不介意退出政壇不再受公眾關注，因為以取悅選民來培植勢力，從來不是她想做的事。她寧願投入更多時間去尋找有效方法，引發公共政策的討論。她不覺得自己的做法是淡出積極行動，反而認為這是重新投入。[48]在政治實務和精神方面，她仍然保持非常獨立。

由於她的自由民主派傾向，陸恭蕙主張保護環境、維護人權、關懷愛滋病人的窘境、推廣前衛藝術、保障消費者權益，以及公民有知識地參與政治。在朋友協助下，陸恭蕙籌募了足夠資金，成立政策智庫。這個名為思匯政策研究所的小型研究機構，出版大量關於香港重要政策問題的論文和評論：進一步在維港填海的環境危害、沿著香港島西南部的海旁公路、大嶼山的迪士尼樂園計劃，以及備受爭議的政府西九龍文化區項目。另外還有一些內容翔實的報告，例如其中一份報告是關於香港如何與經濟蓬勃的珠江三角洲地區更緊密融合。[49] 她尤其批評名為《香港2030：規劃遠景與策略》的政府報告，呼籲政府不能把眼光局限於香港一地，而應與中國內陸腹地更好地交往。她也強調香港擁有獨一無二的制度「軟件」：法治、個人自由、資訊和資金可以自由流動，以及那份政府文件沒提及的競爭優勢。[50] 一如她的一貫風格，陸恭蕙接觸外界的方式異於傳統。她利用互聯網科技凝聚有識公眾，組成「網上社群」表達意見。事實上，由於陸恭蕙的虛擬網絡抗議政府建議在港島西區填海的計劃，迫使政策制定者大幅減少這些計劃的規模。[51] 環保工作仍是她的重點，雖然她批評政府的工作太短視，但仍然能夠與主流合作。在2006年，她與商界和在艾爾敦領導下的香港總商會聯手，動員商界和政府合作治理香港的空氣污染。[52]

雖然陸恭蕙一直遊說消除性別歧視，但大家一般不覺得她有明顯的女性主義取向。[53] 她自由派的政治傾向，很自然使她走上與新界根深蒂固的宗族勢力牴牾的道路。1994年初，她在立法局動議修訂《新界土地（豁免）條例》，建議給予女性原居民平等權利，令她們能在那些大多是單姓的圍村繼承土地。由新界宗族領袖組成的鄉議局代表，糾集超過一千名示威者到立法局抗議，有些人甚至公然威脅要對陸恭蕙動粗。她挺身前往那些村落說明自己的意見，藉此堅持樹立一個形象，那就是她堅決對抗固有勢力和舊風俗習慣。[54]

撇開嚴肅政治不談，陸恭蕙有種略帶淘氣的老練風範。她的品味含蓄而高貴，風格隨意但儒雅。傳媒沒有忽略她富裕的家庭背景。人們知道她收藏了一批數量不多、但優質的現代藝術精品。被追問時，她

若無其事地承認，她有「積蓄」，所以不必朝九晚五去工作，也能投身公共行動。這或許是她的魅力，又或者是她營造形象的技巧。傳媒對公眾人物一般很不留情面，但對陸恭蕙卻很寬容。她宣佈退出政壇時，在公眾調查中是第二名最受歡迎的議員，蓋過國際知名的民主鬥士李柱銘大律師。在2000年《商業週刊》的亞洲最有影響力人物獎中，陸恭蕙與富商李嘉誠等金融界、科技界和政壇人物並列。此外，在一項大學生對立法局議員印象的調查中，陸恭蕙在學生最想接觸的議員中排第二位。[55] 事實上，陸恭蕙在政黨政治中相對沒有經驗，為何繼續有吃不完的政治老本，這讓她的政壇對手大惑不解。[56]

這個問題是文化問題。傳媒把她歸類為連「飲水都講智慧」的「新紀元」人物。[57] 她展現一往無前的專業女性形象，令人吃驚、惹人注目，造成無害的混亂，迴異於在舊制度架構內悠哉悠哉地工作的公務員。[58] 戰後教育程度高的中產階級，在過去二十年香港的空前發展中成熟，陸恭蕙吸引了這些人的想像力。她年輕，文化上處於主流華人社會的邊緣，格調帶點俏皮，能夠令人折服和化解不滿。傳媒常常以好奇和討人喜歡的措辭，報導她如何靠某個品牌的眼鏡營造「成熟女性」的外表。在公眾眼中，她一直是個灑脫不羈之人，令人羨慕。一如幾十年前的李曹秀群，陸恭蕙憑藉自己追求的生活方式和推崇的價值觀，致力推翻政治臆見，並樹立新的女性形象。在2007年，她獲英女皇頒發CBE勳章。

吳靄儀是陸恭蕙在立法會的前戰友。吳是著名新聞工作者和執業律師，曾連續四屆參加立法會法律界功能組別選舉，每戰皆捷。[59] 她聰明睿智、條理清晰，寫作和演說皆洞中肯綮，無論敵友俱要退避三舍。吳靄儀生於新界，據她説，差幾天她就能當上「原居民」。像許多其他戰後嬰兒潮的一代人一樣，她有機會進入著名的教會中學（聖保祿學校），其後在港大攻讀英國文學和哲學，在1960年代末還成為學生運動領袖，把追求知識的好奇心與熱情的社會行動結合起來。受到學術興趣引領，她在美國取得哲學博士學位。

吳靄儀厭倦香港的行政工作，在1983年負笈劍橋攻讀法律。朋友對她改為投身法律界不感驚訝。在中英談判香港前途問題如火如荼的動

蕩歲月，她積累尖銳的政治敏感性。吳靄儀留英的日子，一方面在劍橋鑽研學問，另一方面報導倫敦熱烈的國會辯論。[60] 朋友都知道，她不會當旁觀者太久。吳靄儀去探訪麥理浩爵士 (Sir Murray MacLehose) 時，這位今已物故的前港督淡淡地暗示：「看來你是來散散心的吧？」

回香港後，吳靄儀擔任香港中文大報《明報》的總編輯和督印人。她寫的文學和政治評論很有見地，具有世界眼光而且充滿睿智，很快便得到大眾關注。她在1988年獲得律師資格，加入赫赫有名的張奧偉爵士大律師事務所，但她仍然為《明報》、《南華早報》和《信報》撰寫文章。儘管她對政府時有批評，但總督衛奕信爵士 (Sir David Wilson) 和彭定康都委任她為重要的諮詢委員會成員，包括廉政公署和充當政府智庫的中央政策組。她的英文無懈可擊，思路又敏銳，也令許多她訪問過的外籍名人都相形見絀。

吳靄儀奉行的世界主義很獨特。她有種雲淡風輕的感覺，沉醉於中英文學經典、現代詩歌、波斯地毯、藝術拍賣，以及歐美的文藝表演。她也是美食家，鍾愛法國紅酒和中國精緻菜色。她不是文化中介者，反之，她結交了各色各樣的國際文化人物。

傳媒很少敢輕忽對待吳靄儀，因為她關注的公共問題通常十分嚴肅。她是代表香港法律界的立法會議員，不屬任何黨派，長期被視為法治和相關人權問題的捍衛者。1997年後香港實行的「一國兩制」政治架構，令法律從業人員面臨空前的挑戰，因為法律詮釋不容有灰色地帶。吳靄儀尤其擔心香港法律制度，認為無論在原則和實踐上，都不應因政治上的迫切需要而被破壞。它受到侵蝕，香港就會失去在金融、政治和文化方面與國際社會聯繫的寶貴工具和已確立的語言。它也會在正直的香港公民眼中失去可信性。在憤世嫉俗態度充斥的社會中，是無法維持社會凝聚和清晰的道德標準。

吳靄儀秉持這些基本原則行事，堅守一些非常不受歡迎的法律立場。在香港管治權易手之前，吳靄儀表態反對設立臨時立法會，取代在1995年以民選產生的立法局。她條分縷析臨時立法會的非法性質，惹惱了中國政府，它急於鏟除由當時總督彭定康挑選的政治聲音。她正色

敢言提出的看法，或許無法取悅不知底蘊的公眾，但無損她在專業人士心中的信譽，她在1998年和之後的選舉中接連大勝。

另外兩個問題，同樣令她不受歡迎，這次是惹惱了香港政府。在1999年3月，她領導一批立法會議員對律政司司長梁愛詩提出不信任動議。這是因為政府司法機關在星島集團三名行政人員的貪污案中，決定不起訴該集團主席涉嫌串謀之罪。雖然政府動員了足夠票數否決動議，但已令人關注到法律公正、官商勾結和委任官員能力的問題，引發熱烈討論。此事至少令這個新政權大為尷尬。[61]

另一起事件更為重大，令特區政府面臨首次嚴重憲政危機，它關乎數以萬計香港居民所生內地子女的居留權。這個案件太過複雜，無法在這裏詳述，但吳靄儀代表五千多名兒童，挑戰政府拒絕給予他們居留權的決定。這個背後的憲政問題，是政府尋求全國人民代表大會常務委員會解釋《基本法》，推翻終審法院認為這些兒童擁有居留權的裁決。包括一些中國律師在內的許多律師，都認為政府此舉嚴重破壞香港的司法自主和法律獨立，會造成嚴重的政治危害。

在1999年，吳靄儀聯同一些知名律師和法官，帶領逾六百名法律界人士和支持者遊行。他們一身黑衣，全程靜默遊行經過行政區域和法院。這次上街靜默抗議只是一連串關乎「新移民」的政治事件和悲歡離合的開始，這些事件此後一直令香港本已脆弱的社會結構更形分裂。憂慮工作穩定、社會福利和跨境犯罪的香港居民，對於吳靄儀支持內地出生的兒童很不滿。但她告誡大家不要把內地人當作替罪羊，要為「新移民」複雜的社會構成加上人性色彩，並秉持自己的法律和憲政原則。[62]

吳靄儀在1995年初試啼聲擔任立法局議員，此後一再在法律界功能組別當選連任，她在政壇冒升的道路似乎不可動搖。她因為堅定捍衛法治和民主改革的立場，受到中國政府內一些派別人士排斥，還遭親中律師團體挑戰，儘管如此，她在形塑受過教育的公眾輿論造成影響。她對於政府的連串質疑，以反對《基本法》第二十三條達到最高點，這是政府急於推行的國家安全條例立法。泛民主派人士組成同盟，抗議政府建議的立法欠缺諮詢，幾十萬支持者在7月1日上街抗議，吳靄儀和同

事(一群自稱為二十三條關注組[後來改稱四十五條關注組]的律師)在
這個同盟中佔據重要位置,他們幾乎成為反映社會上爭取民主的專業人
士聲音的晴雨計,有時候甚至連民主黨領袖都黯然失色。[63]

吳靄儀在2004年9月當選連任,對她的支持者來說完全是意料中
事。令她的朋友和敵人驚訝的是,北京政府突然注意吳靄儀和與她一
同當選的法律界人士。多天後,她和四十五條關注組成員,包括民選
女議員兼香港大律師公會前主席余若薇,獲中央駐香港聯絡辦公室邀
請,進行認真的討論,[64]之後與其他香港立法會議員一同獲邀到北京,
參加10月1日的國慶活動。吳靄儀和她的同事沒想過要當政治明星,
但在傳媒和公眾眼中,他們展現的專業作風,最終產生一些令人敬仰
的影響。他們當仁不讓,義無反顧。在2005年4月,人大常委會再一
次解釋《基本法》引起爭議,吳靄儀和四十五條關注組成員率領另一次
律師遊行抗議。這些專業人士一身整齊肅穆的黑衣走上香港街頭的景
象,無比震撼。《南華早報》以頭條報導這次事件,標題是〈律師靜默抗
議猶勝千言萬語〉("Lawyers Speak Volumes in Silent Protest")。[65]女強人
的概念早已消失。在公眾眼中,吳靄儀和余若薇只是實至名歸的專業
領袖。

在接下來的幾個月裏,公眾熱烈談論這個關注組是否會組成政黨。
在大氣電波和互聯網電台節目,經常可以聽到吳靄儀和余若薇的聲音。
她們與幾名同事(許多人是香港大律師公會前主席)創辦了一個公共對
話的定期論壇。吳靄儀擔任免費月報《A45報》(它的電子版在香港以外
的地方都可讀到)的總編輯。第一期以大篇幅訪問退休政務司司長陳方
安生(第一期就訪問她可不是巧合),她對於香港憲政事務和政治改革
步伐有一些很尖銳的意見。公民黨最終在2006年成立。[66]在2008年的
立法會選舉中,她既為公民黨其他成員拉票,自己又在法律界別贏得三
分之二的票數,大勝對手。

吳靄儀十分堅持政治原則,卻又沒有喪失女性主義幽默感。在這
份新報章和她為法律界選民所設的網頁上,少不了關於美食食譜的專
欄,教人如何在倫敦找得罕見的麵條和聖誕布丁,還有如何尋找頂級比

利時巧克力的建議。[67] 關於她「廚房專業地位」的戲言，一直為得到她下廚宴請的朋友所津津樂道，也存在於讀者的想像之中。

性別化魅力的歷史和區域時刻

陳方安生、「手袋黨」、胡紅玉、陸恭蕙、吳靄儀和其他像她們一樣的專業婦女，以多方面的品質，應對來自香港社會不斷變化的期望。在此過程中，她們創造了新的場域。新形象轉換的流動過程，反映香港文化、地區歷史和身份認同的性質瞬息萬變。她們魅力的來源顯示出幾層現實：香港是地方社會、華南的基本地區、英國殖民活動的樞紐、亞洲金融中心以及國際都市。這些歷史時刻和政治現實的連接，令迷人和有權力的香港專業女性得以發揮能動性。大家可以進一步闡釋這個歷史問題，認為從1970年代初到1990年代末，亦即本章聚焦的時期，香港專業女性備受敬重，是憑藉保持中國商界精英的某些「傳統」，同時靠接受西式（大多數是基督教）教育而加入世俗領域，不只是專業人士的施展空間得到擴大。如社會學家蔡寶瓊指出，[68] 由於香港製造業和文書工作的需求，各階層的婦女都得以離家工作。婦女去打工並非因為被迫，而是她們想去工作。她們在此過程中也展現政治能動性。對專業人士來說，戰後幾十年香港的階級流動和教育，尤其令她們在實現自己的目標時，獲得公眾注目和發揮個人魅力。

香港成為特別行政區已有12年，職業婦女的地位是否有所改變？急速「重新融入」中國造成了重大影響。對勞工階層婦女來說，製造業遷往邊界彼方，早已令工作機會減少。香港新移民的妻子沒有受過適當教育，還要負起照顧子女的責任，因此無法工作。此外，無論專業還是勞動階級的婦女都面對中國大陸、華南的新興城鎮、澳門和香港的新興巨富，正建構非常不同的婦女形象和期望。在他們快速進步生活的概念中，婦女往往被貶抑為消費品。[69] 人們心中充斥的女性主要形象，是海鮮酒家、卡拉OK、酒吧、賭場大堂的那些穿著旗袍制服的侍應、公司

接待處職員，還有在髮廊和火車站前拉客人的街頭妓女，更不要說貨車司機和往來香港、深圳兩地的企業家所短期包養的情婦。令人憂慮的是，人們常常錯誤地把這種消費風格等同於香港「自由富裕」的主流文化，以為這就是現代化和發展的象徵。[70]

1997年後跨境婚姻增加，越來越多香港男人到華南尋找他們娶得起的妻子。政府所做的2006年中期人口統計，引發公眾熱烈討論香港婦女的婚姻前景。香港女性是否在一般香港男性眼中學歷太高、太獨立，而且對配偶要求過多，故此在婚姻市場中節節敗退？[71]職業婦女深刻感受到工作和家庭的壓力，而當中許多人正在調整。根據2006年的中期人口統計，越來越多女性也到大陸尋找配偶。放眼未來，如同在過去的歷史時期，支持今天香港專業婦女所享有的複雜崇高地位，似乎並非局限於性別問題，而牽涉到在區域文化和政治經濟的廣泛變化中協商。在香港和中國大陸之間的邊界一直不斷或收緊或趨於寬鬆之際，出現許多與性別定位有關的重要歷史時刻，本文嘗試反映其中一個。

（林立偉譯）

本文原載於 Helen F. Siu, ed., *Merchants' Daughters: Women, Commerce, and Regional Culture in South China* (Hong Kong: Hong Kong University Press, 2010)，經更新修訂成為此章。

註釋

1 有人調查過去二十年間在香港大學所寫的博士論文，只找到幾篇，而且只與這個題目勉強沾上點邊。見 Priscilla Pue Ho Chu, *The Making of Women Entrepreneurs in Hong Kong* (Hong Kong: Hong Kong University Press, 2003)。

2 有一些傳記很值得注意，包括何東夫人張蓮覺的傳記，這本書是她的女兒鄭何艾齡執筆，不過張蓮覺屬於另一個時代。雖然她致力社會服務和慈善事業而受人敬重，卻完全算不上是「專業人士」。李樹培夫人(1907–2005)是事業女性的先驅，她出版了一本自傳概述自己逾八十年的人生和工作。她的公職服務備受矚目，並推動立法爭取促進香港婦女權利，令她深受讚賞，但她被視為投身慈善和「空想式社會改良」的特權女性。據她自己的看

法，家庭關係和為人妻母的責任，與進步革新爭取女性權益的公職服務，這兩者對她來說是並行不悖的。我在1993年訪問過她。

3　我和一名香港著名記者談話時，他主動講出這些印象。同樣地，一位活躍於公共服務的學者曾承認，布政司陳方安生瞪著他看時，他兩腿發軟；她露出笑容時，他的心就融化。

4　Helen F. Siu and Agnes S. Ku, eds., *Hong Kong Mobile: Making a Global Population* (Hong Kong: Hong Kong University Press, 2008), pp. 13–43.

5　見Helen F. Siu, ed., *Merchants' Daughters: Women, Commerce, and Regional Culture in South China* (Hong Kong: Hong Kong University Press, 2010)導論的摘要。另見李照興、曾凡編：《香港101：愛恨香港的101個理由》（香港：皇冠，2000）。有關香港戰後一代（生於1955至1975年）的愛與恨，陳寶珠扮演勞工階級家庭的勤奮工廠妹，她的影迷會成員認同她的電影形象。蕭芳芳扮演完成中學和本地大學教育、向上流動的中產階級少女，吸引了另一階層的影迷。這些形象和影迷的經驗，是戰後幾十年香港的特色。

6　Karen Kelsky, *Women on the Verge: Japanese Women, Western Dreams* (Durham, NC: Duke University Press, 2001).

7　Norma Connolly and Martin Wong, "Scales Tip as Women Outnumber Men," *South China Morning Post* (February 23, 2007).

8　王卓祺：〈中產階級的弱化和怨憤〉，《信報》（2007年1月31日）；〈83%港企聘女高層列全球第五〉，《明報》（2007年3月8日）；〈女打工貴族十年增五成，港最高薪1%人稅款佔總的36%〉，《明報》（2007年5月2日）。

9　這種情況見於不同政治路線的公眾人物，例如余若薇（公民黨）和范徐麗泰（立法會主席）。

10　見香港婦女年報編輯委員會編：《香港婦女年報》（香港：香港新聞出版社，1975）對這些婦女的訪問。

11　這些都是以精英女性及其時尚風格為內容的主要香港社交雜誌。

12　見Betty Yau et al., "Women's Concern Groups in Hong Kong," *Occasional Paper No. 15* (Hong Kong: Hong Kong Institute of Asia–Pacific Studies, 1992)。另見方曉雲：《香港女富豪列傳》（香港：勤+緣出版社，1993），作者追溯了五個香港女富豪的出身和家庭，她們都是著名企業家的妻子。另見柳蘇：《香港，香港……》（香港：中國圖書刊行社，1987）。

13　David Faure, *Colonialism and the Hong Kong Mentality* (Hong Kong: Centre of Asian Studies, The University of Hong Kong, 2003).

14　柳蘇：《香港，香港……》。

15　見在2007年8月立法會議員馬力去世後，傳媒對於這兩位候選人競選活動的報導。

16 〈升官之日回鄉祭祖〉，《信報》(1993年10月1日)。

17 〈布政司陳方安生任重道遠〉，《南北極》(1993年12月)，頁8–9。

18 〈布政司陳方安生暢談擔任領導人所需品質：貴以身作則更需對得住良心〉，《成報》(1993年12月5日)。

19 Dorinda Elliot, "The Iron Lady Is on the Spot," *Newsweek* (June 9, 1997), pp. 11–15.

20 Margaret Ng, "And Now, the Real Tung Administration," *South China Morning Post* (January 16, 2001).

21 見翁煜雄：〈粉黛官場英雄失色〉，《蘋果日報》(2000年6月25日)。2004年9月的數字是24.6%。見〈女較男多25萬，越來越遲婚，男31女28〉，《明報》(2005年7月29日)，關於首長級及以上女性公務員人數的上升。另見〈本港女性參選比率低〉，《明報》(2005年4月7日)，積極推動社會服務的方敏生慨嘆，參加選舉並當選的女性比率太低(不足20%)。

22 翁煜雄：〈粉黛官場英雄失色〉。

23 〈手袋黨一年一度大閘蟹〉，《明報》(1998年11月3日)。

24 馬震平：《港人大寫意：一個北京人眼中的香港人》(北京：群言出版社，1998)。

25 我是2000年在香港的晨早電台節目聽到這些話，市民打電話去節目表達對時事的看法。有關張敏儀的評論，見馬震平：《港人大寫意》，關於香港女性的文章。

26 見漫畫書，賴依芙：《掃把頭》(香港：次文化堂，2001)。電視節目《黃霑香港情之總有出頭天》第10、11集訪問葉劉淑儀，在2002年2月7、8日晚上10時35分播出。

27 身為保安局局長，她獲派去「說服」公眾接受頗為嚴苛的國家安全法(本地稱為《基本法》第二十三條)。自由民主派人士的聯盟指責她和政府沒有充分諮詢公眾意見，屈服於中國的政治壓力，並且手段高壓。試圖立法觸發逾五十萬民眾在2003年7月1日上街示威，中國完全沒料到會發生這種情況。葉劉淑儀不久就請辭，雖然她的朋友說她辭職與此事無關。見香港大學民意研究計劃網站 (http://hkupop.hku.hk) 和「檔案資料——民意調查」，內有「保安局局長葉劉淑儀民望」。首次調查是在2002年7月進行(上述電視節目播出後五個月)，評分仍顯示下跌的趨勢。

28 立法會議員劉慧卿指出，香港的大學女性教學人員比例偏低(23%)，尤其是香港中文大學和香港科技大學，她要求大學在招聘教學人員時要注意。中文大學副校長楊綱凱否認有性別歧視，他認為可能是二三十年前女性接受高等教育的機會較少，造成現時學術界陽盛陰衰的情況。見〈教師陽盛陰衰，女性只佔23%〉，《明報》(1999年3月11日)。

29 翁煜雄在其〈粉黛官場英雄失色〉報導中引述高級公務員協會主席梁子超的話。梁認為政務主任職系中女性所佔的比例高，是由於英國殖民時期公務員隊伍的特殊要求，以及後來為準備九七主權移交而實行的本地化政策。

30 我訪問了十多個擁有法律學位的女性專業人士。最年長的一代女律師現已六十多歲，大部分人已經退休；而活躍於政壇的人物，都是四五十歲左右。

31 1994年訪問梁愛詩。近年出任香港大律師公會主席的人有李志喜、梁冰濂、余若薇。已故的羅凱倫（Helen Lo）是香港首名女裁判官，後來再有其他人相繼當上這個職位。香港大律師公會最近期的大律師數字，見http://barlist.hkba.org/hkba/SeniorityJunior/JuniorCounsel.htm。截至2008年，大律師總人數是975人，當中712人是男性，女性有263人、即約佔三成。

32 那是2001年12月18日。我應一位港大畢業生邀請，參加假香港會議展覽中心舉行的晚宴。

33 Faure, *Colonialism and the Hong Kong Mentality*, pp. 48–49.

34 Patrick Shuk-siu Yu, *A Seventh Child and the Law* (Hong Kong: Hong Kong University Press, 1998).

35 〈李曹秀群創下四個第一〉，《明報》（1988年1月6日）。

36 「太太」一詞可指富裕但沒有獨立能力的妻子。

37 "Portrait of a Crusader," *South China Morning Post* (October 26, 1985).

38 這段話取自李曹秀群的自傳（1993年7月），頁113。

39 鄧蓮如、范徐麗泰、余若薇、劉慧卿、王蒏鳴、周梁淑怡和查史美倫都是政壇各派的顯著例子，她們在不同時期獲委任入行政局，或循選舉進入立法局。

40 我在2000年11月和12月在香港訪問她。後來我再有許多其他機會，聽她談論自己的人生和事業。

41 引自《明報》在她獲政府任命為平機會新主席後的報導：〈胡紅玉再向虎山行〉（1999年7月25日）。

42 見平機會網站（http://www.eoc.org.hk）貼出的聲明。

43 兩年後，政府與深得民意支持的她續約，但把她的職位降級。見〈平機會告政府民間恐觸怒高官，團體紛函特首保胡紅玉〉，《明報》（2002年6月29日）；〈港府順應民間「保玉行動」，顯示尊重人權，胡紅玉續約平機會一年〉，《明報》（2002年7月28日）。

44 Marita Eager, "Newcomer Loh Speaks Her Mind and Wins Her Spurs," *South China Morning Post* (November 12, 1992).

45 她的父親是來自上海的棉製品商人，外祖母和母親是英資高級百貨公司連卡佛的經理。她們來自一個歷史悠久的豪門。這個家族歷代男性成員都擔任東華醫院總理。資料來自我在1996年訪問她的母親和外祖母。

46 見民權黨發表的文件 "Claiming the Hong Kong Advantage: Future Based and Ambition Driven" (Hong Kong: Citizens Party, 1999)。

47 她宣佈不再參選第三屆連任後，接受報紙訪問中說出這些話。這個訪問集中談她對香港環境所做的工作。見〈陸恭蕙十年救一個維港〉，《明報》（2000年4月16日）。

48 見清談節目主持人兼政治評論員黃毓民所做的訪問：〈不是淡出，而是重新投入：陸恭蕙轉換空間「充電」〉，《東方日報》（2000年5月14日）。

49 例如見陸恭蕙主持的思匯政策研究所與里昂證券合作撰寫、名為 "Hong Kong Strategy: Ports, Airports and Bureaucrats, Restructuring Hong Kong and Guangdong" (October 2002) 的報告，以及吳家穎的後續報告 "The Air We Breathe" (CLSA Asia-Pacific Markets, 2003)。在環境方面，她一直積極宣傳和動員大眾反對在維多利亞港再填海。較早前，思匯政策研究所與中國（深圳）綜合開發研究院合作發表《珠江三角洲居民環保社會調查報告》（2002年12月1日）。

50 〈規劃遠景文件短視〉，《太陽報》（2001年3月1日）。

51 楊凱珊、薛毅克：〈虛擬社群凝聚市民力量，陸恭蕙推動網上參政〉，《星島日報》（2000年7月19日）。

52 見香港總商會在2006年11月出版的特刊，以及匯豐銀行前主席艾爾敦在2006年11月有關清新空氣約章的演講。見陸恭蕙在思匯政策研究所的相關出版物。

53 有婦女組織批評她「缺乏同理心」：維護女性權益人士與立法會議員會面時，陸恭蕙分析教育程度低的香港中年婦女為何面臨長期結構性失業，因而需要政府援助，這些女權人士聽到她這番話，感到不悅。見〈陸恭蕙被罵失禮女人〉，《蘋果日報》（1999年2月5日）。

54 本地報章對於當中過程和結果有深入報導，見當時報上的討論。

55 關於這項訪問了九百名大學生的調查，詳見〈大學生想見劉慧卿陸恭蕙〉，《明報》（2000年8月24日）。

56 〈政壇朱茵的精彩「政治秀」〉，《星島日報》（2000年4月12日）；〈肥彭提拔入局人氣壓李柱銘，政壇鬼妹民望第二〉，《蘋果日報》（2000年4月12日）。

57 〈新紀元人類襲港，飲水都講智慧〉，《星島日報》（2000年11月30日）。

58 她獲委任為香港科技大學校董後，決定每個學期都到一間宿舍住一晚，以體驗環境和聆聽學生的意見。

59 在法律專業上，大律師和事務律師之間有清晰的分際，後者人數比前者多，比例約為五比一。吳靄儀是大律師，但她在歷屆選舉中贏得超過三分之二的選票。在1998年香港回歸中國後舉行的選舉中，她與另外兩名參選

人競逐法律界議席，贏得1,741票，另外兩人各取得394和138票（見1998年5月25日香港政府公佈的選舉結果）。

60 吳靄儀：《劍橋歸路》（香港：明報出版社，1987）。

61 見梁愛詩在1999年3月11日政府公報中的辯解，http://www.info.gov.hk/gia/general/199903/11/0311102.htm，2008年6月23日查閱。

62 Johannes Chan and Bart Rwezura, eds., *Immigration Laws in Hong Kong: An Interdisciplinary Study* (Hong Kong: Sweet and Maxwell Asia, 2004).

63 香港《基本法》第四十五條和第六十八條是以普選方式選舉行政長官和立法會（雙普選）的憲制基礎。北京在2004年另一次解釋《基本法》時否決了雙普選。有關七一遊行和這些問題，詳見吳靄儀：《23條立法日誌》（香港：壹出版，2004）。

64 余若薇是香港大律師公會前主席，2000年首次參選立法會，大勝親中對手踏入政壇。她在香港的教會學校受教育，後來負笈英國，以優雅、口齒清晰以及智慧過人的立法會工作而著稱。她還主持一個很受歡迎的電台時事清談節目，並繼續獲公眾意見調查選為最受歡迎政治人物之一。她是四十五條關注組的核心成員。

65 "Lawyers Speak Volumes in Silent Protest," *South China Morning Post* (April 20, 2005).

66 見公民黨成立時關於它的文件和報章報導。有關公民黨和吳靄儀在黨內的角色，詳見http://www.margaretng.com和http://www.civicparty.hk。

67 她出版了一本關於飲食心得的書，讀起來趣味盎然。吳靄儀：《吃喝玩樂》（香港：明報出版社，1997）。

68 見蔡寶瓊的文章 "Women Workers in Hong Kong, 1960s–1990s," in Helen F. Siu, *Merchants' Daughters*, pp. 197–236。

69 在這些新興市鎮，色情書刊泛濫、娼妓猖獗、短期包養「二奶」盛行，情況頗令人憂慮。

70 見香港工具展覽期間《北京青年報》的小畫報。

71 關於選擇在中國大陸尋找配偶的香港男人的訪問，見〈出走後樂園〉，《明報》（2007年5月14日）。關於大陸配偶的構成的變化，見何喜華：〈澄清對新移民的幾個謬誤〉，《明報》（2007年9月17日）。

後現代亞洲受困中產階級的重新調適：
以香港為例

導論

歷史上，香港是亞洲區的重要貿易樞紐，擁有面向全球的自覺。據說她從19世紀的漁村和邊遠殖民地，到20世紀蛻變成聞名遐邇的亞洲城市和金融中心。處於商業資本主義時代，令這個城市與大英帝國版圖內的殖民城市網絡採取了共同的城市模仿策略（在建築、政治和法律制度，還有文化風尚方面）。她的特點是多文化企業人才薈萃之地。

香港在過去幾十年處於幾個地緣政治趨勢的交會點：戰後去殖民化和工業化、後工業時代的全球發展，以及亞洲再次勃興。第二次世界大戰後，香港接收了大量從中國流入的資金和移民，又向其他「亞洲小龍」學習並與她們競爭，成為世界的工業生產線。從1970年代末起，此地的工業生產活動遷往邊界彼方的廣東省，香港再次轉型，在中國從毛澤東時代的閉關自守恢復過來之際，成為世界進入中國的門戶。

在21世紀頭十年，這個城市面臨另一批挑戰，出現新一輪的自我形塑。國泰航空公司的標語和1997年後特區政府的發展策略，都把香港描繪為「亞洲國際都會」。中國急速崛起成為世界工廠和亞洲的消費大國，促使了地緣政治環境變化，而香港嘗試在這種環境中重新為自己定位，以與區內正在崛起的超級城市（上海、新加坡、孟買和迪拜）競爭。資訊科技和全球金融的急劇發展，以及文化競爭推動了亞洲的後現

代時代。城市的大規模重建、制度和政治的再次調整、階級定位，以及身份認同政治，是今天香港城市復興的硬件和軟件。

在最近幾十年，亞洲城市人口如何造就這些轉變的出現？如同 *Worlding Cities*[1] 一書各章所顯示，由於資本、科技、外來工人、文化資源的大量流動，以及政治主權的根本改變，這些人的生活和工作經歷了前所未有的波動。在迪拜，以外僑為主的中產階級正在冒起，他們對於這個城市的未來發展寄予厚望，而孟買的中產階級則以寶萊塢的方式活在當下。然而在香港，變得狹隘寡陋的中產階級似乎知道自己透支了過去的優勢，並深知其苦。中國崛起成為全球大國，既為香港提供機會，也加深了她的脆弱之處。其未來生存或壯大的關鍵，在於人口流動。但在戰後幾十年間，香港龐雜多元的移民人口變得停滯、同質化和內向封閉。這個城市及其居民的政治遠見、制度資源和文化靈活性都很有限，競爭力強大的中國和聯繫互通的亞洲，已有點超乎他們的想像，他們可能缺乏穿行於其中所需的指南針。如果一個城市的市民缺乏向前邁進的信心，這個城市未來還有何世界化（worlding）的前景可言？

撰寫本文的基礎，是在香港所做的田野研究，以及在孟買和迪拜的初步探索。此文利用宏觀經濟和人口統計數據，再結合民族誌觀察，藉此探索渴望過中產階級生活的一代香港居民的流動軌跡和弱點。本文會將這個城市多民族聚居的悠久歷史，以及在地區金融方面的重要地位，與戰後嬰兒潮一代及其子女因世界聚焦關注中國而被邊緣化的經驗互相對比。這些香港戰後發展的中堅分子槍口向內，針對來自中國的新移民，強調一套奉為圭臬的核心價值觀，並在街頭抗議和直接政治行動中表達挫折感，他們態度似乎十分堅決，毫不妥協。

這些觀察對於其他亞洲城市所見的情況相反，這些亞洲城市渴望走向世界與遍達全球，展現前所未有的活力。上海和迪拜、甚至大連和溫哥華高速發展的計劃，可想而知令香港人的格局顯得相形見絀；但就算相較於華北的可持續發展示範村和非洲城市貧民窟居民的幹勁，香港也顯得缺乏變化動力，這是大家必須認真檢視的。如果香港人向外看的能

力須要提升，那麼關鍵問題是：政府任由企業自生自滅的自由放任模式，今天是否仍然適用？政策制定者和企業一直問：這個城市該如何提供必需的基礎建設和制度，以形成全球化的知識型經濟，以及協助其人口培養跨文化的專業技能和動力，以能遊走於如孟買、迪拜、新加坡和上海等亞洲的超級城市環境？[2]

對於香港在這次亞洲復興中越來越邊緣化，其居民顯然無法靈活為自己定位，有人表示憂慮，但更深入觀察會發現，在人力資源鏈兩端的香港專業人士，卻正在社會和空間方面擁有新的流動性。[3]在銀行和金融界，新一代香港人和全球專業人士一樣，為亞洲富豪提供資產管理服務，還有符合伊斯蘭教教義的銀行服務和移民匯款，因為在中國、中東、南亞和東南亞出現對這些服務的需求。例如，另一些人則受僱於中國國營企業和香港私人發展商，負責設計在波斯灣地區興建的工程項目，而實際建造這些項目的，則是來自南亞的外來勞工。在勞動力等級的較低層，許多人都把眼光向北看。在個人生活方面，他們越來越把家庭落戶在邊界彼方的華南地區。在工作方面，他們成為中國在「後世界工廠時代」發展所依賴的技術和管理支柱。如果這種跨境的情況增強，我們是否可以說，現在「困囿在中間搖搖欲墜」的香港人所面臨的窘局，絕非僅是一時的插曲？這種進退無路的處境，並非反常情況？

歷史上的全球性質和文化拼貼

為瞭解香港明顯的衰落，以及她能否重新燃起世界化的抱負，就必須先知道這個城市建立之初的全球歷史聯繫。歐洲列強來到中國南方尋找通商機會，英屬東印度公司在1715年於廣州設立商館。大英帝國其餘地方的人也接踵而至，為文化和制度的互相參照創造大量機會。在20世紀初前，不同的民族群體來到廣州，其後又前往香港，深入參與中國—印度—歐洲貿易。巴斯商人的人數雖少，但他們以香港為基地，聯繫上海和其他區內城市，從事棉花貿易、建築業和資本市場。他們也

以熱衷於放貸而聞名。[4] 1865年蘇格蘭商人成立匯豐銀行時，13名董事中有3人是巴斯商人。[5]

在18和19世紀，中國貿易十分蓬勃，這種貿易最初集中在廣州，之後聯繫到香港，顯示「中國作為世界工廠」絕非只是當代現象，也不僅限於歐洲商人。為歐洲、北美和中東市場而製作的貨物品質精美、種類繁多，令人驚嘆，包括銀器、歐式餐具、壁紙、家具，以及有阿拉伯、歐洲和美洲標記的禮品。這些物品顯示全球經濟聯繫、文化融合，以及日常生活中品味和風格的互相影響。[6] 從中國外銷畫也可見到類似的文化往還。在今天匯豐銀行的總部，大家會找到這類繪畫中的珍品（有些是錢納利 [George Chinnery] 的作品），這些畫作是匯豐銀行在過去百年所蒐集的。在同一時期，廣州和香港的華籍和歐籍贊助人委託中國畫家（如關喬昌）畫了一些大受歡迎的油畫，顯示了文化內涵和藝術風格上大量的相互採借。

在多種族商人會聚輻湊的地方，獨特的建築連繫繼續塑造這些歷史上的世界城市的景貌。廣州、孟買和香港的商人聚居地區，以及珠江三角洲的華僑商人故里（如石岐、江門和台山），建築風格與19世紀末至20世紀初的倫敦和紐約有共通之處，有些則從南洋吸收了一點伊斯蘭風格。[7]

在中國的政治地圖上，廣州是偏遠之地，文化上處於邊陲。在1842年鴉片戰爭後成為政治實體的香港更是如此。然而，將香港聯繫到珠江三角洲和廣州的地區環境形成了基礎，可為來自華南和大英帝國各地的商人和政治流亡者提供集中的城市經驗。[8] 商界精英的工作是世俗性和偏離正統的，但他們擁有有利條件，能以捐納方式取得功名和官銜，藉此獲得文化上的正統地位。他們也在社會慈善機構和宗教儀式上大花金錢，並積極擔當政治仲裁調解工作。這些工作令他們得以在本地取得權威定位。倫敦的殖民地部和大陸的中國政權都予以容忍、妥協和合謀。[9]

歷史學家冼玉儀認為，香港不僅在貨物和服務方面是「流動的空間」，十分蓬勃，在客運交通方面亦復如是。在1880年代至1939年間，逾六百萬人從中國經香港前往世界各地，另外七百萬人則取道香港，踏

上方向相反的旅程。這個正在成長的城市能夠提供直達目的地的遷徙便利，令她在19世紀中葉成為華人移民往來流動的主要樞紐，是中國人流散海外不可或缺的「中介之地」。由於其邊界開放，居民的眼光一向不受傳統分界線圍限，把中國和外部世界同樣視為可來去自如，因此把香港重點定位為往來流動的樞紐。[10]

在民國時代，上海是亞洲的世界城市，散放著世界主義的光芒，主宰這個地區，但在商業、政治，以及物質和文化消費方面，香港和上海一直有很深的跨文化互融。它們是貿易帝國、殖民接觸、宗教傳統、工業生產線的十字路口上的節點。例如，匯豐銀行的業務橫跨兩個城市超過一百年。這家銀行創立於1865年，先為清廷、之後在整個20世紀又為香港政府提供銀行服務。在共產黨取得中國政權前夕，匯豐銀行上海分行和大批中國著名工業家把資金和業務遷到香港，刺激了戰後香港經濟奇跡的出現。匯豐銀行的亞洲總部是霍朗明爵士（Sir Norman Foster）在1986年設計，仍然是香港商業區的重心所在。匯豐銀行的控股母公司HSBC總部現在設於倫敦，公司規模是歐洲最大。[11] 在這家銀行再次往北走的行動中，它的中國子公司近年在上海向一家著名香港發展商租下了豪華辦公室。[12] 銀行位於外灘的前總部，在過去和現在都是上海天際線的矚目景點。為了重回中國，匯豐買下了一些中國重要銀行的股票，並正準備在上海股票交易所上市。

文化和傳媒方面，李安電影《色，戒》中的場面，顯出都市實驗和相互參照的另一階段。這部電影是關於1930年代末至1940年代初的雙城故事。香港和上海這兩個城市既是競爭對手，又是合作夥伴，歷史上的全球網絡把她們連結起來，在戰爭的悲慘陰影和充滿商業活力的政治恐怖背後煥發神采。國際化人口及其奢華文化風格的流動被視為理所當然，後者包括電影、戲劇、時裝、烹飪、市場，以及罪惡和政治陰謀的地下世界。[13] 這種相互效法的情況，在今天現實的商業世界繼續發生。在劍橋大學受教育的鄧永鏘爵士創立的香港時裝連鎖店「上海灘」，在全球消費市場中脫穎而出。它專門在高級時裝領域把海派時尚重新東方化，帶有殖民地風格和後現代特色。[14]

流動人口的停滯

「香港人」一詞是個難以具體描述的概念，因為它所指的並非固定不變的特定人群，而是在不同歷史時期流進流出此地的人。[15] 他們的歸屬感各異，令香港這個地方充滿形形色色的意義、情感和家族歷史。此外，他們在身體或行政管理上可能不是與香港聯繫在一起。在戰後嬰兒潮一代人過世前，埋葬在香港墓園的土生港人並不多。反之，從碑文所見，墓主都是出生於其他地方。[16]

一如大英帝國的眾多港口城市，香港是敢於冒險的過客雜湊之地，帶來英國其他前殖民地和中國大陸的文化風尚。在戰後以及1949年，一波又一波中國難民大量湧入。[17] 從1970年代起，香港轉型為亞太區的商業和服務業中心，來自歐洲、北美、南亞和東南亞的專業人士來到這裏的跨國企業擔任行政人員。[18] 在1990年代，中國加速成長，中國的海歸派也加入香港的金融業和貿易界。此外，數量最多的新移民，是處於社會經濟層級底層的香港男性的配偶和子女。從1991年到2001年，在香港居住未滿七年的人，數目從佔總人口的2.6%增至4%。[19] 人口統計數字也顯示在1996年，40%的香港人口是在香港以外的地方出生。[20] 據2006年的中期人口統計顯示，香港登記婚姻中有超過一半的配偶是來自香港以外地方。[21]

由香港外移的情況也很普遍。申請移民加拿大、澳洲、英國和美國的香港人（大多數是專業人士），在1990年代估計數目約374,500人。他們的動機不一而足，但對於香港主權變化感到憂慮是主要因素。許多人其後返回香港，但他們的事業中斷，家族聯繫也被削弱。[22] 他們短暫旅居海外的經驗如何影響香港社會，仍是有待探索的課題。

在這些人口移動發生之際，哪些人是無法流動的？在香港，自1997年以來，政治注意力就聚焦在1960至1970年代成年的那批土生土長香港人。隨著香港由移民湧入之地蛻變為後工業化城市經濟體和地區金融中心，他們就成為香港的中產階級——這個城市現代化活力在技術和管理方面的支柱。廣受歡迎的電視劇《獅子山下》是他們的文化標誌，代

表通過在教育力爭上游、勤奮工作、照顧家庭和疏離政治，就可以達到社會流動。這一代人的身份認同和文化取向，迥異於散佈世界的華僑和來自大陸的新移民。最重要的是，嬰兒潮世代及其家人培養了對這個地方的強烈歸屬感。

他們認同其文化和專業偶像，並為自己的「勤奮拼搏」精神而自豪。他們身處獨特的歷史時期，在戰後幾十年間經歷了前所未有的社會流動。然而，對於在後九七時代的香港為自己重新定位，他們似乎最缺乏信心。他們的子女被學者和傳媒稱為「八十後」世代，這代人在今天也崛起成為一股政治勢力，他們的特點是關心社會問題，並且採取抗爭式的公民運動。[23] 社會學家呂大樂曾說，香港不缺乏流動機會（身體、社會和心理上），但香港的人口混合可能沒有充分準備去抓住這些機會。觸發社會動蕩的因素，越來越因為年輕一代覺得缺乏社會流動，而非收入差距懸殊。

戰後幾代土生土長的香港人為何無法抓住中國的新活力？他們有很大的政治包袱。[24] 學者曾探討為何許多香港人難以培養國家歸屬感。[25] 這些香港居民成長的年代，中國在政治和社會上都還是很遙遠之地，1980 年代初中英談判香港前途問題時，他們的憂慮最多。這一代人從書本、傳媒和親身經歷所認識的中國，並不是那麼光明美好：土地改革、大躍進和饑荒、1959 至 1961 年蜂擁越過邊界的饑餓難民、在街角商店寄糧食包裹給大陸的親戚，以及 1966 年爆發翻天覆地的文化大革命，在 1967 年蔓延到香港引發暴動，最後是 1989 年的天安門事件。中國在 1990 年代加快經濟改革，傳媒上充斥貪污腐敗的醜聞，還有新一批大陸新移民的壞形象。在這幾十年中，政權移交前的每一輪中英談判，都加劇了家庭和事業上左右為難的困境。富裕和人脈廣的家庭可以輕鬆自如地離開這個地方，勞動階層則沒有什麼可失去的，香港中產階級家庭則不同，他們要考慮的因素很多，而選擇有限。打算移民的人，在海外事業前景黯淡；決定留下的人，則不知道政權易手後，是否還能隨心所欲地行事。[26] 他們把法治、自由和專業主義視為理所當然，要求加以保障。他們覺得中國尤其缺乏的這些品質，因此

在香港與大陸之間的經濟疆界趨於模糊後，他們不去積極把握隨之而來的機遇。[27]

許多來自中國的難民家庭及其本地出生的子女，在相對短的時間就躋身到中產階級的生活，即使如此，他們的世界參與是很膚淺的。透過各種各樣學校提供的資助教育，培育了少量精英人才；餘下的人掌握了基本應用英語和接受過職業訓練，成為有效率的技術勞工。[28] 全球化步伐加快沒有產生靈活變通的活力，以協助大部分這些香港人邁向世界，全速踏入21世紀。

對專業精英來說，在這個新千年定位並不困難。這批地位最頂尖的人能夠在經濟層級最高端，與主宰金融和貿易界的全球人才（包括中國的海歸派）競爭。新加坡、北京和上海都很需要他們的專業技能。企業紛紛把總部遷到這些城市，以抓住日益強大的主權財富的實力；連個別家庭也越來越根據就業以外的關注來決定去留，包括環境衛生和學校選擇。[29] 企業因此向香港特區政府施壓，要求它採取更為進取和全盤的態度制定人口政策和延攬人才，以能更有效抓住商業機會。[30]

至於頂層以下的人，前景就不是那麼明朗。在中國貧窮和封閉時，這些香港人找到興旺發展的策略。但他們與貿易和全球生產線的功能聯繫，令他們得到錯誤的印象，以為自己是世界性和現代的。香港土生土長的一代人享受了幾十年的繁榮，也造就了「本土」文化，其表現是電影、語言、傳媒和粵語流行音樂。他們對於中國所知很淺薄。他們與外部世界的聯繫並非靠深入的文化交融，而是依賴範圍有限的物質符號。

由於有這種歷史包袱，亞洲日益劇烈的金融流動和地緣政治變化，對於這些香港人和海歸派（他們在取向方面趨於本地化，但仍是浮動不定）具有特別意義。他們尤其憂慮子女的前景，入讀香港國際學校的競爭很激烈，學費也很昂貴。即使那些入讀香港頂尖本地學校的學生，父母也會想方設法送他們到國外，而且放洋出國的年紀越來越輕。這些父母聲稱，本地學校的英文水準低是主要問題。如果子女無法跳出本地教育制度，在全球社會的流動機會就會受限，被「困囿」的命運會因此延伸至下一代香港人。

香港後九七時代的「下流」感覺

「下流的中產階級」一詞在 2000 年代初於有關香港的社會學著作中出現。[31] 日本作家三浦展關於向下流動[32] 和大前研一關於日本 M 型社會的形成，[33] 一直在香港廣泛流傳，並為學者所公開討論。[34] 中產階級向下流動，是否擴大了貧富差距？為何在公眾心中，香港成功所賴的中堅分子，變成了這個城市的迫切問題？在 2003 年 7 月五十萬人上街遊行抗議政府的政策後，許多人馬上促請香港政府特別注意中產階級，並承諾會給予及時的支持，國家主席胡錦濤是其中之一。

有些結構性的原因非香港所能控制，例如新自由主義全球化和中國急速自由化所帶來的動盪力量。另外，還可能涉及思維、態度和始料不及的政治壓力。在 1980 年代開始，製造業職位遷到邊界彼方，問題就從那時開始。到了 1990 年代，技術支援和白領工作也北移。[35] 在過去十年間，因香港與大陸之間的邊界變得模糊而引起的文化衝擊，令痛苦的經濟轉型變得更複雜。北上與大陸接觸是必要之舉，但很少香港人擁有文化指南針，協助他們在一個變化之大已超乎想像的地圖上尋找方向。

1997 年的亞洲金融危機和樓市崩潰，直接打擊中產階級家庭。據估計，在 2002 年有超過 15 萬個家庭變成負資產。1997 年前那十年間，失業率只有 2%，該年則上升到 8%。連原本穩定和有保障的公務員隊伍也要削減職位。破產數字上升，從 1996 年錄得的 780 宗升至 26,922 宗。[36]

禽流感和沙士進一步打擊這個城市。在 2003 年有幾乎六個月的時間，因沙士而死亡的人數在公立醫院持續上升，令這個原本熙來攘往的城市成為鬼城。房地產價值進一步下跌，那是中產階級地位和保障的主要來源。國泰航空這家賺錢的航空公司，一向為香港人引以自豪，現在正在盤算自己還可以撐多久。雖然政府在處理這次危機時盡量開誠布公，但市民仍然悲傷惶恐，對政府越來越失去信心，認為它沒有能力保障公眾利益。醫護人員接二連三因公殉職，傳媒在如何平衡隱私權和公眾知情權的討論之中，以充滿敬意的方式報導他們的喪禮。這是一個城市受重創的象徵。[37]

圖 19.1
午飯時段的香港白領族
（2008年攝）

　　經濟到了2006年反彈，但大部分香港家庭的財富和信心都更趨於兩極（圖19.1）。2006年的政府中期人口統計顯示，月入10,000至40,000港元的家庭，由1996年的61%下跌至2006年的55%，而月入少於10,000港元的家庭由23.9%升至27.9%。那些處於頂端、月入超過40,000港元的家庭則從15%升至17%。這個趨勢在之後幾年持續，本地傳媒視之為當今全球化時代的結構性問題。在知識型經濟中，那些缺乏必要教育或專業技能的人，面臨收入下跌和結構性失業（尤其是到中年之後），並且跌出中產階級的行列。那些身處頂端、乘著全球化經濟大潮的人則風生水起，因為全世界都渴求他們擁有的才能。不過，他們的命運因2008年的全球金融海嘯逆轉。[38]

　　總而言之，對中等收入和教育的香港家庭來說，他們腳下的世界已經移動。[39]在新千年開始之際，世界已在他們面前倏忽而過，他們感到悲哀和無奈。[40]商界領袖也想知道，這些香港人是否已失去「全球視野」和「拼搏」精神。[41]

重新協商身份認同

　　被不明確的事態所困擾，有些人懷緬過去。在文化歷史領域，這種情況在1997年前已開始。學者形容整個產業生產「消失的懷舊」。此

外，對土生土長的年輕一代來說，尋求文化根源的對象主要是自己熟悉的城市，而非大陸邊遠農村的「故鄉」。有關核心價值觀、集體回憶和歷史保育的辯論，顯示當原本確切的邊界變得不再是理所當然時，這個世代的人須要重新思考自己的定位。[42] 爭取保留公共地點的爭論，演變成街頭社會運動——保育運動。「本土行動」領導抗議清拆天星碼頭、皇后碼頭和喜帖街等極為政治化的事件，廣受傳媒注意。[43] 另外還興起了一個更為微妙的運動，強調「地區」的社會面向。社區文學凸顯與一些饒富意義的城市空間相聯繫的個人敘述，如廟街、上海街、永利街、露天街市、大牌檔、中藥店、當舖、公共屋邨，以及戰後幾十年成長和在社會上快速流動的那代人所熟悉的其他地標。這或許可以解釋，為何與如此短時段相關的地區經驗會帶來這樣強烈的情緒。

在商界和政策群體也出現一種與歷史保育相衝突的執念，作家龍應台稱之為「中環價值」。[44] 政界學者張炳良適當地強調，它是這個城市的新管治者尋找正面的身份認同。他說：「它的推動力是『創造新香港』和建立香港品牌。這種計劃類似於其他後殖民社會的建國過程。」[45] 在把香港建設成中國和亞洲頂尖國際都會的名義下，不少歷代居民生活積累的細節，都消失在政策藍圖之中。古老社區連同它們殖民時代的歷史被一同抹去，取而代之的是本質上屬於「中國」的文化標誌或大型地標式建築。之所以規劃這些建設，是為顯示這個城市的超（後）現代性和與國際接軌。對之抱有懷疑的人立即指出，政府建設西九文化區的做法，是借來的硬件的顯著例子，人文內容付諸闕如，也欠缺文化敏感度。[46] 批評者聲稱中國城市有大量宏大的計劃。這些公共空間裸露的混凝土和大理石在日曬雨淋中日益殘破，既無特色也無「人氣」，只見地方官員淺薄的虛榮。

土生土長的香港人形成更為著眼於政治的團體，致力於保存香港承傳下來的制度——法治、廉潔和有效率的管治、公民價值觀，而且日益爭取普選和民主代表制。自1997年起，由幾個新興政黨組成的泛民主派，在立法會和街頭表達他們的聲音。在2003年7月1日，五十萬人因政府建議的國家安全法太過嚴苛而上街抗議（圖19.2）。自此以後，每年

圖 19.2
香港中產參與爭取民主
改革的遊行 (2010年攝)

7月1日和舉行燭光晚會悼念1989年天安門廣場事件受害者的6月4日，都會有數以萬計的人聚集在維多利亞公園，使之成為象徵香港民主運動的發源地。[47]

第三批香港人來自「左翼」：在1997年前的香港，一直無法充分融入本地主流社會的小商人、前學生、僱員和中國機構幹部。在1967年的暴動中，文化大革命的暴力從邊界彼方蔓延至香港，左派激進分子攻擊警察，對政府採取強硬政治立場。他們即使不是真心信奉中國社會主義，至少也是堅定的愛國者。他們多年來一直堅定支持中國的對港政策，服膺中國界定香港身份和文化的主敘述。在他們眼中，香港是殖民產物，是文化混種，是國家屈辱的象徵；他們慶賀香港回歸祖國，把爭取民主和致力聯繫世界的人視為顛覆分子和叛國賊。

爭取民主的香港人視這些人為不與時並進的「左派」，這些左派以強硬態度對待他們眼中缺乏愛國心的人。他們的形象僵化，對別人的譴責缺乏根據，還有對世界主義主流思想所用的抹黑手法，都成為了政府的負累。

圖 19.3
香港中銀大廈，作為中國在全球
經濟中崛起之象徵（2010年攝）

此外，隨著中國加快接納全球市場和大企業，這些人的文化和政治立場就變得很尷尬。有時候，特區政府親商界的舉措與他們的草根情緒扞格。親政府的工會在2007年的紮鐵工人罷工中喪失公信力，就是清楚說明問題的例子。但是，這些政治團體在勞動階層家庭、來自中國的新移民和群眾組織中積累了巨大組織能力。[48] 自1997年起，這些政治團體和代表他們利益的政黨（民主建港聯盟）參與香港主流政治。

造成類別廣泛的「香港人」之間僵局的例子有很多。他們的生活和事業往往相互交纏，但涇渭分明的界線一再劃下。自1997年起，激動的情緒引發分化和癱瘓的惡性循環，妨礙人們大膽重新思索香港的定位和前行方向。[49] 每個群體都有其歷史包袱，大大影響了它如何運用文化資本去定義誰是香港人、他們擁有什麼權利、何謂「集體記憶」和「公共利益」。在「一國兩制」這個政治方案中協商文化和社會身份，遠不只是親民主立場對抗親北京、親政府的保皇派那麼簡單的解讀。過去十年對香港來說特別苦惱的問題是：如何在「一國」的優先要務和憂慮，與關乎「兩制」的複雜歷史和情感之間取得平衡。中國成為全球經濟的磁鐵，

加上其高漲的民族主義心態，加深了許多香港人在文化上面臨的兩難困境（圖19.3）。他們感到邊緣化和停滯不前，可能無法重新啟動過去一個世紀令香港貼近於中國、亞洲和世界的相互參照過程。[50]

新絲路：高層次的世界化活動

香港與其國家空間的緊張關係，或許在孟買和迪拜也有相似情況。作為資金、人、貨物和文化取向大量流動的樞紐，這些城市馬上對於彼此和各自國家的目標而言，既是促進者又是競爭者和挑戰者。把它們連結在一起的新金融格局縱有波動，但其吸引力令人難以抵抗。這些城市因新品牌命名而廣受注目，這些城市的居民正出現另一輪放眼外望的活動。香港專業人士把握這個時機向前邁進，這一節集中論述他們的活力。

香港企業開拓新道路。匯豐銀行和渣打銀行一直在東亞、印度和波斯灣地區扎根，這兩家銀行代表了香港「中環」和處於社會等級頂端專業人士的勢力。[51] 在2004年9月，香港大亨李嘉誠的旗艦公司長江實業與迪拜的一家銀行聯手設立基金，以促進亞洲房地產的投資。[52] 在2005年11月，時任香港總商會主席的艾爾敦帶領一批該會成員到訪迪拜和德黑蘭，推動有利於雙方的商業機會。[53] 2007年1月，《金融時報》（Financial Times）舉辦的「中國—中東經濟高峰會」（The China–Middle East Economic Summit）強調「新絲路」。時任迪拜國際金融中心管理局主席的艾爾敦警告，監察和規管資金流動的制度，以及商業決定所需的文化敏感度都尚未發展和臻至完善，所以會有種種困難。此外，能夠聯繫兩個地區、擁有多文化經驗的專業人士十分缺乏。[54]

新絲路的關鍵要素，是把中東和東南亞聯繫起來的伊斯蘭世界。駐居香港的國際銀行家柏理豪（Richard Pyvis）是CLSA BV的董事，他在一項研究中指出，有需要更透徹瞭解伊斯蘭融資市場在亞洲地區的發展。柏理豪及其團隊探討伊斯蘭世界對於資本市場的態度，以及全球化對伊斯蘭世界有何重要性，以及在新自由秩序框架之外，全球化如何能

提供可持續和公平合理的經濟實踐。他們為商界指引方向，不再以歐洲為重心，而把焦點轉到伊斯蘭世界為廣義的亞洲所提供的機會。[55]

香港特區政府隨商界利益集團之後在這條路線上邁進。在2007年1月，時任財經事務及庫務局局長的馬時亨，率領由商界人士和政策制定者組成的代表團前往迪拜，參加「中國—中東峰會」。他在會議上的演講和後來的發言中強調，香港的核心制度力量是法治、廉潔政府、資訊自由、貨幣穩定、完善的銀行基礎設施，還有成熟的資本市場和專業實踐。他與其金融服務業界的同僚一再表示，政府熱切為香港提供跨越新絲路所需的管理環境。[56]

在2008年1月，香港特區行政長官率領一個由顯赫商界領袖和政府官員組成的代表團，前往科威特、沙特阿拉伯和阿拉伯聯合酋長國(阿聯酋)訪問八天，推廣香港發展伊斯蘭銀行業的能力，[57] 同行的有香港匯豐銀行(亞洲)前主席艾爾敦、東亞銀行主席李國寶，以及香港證監會前副主席查史美倫。香港按揭證券有限公司是金融管理局的附屬機構，負有穩定香港按揭債務市場的職責；它也積極構思方法，減少法律和其他結構上的障礙，以便對馬來西亞進行伊斯蘭債務融資。[58]

熱情是雙向的。迪拜的海灣研究中心擁有跨國專業人士和研究人員，進行海灣—亞洲研究計劃，其目標是向人們指出，須要重振這兩個地區在石油和能源以外的相互經濟依賴，並且克服「資訊不對稱」的障礙。[59]

人們熱衷於加強聯繫可能是有道理的。貿易數字顯示，沙特阿拉伯和中國之間的貿易達成新高。在2006年，雙邊貿易達到二千億美元，比前一年增加了25.3%；與阿聯酋的貿易增加了25.3%，上升至142億美元。[60] 在迪拜，迪拜國際金融中心的監督估計，中東會在亞洲投資二千億美元。[61] 新建的龍城(Dragon Mart)是阿聯酋最大的貿易樞紐，它是一個龍形的商場，裏面有四千家商店，展示林林總總中國製造的貨品，供批發買家採購，還設有吸引遊客的餐廳和文化遺產地點。在上海和香港股票交場所上市的重要航空公司中國南方航空，每天都有班機由北京和廣州前往中東主要城市和拉各斯。興致勃勃的中國買家收到迪拜

的房地產廣告，展現該市後現代的超級城市輪廓。由資金充裕的中國國家基金資助的大型國家建築公司，在投標中壓倒歐洲和北美洲的對手，贏得波斯灣的基建項目。阿布達比、迪拜和沙特阿拉伯的主權基金正大量購買亞洲銀行的股票。在5月，迪拜國際資本 (Dubai International Capital) 宣佈旗下的全球策略股票基金 (Global Strategic Equities Fund) 大量入股匯豐，跟隨買下這家銀行3.1%股份的沙特阿拉伯富商沙尼亞 (Maan al-Sanea) 的步伐。[62] 2008年金融海嘯和迪拜世界 (Dubai World) 的債務問題或許有點令人熱情退減，而且來自中國溫州的房地產投機者損失慘重。然而，這危機觸發歐洲和北美外僑撤出這個地區。經濟下滑令中國在該地的存在更為顯著。

中國參與全球之後，香港政府和商界帶頭為此地的專業機構和人才塑造可能性。香港證券及期貨事務監察委員會與迪拜金融服務局簽署諒解備忘錄，是顯示香港的定位的最近期例子，這個定位就是充當亞洲商業集團進入中國的門戶，並在中國邁向世界的過程中為其服務，滿足其資本形成的需要。[63] 恆生銀行是香港第二大銀行，並且是匯豐銀行的子公司，它最近設立幾個基金，專門投資符合伊斯蘭教教義的伊斯蘭債券。[64] 根據2008年6月路透社的報導，香港機場管理局計劃發行自己的伊斯蘭債券，供機構和個人投資者購買。[65]

專業訓練也放上議程。大學教育資助委員會負責就香港八所大學的資助撥款事宜向政府提供建議，該會主席查史美倫撥出了20億美元用於支持學術研究。[66] 她設立一個特別委員會，去審議修訂規定政府資助金不能用於香港以外的規條。她認為香港的經濟已在多方面「逾越邊界」，研究活動也須跨地區。這尤其適用於香港與蓬勃的珠江三角洲的關係。根據相同思路，當沙特阿拉伯統治者成立阿卜杜拉國王科技大學，以訓練高層學者和專業人士，許多大學獲邀去競投數以億計的資金，以設立關於能源、環境研究、工程和衛生保健系統的研究中心，公立的香港科技大學是其中之一。兩所大學高層行政人員的交流相應增加。[67]

新絲路在香港備受關注，但是，為創造機會而推動的制度建設，有否激發香港專業人士踏足這個城市以外的地方？相較於上海、孟買和迪

拜居民的奮發求變,香港這個新定位如何激發其居民下一輪的自我形塑?這些動力又會否重新擘劃一個聯繫越來越緊密的「亞洲」?

　　有幾個個人的事例,顯示出不同類型專業人士走向全球的路徑。這些新興市場的金融資本和貿易波動很大,表示與它們相關的工作無法帶來長期事業承諾,也不保證在公司內有向上流動的階梯。John和Michael屬於香港戰後嬰兒潮一代人,擁有中產階級的財力,在外國上大學並獲得專業學位。John回到香港投身工程事業,整個事業生涯幾乎都是效力於幾家本地發展商。他在提早退休前負責建造一個貨櫃港,五十多歲時獲獵頭公司青睞,說服他簽下為期14個月的合約,到迪拜建設該城自由貿易區的港口。管理一個由來自歐洲、阿聯酋、中國和南亞成員組成的團隊,而這個多文化團隊有著按階級、性別和種族構成的獨特等級制度,這種經驗令人大開眼界。他趁此機會在波斯灣地區旅行,回到香港時對於新的事業地區有了新看法,還擁有遊走於這些地區所需的技巧。他覺得在個人方面,那兩年的逗留因為遠離家人和朋友,又很少機會與當地人交往,所以感到寂寞和辛苦。然而,這次經驗令他擴闊眼界和增加自信。要是出現下一個機會,他很可能會再參與。John成功踏出在香港那種安逸、內向的經驗,而這種經驗「困囿」了許多他的同輩和同事。

　　Michael雖然也像John那樣沿著新絲路邁進,但其事業軌跡似乎朝向不同的方向。他在加拿大的大學接受建築和結構工程學專業訓練,之後在北美大公司循著CDME(顧問、設計、管理、工程)的事業軌道往上爬。他的個人資歷中有與世界級建築師合作的項目,包括蔡德勒建築師事務所(Zeidler)的伊頓中心(Eaton Centre)和安省遊樂宮(Ontario Place),以及巴雷特(Barrett)的卡加利國際機場。然而,1990年代中期,他在事業上做了一個重大選擇,毅然回到香港,之後又前往蘇州和上海,再次與貝聿銘等知名建築師合作。在過去幾年,他為中建國際設計顧問有限公司副總裁兼設計總監,這是一家以上海為基地的國營企業。不過,他的工作有十分顯著的國際元素。除了中國的項目,這家公司還競投中東的項目。他所管理的設計團隊有來自歐洲和香港的同事,轄下

還有來自中國的初級工程師和建築工人。這家得到中國政府大力資助的
公司在競標中壓過全球對手,獲得迪拜和海灣地區其他地方的項目。
擁有這種經驗和資歷的他越來越受工程企業青睞,他獲一家國際性的
工程公司延攬,領導其深圳分公司,他在32年的事業生涯中首次接近
「家」。然而,他的回家之旅為時很短。2008年的金融危機迫使他在一
年後回到上海,領導自己的顧問公司。

　　一代「回流港人」也加入他們的行列,這些人的父母在九七前的十
年間移民北美和澳洲,他們唸完大學後回到香港投身金融服務業。[68]另
一批雙語、雙文化的專業人士來自中國。他們被稱為「海歸派」,許多
人在歐美留學和工作多年。他們越來越多人加入以香港為基地的國際金
融機構、法律顧問公司和傳媒機構,擔任專業和行政職位,這些公司積
極把業務遷到中國。政府在2012年計劃把高等教育界擴大25%,結
果,不同學科的學術階層也看到海歸派的身影。

向北大步邁進

　　今天,香港商界沒有忽略上海氣勢雄偉的存在。過去一百年來,
這兩個城市既是夥伴也是競爭對手。上海唯一無法在世界叱吒風雲的
時期,是在毛澤東時代中國閉關鎖國的三十年。除了成為中國製造業
和服務業首屈一指的都會,上海在後改革時代重回世界貿易和金融,令
舉世矚目,亞洲其他城市的紀錄頓時黯然失色。自2005年起,以貨物
噸位計算,上海港成為世界最繁忙的港口。1990年重開的上海股票交
易所,在短短二十年間吸引了一些以市場價值計世界最大的公司上市,
如中國石油、中國工商銀行和中國農業銀行,匯豐銀行也在等待加入。
雖然根據調查和排名榜,上海的商業競爭力和吸引力遠遠落後於香港和
新加坡,但中國國務院在2009年春天宣佈計劃,要在2020年把上海發
展為中國的主要金融中心。這消息令香港的金融和政策社群又一次忐
忑起來。

　　此外，自金融海嘯後，中國加快令人民幣在世界貿易中全球化的計劃。比較上海與香港資本市場，兩者在世界化能力方面的差異一直在擴大。中國吸引國際直接投資的能力世界首屈一指，而且這種投資大多進入到上海的資本市場。在近年，在香港上市的最成功的中國國營企業（紅籌），許多都回到上海上市。截至 2010 年 5 月，香港銀行體系人民幣存款達 847 億元，相較於估計在中國資本市場流通的 65 萬億元，僅是滄海一粟。學者和業內人士都不禁想，香港作為區內金融中心的優勢會不會很快消失，因為這個城市缺乏國家的本土經濟或政治意志力量的支持。[69] 此外，重新興旺起來的上海外灘、浦東的摩天大廈、新機場和高速鐵路，以及近期的上海世界博覽會，全都顯示上海高速邁向世界化的能量十分驚人。在傳媒中，上海崛起而香港急速衰落，成為每天新聞的話題。

　　上海的崛起吸引最有魄力和富於冒險精神的人。香港再次落後於上海和其他具有世界化野心的主要中國城市。在 1991 至 2001 年間，香港的人口增長是 16.9%，接近先進工業（或後工業）國家的城市，例如紐約（9.4%）和倫敦（7.5%）。同一時期，北京的增長率是 25.4%，上海 23%，廣州 57%，深圳是 320.3%。由於個人選擇或政策使然，所有這些城市的出生率都很低，所以中國城市的大幅人口增長主要是由內部移民造成。[70]

　　上海世界化的能力，得益於來自香港的富人和冒險家。香港瑞安集團創辦人羅康瑞在 2001 年建成的新天地，其華美亮麗令上海的城市景觀更形豐富。這個花費 1.5 億美元的項目把一個 20 世紀初石庫門建築舊區整修，變成了集潮流時裝店、畫廊、高級餐廳、酒吧、咖啡店和酒吧於一體的區域。新天地成為上海的全球富豪和外僑消費者娛樂休閒的時尚地標。[71] 香港第二大發展商新鴻基地產主力在上海建造豪華酒店、商場和地標式商業建築。它在浦東興建的上海國際金融中心在 2009 年開幕，內有匯豐銀行的新總部，還有麗思卡爾頓酒店和哈佛大學商學院的上海中心。以香港為基地的溢達集團，是世界著名棉製品品牌的全球生產者，與一些民國時期上海最富有的紡織商有家族聯繫，這個集團把中國總部設在上海。這是它同時走向全球和返回原鄉的行動。[72]

　　雖然政策的注意力明顯是聚焦在中上層專業人士的全球跑道，但中國經濟的驚人成長為香港勞力層級各層面提供了意料不到的流動性，很值得探索。香港政府多年來一直與北京商討，給予香港企業和專業人士優勢，進軍正在成熟的中國市場。2003年6月，香港和中國簽署《內地與香港關於建立更緊密經貿關係的安排》(簡稱CEPA)，當中包括為類型廣泛的香港產品制定的自由貿易安排。CEPA也使雙方互相承認專業資格和減少規例上的障礙，藉以促進服務貿易。雖然香港方面使用CEPA安排的人數不是十分多，但CEPA事實上令中國企業和專業人士在他們走向全球的過程中得益。香港充當了寶貴的跳板。[73]

　　更重要的是，這種流動性不局限於放眼全球的企業和相關的專業人士。對處於勞動層級底層的香港人來說，逾越邊界表示能利用中國的世界工廠地位。外資工廠和大量移民工湧入華南的情況，已有大量文獻記載。[74] 在1980和1990年代，經理、技術人員以及運輸和銷售人員跟隨工廠大批北上。「一國兩制」大大增加了資金、貨物、人和意象的跨境流動。在2007年，政府調高居住在中國大陸的香港人數字，從2005年的29萬人調升為46萬人，當中一半在30至49歲之間，逾四成受過專上教育，八成從事專業和管理職位。[75] 商界和政策圈集中於香港和華南地區的基建聯繫，而較少注意到這種發展如何改變社會和文化境況。

　　香港人與內地人之間的跨境婚姻，深深影響了家庭策略和勞工流動。歷史上，香港的勞動階層男性都在邊界彼方尋找可以負擔的配偶。自1950年代起，香港和中國商定了一項移民計劃，容許每天平均150人合法移居香港，大多數是以家庭團聚為主。在1970年代末至1980年代初，後毛澤東時代的中國忽然放寬邊境管制，大量來自廣東和福建的成年男人就進入香港。這些工人的勞動參與率很高，許多人獲僱用為建築和運輸工人，參與香港日益龐大的基建計劃。他們回到家鄉結婚，經過多年等待，終於在1990年代能夠帶同家人到香港成為永久居民。香港的統計數據顯示，在1991至2001年的十年間，新移民(在香港定居少於七年的人)的數目從佔香港人口的2.6%增至4%。

　　土生土長的香港人對於大量湧入的移民十分反感，稱他們為「新移民」，認為他們貧窮、教育程度低、土氣，是社會的負擔。然而，1997年後，邊界兩方的社會境況變化加快。「新移民」不再是面臨結構性失業的香港老男人的土氣配偶和子女；反之，他們年輕、教育程度高，而且很可能是從其他城市和省份移居華南，在工廠和服務業工作。前線社工和社區組織發覺，他們在文化上已很適應香港的生活，社交方面的資源也十分豐富（見本書第十五章）。

　　政府在2006年所做的中期人口統計顯示，跨境婚姻有日益增加的趨勢。那一年，有28,000名香港男子娶內地女子為妻，與1996年相比增加了14%。這個中期人口統計也顯示，香港女性也和男性一樣到邊界彼方尋找伴侶。在2006年，共有6,500名香港女子嫁給內地男子，人數較1996年增加2.5倍。[76] 這些婚姻並非一帆風順，因為社會歧視仍然深切感受到，而且政府對於為這些新來港人士提供服務猶豫不定。這些家庭的痛苦經歷和哀愁，經常被本地傳媒誇大報導，成為聳人聽聞的新聞。[77]

　　在2005年，一批跨學科的學者大力呼籲政府把「流通」的概念納入其人口政策。[78] 若想充分運用這個處於勞動等級底層的人力資源，最佳方式是為年輕家庭創造最大的靈活性，使他們能在人生的不同階段跨越邊界。該研究認為，如果為香港居民而設的社會服務能弄得更為便利，這一代新移民就可望成為技術和服務業骨幹，服務由香港、深圳、廣州和珠江三角洲聯繫而成的大都會地區。要強調的分析要點是，如果中國經濟繼續上升，而處於勞動等級低層的香港人參與其向全球的邁進，就間接令他們得以在就業和文化取向上跨越地域。這批人包括來自中國的新移民，大多數是勞工階層，相較於此城原有的中產階級居民，參與中國對他們來說，文化或政治障礙較少。

歷史全球化和亞洲後現代

　　如 *Worlding Cities* 一書的作者所指出，21世紀將是亞洲都市化的世

紀。亞洲都市樞紐之間，正出現緊密深入的互相參照——經濟聯繫、文化挪借、競爭和協作。政府、精英行動者、流動專業人士和移民勞工，正各自以靈活多樣的方式來建立新地位。一如其他亞洲城市，香港正嘗試在這個動盪多變的過程中，把自己改造為世界城市。本章探索了她的主要利害關係者參與這個正在出現的亞洲環境時所背負的歷史包袱。

　　本章嘗試把香港視為變動不居的對象來分析，集中於在過去一百年來到香港尋找事業機會的多民族群體。他們的抱負、精力和文化實踐，在歷史上賦予香港一種面向全球的性質。這些身為殖民地市民和中國臣民的早期「香港人」，並非固定停留在這片土地之上。然而，經過戰後數十年幾代香港居民成長，本地出生的人首次培養出真正的地方身份認同感。他們在香港的教育制度中出類拔萃，並把在社會向上流動的機會視為理所當然。他們從殖民政府中爭取應有的權利，並在1997年香港主權回歸中國後繼續力爭這種權利。在其後的經濟衰退中，中產階級向下沉淪並且人數減少，他們堅持立場，自視為這片土地上根深蒂固的「公民」，以強硬態度看待新移民。

　　這種狹隘寡陋的情況是否持續到當今十年？本文認為，隨著「新絲路」的形成和靠有策略地參與正在冒起的中國市場，有些香港居民已主動尋找全球機會。來自中國與海外的專業人士和富創業精神的移民加入他們的行列，他們克服堡壘心態，正在改變香港的工作結構和文化風格。如果他們業已擴大的足跡，有助促進區內有活力城市互相參照的過程，他們會成為亞洲都市復興的中堅。

（林立偉譯）

本文原載於Ananya Roy and Aihwa Ong, eds., *Worlding Cities: Asian Experiments and the Art of Being Global* (West Sussex: Wiley-Blackwell, 2011)，稍經更新修訂成為此章。

註釋

1　Ananya Roy and Aihwa Ong, eds., *Worlding Cities: Asian Experiments and the Art of Being Global* (West Sussex: Wiley-Blackwell, 2011).

2　我感謝王愛華 (Aihwa Ong) 和 Ananya Roy 提出這些重要問題。關於與政策相關的處理方式，見 Helen F. Siu and Agnes S. Ku, eds., *Hong Kong Mobile: Making a Global Population* (Hong Kong: Hong Kong University Press, 2008)。

3　有關全球專業人士的靈活定位概念和公民資格，見 Aihwa Ong and Donald M. Nonini, eds., *Ungrounded Empires: The Cultural Politics of Modern Chinese Transnationalism* (New York: Routledge, 1997)；和 Aihwa Ong, *Neoliberalism as Exception* (Durham, NC: Duke University Press, 2006)。

4　根據本地說法，這些種族特徵很明顯的放貸人，因為戴很大的耳環，所以被稱為「大耳窿」。今天這個用詞通常用來指高利貸。

5　Susan Leiper, *Precious Cargo: Scots and the China Trade* (Edinburgh: National Museums of Scotland, 1997); 郭德焱：《清代廣州的巴斯商人》(北京：中華書局，2005)。

6　有關在廣州和福建製造、用於中國貿易的物品，見 Shirley Ganse, *Chinese Porcelain: An Export to the World* (Hong Kong: Joint Publishing, 2008)；和 Carl L. Crossman, *The China Trade: Export Paintings, Furniture, Silver, and Other Objects* (Princeton: The Pyne Press, 1973)。另見廣州藝術博物館與英國維多利亞阿伯特博物院合辦的展覽的圖冊，Ming Wilson and Zhiwei Liu, *Souvenir from Canton: Chinese Export Paintings from the Victoria and Albert Museum* (Guangzhou: Victoria and Albert Museum / Guangzhou Cultural Bureau, 2003)。美國麻省塞勒姆皮博迪埃塞克斯博物館 (Peabody Museum) 所收藏和展出的該類製品，在世界上數一數二。

7　我在1990年代到訪潮州，參觀一名中國商人的祖屋，他靠在泰國和北美洲買賣中草藥而致富。陳慈黌大宅有刻意營造中國文人風格的房間和大廳，由無數天井和涼亭連繫起來。貼在牆壁的瓷磚，帶有華麗的阿拉伯/伊斯蘭圖案和色彩 (1992年與蔡志祥博士到潮州澄海的田野考察)。

8　有關中國貿易如何影響廣州商人家庭的文化風尚，見程美寶、劉志偉：〈18、19世紀廣州洋人家庭的中國傭人〉，《史林》，2004年第4期，頁1–11。

9　例如，東華醫院這個慈善機構，是在1860年代按照英國醫院條例在殖民地法律架構下成立，擔任其總理的華商精英，其權威地位是以文武廟為基礎。東華左右香港管治將近一百年，直到今天仍是重要的慈善機構 Elizabeth Sinn, *Power and Charity: The Early History of the Tung Wah Hospital, Hong*

Kong (Hong Kong: Oxford University Press, 1989)。有關中國帝制時代末期的政商關係，見本書第十章。在18和19世紀，類似的政府和民間關係也見於地區城市漢口，見William T. Rowe, *Hankow: Commerce and Society in a Chinese City, 1796–1889* (Stanford: Stanford University Press, 1985)。

10 這段落取自冼玉儀的 "Lesson in Openness," in Siu and Ku, *Hong Kong Mobile*, pp. 13–43。

11 見《福布斯》(*Forbes*) 雜誌 2008年的特刊。

12 它是香港第二大發展商新鴻基地產，擁有一些高級商業地產，如香港和上海的國際金融中心。

13 也見 Leo Ou-fan Lee, *Shanghai Modern: The Flowering of a New Urban Culture in China 1930–1945* (Cambridge, MA: Harvard University Press, 1999) 談上海摩登。才華橫溢的作家張愛玲的生平及其小說（《傾城之戀》、《色，戒》），清楚顯示香港和上海之間的親密世界。

14 兩項近期研究加深了我們對此地區歷史上的世界主義的理解，這兩項研究以上海和香港之間的密切聯繫為重點。馮客 (Frank Dikötter) 的 *The Age of Openness: China before Mao* (Hong Kong: Hong Kong University Press, 2008) 顯示民國年代的中國絕非腐敗和政治崩潰的時期，書中各章強調「管治開明、思想開通、邊界無阻和市場開放」。這個國家與世界的參與是多方面和充滿活力的，而且它的都市社會環境極為世界性。李歐梵在 *City between Worlds: My Hong Kong* (Cambridge, MA: The Belknap Press of the Harvard University Press, 2008) 中指出，過去和現在香港都「處於中國與西方之間的斷層上」，以及世世代代居民——外僑、本地人和過客——不斷製造出文化萬花筒，充滿澎湃活力、魅力和悲傷回憶。它徹頭徹尾是拼貼，令由外地定居香港的李歐梵得以扮演本地漫遊者。這些城市及其居民或許不一定喜歡嚴格的政治邊界或言論加諸己身。他們世界化的能力，在經濟上有利於他們的國家空間，但卻在文化上曖昧、在政治上可疑，因而帶來管治和公民資格方面的問題。

15 以下部分改寫自 Helen Siu, "Hong Kong Mobile," in Carola McGiffert and James Tuck-Hong Tang, eds., *Hong Kong on the Move: 10 Years as the HKSAR* (Washington, DC: Center for Strategic and International Studies, 2008), pp. 192–206。我以跨越「邊界」的歷史來凸顯三類「香港人」，他們的生活和身份互相聯繫，但公民感卻判如天壤。在香港主權交還中國後的十年中，爭取民主的中產專業人士、愛國勞工家庭和新移民，沿著多重政治前線穿行於各自所屬的地方。

16 這個觀察是由香港歷史學家冼玉儀博士告訴我。

17 Siu and Ku, *Hong Kong Mobile*, pp. 89–116.

18 值得注意的是，在歷史上和近年移民從印度其他地方大量湧入孟買的類似情況（Arjun Appadurai, "Disjuncture and Difference in the Global Cultural Economy," *Theory, Culture and Society* 7 [1990]: 295–310）。在迪拜，超過八成居民是外僑。雖然大多數移民工人是來自海灣合作委員會成員國，但那裏有一個來自歐洲和澳洲的精英社群。中間階層由印度人和中國企業家組成。勞工層級的底層則是大量來自菲律賓、巴基斯坦、東南亞和伊斯蘭北非的移民工人（見 N. Janardhan, "Redefining Labor Market Rules," in A. Sager, ed., *Gulf Yearbook 2006–2007* [Dubai: Gulf Research Center, 2007], pp. 199–214；N. Janardhan, "Time to Convert East–East Opportunity into Strategy," *Gulf–Asia Research Bulletin* 2 [July 2007]: 4）。2008 年的金融危機或許令最高、最低層的外國人數目有所減少，但處於中層的群體（尤其是中國企業家和服務業工人）繼續存在。2007 年 3 月我到訪迪拜時，注意到這些工人成群地進駐建築工地。一天工作結束後，就有巴士把他們接到毗鄰的沙迦酋長國（因為住在迪拜城太昂貴）。在擁有黃金和香料市場的迪拜河東岸，不同種族的商人聚居於廉價旅館。

19 Helen Siu, "Hong Kong Mobile," pp. 192–206.

20 Kit Chun Lam and Pak Wai Liu, *Immigration and the Economy of Hong Kong* (Hong Kong: City University of Hong Kong Press, 1998).

21 Census and Statistics Department, *2006 Population By-Census* (Hong Kong, 2007).

22 Janet Salaff, S. L. Wong, and A. Greve, *Kong Movers and Stayers: Narratives of Family Migration* (Urbana: University of Illinois Press, 2010).

23 社會學家呂大樂對四代香港人有豐富的研究。呂大樂：《四代香港人》（香港：進一步多媒體，2007）。

24 Tao Tao Liu and David Faure, eds., *Unity and Diversity: Local Cultures and Identities in China* (Hong Kong: Hong Kong University Press, 1996), pp. 177–196; Gary G. Hamilton, ed., *Cosmopolitan Capitalists: Hong Kong and the Chinese Diaspora at the End of the Twentieth Century* (Seattle: University of Washington Press, 1999), pp. 100–117; Andrea Riemenschnitter and Deborah L. Madsen, eds., *Diasporic Histories: Cultural Archives of Chinese Transnationalism* (Hong Kong: Hong Kong University Press, 2009), pp. 55–76.

25 Gordon Mathews, Eric Kit-wai Ma, and Tai-lok Lui, *Hong Kong, China: Learning to Belong to a Nation* (London: Routledge, 2008).

26 David Faure, *Colonialism and the Hong Kong Mentality* (Hong Kong: Centre of Asian Studies, The University of Hong Kong, 2003).

27 有些香港商人編製了一本雜誌，記錄在中國經商遇到的問題，見〈港商出雜誌講血淚史〉，《明報》（2010 年 8 月 9 日）。

28 見 Hung Kay Bernard Luk, "Education Reforms and Social Mobility," in Siu and Ku, *Hong Kong Mobile*, pp. 293–325。

29 遷往新加坡的外僑通常歸因於香港的推力因素（空氣和水質惡化、教育設施不足、租金昂貴）和新加坡的拉力因素（環境怡人、學校優良、多語言能力）。

30 David Eldon, "The Talent We Need," *The Bulletin* (Hong Kong General Chamber of Commerce), April 6, 2006; Leslie Kwoh, "Talent Gap Hits Businesses," *The Standard* (May 2, 2006).

31 Central Policy Unit, *Hong Kong Identity and Social Cohesion* (Hong Kong SAR, 2002); 呂大樂、王志錚：《香港中產階級處境觀察》（香港：三聯，2003）。

32 三浦展：《下流社會：新社會階級的出現》（台北：高寶，2006）。

33 大前研一著，劉錦秀、江裕真譯：《M型社會：中產階級消失的危機與商機》（台北：商周，2006）。

34 見2007年在《明報》和《信報》上的爭論。這些學者包括呂大樂、周永新、王卓祺和雷鼎鳴。這個問題也在中央政策組策略發展委員會組織的論壇和研討會中提出。

35 那些能與職位一同遷移的人也跟著北移。在1998年，只有52,000名香港人在大陸工作，到2005年則有237,000人。

36 Deborah Davis and Helen F. Siu, eds., *SARS, Reception and Interpretation in Three Chinese Cities* (London: Routledge, 2007), p. 77.

37 同上註，頁75–102；Christine Loh, ed., *At the Epicentre: Hong Kong and the SARS Outbreak* (Hong Kong: Hong Kong University Press, 2004)。

38 低失業率會掩蓋勞工層級的結構性問題。處於頂端的商業公司向政府施壓，要求輸入更多專業人才，並創造適當的激勵因素和環境；但處於底層的勞動力卻無法充分就業。見不同的政府統計數字。報章社論促請政府破格思考，以斷然的行動處理勞動市場的不平衡。

39 呂大樂和張炳良認為，在這二十年來，這一代香港人或許過於自滿，沒有超越舊有秩序的思維，以令自己只著眼於本地的經驗更為豐富。有關這本《唔該埋單：一個社會學家的香港筆記》（香港：牛津大學出版社，2007）的新版後記〈有落，後數〉，精華版見《蘋果日報》（2007年7月22日）。

40 見周永新：〈中產階級的悲哀和無奈〉，《信報》（2007年2月1日）；王卓祺：〈中產階級的弱化和怨憤〉，《信報》（2007年1月31日）。另見周永新：〈回歸12年多了22萬窮人〉，《信報》（2009年9月17日），關於接受公共援助的香港窮人的詳細社會分類。

41 關於競爭力和香港人的心態，見 Siu and Ku, *Hong Kong Mobile*。

42 見公眾意見調查「歷史保育」("Historical Conservation")，"Who's Worth a Million Dollars in Hong Kong? More Women than Men," *South China Morning Post* (February 14, 2007)。大部分受訪的意見領袖覺得政府做得不足夠。

43 關於近期公眾對於這個問題的態度的樣本，見陳雲：〈皇后〉，《信報》（2007年8月9日）；魯姜：〈假諮詢何來真功能？〉，《信報》（2007年8月9日）。「本土行動」的領袖包括許多學生和年輕專業人士。

44 龍應台等著，張鼎源編：《文化起義》（香港：CUP出版社，2004）。

45 Anthony Cheung, "Defining Ourselves," *South China Morning Post* (September 17, 2007).

46 見《文化起義》一書所收錄的文化界積極分子的文章。

47 Riemenschnitter and Madsen, *Diasporic Histories*, pp. 55–76.

48 每逢與中國有關的重要日子，這些領袖都能夠動員大量民眾。例如，每年7月1日，他們都會組織數以萬計的勞工階級家庭慶祝香港回歸祖國。

49 Cheung, "Defining Ourselves"; 呂大樂：〈有落，後數〉。

50 見蕭鳳霞在亞洲協會香港中心午餐會上的演講：Helen F. Siu, "Hong Kong's Strategic March to the North: A Cultural Narrative" (February 16, 2004)。

51 這兩家銀行的年報清楚指出，這些是業務注意力聚焦的主要地區。

52 Mary Swire, "Cheung Kong Holdings Teams up with Dubai Bank to Launch Islamic Property Investment Trust," Tax-News.com, Hong Kong (September 9, 2004).

53 有關這次行程的記述，詳見香港總商會網頁。

54 見Eldon, "The Talent We Need"。這次高峰會的詳細議程可在《金融時報》2007年的網站檔案中找到。其他發表主題演講的人還有成思危（中國全國人大副委員長）和迪拜國際金融中心總監奧馬爾·本·蘇萊曼（HE Dr. Omar Bin Sulaiman）。之後在2008年5月5日在沙特阿拉伯利雅德舉行的高峰會，也有類似的世界金融家和政治名人陣容。有關由《金融時報》在利雅德舉辦的中國—中東峰會的議程，見http://www.ftconferences.com。

55 Richard Pyvis and Phillip Braun, *Islam and Economics: A Productive Partnership?* (Hong Kong: CLSA Books, 2009).

56 見香港特區財政司司長曾俊華和馬時亨的繼任人陳家強的工作。陳家強到訪美國時說：「我們正致力在新興的市場尋找商機，它們包括俄羅斯、越南、印度及中東。我們亦不斷優化市場基礎設施和規管制度，和環球市場與時並進。」Hong Kong Digest, "Secretary for Financial Services and the Treasury Visits U.S." (2008).

57 有關此行和曾蔭權所強調的香港優勢，見"Hong Kong Good Bet, Tsang Tells Kuwait Staff Reporter," *South China Morning Post* (January 28, 2008)。

58　見香港按揭證券有限公司2007年的年報，以及它近期與Cagamas Berhad（馬來西亞的國家按揭公司）達成的協議。香港按揭證券有限公司首席法律顧問及公司秘書張秀芬小姐指出了一些須注意的法律和文化障礙（如利息、債務和保險的定義）。

59　見設於阿聯酋迪拜的海灣研究中心（Gulf Research Center）每年出版三期的 *Gulf-Asia Research Bulletin*。這份刊物的編輯是印度國民薩米爾・拉揚・普拉德（Samir Ranjan Pradhan）博士，他是該中心的高級研究員（http://www.grc.ae）。

60　Cameron Dueck, "Dubai Courts Mainland Firms in Week-Long Tour," *South China Morning Post* (May 18, 2007);〈中東靠攏遠東資金轉投中國〉,《文匯報》(2007年3月9日)；〈中沙貿易去年急升〉,《文匯報》(2007年3月9日)。

61　〈能源貿易新絲路漸形成〉,《文匯報》(2007年3月9日)。

62　Jill Treanor, "Dubai Fund Buys into HSBC," *The Guardian* (May 2, 2007);〈沙特富豪成滙控第二大股東〉,《文匯報》(2007年4月17日)。

63　見證券及期貨事務監察委員會的新聞稿(Securities and Futures Commission, "SFC Signs MOU with Dubai Financial Services Authority," press release [April 3, 2008])；另見香港貿易發展局的通告(Hong Kong Trade and Development Council, "Islamic Finance Deal an Important Milestone" [July 2, 2008])，該通告評論香港金融管理局與迪拜國際金融中心管理局在2008年5月簽署的諒解備忘錄。

64　見Maria Chan, "Tsang Unveils Islamic Bond Push," *South China Morning Post* (September 11, 2007)。香港特別行政區財政司司長曾俊華打算把香港的角色，設定為吸引中東投資者的國際金融中心。

65　Reuters (UK), "HK Airport Operator Set to Sell Islamic Bond—Report" (June 5, 2008).

66　這是政府的重大承擔，因為它在2008年佔政府盈餘的15.5%。見〈史美倫內地港生爭待遇〉,《明報》(2008年3月5日)。

67　見〈科大競投沙特大學2億研資〉,《明報》(2008年1月5日)。香港科技大學校長朱經武帶領一個人數不多的代表團到耶魯大學，向資深研究生介紹該大學。他及其高層行政人員正前往沙特阿拉伯，參加阿卜杜拉國王科技大學的破土儀式，並對把香港的研究計劃與中東的發展聯繫起來抱有很大希望。

68　Siu and Ku, *Hong Kong Mobile*, pp. 201–222.

69　Tom Holland, "Hubris, Not Shanghai, Is Hong Kong's Greatest Threat," *South China Morning Post* (April 7, 2010); Shirley Yam, "A Tale of Two Cities and Their Abiding Suspicions," *South China Morning Post* (January 23, 2010).

70　Siu and Ku, *Hong Kong Mobile*, p. 95.

71　關於新天地的歷史、照片和活動，見其網頁。

72　M. Yang and Feng Xiaocai, *Tsai Hsiung: A Biography* (private publication, 2007).

73　見2008年CEPA的資料。

74　Ching Kwan Lee, *Gender and the South China Miracle: Two Worlds of Factory Women* (Berkeley and Los Angeles: University of California Press, 1998); Ngai Pun, *Made in China: Women Factory Workers in a Global Workplace* (Durham, NC: Duke University Press, 2005).

75　有關在中國大陸居住和工作的香港人的統計數據，見〈四十七萬港人住內地多高學歷〉，《明報》（2007年9月29日）。

76　Census and Statistics Department, *2006 Population By-Census*;〈港男娶內地女年齡差距增〉，《明報》（2007年4月23日）。

77　見Nicole Dejong Newendorp, *Uneasy Unions: Immigration, Citizenship and Family Life in Post-1997 Hong Kong* (Stanford: Stanford University Press, 2008) 的近期研究。

78　見Siu and Ku, *Hong Kong Mobile*。這項研究由香港的2022基金會委託進行，調查香港競爭力的軟件，尤其是香港的人力資源。香港人口正在老化，而主要是為家庭團聚的移民政策頗為嚴格，令這個經濟體的需要與現有勞動力之間出現嚴重錯配，有需要創造一個使香港得以在急速變化的政治和經濟環境中重新定位的勞動力。

參考書目

英文著作

Abrams, Philip. *Historical Sociology*. Ithaca: Cornell University Press, 1982.

Abu-Lughod, Janet L. *Before European Hegemony: The World System A.D. 1250–1350*. New York: Oxford University Press, 1989.

Ahern, Emily. *The Cult of the Dead in a Chinese Village*. Stanford: Stanford University Press, 1973.

———. "Segmentation in Chinese Lineages: A View from Written Genealogies." *American Ethnologist* 3 (1976): 1–16.

———. *Chinese Ritual and Politics*. Cambridge: Cambridge University Press, 1981.

Anagnost, Ann. "Politics and Magic in Contemporary China." *Modern China* 13, no. 1 (January 1987): 40–61.

Anderson, Benedict R. *Imagined Communities: Reflections on the Origin and Spread of Nationalism*. 1983. Reprint, London: Verso, 1991.

Anderson, Elijah. *Streetwise: Race, Class, and Change in an Urban Community*. Chicago: University of Chicago Press, 1992.

Anderson, Eugene. "The Boat People of South China." *Anthropos* 65, Analecta et Additamenta (1970): 248–256.

Appadurai, Arjun. "Disjuncture and Difference in the Global Cultural Economy." *Theory, Culture and Society* 7 (1990): 295–310.

———. *Modernity at Large: Cultural Dimensions of Globalization*. Minneapolis: University of Minnesota Press, 1996.

———. "Spectral Housing and Urban Cleansing: Notes on Millennial Mumbai." *Public Culture* 12, no. 3 (2000): 627–651.

Apter, David. "Yan'an and the Narrative Reconstruction of Reality." *Dædalus* 122, no. 2 (Spring 1993): 207–232.

Asad, Talal, ed. *Anthropology and the Colonial Encounter*. London: Ithaca Press, 1973.

Axel, Brian K., ed. *From the Margins: Historical Anthropology and Its Futures*. Durham, NC: Duke University Press, 2002.

Bailey, F. G. *Stratagems and Spoils: A Social Anthropology of Politics*. New York: Schocken, 1969.

Baker, Hugh. "The Five Great Clans of the New Territories." *Journal of the Hong Kong Branch of the Royal Asiatic Society* 6 (1966): 25–47.

———. *A Chinese Lineage: Sheung Shui*. London: Frank Cass, 1968.

Balandier, Georges. *Political Anthropology*. Translated by A. M. Sheridan Smith. New York: Vintage, 1970.

Balazs, Etienne. *Chinese Civilization and Bureaucracy*. New Haven: Yale University Press, 1964.

Basler, Barbara. "Democracy Backers in Hong Kong Win Election Landslide." *New York Times*, September 17, 1991.

Baum, Richard. *Prelude to Revolution*. New York: Columbia University Press, 1975.

Bays, Daniel, ed. *Christianity in China*. Stanford: Stanford University Press, 1996.

Beattie, Hilary. *Land and Lineage in China: A Study of T'ung-Ch'eng County, Anhwei, in the Ming and Ch'ing Dynasties*. Cambridge: Cambridge University Press, 1979.

Benton, Gregor, ed. *Wild Lilies, Poisonous Weeds*. London: Pluto Press, 1982.

Benton, Michael, ed. *The Relevance of Models for Social Anthropology*. London: Tavistock, 1965.

Berdahl, Daphne. *Where the World Ended: Re-Unification and Identity in the German Borderland*. Berkeley: University of California Press, 1999.

Bergère, Marie-Claire. *The Golden Age of the Chinese Bourgeoisie 1911–1937*. Translated by Janet Lloyd. Cambridge: Cambridge University Press, 1989.

Birch, Cyril, ed. *Chinese Communist Literature*. New York: Praeger, 1963.

Blake, Fred C. *Ethnic Groups and Social Change in a Chinese Market Town*. Honolulu: The University of Hawai'i Press, 1981.

Block, Maurice, and Jonathan Parry, eds. *Death and the Regeneration of Life*. Cambridge: Cambridge University Press, 1982.

Blussé, Leonard. *Visible Cities: Canton, Nagasaki, and Batavia and the Coming of the Americans*. Cambridge, MA: Harvard University Press, 2008.

Bose, Sugata. *A Hundred Horizons: The Indian Ocean in the Age of Global Empire*. Cambridge, MA: Harvard University Press, 2006.

Bottomore, Tom, and Robert Nisbet, eds. *A History of Sociological Analysis*. New York: Basic Books, 1978.

Bourdieu, Pierre. 1972. *Outline of a Theory of Practice*. Translated by Richard Nice. Cambridge: Cambridge University Press, 1977.

Braude, Jonathan. "Tide of Public Opinion Swings behind Patten." *South China Morning Post*, December 14, 1992.

Braudel, Fernand. 1966. *The Mediterranean and the Mediterranean World in the Age of Philip II*. 2 vols. Translated by Siân Reynolds in 1972 and 1973. Berkeley: University of California Press, 1996.

Brenner, Neil. "Global, Fragmented, Hierarchical: Henri Lefebvre's Geographies of Globalization." *Public Culture* 10, no. 1 (1997): 135–167.

———. "Theses on Urbanization." *Public Culture* 25, no. 1 (2013): 85–114.

Brook, Timothy. *The Confusions of Pleasure: Commerce and Culture in Ming China*. Berkeley and Los Angeles: University of California Press, 1998.

———. *Vermeer's Hat: The Seventeenth Century and the Dawn of the Global World*. New York: Bloomsbury Press, 2008.

Burke, Peter, ed. *New Perspectives on Historical Writing*. University Park: The Pennsylvania State University Press, 1992.

Calhoun, Craig. *Neither Gods Nor Emperors: Students and the Struggle for Democracy in China*. Berkeley: University of California Press, 1994.

Cartier, Carolyn. *Globalizing South China*. Oxford: Blackwell, 2001.

———. "Origins and Evolution of a Geographical Idea: The Macroregion in China." *Modern China* 28, no. 1 (January 2002): 79–143.

———. "Symbolic City/Regions and Gendered Identity Formation in South China." *Provincial China* 8, no. 1 (2003): 60–77.

Castells, Manuel. *The Rise of the Network Society*. Oxford: Blackwell, 1996.

Census and Statistics Department (Social Analysis and Research Section). "Hong Kong Residents Married in China." *Special Topics Report No. 8* (1991): 115–126.

———. *1996 Population By-Census*. Hong Kong, 1997.

———. "Hong Kong Residents Married in China." *Special Topics Report No. 15* (1997): 1–16.

———. *Special Topics Report No. 22: Hong Kong Residents with Spouses/Children in the Mainland of China*. Hong Kong, 1999.

———. *2001 Population Census: Thematic Report—Persons from the Mainland Having Resided in Hong Kong for Less Than 7 Years*. Hong Kong, 2002.

———. *Special Topics Report No. 35: Hong Kong Residents Working in the Mainland of China*. Hong Kong, 2003.

———. *Hong Kong Social and Economic Trends*. Hong Kong, 2003.

———. *2006 Population By-Census*. Hong Kong, 2007.

Central Policy Unit. *Hong Kong Identity and Social Cohesion*. Hong Kong, 2002.

———. *Report of the Task Force on Population Policy*. Hong Kong, 2004.

Chan, Johannes, and Bart Rwezura, eds. *Immigration Laws in Hong Kong: An Interdisciplinary Study*. Hong Kong: Sweet and Maxwell Asia, 2004.

Chan, Maria. "Tsang Unveils Islamic Bond Push." *South China Morning Post*, September 11, 2007.

Chan, Ming, ed. *Precarious Balance, Hong Kong between China and Britain, 1842–1992*. Armonk, NY: M. E. Sharpe, 1994.

Chan, Ming, and Gerard Postiglione A., eds. *The Hong Kong Reader: Passage to Chinese Sovereignty*. Armonk, NY: M. E. Sharpe, 1996.

Chan, Wai-kwan. *The Making of Hong Kong Society: Three Studies of Class Formations in Early Hong Kong*. Oxford: Clarendon Press, 1991.

Chang, Chung-li. *The Chinese Gentry*. Seattle: University of Washington Press, 1955.

Chang, Kwang-chih. *Art, Myth, and Ritual: The Path to Political Authority in Ancient China*. Cambridge, MA: Harvard University Press, 1983.

———. "Taiwan Archaeology in Pacific Perspective." Paper presented at the International Conference on Anthropological Studies of the Taiwan Area: Accomplishments and Prospects, National Taiwan University, Taipei, December 25–31, 1985.

Chatterjee, Partha. *The Nation and Its Fragments: Colonial and Postcolonial Histories*. Princeton: Princeton University Press, 1993.

Chaudhuri, K. N. *Trade and Civilisation in the Indian Ocean: An Economic History from the Rise of Islam to 1750*. Cambridge: Cambridge University Press, 1985.

———. *Asia before Europe: Economy and Civilisation of the Indian Ocean from the Rise of Islam to 1750*. Cambridge: Cambridge University Press, 1991.

Cheek, Timothy. "The Fading of Wild Lilies: 'Yan'an Talk' in the First CCP Rectification Movement." *The Australian Journal of Chinese Affairs* 11 (January 1984): 25–58.

Chen, Nancy N., Constance D. Clark, Suzanne Z. Gottschang, and Lyn Jeffrey, eds. *China Urban: Ethnographies of Contemporary Culture.* Durham, NC: Duke University Press, 2001.

Chen, Yung-fa. *Making Revolution: The Communist Movement in Eastern and Central China.* Berkeley: University of California Press, 1986.

Cheng, Joseph Y. S., and Paul C. K. Kwong, eds. *The Other Hong Kong Report 1992.* Hong Kong: The Chinese University Press, 1992.

Cheung, Anthony. "Defining Ourselves." *South China Morning Post*, September 17, 2007.

Cheung, Doreen. "Jardines Attacked in New Salvo by Beijing." *South China Morning Post*, December 18, 1992.

"China's Renegade Province? Guangdong." *Newsweek*, February 17, 1992.

Choa, Gerald H. *The Life and Times of Sir Kai Ho Kai: A Prominent Figure in Nineteenth-Century Hong Kong.* Hong Kong: The Chinese University Press, 1981.

Choi, Chi-Cheung. "Descent Group Unification and Segmentation in the Coastal Area of Southern China." Vols. 1–2. PhD diss., Department of Oriental Studies, Tokyo University, 1987.

Choi, Po-king, and Ho Lok-sang, eds. *The Other Hong Kong Report 1993.* Hong Kong: The Chinese University Press, 1993.

Chow, Rey. *Women and Chinese Modernity.* Minneapolis: University of Minnesota Press, 1990.

———. *Writing Diaspora: Tactics of Intervention in Contemporary Cultural Studies.* Bloomington: Indiana University Press, 1993.

Chow, Tse-tsung. *The May Fourth Movement: Intellectual Revolution in Modern China.* Cambridge, MA: Harvard University Press, 1960.

Chu, Priscilla Pue Ho. *The Making of Women Entrepreneurs in Hong Kong.* Hong Kong: Hong Kong University Press, 2003.

Chung, Po-yin. *Chinese Business Groups in Hong Kong and Political Changes in South China.* London: Macmillan, 1998.

Clifford, James. "Diasporas." *Cultural Anthropology* 9, no. 3 (1994): 302–338.

Clunas, Craig. *Superfluous Things: Material Culture and Social Status in Early Modern China*. Urbana: University of Illinois Press, 1991.

Cohen, Abner. *Two-Dimensional Man: An Essay on the Anthropology of Power and Symbolism in Complex Society*. London: Routledge and Kegan Paul, 1974.

Cohen, Myron L. "Lineage Development and the Family in China." 2nd rev. ed., 1992. In *The Chinese Family and Its Ritual Behavior*, edited by Jih-chang Hsieh and Ying-chang Chuang, pp. 210–220. Taipei: Institute of Ethnology, Academia Sinica, 1985.

———. "Cultural Identity and National Identity in China." Paper presented at the workshop on the Construction of Chinese Cultural Identity, Institute of Culture and Communication, East–West Center, Honolulu, August 25–29, 1989.

———. "Lineage Organization in North China." *Journal of Asian Studies* 49, no. 3 (August 1990): 509–534.

———. "Being Chinese: The Peripheralization of Traditional Identity." *Dædalus* 120, no. 2 (1991): 133.

———. "Cultural and Political Inventions in Modern China: The Case of the Chinese 'Peasant.'" *Dædalus* 122, no. 2 (1993): 151–170.

Cohen, Paul A., and John Schrecker, eds. *Reform in Nineteenth-Century China*. Cambridge, MA: Harvard University Press, 1976.

Cohn, Bernard S. *Colonialism and Its Forms of Knowledge: The British in India*. Princeton: Princeton University Press, 1996.

Comaroff, Jean. *Body of Power, Spirit of Resistance: The Culture and History of a South African People*. Chicago: University of Chicago Press, 1985.

Connolly, Norma, and Martin Wong. "Scales Tip as Women Outnumber Men." *South China Morning Post*, February 23, 2007.

Corrigan, Philip, and Derek Sayer. *The Great Arch: English State Formation as Cultural Revolution*. Oxford: Basil Blackwell, 1985.

Course, Lindy. "QC Condemns China Threat, Legal Profession Urged to Defend People's Rights." *South China Morning Post*, January 12, 1993.

Crook, Frederick. "The Reform of the Commune System and the Rise of the Township-Collective-Household-System." In *China's Economy Looks toward the Year 2000, Volume 1: The Four Modernizations*, pp. 354–375. Papers submitted to the Joint Economic Committee, Congress of the United States. Washington, DC: US Government Printing Office, 1986.

Crossley, Pamela Kyle. "Thinking about Ethnicity in Early Modern China." *Late Imperial China* 11, no. 1 (June 1990): 1–34.

Crossley, Pamela Kyle, Helen F. Siu, and Donald S. Sutton, eds. *Empire at the Margins: Culture, Ethnicity and Frontier in Early Modern China.* Berkeley: University of California Press, 2006.

Crossman, Carl L. *The China Trade: Export Paintings, Furniture, Silver, and Other Objects.* Princeton: The Pyne Press, 1973.

———. *The Decorative Arts of the China Trade.* Suffolk: Antique Collector's Club, 1991.

Curtin, Philip D. *Cross-Cultural Trade in World History.* Cambridge: Cambridge University Press, 1984.

Davis, Deborah. "Intergenerational Inequalities and the Chinese Revolution." *Modern China* 11, no. 2 (April 1985): 177–201.

———. Review of *Communist Neo-traditionalism: Work and Authority in Chinese Society*, by Andrew Walder. *Modern China* 14, no. 4 (October 1988): 487–497.

———. "Unequal Chances, Unequal Outcomes: Pension Reform and Urban Inequality." *China Quarterly* 114 (1988): 223–242.

———. *Long Lives: Chinese Elderly and the Communist Revolution.* Stanford: Stanford University Press, 1991.

———, ed. *The Consumer Revolution in Urban China.* Berkeley: University of California Press, 2000.

Davis, Deborah, and Stevan Harrell, eds. *Chinese Families in Post-Mao China.* Berkeley: University of California Press, 1993.

Davis, Deborah, and Helen F. Siu, eds. *SARS, Reception and Interpretation in Three Chinese Cities.* London: Routledge, 2007.

Davis, Deborah, and Ezra F. Vogel, eds. *China on the Eve of Tiananmen: The Impact of Reform.* Cambridge, MA: The Council on East Asian Studies, Harvard University Press, 1990.

Davis, Deborah et al., eds. *Urban Spaces in Contemporary China: The Potential for Autonomy and Community in Post-Mao China.* Cambridge: Cambridge University Press, 1995.

Davis, Natalie Zemon. *Society and Culture in Early Modern France.* Stanford: Stanford University Press, 1975.

———. *Fiction in the Archives: Pardon Tales and Their Tellers in Sixteenth-Century France.* Stanford: Stanford University Press, 1987.

Dennerline, Jerry. *The Chia-ting Loyalists: Confucian Leadership and Social Change in Seventeenth-Century China*. New Haven: Yale University Press, 1981.

Dikötter, Frank. *The Age of Openness: China before Mao*. Hong Kong: Hong Kong University Press, 2008.

Dirks, Nicholas. *Castes of Mind: Colonialism and the Making of Modern India*. Princeton: Princeton University Press, 2001.

Dirks, Nicholas B., Geoff Eley, and Sherry B. Ortner, eds. *Culture/Power/History: A Reader in Contemporary Social Theory*. Princeton: Princeton University Press, 1994.

Dirlik, Arif, and Yudong Zhang, eds. *Postmodernism and China*. Durham, NC: Duke University Press, 2000.

Donham, Donald. *History, Power and Ideology: Central Issues in Marxist Anthropology*. Berkeley: University of California Press, 1999.

Duara, Prasenjit. "State Involution: A Study of Local Finance in North China, 1911–1935." *Comparative Studies in Society and History* 29, no. 1 (1987): 132–161.

———. *Culture, Power, and the State: Rural North China, 1900–1942*. Stanford: Stanford University Press, 1988.

Dueck, Cameron. "Dubai Courts Mainland Firms in Week-Long Tour." *South China Morning Post*, May 18, 2007.

Duke, Michael. *Blooming and Contending: Chinese Literature in the Post-Mao Era*. Bloomington: Indiana University Press, 1985.

Dunn, Ross. 1986. *The Adventures of Ibn Battuta: A Muslim Traveler of the 14th Century*. Berkeley: University of California Press, 2005.

Dutton, Michael. *Streetlife China*. Cambridge: Cambridge University Press, 1998.

Eager, Marita. "Newcomer Loh Speaks Her Mind and Wins Her Spurs." *South China Morning Post*, November 12, 1992.

Eberhard, Wolfram. *Social Mobility in Traditional China*. Leiden: E. J. Brill, 1962.

Ebrey, Patricia, and James Watson, eds. *Kinship Organization in Late Imperial China, 1000–1940*. Berkeley: University of California Press, 1986.

Eldon, David. "The Talent We Need." *The Bulletin*. Hong Kong General Chamber of Commerce, April 6, 2006.

———. "The New Silk Road: An Opportunity with an Asterisk." Keynote speech at the Financial Times China–Middle East Summit, Dubai, January 30, 2007.

Eley, Geoff. *A Crooked Line: From Cultural History to the History of Society*. Ann Arbor: University of Michigan Press, 2005.

Elliot, Dorinda. "The Iron Lady Is on the Spot." *Newsweek*, June 9, 1997, pp. 11–15.

Elman, Benjamin A. "Political, Social, and Cultural Reproduction via Civil Service Examinations in Late Imperial China." *Journal of Asian Studies* 50, no. 1 (1991): 7–28.

Elvin, Mark, and G. William Skinner, eds. *The Chinese City between Two Worlds.* Stanford: Stanford University Press, 1974.

Esherick, Joseph W., and Mary B. Rankin, eds. *Chinese Local Elites and Patterns of Dominance.* Berkeley and Los Angeles: University of California Press, 1990.

Etzioni, Amitai, ed. *A Sociological Reader on Complex Organizations.* New York: Holt Reinhart and Winston, 1969.

Evans, Peter, Dietrich Rueschemeyer, and Theda Skocpol, eds. *Bringing the State Back In.* Cambridge: Cambridge University Press, 1985.

Farias, Ignacio, and Thomas Bender, eds. *Urban Assemblages: How Actor-Network Theory Changes Urban Studies.* New York: Routledge, 2009.

Faure, David. *The Structure of Chinese Rural Society: Lineage and Village in the Eastern New Territories, Hong Kong.* New York: Oxford University Press, 1986.

———. *The Rural Economy of Pre-Liberation China: Trade Increase and Peasant Livelihood in Jiangsu and Guangdong, 1870 to 1937.* Hong Kong: Oxford University Press, 1989.

———. "The Lineage as a Cultural Invention: The Case of the Pearl River Delta." *Modern China* 15, no. 1 (1989): 4–36.

———. "The Lineage as a Business Company: Patronage versus Law in the Development of Chinese Business." Paper presented at the 2nd Conference on Modern Chinese Economic History, Taipei: Institute of Economics, Academia Sinica, 1989.

———. "What Made Foshan a Town? The Evolution of Rural–Urban Identities in Ming–Qing China." *Late Imperial China* 11, no. 2 (December 1990): 1–31.

———. "A Note on the Lineage in Business." *Chinese Business History* 1, no. 2 (April 1991): 1–3.

———. "The Written and the Unwritten: The Political Agenda of the Written Genealogy." In *Family Process and Political Process in Modern Chinese History*, edited by Institute of Modern History, Academia Sinica, pp. 259–296. Taipei: Institute of Modern History, Academia Sinica, 1992.

———. Review of *Hong Kong in Chinese History*, by Tsai Jung-fang. *Journal of Asian Studies* 53, May (1994): 543–544.

———. "History of Hong Kong." Unpublished manuscript prepared for the Open Learning Institute, Hong Kong, 1996.

———. *A Documentary History of Hong Kong, Vol. 2: Society*. Hong Kong: Hong Kong University Press, 1997.

———. *Colonialism and the Hong Kong Mentality*. Hong Kong: Centre of Asian Studies, The University of Hong Kong, 2003.

———. *Emperor and Ancestor: State and Lineage in South China*. Stanford: Stanford University Press, 2007.

Faure, David, James Hayes, and Alan Birch, eds. *From Village to City: Studies in the Traditional Root of Hong Kong Society*. Hong Kong: Centre of Asian Studies, The University of Hong Kong, 1984.

Faure, David, and Tao Tao Liu, eds. *Town and Country in China: Identity and Perception*. New York: Palgrave Macmillan, 2002.

Faure, David, and Helen F. Siu. "The Original Translocal Society and Its Modern Fate: Historical and Post-Reform South China." *Provincial China* 8, no. 1 (2003): 40–59.

———, eds. *Down to Earth: The Territorial Bond in South China*. Stanford: Stanford University Press, 1995.

Feierman, Steven. *Peasant Intellectuals: Anthropology and History in Tanzania*. Madison: University of Wisconsin Press, 1990.

Fensmith, Joseph. "From Guild to Interest Group: The Transformation of Public and Private in Late Qing China." *Comparative Studies in Society and History* 25, no. 4 (October 1983): 617–640.

Ferguson, James. *Expectations of Modernity: Myths and Meanings of Urban Life on the Zambian Copperbelt*. Berkeley: University of California Press, 1999.

———. *Global Shadows: Africa in the Neoliberal World*. Durham, NC: Duke University Press, 2006.

Feuchtwang, Stephan. *The Imperial Metaphor: Popular Religion in China*. London: Routledge, 1992.

"The Fifth Tiger is on China's Coast." *Business Week*, April 6, 1992: 42.

Flower, John. "A Road Is Made: Roads, Temples, and Historical Memory in Ya'an County, Sichuan." *Journal of Asian Studies* 63, no. 3 (2004): 649–687.

Forbes Magazine. "Forbes 2008 Guide to the Biggest Companies in the World." Excerpted by HSBC Private Bank. April 21, 2008.

Foucault, Michel. *Discipline and Punishment: The Birth of the Prison*. London: Penguin, 1977.

Fox, Richard, ed. *Nationalist Ideologies and the Production of National Cultures*, American Ethnological Society Monograph 2. Washington, DC: American Anthropological Association, 1990.

Freedman, Maurice. *Lineage Organization in Southeastern China*. London: Athlone, 1958.

———. *Chinese Lineage and Society: Fukien and Kwangtung*. London: Athlone, 1966.

———, ed. *Family and Kinship in Chinese Society*. Stanford: Stanford University Press, 1970.

Friedman, Edward. *New Nationalist Identities in Post-Leninist Transformations: The Implication for China*. Hong Kong: The Hong Kong Institute of Asia Pacific Studies, The Chinese University of Hong Kong, 1992.

Friedman, Sara L. "Embodying Civility: Civilizing Processes and Symbolic Citizenship in Southeastern China." *Journal of Asian Studies* 63, no. 3 (2004): 687–718.

Gaetano, Arianne M., and Tamara Jacka, eds. *On the Move: Women in Rural-to-Urban Migration in Contemporary China*. New York: Columbia University Press, 2004.

Gallin, Bernard. "Matrilateral and Affinal Relationships in a Taiwanese Village." *American Ethnologist* 62 (1966): 632–642.

Gans, Herbert J. *The Urban Villagers: Group and Class in the Life of Italian-Americans*. New York: Free Press, 1962.

Ganse, Shirley. *Chinese Porcelain: An Export to the World*. Hong Kong: Joint Publishing, 2008.

Geertz, Clifford. *Agricultural Involution*. Berkeley: University of California Press, 1963.

———. *Peddlers and Princes*. Chicago: University of Chicago Press, 1963.

———. *The Interpretation of Cultures*. New York: Basic Books, 1973.

———. *Local Knowledge*. New York: Basic Books, 1983.

———. "Culture and Social Change: The Indonesian Case." *Man* 19 (1984): 511–532.

Gellner, Ernest. *Nations and Nationalism*. Ithaca: Cornell University Press, 1985.

Ghosh, Amitav. *In an Antique Land*. New York: A. A. Knopf, 1993.

———. *River of Smoke*. Toronto: Viking, 2011.

Giddens, Anthony. *Central Problems in Social Theory: Action, Structure and Contradiction in Social Analysis*. Berkeley: University of California Press, 1979.

———. *The Constitution of Society: Outline of the Theory of Structuration*. Berkeley: University of California Press, 1984.

Gilsenan, Michael. "Domination as Social Practice: Patrimonialism in North Lebanon: Arbitrary Power, Desecration, and the Aesthetics of Violence." *Critique of Anthropology* 6, no. 1 (1986): 17–37.

Gladney, Dru. *Muslim Chinese: Ethnic Nationalism in the People's Republic*. Cambridge, MA: Council on East Asian Studies, Harvard University, 1990.

Goldman, Merle. *Literary Dissent in Communist China*. Cambridge, MA: Harvard University Press, 1967.

———, ed. *Modern Chinese Literature in the May Fourth Era*. Cambridge, MA: Harvard University Press, 1977.

———. *Chinese Intellectuals: Advice and Dissent*. Cambridge, MA: Harvard University Press, 1981.

——— et al., eds. *Chinese Intellectuals and the State: In Search of a New Relationship*. Cambridge, MA: Harvard University Press, 1987.

Goody, Jack. *The Logic of Writing and the Organization of Society*. Cambridge: Cambridge University Press, 1986.

———. *The Oriental, the Ancient and the Primitive: Systems of Marriage and the Family in the Pre-industrial Societies of Eurasia*. Cambridge: Cambridge University Press, 1990.

———. "Towards a Room with a View: A Personal Account of Contributions to Local Knowledge, Theory and Research in Fieldwork and Comparative Studies." *Annual Review of Anthropology* 20 (1991): 1–23.

———. *The East in the West*. Cambridge: Cambridge University Press, 1996.

———. *The Theft of History*. Cambridge: Cambridge University Press, 2007.

Goody, Jack, and S. J. Tambiah. *Bridewealth and Dowry*. Cambridge: Cambridge University Press, 1973.

Gramsci, Antonio. *Selections from Prison Notebooks (1929–35)*. Edited and translated by Quentin Hoare and Geoffrey Nowell Smith. New York: International, 1971.

Guang, Lei. "Rural Taste, Urban Fashions: The Cultural Politics of Rural/Urban Difference in Contemporary China." *Positions* 11, no. 3 (2003): 613–646.

Gupta, Akhil, and James Ferguson, eds. *Culture, Power, Place: Explorations in Critical Anthropology*. Durham, NC: Duke University Press, 1997.

Gutas, Dimitri. *Greek Thought, Arabic Culture*. London and New York: Routledge, 1998.

Hamashita, Takeshi. *China, East Asia and the Global Economy: Regional and Historical Perspectives*. Edited by Linda Grove and Mark Selden. New York: Routledge, 2008.

Hamilton, Gary G., ed. *Cosmopolitan Capitalists: Hong Kong and the Chinese Diaspora at the End of the Twentieth Century*. Seattle: University of Washington Press, 1999.

Handlin-Smith, Joanna. "Gardens in Ch'i Piao-chia's Social World: Wealth and Values in Late-Ming Kiangnan." *Journal of Asian Studies* 51, no. 1 (February 1992): 55–81.

Hannerz, Ulf. *Transnational Connections: Culture, People, Places*. London: Routledge, 1996.

Hansen, Thomas Blom. *Wages of Violence: Naming and Identity in Postcolonial Bombay*. Princeton: Princeton University Press, 2001.

Hansen, Thomas Blom, and Finn Stepputat, eds. *Sovereign Bodies: Citizens, Migrants, and States in the Post-Colonial World*. Princeton: Princeton University Press, 2005.

Hansen, Valerie. *Changing Gods in Medieval China*. Princeton: Princeton University Press, 1990.

———. *The Silk Road: A New History*. Oxford: Oxford University Press, 2012.

———. *The Year 1000: When Explorers Connected the World and Globalization Began*. New York: Scribner, 2021.

Hao, Yen-p'ing. *The Comprador in Nineteenth-Century China: Bridge between East and West*. Cambridge, MA: Harvard University Press, 1970.

Harrell, Stevan, and Sara Dicky. "Dowry Systems in Complex Societies." *Ethnology* 24, no. 2 (1985): 105–120.

Hart, Gillian. *Disabling Globalization: Places of Power in Post-Apartheid South Africa*. Pietermaritzburg: University of Natal Press, 2002.

Harvey, David. *The Condition of Postmodernity*. Oxford: Blackwell, 1990.

Hayden, Dolores. *The Power of Place: Urban Landscapes and Public History*. Edited by James Holston. Cambridge, MA: MIT Press, 1995.

Hayes, James. *The Hong Kong Region, 1850–1911*. Hamden, CT: Archon Books, 1977.

"He Preaches Free Markets, Not Mao." *New York Times*, May 11, 1992.

Henderson, Gail. *The Chinese Hospital: A Socialist Work Unit*. New Haven: Yale University Press, 1984.

Hertz, Ellen. *The Trading Crowd: An Ethnography of the Shanghai Stock Market.* Cambridge: Cambridge University Press, 1998.

Hinton, William. *Fanshen: A Documentary of Revolution in a Chinese Village.* New York: Monthly Review Press, 1966.

Ho, Engseng. *The Graves of Tarim: Genealogy and Mobility across the Indian Ocean.* Berkeley: University of California Press, 2006.

Ho, Ping-ti. *The Ladder of Success in Imperial China.* New York: Columbia University Press, 1962.

Hobsbawm, Eric J. *Social Bandits and Primitive Rebels: Studies in Archaic Forms of Social Movement in the 19th and 20th Centuries.* Glencoe: Free Press, 1960.

Hobsbawm, Eric J., and Terence Ranger, eds. *The Invention of Tradition.* Cambridge: Cambridge University Press, 1983.

Hodder, Ian. *Entangled: An Archaeology of the Relationships Between Humans and Things.* New York: John Wiley and Sons, 2012.

Holland, Tom. "Hubris, Not Shanghai, Is Hong Kong's Greatest Threat." *South China Morning Post*, April 7, 2010.

Holston, James, ed. *Cities and Citizenship.* Durham, NC: Duke University Press, 1999.

Hong Kong Annual Report 1991. Hong Kong: Government Information Service, 1991.

Hong Kong Digest. "Secretary for Financial Services and the Treasury Visits U.S." 2008.

"Hong Kong Hustle Is Heating up Canada." *Business Week*, September 23, 1991.

Hong Kong Trade and Development Council. "Islamic Finance Deal an Important Milestone." July 2, 2008.

Honig, Emily, and Gail Hershatter. *Personal Voices.* Stanford: Stanford University Press, 1988.

Howlett, Bob, ed. *Hong Kong 1996.* Hong Kong: Government Printing Department, 1996.

Hsia, C. T. [Chih-tsing]. *A History of Modern Chinese Fiction.* 1961. Reprint, New Haven: Yale University Press, 1971.

Hsia, Tsi-an. *The Gate of Darkness: Studies in the Leftist Literary Movement in China.* Seattle: University of Washington Press, 1968.

Hsiao, Kung-chuan. *Rural China: Imperial Control in the Nineteenth Century.* Seattle: University of Washington Press, 1960.

Hsing, You-tien. *The Great Urban Transformation: Politics of Land and Property in China.* New York: Oxford University Press, 2010.

Huang, Philip. *The Peasant Economy and Social Change in North China.* Stanford: Stanford University Press, 1985.

———. "'Public Sphere'/'Civil Society' in China? Paradigmatic Issues in China Studies, III." *Modern China* 19, no. 2 (April 1993): 107–240.

Huang, Shih-chang. "A Discussion of Relationships between the Prehistoric Cultures of Southeast China and Taiwan." Paper presented at the International Conference on Anthropological Studies of the Taiwan Area: Accomplishments and Prospects, Taiwan National University, Taipei, December 25–31, 1985.

Humphrey, Caroline. *The Unmaking of Soviet Life: Everyday Economies after Socialism.* Ithaca: Cornell University Press, 2002.

Humphreys, Sally, ed. *The Culture of Scholarship.* Ann Arbor: University of Michigan Press, 1997.

Huot, Claire. *China's New Cultural Scene: A Handbook of Changes.* Durham, NC: Duke University Press, 2000.

Hyde, Sandra Teresa. *Eating Spring Rice: The Cultural Political of AIDS in Southwest China.* Berkeley: University of California Press, 2007.

Hymes, Robert. *Statement and Gentlemen: The Elites of Fu-chou, Chiang-hsi, in Northern and Southern Sung.* Cambridge: Cambridge University Press, 1986.

Jameson, Fredric. "Postmodernism, or the Cultural Logic of Late Capitalism." *New Left Review* 146 (1984): 53–92.

Jameson, Fredric, and Masao Miyoshi, eds. *Cultures of Globalization.* Durham, NC: Duke University Press, 1998.

Janardhan, N. "Redefining Labor Market Rules." In *Gulf Yearbook 2006–2007*, edited by A. Sager, pp. 199–214. Dubai: Gulf Research Center, 2007.

———. "Time to Convert East–East Opportunity into Strategy." *Gulf–Asia Research Bulletin* 2 (July 2007): 4.

Jeong, Jong-ho. "Renegotiating with the State: The Challenge of Floating Population and the Emergence of New Urban Space in Contemporary China." PhD diss., Department of Anthropology, Yale University, 2000.

Jing, Jun, ed. *Feeding China's Little Emperors: Food, Children, and Social Change.* Stanford: Stanford University Press, 2000.

Johnson, Chalmers. *Peasant Nationalism and Communist Power: The Emergence of Revolutionary China, 1937–1945*. Stanford: Stanford University Press, 1962.

Johnson, David, Andrew J. Nathan, and Evelyn S. Rawski, eds. *Popular Culture in Late Imperial China*. Berkeley: University of California Press, 1985.

Johnson, Kay. *Women, the Family and Peasant Revolution in China*. Chicago: University of Chicago Press, 1983.

Kelly, William W. *Deference and Defiance in Nineteenth-Century Japan*. Princeton: Princeton University Press, 1985.

Kelsky, Karen. *Women on the Verge: Japanese Women, Western Dreams*. Durham, NC: Duke University Press, 2001.

Keyes, Charles F. "Weber and Anthropology." *Annual Review of Anthropology* 31, no. 1 (2002): 233–255.

Kinkley, Jeffrey, ed. *After Mao: Chinese Literature and Society, 1978–1981*. Cambridge, MA: Harvard University Press, 1985.

Kipnis, Andrew. "The Anthropology of Power and Maoism." *American Anthropologist* 105, no. 2 (June 2003): 278–288.

Knauf, Bruce, ed. *Critically Modern: Alternatives, Alterities, Anthropologies*. Bloomington: Indiana University Press, 2002.

Kuhn, Philip. *Rebellion and Its Enemies in Late Imperial China*. Cambridge, MA: Harvard University Press, 1971.

Kwoh, Leslie. "Talent Gap Hits Businesses." *The Standard*, May 2, 2006.

Lam, Kit Chun, and Pak Wai Liu. *Immigration and the Economy of Hong Kong*. Hong Kong: City University of Hong Kong Press, 1998.

Lam, Willy Wo-lap. "Coastal Areas to Seek Greater Autonomy." *South China Morning Post*, October 29, 1991.

Latour, Bruno. *Reassembling the Social: An Introduction to Actor-Network-Theory*. New York: Oxford University Press, 2005.

Lau, Siu-kai. *Society and Politics in Hong Kong*. Hong Kong: The Chinese University Press, 1982.

Lau, Siu-kai, and Kuan Hsin-chi. *The Ethos of the Hong Kong Chinese*. Hong Kong: The Chinese University Press, 1988.

Le Roy Ladurie, Emmanual. *Carnival of Romans*. New York: G. Brazilier, 1979.

Leach, E. R. *Political Systems of Highland Burma*. Boston: Beacon Press, 1954.

Lee, Ching Kwan. *Gender and the South China Miracle: Two Worlds of Factory Women.* Berkeley and Los Angeles: University of California Press, 1998.

Lee, Leo Ou-fan, ed. *Lu Xun and His Legacy.* Berkeley: University of California Press, 1985.

———. *Voices from the Iron House: A Study of Lu Xun.* Bloomington: Indiana University Press, 1987.

———. "Modernity and Its Discontents: The Cultural Agenda of the May Fourth Movement." Paper given at the Four Anniversaries China Conference, Annapolis, MD, September 1989.

———. *Shanghai Modern: The Flowering of a New Urban Culture in China 1930–1945.* Cambridge, MA: Harvard University Press, 1999.

———. *City between Worlds: My Hong Kong.* Cambridge, MA: The Belknap Press of the Harvard University Press, 2008.

Lefebvre, Henri. 1974. *The Production of Space.* Translated by Donald Nicholson-Smith. Oxford: Blackwell, 1991.

Leiper, Susan. *Precious Cargo: Scots and the China Trade.* Edinburgh: National Museums of Scotland, 1997.

Leung, Ka-lun. *Christian Education of Guangdong Province (1807–1953).* Hong Kong: The Alliance Bible Seminary, 1993.

Lewis, Mark Edward. *The Construction of Space in Early China.* Albany: State University of New York Press, 2006.

———. *China's Cosmopolitan Empire: The Tang Dynasty.* Cambridge, MA: Belknap Press of the Harvard University Press, 2009.

Lewis, Martin W., and Kären Wigen. *The Myth of Continents: A Critique of Metageography.* Berkeley: University of California Press, 1997.

———. "A Maritime Response to the Crisis in Area Studies." *The Geographical Review* 89, no. 2 (1999): 161–168.

Lin, George. *Red Capitalism in South China: Growth and Development of the Pearl River Delta.* Vancouver: University of British Columbia Press, 1997.

Link, Perry. *Stubborn Weeds: Popular and Controversial Chinese Literature after the Cultural Revolution.* Bloomington: Indiana University Press, 1983.

Link, Perry, Richard Madsen, and Paul Pickowicz, eds. *Unofficial China: Essays in Popular Culture and Thought in the People's Republic.* Boulder: Westview, 1989.

Little, Daniel, and Joseph Esherick. "Testing the Testers: A Reply to Barbara Sands and Ramon Myers's Critique of G. William Skinner's Regional Systems Approach to China." *Journal of Asian Studies* 48, no. 1 (1989): 91–99.

Liu, Kwang-ching. "Chinese Merchant Guilds: An Historical Inquiry." *Pacific Historical Review* 57, no. 1 (1988): 1–23.

Liu, Tao Tao, and David Faure, eds. *Unity and Diversity: Local Cultures and Identities in China.* Hong Kong: Hong Kong University Press, 1996.

Liu, Xin. *The Otherness of Self: A Genealogy of Self in Contemporary China.* Ann Arbor: University of Michigan Press, 2002.

Lo, Chi-kin, Suzanne Pepper, and Kai-yuen Tsui, eds. *China Review.* Hong Kong: The Chinese University Press, 1995.

Loh, Christine, ed. *At the Epicentre: Hong Kong and the SARS Outbreak.* Hong Kong: Hong Kong University Press, 2004.

Low, Setha, ed. *Theorizing the City.* New Brunswick, NJ: Rutgers University Press, 1999.

Lowenthal, David. *The Past Is a Foreign Country.* Cambridge: Cambridge University Press, 1985.

Lukes, Steven. *Individualism.* Oxford: Blackwell, 1973.

MacClancy, Jeremy, ed. *Exotic No More: Anthropology on the Front Lines.* Chicago: University of Chicago Press, 2002.

MacGregor, Karen. "Wealth with a Heart." *The Times (U.K.) Higher Education Supplement.* November 29, 1991.

Madsen, Richard. *Morality and Power in a Chinese Village.* Berkeley and Los Angeles: University of California Press, 1984.

Mair, Lucy. *Primitive Government.* Harmondsworth: Penguin, 1962.

Malkki, Liisa. "National Geographic: The Rooting of Peoples and the Territorialization of National Identity among Scholars and Refugees." *Cultural Anthropology* 7, no. 1 (1992): 24–44.

———. "Refugees and Exiles: From 'Refugee Studies' to the National Order of Things." *Annual Review of Anthropology* 24 (1995): 495–523.

Mann, Susan L., ed. *Select Papers from the Center for Far Eastern Studies.* Chicago: Center for Far Eastern Studies, University of Chicago, 1979.

———. *Local Merchants and the Chinese Bureaucracy, 1750–1950.* Stanford: Stanford University Press, 1987.

Mao Zedong. 1930. *Report from Xunwu.* Edited and translated with an introduction by Roger R. Thompson. Stanford: Stanford University Press, 1990.

Maquet, Jacques. *Power and Society in Africa*. Translated by Jeannette Kupfermann. New York: McGraw-Hill, 1971.

Marcus, George. *Ethnography through Thick and Thin*. Princeton: Princeton University Press, 1998.

Marcus, George, and Michael Fischer. *Anthropology and Cultural Critique*. Chicago: University of Chicago Press, 1986.

Mathews, Gordon, Eric Kit-wai Ma, and Tai-lok Lui. *Hong Kong, China: Learning to Belong to a Nation*. London: Routledge, 2008.

McCord, Edward. *The Power of the Gun: The Emergence of Modern Chinese Warlordism*. Berkeley and Los Angeles: University of California Press, 1993.

McDermott, Joseph P., ed. *State and Court Ritual in China*. Cambridge: Cambridge University Press, 1999.

McDougall, Bonnie. "Zhao Zhenkai's Fiction: A Study in Cultural Alienation." *Modern Chinese Literature* 1, no. 1 (September 1984): 103–130.

McGee, Christine et al. "Power to the Baby Boomers." *South China Morning Post*, January 2, 1993.

McGiffert, Carola, and James Tuck-Hong Tang, eds. *Hong Kong on the Move: 10 Years as the HKSAR*. Washington, DC: Center for Strategic and International Studies, 2008.

Meisner, Maurice. *Li Ta-chao and the Origins of Chinese Marxism*. Cambridge, MA: Harvard University Press, 1969.

Metcalf, Thomas R. *Imperial Connections: India in the Indian Ocean Arena, 1860–1920*. Berkeley: University of California Press, 2007.

Middleton, John, and Ronald Cohen, eds. *Comparative Political Systems*. New York: Natural History Press, 1967.

Mintz, Sidney. *Sweetness and Power: The Place of Sugar in Modern History*. New York: Viking, 1985.

Mitchell, Timothy, ed. *Questions of Modernity*. Minneapolis: University of Minnesota Press, 2000.

Moore, Sally F. *Law as Process: An Anthropological Approach*. London: Routledge and Kegan Paul, 1978.

Moore, Sally F., and Barbara Myerhoff. *Secular Ritual*. Amsterdam: Van Gorcum, 1977.

Morse, Ronald, ed. *The Limits of Reform in China*. Boulder: Westview, 1983.

Mote, Frederick. *Intellectual Foundations of China*. New York: Knopf, 1971.

Muggler, Erik. *The Age of Wild Ghosts: Memory, Violence, and Place in Southwest China*. Berkeley: University of California Press, 2001.

Murray, Dian. *Pirates of the South China Coast, 1790–1810*. Stanford: Stanford University Press, 1987.

Murray, Simon. "'Partnership of Interest with China': A Businessman's View." *Hong Kong Monitor*, December 1991.

Myers, Ramon. *The Chinese Peasant Economy: Agricultural Development in Hopei and Shantung, 1890–1949*. Cambridge, MA: Harvard University Press, 1970.

Nee, Victor, and David Mozingo, eds. *State and Society in Contemporary China*. Ithaca: Cornell University Press, 1983.

Nee, Victor, and James Peck, eds. *China's Uninterrupted Revolution*. New York: Pantheon, 1973.

Newendorp, Nicole Dejong. *Uneasy Unions: Immigration, Citizenship and Family Life in Post-1997 Hong Kong*. Stanford: Stanford University Press, 2008.

Ng, Lun Ngai-ha. *Interactions of East and West: Development of Public Education in Early Hong Kong*. Hong Kong: The Chinese University Press, 1984.

Ng, Margaret. "And Now, the Real Tung Administration." *South China Morning Post*, January 16, 2001.

Ng, Mau-sang. *The Russian Hero in Modern Chinese Fiction*. Hong Kong: The Chinese University Press, 1988.

Oi, Jean C. "Commercializing China's Rural Cadres." *Problems of Communism* (September–October 1986): 1–15.

———. "The Role of the Local State in China's Transitional Economy." *China Quarterly* 144 (1995): 1132–1149.

Ong, Aihwa. *Flexible Citizenship: The Cultural Logics of Transnationality*. Durham, NC: Duke University Press, 1999.

———. *Neoliberalism as Exception*. Durham, NC: Duke University Press, 2006.

Ong, Aihwa, and Stephen J. Collier, eds. *Global Assemblages: Technology, Politics, and Ethics as Anthropological Problems*. New York: Wiley, 2005.

Ong, Aihwa, and Donald M. Nonini, eds. *Ungrounded Empires: The Cultural Politics of Modern Chinese Transnationalism*. New York: Routledge, 1997.

Ortner, Sherry. "Theory in Anthropology since the Sixties." *Comparative Studies in Society and History* 26, no. 1 (1984): 126–166.

Pallares-Burke, Maria Lucia. *The New History: Confessions and Conversations*. Cambridge: Polity Press, 2002.

Parish, William, and Martin Whyte. *Village and Family in Contemporary China*. Chicago: University of Chicago Press, 1978.

Pearson, Richard. "Taiwan and Its Place in East Asian Prehistory." Paper presented at the International Conference on Anthropological Studies of the Taiwan Area: Accomplishments and Prospects, National Taiwan University, Taipei, December 25–31, 1985.

Pepper, Suzanne. *Civil War in China: The Political Struggle, 1945–1949.* Berkeley: University of California Press, 1978.

Perdue, Peter. "Official Goals and Local Interests: Water Control in the Dong-ting Lake Region during the Ming and Qing Periods." *Journal of Asian Studies* 4 (1982): 747–766.

Perlman, Janice. *The Myth of Marginality: Urban Poverty and Politics in Rio de Janeiro.* Berkeley: University of California Press, 1976.

Perry, Elizabeth. *Rebels and Revolutionaries in North China, 1845–1945.* Stanford: Stanford University Press, 1980.

———. "China in 1992: An Experiment in Neo-authoritarianism." *Asian Survey* 33, no. 1 (1993): 12–22.

———. "Trends in the Study of Chinese Politics: State–Society Relations." *China Quarterly* (September 1994): 704–714.

Perry, Elizabeth, and Jeffrey Wasserstrom, eds. *Popular Protest and Political Culture in Modern China.* 2nd ed. Boulder: Westview, 1994.

Perry, Elizabeth, and Christine Wong, eds. *The Political Economy of Reform in Post-Mao China.* Cambridge, MA: Harvard University Press, 1985.

Pickowicz, Paul. *Marxist Literary Thought in China: The Influence of Ch'ü Ch'iu-pai.* Berkeley: University of California Press, 1975.

Plaks, Andrew H. *Chinese Narrative: Critical and Theoretical Essays.* Princeton: Princeton University Press, 1977.

Polanyi, Karl. *The Great Transformation: The Political and Economic Origins of Our Time.* Reprint, Boston: Beacon, 1944/1957.

Pomerantz-Zhang, Linda. *Wu Ting-fang (1842–1922): Reform and Modernization in Modern Chinese History.* Hong Kong: Hong Kong University Press, 1992.

Pope-Hennessy, James. *Half-Crown Colony: A Political Profile of Hong Kong.* Boston: Little Brown, 1969.

Potter, Sulamith Heins, and Jack M. Potter. *China's Peasants: The Anthropology of a Revolution.* Cambridge: Cambridge University Press, 1990.

Pun, Ngai. "Opening a Minor Genre of Resistance in Reform China: Scream, Dream, and Transgression in a Workplace." *Positions* 8, no. 2 (2000): 1–25.

————. *Made in China: Women Factory Workers in a Global Workplace.* Durham, NC: Duke University Press, 2005.

Purcell, Mark. "Citizenship and the Right to the Global City: Reimagining the Capitalist World Order." *International Journal of Urban and Regional Research* 27, no. 3 (2003): 564–590.

Pyvis, Richard, and Phillip Braun. *Islam and Economics: A Productive Partnership?* Hong Kong: CLSA Books, 2009.

Rankin, Mary Backus. *Elite Activism and Political Transformation in China: Zhejiang Province, 1865–1911.* Stanford: Stanford University Press, 1986.

Reuters (UK). "HK Airport Operator Set to Sell Islamic Bond — Report." June 5, 2008.

Rey, Pierre-Philippe. "The Lineage Mode of Production." *Critique of Anthropology* 3 (1976): 27–79.

Riemenschnitter, Andrea, and Deborah L. Madsen, eds. *Diasporic Histories: Cultural Archives of Chinese Transnationalism.* Hong Kong: Hong Kong University Press, 2009.

Ropp, Paul. *Dissent in Early Modern China.* Ann Arbor: University of Michigan Press, 1981.

Rosaldo, Renato. *Ilongot Headhunting, 1883–1974: A Study in Society and History.* Stanford: Stanford University Press, 1980.

Rose, Nicholas. *Governing the Soul: The Shaping of the Private Self.* New York: Routledge, 1989.

Rossabi, Morris. *China and Inner Asia from 1368 to the Present Day.* London: Thames and Hudson, 1981.

Rowe, William T. *Hankow: Commerce and Society in a Chinese City, 1796–1889.* Stanford: Stanford University Press, 1985.

————. *Hankow: Conflict and Community in a Chinese City, 1796–1889.* Stanford: Stanford University Press, 1989.

Roy, Ananya, and Aihwa Ong, eds. *Worlding Cities: Asian Experiments and the Art of Being Global.* West Sussex: Wiley-Blackwell, 2011.

Salaff, Janet, S. L. Wong, and A. Greve. *Hong Kong Movers and Stayers: Narratives of Family Migration.* Urbana: University of Illinois Press, 2010.

Samuel, Raphael, and Gareth Stedman Jones, eds. *Culture, Ideology and Politics.* London: Routledge and Kegan Paul, 1982.

Sands, Barbara, and Ramon Myers. "The Spatial Approach to History: A Test." *Journal of Asian Studies* 4 (1986): 721–744.

Sangren, P. Steven. "Traditional Chinese Corporations: Beyond Kinship." *Journal of Asian Studies* 43 (1984): 391–415.

———. *History and Magical Power in a Chinese Community.* Stanford: Stanford University Press, 1987.

Sartre, Jean-Paul. *No Exit (Huis clos): A Play in One Act.* New York: A. A. Knopf, 1946.

Sassen, Saskia. *The Global City.* Princeton: Princeton University Presss, 1991.

———. "Spatialities and Temporalities of the Global: Elements for a Theorization." Public Culture Millennial Quartet II, *Globalization* (2000): 215–232.

———. *The Global City: New York, London, Tokyo.* Princeton: Princeton University Press, 2001.

———. *Territory, Authority, Rights: From Medieval to Global Assemblages.* Princeton: Princeton University Press, 2006.

Schein, Louisa. *Minority Rules: The Miao and the Feminine in China's Cultural Politics.* Durham, NC: Duke University Press, 2000.

Schoppa, R. Keith. *Chinese Elites and Political Change: Zhejiang Province in the Early Twentieth Century.* Cambridge, MA: Harvard University Press, 1982.

Schurmann, Franz. *Ideology and Organization in Communist China.* Berkeley: University of California Press, 1968.

Schwarcz, Vera. *The Chinese Enlightenment: Intellectuals and the Legacy of the May Fourth Movement of 1919.* Berkeley: University of California Press, 1986.

Schwarcz, Vera, and Li Zehou. "Six Generations of Modern Chinese Intellectuals." *Chinese Studies in History* 17, no. 2 (Winter 1983): 42–56.

Scott, James. *The Moral Economy of the Peasant: Rebellion and Subsistence in Southeast Asia.* New Haven: Yale University Press, 1976.

———. *Weapons of the Weak: Everyday Forms of Peasant Resistance.* New Haven: Yale University Press, 1985.

———. *Domination and the Arts of Resistance: Hidden Transcripts.* New Haven: Yale University Press, 1990.

———. *Seeing Like a State: How Certain Schemes to Improve the Human Condition Have Failed.* New Haven: Yale University Press. 1998.

———. *The Art of NOT Being Governed: An Anarchist History of Upland Southeast Asia.* New Haven: Yale University Press, 2009.

Scott, Joan W., and Debra Keates, eds. *Schools of Thought: Twenty-Five Years of Interpretive Social Science.* Princeton: Princeton University Press, 2001.

Securities and Futures Commission. "SFC Signs MOU with Dubai Financial Services Authority." Press release, April 3, 2008.

Seddon, David, ed. *Relations of Production: Marxist Approaches to Economic Anthropology.* Translated by Helen Lackner. London: Frank Cass, 1978.

Selden, Mark. *The Yenan Way in Revolutionary China.* Cambridge, MA: Harvard University Press, 1971.

Sewell, William, Jr. *The Logics of History: Social Theory and Social Transformation.* Chicago: The University of Chicago Press, 2005.

Shen, Guanbao. "Town System and Chinese Urbanization." Paper presented at the conference on Chinese Cities in Asian Context, Hong Kong, June 17–19, 1987.

Shenzhen Planning and Land Bureau. "The Shenzhen Central District." 2000.

Shue, Vivienne. *The Reach of the State: Sketches of the Chinese Body Politic.* Stanford: Stanford University Press, 1988.

Simone, AbdouMaliq. *For the City Yet to Come: Changing African Life in Four Cities.* Durham, NC: Duke University Press, 2004.

Sinn, Elizabeth. *Power and Charity: The Early History of the Tung Wah Hospital, Hong Kong.* East Asian Historical Monographs. Hong Kong: Oxford University Press, 1989.

———. *Culture and Society in Hong Kong.* Hong Kong: Centre of Asian Studies, The University of Hong Kong, 1995.

———. *Power and Charity: A Chinese Merchant Elite in Colonial Hong Kong.* Hong Kong: Hong Kong University Press, 2003.

Siu, Anthony. "Nineteenth-Century Collection of the Land Deeds of the Xiao Lineage in Dalan." Compilation. n.d.

Siu, Helen F. "Mao's Harvest: Voices from China's New Generation." *China Update* March (1983): 1–7, 11–13.

———. "Immigrants and Social Ethos: Hong Kong in the Nineteen-Eighties." 1986. *Journal of the Hong Kong Branch of the Royal Asiatic Society* 26 (1988): 1–16.

———. "The Village–Town Divide: Politics and Migration in a Chinese Market Town." Paper presented at the Conference on the Social Consequences of Chinese Economic Reforms, Harvard University, Cambridge, MA, May 13–15, 1988.

———. *Agents and Victims in South China: Accomplices in Rural Revolution*. New Haven: Yale University Press, 1989.

———. "Socialist Peddlers and Princes in a Chinese Market Town." *American Ethnologist* 16, no. 2 (1989): 195–212.

———. "Recycling Tradition: Culture, History and Political Economy in the Chrysanthemum Festivals of South China." *Comparative Studies in Society and History* 32, no. 4 (1990): 765–794.

———. "Where Were the Women? Rethinking Marriage Resistance and Regional Culture History." *Late Imperial China* 11, no. 2 (1990): 32–62.

———, ed. *Furrows: Peasants, Intellectuals, and the State: Stories and Histories from Modern China*. Stanford: Stanford University Press, 1990.

———. "Cultural Identity and the Politics of Difference." *Dædalus* 122, no. 2, *China in Transformation* (Spring 1993): 19–43.

———. "Redefining the Market Town through Festivals in South China." In *Town and Country in China: Identity and Perception*, edited by David Faure and Tao Tao Liu, pp. 233–248. New York: Palgrave Macmillan, 2002.

———. "Hong Kong's Strategic March to the North: A Cultural Narrative." Talk given at the Asia Society Hong Kong, February 16, 2004.

———. "China's Century: Fast Forward with Historical Baggage." *American Anthropologist* 108, no. 2 (2006): 389–392.

———. "Grounding Displacement: Uncivil Urban Spaces in Postreform South China." *American Ethnologist* 34, no. 2 (2007): 329–350.

———. "Review Article: *Emperor and Ancestor: State and Lineage in South China* by David Faure." *China Quarterly* 192 (December 2007): 1041–1043.

———. "Positioning at the Margins: The Infra-Power of Middle-Class Hong Kong." In *Diasporic Histories: Cultural Archives of Chinese Transnationalism*, edited by Andrea Riemenschnitter and Deborah L. Madsen, pp. 55–76. Hong Kong: Hong Kong University Press, 2009.

———. "Unity and Diversity: Explaining Culture and History." *Taiwan Journal of Anthropology* 7, no. 1 (2010): 65–75.

———, ed. *Merchants' Daughters: Women, Commerce, and Regional Culture in South China*. Hong Kong: Hong Kong University Press, 2010.

———. "History in China's Urban Post-Modern." *Cross-Currents: East Asian History and Culture Review* 1, no. 1 (2012): 245–258.

————. "Key Issues in Historical Anthropology: Views from South China." *Cross Currents: East Asian History and Culture Review* 13 (December 2014). Accessed March 28, 2015. https://cross-currents.berkeley.edu/e-journal/issue-13/siu.

Siu, Helen F., and Agnes S. Ku, eds. *Hong Kong Mobile: Making a Global Population.* Hong Kong: Hong Kong University Press, 2008.

Siu, Helen, and Angela Leung. Proposal for Theme-Based Research, Research Grants Council. Hong Kong, 2011.

Siu, Helen F., and Zhiwei Liu. "The Original Translocal Society: Making Chaolian from Land and Sea." In *Asia Inside Out: Connected Places,* edited by Eric Tagliacozzo, Helen F. Siu, and Peter C. Perdue, pp. 64–97. Cambridge, MA: Harvard University Press, 2015.

Siu, Helen, and Zelda Stern, eds. and trans. *Mao's Harvest: Voices from China's New Generation.* New York: Oxford University Press, 1983.

Sivaramakrishnan K., and Arun Agrawal, eds. *Regional Modernities: The Cultural Politics of Development in India.* Stanford: Stanford University Press, 2003.

Skinner, G. William. "Marketing and Social Structure in Rural China: Part I." *Journal of Asian Studies* 24, no. 1 (1964): 3–43.

————. "Marketing and Social Structure in Rural China: Part II." *Journal of Asian Studies* 24, no. 2 (1965): 195–228.

————. "Marketing and Social Structure in Rural China: Part III." *Journal of Asian Studies* 24, no. 3 (1965): 363–399.

————. "Chinese Peasants and the Closed Community: An Open and Shut Case." *Comparative Studies in Society and History* 13, no. 3 (1971): 270–281.

————. "Presidential Address: The Structure of Chinese History." *Journal of Asian Studies* 104, no. 2 (1985): 271–292.

————. "Rural Marketing in China: Repression and Revival." *China Quarterly* 103 (1985): 393–413.

————, ed. *The City in Late Imperial China.* Stanford: Stanford University Press, 1977.

So, Alvin. *The South China Silk District: Local Historical Transformation and the World System Theory.* New York: SUNY Press, 1985.

Solinger, Dorothy J. *Chinese Transition from Socialism: Statist Legacies and Marketing Reforms, 1980–1990.* New York: Sharpe, 1993.

————. *Contesting Citizenship in Urban China: Peasant Migrants, the State, and the Logic of the Market.* Berkeley: University of California Press, 1999.

————, ed. *Narratives of the Chinese Economic Reforms: Individual Pathways from Plan to Market.* Lewiston, UK: The Edwin Mellen Press, 2006.

South China Morning Post. "Portrait of a Crusader." October 26, 1985.

————. "Governor Trapped by Troubled Times." December 31, 1991.

————. "Lawyers Speak Volumes in Silent Protest." April 20, 2005.

————. "Hong Kong Good Bet, Tsang Tells Kuwait Staff Reporter." January 28, 2008.

Spence, Jonathan. *The Gate of Heavenly Peace.* New York: Viking, 1981.

Stacey, Judith. *Patriarchy and Socialist Revolution in China.* Berkeley: University of California Press, 1983.

Stallybrass, Peter, and Allon White. *The Politics and Poetics of Transgression.* Ithaca: Cornell University Press, 1986.

Stockard, Janice. *Daughters of the Canton Delta: Marriage Patterns and Economic Strategies in South China, 1860–1931.* Stanford: Stanford University Press, 1989.

Stone, Lawrence. "The Revival of Narrative: Reflections on a New Old History." *Past and Present* 85 (November 1979): 3–24.

Strand, David. *Rickshaw Beijing.* Berkeley: University of California Press, 1989.

Strauch, Judith. "Community and Kinship in Southeastern China: The View of the Multi-lineage Village of Hong Kong." *Journal of Asian Studies* 103, no. 1 (1983): 21–50.

Swartz, Marc, ed. *Local-Level Politics.* London: University of London Press, 1969.

Sweeting, Anthony. *Education in Hong Kong: Pre-1841–1941, Fact and Opinion: Materials for a History of Education in Hong Kong.* Hong Kong: Hong Kong University Press, 1990.

Swire, Mary. "Cheung Kong Holdings Teams up with Dubai Bank to Launch Islamic Property Investment Trust." Tax-News.com, Hong Kong, September 9, 2004.

Tagliacozzo, Eric, and Wen-chin Chang, eds. *Chinese Circulations: Capital, Commodities, and Networks in Southeast Asia.* Durham, NC: Duke University Press, 2011.

Tagliacozzo, Eric, Helen F. Siu, and Peter C. Perdue, eds. *Asia Inside Out: Changing Times.* Cambridge, MA: Harvard University Press, 2015.

————. *Asia Inside Out: Connected Places.* Cambridge, MA: Harvard University Press, 2015.

———. *Asia Inside Out: Itinerant People*. Cambridge, MA: Harvard University Press, 2019.

Tay, William. "Wang Meng, Stream of Consciousness, and the Controversy over Modernism." *Modern Chinese Literature* 1, no. 1 (September 1984): 7–24.

———. "Colonialism, the Cold War Era, and Marginal Space: The Existential Conditions of Four Decades of Hong Kong Literature." *Literature East and West* 28 (1995): 141–147.

Taylor, Charles. *Modern Social Imaginaries*. Durham, NC: Duke University Press, 2004.

Terray, Emmanual. *Marxism and "Primitive" Societies: Two Studies*. New York: Monthly Review Press, 1972.

Thaxton, Ralph. *China Turned Rightside Up: Revolutionary Legitimacy in the Peasant World*. New Haven: Yale University Press, 1983.

Thompson, E. P. *The Making of the English Working Class*. London: Victor Gollancz, 1963.

———. "Patrician Society, Plebeian Culture." *Journal of Social History* 7 (1974): 382–405.

———. "Eighteenth-Century English Society: Class Struggle without Class." *Social History* 3, no. 2 (1978): 133–165.

Thurston, Anne, and Burton Pasternak, eds. *The Social Sciences and Fieldwork in China: Views from the Field*. Boulder: Westview, 1983.

Tilly, Charles. Preface to *The Mafia of a Sicilian Village, 1860–1960: A Study of Violent Peasant Entrepreneurs*, by Anton Blok. New York: Harper and Row, 1974.

Treanor, Jill. "Dubai Fund Buys into HSBC." *The Guardian*, May 2, 2007.

Trouillot, Michel-Rolph. *Global Transformations: Anthropology and the Modern World*. New York: Palgrave Macmillan, 2003.

Tsai, Jung-fang. *Hong Kong in Chinese History: Community and Social Unrest in the British Colony, 1842–1913*. New York: Columbia University Press, 1993.

Tsang, Steve. "A Triumph for Democracy?" *Hong Kong Monitor* (December 1991): 1, 12.

Tsang, Wah-moon. *The Centrality of Development of Lingnan in T'ang Dynasty*. Hong Kong: The Chinese University of Hong Kong, 1973.

Tsin, Michael. *Nation, Governance, and Modernity in China: Canton 1900–1927*. Stanford: Stanford University Press, 1999.

Tsing, Anna. "The Global Situation." *Cultural Anthropology* 15, no. 3 (2000): 327–360.

———. *Friction: An Ethnography of Global Connections*. Princeton: Princeton University Press, 2005.

Unger, Jonathan. *Education under Mao: Class and Competition in Canton Schools, 1960–1980.* New York: Columbia University Press, 1962.

Van Schendel, Willem. "Geographies of Knowing, Geographies of Ignorance: Jumping Scale in Southeast Asia." *Environment and Planning D: Society and Space* 20 (2002): 647–668.

Verdery, Katherine. *National Ideology under Socialism: Identity and Cultural Politics in Ceausescu's Romania.* Berkeley: University of California Press, 1991.

Vincent, Joan. "Political Anthropology: Manipulative Strategies." *Annual Review of Anthropology* 7 (1978): 175–194.

Von Glahn, Richard. "The Enchantment of Wealth: The God Wutong in the Social History of Jiangnan." *Harvard Journal of Asiatic Studies* 51, no. 2 (1991): 651–714.

Wakeman, Frederic. *Strangers at the Gate: Social Disorder in South China, 1839–1861.* Berkeley: University of California Press, 1966.

Wakeman, Frederic, Jr., and Caroline Grant, eds. *Conflict and Control in Late Imperial China.* Berkeley: Center for Chinese Studies, University of California, 1975.

Walder, Andrew. *Communist Neo-Traditionalism: Work and Authority in Chinese Industry.* Berkeley: University of California Press, 1986.

Waley-Cohen, Joanna. *The Sextants of Beijing: Global Currents in Chinese History.* New York: W. W. Norton, 1999.

Wang, Gungwu. "The Culture of Chinese Merchants." University of Toronto–York University Joint Centre for Asia Pacific Studies, Working Paper Series no. 57, 1990.

Wang, Gungwu, and Wong Siu-lun, eds. *Dynamic Hong Kong: Business and Culture.* Hong Kong: Centre of Asian Studies, The University of Hong Kong, 1997.

Wang, Jing. "On Popular Culture and the State." A special issue of *Positions: East Asia Cultures Critique* 9, no. 1 (Spring 2001).

———, ed. *Locating China: Space, Place, and Popular Culture.* London: Routledge, 2005.

Ward, Barbara E. *Through Other Eyes: Essays in Understanding "Conscious Models"— Mostly in Hong Kong.* Boulder: Westview, 1985.

Watson, James L. *Emigration and the Chinese Lineage.* Berkeley: University of California Press, 1975.

———. "Hereditary Tenancy and Corporate Landlordism in Traditional China." *Modern Asian Studies* 11 (1977): 161–182.

———. "Chinese Kinship Reconsidered: Anthropological Perspectives on Historical Research." *China Quarterly* 92 (1982): 589–627.

———. "Waking the Dragon: Visions of the Chinese Imperial State in Local Myth." In *Village Life in Hong Kong*, edited by James Watson and Rubie Watson, pp. 423–442. Hong Kong: The Chinese Univesity Press, 2004.

Watson, James L., and Evelyn S. Rawski, eds. *Death Rituals in Late Imperial and Modern China*. Berkeley and Los Angeles: University of California Press, 1988.

Watson, Rubie. "The Creation of a Chinese Lineage: The Teng of Ha Tsuen, 1669–1751." *Modern Asian Studies* 16 (1982): 69–100.

———. *Inequality among Brothers: Class and Kinship in South China*. Cambridge: Cambridge University Press, 1985.

"Who's Worth a Million Dollars in Hong Kong? More Women than Men." *South China Morning Post*, February 14, 2007.

Whyte, Martin, and William Parish. *Urban Life in Contemporary China*. Chicago, IL: University of Chicago Press, 1984.

Williams, Raymond. *Culture and Society*. London: Verso, 1958.

———. *Marxism and Literature*. London: Verso, 1977.

———. *Politics and Letters*. London: Verso, 1979.

———. *Problems in Materialism and Culture*. London: Verso, 1980.

Williams, Sue, director and producer. *China in the Red*. Alexandria, VA: PBS Video, 2003. Film.

Wilson, Ming, and Liu Zhiwei. *Souvenir from Canton: Chinese Export Paintings from the Victoria and Albert Museum*. Guangzhou: Victoria and Albert Museum / Guangzhou Cultural Bureau, 2003.

Wolf, Arthur. *Religion and Ritual in Chinese Society*. Stanford: Stanford University Press, 1974.

Wolf, Eric. *Europe and the People without History*. Berkeley: University of California Press, 1982.

Wolf, Margery. *Women and Family in Rural Taiwan*. Stanford: Stanford University Press, 1972.

———. *Revolution Postponed: Women in Contemporary China*. Stanford: Stanford University Press, 1985.

Wolf, Margery, and Roxanne Witke, eds. *Women in Chinese Society*. Stanford: Stanford University Press, 1975.

Wong, Christine. "Interpreting Rural Industrial Growth in the Post-Mao Period." *Modern China* 14, no. 1 (1988): 3–30.

Wong, Richard Y. C. "Hong Kong's Human Capital: Strategic Challenges — Practical Solutions." Keynote address, CEO Manpower Conference, Hong Kong General Chamber of Commerce, Hong Kong, May 30, 2007.

Wong, Richard Y. C., and Joseph Y. S. Cheng, eds. *The Other Hong Kong Report 1990*. Hong Kong: The Chinese University Press, 1990.

Wong, Siu-lun. *Emigrant Entrepreneurs: Shanghai Industrialists in Hong Kong*. Hong Kong: Oxford University Press, 1988.

Worsley, Peter. *The Three Worlds*. Chicago: University of Chicago Press, 1984.

Xu, Xueqiang. "The Open Policy and Urban Development in the Pearl River Delta: Problems and Strategies." Paper presented at the Conference on Chinese Cities in Asian Context, Hong Kong, June 17–19, 1987.

Yam, Shirley. "A Tale of Two Cities and Their Abiding Suspicions." *South China Morning Post*, January 23, 2010.

Yang, C. K. *Chinese Communist Society: The Family and the Village*. Cambridge, MA: MIT Press, 1959.

Yang, M., and Feng Xiaocai. *Tsai Hsiung: A Biography*. Private publication, 2007.

Yang, Mayfair Mei-Hui, ed. *Spaces of their Own: Women's Public Sphere in Transnational China*. Minneapolis: University of Minnesota Press, 1999.

———. "Spatial Struggles: Postcolonial Complex, State Disenchantment, and Popular Reappropriation of Space in Rural Southeast China." *Journal of Asian Studies* 63, no. 3 (2004): 719–755.

Yau, Betty et al. "Women's Concern Groups in Hong Kong." *Occasional Paper No. 15*. Hong Kong: Hong Kong Institute of Asia–Pacific Studies, 1992.

Yeh, Wen-hsin, ed. *Becoming Chinese: Passages to Modernity and Beyond*. Berkeley: University of California Press, 2000.

———. *Shanghai Splendor: Economic Sentiments and the Making of Modern China, 1843–1949*. Berkeley: University of California Press, 2007.

Yu, Patrick Shuk-siu. *A Seventh Child and the Law*. Hong Kong: Hong Kong University Press, 1998.

Yue, Daiyun, and Carolyn Wakeman. *To the Storm: The Odyssey of a Revolutionary Chinese Woman*. Berkeley: University of California Press, 1985.

Zha, Jianying. *China Pop: How Soap Operas, Tabloids, and Bestsellers are Transforming a Culture*. New York: The New Press, 1995.

Zhang, Li. "Migration and Privatization of Space and Power in Late Socialist China." *American Ethnologist* 28, no. 1 (February 2001): 179–205.

———. *Strangers in the City: Reconfigurations of Space, Power, and Social Networks within China's Floating Population*. Stanford: Stanford University Press, 2001.

———. "Spatiality and Urban Citizenship in Late Socialist China." *Public Culture* 14, no. 2 (2002): 311–334.

———. *In Search of Paradise: Middle-Class Living in a Chinese Metropolis*. Ithaca, NY: Cornell University Press, 2010.

Zukin, Sharon. *Landscapes of Power: From Detroit to Disney World*. Berkeley: University of California Press, 1991.

Zurndorfer, Harriet. *Change and Continuity in Chinese Local History: The Development of Hui-Chou Prefecture, 800–1800*. Leiden: E. J. Brill, 1989.

Zweig, David. "Prosperity and Conflict in Post-Mao Rural China." *China Quarterly* 105 (March 1986): 1–18.

———. "Rural Small Towns and the Politics of Planned Development." Paper presented at the 40th annual meeting of the Association for Asian Studies, San Francisco, March 25–27, 1988.

中文及日文著作（按筆劃順序）

一國兩制研究中心。《對香港人口政策和入境政策的檢討及建議》。香港，2002。

———。《內地居民移居香港政策、現況的檢討及政策建議》。香港，2002。

〈20萬人昨經羅湖出入境〉。《大公報》，2001年4月6日。

丁帆、徐兆淮。〈新時期鄉土小說的遞嬗演進〉。《文學評論》，1986年5月，頁11–18。

丁抒。〈鎮反肅反及胡風案〉。《九十年代》，1987年9月，頁109–113。

丁易。《中國現代文學史略》。北京：北京國家出版社，1955；香港：文化資料供應社，1978年重印。

丁望。《中國三十年代作家評介》。香港：明報月刊，1978。

丁荷生、鄭振滿。《福建宗教碑銘彙編：興化府分冊》。福州：福建人民出版社，1995。

三浦展。《下流社會：新社會階級的出現》。台北：高寶，2006。

大前研一著，劉錦秀、江裕真譯。《M型社會：中產階級消失的危機與商機》。台北：商周，2006。

《大清會典事例》。中華書局，重印年不詳。

《小欖鎮志》。1984。

〈不是淡出，而是重新投入：陸恭蕙轉換空間「充電」〉。《東方日報》，2000年5月14日。

〈不能因拆遷損害公民利益〉。《中國經濟時報》，2003年11月28日。

《中山文史資料》，第1–3卷。中山：中山人民政治協商會議中山縣委員會，出版年不詳（第1、2卷）/1965（第3卷）。

中山文史編輯委員會。《中山文史》，第1–11卷。石岐：廣東中山市政協，1960至1980年代。

《中山文獻》，第1–8卷。台北：台灣學生書局，1964。

《中山欖鎮菊花會文藝概覽》。廣州，1936。

〈中原集團逐鹿中原〉。《廣東買樓王》，2000年9月，頁18–23。

中國人類學會編。《婚姻與家庭》。南昌：江西教育出版社，1987。

〈中國入世機會多四成半人願北上〉。《蘋果日報》，2001年3月31日。

中國少數民族社會歷史調查資料叢刊福建省編輯組編。《畬族社會歷史調查》。福州：福建人民出版社，1986。

中國社會科學院人口研究中心。《中國人口年鑒》。北京：中國社會科學出版社，1986/1987。

《中國商業新識》。出版地、出版年不詳。

〈升官之日回鄉祭祖〉。《信報》，1993年10月1日。

巴金。《巴金隨想錄》。香港：三聯，1988。

《文匯報》。〈盡快擴建過境設施應付人潮〉。1998年4月6日。

———。〈中沙貿易去年急升〉。2007年3月9日。

———。〈中東靠攏遠東資金轉投中國〉。2007年3月9日。

———。〈能源貿易新絲路漸形成〉。2007年3月9日。

———。〈沙特富豪成匯控第二大股東〉。2007年4月17日。

方曉雲。《香港女富豪列傳》。香港：勤+緣出版社，1993。

片山剛。〈清代広東省珠江デルタの図甲制について：税糧・戶籍・同族〉。《東洋学報》，第63卷，第3/4期（1982），頁1–34。

王士性。《廣志繹》。明代。北京：中華書局，1981年重印。

王士菁。〈關於瞿秋白的評價問題〉。載北京師範大學中文系現代文學教研室
　　編:《現代文學講演集》,頁 162–176。北京:北京師範大學出版社,
　　1984。

王宏志、李小良、陳清僑。《否想香港:歷史·文化·未來》。台北:麥田,
　　1997。

王卓祺。〈中產階級的弱化和怨憤〉。《信報》,2007 年 1 月 31 日。

王若水。《智慧的痛苦》。香港:三聯,1989。

王若望。《天地有正氣》。香港:百姓文化事業,1989。

北島。〈無題〉。《聯合文學》,第 4 卷,第 4 期 (1988),頁 108。

史景遷著,溫洽溢譯。《天安門:中國的知識分子與革命》(台北:時報出
　　版,2016),頁 19。

《四會縣志》。1896。

〈布政司陳方安生任重道遠〉。《南北極》,1993 年 12 月,頁 8–9。

〈布政司陳方安生暢談擔任領導人所需品質:貴以身作則更需對得住良心〉。
　　《成報》,1993 年 12 月 5 日。

〈民族主義的理智與情感〉。《明報月刊》,1996 年 8 月,頁 25–28。

甘陽編。《中國當代文化意識》。香港:三聯,1989。

田仲一成。《中国祭祀演劇研究》。東京:東京大學東洋文化研究所,1981。

———。《中国鄉村祭祀研究:地方劇の環境》。東京:東京大學出版會,
　　1989。

《田賦雜誌》。手稿,出版年不詳。

白石。〈尋找香港文化的根源〉。《明報月刊》,1997 年 1 月,頁 23–26。

白南生、宋洪遠。《回鄉,還是進城?》。北京:中國財政經濟出版社,
　　2002。

伍廷光。《伍先生 (秩庸) 公牘》。上海:文海出版社,1922。

———。《伍廷芳》。上海:文海出版社,1922。

伍銳麟。〈廣州市河南島下渡村七十六家調查〉。《嶺南學報》,第 6 卷,第 4
　　期 (1937),頁 236–303。

———。《三水蜑民調查》。1948。台北:東方文化書局,1971 年重印。

伍銳麟、黃恩憐。〈舊鳳凰村調查報告〉。《嶺南學報》,第 4 卷,第 3 期,頁
　　93–161。

朱俊明。〈牂柯越與東南越〉。《中南民族學院學報》,1986 年第 23 期,頁 28–
　　36。

朱橒。《粵東成案初編》。出版地不詳,1832。

江蘇省小城鎮研究課題組編。《小城鎮，新開拓》。江蘇：江蘇人民出版社，1986。

百越民族史研究會。《百越民族史論集》。北京：中國社會科學出版社，1982。

———。《百越民族史論叢》。南寧：廣西人民出版社，1985。

西川喜久子。〈順德团練總局の成立〉。《東洋文化研究所紀要》，第105卷，第1期（1988），頁283–378。

———著，曹磊石譯。〈清代珠江三角洲沙田考〉。1981。載《嶺南文史》，1985年第2期，頁11–22。

何大佐。〈欖屑〉。手稿，1870年代。

《何氏世系圖》。手稿，出版年不詳。

何仰鎬。〈欖溪雜輯〉。手稿，1946。

———。〈據我所知中山小欖鎮何族歷代的發家史及其他有關資料〉。手稿，1964。

———。〈欖山書院興革史略〉。《中山文史》，1984年第4期，頁96–98。

———。〈何乃中小傳〉。《中山文史》，1987年第11期，頁71–72。

何汝根、而已。〈沙灣何族留耕堂經營管理概況〉。《番禺文史資料》，1984年第2期，頁69–77。

何志強、而已。〈沙灣狙擊日艦記〉。《番禺文史資料》，1984年第1期，頁33–35。

何志毅。〈香洲開埠及其盛衰〉。《廣東文史資料》，1985年第46期，頁87–97。

何卓堅。〈尚書坊何氏的封建組織〉。《新會文史資料》，1963年第1期，頁51–56。

———。〈解放前的新會陳皮業〉。《新會文史資料》，1965年第20期，頁111–121。

何品端。〈象賢中學校史〉。《番禺文史資料》，1985年第3期，頁115–130。

何喜華。〈澄清對新移民的幾個謬誤〉。《明報》，2007年9月17日。

何朝淦。《香山小欖何氏九郎族譜》。香港，1925。

何樾巢。《樾巢詩集》。手稿，出版年不詳。

余英時。《中國知識階層史論：古代篇》。台北：聯經，1978。

———。《從價值系統看中國文化的現代意義》。台北：時報文化，1983。

余繩武、劉存寬編。《十九世的香港》。香港：麒麟書業，1994。

《佛山文史資料》。第2、3、4卷。出版年不詳。

《佛山忠義鄉志》。出版地不詳，1753。

吳存浩。《中國婚俗》。濟南：山東人民出版社，1986。

吳恨。〈十八間劫禍〉。《中山文史資料》，第2期（出版年不詳），頁51。

吳道鎔。《廣東文徵作者考》。香港，出版年不詳。

吳銳生。〈石岐當年小軍閥喋血記〉。《中山文史資料》，第2期，頁49–50。

吳禮彭、楊錫潘。〈番禺沙田封建地租種種〉。《番禺文史資料》，1984年第3
　　期，頁187–191。

吳靄儀。《劍橋歸路》。香港：明報出版社，1987。

———。《吃喝玩樂》。香港：明報出版社，1997。

———。《23條立法日誌》。香港：壹出版，2004。

呂大樂。〈香港新中產階級的特色與前路〉。《明報月刊》，1987年4月，頁
　　13–19。

———。《四代香港人》。香港：進一步多媒體，2007。

———。《唔該埋單：一個社會學家的香港筆記》。香港：牛津大學出版社，
　　2007。

———。〈有落，後數〉。載《唔該埋單》，後記；《蘋果日報》，2007年7月22
　　日節錄。

呂大樂、王志錚。《香港中產階級處境觀察》。香港：三聯，2003。

宋恩榮。《香港與華南的經濟協作》。香港：商務印書館，1998。

李永安。《有土斯有財——中國房地產投資指南》。香港：中國房地產投資顧
　　問公司，1998。

李怡。〈白樺還執迷不悟地苦戀祖國嗎？〉。《九十年代》，1988年1月，頁
　　84–92。

———。〈再訪劉賓雁〉。《九十年代》，1988年5月，頁16–30。

———。〈聽李澤厚、劉述先談河殤〉。《九十年代》，1988年12月，頁88–91。

———。〈我與魏京生有共同的歷史：訪問三十三人公開信發起人北島〉。
　　《九十年代》，1989年3月，頁22–23。

———。〈五四的困境與今天的突破〉。《九十年代》，1989年3月，頁68–75。

———。〈簽名運動一月來的發展〉。《九十年代》，1989年4月，頁16–20。

李明堃。〈內地來客的社會功能〉。《七十年代》，1980年12月，頁59–60。

———。〈移民潮與過客情緒——過渡期香港人的社會政治意識〉。《信報財
　　經月刊》，1988年1月，頁26–30。

李思。〈「精神污染」言論總匯〉。《文藝情況》，1983年第91期。重刊於《七十
　　年代》，1984年3月，頁42–51。

李培林。〈巨變：村落的終結〉。《中國社會科學》，2002年第1期，頁168–179。

———編。《農民工》。北京：社會科學文獻出版社，2003。

———。《村落的終結——羊城村的故事》。北京：商務印書館，2004。

李喜發等輯。《泰甯李氏族譜》。廣州：中外圖書館，1914。

李照興、曾凡編。《香港101：愛恨香港的101個理由》。香港：皇冠，2000。

李歐梵。〈從兩個文學會議看中國文學的反思〉。《九十年代》，1986年12月，頁78–81。

———。〈中國現代文學中的現代主義〉。《九十年代》，1987年9月，頁96–99。

李澤林。〈挺三縱隊與民利公司〉。載《中山文史資料》，第2卷，頁18–20。出版年不詳。

李澤厚。《中國現代思想史論》。北京：東方，1987。

李澤厚、劉再復。〈文學與藝術的情思〉。《人民日報》(海外版)，1988年4月14日。

李默。〈廣東瑤族與百越族 (俚僚) 的關係〉。《中南民族學院學報》，1986年第23期，頁115–125。

杜維明。〈傳統文化與中國現實〉。《九十年代》，1985年11月，頁56–68。

———。〈對傳統進行反思〉。《當代》，第5卷，第1期 (1987)，頁16–23。

杜潤生。《中國農村經濟改革》。北京：中國社會科學出版社，1985。

汪寧生。〈越濮不同源〉。《中南民族學院學報》，1986年第23期，頁65–71。

《辛亥年整理鄉族草簿》。手稿。

冼玉清。《廣東文獻叢談》。香港：中華書局，1965。

周大鳴、高崇。〈城鄉結合部社區的研究：廣州南景村50年的變遷〉。《社會學研究》，2001年第4期，頁99–108。

周去非。《嶺外代答》。載《四庫全書》，卷五八九。台北：台灣商務印書館，1983。

周永新。〈香港面臨人口爆炸〉。《七十年代》，1980年11月，頁23–36。

———。《香港人香港事》。香港：明報出版社，1987。

———。〈中產階級的悲哀和無奈〉。《信報》，2007年2月1日。

———。〈回歸12年多了22萬窮人〉。《信報》，2009年9月17日。

周康燮。《廣東風俗綴錄》。1920年代。香港：崇文書局，1972年重印。

周華山。《周潤發現象》。香港：青文，1990。

季紅真。〈多種文化思想的衝突〉。《中國社會科學》，第4卷。重刊於《評論叢刊》，19986年第11期，頁30–45、51。

屈大均。《廣東新語》。1700。北京：中華書局，1985年重印。

《明太祖實錄》，卷一四三。出版地不詳，1383。

明清廣東省社會經濟研究會編。《明清廣東社會經濟研究》。廣州：廣東人民
　　出版社，1987。

《明報》。〈李曹秀群創下四個第一〉。1988年1月6日。

───。〈手袋黨一年一度大閘蟹〉。1998年11月3日。

───。〈教師陽盛陰衰，女性只佔23%〉。1999年3月11日。

───。〈胡紅玉再向虎山行〉。1999年7月25日。

───。〈旺角商廈租市受惠〉。1999年11月2日。

───。〈陸恭蕙十年救一個維港〉。2000年4月16日。

───。〈大學生想見劉慧卿陸恭蕙〉。2000年8月24日。

───。〈大陸「爛尾樓」業主靜坐示威〉。2000年8月29日。

───。〈港人去年北上消費294億〉。2001年4月24日。

───。〈滬商廈市道料跑贏香港〉。2002年1月23日。

───。〈春節料逾600萬人次過關〉。2002年2月2日。

───。〈平機會告政府民間恐觸怒高官，團體紛函特首保胡紅玉〉。2002年
　　6月29日。

───。〈港府順應民間「保玉行動」，顯示尊重人權，胡紅玉續約平機會一
　　年〉。2002年7月28日。

───。〈本港女性參選比率低〉。2005年4月7日。

───。〈女較男多25萬，越來越遲婚，男31女28〉。2005年7月29日。

───。〈港男娶港女10年跌8.6%〉。2007年2月23日。

───。〈83%港企聘女高層列全球第五〉。2007年3月8日。

───。〈港男娶內地女年齡差距增〉。2007年4月23日。

───。〈女打工貴族十年增五成，港最高薪1%人稅款佔總的36%〉。2007
　　年5月2日。

───。〈出走後樂園〉。2007年5月14日。

───。〈四十七萬港人住內地多高學歷〉。2007年9月29日。

───。〈科大競投沙特大學2億研資〉。2008年1月5日。

───。〈史美倫內地港生爭待遇〉。2008年3月5日。

───。〈港商出雜誌講血淚史〉。2010年8月9日。

東莞縣文化局編。《袁崇煥》。東莞：東莞市文化局，1984。

《東莞縣志》。1689。東莞：東莞市人民政府辦公室，1994年重印。

《東莞縣志》。1922。

松田吉郎。〈明末清初広東珠江デルタの沙田開発と郷紳支配の形成過程〉。
　　《社会経済史学》，第46卷，第6期（1981），頁55–81。

林友蘭。《香港史話》。香港：上海印書局，1983。

林孝勝編。《東南亞華人與中國經濟與社會》。新加坡：新加坡亞洲研究學
　　會，1995。

林偉平。〈文學和人格：訪作家韓少功〉。《上海文學》，1986年11月，頁68–
　　76。

林惠祥。《林惠祥人類學論著》。1962。福州：福建人民出版社，1981。

林毓生等編。《五四：多元的反思》。香港：三聯，1989。

林聰。〈疑心、離心、向心 —— 港人身份再思考〉。《明報月刊》，1996年9
　　月，頁9–11。

牧夫。〈中共治國的三次大挫敗〉。《九十年代》，1984年第177期，頁41–48。

〈物業代理：樓市已消化加息因素〉。《大公報》，1999年8月28日。

《直卿祖祠落成公定祠規附徵信錄》。出版地不詳，1901。

〈肥彭提拔入局人氣壓李柱銘，政壇鬼妹民望第二〉。《蘋果日報》，2000年4
　　月12日。

金生。〈粵桂的「自梳女」和「不落家」〉。《東方雜誌》，第32卷，第8期（1935），
　　頁89–90。

金耀基。〈香港與二十一世紀中國文化〉。《明報月刊》，1997年1月，頁18–
　　22。

阿城。《阿城小說選》。香港：圖啟，1985。

———。〈文化制約著人類〉。《評論叢刊》，1985年第10期，頁90–92。

———。〈父親〉。《九十年代》，1988年6月，頁12–14。

———。〈炊煙〉。《九十年代》，1989年7月，頁11–12。

侯哲安、張亞英。〈百越簡析〉。載《百越民族史論叢》，頁35–46。南寧：廣
　　西人民出版社，1985。

俞德鵬。《城鄉社會：從隔離走向開放 —— 中國戶籍制度與戶籍法研究》。濟
　　南：山東人民出版社，2002。

〈南天歲月：陳濟棠主粵時期見聞實錄〉。《廣東文史資料》，1987年第37期。

施叔青。《文壇反思與前瞻》。香港：明報出版社，1989。

《星島日報》。〈政壇朱茵的精彩「政治秀」〉。2000年4月12日。

———。〈田少指陸恭蕙過份獨立〉。2000年4月13日。

———。〈新紀元人類襲港，飲水都講智慧〉。2000年11月30日。

———。〈男少女多失衡港女愛郎難求〉。2007年2月23日。

柯蘭君、李漢林編。《都市裏的村民》。北京：中央編譯出版社，2001。

柳蘇。《香港，香港……》。香港：中國圖書刊行社，1987。

洪清田。〈中國應怎樣對英國報仇〉。《信報》，1997年1月30日。

〈流動人口已超過1.2億，其中跨省流動達4242萬，進入廣東人數居全國首
    位〉。《南方都市報》，2002年10月7日。

科大衛、劉志偉。〈宗族與地方社會的國家認同 —— 明清華南地區宗族發展
    的意識形態基礎〉。《歷史研究》，2000年第3期，頁3–14。

科大衛等。《香港碑銘彙編》。香港：市政局，1986。

胡起望等編。《瑤族研究論文集》。武漢：中南民族學院民族研究所，1985。

〈要有點「使命感」〉。《人民日報》(海外版)，1988年5月20日，頁2。

《(香山小欖)何烏環堂重修族譜》。1907。

《香山縣志》。1827、1873。

《香山縣志續編》。1923。

香港婦女年報編輯委員會編。《香港婦女年報》。香港：香港新聞出版社，
    1975。

倫海濱。〈馬熊人搗毀《民會日報》〉。《新會文史資料》，1983年第6期，頁
    47–50。

夏志清著，劉紹銘等譯。《中國現代小說史》。台北：傳記文學出版社，1979。

孫隆基。〈中國區域發展的差異：南與北〉。《二十一世紀》，第10期 (1992年
    4月)，頁15–28。

徐珂編。《清稗類抄》，卷五。北京：中華書局，1984年重印。

徐詠璇。〈何來恥辱〉。《信報》，1997年2月12日。

徐續。《嶺南古今錄》。香港：上海書局，1984。

《桂洲胡富春堂家譜》。出版地不詳，1937。

珠江三角洲經濟開放區投資指南編輯委員會。《珠江三角洲經濟開放區投資
    指南》。香港：新華出版社，1986。

《珠江三角洲農業志》，第1–6卷。佛山：佛山地區革命委員會，1976。

珠海市香洲區改造城中舊村建設文明社區辦公室編。《別了，城中村》。
    2002。

〈珠海城中村改造實現「三贏」〉。《南方日報》，2002年4月12日。

《留耕各沙田總誌》。手稿，1920。

秦慶鈞。〈民國時期廣東財政史料1911–1949〉。《廣州文史資料》，1983年第
    29期，頁1–115。

翁煜雄。〈粉黛官場英雄失色〉。《蘋果日報》，2000年6月25日。

郝令昕。《鷺江村的農民家庭構成和家庭消費》。未出版手稿，1985。

馬震平。《港人大寫意：一個北京人眼中的香港人》。北京：群言出版社，
　　1998。

馬勵。〈王實味事件的研究〉。台北：國立政治大學東亞研究所碩士論文，
　　1974。

高崇。〈南景村親屬結構的變遷〉。中山大學人類學系碩士論文，2001。

區騰耀輯。《居新會潮連石坂里區姓立宗枝綿長》。出版地不詳，1838。

商業部商業經濟研究所。《新中國商業史稿（1949–1982）》。北京：中國財政
　　經濟出版社，1984。

婭蘭。〈槍聲響後：現代藝術展的風波〉。《九十年代》，1989年4月，頁50–52。

《康熙梁氏族譜》。中山，1927。

張建明。《廣州城中村研究》。廣州：廣東人民出版社，2003。

張炳良。〈新中產階級的冒起與政治影響〉。《明報月刊》，1987年1月，頁
　　10–15。

張海鵬、王廷元編。《明清徽商資料選編》。合肥：黃山書社，1985。

張堅庭。《小資產階級週記》。香港：創建文庫，1992。

張渠。《粵東聞見錄》。1738。廣州：高等教育出版社，1990年重印。

梁廷楠等著，楊偉群校點。《南越五主傳及其他七種》。1883。廣州：廣東人
　　民出版社，1982。

梁釗韜。〈「濮」與船棺葬關係小議〉。《中南民族學院學報》，1986年第23
　　期，頁1–3。

梁漱溟。《中國文化要義》。1949。台北：正中書局，重印年不詳。

梁濤。《香港街道命名考源》。香港：市政局，1992。

梁麗儀。〈中共中央為人道主義和異化問題定調〉。《七十年代》，1984年3
　　月，頁40–41。

《清世宗寶皇帝實錄》。北京：中華書局，1986年重印。

莫榮坊、許仲桃。〈新會縣拆城築路的經過〉。《新會文史資料》，1964年2
　　月，頁20–30。

莫應溎。〈英商太古洋行近百年在華南的業務活動與莫氏家族的關係〉。《廣
　　東文史資料》，1985年第44期，頁77–131。

〈規劃遠景文件短視〉。《太陽報》，2001年3月1日。

許學強、劉琦、曾祥章。《珠江三角洲的發展與城市化》。廣州：中山大學出
　　版社，1988。

郭德焱。《清代廣州的巴斯商人》。北京：中華書局，2005。

陳序經。《疍民的研究》。上海：商務印書局，1946。

陳村。〈關於「小鮑莊」的對話〉。《上海文學》，第9期。重刊於《評論叢刊》，1985年第12期，頁63–66。

陳果導演。《榴槤飄飄》。香港：Nicetop Independent，2000。電影。

陳炬墀輯，陳崇興註。〈新會龍溪志略〉。載外海龍溪志略續編編輯委員會編：《外海龍溪志略續編》。香港：旅港新會外海同鄉會，1972。

陳香浦 [陳殿蘭]。《岡城枕戈記》。出版地不詳，1855。

陳寅恪。《唐代政治史述論稿》。上海：上海古籍出版社，1982。

陳惜姿。《天水圍十二師奶》。香港：藍藍的天，2006。

《陳族世譜》。會城，1923。

陳雲。〈皇后〉。《信報》，2007年8月9日。

陳潞。《嶺南新語》。香港：上海書局，1981。

陳遍曾等。〈「自梳女」與「不落家」〉。《廣東文史資料》，1964年第12期，頁172–188。

陳徽言。《南越遊記》。1850。廣州：廣東高等教育出版社，1990年重印。

陳鏸勛。《香港雜記》。香港：中華印務總局，1894。

陳鐵健。《瞿秋白傳》。上海：上海人民出版社，1986。

〈陸恭蕙被罵失禮女人〉。《蘋果日報》，1999年2月5日。

陸益龍。《戶籍制度——控制與社會差別》。北京：商務，2004。

陸學藝編。《當代中國社會階層研究報告》。北京：社會科學文獻出版社，2002。

———。《當代中國社會流動》。北京：社會科學文獻出版社，2004。

陸鍵東。《陳寅恪的最後二十年》。北京：三聯，1995。

陸鴻基。〈殖民地教育與所謂政治冷感〉。《明報》，1996年8月9日。

《麥氏族譜》。出版地不詳，1895。

麥炳坤、黃霄南。〈新會城商團始末〉。《新會文史資料》，1965年第3期，頁1–19。

麥應榮。〈欖鄉菊花大會源流考〉。《開明報》，1948年2月2日。

傅衣凌。《明清時代商人及商業資本》。北京：人民出版社，1956。

曾鎮南。〈啟航！從最後的停泊地：讀張欣欣的近作隨想〉。《評論叢刊》，1985年第7期，頁23–26。

《番禺縣志》。1686。

《番禺縣續志》。1911。

程美寶、劉志偉。〈18、19世紀廣州洋人家庭的中國傭人〉。《史林》，2004年
　　第4期，頁1–11。

費孝通。《小城鎮四記》。北京：新華出版社，1985。

項飆。《跨越邊界的社區》。北京：三聯書店，2000。

《順德桂洲胡氏六房譜》。1899。

《順德縣志》。1853。

馮國釗。《貿易與投資：中國大陸、香港、台灣》。香港：商務，1997。

黃永豪。〈清代珠江三角洲沙田、鄉紳、宗族與租佃關係〉。香港中文大學碩
　　士論文，1986。

黃啟臣等。〈廣東商幫〉。載張海鵬、張海瀛編：《中國十大商幫5》。合肥：
　　黃山書社，1993。

黃培芳等輯。《新修香山縣志》。1827。

黃朝中等。《廣東瑤族歷史資料》，第1、2卷。廣西：廣西人民出版社，
　　1984。

黃逸峰等。《舊中國民族資產階級》。南京：江蘇古籍出版社，1990。

《新會城同善善堂仁濟義會韜澤義會濟群義會惜字施茶執埋白骨廿五期徵信
　　錄》。會城，1936。

新會城沿河商戶維持團輯。《承回會河兩岸鋪尾始末記》。會城，1924。

《新會書院公定嘗祭及管理章程》。會城，1927。

新會書院董事理財員輯。《籌建新會書院徵信錄》。會城，1927。

《新會縣城南邊堂許姓族綱》。會城：手稿，1936。

新會縣葵扇商業同業公會編。《本會會員商號割賣各圍業佃三旗玻璃長柄生
　　筆已清訖生扇老葵未清訖覽表》。新會，1948。

楊凱珊、薛毅克。〈虛擬社群凝聚市民力量，陸恭蕙推動網上參政〉。《星島
　　日報》，2000年7月19日。

〈瑞寶村整治（上篇）〉。《羊城晚報》，2001年8月7日。

葉顯恩、譚棣華。〈明清珠江三角洲農業商業化與墟市的發展〉。《廣東社會
　　科學》，1984年第2期，頁73–90。

葉顯恩。《明清徽州農村社會與佃僕制》。合肥：安徽人民出版社，1983。

———編。《廣東航運史（古代部分）》。北京：人民交通出版社，1989。

《過山榜》。唐代，出版年不詳。

鈴木滿男著，林薇娜譯。《浙江民俗研究》。杭州：浙江人民出版社，1992。

廖柏偉等。《中國改革開放與珠江三角洲的經濟發展》。香港：南洋商業銀
　　行，1992。

綠雲山房居士。〈菊徑薈記〉。1814。載《中山欖鎮菊花會文藝概覽》。廣州，
　　1936。

趙士松輯。《三江趙氏族譜》。香港：趙陽名閣石印局，1937。

齊辛。〈中國知識界的突破性行動〉。《九十年代》，1989年3月，頁20–21。

———。〈四十二人公開信小析〉。《九十年代》，1989年4月，頁21–22。

劉心武。〈中國作家與當代世界〉。《人民日報》（海外版），1988年3月11日。

劉兆佳。《香港的政治改革與政治發展》。香港：廣角鏡，1988。

———。〈一國兩制下的國民教育〉。《明報月刊》，1996年9月，頁19–20。

劉再復、林崗。《傳統與中國人》。香港：三聯，1988。

劉伯皋。〈新寧鐵路興建時在新會遇對的地方勢力的阻撓及其他〉。《新會文
　　史資料》，1983年第9期，頁9–11。

劉志偉。〈傳說、附會與歷史真實：祖先故事的結構及其意義〉。載上海圖書
　　館編：《中國譜牒研究》。上海：上海古籍出版社，1999。

———。〈地域社會與文化的結構過程——珠江三角洲研究的歷史學與人類
　　學對話〉。《歷史研究》，2003年1月，頁54–64。

劉青峰、關小春編。《轉化中的香港：身分與秩序的再尋求》。香港：中文大
　　學出版社，1998。

劉型、彭炳清。〈解放後惠州的婚姻狀況〉。《惠城文史資料》，1993年第9
　　期，頁94–104。

———。〈惠州解放後的收容遣送工作〉。《惠城文史資料》，1995年第11期，
　　頁135–145。

劉納。〈在逆現象中行進的新時期文學〉。《文學評論》，1986年第5期，頁
　　16–20。

劉森編。《徽州社會經濟史研究譯文集》。合肥：黃山書社，1987。

劉賓雁、陳映真。〈對話〉。《華僑日報》（紐約），1988年8月12日。

劉增杰等編。《抗日戰爭時期延安及各抗日民主根據地文學運動資料》。太
　　原：山西人民出版社，1983。

劉廣京。《經世思想與新興企業》。台北：聯經，1990。

〈廣州工商經濟史料〉。《廣州文史資料》，第36卷。1986。

廣州香山公會。《東海十六沙五十餘年之痛史》。廣州，1912。

———。《東海十六沙紀事》。廣州，1912。

《廣東岡州商埠章程全卷》。香港：創辦廣東岡州商埠總所，1911。

廣東省人口普查辦公室編。《廣東省1990年人口普查資料（電子計算機匯
　　總）》。北京：中國統計出版社，1992。

廣東省人民政府民族事務委員會編。《陽江沿海及中山港口沙田疍民調查材料》。廣州，1953。

廣東省文史研究館、中山大學歷史系輯。《廣東洪兵起義史料》，第1卷。廣州：廣東人民出版社，1992。

廣東省佛山博物館等編。《明清佛山碑刻文獻經濟資料》。廣州：廣東人民出版社，1987。

廣東省統計局編。《廣東統計年鑒1991》。北京：中國統計出版社，1991。

《廣東通志》。1561。香港：大東圖書公司，1977年重印。

《廣東通志》。1601。重刊於《稀見中國地方志彙刊》。北京：中國書店，1992。

《廣東通志初稿》。1535。

《廣東買樓王》。香港，2000年9–11月。

廣東歷史學會編。《明清廣東社會經濟形態研究》。廣州：廣東人民出版社，1985。

樊榮強。〈東莞憑什麼？〉。《新經濟》，2003年第10期。

潘世雄。〈濮為越說〉。《中南民族學院學報》，1986年第23期，頁72–79。

蔡昉編。《中國人口：流動方式與途徑 (1990–1999)》。北京：社會科學文獻出版社，2001。

蔡寶瓊。〈民族教育的繆思〉。《明報》，1996年8月9日。

———。〈政治的教育，教育的政治〉。《明報月刊》，1996年9月，頁28–31。

蔣炳釗。〈福建惠安婦女長住娘家婚俗的特點及其殘留的歷史原因〉。《人類學研究》，頁112–119。惠安：廈門大學人類學系，1985。

———等編。《百越民族文化》。上海：學林出版社，1988。

鄧雨生輯。《全粵社會實錄初編》。廣州：調查全粵社會處，1909。

鄭振滿、陳春聲編。《民間信仰與社會空間》。福州：福建人民出版社，2003。

鄭萬隆。〈我的根〉。《評論叢刊》，1985年第10期，頁88–89、92。

鄭德坤。《中華民族文化史論》。香港：三聯，1987。

鄭德華、成露西。《台山僑鄉與新寧鐵路》。廣州：中山大學出版社，1991。

鄭樹森。《八月驕陽：八十年代中國大陸小說選》。台北：洪範書店，1988。

魯姜。〈假諮詢何來真功能？〉。《信報》，2007年8月9日。

黎族簡史編寫組。《黎族簡史》。廣州：廣東人民出版社，1982。

盧子駿。《潮連鄉志》。香港：林瑞英印務局，1946。

———。《潮連蘆鞭盧氏族譜》。1947。

盧瑋鑾編。《香港的憂鬱：文人筆下的香港 (1925–1941)》。香港：華風書局，1983。

〈興建新會書院的經過〉。《新會文史資料》，1964年第2期，頁30–36。

蕭國健。《香港前代社會》。香港：中華書局，1990。

蕭鳳霞。「文化、歷史與民族認同：香港與華南」。香港科技大學演講，浩然基金會贊助，1997年6月29日。

———。〈廿載華南研究之旅〉。《清華社會學評論》，2001年第1期，頁181–190。

———。〈反思歷史人類學〉。《歷史人類學學刊》，第7卷，第2期 (2009)，頁105–137。

蕭鳳霞、包弼德等著，劉平、劉穎、張玄芝整理。〈區域、結構、秩序：歷史學與人類學的對話〉。《文史哲》，2007年第5期，頁1–17。

蕭鳳霞、劉志偉。〈宗族、市場、盜寇與蜑民：明以後珠江三角洲的族群與社會〉。《中國社會經濟史研究》，2004年第3期，頁1–13。

賴依芙。《掃把頭》。香港：次文化堂，2001。

霍啟昌。《香港與近代中國》。香港：商務，1992。

《龍年的悲愴》。香港：三聯書店，1989。

龍慶忠等。《南海神廟》。廣州：廣州市文化局，1985。

龍應台等著，張鼎源編。《文化起義》。香港：CUP出版社，2004。

嶺南大學社會研究所。〈沙南蜑民調查〉。《嶺南學報》，第3卷，第1期 (1934)，頁1–151。

戴晴。〈王實味與「野百合花」〉。《文匯月刊》，1988年第5期，頁23–41。

《濟美堂會規簿》。手稿。會城，出版年不詳。

濱島敦俊著，沈中琦譯。〈明清江南城隍考：商品經濟的發達與農民信仰〉。《中國社會經濟史研究》，1991年第1期，頁39–48。

《聯合文學》，第3卷，第12期 (1988)，頁82–147。

韓少功。〈文學的根〉。《作家》，第4期。重刊於《評論叢刊》，1985年第5/6期，頁94–97。

璧華編。《崛起的詩群》。香港：當代文學研究社，1983。

《簡氏宗聲》。香港，1955。

聶爾康。《岡州公牘》。出版地不詳，1863。

———。〈香山縣舉人劉祥徵呈保陳亞心一案批〉。《岡州再牘》，1867年第3期。

羅香林。《中國民族史》。台北：中華文化出版事業社，1953。

———。《百越源流與文化》。台北：國立編譯館中華叢書編審委員會，1955。

羅貴祥。《大眾文化與香港》。香港：青文，1990。

譚祖恩。《新會靖變識略》。1845。廣州：中山圖書館，1960 年重印。

譚棣華。《廣東歷史問題論文集》。台北：稻禾出版社，1993。

———。《清代珠江三角洲的沙田》。廣州：廣東人民出版社，1993。

關協晃。〈解放前新會葵業經營概況〉。《新會文史資料》，1983 年第 12 期，頁
　　1–28。

索引

二畫

丁玲 314, 317
丁荷生（Kenneth Dean）340
卜正民（Timothy Brook）9, 38, 260n5

三畫

三浦展 527
大前研一 527

四畫

丹尼爾（E. Valentine Daniel）438
孔飛力（Philip Kuhn）242, 243
孔邁隆（Myron L. Cohen）31, 47,
　62n6, 64n29, 173, 180, 291, 298n29,
　302n79
巴金 314, 319–321, 325, 480
方之 319–320, 326
方心讓 492

方振武 491
毛利（William Kelly）xxiii, xxiv, 7,
　302n78
毛澤東 xxii, 34, 81n6, 88, 104, 120n11,
　315, 316, 317, 319, 334n46, 335n51,
　376, 397, 448, 459n7
王于漸 xxiv, 18–19, 395
王若水 329n6, 331n22, 336n59
王若望 336n59
王家富 395
王葛鳴 490, 497 表18.3, 515n39
王斯福（Stephan Feuchtwang）33
王實味 317–318, 335n47
王蒙 328n4
王瑾 370, 388n9
王賡武 236, 260n9

五畫

冉玫鑠（Mary Rankin）244
加西亞·馬爾克斯（Gabriel García
　Márquez）322

包樂史 (Leonard Blussé) 38

北島 303–304, 306, 327, 330n11

卡斯特 (Manuel Castells) 35

古迪 (Jack Goody) xxiv, 6, 9, 36, 146–147, 149, 162, 168n37, 274

古普塔 (Akhil Gupta) 23, 340, 371

古華 322

史托樂 (Ann Stoler) 24

史景遷 (Jonathan Spence) 8, 273, 312

史華慈 (Benjamin Schwartz) 51

史謙德 (David Strand) 88, 245

史鐵生 336n60

布洛克 (Marc Bloch) xvii, 16

布迪厄 (Pierre Bourdieu) 3, 17, 26, 96

布勞岱爾 (Fernand Braudel) 9, 16, 38

布魯克斯 (Peter Brooks) 274

弗里德曼 (Maurice Freedman) 29, 31, 32, 34, 49, 54, 94, 147–148, 173, 179, 182, 195–198

弗格森 (James Ferguson) 23, 340, 371

弗農‧拉姆 (Vernon Ram) 501

田北俊 505

白芝 (Cyril Birch) 34, 310

白樺 326, 337n72

六畫

伊本‧白圖泰 (Ibn Battuta) 9, 468

伊沛霞 (Patricia Ebrey) 147, 260n4

伍廷芳 477, 478–479

全漢昇 482

列斐伏爾 (Henri Lefebvre) 8, 35

安戈 (Jonathan Unger) 63n11

安德森 (Benedict Anderson) 5, 37, 51

托普萊 (Marjorie Topley) 278–279, 282

朱津 (Sharon Zukin) 371

朱經武 546n67

牟宗三 482

艾布蘭 (Philip Abrams) 3, 5, 17, 21

艾爾曼 (Benjamin Elman) 33, 94

艾爾敦 (David Eldon) 423, 506, 516n52, 532, 533

七畫

何人鑒 353

何大佐 185

何仰鎬 143n5, 269n94, 283, 349–351, 364n14, 365n23

何成 358

何汝根 358

何吾騶 185, 203n33, 348

何相 355, 357, 358, 366nn36–37

何崇保 358

何漢溟 216

何熊祥 248, 266n67, 348, 363n12

何端 357–358, 366n41

何樹亨 357

何璟 189

何錦堂 256

何權文 366n14

余叔韶 499

余若薇 497 表18.3, 510, 513n9, 515n31, 515n39, 517n64

余英時 238, 332n32

克里弗德（James Clifford）274

吳祖緗 314, 325

吳靄儀 491, 493, 497 表 18.3, 502,
　　507–511, 516n59, 517n67

呂大樂 525, 543n23, 544n34,
　　544n39

宋漢理（Harriet Zurndorfer）241,
　　260n3, 364n34

李大釗 315

李杜銘 59–60, 507

李孫宸 185, 203n32, 203n23, 300n51,
　　348, 363n10

李國寶 533

李培林 465n52, 465n54

李景雲 349

李準 322

李嘉誠 507, 532

李榮 221, 226

李歐梵 xxiv, 308, 312, 326, 336n67,
　　341, 542n14

李銳 322

李樹培夫人（曹秀群）500–502, 507,
　　512n2

李澤厚 305, 306

李默 300n42

李鴻章 479

李麗珊 482–483

杜比（Georges Duby）xvii, 4

杜維明 312, 329n7

杜贊奇（Prasenjit Duara）96, 101, 172,
　　206n58, 244, 251

沃福德（Susanne Wofford）xxiii

狄姬（Sara Dickey）147–148

辛德爾（Willem Van Schendel）8

八畫

亞當・斯密（Adam Smith）19

冼玉儀 xxiv, 426, 477, 484, 488, 522,
　　542n16

周去非 208

周玉 221, 226

周梁淑怡 190, 497 表 18.3, 515n39

周揚 316

周錫瑞（Joseph Esherick）244

妮娜・阿布—盧格霍德（Lila
　　Abu-Lughod）84, 461n22

屈大均 181, 208, 287, 288, 290, 291

屈仁則 205n33, 254, 350, 351

屈原 332n31

帕克（Robert Park）310

林李翹如 491

林惠祥 285, 289, 298n25

武雅士（Arthur Wolf）xix, 31, 33–34,
　　94, 142n2, 173, 179, 197, 198, 340

波蘭尼（Karl Polanyi）4

金斯伯格（Carlo Ginzburg）4, 16, 274

阿帕度萊（Arjun Appadurai）8, 371

阿城 308, 322

阿格紐（Jean Agnew）xxiii

阿普特（David Apter）274

九畫

俞宗怡 494, 495 表 18.2, 497 表 18.3,
　　498 表 18.4

哈特曼（Geoffrey Hartman）274

哈維（David Harvey）8, 36, 371

施堅雅（G. William Skinner）xix, 2, 31–32, 33, 34, 88, 100, 120n10, 173, 179, 194–195, 198, 206n59, 242, 340–341

柏理豪（Richard Pyvis）532

查史美倫 491, 497 表18.3, 515n39, 533, 534

查特吉（Partha Chatterjee）6

柯里根（Philip Corrigan）5

柳蘇 490

珍妮特·阿布—盧格霍德（Janet Abu-Lughod）9, 37, 38

科大衛（David Faure）xv, xxiii, xxiv, 2, 24, 54, 65n34, 95, 172, 174, 215, 222, 235, 291nn21–22, 363n9, 459n7；論地方構建 340–341；論宗族 7, 28–29, 32–33, 49, 120n9, 196, 202n24, 211, 257, 280, 345；論祖 219；論商人 174, 235–236, 238, 240；論族群身份 301n55；論殖民地香港 490, 499；論鄧氏 222

科恩（Bernard Cohn）5, 24, 37

紀登斯（Anthony Giddens）3, 17

紀爾茲（Clifford Geertz）xvii, 3, 25, 96, 101–102, 118, 206n59, 274

胡紅玉 491, 496, 497 表18.3, 502–504, 511

胡風 319, 334n46, 335n47, 335n54

胡適 333n37

胡錦濤 527

范活 264n34

范徐麗泰 490, 497 表18.3, 513n9, 515n39

茅盾 314, 325, 326

韋玉 478

韋伯（Max Weber）2, 3, 5, 17, 18, 20–21, 80, 97, 139, 206n59；政治支配 99

韋德瑞（Katherine Verdery）52

韋蘇（Sue Williams）83, 466n62

十畫

唐君毅 482

埃米莉·埃亨（Emily Ahern）142n2, 180

夏志清 316, 326, 333n41

夏濟安 326

孫中山 191, 256, 479

孫志剛 433–434, 435

孫隆基 51

容閎 476

徐復觀 482

徐敬亞 328n3

徐潤 476

格里（John Gurley）xix

桑高仁（Steven Sangren）180

浩然 320

海登（Dolores Hayden）371

涂爾幹（Émile Durkheim）2, 3, 5, 17, 20–21, 23, 31, 139

特拉登堡（Alan Trachtenberg）274

班迪克斯（Reinhart Bendix）81n7

茹志鵑 319

袁崇煥 217

袁帶 205n53, 254, 349–351

郝令昕 448–449

郝瑞 (Stevan Harrell) 147–148

馬丁路德 (Martin Luther) 19

馬可波羅 (Marco Polo) 9, 468

馬克思 (Karl Marx) 2, 3, 5, 17, 20, 21,
　23, 28, 80, 139

馬庫斯 (George Marcus) 337n68

馬時亨 533, 545n56

馬傑偉 421

馬震平 495

高崇 449–450, 466n64

高曉聲 319, 322

十一畫

勒高夫 (Jacques Le Goff) xvii, 4, 16

勒華拉杜里 (Emmanuel Le Roy
　Ladurie) 4

康濯 326

張九齡 188, 189, 203n39

張小軍 xiii, xxiii

張之洞 333n39

張保 221, 233n59

張炳良 529, 544n39

張敏儀 490, 495 表18.2, 496

張蓮覺 512n2

張鵬 440

曼素恩 (Susan Mann) 174, 238, 243,
　250

梁冰濂 60, 515n31

梁其姿 xiv, xv, xxiv, 469

梁春榮 250

梁炳雲 350

梁愛詩 490, 495 表18.2, 497 表18.3,
　509, 515n31

莫朝雄 253

莫琪 (Liisa Malkki) 437–438

許地山 314

許廣平 319

許慧文 (Vivienne Shue) 34, 121n13,
　142n3

陳方安生 490–494, 495 表18.2,
　497 表18.3, 498 表18.4, 499, 503,
　510, 511, 513n3

陳仕芬 347

陳永海 213, 231n23, 232n44

陳伯達 307

陳序經 209

陳志武 xiv, xxiv, 423

陳村 322

陳宜禧 258

陳果 89

陳春聲 xxiii, xxiv, 172, 272, 273, 363n4

陳炬煇 233n59

陳寅恪 229, 484

陳遹曾 278

陳濟棠 255, 257, 355

陳寶珠 488, 513n5

陶淵明 187, 332n31

陸卓南 255

陸威儀 (Mark Lewis) 36, 38

陸恭蕙 60, 491, 502, 504–507, 511,
　516n53

陸鴻基 483

麥由 282, 283, 293, 297n19, 298n24

麥理浩 (Murray MacLehose) 508

十二畫

凱倫·科爾斯基（Karen Kelsky）488
喬杜里（K. N. Chaudhuri）9, 38
彭定康（Chris Patten）59–60, 62n8,
　　491, 493, 503, 504, 505, 508
斯托卡（Janice Stockard）278, 297n17
斯科特（James C. Scott）xxiii, 6–8, 21,
　　24, 64n29, 94
湯明燧 272
湯普森（E. P. Thompson）xvii, 5, 16, 24
焦申能（Michael Gilsenan）206n59
程美寶 xiii–xiv, xv, xxiii, xxiv
華琛（James Watson）7, 31, 33, 54, 94,
　　100, 128, 143n4, 144n18, 173, 180
華德英（Barbara Ward）31, 32, 33
費孝通 173
費歇爾（Michael Fischer）337n58
費爾曼（Steven Feierman）367n47
賀斯騰（James Holston）8, 371
鄂娜（Sherry Ortner）3–4
項颮 440
馮玉祥 268n92, 350
馮客（Frank Dikötter）341, 542n14
馮婉杉 87–89
黃佐 208, 217
黃宗智 244
黃秋耘 319, 326
黃勝 477, 478
黃新美 209
黃蕭養 221, 239

十三畫

塞維爾（William Sewell Jr.）4
塞繆爾（Raphael Samuel）5
楊絳 307
楊慶堃 448, 463n31
葉聖陶 314
葉劉淑儀 490, 491, 495 表18.2, 496,
　　497 表18.3, 498 表18.4, 514n27
葉選平 60
葉顯恩 218–219, 240, 241, 260n3,
　　263n30, 272
葛旭（Amitav Ghosh）38, 341
葛婷婷（Arianne M. Gaetano）89
蒂利（Charles Tilly）367n46
達恩頓（Robert Darnton）4
鈴木滿男 218
雷鋒 193

十四畫

漢弗萊（Caroline Humphrey）84
福柯（Michel Foucault）5, 16, 21, 29,
　　96
聞一多 480
裴宜理（Elizabeth Perry）xxiv, 117, 237
趙世瑜 xxiii
趙佗 287, 300n44
趙樹理 326

十五畫

劉心武 80, 305, 329n8, 329n9

劉再復 305

劉志偉 xiii, xv, xxiii, xxiv, 2, 18, 28, 95, 172, 211, 247, 272–273, 340, 345, 363n4

劉納 336n64

劉賓雁 304, 321, 329n6, 330n11, 336n67

劉廣京 236

劉慧卿 497表18.3, 514n28, 515n39

劉曉波 328n4

德克斯（Nicholas Dirks）3, 6, 24

潘雄 63n13

蔡志祥 xxiii, 203n38, 298n24

蔡寶瓊 483, 511

蔣介石 191, 314, 315–316

衛奕信（David Wilson）66n43, 508

鄧小平 61, 376, 442, 468, 492

鄧永鏘 523

鄧蓮如 490, 497表18.3, 515n39

鄭一嫂 221

鄭田田 89

鄭和 9, 38

鄭振滿 xxiii, 340

鄭樹森 482

鄭觀應 476

魯平 492

魯迅 307, 308, 315, 316, 317, 319, 323–324, 326, 328n5, 330n16, 333n37, 334n46, 335n54, 480

魯理雅（Keith Luria）xxiii

黎召明 282

黎湛泉 351, 365nn23–24

十六畫

盧子駿（盧湘父）207, 224

盧卡奇（György Lukács）329n5

盧瑋鑾 480

盧蕙馨（Margery Wolf）282

穆娜罕（Bridget Murnaghan）xxiii

穆格勒（Erik Muggler）33

穆黛安（Dian Murray）300n54, 301n57

蕭芳芳 488, 513n5

蕭紅 325

蕭軍 317

賴斯曼（Paul Riesman）xix

錢穆 482

閻雲翔 85–87, 88, 89

霍布斯邦（Eric Hobsbawm）xvii, 5, 16

霍韜 221, 239–240, 348

龍應台 529

十七畫

戴晴 335n51, 335n53

戴維斯（Natalie Davis）4, 16, 24, 274

戴慧思（Deborah Davis）xxiii, xxiv

濱下武志 9, 38

濱端（Matt Hamabata）xxiii

謝冕 306, 328n3

賽耶（Derek Sayer）5

鍾斯（Gareth Stedman Jones）5

韓少功 330n11, 336n61

韓素音 xx

十八畫

瞿秋白 315, 318, 334n46

簡又文 482

簡藝 xxi

聶爾康 221, 250, 251

薩巴・馬哈茂德（Saba Mahmood）489

薩森（Saskia Sassen）8

魏京生 306

魏昂德（Andrew Walder）121n13

魏根（Kären Wigen）9–10

十九畫

懷默霆（Martin Whyte）143n4, 154,
　　163, 166n15

羅一星 221, 243

羅安清（Anna Tsing）437

羅威廉（William Rowe）88, 174, 235,
　　236

羅范椒芬 490, 495 表 18.2,
　　497 表 18.3, 498 表 18.4

羅香林 286, 288, 482

羅峰 317

羅素（Bertrand Russell）310

羅康瑞 389n12, 537

譚惠珠 490, 497 表 18.3

譚棣華 240

二十畫及以上

蘇黛瑞（Dorothy Solinger）440

蘇耀昌 278

顧城 207, 330n17